ЛАНДОВСКИЙ И.М.

ДОКТОР НА СЛУЖБЕ НКВД

СИМФОНИЯ В КРАСНОМ МАЖОРЕ

OMNIA VERITAS®

José Landowsky
Sinfonía en Rojo Mayor

Traducción de Mauricio Carlavilla "Mauricio Karl", Editorial NOS

First published in Spain in 1950 by Editorial NOS

СИМФОНИЯ В КРАСНОМ МАЖОРЕ

Ландовский И.М.
Симфония в красном мажоре: Мемуары / Пер. с исп. М. Куприянова, А. Смыченко.

Автор — Ландовский И.М.
Перевод на испанский — Маурисио Карлавилья
Перевод на русский — Куприянов М.А., Смыченко А.В., Кулич З. (глава 40), 2022

Опубликовано Omnia Veritas Limited

OMNIA VERITAS

www.omnia-veritas.com

СОДЕРЖАНИЕ

Содержание 7

ПРЕДИСЛОВИЕ ОТ РУССКОГО ПЕРЕВОДЧИКА 11

СТУК В ДВЕРЬ 13

В ЛАБОРАТОРИИ НКВД 28

ДОКТОР ЛЕВИН. ИССЛЕДОВАТЕЛЬ ПЫТОК 32

СМЕРТЬ ОТ «ЕСТЕСТВЕННЫХ» ПРИЧИН 44

МОЙ ОЧАРОВАТЕЛЬНЫЙ НАЧАЛЬНИК «ДЮВАЛЬ» 65

МОСКВА — ВАРШАВА — БЕРЛИН 71

СОВЕТСКОЕ ПОСОЛЬСТВО 81

МОЙ АНГЕЛ-ИСТРЕБИТЕЛЬ 93

Я — ДОНОСЧИК 126

ГЕНЕРАЛЬНАЯ РЕПЕТИЦИЯ 134

ПОКУШЕНИЕ 154

СЫЩИКИ-УБИЙЦЫ 159

МАДРИД 174

ЗАНЯТНЫЕ ИСПАНСКИЕ РЕВОЛЮЦИОНЕРЫ 188

ЗАГАДОЧНАЯ ДУЭЛЬ КИЛИНОВ — ДЮВАЛЬ 202

ТРОЦКИЗМ ВО ВСЕЙ КРАСЕ 235

МИСТЕР ГОЛДСМИТ 245

СМЕРТЬ РЕНЕ ДЮВАЛЯ 253

УДИВИТЕЛЬНЫЙ УБИЙЦА 265

ПОЭЗИЯ МАТЕРЕУБИЙСТВА 270

ЛИЧНЫЙ ВРАЧ ЕЖОВА 276

СЕКРЕТНОЕ ОРУЖИЕ **286**

НЕОБЫЧНЫЙ ДОПРОС **291**

ПОХИЩЕНИЕ МАРШАЛА **304**

ПЫТКИ **318**

ПРИЗНАНИЕ **328**

ЧЕКИСТСКАЯ ГИПОТЕЗА **341**

ДВА ПИСЬМА **349**

НЕОБЫКНОВЕННАЯ ЖЕНЩИНА **362**

КОНЕЦ МАРШАЛА **371**

ПРЕНИЕ **381**

ПЕРЕЛЁТ В ПАРИЖ **394**

ПРЕДАТЕЛЬ В ОПАСНОСТИ **401**

ПОХИЩЕНИЕ МИЛЛЕРА **415**

В ИСПАНИЮ **427**

ТРАГЕДИЯ В МОРЕ **446**

ГЕНЕРАЛ МИЛЛЕР И Я **462**

ПОВЕРЖЕННЫЙ ЯГОДА **474**

ЛЮДИ? **492**

РЕНТГЕНОГРАФИЯ РЕВОЛЮЦИИ **508**

ДОКЛАД. ДОПРОС ОБВИНЯЕМОГО ХРИСТИАНА ГЕОРГИЕВИЧА РАКОВСКОГО ГАВРИИЛОМ ГАВРИИЛОВИЧЕМ КУЗЬМИНЫМ 26 ЯНВАРЯ 1938 ГОДА 516

НОВОЕ ЛЕЧЕНИЕ ЕЖОВА **572**

Загадочный Рудольф 573

Мой протест 575

Сомнения и страхи 581

Я видел «бога» 582

Заражение Ежова 585

Новый комиссар 586

Говорит Сталин 586

1 мая 1939 г. 590

ЭПИЛОГ 595

ЗАМЕЧАНИЕ ОТ ИСПАНСКОГО ПЕРЕВОДЧИКА 598

Сноски 599

Уже опубликовано 603

ПРЕДИСЛОВИЕ ОТ РУССКОГО ПЕРЕВОДЧИКА

Эта книга представлет собой полный перевод на русский язык произведения под названием *Sinfonía en Rojo Mayor*, автором которого считается Иосиф Ландовский. Волею судеб во второй половине 30-х годов Ландовский оказался впутан в развернувшуюся в верхних слоях советского руководства ожесточённую междоусобную борьбу, удивительные подробности которой он засвидетельствовал в своих дневниках, вынужденно став непосредственным участником многих её эпизодов.

Впервые дневники были выпущены в свет в Мадриде в 1950 году издательством *Editorial NOS*. Основателем издательства был Маурисио Карлавилья, испанский писатель, известный своими непримиримыми антикоммунистическими и антимасонскими взглядами. Как явствует из послесловия, он получил рукописи Ландовского из рук испанского добровольца, принимавшего участие в боях на Ленинградском фронте, по-видимому, в составе Голубой дивизии.

В своё время книга вызвала немалый ажиотаж в среде интересующейся испанской публики. Выдержав более дюжины изданий как в Испании, так и за её рубежом, она остаётся востребованной и актуальной по сей день. Русский читатель, однако, узнал о ней лишь в 1968 году, почти двадцать лет спустя после её выхода в свет. Тогда в далёком и солнечном городе Буэнос-Айрес небезызвестным издательством Сеятель была опубликована небольшая книжка под названием Красная симфония под переводом некоей госпожи З. Кулич (*Senora Z. Kulisch*).

Включая немногочисленные короткие отрывки из прочих глав, Красная симфония содержала перевод только одной 40-й главы, взятой из 9-го издания книги *Sinfonía en Rojo Mayor*, вышедшей в Мадриде. Именно этот перевод Кулич, многократно переизданный, является общеизвестным и знакомым современному читателю.

В некоторых поздних изданиях Красной симфонии можно встретить замечание, что в 1968 году в Аргентине вышел русский перевод всего испанского текста, но подтверждение этому заявлению найти не удалось. Основанием для такого предположения, вероятно, послужили слова самой Кулич, написавшей в предисловии следующее: ...вся книга «Красная симфония» целиком переведена на русский язык. Книга содержит

41 главу. Пока что, за недостатком средств, издается только одна глава, как представляющая наибольший интерес для читателя. <...> Выход из печати книги Красная симфония на русском языке будет возможен лишь в том случае, если найдется достаточное количество лиц, которые пожелают ее приобрести и сделают предварительный заказ на нее по следующему адресу.

К сожалению, наши поиски полного перевода успехом не увенчались. По всей вероятности он был бесследно утрачен, если вообще существовал. Так или иначе перевод Кулич 40-й главы общеизвестен, посему было принято решение не переводить эту главу заново, а включить уже существующий текст.

Примечательно, что в том же 1968 году Красная симфония была переведена с русского на английский язык русским эмигрантом Георгием Кнупфером и выпущена в печать под названием *Red Symphony* лондонским издательством *The Plain-Speaker Publishing Company*. Не менее примечательно то, что Кнупфер написал собственную книгу на английском языке, *The Struggle for World Power*, которая была выпущена на испанском тем же Карлавилья. В связи с этим стоит также упомянуть, что английский перевод Кнупфера был переведён на французский. Последний имеется в продаже по настоящее время под названием *La Symphonie Rouge*.

Как бы то ни было помимо указанной главы записи Ландовского содержат ещё 40 глав, которые до сего дня на русском языке широкой аудиотории были недоступны, а скорее всего их перевод не публиковался вовсе. Досадным сей факт предстаёт в ещё большей мере, когда знакомишься с сообщаемыми в них необыкновенными подробностями. Громкие истории того времени, с участием экономиста Навашина, наркомов Ежова и Ягоды, армейского комиссара Гамарника и других в деталях освещены на страницах этих глав.

Следует отметить, что описания некоторых событий противоречат общепринятым версиям. Например, похищение генерала Миллера в этом отношении отличается как в части собственно похищения, так и в случившемся после. Не менее поразителен эпизод с Тухачевским. Однако, в совокупности с прочими фактами, изложенными Ландовским, эти сведения дают весьма убедительное и целостное преставление, открывающее новый взгляд на давно исследованные события.

Данный труд несомненно будет любопытен всем любителям новейшей русской истории. Мы скромно надеемся, что он позволит расширить имеющееся представление о подоплёке происшествий той непростой поры и послужит основанием для плодотворного исторического обсуждения с доказательствами или доводами.

I

СТУК В ДВЕРЬ

В моей спальне раздался стук в дверь. В СССР такая, на первый взгляд, самая обыкновенная вещь всегда заставляет вздрогнуть. Стук есть вестник неизвестного, причина испуга и тревоги. Ибо нередко сам ужас стучится в вашу дверь. Лишь открыв её, можно с определённостью сказать, кто за ней стоит: контрабандист сахарина или сала; член партии, «приглашающий» на новую подписку; вернувшийся родственник или один из тысяч других людей, которым вы могли понадобиться. Ничего из этого, впрочем, не сто́ит тех секунд мучительной тревоги, длящихся, кажется, целую вечность с того момента, как раздастся стук, и до того, когда вы наконец решитесь открыть и узнать причину нежданного визита. И независимо от социального статуса и положения, пульс любого жителя России начинает резко учащаться, когда эхо этого стука доносится до его барабанных перепонок, ибо за дверью может оказаться агент ГПУ.

Каждая семья принимала свои меры предосторожности. У каждого был свой особый стук. По такому заранее оговорённому «паролю» можно было понять, кто стоит за дверью: родственник или близкий друг.

Но в этот раз стук был незнакомым. Властный глухой удар чрезвычайно напугал меня. Я инстинктивно огляделся. Сквозь дверной проём моей комнаты (у нас их было две: одна общая, для всей семьи, нас было пятеро, а другая служила мне своего рода кабинетом) было видно Марию, старшую дочь. Она сидела возле печки, окутанная облаком дыма. Рядом была Елена, младшая, латавшая старое пальто кусками бумаги, мочалки, пакли и всем остальным, что попадалось под руку. Она вшивала их между двух кусков выцветшей ситцевой ткани, когда-то бывших занавеской, покрывалом, полотенцем и бог знает чем ещё. Теперь всё это становилось новой подкладкой пальто Николая, моего сына.

Между двумя ударами прошло не более секунды.

Два резких, властных, нетерпеливых удара сотрясли дверь.

Обе девочки замерли и, тревожно переглянувшись, вопросительно посмотрели на меня. Я подошёл к двери. Мария сняла Иверскую икону Божией Матери и спрятала её на груди.

Я открыл.

— Доктор Ландовский?

— Да. Что вам угодно? — спросил я и закрыл за собой дверь.

Человек в солидном чёрном кожаном плаще вынул из левого кармана удостоверение и показал его мне. НКВД! Скорее догадался я, нежели прочитал. Я, должно быть, побледнел. Он улыбнулся. Хотелось верить, что он не усмехается.

— Не беспокойтесь. Речь пойдёт об оказании вами кое-каких услуг. Вы должны пройти со мной.

Верилось с трудом: всё это могло легко оказаться ложью.

— Могу я попрощаться со своими дочерями? Оставить им кое-какие поручения перед уходом?

— Конечно, как пожелаете.

Такой ответ немного успокоил меня. Из вежливости я решил пригласить гостя:

— Хотите войти? Я скажу, что вы сотрудник центральной лаборатории. Что скажете?

— Хорошо, конечно. Как вам угодно.

Мы вошли. Девочки с тревогой смотрели на меня. Они всё ещё стояли, прижавшись друг к другу, будто защищаясь. Я попытался изобразить самую обнадёживающую мину, на которую был способен.

— Девочки, я ненадолго. Очень срочное дело. Мне нужно уйти. Вот, — я указал на чекиста, — товарищ из лаборатории.

Я взял пальто и, силясь сохранять спокойствие, поцеловал дочек. Стараясь не показывать переполнявших меня эмоций, я направился в соседнюю комнату. Однако, не выдержав, я всё же обернулся. Они стояли там вдвоём; их силуэт в дверном проёме, очерченный голубым светом; вместе, совсем близко друг к другу; на лицах улыбки, но в глазах немая тревога. Такими я буду помнить их до конца жизни. Жены и сына не было дома.

Мы прошли через комнату, которую занимал мой сосед, ночной работник метро. Услышав шум, он приподнялся в кровати и посмотрел на нас глупым сонным взглядом. Затем, бормоча себе что-то под нос, повернулся на другой бок.

Мы оказались на улице. Надо же, меня ждала машина! Машина, а не зловещий фургон, на которых перевозили задержанных.

Швейцар — простите, «товарищ, ответственный по дому» — ждал нас у тротуара.

Его обычный высокомерный и самодовольный вид, всё время так раздражавший меня, вдруг куда-то исчез. Он поздоровался со своим «коллегой» — ведь каждый швейцар по определению служил ГПУ — и, к моему удивлению, тепло и учтиво поприветствовал меня. Неужели меня уже приняли в ряды «организации»?

Сев в машину, мы быстро тронулись. Мой спутник с дружелюбной улыбкой полез за чем-то в карман. Я украдкой поглядывал на него. С одинаковым успехом он мог вытащить как платок, так и пистолет. Оказалось, не то и не другое. Он достал пачку сигарет и предложил мне одну из них. Настоящий «Интурист»! По пять рублей за пачку, доступный только комиссарам, чекистам, иностранным делегатам и другим особенным лицам! Я с радостью принял предложение: являясь заядлым курильщиком, я уже не помнил, когда в последний раз хорошенько затягивался. Тем не менее я продолжал настороженно следить за происходящим. Что же им от меня нужно?

Казалось, что сквозь запотевшие окна я разглядел очертания Лубянки, которые прекрасно помнил, хотя и не был здесь с дореволюционных времён. Ничего удивительного: редкий москвич не смог бы распознать их с первого взгляда — так часто мерещились они ему во сне и наяву.

Автомобиль повернул, и нас слегка подбросило. В салоне стало темно. Я понял, что мы куда-то въехали — во двор Лубянки, несомненно. Машина остановилась. Мой спутник вышел:

— Мы приехали.

Я вышел вслед за ним. Перед нами находилась довольно большая дверь. Двое часовых азиатской внешности, возможно китайцы или монголы, стояли на страже, на их винтовках грозно поблёскивали штыки. Не двигаясь, они походили на застывшие изваяния. Я шагнул через порог, следуя за своим любезным проводником.

Остановившись на входе, он предъявил удостоверение, хотя было видно, что сидевший за столом субъект и так хорошо его знал. Мне тоже пришлось соблюсти эту формальность и показать паспорт. Они сверились с какими-то бумагами, и мы вошли. Пройдя по одинокому короткому коридору, мы подошли к другой двери поменьше, также охраняемой двумя часовыми. Это был лифт. Мы зашли.

Быстро поднявшись, лифт остановился, и мы вышли. Очередная пара часовых. Ещё один коридор, только светлее предыдущего. В конце — ещё охранники, а также стол и двое мужчин в штатском. Вот куда мы направлялись!

Мой сопровождающий шёл впереди. Снова проверка личности. Я опять показал паспорт. Они сверились с записями в книге. Снова вперёд. Открылась дверь. Передо мной комната средних размеров. В ней сидели двое мужчин и зевали от скуки. Увидев нас, они лениво поднялись.

— Подойдите ближе, товарищ, — приказал агент.

Те двое приблизились ко мне, вытянув руки. Я испугался, что меня сейчас схватят, но мой провожатый поспешил заверить:

— Небольшая формальность, товарищ. Вас нужно обыскать.

Облегчённо вздохнув, я согласился, хотя от этого их вид не стал менее угрожающим.

Действуя с исключительной ловкостью, они ощупали, осмотрели и обнюхали буквально каждый шов, каждый уголок на моей одежде. Убедившись, что я чист, меня оставили в покое. Забрали лишь тюбик назальной мази. Не знаю, чем он мог быть опасен.

Проверяющие развернулись и отступили, и мы пошли дальше. Ещё одна дверь. Ещё один коридор. Ещё одна пара стражников видна вдалеке. Мне велели ждать в комнате, которую те охраняли.

— Сидите здесь. Возможно, придётся подождать, так что не волнуйтесь: начальник сейчас может быть занят. Он примет вас позже. Вот, отвлекитесь пока, — агент бросил пачку сигарет на стол, стоявший в центре комнаты, после чего сразу же ушёл.

Было слышно, что повернулся ключ в замочной скважине и как его вынули из замка. Непонятно, к чему такие меры предосторожности, ведь дверь всё равно охранялась.

Кто же я такой? Зачем я здесь?

Я огляделся. Комната без окон, освещённая искусственным светом. В центре — стол и четыре стула. На стене — обязательный портрет Сталина. Я взглянул на него.

Он смотрел с тем неизменным прищуром, с каким его изображали на всех портретах. Ни один русский не смог бы с уверенностью сказать, собирается ли тот засмеяться или укусить.

В такой «приятной» компании приходилось ждать. Я нервничал. Решил выкурить сигарету. Пока доставал одну из пачки, заметил, как дрожала моя рука. Курение тем не менее успокаивало. Наверное, прошло совсем немного времени, но казалось, что минуты тянулись бесконечно. Я неподвижно сидел на стуле. Ни звука. Прошло ещё несколько минут. Раздался скрип за дверью. Неужели ко мне? Нет, вновь тишина. Ещё скрип. За мной что, наблюдают? Наконец я понял, что это был за шум: каждый раз как один из часовых переступал с ноги на ногу, подошвы его сапог издавали скрип.

Трудно сказать, сколько я там пробыл (часы ведь непозволительная роскошь в Советском Союзе — всё для «тяжёлой промышленности»!). Судя по участившемуся скрипу, ноги охранников стали затекать сильнее. Скурил четвёртую сигарету и прикончил бы все девять, любезно оставленные чекистом, но сдержался. Всё представлял, с каким удовольствием буду смаковать оставшиеся пять, когда весь этот ужас закончится и я благополучно вернусь домой.

Вдруг послышался звук приближавшихся шагов. Надо думать, что моё дело имело огромное значение, раз в таком улье, как Лубянка, мне отвели столь тихое и уединённое место. Клацнув замком, дверь отворилась, и появился уже знакомый чекист. Я постарался как можно шире улыбнуться. Тот жестом позвал меня на выход:

— Начальник ждёт. Следуйте за мной.

Пройдя по коридору, мы вошли в очередную комнату. В этот раз она была обставлена заметно лучше, чем предыдущие, даже с элементами роскоши вроде хорошего ковра и качественной мебели. Часовые также преобразились: вместо простой солдатской формы на них были надеты начищенные до блеска чёрные кожаные куртки, на головах красовались фуражки. Вокруг пояса же шли широченные ремни с висящими на них штурмовыми пистолетами с прикладом и магазином увеличенной ёмкости. Оставалось только догадываться, сколь могущественная и зловещая фигура удостоила чести принять меня.

В углу комнаты сидел крохотный мужчина в очках. Аккуратный пробор на его голове разделял её ровно на две половины. Низко склонившись, он внимательно изучал какие-то бумаги на своём столе. Несмотря на незначительный размер, следовало предположить, что это был человек огромной важности. Мой проводник даже не осмелился заговорить с ним. Лишь резко вытянулся по струнке, так что был слышен стук его сомкнувшихся каблуков, и замер в ожидании. Очевидно, что коротышка догадывался о нашем присутствии, но не утруждался взглянуть на нас: бумаги всецело его поглотили. Судя по всему, он был близорук, а документ — высочайшей ценности.

Прошла ещё секунда. Наконец, блеск толстых линз его очков, подобно двум молниям с Олимпа, ослепил нас. Он самодовольно задрал большой нос и приподнял брови. Внезапно, взяв карандаш, он начертил какой-то таинственный символ в виде квадратного ключа, занимавшего, по-видимому, его ум всё это время, и на его крошечном лице отразилось удовлетворение.

«Дьявольский ключ», — подумал я про себя.

Я сразу отдал заранее приготовленный паспорт, стоило этому маленькому человеку протянуть руку. Пока он рассматривал документ, я обратил внимание на его ухоженные ногти, изящно покрытые лаком. Бюрократическая процедура велась так тщательно и скрупулёзно, что он, казалось, совершенно забыл о моём присутствии. Я осмелился между тем взглянуть на интригующий документ, оставленный им на столе рядом с папкой. О, разочарование! Это был обычный кроссворд, вырезанный и наклеенный на пустой бланк с советскими военными знаками.

Вернув паспорт, коротышка встал и вышел в дверь, охраняемую часовыми. Было слышно, как открылась и тут же закрылась ещё одна дверь. Всё это время выражение предельной серьёзности не сходило с лица моего проводника — недвусмысленное свидетельство того, что мы находились в каких-то метрах от руководителя высочайшего ранга! «Но какого именно?» — вопрошал я с тревогой.

Маленький человек возник вновь и жестом пригласил меня подойти, чему я без раздумий повиновался. Положив ладонь на ручку закрытой двери, он властным зычным голосом прогремел, прежде чем отворить:

— Товарищ Ягода ожидает!

Его тощее тело при этом сдулось, словно джутовый мешок, и если бы я не видел своими глазами, то ни за что бы не поверил, что оно способно издать столь мощный звук. Резким толчком он открыл дверь и впустил меня.

Чуть не упав в обморок от услышанного имени, я машинально вошёл внутрь. Дверь, должно быть, закрылась за мной. Я едва отдавал себе отчёт в происходящем. Запомнилось лишь ощущение обволакивающей всё тело слабости. Сознание, казалось, вот-вот готово покинуть меня. Наверное, мне потребовалась всего секунда или две, чтобы прийти в себя, но в тот момент казалось, что на это ушло столетие.

Очутившись внутри большой, скорее даже гигантской, комнаты, я оказался почти в полной темноте. Впереди мрак рассекал яркий луч электрического освещения, отражаясь глянцевым блеском на никелированных предметах на большом столе. Но всё моё внимание было приковано к неподвижной фигуре, застывшей подобно памятнику на освещённом фоне. Это был Он. Без сомнения, это был Он.

Недвижим. Левая рука покоилась на углу стола, а правая — согнута за спиной. Взгляд падал куда-то в сторону. Даже Наполеон не принял бы более величественной позы, воскресни он и предстань перед поверженными королями. Выглядел он в точности таким, каким я представлял себе Муссолини или Гитлера.

Я решился подойти поближе. Ноги увязали в мягком ковре. Приходилось прилагать не меньше усилий, чем при пересечении весенней улицы в разгар оттепели где-нибудь возле Москвы-реки.

Когда я приблизился почти вплотную, статуя вдруг зашевелилась и повернулась ко мне так, что мы оказались почти лицом к лицу, друг против друга. Медленно, почти торжественно протянув мне руку, он поприветствовал:

— Добро пожаловать, гражданин Ландовский!

Повинуясь старорежимной привычке, я непроизвольно пожал его руку и тут же проклял себя за такую выходку. Однако мой знаменитый визави, судя по всему, не выразил никакого негодования на этот счёт.

Изобразив на лице что-то вроде улыбки, он указал мне на кресло, и сам направился к дивану. Я не смел согнуть ноги, пока комиссар не занял своё место. Разумеется, что подобная учтивость пришлась ему по душе, и он вновь любезно предложил мне сесть.

Мне казалось, что я должен что-то сказать, но не в силах разомкнуть губы, мне удалось выдавить лишь:

— Я в распоряжении... вашего... вас, комиссар Ягода. — Я был настолько растерян, что чуть было не сказал «вашего превосходительства»! Кровь прилила к моему лицу. Но оговорка, видимо, лишь только потешила самолюбие собеседника. Тем лучше.

Не нарушая тишины, он посмотрел на меня ещё некоторое время, будто давая возможность налюбоваться им вдоволь, и затем взял разрезной нож и ткнул его кончиком в папку.

— Гражданин Ландовский, у меня для вас есть особое задание.

Всем телом я попытался выказать полную готовность с величайшей радостью подчиниться любому его приказу, а также подчеркнуть, что исполнение его было бы для меня высочайшей честью. По крайней мере это я хотел донести. Ягода продолжил:

— Мне очень жаль, что я до недавнего времени ничего не слышал о ваших способностях и той сфере, которую вы развиваете. Я даже не подозревал о её существовании! Минусы непричастности к партии...

— Это непросто, — перебил я и, полагая, что превзошёл самого себя, добавил: — Может быть, мои достоинства и возраст, а также подготовка...

— Возможно. Но факт в том, что её ценность, которую подтверждают мои отчёты, осталась для меня незамеченной... Для меня, самого информированного человека в СССР, — ухмыльнулся он. — Ваше имя ни разу не появилось в нашей прессе, даже в самых незначительных научных статьях... Прискорбно, прискорбно.

Я был крайне обескуражен: меня что, обвиняют в неизвестности? Совершенно сбитый с толку этими неясными упрёками, я тем не менее выразил односложно своё согласие, нетерпеливо силясь понять, к чему он клонит.

— Меня очень интересует химия, — продолжил он. — У НКВД есть собственные лаборатории, но мне не нравится настрой наших специалистов: в них нет дерзости. Нам нужны такие люди, как вы: изобретатели, проникающие в глубины неизведанного. Вы занимаетесь психотропными веществами и наркотиками, ведь так?

— Верно, — подтвердил я.

— Мне кажется, мы найдём с вами общее понимание. Конечно, вам придётся преодолеть кое-какие мелкобуржуазные предрассудки, пережитки прошлого, которыми вы, безусловно, страдаете. Но уверен, что это не составит большого труда для такого умного и рассудительного человека, как вы, Ландовский.

— Я готов ко всему, что связано с наукой! Будьте уверены.

— Хорошо, хорошо. Давайте перейдём к сути дела. Прежде всего позвольте небольшую профессиональную консультацию. Как вы думаете, товарищ Ландовский, возможно ли легко усыпить пациента на двадцать четыре часа без большого вреда его здоровью и без ущерба умственным способностям?

— Да, элементарно. Ежедневная практика в любом госпитале.

— Давайте пока опустим случаи в госпитале. Представьте пациента в относительно нестандартных обстоятельствах. Предположим, это сумасшедший. Человек, который сопротивляется. Которого нужно усыпить против его воли... Понимаете? Без его согласия.

— Комиссар Ягода! — перебил я его. — Вы знаете, над чем я работаю!

Польщённый, он улыбнулся.

— Да, — признал он, — я знаю о вашей работе кое-что такое, что прославит ваше имя. Помните, ведь я самый информированный человек в СССР.

Я едва сдержал слёзы радости и облегчения: наконец-то загадка прояснилась! Но неужели мои упорные, но молчаливые труды дошли до сведения Ягоды?

В течение многих лет я искал вещество, в котором успокоительное действие иона брома сочеталось бы с почти природным гипнотическим эффектом барбитуратов и скоростью воздействия этилхлоридных соединений; так чтобы оно парализовало бы даже функции вегетативной нервной системы, которые бы поддерживались искусственно во время операции. Это решило бы многие хирургические проблемы, в том числе проблему психического шока (я убежден, что любой шок имеет на восемьдесят процентов психическую природу). Это позволило бы даже оперировать пациентов без их ведома.

Мне удалось получить практически нетоксичные вещества парентерального введения почти мгновенного действия. При искусном применении испытуемый лишь почувствовал бы нечто вроде лёгкого комариного укуса, а через две минуты уже бы мирно спал. Собирался ли Ягода предложить мне свои лаборатории для продолжения этих исследований?

Переполненный радостью, я поспешно объяснял ему всё это. Он выслушал, улыбаясь с величайшей доброжелательностью, а затем прокрутил рычажок слева от него. Послышался далёкий голос, исходивший, по-видимому, из громкоговорителя:

— Центральный на связи...

— Б 01, — сказал Ягода.

— Приказ Б 01.

— Дело Ландовского завершено?

— Да, комиссар, они отправляются в Крым.

— На этом всё, — и Ягода закрутил рычаг в обратном направлении.

Я был ошарашен. Моя фамилия, наркотики и Крым не имели между собой ничего общего, как мне представлялось. Недоумевая, я застыл в немом напряжении.

— Гражданин Ландовский, — тон комиссара стал торжественно серьёзным, — гражданин Ландовский, сейчас вы узнаете то, что, пожалуй, можно назвать государственной тайной. Полагаю, как человек неглупый вы представляете себе уровень ответственности, которая на вас ложится. Хотя если даже и нет, то... Впрочем, неважно: я уже принял необходимые меры. Послушайте: в этот значимый для СССР момент — канун решающих событий — некоторые люди, враги советского народа, сами по себе ничтожные, даже смешные, и мало волновавшие нас до сего дня, могут стать опасными. Они — ничто, ничего из себя не представляют. Но, будучи усилены отдельными буржуазными государствами, в определённых политических обстоятельствах они могут стать ощутимой угрозой. Разумеется, что в наших силах быстро и решительно их сокрушить. Для этого есть все средства, но всё не так просто. Устранить человека, к тому же заурядного, не составляет труда, хоть это и чревато скандалом. Нам же нужно не столько ликвидировать подобных людей, сколько овладеть информацией, которой они располагают. В делах такого рода, как правило, есть руководитель, который единственный знает всех остальных сообщников. Иностранные державы всегда имеют дело лишь с одним человеком и исключительно в устной форме: записывать что-либо запрещено соображениями элементарной предосторожности. Ближе к сути: за границей есть человек, ныне нас интересующий. Он — глава антисоветской организации. Ведёт себя крайне осмотрительно и осторожно в вопросах своей безопасности. Необходимо, чтобы он попал сюда, в СССР. Вот, собственно, и всё. Естественно, что его нужно доставить в наше распоряжение живым, в превосходном умственном и физическом состоянии. В этом и заключается задача, часть которой обязаны решить вы, товарищ Ландовский.

Я силился осознать услышанное. Несмотря на пелену неясности, которой комиссар окутывал слова, смысл их был весьма прозрачен. В эту минуту на его лице будто проступила тень того самого Ягоды, каким его рисовала его мрачная слава. Чувство невыразимой угнетённости раздавило меня всей тяжестью. Пытаясь вырваться из опасного кольца, которое, казалось, замыкалось вокруг меня, я ответил:

— Комиссар Ягода, мне пятьдесят шесть лет. Моя жизнь и мои увлечения совершенно точно не сформировали во мне деятельного характера. Насколько я могу догадаться, то, о чём вы говорите, помимо более или менее серьёзных научных знаний, требует наличия определённых качеств, таких как ловкость, проницательность, сноровка, которыми я, без сомнения, не обладаю. Комиссар, боюсь, что вы составили весьма преувеличенное представление о моих способностях. Всецело желая доказать свою горячую приверженность Советскому Союзу, я тем не менее считаю, что переход от научных и теоретических изысканий к каким-либо активным действиям равносилен тому, чтобы заведомо обречь себя на разрушительный провал. Я безмерно благодарен за оказанное доверие, но полагаю, что самым благоразумным решением для меня будет отказаться.

Ягода перебил меня. Он встал и наклонился, опёршись обеими руками на стол, и обратил на меня пристальный взгляд. При этом его губы разомкнулись, вместо улыбки обнажив большой косой зуб под «гитлеровскими» усами. До этого, мне показалось, я не видел настоящего Ягоду, но в тот момент на меня смотрел человек, полностью соответствующий легенде. Не сказав ни слова, он выпрямился, а затем заговорил быстро, резко, нервно, подчёркивая энергичными жестами каждый слог и каждое слово.

— Нет, господин Ландовский (слово «господин», произнесённое им впервые, звучало по-особому в его устах: с таким же успехом он мог бы сказать слово «труп»), вы совершенно определённо ошибаетесь. Не ошибаюсь я, ибо я не могу ошибаться. Здесь вы не выбираете — вы подчиняетесь. После того как я отдал приказ, назад пути нет. Я уже предупреждал вас, что принял меры предосторожности. Я не предлагаю вам выбор между жизнью и службой... Вероятно, вы ещё не избавились от остатков романтизма либо просто глупец. Слушайте меня внимательно! Речь идёт о вашей жене, ваших детях...

Я мгновенно встал и остолбенел. Мои мозг и позвоночник словно оледенели. Ягода отошёл от своего места. Развернувшись спиной, он сделал несколько шагов. Затем засунул руки в карманы и, повернувшись боком, искоса посмотрел на меня.

— Что вы хотите сказать? Моя жена... Мои дети...

Криво ухмыльнувшись, он выждал мгновение, наслаждаясь охватившим меня ужасом.

— Ах, ах! Ваша жена, ваша дорогая жена, ваши любимые дети... Мы найдём понимание, мы найдём общий язык, гражданин! Не пугайтесь, пока не пугайтесь. Ваши жена и дети сейчас в путешествии. Они просто путешествуют. Радуйтесь: они едут в сторону мягчайшего климата — в направлении Крыма.

— Но...

— Неужели вам ещё неясно? Ведь всё довольно просто, легко догадаться. Гражданин Ландовский становится важным для Советского государства лицом. Его семья, как и семья, например высшего посла СССР, будет ждать его возвращения в особом месте отдыха на солнечном берегу Чёрного моря. Прекрасное место, уверяю вас! Побывать там мечтает каждый житель СССР. Обещаю, что ваша семья будет в восторге. Будьте спокойны и уверены на этот счёт. Вам не стоит переживать о благополучии родных, пока вы будете заняты важной миссией. Даю вам честное слово! Естественно, как вы понимаете, ваш отказ, или ваше предательство, будут равносильны подписанию смертного приговора... их и, разумеется, вашего. Не думаю, что тут стоит долго размышлять о том, какое решение принять. Полагаю, вы уже согласны, не так ли, Ландовский?

Я безотчётно опустился обратно на стул. Трясущиеся ноги не держали меня больше. Нервы были расстроены и истощены. Тело будто превратилось в тряпку. И дух тоже. Мне удалось лишь пробормотать:

— Я в вашем распоряжении...

— Прекрасно! Давайте обсудим детали. Вы курите, товарищ?

Не дожидаясь ответа, словно угадав, он поставил передо мной коробку с сигарами и сигаретами лучших зарубежных брендов, украшенную в стиле китайского маркетри. Я взял *Craven* и закурил.

— А! Позвольте, совсем чуть-чуть для бодрости.

Слева от него, по-видимому, был скрыт небольшой бар, потому что в его руке появилась бутылка виски, а затем ещё одна — содовой и, наконец, два стакана. Всё это производилось оживлённо и легко, с подчёркнутой непринуждённостью и элегантностью.

— Не беспокойтесь, я...

— Берите, берите! Хорошая марка. Ох уж эта дьявольская буржуазия, — он налил мне, потом себе. — Каково? Благодаря этому, как и многому другому, впрочем, они постепенно вырождаются, слабнут, мякнут. Чтобы получить возможность поставлять опиум китайцам, они развязали целую войну, но при этом виски, фильмы и всё остальное оставили себе. Совсем скоро они уже окончательно созреют.

Он засмеялся, как ему представлялось, иронично и загадочно.

С самого начала я отметил, что Ягода всеми средствами стремился выражаться утончённо, сопровождать речь грациозными жестами, будто желая казаться очень умным, циничным и галантным одновременно. Быть может, он лелеял в своей голове честолюбивую мечту о том, как в будущем будет блистать в компании иностранных дипломатов, в окружении дам; воображал, как он умело полемизирует с политиками и представителями буржуазной аристократии.

На то красноречиво указывали некоторые детали его необычайно изысканного наряда, отмеченные ещё в советской прессе, например изящный платок или отглаженный до зеркального блеска воротничок. Особенное внимание привлекали его часы. Они были поистине великолепны! Но даже более того выделялся брелок, обычно спрятанный в его кармане. Сделан он был из настоящего чёрного жемчуга наивысшего качества. Комиссар им очень дорожил. Разговаривая, он тайно играл с ним, заботливо поглаживал, а всякий раз, когда брал в руки что-нибудь другое, бережно клал его обратно в карман.

Весь этот арсенал роскоши скрывался за своего рода кителем, застёгнутым на все пуговицы, как у Сталина. Действительно, любой бы сказал: «А-ля Сталин». Но покрой и цвет (куртка была коричневой, сшита на военный манер) выдавали то, что он хотел быть похожим не на своего господина и повелителя, а на Гитлера, образ которого я отчётливо запомнил из недавних кинохроник, показанных в московских кинотеатрах.

В состоянии нервного напряжения, а в моём случае оно было зашкаливающим, приобретается странная ясность ума. Она позволяет замечать мельчайшие детали и формулировать самые необычные умозаключения. Будто бы ум, сосредоточив значительную часть способностей на чём-то одном, таким образом даёт возможность другой его части обрести бо́льшие остроту и силу. Эти наблюдения были сделаны мною в течение нескольких секунд, что Ягода подавал виски. При этом, причиняя горькую, жестокую боль, меня неотступно мучила мысль о том, что мои жена и дети сейчас в опасности.

Прежде чем снова начать говорить, я сделал два больших глотка. Мне нужны были силы. Ягода вернулся к нити разговора.

— Речь идёт о бывшем генерале Миллере. Вы знаете его?

— Во времена, когда он был полковником. Сейчас я бы, пожалуй, не смог его узнать.

— Отлично. Он не изменился. Сейчас он в Париже. Вам нужно будет отправиться туда. Ваша роль крайне проста... Вы же говорите по-французски?

— Совершенно верно. Возможно, правда, что у меня резковатый акцент.

— Да, мои отчёты утверждают то же. Не беспокойтесь об акценте. Он вполне соответствует вашей роли. Как я уже сказал, ваша миссия очень проста, без риска и сколько-нибудь больших усилий. За исключением, разумеется, непредвиденных обстоятельств. Вам нужно будет вмешаться лишь тогда, когда Миллер будет уже в наших руках. Вы введёте его в состояние наркоза и проследите за ним до тех пор, пока не понадобится его разбудить. Несколько часов, могу предположить, не дольше.

Всё это время я машинально продолжал пить виски. Трудно сказать, как давно миновал час моего ужина: уже долгое время я ничего не ел. Живот урчанием настоятельно не давал об этом забыть. Оттого алкоголь ужасным образом подействовал на пустой желудок: чувство безграничной эйфории мгновенно охватило меня, доведя до пределов опьянения. Я восхищался тому, с какой невозмутимостью слушал подробности преступления, в котором мне предстояло принять участие. Та непринуждённость, с которой Ягода рассказывал о подробностях дела, как если бы это был самый обыкновенный вопрос, не вызывала во мне ни капли удивления. Всё, что я испытывал, это внимательное любопытство специалиста.

Он продолжал говорить ещё некоторое время, но не помню, о чём точно. Я слушал, кивая головой время от времени, однако суть его слов ускользала. Они доносились как бы сквозь алкогольную дымку, окутавшую мой ум.

Наконец, он встал. Я сделал то же самое. Ещё не закончив речь, комиссар проводил меня до двери и отворил. Я удалился, не смея повернуться спиной. Не знаю как, но у меня получилось открыть вторую дверь самому, пока Ягода остался стоять у первой. Он, кажется, смеялся. Тем временем рядом со мной появился секретарь в очках.

— Дайте гражданину немного времени, — распорядился комиссар. — До свидания, гражданин Ландовский! Удачи! И увидимся, когда вы вернётесь. У меня на вас большие планы.

Без лишних слов он закрыл дверь. Отношение этого напыщенного коротышки резко поменялось. Он пригласил меня сесть и даже предложил сигарету. Несомненно, услышав слова начальника, он быстро смекнул, что этот плохо одетый Ландовский вскоре может стать весьма значимой персоной.

Спустя четверть часа из кабинета Ягоды вышли двое мужчин. Одного из них я уже знал. Другой, вышедший первым, вероятно, был важнее, поскольку он обратился сразу ко мне, совершенно игнорируя маленького человечка:

— Гражданин Ландовский, комиссар доверил мне ваше дело. Мы можем уйти, когда пожелаете.

Мы покинули комнату в сопровождении секретаря, прощавшегося с нами со всей своей отталкивающей любезностью.

Возвращаясь по тем же самым коридорам, мы вынуждены были вновь дважды пройти проверку личности на тех же пропускных пунктах, всё теми же проверяющими. Правда, что в этот раз процедуры шли быстрее и с меньшим количеством формальностей. Мне вернули назальную мазь. На улице, в том же месте, вместо предыдущей машины нас ждала другая, ещё более комфортная. Усевшись, мой новый спутник спросил, прежде чем отдать приказ тронуться:

— Нужно ли вам вернуться домой? Я спрашиваю на случай, если вам необходимо взять какие-либо инструменты, привести в порядок документы или что-либо ещё.

— Конечно, товарищ, мне нужно вернуться.

— Миронов. Товарищ Миронов.

— Полагаю, прямо сейчас мы ещё не отправляемся в дорогу, товарищ?

— В дорогу, в дальнюю дорогу... Нет, но нам предстоит преодолеть несколько вёрст уже этим вечером. Решение за вами.

— Да, я должен вернуться.

Миронов отдал приказ водителю, и мы поехали. Я не знал, зачем возвращался домой. Скорее движимый непреодолимой потребностью увидеть те комнаты и мебель — немых свидетелей отъезда моих близких — я надеялся найти что-нибудь, что могло бы поведать об их чувствах и настроении в тот момент. Что-нибудь, что можно было бы увидеть и сохранить себе на память. Погружённый в мысли, я понял, что мы прибыли только тогда, когда машина остановилась. Мы вышли и поднялись по скользкой лестнице, и я увидел знакомого швейцара. Он стоял на своём посту в состоянии полной готовности. Выбежав в зал, он поприветствовал нас жестом, преисполненным глубочайшей преданности. Надо думать, что самый вид человека, в новом костюме и дорогих ботинках, наполнил его уважением и почтением к нам. Но чекист не удостоил его даже взглядом.

Толкнув входную дверь в квартиру, мы оказались в коридоре рядом с обителью работника метро. Бедняга одевался, собираясь на улицу, из-за чего выглядел довольно нелепо.

— Пошёл вон отсюда! — приказал Миронов.

Мужчина взял сапог и присел, желая, видимо, сперва обуться.

— Ты что делаешь? Я же сказал тебе убираться! Сейчас же! В чём есть!

Агент решительно направился к нему, но дойти не успел. Антонов рванулся в своём жалком виде к двери настолько быстро, насколько ему позволяли спущенные ниже колен штаны, и исчез на лестничной клетке.

Мы зашли в мою комнату. Ничего примечательного я в ней не заметил. Она лишь производила гнетущее впечатление одиночества. На стуле без спинки всё ещё лежал «проект» стёганого пальто, которое сшивала Мария. На выключенной плите стояла кастрюля с остывшим пшённым супом. Никаких признаков беспорядка или насилия видно не было. Исчез лишь мой старый портрет, а дощатый ящик, служивший сундуком для наших немногих вещей, был пуст. В нём осталась только моя зелёная рубашка, старательно зашитая моей бедной Катей несколько дней назад. Я поднял рубашку и уставился в неё потерянный. Даже позабыл о присутствии двух проводников.

— Что вы делаете, товарищ?

— Собираю кое-какую одежду. Она мне понадобится в поездке...

Миронов издал смешок, подхваченный вторым агентом.

— Не переживайте, товарищ. Багаж уже ожидает вас. Вы же не собираетесь и впрямь ходить в таком виде по бульварам?

Я не знал, что делать. Прошёл в мой кабинет-спальню. Они с любопытством последовали за мной. Чтобы произвести хоть какие-нибудь действия, я взял случайную кипу бумаг и сложил в стопку, скрепив их с тетрадями и рецептами. Мне хотелось подольше побыть дома: казалось, что так я был ближе к своим родным. Я даже невольно воображал, что сейчас откроется дверь и войдёт моя милая Катя, а за ней — мой маленький Николай, Мария, Анна и Елена. В который раз бесцельно обходя комнату, я заметил, что агенты уже начали проявлять нетерпение. Тогда я наконец неуклюже взял в руки пачку бумаг с тетрадями и огляделся в поисках чего-нибудь, чем их можно было связать. Там, в углу, на спинке поломанного стула, я увидел белую ленту, которой моя маленькая Елена завязывала свои вьющиеся светлые волосы. Я почувствовал неодолимую тягу забрать её с собой. Подойдя ближе, я заключил её меж пальцев. Она была мокрая и холодная, а на её конце качалась повисшая на нитке капля воды. Мне представилось, что это жемчужина, или слеза, или, возможно, и то и другое сразу, оставленные мне моей маленькой Еленой... Мне захотелось её подержать, и я бережно подобрал капельку пальцами. Кожу на мгновение овеяло холодком, испустив который, капелька исчезла, оставив лишь мокрый след. И вот уже настоящая слеза катилась по моей дрожащей щеке. Я поспешил утереть её стыдливо, и она соединилась с первой, дочкиной, как мне хотелось верить, всё ещё не высохшей на кончике пальцев.

Не в силах себя больше сдерживать, я вышел, не сказав ни слова. Двое приспешников вышли вслед, заперев дверь в мою комнату. Я отдалился от них, скрывая чувства и боль, ими осквернённые.

Но те быстро последовали за мной. Было слышно, как они отдавали распоряжения швейцару. Ему было велено присматривать за квартирой и никого не пускать, пока я не вернусь, и тем более никому её не сдавать.

Мы вышли втроём на улицу, сели в машину и быстро уехали.

Я назвал адрес клиники, в которой работал.

С какой грустью я оглядел помещение, где один, в компании кошек и собак и одного несчастного типа, служившего мне ассистентом, провёл столько замечательных опытов!

— Возьмите всё, что вам понадобится, товарищ.

Я обернулся и увидел двух мужчин, заносивших большой сундук в лабораторию. Насколько предусмотрительно ГПУ!

— Этого достаточно?

Тревога и замешательство охватили меня: что это «всё, что вам понадобится» значило? Ягода, должно быть, подробно объяснил, чем мне предстоит заняться, но я ничего не помнил. Я машинально взял флаконы *Lösung* 219, *Lösung* 220, *Lösung* 221. 221-й, помню, вызывал у кроликов странный анафилактический шок безо всяких следов альбумина — какой исследовательский горизонт открывал этот препарат! *Lösung* 222, *Lösung* 223... 223-й — наиболее эффективный из когда-либо созданных мною; *Lösung* 224 — тот же 223-й, но с адреналином, что, впрочем, не улучшило переносимость. С 223-м также наблюдалось некоторое снижение давления...

— Товарищ Ландовский, не могли бы вы поторопиться?

В сундуке уже лежало с десяток флаконов. Для чего же, боже мой?

II
В ЛАБОРАТОРИИ НКВД

Мы миновали пригороды Москвы. Трудно было определить, в каком направлении от города ехала машина. Из-за дыма сигарет и пара нашего тройного дыхания окна покрылись почти непроглядным слоем плотного инея. Лишь яркий свет уличных фонарей иногда проникал внутрь салона. После того как исчезли последние из них, мы ехали ещё около часа. Внезапно автомобиль повернул и остановился. К машине кто-то подошёл, заглядывая в каждое из окон. Один из агентов опустил боковое стекло, и мы увидели силуэт мужчины с шапкой-ушанкой на голове и фонарём в руках, светившего им в нас. Миронов показал ему удостоверение, на что тот ответил почтительным приветствием подчинённого. Он отошёл. Послышался его голос, раздававший приказы другим. Заскрипели ворота, и мы двинулись дальше. Во всё ещё открытое окно виднелись огромные деревья. Ещё одна короткая проверка личности с часовым у двери весьма немаленького здания, как мне показалось из того немногого, что я мог разглядеть. Должно быть, нечто вроде секретной дачи. Красивая дверь неплохой архитектуры, украшенная двумя колоннами и геральдическим щитом, видневшимся на ней.

Кто-то, находившийся, по всей вероятности, внутри здания, дал нам пропуск, после того как охранник подал условный знак.

Миронов вошёл первым, я — за ним, и, следуя за нами, — другой агент. Последний остался в зале, а мы поднялись по лестнице. На втором этаже нас ждал человек, судя по всему, ответственный за ведение хозяйства в этом доме, так как мой компаньон строго спросил его:

— Всё ли готово?

— Да, товарищ Миронов. Мы получили приказ из Центра несколько часов назад. Ваши комнаты готовы. Так же как и ужин.

— Как насчёт багажа нашего товарища?

— Да, товарищ. Он прибыл более часа назад.

— Вот и хорошо. Проведите нас в наши комнаты. Предполагаю, что моя та же, как обычно, верно?

— Та же самая. Следуйте за мной, товарищи.

Он прошёл вперёд, и мы попали в коридор, куда выходили несколько дверей. Он открыл одну из них, своего рода главную.

— Ваша, товарищ Миронов, — произнёс распорядитель и, подойдя к следующей, добавил: — А эта товарища...

— Ландовский. Иосиф Ландовский.

Распорядитель остался стоять у двери. Миронов вошёл первым, и я зашёл следом. Мы оказались в довольно комфортной комнате, похожей на отельную, с удобной кроватью и чистым бельём. Она соединялась с другой, схожих размеров, которая, благодаря уютной изящной мебели, несомненно старинной, напоминала кабинет или рабочую комнату. На постели и двух стульях был разложен новый комплект одежды.

— Ваш наряд, — пояснил Миронов. — Я оставлю вас ненадолго. Пока можете переодеться и даже принять ванну, если желаете. Не угодно ли? Горячая вода!

— Я займусь этим завтра, если позволите.

— Категорически нет. Вам немедленно нужно снять вашу одежду. Она слишком грязная для этого дома. Более того, чем быстрее вы привыкнете к новому облику, тем лучше. По возможности вам следует обрести лёгкость, вашу былую старосветскую утончённость. Вы не должны выглядеть в этом костюме, как манекен. К тому же у нас не так много времени. О размерах не переживайте: всё было сшито специально для вас. У наших портных были все необходимые мерки, как и мерки для тысяч других граждан. Поверьте, они своё дело знают.

На этом он удалился, указав напоследок:

— Позвоните, как будете готовы к ужину.

Я остался один. Хотелось есть. Памятуя слова проводника об ужине, я стал быстро снимать с себя вещи. Решил, что принять душ бы тоже не помешало. Я не купался с лета, что, следовало полагать, существенно портило впечатление обо мне. Покончив с этим, я надел тёмный костюм. Он сидел на мне превосходно. В зеркале мне вновь показался старый добрый профессор Ландовский — исхудавший, состарившийся, но всё так же статный. Ещё бы побриться и хорошо постричься, и меня бы было не узнать. Я посмотрел себе в глаза — на меня глядел другой человек... совершенно другой!

Закончив последние приготовления, я позвонил в дверь. Пришёл распорядитель, и мы вместе пошли в столовую. Ужин был подан, как он сообщил.

Там меня ждал Миронов и ещё один человек, которого я раньше не видел. Они торопливо пропустили по рюмке, прежде чем сесть за стол.

Нас представили:

— Иосиф Максимович Ландовский, доктор химических и медицинских наук. А это, — сказал он, указывая на незнакомца, — Левин Лев Григорьевич, с кем вы вскоре близко познакомитесь, ваш коллега.

Мы пожали друг другу руки. Я окинул этого типа беглым взглядом. Хотя его отчество явно на то не указывало, несмотря даже на то, что он поменял или замаскировал своё имя, каждая его черта, все его жесты несли на себе характерную печать его чисто еврейского происхождения. Он был сдержан и учтив — к манерам его было не придраться, но вместе с тем в нём было что-то скользкое и отталкивающее.

Мы сели за стол. Последний раз я принимал участие в подобном банкете много лет назад. Впрочем, банкетом это казалось только мне: на скатерти не было ничего праздничного, и было видно, что шла обычная домашняя трапеза. Количества одних только закусок было бы достаточно всей моей семье, чтобы питаться неделю. А если взглянуть качественно, в них содержалось белка больше, чем мы потребляли за целый месяц. Хозяева ни в чём себе не отказывали. Пили сухое белое вино, предположительно французское, однако точную марку опознать у меня не получилось. Ужин шёл непринуждённо, буднично, словно эти деликатесы здесь были чем-то обыкновенным и привычным. У меня был зверский аппетит, и лишь нечеловеческими усилиями я смог себя сдержать. Я очень хорошо знал, что мой желудок отвык от такой обильной еды, поэтому мне не хотелось подвергать его серьёзному расстройству грядущей ночью. Меня приглашали присоединиться к возлияниям, но я предпочёл остаться трезвым. И вскоре не пожалел, ибо когда подали кофе и ликёры, языки сотрапезников развязались более моего, и мне удалось о многом узнать и догадаться. Не то чтобы меня приняли в этом доме за своего, но им, должно быть, было известно о моём положении «доверенного лица», а посему моё присутствие особенно не препятствовало разговору.

Доктор Левин с необычайной важностью сообщил мне, что он являлся официальным врачом НКВД. Он припомнил времена, когда он лично заботился о драгоценном здоровье Дзержинского и Менжинского, хвастаясь тем, как надолго ему удалось продлить биение их искалеченных сердец. Он доказывал ошибочность планов лечения его подопечных, предлагавшихся другими врачами, и горячо защищал свой. При этом его речь изобиловала научными терминами и теориями, как будто он пытался меня убедить в своей правоте — меня, кто был совершенно не в курсе того дела и потому вступить в спор возможности не имел. Сейчас же, продолжал Левин, он служил личным врачом Ягоды, чьей дружбой и доверием он очень кичился. Также рассказал о своих путешествиях за границу. Он путешествовал вместе с Горьким в качестве его личного врача. Вспомнил их пребывание в Италии, на

Капри. Затем их визит в Париж в 1934-м. О том, как глубочайшим образом скорбел о безвременной утрате Максима Горького и его сына, как если бы они были его близкими родственниками. Он посвятил меня в подробности их болезней: у отца был туберкулёз, а сын страдал алкоголизмом.

— Ах, несчастье мне! Столь близкие мне люди, и попали ко мне уже в таком состоянии! Ходячие трупы, дорогой коллега! Чтобы продлить им жизнь, мне приходилось в буквальном смысле творить чудеса!

После этого он стал расспрашивать меня о специфических новостях в моей области. Как только мог, я старался уйти от его вопросов. События прошедшего дня, полного переживаний и передвижений, предельно меня истощили. Заметив это, Миронов предложил последний на тот вечер тост, и, выпив, мы разошлись.

Я добрался до своей комнаты и стал раздеваться, разумеется, закрыв за собой дверь. Расшнуровывая туфли, увидел, как ключ в замке повернулся. Очевидно, что меня заперли, как заключённого, что, впрочем, больше не вызывало удивления, учитывая, что я находился в цепких лапах ГПУ.

III

ДОКТОР ЛЕВИН. ИССЛЕДОВАТЕЛЬ ПЫТОК

Пожалуй, мне следует кое-что рассказать о себе. Я сын полковника Максима Ландовского. Мы происходим из старинного польского рода, связанного через родителей отца с родом русским. Отец утратил всякую привязанность к исчезнувшей нации своих предков. Польша, кажется, также была ему безразлична. Поэтому мой родитель был образцовым русским, верным царю, и смелым и доблестным офицером. Он отличился на войне, был повышен в звании и несколько раз награждён. Но умер он бесславно. Предельно консервативный в своих взглядах, он примкнул к Корнилову и был убит, о чём мы с матерью узнали позже. Она, чьё состояние здоровья к тому времени было уже крайне плохим, пережила его совсем ненадолго, всего на несколько месяцев. Этого времени тем не менее ей хватило, чтобы застать захват власти большевиками в Петрограде. Она умерла, так и не увидев меня. Занятый в военно-санитарной службе армии[1], я оставался в Киеве. И только спустя два месяца после её смерти, уже вернувшись, я узнал о случившемся. Моя жена, которая всё это время самоотверженно ухаживала за ней, рассказала о том, как больно было матери оттого, что меня не было рядом; как она всё звала ко мне по имени.

Мы поженились с Катей в 1914 году, после того как я окончил учёбу в университете и получил докторскую степень. Но насладиться нам удалось лишь двумя медовыми месяцами: грянула война, и меня мобилизовали как военного врача. В это время родилась моя дочь Мария, которой было уже двадцать один год на время описываемых здесь событий. За ней родилась Анна, которой к тому моменту исполнилось восемнадцать. Затем родились Николай и Елена — пятнадцать и девять лет соответственно. Я не собираюсь описывать нашу полную страданий жизнь. Как сына погибшего полковника-контрреволюционера меня лишили какого бы то ни было разрешения практиковать свою профессию, что обрекало нас на голод. Первые несколько лет я занимался всем подряд, сдавая в найм свои руки и время на самых низкооплачиваемых работах. Но не было бы счастья, да несчастье помогло: поскольку чаще всего, работая таким образом, не получалось добыть и нескольких рублей, я в поисках прибежища вернулся к своим исследованиям.

К счастью, книги по химии были непостижимой тайной для толпы. Мне удалось сохранить большинство своих книг, а множество других я отыскал в кучах с мусором. Затем мне выдалась возможность посещать библиотеку. Вынужденный аскетизм, кажется, только усилил мои способности. Без всякого хвастовства могу сказать, что я почти достиг высот гениальности. Будь в моём распоряжении хорошая лаборатория, я бы сделал сенсационные открытия! И лишь много позднее я смог приблизиться к некоторым из них. Бывшие коллеги, включая тех, кто был на стороне режима, не осмеливались помогать и сотрудничать со мной, опасаясь попасть под подозрение. До 1925 года я был лишён всякой связи с кем-либо из научной среды. Позже, неофициально, мой старый приятель Иванов решился устроить меня прислужником в центральной лаборатории топливного комиссариата[2]. Это место обычного рабочего позволило мне использовать свои знания, и мы стали совместно проводить исследования и опыты. Я, глубоко благодарный, предложил ему свою научную интуицию, труды и монографии. Последние, с моего согласия, он обнародовал под своим именем на конференциях и в статьях научных журналов. Его слава росла. Оттого и влияние, и полномочия его ширились. Он даже получил повышение, что, в свою очередь, позволило ему укрепить оказываемую мне протекцию. Это отразилось на моём финансовом положении. Не то чтобы оно сделалось прекрасным, далеко не так. Но теперь тот изгой, коим я был, получил возможность питаться так же, как питались разнорабочие, что само по себе было большим достижением. Пропитание хотя и крайне скудное, но достаточное, чтобы перестать голодать. В то же время эти перемены благотворно сказывались и на моих детях. Мой друг Иванов теперь мог с меньшим риском оказывать им поддержку, по мере того как они росли, помогая с зачислением в школы и университеты. Моя старшая дочь изучала химию, к чему она чувствовала призвание и проявляла должное отношение. Анна, вторая дочь, тяготела к естественным наукам. Николай хотел стать инженером, и учился в старших классах, но уже подавал большие надежды благодаря своим таланту и прилежанию. Их школьная еда и студенческий рацион вместе с тем, что удавалось заработать мне, чудесным образом сочетаемые моей славной Катей, позволяли нам кое-как обеспечивать себя, что, учитывая политическую ситуацию, было весьма неплохо.

Затем один хирург во Врачкине[3] разрешил мне использовать лабораторию, прикреплённую к одной из операционных, которая в то время использовалась для хранения веников. Там я и занимался своими анестетическими разработками. У меня даже появилась возможность начать эксперименты с участием людей. Тогда казалось, что до меня с моими наукой и грёзами совершенно никому не было дела. Но ГПУ следило за мной. Боже мой, ведь организации, подобной ГПУ, суждено было бороться с человеческими недугами, а не приумножать их!

В моём статусе «вонючего буржуя» было определённое преимущество: мне не пришлось пережить той трагедии, которая постигла, как мне известно, множество других семей. Многим, являвшимся врагами большевизма, хранившим верность своим глубоко укоренённым религиозным принципам, имевшим в своих семьях убиенных жертв, приходилось маскировать свои взгляды тысячей разных способов. Спасаясь и стремясь улучшить условия жизни, некоторым удавалось даже вступить в партию, большинство же присоединялось к профсоюзам. Но, к своему ужасу, они обнаруживали, что этот «камуфляж» вынуждал их растить своих детей в духе атеизма. Они видели, как в рядах комсомола последние богохульничали и обзаводились свободными нравами и пороками, которые там насаждали. То, что когда-то задумывалось маской, обернулось чудовищным ликом их любимых чад. Не суждено было сбыться надеждам на то, что они выявят свои истинные верования и взгляды, когда образумятся, потому что с течением лет коммунистическое воспитание сделало из них молодых фанатиков, готовых на любую жертву ради идеи. Узрев страшную перспективу умереть в Сибири или от чекистской пули в затылке, их родители пятились в испуге, не смея сказать и слова, защищаясь от собственных детей. Ведь те создания, которым они дали жизнь, могли на них же и донести.

Мне посчастливилось во многом избежать подобного. Не то чтобы во мне хватило смелости учить моих детей идеям, которые когда-то сформировали меня и их мать. Я относился с безразличием к Советам, но никогда и не был их апологетом. Моё тогдашнее положение, его несправедливость, о которой дети знали сами, постепенно взрастили в них чувство отвращения и усилили неприятие, но они держали эту враждебность при себе. Уверен, что они бы не возложили и толики своей семейной привязанности на алтарь холокоста этого бесчеловечного режима. Свои взгляды я высказывал с осторожностью, опасаясь как неопытности их молодости, так и многочисленных шпионов в студенческой среде. Лишь старшей дочери Марии было хорошо известно о моих убеждениях, и она втайне их полностью разделяла. Она обладала необыкновенно цельным характером, предельно сдержанным, поскольку выросла в трудностях и лишении, что соответствующим образом её закалило. Только она была крещена, и только она была тайно посвящена моей женой с соблюдением должных религиозных обрядов. Другие же продолжали быть в неведении относительно нашего мировоззрения и даже не знали о крещении своей сестры. Иногда, подражая матери, они лишь повторяли за ней слова, не вполне понимая их значения, когда у той не получалось спрятать все христианские символы. Время и поведение Марии подсказывало нам, как нужно поступать с тремя младшими детьми. Хоть их мать, набожная христианка, и старалась всеми силами сдерживать своё обострённое чувством боли религиозное рвение, достигавшее порою границ мистицизма, я всё же был вынужден бороться с этим. Поддавшись в конце концов, она ограничилась лишь беспрестанной проповедью естественной морали, даваемой словом и своим примером.

Таким образом мы и жили, пока стук чекиста в мою дверь не завершил эту славную главу нашей жизни. И вот я оказался здесь, лёжа в этой кровати, в незнакомой комнате, всецело в руках ГПУ, этой ужасной советской структуры; с кипящим мозгом, в котором сцены прожитого дня сменялись картинами кошмаров, терзавшими мой беспокойный сон той долгой ночью.

Мне нужно было спокойно поразмыслить. Я закурил сигарету, чтобы прояснить ум, и положение моё вполне чётко очертилось в моём сознании. Ягода, полагаю, выбрал меня для участия в преступлении. Было неизвестно, какова будет степень моего соучастия, но это было всё равно. Правда была в том, что я должен был стать преступником, убийцей. Мысленно перенесшись к жертве, я видел там, не знаю где, генерала Миллера. Воображение рисовало его в славном обмундировании как легендарного предводителя Белой армии, той армии, от которой я когда-то ждал своего освобождения. «Нет! Ты никогда это не сделаешь!» — кричал внутренний голос. Но тут же содержимое экрана моего воображения мгновенно переменилось. Явились жена с детьми, умоляюще взывающие. Мне виделись приближающиеся к ним мерзавцы со страшным намерением их убить... Я вскочил на кровати, дрожа от ужаса. Схватившись руками за голову, огромным усилием воли я заставил взять себя в руки. Нужно было совладать со своими нервами. Следовало бесстрастно подумать о том, как поступить. Я выпил большой стакан воды, очень холодной, как оказалось. Подумалось, что проблему необходимо было сперва сформулировать в соответствующих терминах, и я попробовал их подобрать. С одной стороны, если упростить, есть одна смерть, чудовищная смерть, это правда — смерть генерала Миллера. С другой стороны, пять убийств: жены и четверых наших детей. При таком математическом подходе сомнений не оставалось: один меньше пяти. Изумляли то хладнокровие и автоматичность, с какими я пришёл к этому заключению: без моральных сомнений, не принимая в расчёт, что на одной чаше этих смертельных весов — мои близкие, а на другой — белый генерал, почти мне незнакомый. Но из этого же вывода следовал другой вопрос: являлось ли это действительно проблемой математического, а не морального порядка. Ведь во втором случае никакие арифметические доводы были не применимы. «Не убий!» — без прочих условий и смягчающих обстоятельств твердила воля высшего морального кодекса. «Не убий!» — повторяло вновь и вновь что-то в моей груди, исходившее из самых глубин души. Я пытался спорить с тем неумолимым голосом, но не в силах был его заглушить. Он не увещевал, он диктовал! И без каких-либо обоснований он был прав больше, чем вся логика.

Так бы оно и продолжалось часами, не услышь я, как повернулся ключ в замке, после чего раздался осторожный стук в дверь.

— Да, входите, — ответил я.

— Не заболел ли, товарищ? — раздался голос из-за закрытой двери. — Уже семь часов. Вас ожидают.

— Сию минуту, уже иду.

Шаги удалились. Я торопливо вскочил с кровати и уже через полминуты принимал холодный душ. Вода освежила и вновь наполнила меня энергией, так как борьба с собой истощила меня за ночь и почти лишила последнего остатка сил. Затем я быстро накинул на себя одежду. Пока я этим занимался, меня вдруг осенила спасительная мысль... И как мне раньше не пришло это в голову?! Ведь всё просто: можно обмануть Ягоду и предотвратить преступление! Но как? Посмотрим! Обстоятельства подскажут, как нужно действовать.

Я засиял! Всё казалось теперь таким простым. У меня всё получится! Ягода ничего не заметит. И уже свысока смотрел я на него и на его тщательные приготовления к преступлению.

Я спускался по лестнице с радостным посвистыванием — до такой степени меня воодушевила эта идея.

Миронов ожидал в столовой. После горячего приветствия он доложил, что Левин вот-вот будет. Также, заметив густую щетину на моём лице, он сообщил, что в доме работает китайский цирюльник и что для полного завершения образа мне следует обратиться к нему.

Завтракали плотно: пара яиц, ветчина и кофе с молоком. Эта еда казалась мне чем-то изысканным, чей подлинный вкус с большим трудом припоминало моё нёбо. Всё оттого, что даже в тех редких случаях, когда удавалось достать яйцо, его нельзя было как следует пожарить, ибо не было масла. Или же когда раз в два года получалось купить несколько граммов кофе, недоставало сахара. Ветчина... что ж, я позабыл, какого она вообще цвета. Но, очевидно, в России ещё оставались те, кто мог себе позволить подобные роскошества, и ГПУ было в их числе первым. И следовало полагать, что количество запасов было значительным, судя по тому, как непринуждённо и обильно поглощалась пища.

Левин прибыл, когда завтрак окончился, дымя сигаретой, весёлый и общительный. Первым делом он поспешил сообщить мне, что он разговаривал с начальником.

— Я всё знаю, товарищ, — поведал он, сердечно похлопывая меня по плечу. — Великолепная миссия! Как я вам завидую! Я бы и сам желал заняться этим чудесным делом. В какой-то момент я было думал, что это будет внутренним заданием: позаботиться о продлении жизни некоего предателя высшего ранга — обыкновенная задача. Но поехать туда! Чудесно! Просто превосходно! Задействуйте все ваши пять чувств, товарищ, и вас будет ожидать прекрасное будущее. Я уверяю вас! У скольких ваша работа вызовет зависть! Из ниоткуда, и вот так начать! Можете полностью на меня рассчитывать, товарищ, я весь к вашим услугам!

Сообразуясь с его восторгом, я поблагодарил «сертифицированного преступника» за добрые пожелания. Я даже позволил себе ответить взаимностью и похлопал его по плечу такое же количество раз.

Он был польщён.

— За работу! Товарищ Миронов разрешит нам покинуть его приятное общество, если, конечно, он не хочет заскучать с нами в лаборатории.

Мы поднялись по лестнице и достигли третьего, и последнего, этажа. Перед нами находилась закрытая дверь, охраняемая человеком в штатском, чей вид, несмотря на отсутствие униформы, был тем не менее столь же серьёзен и строг. Левин вынул из кармана ключ и отворил. Мы очутились в помещении огромной ширины, напоминающем неф, обращённый на юг. Оно занимало целое крыло здания. Большие окна с двойным остеклением давали прекрасный свет. Снаружи их крепилась сетка из железа и стали, служившая ограждением.

В первую очередь Левин подошёл к ближайшему столу у широкого окна и предупредил:

— Не вздумайте открывать и касаться сетки: она под высоким напряжением!

Моим первым впечатлением от увиденного было завистливое потрясение: лаборатория была громадной. Необычайно длинные белые мраморные столы у подножия окон; в центре — витрины с бесконечным количеством материалов; места было предостаточно для всего; и ощущение порядка и чистоты, какие не встречались мне нигде во всём СССР. Помещение разделялось на отсеки стеклянными перегородками. Не успел я пройти через первый из них, как Левин там же меня остановил. То был отдел фармакологии. Там, на табурете, лежал пока ещё не открытый чемодан, с упакованным в нём моим *Lösung*. Еврей указал на ряд колб за стеклянной витриной, рядом с другими колбами, пробирками и бюретками.

— Поглядите, — сказал он, — это кое-что абсолютно новое. Экстракты каннабиса, которые Люменштадт довёл до совершенства.

— Люменштадт... здесь работает?

— Да. Он сейчас в отпуске, уже пятнадцать дней. Вернётся ещё через пятнадцать.

Затем он взял в руку одну из пробирок, закрытую вощёной пробкой, внутри которой находилась весьма жидкая субстанция красноватого цвета.

— Знаете, что это такое? — спросил он меня с энтузиазмом. — Конечно, вы не можете знать. Но вам обязательно стоит попробовать. Это самое изощрённое из всех известных средств получения удовольствия. Но за пределами СССР совершенно неизвестное! Малая доля кубического сантиметра, введённая подкожно, — и человек, её принявший, испытывает самую головокружительную радость, которую только можно представить. Видения, галлюцинации, переживания невиданной красоты и притягательности. Вы не пробовали гашиш?

— Нет, товарищ.

— Что ж, этот гашиш употребляли арабские султаны, персы и другие древние народы. От Средиземноморья до Аравии и Индии. Люменштадту удалось вырастить в южных республиках коноплю индийскую и, селектировав сорта, извлечь из неё опьяняющие вещества в наивысшей концентрации, в чистейшем виде. Революция застала его во время работы над этими исследованиями. Ему пришлось их прервать, но НКВД обеспечило его всем необходимым для продолжения работы, и тот добился качества непревзойдённой высоты. Никогда ещё человечество не сталкивалось с наркотиками, доставляющими наслаждение, сравнимое с тем, что пробуждают эти эликсиры. Вообразите себе: мудрость веков, усовершенствованная новейшей и мощнейшей химией!

Я был ошеломлён. НКВД использовал микстуры удовольствия? Я что, сошёл с ума? Или еврейский доктор бредит?

— И, — отважился спросить я робко, — зачем же политической полиции нужны такие вещества?

— Они — часть аппарата пыток, — был его изумляющий ответ.

— Простите, я не ослышался? Что вы сказали?

Он поставил пробирку обратно и взглянул на меня с улыбкой.

— Дорогой друг! Боюсь, что вам нужно кое-что уяснить: мы создаём новое человечество! Христианское человечество удовлетворяет и услаждает себя, кувыркается в своих удовольствиях, наслаждаясь при этом не больше стада свиней, купающихся в грязной луже. Ну а теперь то, что доныне было утехой единиц, станет инструментом построения жизни целого общества.

— Я не совсем понимаю...

— Что именно? К чему я клоню? Так слушайте дальше и проявите терпение. Не хотите ли закурить? Я обязан дать несколько необходимых вам уроков высшей политики.

Мы зажгли сигареты, и еврей следующим образом перешёл к просвещению меня о высшей политике:

— До сих пор все государства придерживались политики боли — вспомните инквизиции различных средневековых стран — для выбивания признаний, получения точных сведений о врагах и для запугивания в целях удержания в страхе и подчинении. Мы же — я, лично! — придумали использовать не только боль, но и удовольствие. Предположим, задержанный не хочет признаваться. Допустим, вас мучают, но вы переносите пытки, даже те, которые угрожают вашей жизни. Всё бесполезно. В этом случае ничего уже не добиться известными способами, потому что есть риск довести вас до смерти, без всякой пользы. Теперь же, уважаемый коллега, если такому человеку причинить наслаждение, заставить вкусить такое удовольствие, которого он никогда не испытывал, то его воля станет напряжена до предела, подвергнется удвоенной нагрузке. Я вам объясню это математически.

Он подошёл к доске и стал нервно рисовать линии и буквы. Горизонтальную линию он обозначил буквой «Ж».

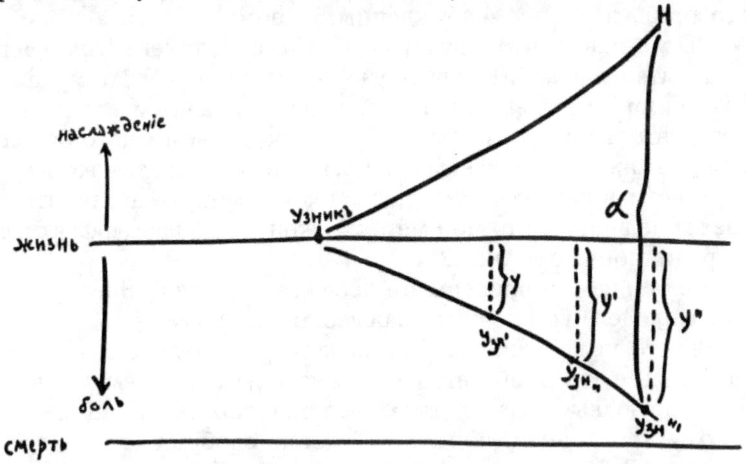

— Это — линия жизни. Нормальной жизни, нейтральной, без больших страданий и заметного удовольствия. Короче говоря, обычная человеческая жизнь. Теперь давайте возьмём человека — политического преступника или врага народа — и отклоним его по этой траектории. «У» — наш узник. Отклоняем его от линии жизни («Ж») вниз, то есть в сторону боли. Одним словом, подвергаем его пыткам, дабы сломить его волю. Естественно, что его воля будет стремиться обратно к уровню жизни. Мы отклоняем дальше, всё больше, посредством истязаний, последовательно от «У» до «Узн '», затем до «Узн "» и так далее. Теперь если его воля, натуженная предельным мучением «У "» до степени «Узн '"» всё ещё держится, то мы уже не можем усилить страдание, потому что мы бы достигли уровня «С», то есть смерти. Понимаете?

Да, я понимал. Этот жуткий геометрический чертёж вызывал ужас. Левин, судя по вернувшейся к нему улыбке, заметил смятение на моём лице и с ещё большей живостью продолжил:

— Предположим теперь, что мы не ограничены лишь тем только, чтобы «тянуть» этого человека вниз. Мы, наоборот, поднимем его выше уровня жизни. Мы доставим ему не боль, а наслаждение. Настолько приятное, насколько тому даже не мечталось. Я обозначу это наслаждение буквой «Н». Мы подготовили узника, заставив его страдать. Затем мы заставим его наслаждаться, то есть мы резко поднимаем его с уровня текущего состояния до уровня блаженства, как показано этой толстой восходящей линией. А теперь резко, без перехода, мы вновь применяем пытку наибольшей жестокости. Воля такого человека, мой друг, теперь подвергается не нагрузке «У "», равной, скажем, двум условным единицам, а нагрузке α, которая равна четырём, или десяти, или даже двадцати. А? Что скажете?

Он рисовал на чёрной доске размашистыми движениями рук, почти выкрикивая слова, будто одержимый сверхъестественным восторгом. И после, выдохшись, упал на стул. Скрестив руки, он проговорил уже менее возбуждённым тоном:

— Вы же знаете, что структуры охраны общественного порядка всегда пытали людей. Когда те уже не могли выносить мучений, им говорили: «Если вы скажете то, что нам нужно, мы прекратим и выпустим вас из этого ада». Но мы предлагаем много больше: «Если вы скажете то, что нам нужно, мы выпустим вас из этого ада и перенесём в рай, которым позволим на минуту насладиться». Разве вы не видите, что мой метод бесконечно более эффективен, чем традиционные методы?

Я стоял в немом оцепенении перед этой гиеной. Внезапно его взор похолодел, и он почти с враждебностью сказал:

— Вы что, не восхищены? Мне кажется, вам недостаёт научного духа. А знаете что? Мой метод, с математическими схемами, вроде той, которую вы здесь видите, был предложен НКВД нашему дорогому товарищу Сталину. И Сталин одобрил его со всеми почестями. Вы знаете, что у меня есть орден Ленина? Кроме того, вы можете заметить, что моя схема (линия жизни, горизонталь; верхняя половина — поле положительных значений, удовольствие; нижняя половина — множество отрицательных значений, боль) соответствует чистому, ортодоксальному марксизму, наиболее научным предписаниям материализма в области психологии... Ну хватит уже! Разве вам нечего мне сказать?

— Я потрясён... — выговорил я искренне. — Всё это выглядит так необыкновенно, невероятно... Я и подумать не мог...

— Да, понимаю. Из-под ваших ног сейчас ускользает почва. Вы робеете из-за вашего буржуазного воспитания. До сего дня в мире не было истинной научной дерзости.

— А есть ли ещё... вещи, подобные этому?

— Послушайте, я должен признаться, что другие разработки не так хороши. Во всех остальных я не принимал непосредственного участия. Но эта... эта полностью моя, моя работа, меня одного!

—Ну а... Люменштадт?

— Люменштадт — сумасшедший! Он не ведает, что творит. Я позаботился о том, чтобы он работал, не задумываясь, как робот. Я имел неосторожность рассказать ему, для чего он мне нужен, и он испугался. Он тоже буржуа. Лучший в мире специалист по алкалоидам, но буржуа. Но я заставил его работать... как положено! Пришлось отправить его в отпуск, правда, а то он собрался умирать.

— Получается, что вы, товарищ, занимаетесь исключительно лекарствами?

— Да, я ответственный за фармакологию. Здесь мы получили крайне полезные органические вещества, предотвращающие сон. Очень эффективные симпатомиметики. Я могу сделать так, что узник не сомкнёт глаза целую неделю, удерживая его в сознании, что бы с ним ни происходило. И это при помощи нескольких обычных таблеток или внутримышечных инъекций. Гораздо более действенная и лёгкая процедура, нежели старомодные лампы накаливания, изводящие колокольчики, и прочее. Полная противоположность тому, чем занимаетесь вы, не так ли? Вы, товарищ, усыпляете, а я не даю им уснуть. Как забавно!

Он расхохотался собственной шутке. Всё то утро я вынужден был его терпеть и даже демонстрировать восторг в присутствии этого монстра, развивавшего науку, единственной целью которой было сделать человечество настолько несчастным, насколько это можно было себе вообразить.

Забавным было то, что этот еврей был на редкость элегантным типом: приятный внешний вид; взгляд добрый, проницательный и живой; тёплый голос; манеры непринуждённые и сдержанные. Он показался мне прекрасным образцом своей расы, аристократом в своём роде.

За исключением выслушивания его рассказов, я лишь только успел распаковать и разложить свои склянки на витрине. 220, 221 и 223, мои дорогие! Как бережно мои руки заботились о вас, дети моего разума! Рождённые для хорошего, как и создания Люменштадта, но подобно им же попавшие в руки дьявола!

К тому моменту, когда мы покидали лабораторию, в обеденное время, мои знания о ГПУ значительно расширились. Левин поведал мне о таких новых для меня измерениях террора, о которых я и подозревать не мог. Величайшее беззаконие — такое, что даже новый мир, старательно созданный воображением По и Уэллса, полный преступлений и извращений, с наукой на его службе, и рядом не стоял с этой чудовищной действительностью.

Террор, террор разрушительный, как средство свирепого принуждения людей, масс — единственное, что ощущает на себе обычный человек. Он широко применяется в СССР и по сей день. Преступная наука, не только как оружие против противника, но и как средство управления, осуществляется систематически. Это — принятая норма.

Судя по тому, что мне удалось увидеть, чувствовалось, что в том доме находилось нечто большее, нежели просто мощный государственный инструмент. Повышенная осмотрительность и меры маскировки, неожиданные и едва уловимые мелочи, говорили о том, что происходившее здесь не полностью — в той части, что была скрыта — подчинялось целям Сталина. Многое было слишком безупречно. Эти деликатные методы, эти скрытые убийства не согласовывались с мстительной жестокостью, которой хвастался красный диктатор. Сталин мог выдвинуть ложное обвинение, мог выбить признание из невиновного, он пошёл бы на любые уловки, какими кровавыми они бы ни были, ради достижения успеха в личных предприятиях. Но более всего ему нравилось неприкрыто очернять и убивать своих врагов. Эти тонкость и аккуратность в устранении противников не вписывались в психологический портрет Сталина, как если бы тот был осторожным и хитрым в поимке жертв, — он не лишил бы себя удовольствия похвалиться их уничтожением. Возможно, полагал я, по большей части это предназначалось для заграницы, поскольку политические преступления требуют особенных мер предосторожности, и то дело, которое вверили мне, служило тому подтверждением. Или же вероятно, что Сталин, изображая верность ортодоксальному марксизму, не желал использовать индивидуальный террор, осуждённый доктриной как классический анархистский метод. Поэтому во избежание противоречий он прибегал к научным подходам, чтобы совершать убийства, пряча их под маской «естественной смерти». Я не слышал, чтобы большое количество случаев подтверждало это подозрение, но такое было не исключено. И это учреждение, занимавшееся «законным убийством», или «убийством как произведением искусства», производило впечатление некоего постоянства, систематичности, наличия в нём порядка и цели, что не только не отрицало подобную вероятность, но даже допускало её в отдельных случаях. Такая основательная оценка привела меня к заключению, что «это» составляло лишь часть какого-то жуткого, мрачного и грандиозного целого потрясающего размаха.

За обедом, всецело поглощённый этими размышлениями, я привлёк внимание двух моих компаньонов своим отсутствующим видом. Пришлось отговориться, сказав, что увиденное в лаборатории взбудоражило мой ум, будто бы погрузившийся от того в вычисления и формулы. А днём я нашёл прибежище в моих целительных баночках. Нужно было их отфильтровать, нейтрализовать и изотонировать. Но что мне действительно нужно было сделать, так это отвлечься от рисуемых распалённым воображением картин того ужасного мира, в который я окунулся.

IV

СМЕРТЬ ОТ «ЕСТЕСТВЕННЫХ» ПРИЧИН

Я не мог спать бóльшую часть ночи. Ворох мыслей, вызванный знакомством с этим новым мрачным миром, переполнял мой ум противоречиями, с которыми я пытался разобраться, упорядочить их и осмыслить. И, как если бы того уже не было достаточно, ко всему прочему в моей голове примешивался смутный замысел измены. Меня лихорадило так сильно, что лишь время от времени я возвращался в память. Оттого даже почти прошла моя крайняя озабоченность опасностью своего положения, не покидавшая меня до тех пор.

Не помню, когда именно, несомненно в силу полного истощения, я провалился в глубокий беспробудный сон. Чтобы меня разбудить, уже довольно поздним утром, распорядителю пришлось войти и растолкать меня.

Я мигом сбежал вниз в столовую, тысячу раз извиняясь перед Мироновым. Тот сообщил, что приказ уже готов: мы отправлялись в ту же ночь. Мне следовало приготовить багаж как можно скорее. В любую минуту могло прийти указание выдвигаться в путь. Вероятно также, что шеф захочет дать нам кое-какие инструкции перед тем.

Но никаких новостей не приходило. Миронов, уехавший в Москву сразу после завтрака, к обеденному времени так и не вернулся. Левина также не было в доме. Обедал я совершенно один. Я пробовал завязать разговор с распорядителем и прислугой у стола, но ничего более односложных ответов от них добиться не удалось.

Пришлось довольствоваться прогулкой по столовой из угла в угол, а затем позволить вновь запереть себя в своей комнате. Казалось, что часы из-за моего нетерпения растягивались бесконечно. В конце концов, уснув, получилось их скоротать.

В этот раз меня разбудило сообщение от Левина. Спустившись на первый этаж, я увидел, как он поднимался по лестнице, которая, видимо, шла из подвала. Он закрыл за собой дверь и сказал:

— Я ходил взглянуть на подопытных кроликов там, внизу.

— Я был бы очень рад, если бы вы позволили мне воочию наблюдать ваши опыты, товарищ. Не стоит меня избегать. Мне скучно тут одному взаперти.

— По вашем возвращении, коллега, по вашем возвращении. Сейчас ещё слишком рано.

Он полагал, что мы отправимся в путешествие этой ночью. Много извиняясь и осыпая меня приятными словами, он выклянчивал привезти ему всяких безделушек из Парижа. Просил о галстуках, описывая их рисунок и цвет. Надо думать, он питал сильную к ним слабость. Его вкус, однако, показался мне отвратительным (разве что как более сведущий в последних модных тенденциях, он превзошёл мои античные представления в этом вопросе). Помимо того, немного смутившись, он попросил меня привезти ему резиновый корсет для жены. Он уточнил марку и размер. Последний ему пришлось раскрыть из-за неожиданно высокой его величины, ибо его супруга была серьёзно тучна. То подтверждал ещё один заказ: заглушающий запах пота парфюм, секретом которого, согласно его словам, владел один магазин, на каком-то там бульваре. Но и на этом мой коллега не остановился и запросил ещё кое-что для себя и своих отпрысков. Он обещал дать много рублей взамен потраченных мною франков, много больше, чем то позволял официальный обменный курс.

Сославшись на очевидную неосведомлённость, я спросил, будут ли у меня деньги и буду ли я волен ими распоряжаться. Он ответил, что да, что обыкновенно в подобных случаях выдавали средства и позволяли свободно их тратить.

В тот необыкновенный период моей жизни часы шли почти монотонно. Ничего примечательного не тревожило ту едва ли не тюремную безмятежность.

Но я хорошо помню, что было 18 сентября. Миронов прибыл возбуждённый и в большой спешке. Я наспех схватил шляпу и пальто, и мы, запрыгнув в машину, на которой он приехал, отправились в Москву. Без лишних проволочек я вновь очутился перед Ягодой.

Было одиннадцать утра. На его лице были заметны явные следы бессонницы: взгляд здорово окосел, а запавшие глаза были полны крови. Не было той важности и торжественности, присущих нашей первой встрече. Он усадил меня в кресло перед собой и без особого вступления, как кто-либо, кто серьёзно торопится, начал:

— Товарищ Ландовский, изначально я собирался отправить за границу вас одного, но... хотя это противоречит принятым правилам в подобных делах, я почти настроен позволить вам взять ваших жену и детей... Взгляните сами.

Он взял конверт со стола, вынул из него что-то вроде маленькой книжки и передал её мне. Это был паспорт... паспорт на имя моих близких, с фотографиями, именами и всем необходимым, включая штампы, подписи и прочее, — всё, что было нужно для пересечения границы. В изумлении я уставился на него.

— Взгляните на это тоже.

Ещё две бумаги попали в мои руки. Большая — назначение меня в качестве врача при советском посольстве в Париже. Другая, поменьше, — чек на сумму в сто тысяч франков в банке *Crédit Lyonnais*.

Волна неописуемой радости сбежала по моему позвоночнику. Продлилась она, впрочем, не более нескольких секунд. Великодушие и поза Ягоды источали какие-то неуловимые эманации жестокой обиды, и я догадывался, что за этой жестокостью стоит что-то весьма недвусмысленное, конкретное и личное. Так что совсем скоро на душе вновь стало мрачно. Определённо, мне собирались поручить выполнить нечто большее, чем то, что предполагалось вверить вначале. Или, вероятно, новое преступление.

— Я вас слушаю, комиссар Ягода.

— Видите ли, — приступил он к объяснению, откинувшись на спинку кресла и соединив вместе кончики пальцев, — я знаю, что вы будете служить Советской партии гораздо вернее и значительно более плодотворно, если вам разрешить поехать вместе с семьёй. Но мне нужно в этом удостовериться сейчас. Мне необходимо, если говорить точнее, доказательство вашей преданности.

Он пытался держать себя в руках, но в нём чувствовалась необъяснимая нервозность. Он склонился над столом и, покачивая папку с бумагами, продолжил:

— В эти дни СССР нуждается в небольшой технической услуге. Кое-что чрезвычайно простое, что любой способен сделать. Поэтому я не стану проводить проверку ваших технических знаний — только ваших благоразумия и лояльности. Вы меня понимаете? Прошу отнестись со всем вниманием к моим словам.

— Я понимаю, — ответил я, — что вы, товарищ, не собираетесь проверять мои технические навыки, лишь мои благоразумие и лояльность.

Я уже знал, что властному темпераменту Ягоды должно нравиться такое дословное повторение его собственных указаний.

— Отлично, — сказал он, откинувшись обратно, — отлично. Нам стало известно, товарищ Ландовский, что один из наших самых известных генералов, завоевавший авторитет во время Гражданской войны, является предателем. Он на службе у фашистов. У Гитлера, если быть точным. Было бы правильным после недолгого военного совещания тут же его пристрелить. Но хорошо ли это для партии? Что подумают о нашей военной силе за границей, если вдруг обнаружится, что одно из наших высокопоставленных и ответственных лиц продалось, оказалось диверсантом и передало врагу мобилизационные планы с описаниями вооружений? Что бы они подумали? Настань сейчас час агрессии против России, они бы незамедлительно осуществили атаку, прежде чем Генштаб успел что-либо изменить в своих планах. Наш дорогой товарищ Сталин принял решение о его ликвидации... «естественным» образом, понимаете? Вы не коммунист, товарищ Ландовский, но я взываю к вам как к русскому человеку, взываю к вашему патриотизму. Более того, я подумал о вас именно потому, что вы не коммунист, потому, что вы неизвестный человек, политически незначительный — нет опасности, что вы в заговоре с этим генералом-предателем (я не скрываю, как видите, что вокруг него существует большой заговор). Полагаю, что я и без того говорю предельно прозрачно, но всё же буду с вами откровенен до конца: вы знаете, что означают эти паспорт, назначение на должность и деньги? Они означают вашу абсолютную свободу. Давайте будем честны друг с другом, доктор Ландовский, ведь это ваша заветная мечта. Жду вашего ответа.

— Товарищ комиссар внутренних дел, — ответил я, — вы знаете, что вы можете распоряжаться моими техническими услугами как пожелаете. Также вы знаете, товарищ комиссар, что я хочу заслужить право воссоединиться со своей семьёй...

— Так, давайте покороче: какие есть способы причинить «естественную» смерть генералу, который предал СССР? Ваше слово.

— Ну, укол в заднюю часть шеи кажется на первый взгляд подходящим способом... Наверное, этого будет достаточно, чтобы не потребовались дальнейшее вскрытие трупа, осмотр и так далее.

— Я надеюсь, — строго сказал Ягода, — доктор Ландовский, вы сейчас надо мной не шутите...

— Ни в коем случае, товарищ Ягода. Я подхожу к этому систематически. Люди науки имеют привычку рассуждать в общем. Поскольку этот случай частный, подойдём к нему с другой стороны. Наличие ран в этом случае неприемлемо, если я вас правильно понимаю. Существует много способов произвести отравление, так чтобы оно оказалось незамеченным до определённой степени: окись углерода, цианид...

— А как же вскрытие трупа?

Я ждал, когда он меня перебьёт. Мне нужно было понять, готовил ли Ягода преступление от имени государства или своё, частное. И когда комиссар внутренних дел обнаруживал подобные опасения по поводу вскрытия, он лишь подтверждал в известной мере моё подозрение о том, что здесь имело место что-то незаконное, что-то личное. Я продолжил спокойным голосом:

— Комиссар Ягода, до сего момента вы не поясняли, что вскрытие тела будет проводиться... неподготовленными медиками. Вот почему мне пришла в голову идея об отравлении. Действительно, любой сможет обнаружить укол в шею. Но само отравление может быть выявлено только опытным врачом, имеющим под рукой средства химического анализа и... заранее не настроенным полученные результаты держать при себе.

Ягода нахмурил брови. Я опасался, что он раскроет мою игру, что он поймёт, что, затягивая таким образом наш разговор, я лишь старался выудить из него побольше сведений. Я попробовал его отвлечь, быстро перескочив на что-нибудь другое.

— Однако, товарищ комиссар, — заговорил я твёрдо, ускоряя речь как можно больше, — не стоит думать, что имеющиеся у науки инструменты этим исчерпываются. Существует множество других, пожалуй, более тонких методов, но, быть может, менее подходящих в этом конкретном случае.

— Назовите, — произнёс он почти по слогам, — все средства, которыми располагает медицина для умерщвления человека со всеми признаками естественной смерти. Перечислите их все, и я выберу.

— Список получится длинным, — сохраняя невозмутимость, ответил я. — Можно ли мне сигарету?

— Да, конечно.

Я играл с огнём, но пойти на риск было единственным способом защитить себя, думалось мне. Моя бедная жена, мои дети, я сам — всё, что меня заботило в этом мире, нуждалось в моей храбрости в тот момент. И я приготовился эту храбрость проявить чего бы мне это ни стоило, пусть даже моей воле пришлось бы вступить в смертельную схватку со своими нервами. В той борьбе мне помогла одна мысль, которая внезапно пришла мне на ум: я слышал, что Ягода был не лишён некоторых бонапартистских замашек и, возможно, втайне стремился стать верховным руководителем советских республик. Чтобы всерьёз этого достичь, принимая в расчёт решительные бонапартистские наклонности самого Йоси Виссарионовича (по прозвищу Сталин), ему пришлось бы избавиться от тогдашнего руководства. Планировал ли Ягода отравить Сталина? Если бы мне удалось выведать что-нибудь подобное, Ягода был бы в моей власти. И я решил попробовать.

Комиссар внутренних дел предложил мне свою драгоценную шкатулку. Я взял сигарету и медленно её поджег, как будто размышляя.

— Не тяните, товарищ Ландовский, — Ягода был возбуждён и встревожен. — Налью вам виски тоже.

Я не спеша приступил к изложению, с упоением потягивая сигарету, пока тот наполнял стакан:

— Раз уж мы отвергли травмоопасные методы и отравление, как нас не интересующие, остаётся заражение. Смертельную прививку можно сделать несколькими способами. Скажите, можно ли данному человеку сделать укол? Заражение крови произошло бы стремительно и было бы разрушительным — смерть за считаные часы.

Несколько минут он соображал.

— Нет, — сказал он наконец, — лучше действовать осторожнее. В любом случае расскажите, как я уже приказал, обо всех средствах, которые есть в вашем распоряжении.

— Хорошо. Во-первых, есть инъекция, которая, как я уже сказал, предполагает очень быструю смерть. Во-вторых, можно использовать пищеварение. Ботулизм, в общем-то, может возникнуть случайно. Возможно ли устроить так, чтобы генерал-предатель съел немножко колбасы или специальным образом приготовленного мяса?

Я замолчал в ожидании ответа. Ягода стал что-то подозревать за моими вопросами. Он снова отчеканил каждый слог:

— Не задавайте никаких вопросов! Я же сказал вам перечислить мне все средства.

— Что ж, товарищ комиссар. У нас уже есть выбор между инъекционной системой и пищевой. Также есть путь, — тут я нарочно выразился самым мудрёным образом, — риноларинготрахеобронхопневмонии...

— Что? — ожидаемо перебил меня Ягода. — Расскажите-ка про этот путь риноларина... как его там?

— Смотрите, товарищ. Как вам известно, существуют такие бактерии, бациллы Коха[4], которые обычно попадают в организм посредством дыхания. Они не имеют запаха, невидимы и вообще никаким образом неразличимы. Поэтому можно сделать так, что человек, ничего не подозревая, вдохнёт их в количестве, достаточном, чтобы убить под сотню лошадей.

— Без всякого того им осознания? Незаметно для всех окружающих?

— Да, товарищ комиссар.

— И смерть гарантирована?

— Вполне. Единственное, что...

— Что?

— Что при удачном исходе жертва, скорее всего, умрёт от острой инфекции в течение нескольких дней. В противном же случае смерть может затянуться. Хотя, конечно, заболевание смертельно при любом исходе.

Теперь ему уже было всё равно. Он делал эти умозаключения с той же целью, что и все предыдущие. Последующие слова Ягоды окончательно прояснили смысл его намерений. Подумав мгновение, он сказал:

— Хорошо! Эти бациллы годятся. Более того, если на смерть уйдёт несколько недель... тем лучше! Так будет выглядеть даже естественнее. Три месяца, например? Хорошо, хорошо, мне подходит. Подготовьте всё, что вам необходимо.

Я был потрясён.

— Невозможно, товарищ Ягода, — ответил я, — у меня не получится подготовить всё необходимое без ряда существенных уточнений. Не подумайте, что я хочу показаться бестактным и неосторожным, но мне нужно кое-что у вас спросить о месте, где должно произойти заражение... Потому что, разумеется, что операцию нельзя осуществлять на открытом воздухе. Что из себя представляет та комната, в которой обычно находится генерал?

Ягода посмотрел на меня серьёзно. Следовало полагать, что моё замечание показалось ему совершенно логичным. Он встал и окинул комнату взглядом. После подумал оценивающе, будто что-то прикидывая. Затем он сделал несколько шагов и подошёл к краю стола. Вдруг в его руках появилась бутылка виски. Он налил мне и сделал хороший глоток сам. Я искренне поблагодарил его: мне нужно было как следует взбодрить нервы.

— Наверное, вы правы, — наконец ответил Ягода, щёлкнув языком и стянув нижней губой остатки виски с маленьких усов.

Сложив руки в карманы, он неспешно прошёлся по комнате ещё пару раз. Казалось, что он пытался по памяти восстановить и представить какое-то другое место, измеряя его шагами и взглядом:

— Да, — пробормотал он, — она будет примерно такой... Смотрите, товарищ: та комната более-менее такая же, как эта. Да, да... Вход вот здесь, — он указал вправо от стола. — Просторный балкон, похожий на этот, и потолок высотой метра в три с половиной.

— Мебель?

— Есть большой рабочий стол... такой же, как мой. Кресло схожего размера. Пара стульев.

— Ковёр? — спросил я, — есть ли ковёр?

— Да, разумеется, есть.

Я поднялся, раздумывая, придавая себе вид эксперта. Подойдя к столу с другого бока, я встал рядом с креслом, которое занимал Ягода, и спросил быстро, но непринуждённо:

— Ковёр доходит прямо сюда? — я указал под кресло.

— Да, он доходит. Но для чего это?

— Это очень важно, — ответил я, — это очень важно, потому что это может помочь нам найти решение.

Я сделал ещё один глоток и вновь погрузился в раздумье. Мы стояли по разные стороны кресла. Я чуть отодвинул его и приподнял ковёр. Затем вынул из кармана жилета тюбик назальной мази и положил его на пол, накрыв сверху ковром. Потом поднялся и подвинул кресло на прежнее место.

— Сядьте, пожалуйста, на ваше место, товарищ Ягода, — распорядился я, удовлетворённо улыбаясь.

С некоторым недоверием он сделал, что было сказано.

— Извините, товарищ, можно ли ещё виски, пожалуйста? Для сосредоточения ума.

Он налил. Я дивился своей дерзости и его благосклонности. На мгновение даже показалось, что мы поменялись ролями. Изрядно сократив содержимое своего стакана, я голосом фокусника объявил:

— Дело... уже должно быть сделано! Позвольте. Отодвиньтесь на секунду.

Стараясь не заслонить ему обзор, я проделал ту же операцию, отодвинув кресло и ковёр. Затем присел и показал на пол.

— Что это?

— Это всё, — ответил я.

Он наклонился.

— Я вижу лишь какие-то осколки. Что это?

— Всё, что нужно. Моё решение задачи.

— Объясните же мне.

— Осколки, которые вы здесь видите, были тюбиком. И вы же сами, товарищ Ягода, случайно его разбили. А это могло быть смертельным.

— Но как?!

— Это могло оказаться смертельным, — пояснил я, — если бы этот тюбик содержал, например, болезнетворные бактерии.

Ягода не в силах был сдержать восхищения. Он положил руку мне на плечо и восторженно взглянул на меня.

— Товарищ, вы талант! — похвалил он. — Не ожидал от вас такого! Повторите то, что вы здесь проделали, и считайте, что ваш вопрос решён. Даю честное слово!

Он был настолько восхищён, что даже не мог соображать; и я, глядя на его восторг, тоже. Сквозь туман неоднократно выпитого виски и ощущение беспечной слабости, возникшей вследствие нервного перенапряжения, мне казалось, что комиссар внутренних дел находился в моих руках. Как бы то ни было, я мог подумать обо всём этом позже в лаборатории.

— Ну что ж, тогда, — сказал я, делая последний глоток, — комиссар Ягода, надеюсь, что Левин предоставит мне все необходимые условия.

— Нет! Левин не должен знать! Я бы поручил это ему в противном случае.

— Необязательно, чтобы он понимал суть дела. Я могу с точностью запросить у него всё мне необходимое так, чтобы он не догадался, для чего это нужно.

— Да, хорошо. Вышлите мне тюбик с интересующим меня продуктом.

— А порядок выполнения моей работы... когда я должен вам его прислать?

— Как можно скорее. Сегодня ночью.

— Но... времени не хватит, чтобы завершить посев вирулентных культур до сегодняшней ночи. Не уверен, найдутся ли они у Левина.

— Определённо. У Левина есть всё. Но в действительности дело не так уж и неотложно. Что я хочу, так это иметь продукт в своём распоряжении, чтобы в нужный момент я мог им воспользоваться. Отправьте мне его так скоро, как только сможете, и в любом случае готовьте его в срочном порядке. Я справлюсь о вас по телефону. Передайте его с Мироновым. Разумеется, что Миронов также не должен знать, что это такое. Скажите ему, например, что это лекарство от простуды, которое я заказывал.

— А моя семья, товарищ? Могу ли я...

— Ах, ваша семья... не беспокойтесь. С ними всё хорошо. Тем не менее я вышлю телеграфом рекомендацию улучшить их условия ещё больше. Ваши назначение, чек и паспорта будут дожидаться вас в посольстве. Их доставят вам, как только начнётся дело Миллера. Ваша семья отправится сразу после того, как появятся первые результаты.

Он проводил меня до двери и даже успел сказать:

— Я распоряжусь, чтобы Миронов выдал вам достаточное количество денег. Вы сможете удовлетворить любые ваши капризы. Будут ли у вас ещё какие-нибудь пожелания?

На протяжении всего обратного пути в лабораторию меня неотступно сопровождал Миронов.

За всё то время мы не обменялись ни словом. Если обычно лицо этого чекиста было угрюмым, то в тот день оно окрасилось самым похоронным выражением. Я гадал о том, скучно ли ему было исполнять надзор за мной, ностальгирует ли он по пыточным сессиям. Его скрученные пальцы были сжаты так сильно, что, когда он искоса поглядывал на меня, казалось, что он в воображении забавлялся моим горлом, с наслаждением представляя, как душит меня.

Погружённый в такие приятные размышления, я прибыл. Справился о Левине, но его не оказалось дома. Тогда я принялся уговаривать Миронова помочь мне попасть в лабораторию, поскольку мне нужно было сделать лекарство для шефа. Вопреки моим предположениям, у него оказался свой личный ключ. Он проводил меня наверх и, отворив, впустил.

Наконец-то я мог спокойно поразмыслить. Мне хотелось запастись достаточным количеством энергии, чтобы хорошенько обдумать необычайное событие того дня, поэтому я заказал кофе по внутреннему телефону.

Более всего мои думы занимало то видимое изменение в грозном Ягоде. Он не выглядел прежним. Я не знал, что было конкретно не так в его образе: подавленность, усталость, подозрительность... Почти напрашивалась мысль о страхе, но это было абсурдно! Он — самый ужасный человек в мире — напуган?!

Долгое время мой ум был целиком занят мыслями о странном предложении Ягоды. Всё звучало предельно логично, то есть целиком в рамках большевисткой «линии». Но те неизъяснимые чутьё и проницательность, благодаря которым мне удалось в невероятном нервном напряжении найти выход, находясь один на один с этим человеком, подсказывали, что во всем этом было нечто тёмное, угрожающее, непростое. Чтобы как следует всё сообразить, я прежде всего решил спросить себя: кого он пытается убить?

Первый вариант: действительно существует генерал-предатель, и его нужно устранить без скандала. В пользу этой версии говорил тот факт, что жертва обычно находилась в комнате, очень похожей на кабинет Ягоды. То было неудивительным, так как все кабинеты высшего руководства похожи друг на друга. Но откуда в таком случае нервозность Ягоды, не характерная для того, кто выполняет приказ государства и партии, для того, кто исполняет обязанности по защите СССР?

Вторая версия: речь идёт об убийстве Сталина. Такое покушение вполне подходило бонапартистскому складу ума Ягоды. Вполне вероятным было то, что комиссар внутренних дел занял бы место Сталина, если бы того не стало, или уж по меньшей мере стал бы наилучшим кандидатом на освободившийся пост. Подобное прекрасно объяснило бы ту секретность, которую Ягода требовал даже в отношении Левина и Миронова. Это же объясняло и его нервозность, а также сказанные мне слова: «Я выбрал вас потому, что вы далеки от политики, что служит гарантией того, что вы не являетесь участником какого-либо заговора...». Также это проливало свет на то, откуда у него такие точные сведения об устройстве того кабинета. Я никогда не был в кабинете Сталина, но вполне можно было предположить, что он был похож на тот, где работал Ягода.

Третья версия: меня просили содействовать в убийстве какого-то частного человека, из мести. Но в таком случае было непонятно поведение Ягоды, ведь он привык убивать, возможно даже собственными руками. Не объяснялись этим и его требования, и щедрая награда.

Последней возможностью, беспокоившей меня более других, было то, что таким образом хотят проверить мои преданность и подчинение. Если я подготовлю запрошенный продукт, то меня посвятят в суть дела о похищении. Если нет, то...

Перечень этих вероятностей занимал меня в крайней степени. Тем не менее было кое-что, интересовавшее меня ещё больше: как мне быть?

Я старался рассуждать об этом холодно, логически. В качестве оплаты моего труда мне предлагали полную свободу, мою и моих близких, а также возможность покинуть СССР. Насколько такое предложение могло оказаться правдой? В случае моего соучастия в убийстве генерала правительство СССР никоим образом не позволило бы мне выехать за границу, где в любой момент я бы мог поддаться соблазну раскрыть столь важную тайну. Если жертвой был сам Сталин и покушение прошло бы успешно, тогда, уверен, Ягода собственноручно бы меня убил, дабы избавиться от единственной улики своего преступления. Возможность того, что это было рядовым убийством с целью подвергнуть меня «испытанию на верность», я исключил.

Признаюсь, что вопросы морального характера волновали меня в последнюю очередь. Иными словами, лишь определившись с тем, что устраивало меня более всего в тот момент, я приступал к обдумыванию дальнейших действий. Участие в настоящем убийстве ничуть не улучшило бы ни моего положения, ни положения моей семьи, ни положения России. Я был бы безусловно рад, разумеется, поспособствовать смерти тирана Сталина, но была бы тирания Ягоды лучше? Идея же убить генерала, который рисковал жизнью, сражаясь против Советского Союза, и вовсе ужасала меня. Я — на защите коммунизма?!

В конце концов я решил не готовить требуемого от меня орудия преступления.

Благодаря этому решению, а также двум следующим соображениям, мне стало гораздо спокойнее. Первое, если Ягода намеревался испытать меня, то, провалив проверку, я неизбежно обрекал себя на смерть, но у моей семьи мог появиться шанс выйти на свободу. Вторая же мысль и вовсе согревала меня теплом надежды и оптимизма: если Ягода намеревался убить Сталина, а я сорву это покушение, то, возможно, Сталин сдержит те ложные обещания, которые дал мне комиссар. Не только из благодарности, но и потому, что мои показания о готовившемся против него покушении укрепят его власть и поднимут его престиж среди коммунистов мира.

Поэтому я собрался подготовить ампулы, но наполнить их небольшим количеством воды.

В отделении бактериологии я нашёл бациллы чумы. Зачем они там? Труднодоступная культура, опасная в обращении... Для каких целей нужны были они ГПУ? Познакомившись с математической теорией страданий Левина, награждённого за это орденом Ленина, я был готов к самым невероятным открытиям. Однако для меня и поныне остаётся загадкой, для чего предназначались трубки с туберкулёзными микобактериями, найденные мной в некоторых из инкубаторов.

Запросив нескольких морских свинок, я ввёл эмульсию с бациллами им в брюшину, чтобы замаскировать свои приготовления. В случае необходимости анализ их тел послужил бы доказательством того, что с моей стороны всё же было сделано что-то для удовлетворения запроса Ягоды. Кроме того, я оставил бюретку, наполненную той же эмульсией.

За обедом меня удивило отсутствие Левина. Без сомнения, его удалили намеренно. Но я старался не задавать себе слишком много вопросов на этот счёт и почти не говорил с Мироновым.

Который, кстати говоря, также не проявлял ни малейшего желания разговаривать. Время от времени он посматривал на меня с каким-то любопытством, как будто обнаружил во мне что-то неизвестное или впервые увидел меня. Впрочем, не сомневаюсь, что на моём лице не было ничего необычного, и потребовалось совсем немного времени, чтобы причина его взглядов прояснилась.

В тот же день я заполнил эмульсией шесть ампул и поместил их под лампу. Сразу после тщательно подкрасил их, пока не убедился, что в них остались лишь безвредные останки бактерий. Таким образом, при необходимости их неэффективность можно было объяснить каким-нибудь непроизвольным дефектом в подготовке. Кроме того, я позаботился о том, чтобы оставить в бюретке некоторое количество эмульсии с полностью вирулентными бациллами.

В течение следующих двух дней я всё так же проводил время взаперти в лаборатории. Левин не появился, а Миронов лишь время от времени навещал меня молча, делая вид, что чем-то занят. На третий день мой надзиратель спросил от имени Ягоды, готово ли лекарство, о котором шла речь.

— Невозможно, — ответил я, — приготовить всё необходимое за каких-то три дня! Это очень сложная субстанция, к тому же я работаю один...

На самом деле я бы с радостью отдал ампулы немедленно. Было бы очень кстати, если бы Ягода поторопил меня, потому что это обеспечило бы мне алиби: «Вы слишком торопили меня! Вам следует понять, что у меня не было возможности должным образом проверить вирулентность культур. Вероятно, они оказались испорчены». Оттого меня так обрадовало сообщение, переданное вечером Мироновым от комиссара:

— Ускорьте вашу работу насколько возможно: товарищу Ягоде необходимо это срочно!

— Сегодня я буду работать всю ночь. Постараюсь завершить все приготовления к завтрашнему дню.

На следующий день меня никто не беспокоил. Но в одиннадцать часов вечера, когда меня обычно запирали на ключ и я уже собирался отходить ко сну, в мою комнату ворвался Миронов.

— Эй! — грубо окликнул он, — сейчас же передайте мне то, что поручил вам товарищ Ягода! Лекарство ему нужно прямо сейчас, и я должен забрать его в обязательном порядке!

Час пробил. Я встал, не глядя на своего тюремщика, и сказал:

— Проводите меня в лабораторию. Я пообещал сделать всё к сегодняшнему дню, поскольку он спешил, — и результаты готовы. Знайте, товарищ, что когда я обещаю что-то, то обыкновенно держу своё слово.

Затем, завернув ампулы в хлопковую ткань, я сложил их в небольшую коробку, закрыл её и запечатал. После чего передал в руки чекиста. Всё это время я набирался духу, чтобы сказать ему как можно строже следующее:

— Предупредите товарища Ягоду, что подобные поручения надо давать заранее. Наука не всемогуща и требует времени.

Миронов посмотрел на меня то ли с презрением, то ли с иронией, то ли с угрозой и вышел к машине, шум мотора которой уже раздавался со стороны дороги в Москву.

Было ровно одиннадцать часов и семнадцать минут вечера.

Тут же меня заперли вновь, и, не зная почему, я почти мгновенно уснул.

Проснулся я от шума торопливых шагов. Пытаясь угадать время, посмотрел в окно — сквозь густую проволочную решётку проникал яркий свет. Надо думать, что день уже наступил. Тяжёлые шаги продолжали непрерывно удаляться и приближаться. Было трудно понять, чем была вызвана подобная суматоха. Выбраться я не пытался, потому что знал, что заперт. Но, подозревая, что могло случиться, я решил встать. Принял душ и спокойно оделся. На верхнем этаже, в лаборатории, продолжались поиски. Обо мне, однако, казалось, никто не вспоминал.

Прошло несколько часов. Должно быть, было уже поздно. Мой желудок, к тому времени утративший привычку поститься, протестовал. Разве нам не полагается есть в этот день? Наверное, время обеда уже наступило. Звонить я не стал, поскольку в случае моего опоздания распорядитель обыкновенно звонил сам. Я ждал. К счастью, у меня был портсигар, и я закурил, чтобы скрасить голод и ожидание.

Было уже темно, когда, как обычно без предупреждения, повернулся ключ. Внезапно вошли трое мужчин в сопровождении распорядителя. Они молча уставились на меня и осмотрели на комнату. Один из них проверил шкаф и ванную. Затем он ушёл и вскоре вернулся.

— Пройдёмте с нами, — сказал тот же человек, более всех походивший на командира.

Меня сопроводили вниз, на первый этаж, и отвели в комнату, в которой я до этого никогда не был. Она представляла собой большой кабинет с пылающим камином. За столом сидел человек, судя по всему, командовавший всеми остальными. Ещё один стоял по соседству, а третий быстро печатал на машинке. Сопровождающие покинули помещение, оставив меня с этими тремя типами.

Без всяких церемоний они спросили моё имя и личные данные.

— В чём вас обвиняют? — решительно спросил сидевший за столом, самый главный здесь.

— Я не обвиняемый, товарищ, — твёрдо ответил я.

— Почему вас здесь заперли?

— Я не понимаю ваш вопрос.

— Вы не знаете?

— Товарищ народный комиссар внутренних дел может рассказать вам всё относительно меня.

— Товарищ комиссар ничего не знает. Будьте уверены.

— Как это? Как товарищ Ягода ничего не знает? Не далее как три дня назад я разговаривал...

— Ах, да, товарищ Ягода... Да, разумеется, вам ничего не известно, — он посмотрел на печатавшего, рассуждая как бы про себя, а потом приказал стоявшему рядом: — Приведите Миронова.

Тот поспешно вышел и возвратился с моим надзирателем. Миронов выглядел как никогда более серьёзным и огорчённым и своим видом походил на собаку, застрявшую между дверями.

Главный указал ему властно:

— Сообщите Ландовскому приказ, данный товарищем Ягодой в отношении него.

Миронов посмотрел на меня невыразительными глазами и ни капли не изменившимся голосом произнёс:

— Ликвидировать. Ликвидировать сегодня ночью.

Я почувствовал себя идиотом.

— Можете идти, Миронов, — приказал начальник.

Я вновь остался с теми тремя, не понимая ни слова.

— Вы слышали, товарищ? А теперь подумайте хорошенько. Мне нужно, чтобы вы были со мной предельно откровенны, если не хотите, чтобы приказ товарища Ягоды был приведён в исполнение.

Я предположил, что, возможно, мою хитрость раскрыли: без сомнения, содержимое ампул было проанализировано!

— Совершенно не понимаю, в чём меня обвиняют, товарищ! — настаивал я не в силах найти слов в свою защиту.

— Речь не об этом. Просто расскажите нам, о чём вы беседовали с товарищем Ягодой.

— Невозможно, товарищ! Если он вам не сообщил, то я тем более не могу этого сделать. Я решительно не понимаю, как вы, без сомнения его подчинённый, осмеливаетесь просить меня о таком... Без разрешения товарища Ягоды я говорить не буду!

Чувство опасности вновь охватило меня. Но мне тем не менее хотелось показать себя надёжным человеком, способным хранить секреты. И я энергично добавил:

— Я буду говорить только с товарищем Сталиным!

Мой собеседник не разозлился. Похоже, ему даже понравился мой задор. Он провёл рукой по бороде, украшавшей его лицо — этакой бородке в стиле Радека, и задумался на мгновение.

— Ну, полагаю, вы заговорите, когда узнаете следующее: Ягода больше не является комиссаром внутренних дел — его назначили на должность комиссара связи.

Я уставился на него. Хотя он и произнёс это, подчёркивая каждое слово, я всё же решил, что разумным будет продолжить играть свою роль, и не медля парировал:

— Не исключено, что ваши утверждения являются правдой, но что бы вы подумали, если бы кто-либо из ваших подчинённых позволил себе подчиниться незнакомцу? Только после неопровержимого доказательства ваших слов я смогу повиноваться и говорить. Разве вы не согласны, товарищ? Ведь речь идёт о государственной тайне, не так ли?

— Какого рода доказательства?

Несколько мгновений я думал. Мне пришло в голову попросить о каком-нибудь убедительном свидетельстве, проливавшем бы свет на ситуацию с наркомом. Что я и сделал:

— Товарищ, могу я взглянуть на постановление, которое наверняка уже опубликовали в «Правде»?

Начальник откинулся на спинку стула. Он, без сомнения, был озадачен. Поднявшись, он несколько раз прошёлся по комнате, машинально набивая трубку. Когда он закурил, в свете огня спички я успел разглядеть огромный шрам, идущий от уха, на котором отсутствовала мочка, и теряющийся где-то под бородой. Он подошёл к столу и, сняв трубку, приказал мне выйти вместе с тем другим, который стоял у пишущей машинки. За моей спиной раздался его голос:

— Соедините меня с Центром!

Дверь за нами закрылась. Больше ничего не было слышно.

Через некоторое время меня впустили вновь.

— Вы мне сказали, товарищ, что ваши дела с Ягодой были важными. Не делайте из меня дурака!

— Я ручаюсь за это, товарищ! Они очень важные!

На что он ответил:

— Надеюсь, вы понимаете, что если вы меня обманываете, то вам придётся крайне несладко, поверьте. Вам ясно? Ещё есть время всё исправить.

— Но я сказал правду, уверяю вас.

— Ну что ж, — сказал он, схватив со стула меховое пальто, — пойдёмте с нами, Маклаков.

Мы вышли втроём. У ворот нас ждала скоростная машина. Когда мы уселись, начальник приказал шофёру:

— В Центр! Быстро!

Машина помчалась по дороге, и мы очень скоро въехали в Москву.

Прибыв на Лубянку, мы ещё раз проделали тот же путь, который я проходил уже дважды. Но в этот раз, несомненно, на наш счёт были даны особые указания, ибо нас пропустили без утомительных проверочных процедур.

В приёмной вновь сидел всё тот же тип, который в прошлый раз был занят кроссвордом. Мне пришлось немного подождать, и вскоре меня повели в кабинет комиссара. Я надеялся обнаружить там грозного Ягоду в его императорском кресле, скорее всего, удовлетворённого моей верностью, но надежда моя мгновенно испарилась. Я посмотрел в сторону стола — его освещала единственная низкая лампа. Её здесь раньше не было. Не разглядев никого, я остановился в полутьме, не решаясь шагнуть вперёд.

— Подойдите. Чего вы ждёте? — раздался незнакомый скрипучий голос с металлическим отзвуком.

Я автоматически двинулся ему навстречу, глядя туда, откуда он доносился. Но никаких очертаний было различить нельзя. Вскоре объяснение нашлось: мой взгляд был направлен в издававший голос полумрак, но на том уровне, где обычно располагается голова нормального человека. И, конечно же, там ничего не было видно. Только ниже, намного ниже, мне удалось различить комок, напоминавший силуэт сидящего человека. Но нет — он не сидел! Фигура вдруг приблизилась ко мне. «Какая странная походка, — удивился я про себя. — Он что, ходит на коленях?!»

— Вы Ландовский? — спросил тот необычный мужчина.

— Да, это я.

Он вступил в полосу света, и я убедился, что мой собеседник передвигался не на коленях. Оказалось, что у него были необычайно изогнутые, кривые ноги, как у рахитичного ребёнка, а его рост был почти карликовым. Повернувшись спиной, он подошёл к столу, между двумя креслами, и, опёршись плечом о его край, приказал:

— Садитесь!

Я не стал извиняться или дожидаться, пока сперва присядет он. Этот коротышка всё время говорил повелительным тоном, и мне и мысли не приходило ослушаться его, даже из вежливости.

— Можете говорить. Расскажите о том, что вы обсуждали с Ягодой.

Я замешкался на мгновение. Можно ли было представить больший фарс? Что здесь происходит? Почему Ягоду убрали? В моей душе вновь блеснула надежда на то, что я, быть может, предотвратил покушение на Сталина, и оттого моё сердце застучало чаще. Как бы то ни было, я рискнул побыть в своей роли ещё чуть-чуть:

— Прошу прощения, товарищ, но могу ли я узнать, с кем имею честь разговаривать?

Он посмотрел на меня сверху вниз с пренебрежением, с которым глядят на насекомое. Пока я сидел, а он стоял, его неподвижный лоб был на полголовы выше моего. Он воспользовался этим преимуществом.

— Вы меня не узнаёте? — в его голосе прозвучало такое же удивление, какое бы мог выказывать герцог не признавшему его слуге.

— Не имею чести, товарищ.

— Я народный комиссар внутренних дел СССР. Вы состоите в партии? Нет? В таком случае вы меня не знаете. Я — Ежов, из Центрального исполнительного комитета, секретарь Центрального комитета партии. Разве вы не слышали обо мне? Хотите взглянуть на мои документы?

По-видимому, его это позабавило. Он выдвинул ящик из стола и протянул мне большой лист бумаги, сложенный пополам, а также удостоверение в кожаной обложке: указ генерального секретаря ЦК, подписанный Молотовым, председателем Совета народных комиссаров, о назначении Николая Ивановича Ежова народным комиссаром внутренних дел. Машинально я бросил взгляд и на удостоверение. Там была его фотография и подтверждение его должности члена Комиссии партийного контроля. Я изобразил наивысшую степень уважения:

— Товарищ комиссар, я к вашим услугам! Я прошу прощения, что был обязан исполнять свой служебный долг. Сожалею, что вынудил вас потратить несколько минут своего времени, столь драгоценного для дела пролетариата...

Следует полагать, он не вполне понял последнюю часть, так как он тут же встал и, нависнув над столом, с гневом произнёс глухим сдавленным голосом:

— Что значит потерять время?! У вас есть что сказать? — после чего направился к одной из картинок на столе, где располагалась кнопка звонка.

— Нет, нет, товарищ! Я действительно должен сообщить вам о кое-чём крайне важном. Просто я не очень ясно выразился.

Он смотрел на меня тусклыми матовыми зрачками, словно подёрнутыми тонким слоем пепла.

— Говорите же без лишних слов! — приказал он и вскочил, будто его кривые ноги были двумя стальными пружинами.

Словно вспышка молнии осияла моё сознание! Я поднялся, положив левую руку на край стола, а правую, выпрямив указательный палец, протянул к нему, изображая снизошедшее на меня «озарение».

— Да, Николай Иванович! Это предназначалось вам... это было для вас!

Он попятился несколько сантиметров от моего пальца и даже взглянул на меня оценивающе, пытаясь определить, не сумасшедший ли я. Его рука инстинктивно потянулась за чем-то под курткой.

— Товарищ, если я не ошибаюсь, вам грозит чудовищная опасность, — и, не давая ему опомниться, продолжил, поворачиваясь к его креслу: — Посмотрим, товарищ, не покушались ли на вашу жизнь. Позвольте осмотреться. Сделайте одолжение, отойдите чуть-чуть... да, так, ещё немного, пожалуйста.

Он повиновался, освобождая кресло. Наклонившись, я не мог видеть его лица, но уверен, его выражение было неповторимым.

Я отодвинул кресло и приподнял ковёр у стола — и там появились четыре придавленных ватных тампона! Мелкие осколки стекла торчали меж их волокон.

— Я был прав! Вот они! Смотрите, товарищ комиссар!

Он посмотрел на меня, на кусочки ваты, раскрытые мною, не понимая ровным счётом ничего из происходящего.

— Не хотите ли объясниться, Ландовский? Что вы имеете в виду и что всё это значит?

Я поднялся медленно и торжественно. Сделал несколько шагов назад и объявил:

— Комиссар Ежов! Потребуется время для полного объяснения. Я предоставлю его вам во всех подробностях. Но знайте: то, что вы видите там, эта безвредная вата и осколки стекла, блестящие на полу — заказ вашего предшественника Ягоды, который положил их сюда. Они содержат миллионы бацилл Коха. Им было суждено убить вас за короткий срок.

Его глаза испуганно сверкнули. Он стал отступать. Желая скорее выйти из-за стола с другой стороны, он даже не заметил, что там его путь преграждала стена. Наконец, подобно человеку, обходящему спящую змею, он осторожно перешагнул место обнаружения, ни на миг не теряя из виду кусочки ваты. Он подошёл ко мне:

— Пойдёмте! Пойдёмте, товарищ! Давайте перейдём в другую комнату. Мы должны предупредить: место нужно дезинфицировать.

Я жестом успокоил этого маленького человечка, почти дрожавшего. Я бы ни на что не променял эту сцену! Быть свидетелем того, как тот, кто держит в страхе едва ли не всю вселенную, сам близок к панике — такое не всем дано увидеть. Как же высоко эти чудовища, хладнокровно жертвующие жизнями тысяч других людей, ценят свою собственную.

— Не беспокойтесь, товарищ. Эти бактерии были выведены мной. Они хорошо меня знают. Не переживайте!

— Что вы сказали? А бациллы?

— Да, товарищ. Мёртвые, испорченные, безвредные бациллы.

— Вы уверены? Объясните.

— Я совершенно уверен. В эту минуту ваш предшественник Ягода, наверное, торжествует, ибо полагает, что там, в этих пузырьках, была заключена ваша смерть.

— Садитесь, товарищ. Нам нужно присесть и поговорить. У меня было не так много времени, но сейчас, думаю, я готов выслушать всё, что нужно.

Я начал свой рассказ с того момента, как впервые поговорил с Ягодой, не упуская ни одной детали. Указал пункт за пунктом всё, что мы обсуждали во время второй беседы, а также что и как делал я — в общем всё, что случилось со мной до этого момента.

Ежов успокоился окончательно. Его глаза стали ещё более непроницаемыми. Он смотрел ими сквозь меня, будто не замечая. Лишь его грязные беспокойные ногти, беспрестанно щипающие, царапающие, чешущие, сообщали, что он жив и чувствует. В тот момент, когда я объяснял, что решил не готовить Ягоде настоящие бациллы, он резко прервал меня:

— И вы, зная, что от вас требуют орудие наказания предателя для нужд Советского Союза, отказались содействовать?

Будь я пойман врасплох, это замечание неизбежно оказалось бы для меня смертельным. Но я был готов, и самым лучшим образом, потому что ответом моим была правда.

— Товарищ Ежов, я должен отдать должное большевистским проницательности и убеждённости, стоящими за вашим вопросом.

В ту же секунду, когда в моём долгом изложении появился лишь намёк на оппозицию Советскому Союзу, товарищ комиссар вскочил, как стальная пружина, не удержимый даже мыслью, что я только что избавил его от ужасной смерти.

Он посмотрел на меня пристально и сказал:

— Если вы хорошенько не объясните свой поступок, я вас расстреляю!

Я был на высоте! Передо мной открылась драгоценная возможность, которой лишь нужно было правильно воспользоваться. Я не спешил с ответом и даже попытался улыбнуться:

— И вы бы исполнили свой долг, товарищ Ежов. Но прежде всего позвольте высказать одну мысль, кое-что искреннее от человека науки, который, будучи политически бесстрастен, тем не менее имеет привычку рассуждать диалектически. Так вот, позвольте заметить, что товарищ Сталин в очередной раз продемонстрировал свой гений, передав в ваши руки, товарищ Ежов, безопасность всего СССР.

Он качнулся в кресле, как будто его укололи булавкой, но ничем иным не выказал удовлетворения или каких-либо чувств, и лишь повторил вопрос:

— Хорошо. Но ответьте, почему вы приняли решение обезвредить бациллы, зная, что они предназначались для казни предателя?

— Этот вопрос, это обвинение, товарищ Ежов — я бы не стал его и слушать, будь во мне чуть больше гордости. Одна маленькая оплошность — вот причина того, что я, как полагает товарищ комиссар, отказался выполнять подобную услугу для Советского Союза. Но я всё объясню, ибо другого выхода нет. Когда я, как уже говорил, попросил товарища Ягоду подробно описать место действия и обстоятельства, связанные с предполагаемым генералом-предателем, когда он сообщил, что кабинет генерала похож на его собственный, в котором мы находимся сейчас, тогда я всё ещё добросовестно верил в существование некоего предателя. Посему я продолжал искать незаметный, но надёжный способ заразить его. Осматривая комнату комиссара, я справлялся с ним, изучая обстановку, ковёр и прочее. Без всякой задней мысли я спросил Ягоду, доходит ли ковёр генерала досюда, указывая на край этого ковра, и он ответил без всяких колебаний, не задумываясь, да — это озарило меня лучом света. Не зная предполагаемого генерала, не представляя даже, к каким средствам я собирался прибегнуть — на тот момент я ему ещё ничего не рассказал — было в высшей степени удивительным, как точно он знал, где заканчивался ковёр в том кабинете. Я отметил это в тот же миг и отложил в памяти для будущего соображения. В своём заточении у меня было много времени для размышлений, и мне удалось найти лишь одно логическое объяснение. И оно было таким: удивительный бессознательный ответ Ягоды относился не к комнате, занимаемой другим человеком. Если бы комната, в которой убийству предполагалось произойти, и существовала, такая мельчайшая деталь, как положение ковра и часть пола, им покрытая, ему быть известна не могла, и он бы в этом признался. Когда я объяснил, как следует разместить ампулы, когда он уяснил, что необходимо достоверно знать, застилает ли нужное место ковёр, он должен был поручить кому-нибудь это разузнать, и затем только сообщил бы мне. В итоге стало совершенно ясным то, что место, где он намеревался спрятать ампулы, было здесь, в его собственном кабинете, именно там, где он и сидел. «Место, где он сидел» послужило мне ключом к дальнейшей разгадке. Никто, кроме него самого, там сидеть не мог, и было абсурдным полагать, что он собирался совершить самоубийство таким необычным способом, — стало быть, на этом месте должен был сидеть другой, и этим другим не мог быть не кто иной, как его преемник.

— Прекрасно, товарищ Ландовский! Вы спасли мне жизнь.

— Разумеется, комиссар Ежов. К счастью, я не машина. К счастью, именно для вас. Я обязан был подчиняться Ягоде, пока он был наркомом, но не обязан этого делать, когда он им быть перестал.

Ежов встал, и я сделал то же. В уголках его рта были видны следы крови. Наверное, он до крови искусал губы. Моё возбуждённое воображение представляло же, как его лёгкие изъедает инфекция, приготовленная для него его другом — Ягодой. Однако я не счёл разумным сделать замечание на этот счёт.

Напоследок он добавил:

— Под самой высокой ответственностью — никому ни слова! Я уже убедился в том, что вы умеете хранить секреты, но на всякий случай предупреждаю. Вы вернётесь туда же, где находились до этого. С вами будут хорошо обращаться. Не стесняйтесь обращаться ко мне, если вам что-либо понадобится. Что касается Парижа, дело, пожалуй, сто́ит моего одобрения, но я должен подробно изучить его. У меня не получится сделать это в ближайшие дни, поскольку мне нужно со всем этим разобраться... Полагаю, что приготовления пройдут успешно и мне пригодятся ваши услуги. В таком случае вы отправитесь в Париж на тех же условиях. Также полагаю, что вам следует употребить весь свой интерес на это дело для успешного его исполнения, потому что я не менее суров, чем мой уважаемый предшественник. Понимаете? Делайте так, как я говорю, товарищ Ландовский, и не пожалеете. Думаю, ваши услуги и знания будут полезны нашему пролетарскому государству.

Не говоря ни слова больше, Ежов остановился у двери. Я вышел за порог, ожидая дальнейших указаний. Он подозвал к себе того, кто сопровождал меня.

— Товарищ Ландовский возвращается с вами в лабораторию. С ним будут обращаться так же, как и до этого момента: к его потребностям должны относиться со всем вниманием и должны предоставлять всё, что ему нужно для исследований. Я распоряжусь, когда придёт время, чтобы в отношении касающегося вас дела подготовили всё необходимое.

Развернувшись, он захлопнул за собою дверь. Не теряя времени, мы вышли.

V
МОЙ ОЧАРОВАТЕЛЬНЫЙ НАЧАЛЬНИК «ДЮВАЛЬ»

Я снова очутился в доме с лабораторией. В моей жизни, казалось, ничего не поменялось. Миронов привёз меня, и больше я его не видел. Левин также перестал наносить мне визиты.

Шли дни. Я взаимодействовал лишь с молчаливым распорядителем, который совсем не выходил за рамки своих обязанностей: все мои неоднократные попытки разговорить его неизменно заканчивались неудачей.

У меня было достаточно времени для размышлений. Всё указывало на то, что обо мне совершенно забыли. Я часто вспоминал о Ягоде, предполагая, что его молниеносно «ликвидировали». Однако никакой возможности проверить это не было. Я был в полной изоляции. Этот дом, казалось, совершенно не интересовал новое руководство ГПУ. Как бы внимательно я ни прислушивался, мне ни разу не удалось услышать, чтобы приехала хоть одна машина с посетителем. Дверь открывалась лишь дважды, в одно и то же время рано утром, — наверное, это распорядитель отправлялся за провизией на день. Однажды я попытался вызвать его между открытиями дверей, выдумав какой-то предлог для обращения, но мне сообщили, что он не может прийти и сделает это через пару часов. Именно так и произошло спустя несколько минут после того, как я услышал, как открылась и закрылась дверь. Вот на такие пустяки я тратил досужее время, часами засиживаясь в лаборатории за работой и чтением.

В те дни не случилось ничего, что стоило бы упоминания.

Таких дней прошло немало. Но наконец как-то утром, едва забрезжил рассвет, я услышал характерный звук автомобильного двигателя. Через несколько минут меня вызвали в тот же кабинет, где когда-то учинили допрос, предшествовавший моему визиту к Ежову. За столом сидел всё тот же мужчина со шрамом. На этот раз он был один. Он был гораздо приветливее, чем при первой встрече. Мы поздоровались, но без рукопожатия.

— Товарищ Ландовский, — начал он, — начальство приказывает вам продолжить работу над порученным заданием. У вас есть всё необходимое?

Я кивнул.

— Отлично, — продолжил он. — Думаю, нет необходимости ещё раз оговаривать условия вашей работы. Вы же всё помните, не так ли? О некоторых вещах лучше лишний раз не упоминать. Знайте, что ничего не изменилось. Мы приняли те же меры, которые принял Ягода. Заложники по-прежнему у нас, и они по-прежнему отвечают за ваше поведение. Понимаете? Разумеется, что по вашему возвращению товарищ Ежов будет обращаться с вами гораздо лучше, чем Ягода. Он так и просил передать. Что касается технических деталей операции — тут пока ничего нового. В Париже вы подробно ознакомитесь с ролью, вам уготованной.

В дверь постучали. Мой собеседник командным голосом разрешил войти. Распорядитель сообщил о прибытии «товарища Дюваля». Получив разрешение, гость предстал перед нами. Я предполагал, что речь идёт о некоем французе. Однако его русский был безупречен. Он был молод, лет двадцати шести от роду, смуглый, улыбающийся, красивый. На первый взгляд он даже производил приятное впечатление, но его постоянная улыбка, являвшая миру совершенные белоснежные зубы, придавала его лицу выражение некоторой иронии и презрения. Одет он был со вкусом. Было сразу ясно, что одежда у него западная и сшитая первоклассным портным.

— Товарищ Рене Дюваль, — представил его чекист.

Обо мне же он сказал:

— Доктор, которого вы прекрасно знаете по нашим рассказам.

Прибывший поприветствовал меня кивком и своей лучшей улыбкой. Человек со шрамом продолжил:

— Это ваш компаньон в путешествии, доктор Ландовский, ваш новый проводник. Как вы могли заметить, он очень учтив. Надеюсь, вы станете лучшими друзьями. Вы поладите, я уверен. Однако, доктор, вас не должны вводить в заблуждение приятная внешность и изящные манеры — товарищ Дюваль хорошо знает свою работу, в чём мы могли не раз убедиться. Любое предательство, даже простое неподчинение... будет означать ваш полный крах, доктор.

Дюваль перебил его:

— Ради всего святого, товарищ! Не обращайте внимания, дорогой доктор. Эти предупреждения не для вас. Я считаю себя неплохим психологом, и по вашему лицу вижу, что вы не способны ни на что плохое. Мы будем отличными друзьями! Не терпится уже с вами пообщаться! Нечасто напарником по заданию становится человек науки, учёный. Химия мне крайне интересна! Не желаете ли сигарету, дорогой доктор?

Я согласился. Он дал мне прикурить крошечной зажигалкой. Заметив моё любопытство, он протянул её ко мне, чтобы я мог получше её рассмотреть.

— Красивая, не правда ли? Я вам достану такую же, когда мы будем там.

Человек со шрамом поднялся с кресла и, направившись к своей великолепной кожаной куртке, сказал нам на прощание:

— Я рад, что вы сразу же стали друзьями. Вы уже знаете, доктор, что товарищ Ежов ждёт успешного завершения вашего задания. У него большие планы на вас — настолько большие, что он, всячески пытавшись найти вам замену в этой поездке, так её и не нашёл. Возвращайтесь скорее, и с победой! Вы нужны ему для кое-чего ещё очень важного. Только вы годитесь для этого.

Воодушевлённый таким напутствием, я набрался смелости и выразил просьбу:

— Товарищ, — сказал я, — можно ли мне отправить весточку своей семье? Я был бы чрезвычайно благодарен за это товарищу Ежову.

Он на минуту задумался, словно сбитый с толку, пока я с тревогой смотрел на него. Но быстро оправился:

— Вашей семье? Конечно, конечно... Что вы хотите?

— Всего пару строк... Написать им несколько строк.

— Да, да, конечно. Я займусь этим. Без труда. Пишите. Товарищ Дюваль, отправьте мне письмо, когда доктор его напишет.

После этого он попрощался, добавив перед тем, что мы выезжаем на следующий день.

Я остался наедине со своим новым знакомым. Он был крайне занятным человеком. Хотя он и выпил не один бокал, это никак на нём не сказывалось. Предложил сыграть с ним в шахматы. Я играю недурно, но мой оппонент был несравненно лучше: он выиграл все партии, кроме одной, которую, кажется, решил мне подарить.

Мой собеседник рассказывал о Европе. В его речи отсутствовали привычные советские клише: он не сдабривал слово «капиталист» обязательным эпитетом «проклятый», а к «фашисту» не добавлял непременного — «убийца». Должно быть, он немало лет прожил на Западе или даже родился в одной из западных стран. Многочисленные французские словечки, расцвечивавшие его речь, звучали в его устах столь же ладно, как и у уроженцев Франции, однако же и русский его был совершенен, как у любого местного жителя.

За обедом он почти ничего не съел, с отвращением отзываясь о местной еде, той самой, что казалась мне изысканной. В перерывах между блюдами он нахваливал французские кухню и вина. Надо думать, он в них неплохо разбирался. Предлагаемые им сигареты были достойны князей, необычайно длинные и с большим мундштуком. Курил он самым элегантным образом. Моё внимание привлекли его безукоризненно чистые, блестящие розовые ногти. Тому же, как он открывал и закрывал портсигар, позавидовал бы любой аристократ.

День выдался увлекательным. Ни одного намёка на задание. Мы казались двумя туристами, случайно встретившимися в роскошном отеле и решившими скоротать время за разговорами о пустяках.

Таким образом мы просидели до глубокой ночи.

Спал я плохо, постоянно просыпался и совсем не выспался. Меня сильно беспокоило предстоявшее на следующий день путешествие.

В дверь постучали примерно в девять, именно тогда, когда я, должно быть, ненадолго уснул. Торопливо умывшись и одевшись, я позавтракал с Дювалем, и за нами скоро приехала машина, чтобы отвезти нас в Москву. Там мы должны были сесть на поезд. Мой багаж, уже столько дней собранный, следовало полагать, доставили на вокзал заранее. Стоит заметить, что я сложил все мои препараты в багаж, но мне было сказано не беспокоиться, если я не найду их там, ибо они должны были прибыть в Париж более надёжным путём.

Всё шло без каких-либо хлопот, мне ни о чём не приходилось заботиться: ни о билетах, ни о паспортах. Поэтому добавить здесь нечего.

Меня проводили в купе, зарезервированное для нас с Дювалем. Ничто не тревожило нас в пути. Должен, однако, отметить, что мы ехали не без присмотра, не в одиночестве. Двое типов стерегли нас всю дорогу, очевидно подчинённые моего спутника. Купе мы не покидали даже для завтрака и обеда: у Дюваля с собой был большой деревянный ящик, полный закусок и напитков.

Я узнал, что мы прибыли в Негорелое, о том сообщил Дюваль. И снова мне не нужно было беспокоиться о таможенных и полицейских формальностях — всё было подготовлено заранее.

После долгой стоянки поезд тронулся, потом снова остановился. В окно я видел, как из поезда выходят солдаты и полицейские пограничной службы. Мы были на самой границе СССР. Моё сердце забилось чаще — ведь это необычайное событие!

Снова мы тронулись. Снова остановились. Я увидел отдельно стоящий домик, окружённый взводом солдат. Они напоминали мне французских военнослужащих времён войны 1914 года. На них были французские каски, я хорошо помнил их по фотографиям в иллюстрированных журналах. Другие люди в форме, вероятно офицеры, носили шапки с плоским квадратным верхом и большим козырьком, что придавало им некоторое сходство с крупными птицами. Все они казались мне будто с другой планеты. Я увидел, как они приблизились к окнам поезда. Наверное, они вошли в поезд, и действительно — вскоре они уже шли по коридору и просили предъявить паспорта. Мне выдали мой паспорт, и я протянул его первому из подошедших, который обратился ко мне на ужасном французском. Стало ясно, что мы уже не в СССР, мы были в Польше.

Очередная остановка. Первая польская станция — Столбцы.

Ухоженная, сильно отличавшаяся от советских.

Вдалеке виднелись избы, очертаниями и внешним видом сходные с советскими. По-видимому, Польша не далеко ушла вперёд в сравнении со своим соседом. Грязные дороги, ведущие к станции, также были очень похожи на советские. Если бы не контраст, создаваемый одеждой полдюжины польских буржуа, действительно качественной и элегантной, то вид здешних крестьян, с лицами и в лохмотьях точь-в-точь как у советских, убедил бы меня окончательно, что мы всё ещё были в России.

Снова продолжительная остановка. Нам пришлось выйти из поезда со своим багажом для таможенного досмотра. Полиция устроила нам небольшой допрос; гораздо более краткий, впрочем, чем другим пассажирам, покидавшим СССР, поскольку в наших паспортах было указано, что в Польше мы транзитом на пути в Германию.

Наконец, всё закончилось. Поезд вновь тронулся. Его скорость стала лишь немногим выше, чем в России, тем не менее двигался он заметно быстрее. Мои глаза неотрывно следили за пейзажем в окне. В конце концов я подумал про себя, ведь это мои родные места, чей образ я заботливо хранил в своих мыслях; мой народ, мой настоящий народ, жил здесь веками. На меня нахлынули чувства. Где-то за зримым горизонтом покоились останки моих предков — многие их них погибли, сражаясь против татар, русских и казаков. Если политические перипетии, а затем любовные узы и побудили некоторых из них ощущать себя русскими, то сегодня ни моя жена, также на три четверти полячка, ни я сам не испытывали ни малейшей связи с СССР. И даже та слабая привязанность, когда-то нами унаследованная, была окончательно раздавлена тяжестью безмолвной, но лютой ненависти к Республике Советов; этому искусственному уродливому подобию нации, созданному теми, кто ненавидит само это название; революционерами-апатридами, которые прикрепили нас к нему, подобно римлянам, привязывавшим пленных к своим колесницам.

Переполняемый бесконечными жалостью и нежностью, я расчувствовался. Мне даже пришлось прикрыть глаза рукой, чтобы скрыть от попутчика-чекиста подступавшие слёзы. Тем временем уже смеркалось. Одинокие крестьянские дома постепенно растворялись в наступавших сумерках. Золотистый квадрат застеклённого окна, огонь домашнего очага, безмятежные тени людей, доносившаяся издалека тоскливая песня, белая луна, нарождавшаяся под голубым пологом серебристо-зелёной колыбели ночи, — всё это ощущалось таким родным! И вдруг чудесным образом я увидел себя в таком же маленьком домишке, счастливого, умиротворённого теплом очага, окружённого близкими, с покоем на душе. Подобно пилигриму, я словно вернулся после тысяч ночей, проведённых в ледяной пустыне, и теперь наконец отдыхал дома в согревающем кругу семьи.

Я чувствовал себя поляком. И то же время в моей душе пылали ненависть и злоба. Мне хотелось вскочить, криком отчаяния выпустить гнев и скорбь, схватить Дюваля за шею и задушить его. Нервы натянулись до предела, и я вышел в коридор. Схватившись трясущимися пальцами за поручень у окна, я прислонил горящий лоб к ледяному стеклу... Не знаю, сколько времени провёл я вот так, застывший, бесчувственный, погружённый в видения.

VI
МОСКВА — ВАРШАВА — БЕРЛИН

Вот мы и оказались в Варшаве. Я сошёл вместе с Дювалем на вокзале. Мы вновь были не одни: за нами следовали двое, замеченных мною ещё в поезде; не те, кто сопровождал нас на территории России, а уже новые. Вскоре я определил, что Дюваль следовал за каким-то человеком, который, видимо, нас ожидал. Он вывел нас из вокзала и незаметно указал Дювалю на великолепный *Packard*, в который мы уселись вдвоём, без попутчиков. Не дожидаясь указаний, шофёр резко тронулся с места. В зеркало заднего вида было видно, что за нами, как конвой, следовала машина. Так мы ехали какое-то время, пока не очутились почти в пригороде, на противоположном конце города. Машина замедлила ход, повернула и въехала на закрытую территорию. Перед нами появилось здание, слишком большое для шале, но не дотягивавшее до дворца.

Мы вышли у дверей дома, где некто под видом мажордома уже нас ожидал. Мы вошли. Обстановка была едва ли не изысканной. Нам никто не встретился, и наш управляющий, прекрасно говоривший по-русски, провёл нас в наши комнаты.

Пропущу описание дома, ибо в этом нет нужды. Со мной в нём не произошло ничего выдающегося. Дюваль объяснил мне, что мы проведём в Варшаве три или четыре дня, что этого будет достаточно, чтобы я проникся атмосферой города, поскольку на немецкой границе мне предстоит сменить личность. Он показал мне мой новый паспорт на имя доктора Михаила Зелинского, уроженца Варшавы. На паре листков бумаги были кратко представлены его личные данные. Я запомнил, что доктор, чью личность я себе присвоил, был женат на русской эмигрантке по имени Ивана. У меня была вся необходимая информация, и с толикой находчивости я мог легко сойти за доктора Зелинского, если собеседник, конечно, не был знаком с ним лично и не знал о нём никаких подробностей. Польский я знал превосходно, впитав его с молоком матери, и всегда говорил на нём дома с женой. Несомненно, ГПУ было хорошо об этом осведомлено.

Неожиданное перевоплощение возбудило во мне подозрение, что моё участие в краже Миллера могло быть существеннее, чем я полагал. Подробностей я ещё не знал, но принятие новой роли наводило меня на мысль, что предварительно я должен был с какой-то целью сойтись с кем-то ещё, кто неким образом был связан с предстоявшим предприятием.

Дюваль куда-то позвонил, после чего сообщил, что через несколько минут представит меня одному польскому товарищу, который будет сопровождать меня во время пребывания в этом городе. Он не будет задавать вопросов о цели поездки, но и самому мне не следовало этой темы касаться. Необходимо было лишь каждый день ночевать в этом доме. Мне были выданы польские деньги с указанием купить себе часы, одежду, чемодан и прочее — всё необходимое, так чтобы марки и качество товаров красноречиво говорили, откуда я был.

Не успел Дюваль закончить инструктаж, как явился элегантный мужчина лет сорока пяти. Он был представлен мне как «товарищ Владимир Перм». Позже я сделал вывод, что имя было ненастоящим, ибо, когда я звал его таким образом, он несколько раз не откликнулся, при этом глухотой он явно не страдал.

Мы готовы были идти, но Дюваль на минуту отозвал меня в сторону.

— Товарищ, — сказал он, — думаю, что нелишним будет напомнить ещё раз — никаких глупостей! Не думайте, что вы хоть на секунду останетесь одни. Любая попытка бегства будет стоить вам пули из пистолета, с глушителем, естественно. Не говоря уже о том, что вы и так уже знаете в отношении ваших близких.

Я прямо посмотрел ему в глаза. В них не было ни тени сомнения или лукавства. Они были столь же ясными, как и тогда, когда он предлагал мне сигарету. Я лишь ответил ему заверяющим жестом и отвернулся.

Нас ждала машина, в неё мы и сели с Владимиром. И почти сразу я заметил, как нас вновь конвоировали.

ГПУ уделяло столько внимания моей скромной персоне!

Доставшийся мне в этот раз попутчик болтал без умолку. Я быстро понял, что он еврей, хотя он делал всё, чтобы это скрыть. Он расписывал мне преимущества и недостатки каждой моей покупки. Должно быть, он прекрасно разбирался в этих вещах или же просто заранее знал, что мне следует приобрести, потому как мы потратили на всё про всё совсем немного времени. В перерывах между магазинами он предлагал выпить виски, при этом платить всякий раз, разумеется, приходилось мне.

Он поведал мне о политической обстановке, о недавнем скандале в администрации, о театральных премьерах этого сезона, о внешней политике Польши, о военных манёврах и тысяче других вещей, безукоризненно справляясь с ролью инструктора.

Таким образом мы провели три дня. Я бы мог написать не один том о самых разных вопросах варшавской жизни. Моя польская лакировка была почти безупречной.

Но при этом мною было сделано только одно важное наблюдение. Я не был в Польше с 1912 года, и если не брать во внимание произошедших за это время материальных перемен, заметных по улицам, автомобилям, моде и прочему, в общественном плане Варшава, на мой взгляд, совершенно не изменилась: это был тот же самый город, который я знал в царские времена. Если тогда я видел много мундиров, как минимум столько же их я встретил в те дни; аристократия крови и денег выказывала столько же высокомерия, сколько и раньше, и была всё так же далека от всех остальных классов; бедняки определённо не превосходили в своей нищете бедняков из России и даже на первый взгляд казались ещё более убогими, ибо контраст с роскошью на каждом шагу был разителен. К тому же последнюю здесь не маскировали и не прятали, как в России, а хвастались, бесстыдно кичились ею. Чересчур утрированная французская мода у заносчивых польских женщин имела оттенок восточной пышности.

Меня больно поразил такой контраст. Я понял, что здешняя буржуазия не извлекло никакого урока из спектакля, разворачивавшегося по другую сторону её собственной границы. Оно бездумно провоцировало рабочих-оборванцев и босых крестьянок, которые, одурманенные красной пропагандой, мечтали о скорой мести. Правда, последние не догадывались, что в таком случае они всего лишь поменяли бы себе тиранов, и вместо господ в мехах, даже не смотревших в их сторону, их хозяевами стала бы стая подлых жидов, со всех сторон развращавших город.

Опускаю путь из Варшавы в Берлин. Почти весь он проходил ночью, пока я спал. Ничего не произошло. Разве что я официально сменил личность с пересечением границы: в Германию я въехал уже как Михаил Зелинский.

Мы сошли с поезда на станции *Friedrichstraße*. Там я провёл всего пару часов. Меня обо всём предупредили, беспокоиться было не о чем, даже о багаже. При въезде в Германию, однако, Дюваль стал меня сторониться. Мы проходили как незнакомцы, и подозреваю, что он тоже сменил личность.

Перед посадкой на варшавском вокзале он предупредил, чтобы я к нему не приближался и не пытался завязать разговор, но вместе с тем остерёг от мысли, будто меня оставят одного: даже если ничто на то не будет указывать, я буду под пристальным наблюдением, как и прежде.

Следуя данным указаниям, я вышел из берлинского вокзала и сел в такси, чей номер мне заранее передали в записке. Автомобиль подъехал к тротуару сам, я не подал и знака, и отвёз меня в кафе на Курфюрстендамм, остановившись перед ним также без какого-либо намёка с моей стороны. Я вышел и тут же зашёл в заведение. Уже поднаторев в этом, я быстро обнаружил пару вышколенных официантов, присматривавших за мной. Своей чрезмерной изящностью они пытались скрыть, как мне казалось, свою бандитскую сущность. Не подав вида, что я их раскрыл, я сел за столик у окна, где с удовольствием стал наблюдать за восхитительной улицей и прохожими, прогуливавшимися по ней.

Заказал кофе, причём кофе мока, поскольку официант попросил уточнить заказ. У меня были при себе превосходные, купленные ещё в Варшаве сигареты, и я решил побаловать себя одной. Приятная обстановка, изящный и чистый зал, а также качественный кофе позволили мне наконец расслабиться и ощутить покой и беззаботность.

Я подумал, что никто из посетителей и вообразить себе не мог, что мирный и довольный гражданин, заворожённо наблюдающий за тем, как поднимается дым его сигареты, являлся пленником, которого при попытке заговорить с полицейским или совершить какой-либо другой, не предусмотренный программой манёвр, изрешетили бы на месте; причём неизвестно, кто именно бы это сделал, ибо та пара бандитов куда-то пропала. Возможно, застрелить меня поручено было толстому господину напротив меня, погружённому в чтение газеты *Völkischer Beobachter*. Его очки легко можно было использовать в качестве перископа для какой-нибудь субмарины. С такой же вероятностью эту роль мог исполнить вот тот худой мужчина аскетичного вида или та стыдливая дама в толстых грубых ботинках, игравшая с невообразимо страшной собачкой. Потом я начал подозревать двух англичан или американцев, севших позади. Их *yes* то и дело долетало до моих ушей. Наблюдая за ними, я даже стал свидетелем того, как они высмеяли двух тучных мужчин в форме со свастикой на рукавах, шедших по улице с маршальской важностью. Я прекратил свои поиски. Догадаться, кем были мои потенциальные убийцы, было невозможно. Попросил ещё кофе, на этот раз со сливками. Он был восхитителен! Национал-социалистическая Германия определённо потребляла отборный кофе со сливками. Отопление было что нужно. Зал — великолепен и обставлен со вкусом. Я долго разглядывал улицу и не заметил ни одного оборванца, или нищего, или попрошайки. Тротуары, ровный асфальт, чистота — нигде, куда только хватало глаз, не было видно ни одной бумажки или окурка. Казалось, что город был стерильным, и это производило неприятное, отталкивающее впечатление. В таких условиях даже при малейшей оплошности я бы показался неопрятным и грубым. Подобное раздражало и не нравилось мне. Я редко читал советские газеты, но на протяжении лет то и дело просматривал привычные разделы, посвящённые «нацистской» Германии. Где же все эти прусские солдафоны с зажатым в кулаке кнутом, хлеставшие рабочих, ползавших по тротуару? А голодные дочери пролетариев, готовые прямо на улице отдаться иностранцу за кусок хлеба? А заводчане, валявшиеся в сточных канавах, умирая от голода? А отряды партийцев, налетавшие на кафе под предлогом сбора пожертвований и грабившие всех подряд?

Я взглянул на часы. Близился полдень. Возможно, что пролетарии не стали бы ходить по центральным улицам в такое время. В российской прессе я читал, что Германия была в разгаре перевооружения, поэтому рабочие должны быть на фабриках и в цехах. Я решил дождаться двенадцати часов, чтобы всё-таки увидеть несчастный немецкий пролетариат. И вот часы пробили двенадцать. Улица и в самом деле оживилась, отовсюду появлялись бессчётные пешеходы и уходили по своим делам, многие шли группами, весело и дружно общаясь. Но рабочих или кого-либо, кого можно было за них принять, не было видно вовсе. А ведь за полчаса передо мной, вероятно, прошли тысячи человек. Этому феномену объяснения у меня не нашлось.

Мне было указано идти обедать в соседний ресторан. Я заплатил по счёту и заглянул в маршрутный лист, хотя прекрасно помнил название заведения. Неспешно поднялся и, не торопясь, направился к двери. Поначалу слежки заметно не было, но не успел я пройти и нескольких шагов по улице, как меня окружили двое неизвестных. Один шёл передо мной, а другой позади. Таким образом мы и двигались, и мне лишь нужно было держаться за впереди идущим, пока мы не достигли ресторана. Я вошёл, всё так же оставаясь под наблюдением. Посетителей было мало, так что у меня была возможность выбрать себе столик. Те двое сели через два стола от моего.

Я игнорировал их присутствие и решил попробовать устроить себе маленький банкет. Ещё на подходе к ресторану я обратил внимание на поистине огромный выбор ослепительных закусок на его просторной витрине. Памятуя о снабжении армии, я посетовал на то, что из-за тяжёлой продовольственной ситуации в Германии и необходимости экспортировать продукты питания в обмен на сырьё для военной промышленности — как мне было известно из «Правды» — мне придётся довольствоваться лишь крошечной порцией скудной пищи. А ведь те ослепительные закуски пробудили во мне такой аппетит! Сдавшись, я сел.

Ко мне подошёл услужливый официант.

Стоит сказать, что я могу читать и переводить с немецкого, но говорить на нём мне чрезвычайно трудно. Немецкий мне был необходим только для чтения научных трудов, что получалось у меня относительно неплохо. Я боялся, что моя речь покажется официанту слишком путаной и что мой заказ будет неправильно понят, отчего много потеряет.

Я спросил у него, говорит ли он по-французски. Он ответил отрицательно, и с некоторой неловкостью стоял и вертел в руках меню. Тут он посмотрел на господина со шляпой в руке, пробиравшегося между столиков. Он подошёл к нему и что-то сообщил, указав на меня. Затем оба вновь приблизились ко мне. Тот, который только что пришёл, почтительно обратился ко мне на безупречном французском:

— Сию же минуту я вернусь к вам.

Меня это немало удивило. Несомненно, думал я, это был хозяин заведения, который, желая доставить удовольствие иностранному посетителю, вызвался сам помочь с заказом.

Через две или три минуты рядом со мной вновь появился официант, изъясняясь со мной на французском. Хозяин оделся официантом, чтобы обслужить меня собственной персоной! Иначе и быть не могло, ведь это был тот самый господин, с которым ранее говорил первый официант. Я поблагодарил его за усердие, хотя оно и показалось мне излишним. Тогда он взглянул на меня разинув рот и несколько секунд ошарашенно смотрел.

И тут всё прояснилось: передо мной стоял просто-напросто ещё один официант!

Я замолк, не желая объяснять свою глупость. Такое могло случиться только с русским, коим я перестал быть: доктор Зелинский из Варшавы, которым я был теперь, не мог совершить подобный *lapsus*[5].

Едва я оправился от удивления, как вновь был поражён. Я мог заказывать всё что вздумается! О, да! Видела бы это газета «Правда»!

— Я изрядно проголодался, товарищ... простите, сударь. Что можете посоветовать?

Официант оказался настоящим гурманом. Он составил для меня меню *avant-guerre*[6], как для русского князя. Вернувшись из Парижа пару месяцев назад, он думал снова туда отправиться, когда его супруга в пятый раз сделает его отцом, о чём он поведал мне, немного покраснев. Я спросил, не мало ли он зарабатывал здесь, в Берлине. Он ответил, что нет и что он планировал получить место в каком-то отеле из числа лучших. Однако, по его словам, это не могло стать возможным без постоянного совершенствования в его ремесле, а также без умения обслуживать иностранцев.

Получалось, что этот рабочий мог выезжать и въезжать в Германию, когда ему вздумается?! И вновь я вспомнил о «Правде».

Отобедал я почти как Пантагрюэль, с каждым кусочком вспоминая «Правду». Я ел и ел, пил и пил, с наслаждением мстив официозной советской газете. Как сладка была эта месть!

Простившись с этим приятнейшим и услужливым официантом, я пообещал себе — если когда-нибудь получу свободу — прийти сюда пировать со своей семьёй.

Вновь направился в знакомое уже кафе. По дороге заметил: немецкий рабочий по-прежнему примечательно отсутствовал. В уличной толпе мне не попалось ни одного в тот час. Случай с официантом, принятым мною за буржуа, пробудил во мне некоторые подозрения.

С этими мыслями я вошёл в кафе. Выпил ещё два кофе, каждый раз продолжая свою месть «Правде». В довершение решил заказать французский коньяк, чтобы посмотреть, что будет. Я был почти уверен, что «автаркия» не позволит мне так шиковать, но я ошибся. Официант перечислил мне полдюжины марок на выбор.

Вдохновлённый галльским ликёром, который я удостоил чести появиться передо мной дважды, я развлекал себя, наблюдая за космополитичными массами, заполнившими зал. Воистину, там собралась целая коллекция элегантных и красивых женщин, собравшихся здесь, следовало полагать, благодаря чуду организации немецкого туризма, привлекавшего в страну путешественников со всей Европы. Хорошо зная русский, французский и польский, всего за несколько минут я услышал речь на всех трёх языках, причём во всех случаях их вели нарядные и совершенно далёкие от грусти дамы. Несомненно, думалось мне, варварская тирания нацистов была необычайно благосклонна к ним.

Я попросил газету. Официант указал мне на арку в глубине кафе, куда я, поднявшись, направился. Такой ход мог показаться подозрительным, ибо ничего подобного в предписанной мне программе указано не было.

Там, в отдельном салоне, стоял большой стол с огромным количеством газет и журналов. А по углам расположились шикарные кресла с маленькими столиками. Всё было изящным, солидным, удобным. Натёртый воском, пол блестел, как зеркало. Я подошёл к столу. Выбор не ограничивался исключительно немецкими газетами: коллекция прессы включала в себя самые крупные и лучшие периодические издания Европы и Америки.

Возможно ли, чтобы нацистский режим терпел сравнения с остальным миром? Подобная глупость была мне непонятна.

Я устроился тут с не меньшим удовольствием, чем в ресторане. Ещё один новый и изысканный банкет! Пир для моего взора. Это всё равно что прогуляться по роскошным центральным артериям современного города пленнику, который был отрезан от связи с миром в течение двадцати лет. Именно таков и был мой случай.

Я не читал, я пожирал глазами фотографии, одни фотографии.

Определённо я потерял счёт времени. Должно быть, я провёл там всё отведённое мне время. Но некто позаботился о том, чтобы вывести меня из забытья. Чей-то локоть столкнулся с моим. Я увидел рукав с высунутой из него ладонью, меж пальцев которой был зажат карандаш, писавший на бумаге цифры 18:30.

Я вздрогнул. Вскочив, я устремился к выходу, вероятно слишком поспешно.

У тротуара стояло то же такси, что и утром. Я сел в него. На сидении лежал конверт, а в нём — билет на поезд.

Зажигались городские огни. Движение было очень оживлённым, автомобили всех типов образовывали настоящий муравейник. Моё такси медленно двигалось вперёд и часто останавливалось, повинуясь свету светофоров. Иногда мы проезжали мимо трамваев. Они были полными, да, но это не имело ничего общего с гроздьями людей в трамваях Москвы. Здесь, казалось, было больше личных автомобилей. Я продолжал розыск немецких рабочих, пытаясь вычислить их среди тех, кто входил и выходил из трамваев, предполагая, что это пролетарский вид транспорта. Но как мужчины, так и женщины — все они имели благородный буржуазный вид. Шляпы, пальто, блестящие ботинки... «Неужели и это скромное средство передвижения недоступно их жалкому заработку?» — спрашивал я себя. И вновь смотрел на тротуар, вглядываясь пристальнее, когда машина подъезжала к нему поближе, — всё те же бюргеры.

С такими мыслями я прибыл к станции *Zoologischer Garten*. В моём конверте также находился багажный талон. С билетами в руке я вышел на станцию. Пересёк большой холл. Здесь, думал я, на станции я точно должен увидеть немецких рабочих, хотя бы в очередях в кассы. Но ни рабочих, ни даже очередей нигде не было видно. А крестьяне? Наконец-то! Вдалеке я увидел группу крестьян. Но, чу! Не может быть! Должно быть, это театральное представление для развлечения туристов. Дюжина, я бы сказал, селян, одетых в живописные и богатые костюмы (с вышивкой, накрахмаленные, кружевные) ярких цветов — совершенно новые, сияющие, безукоризненные. Хор из какой-нибудь оперы, подготовленный немецким «Интуристом»! Они вышли на перрон передо мной и на моих глазах садились в поезд весело, вприпрыжку, перешучиваясь. И вагон был чистый, почти изящный! Представление для туристов было превосходным. Хитрые же эти немцы! Но кого они хотят обмануть? Я следовал за мужчиной в форме, любезно взявшим мои билет и талон. Он выглядел так великолепно, что его можно было принять за советского маршала. Я разместился в купе спального вагона, и он, дав мне понять, что следует немного подождать, ушёл. А вскоре привёз мои два чемодана на тележке с электрическим приводом. В это время появился Дюваль. Он был один и бродил по перрону около вагона, изображая растерянность, даже краем глаза не взглянув на меня.

Мои вещи с величайшей осторожностью были размещены в купе. Я дал служащему две марки, за что он отблагодарил меня самым что ни на есть воинским приветствием.

Поезд тронулся точно по расписанию. Дюваль сел в тот же вагон, у него было соседнее купе.

Я оценил сдержанную элегантность и особенно чистоту вагона. Он был достоин особ королевских кровей. Ах, богатый СССР!..

Я коротал время, наблюдая пейзаж за окном.

В начале пути было много труб, очень много труб. Это, наверное, были фабрики... Но где рабочие? Потом трубы стали попадаться реже, и благодаря хорошему и рано включённому освещению можно было видеть бесчисленные шале, непременно все с садом, ухоженные, свежеокрашенные, будто только что построенные. Потом одна за одной следовали деревни — здесь уж точно должны попасться крестьяне! Но поезд не делал остановок, и мне лишь удалось разглядеть военизированных станционных рабочих.

Письменное указание Дюваля велело перейти в вагон-ресторан, где я прекрасно отужинал. Я сел за столик на четверых. Моими соседями оказалась супружеская пара с дочерью, светловолосой, как овечка. Какое здоровье и очарование излучала она всем своим видом!

Во время ужина поезд остановился. Очевидно, станция была не из самых важных. Я посмотрел в окно. «Сейчас или никогда, — подумал я, — я увижу немецких рабочих». Невозможно — опять всё та же буржуазная масса.

— Вы говорите по-французски? — спросил я свою соседку.

— О, я так и думала. Вы не говорите по-немецки? Могу ли я вам чем-нибудь помочь?

— Видите ли... Я хотел бы узнать, есть ли... есть ли пролетарии среди этих людей.

— Пролетарии? Вы, верно, хотели сказать рабочие. Да, их здесь много. Почти все, кто проходит мимо нашего окна, рабочие.

Я смотрел на неё, полагаю, с изрядной долей скепсиса, и она указала на них своим розовым пальчиком.

— Все, все они. Взгляните. Они металлурги. Здесь недалеко заводы по выплавке стали.

— Я полагал, что... Я ведь нездешний. Они показались мне бюргерами.

— Откуда вы?

— Я из Со... из соседней Польши.

— В Польше много евреев.

При внимательном рассмотрении у этих мужчин действительно можно было обнаружить физические признаки их ручного труда. Простой взгляд, грубые черты, коренастость, длинные руки и толстые пальцы, привыкшие к физической работе. Они были веселы, полны жизни, смеялись и смотрели вокруг с высоко поднятой головой. Я всё глядел на них, и девушка, также смотревшая в их сторону, сказала:

— Пролетарии! Что за некрасивое слово! В Германии нет пролетариев. Они были раньше. А это *Deutscher Arbeiter*[2], понимаете? Немецкие рабочие.

Этот разговор заставил меня сильно задуматься. В СССР слово «пролетарий» считается наивысшей похвалой. Если про кого-то говорят, что «он настоящий пролетарий», его уже не нужно хвалить больше. Я, химик и доктор медицинских наук, не смог добиться того, чтобы меня уважали как истинного «пролетария», на меня смотрели косо. Напротив, немецкая девушка находила слово «пролетарий» некрасивым. Рабочие в России живут грязно и мрачно, испытывают голод, лишения и тоску, утешаясь лишь отвратительным заверением, что их ценят и что те, кто не работает руками, испытывают ещё больше трудностей и подвергаются большим унижениям. Но чтобы увидеть хорошо одетых рабочих, живущих в чистоте и радости, следовало удалиться от «родины пролетариата»...

Поезд тронулся, люди на перроне пропали из виду. Я остался в задумчивости: передо мной всё ещё стояла картина, которой я раньше и представить себе не мог.

Вежливо попрощавшись, я простился.

На пути к вагону меня настиг Дюваль. Пользуясь грохотом поезда и гудком паровоза, он с пристрастием спросил меня:

— О чём вы говорили?

Я рассмеялся.

— Эти буржуи хотели, чтобы я принял других буржуев за рабочих!

Он тоже рассмеялся. Вот идиот!

Я затворил за собою дверь и упал на уже приготовленную постель. Мне вспомнился образ советского рабочего зимой, оборванного, голодающего, унижаемого за то, что он не член партии, или за то, что его разочарование и лень не позволяют ему уподобиться Стаханову.

Польский рабочий — босой крестьянин, неумытый, с ненавистью в глазах и грязью на лбу, враждебно глядящий на обрызгавший его *Packard* (советский!).

И немецкий рабочий, в присутствии которого нельзя произносить слово «пролетариат». Я был не настолько далёк от новостей, чтобы не знать, что этот народ был по-прежнему загнан в установленные в Версале рамки. Что он преодолевал экономические трудности, торговые барьеры, конкуренцию. Что миллионы гнили без работы. Что же случилось? Что поменялось?

VII
СОВЕТСКОЕ ПОСОЛЬСТВО

Меня разбудил голос проводника. Всю ночь я проспал беспробудным сном. Даже пограничные формальности меня не потревожили: вручал я свой паспорт немецкому служащему, а вернул мне его уже француз. Кстати говоря, когда я покидал вагон, этот француз подошёл ко мне с милой улыбкой и протянул руку. Я вложил в неё десять франков, но он не двинулся с места. Порывшись в кармане, я положил в его ладонь ещё десять, но ничего не изменилось. Я уже было начал беспокоиться, не страдает ли он каким-нибудь редким видом паралича. Но его недуг тут же излечился, стоило ему ощутить в руке пятьдесят или шестьдесят франков. Лишь тогда он взялся рукой за козырёк.

«*Gare du Nord*», — прочёл я на крупной вывеске.

Дюваль сократил дистанцию со мной, я следовал за ним. Нас окружила целая свита. Было ясно, что в Париже можно было быть не столь осмотрительным, как в Берлине.

У дверей вокзала нас ожидали два прекрасных автомобиля, которые повезли нас в совершенно неизвестном мне направлении.

Вот мы и находимся в Париже, думалось мне — сцене, где разыграется кульминация драмы, в которой я принимал участие. Любопытство моё росло, равно как и волнение. Здесь мне предстояло начать выполнение плана Ягоды. А также моего собственного, по поводу которого у меня пока ещё не было совершенно никаких идей.

Здесь я должен был подвергнуться неизвестной опасности.

По тому немногому, что удавалось разглядеть, я совсем не узнавал Париж. В семнадцать лет я на два года приезжал учиться в Сорбонну. Но времена нынче другие, да и я едва ли был похож на того, кем был «в те стародавние времена».

Увидел, что мы куда-то заехали. Спустились в какое-то подобие тоннеля, где пересели в машину, ехавшую спереди.

На автомобиле красовался советский флажок, закреплённый на стержне у капота.

Перед нами открылись ворота, точно напротив тех, в которые мы заехали. Нас вновь осветил дневной свет. Мы ехали по центральным аристократическим улицам. Улица Гренель была мне знакома, поскольку когда-то я частенько бывал здесь, посещая посольство Российской империи. Через несколько секунд машина въехала во двор посольства, и за ней закрылись решётчатые ворота.

Я всё ещё помнил, как устроено здание. Четверо неизвестных сопровождали меня с Дювалем в заднюю часть дома. Двери в одной из зал, якобы деревянные, открывались так тяжело, словно были сделаны из сплошного железа. Затворив их за нами, конвой оставил нас.

Новая «советская территория» производила давящее, гнетущее впечатление, всё вокруг будто становилось свинцовым. После того как за нами закрылись массивные двери, это чувство лишь усилилось. Но мой спутник поспешно шагал дальше, не давая мне слишком глубоко погрузиться в эти тягостные ощущения.

Очередная дверь и очередной часовой.

— Доложите товарищу Прасалову, что прибыл Дюваль.

Часовой не ответил, даже почти не шелохнулся. Однако через пару мгновений дверь отворилась сама; тоже, вероятно, бронированная.

— Добро пожаловать, товарищ Дюваль. Начальник ждёт вас.

Мы прошли в небольшую комнату, что-то вроде кабинета или секретариата, который вёл в другие помещения, ибо мне удалось насчитать ещё четыре двери.

С каждым шагом на душе становилось холоднее. Я чувствовал себя всё более неуютно. Дни, проведённые в цивилизованной обстановке, несомненно, расслабили мои нервы, а это место, куда меня неожиданно привезли, фактически без предупреждения, воздействовало на мою нервную систему почти смертельно. Невольно на память приходили обрывки образов, увиденных в окно автомобиля, образов улыбающегося и беспечного Парижа. Ни одна из тех молодых парочек, что так тесно друг к другу жались, не отрывая взгляд от очей спутника, упиваясь его улыбкой, не могла и представить, что всего лишь в нескольких метрах от них существует целый мир преступлений и тайн.

Все эти мысли пронеслись в сознании, подобно молнии. Окружающая действительность безжалостно притягивала всё моё внимание.

Нас принял тщедушный мужчина, взиравший из-под огромных толстых очков в чёрной оправе. По-видимому, он хорошо знал моего проводника, судя по тому радушию с каким он поприветствовал последнего. Он обратился к Дювалю на русском, а точнее, на украинском, как я понял позже. Без сомнения, этот коротышка был евреем: волосы выдавали его с головой своей курчавостью, хотя он и пытался отчаянно их выпрямить, до блеска умасливая косметическими средствами. Каждая дверь в помещении секретариата имела номер. Я заметил на них номера 80, 81, 82 и 83. Мой спутник был приглашён в комнату 83 после разрешения, предварительно полученного по внутреннему телефону, вместе с другими аппаратами расположенному на столе секретаря.

— Доктор, будьте любезны, подождите здесь, — указал мне Дюваль с неизменной вежливостью.

Я прождал три четверти часа, возможно дольше. За это время секретарь на меня даже не взглянул, погружённый в перекладывание бумаг на столе. Время от времени он отвечал на телефонные звонки, и, хотя я одинаково хорошо владею и русским, и французским, его ответы не подали и намёка на то, чем именно он занимался. Надо думать, что этот человек говорил с хорошо знакомыми ему людьми, и посему они понимали друг друга с полуслова.

Наконец Дюваль показался на пороге и жестом пригласил меня войти, что я и сделал, и он тут же захлопнул за мной дверь. Ещё один кабинет средних размеров. Как и остальные помещения, он был освещён электричеством. В нём находился всего один человек. Было видно его голову, чуть выдававшуюся из-за спинки кресла. Сперва мне показалось, что его уши уродливо выпирали торчком, как у животного. Но вскоре я понял, в чём дело: поверх его ушей были надеты наушники некого телефонного или радиоаппарата. Мы обогнули кресло и предстали перед ним. По-видимому, он был всецело поглощён передаваемой информацией, поскольку несколько минут он на нас не смотрел. Затем, неспешно сняв большие наушники, поднялся и, взявшись за провод, тянувшийся от них по полу, положил их на стол. Наклонившись над микрофоном, он громко сказал:

— Внимание, я выхожу из эфира! — после чего повернул ручку аппарата и обратил взор на нас.

Дюваль представил меня:

— Доктор Ландовский.

Мужчина пристально посмотрел на меня, но посчитал совершенно ненужным отреагировать как-либо ещё.

Это был заурядного вида человек без каких-либо приметных черт. Одет он был в серый костюм и чёрный свитер с закрытым воротом.

Усевшись обратно в кожаное кресло, он жестом пригласил нас сделать то же самое.

— Мне доложили, доктор, что ваше поведение на протяжении пути было корректным. Лишь тот разговор в вагоне-ресторане являлся ошибкой, его следовало избежать. Надеюсь, вы это запомните и больше не повторите подобной ошибки. Но сейчас такой опасности нет. До того момента как настанет время действовать, вы будете нашим гостем.

Затем, обращаясь к Дювалю, он добавил:

— Он разместится в комнате, соседней с вашей, за номером 37. Она прямо у лаборатории. Я предполагаю, доктор, что она вам понадобится.

— Возможно, — ответил я, — а мои препараты, я полагаю, должны были уже прибыть, не так ли?

— Да, они здесь. Если вам нужно что-либо проверить, убедиться, что с ними в всё порядке, вы можете воспользоваться лабораторией. Давайте перейдём к сути дела. Считаете ли вы себя готовым к исполнению роли доктора Зелинского?

— Я располагаю лишь устной информацией, полученной в Варшаве. Осмелюсь предположить, что её может быть недостаточно, в случае если мне придётся изображать его перед кем-либо, кто хорошо с ним знаком.

— Конечно, я это предусмотрел. В своей комнате вы найдёте большое досье об этом польском докторе: обширные личные данные, подробные сведения о его научной деятельности, копии писем, как семейных, так и рабочих, а также его подлинные визитные карточки и так далее. Там же вы найдёте подборку польской прессы, чтобы немного ориентироваться в вопросах внутренней политики. Поскольку наш врач обычно читает *Le Temps*, вы найдёте у себя подшивку этой газеты за текущий год, а также будете ежедневно получать свежий номер. Одним словом, просите всё, что считаете нужным по этому делу. Когда вы почувствуете, что готовы, сообщите нам, и мы перейдём ко второму этапу предприятия. На сегодня это всё.

Он поднялся, и мы вслед за ним. Он развернулся и направился к столу, чтобы снова надеть наушники и, уже держа их в руках, добавил, обращаясь к Дювалю:

— Зайдите позже, в пять.

Мы незамедлительно покинули кабинет.

Секретарь по-прежнему корпел над столом. Увидев, что мы вышли, он поинтересовался у Дюваля, продолжил ли начальник прослушивание. Получив утвердительный ответ, он красноречиво изобразил отчаяние, потрясая кипой бумаг, и обречённо сел обратно.

Возвращались мы тем же путём. Дюваль шёл впереди. Мы прошли через бронированную дверь, предварительно запросив разрешение двумя дверными звонками. Далее повернули направо. Мой компаньон, видимо, отлично знал дорогу. Прошли по длинному, крайне слабо освещённому коридору: лишь несколько светящихся точек, как бывает в кинотеатрах во время сеансов, указывали путь в полутьме. Дюваль подошёл к закрытой двери и нажал на кнопку. Вскоре дверь наполовину отворилась, и кто-то показался в появившемся светлом квадрате. Просить у него ничего не пришлось.

— Пожалуйста, товарищ, комнаты 37 и 38. Добро пожаловать, товарищ! — и следом он затворил свою келью.

Прошли ещё немного и свернули по коридору. Дюваль открыл одну из дверей.

Вошли. В комнате было только самое необходимое: кровать, шкаф, туалет, не самый большой стол и пара стульев. Помещение нельзя было назвать грязным, но оно отдавало духом нечистоплотности, свойственной комнатам, обязанность за уборку которых лежит на мужчинах. Вентиляция, следовало полагать, была ужасной: скудный поток воздуха проникал в комнату только через фрамугу над дверью. Стекло во фрамуге было приоткрыто, но я обратил внимание, что образовавшуюся щель перегораживала вертикальная железная решётка. Деревянная дверь к тому же была весьма прочной. Словом, это была камера заключённого. Всё это я успел оценить беглым взглядом. Дюваль быстро попрощался, предложив свои услуги на случай, если мне понадобится что-либо срочное.

— Вот ваш внутренний телефон. Вы можете звонить в случае необходимости как сотрудникам, так и мне. Возможно, что в момент звонка меня здесь не будет. В таком случае попросите оператора зафиксировать звонок, и я отвечу по возвращении.

После чего простился и ретировался. Дверь была заперта. Я попытался дёрнуть её, но стало ясно, что изнутри она не открывалась. Я вновь стал пленником.

С другой стороны стола прислонёнными к стене стояли огромные тома, а рядом с ними — внушительных размеров папки. Я догадался, что это была коллекция номеров *Le Temps* за текущий год, подшитая по три месяца. В папках же находились бумаги, касавшиеся моего доктора Зелинского.

Прошло, предположу, более часа, проведённого мною за пролистыванием газет, когда моё внимание вдруг отвлёк щелчок ключа в замке. Доставили обед. Его принёс человек, совершенно непохожий на официанта — настоящий чекист. Он не проронил ни слова, да и я не пытался завязать разговор. Кое-как выложив приборы, он ушёл. Но, к счастью, еда была неплохой, дали вино и кофе. Подкрепив силы, я вновь ободрился.

Следуя совету Дюваля, я погрузился в изучение досье. Мой двойник был польским врачом с достаточно солидными клиентами. По просьбе жены он оказывал некоторые услуги белым и, будучи человеком довольно обеспеченным, направлял сравнительно немалые суммы на содержание организации Белой армии. Я был восхищён полнотой информации, собранной агентами ГПУ о личности и работе польского врача.

Внешностью он походил на меня, в особенности если было убрать мою седину и сделать усы пышнее. Пожалуй, что этот мужчина, внешний облик, им поддерживаемый, делали всё для того, чтобы его было проще воспроизвести: густая шевелюра, обычные очки, суровые густые брови, небрежная и простая одежда. Он страдал периодическим нервным тиком левого глаза и левой руки, пальцы которой постоянно ныряли в карман жилетки, где вертели складные ножнички, для этого там припрятанные. Я уже обнаружил такие ножнички во всех предоставленных мне жилетках и весь вечер пытался приучить себя к этим столь детально описанным в деле жестам. Также я старался заучить имена «своих» родственников и их истории, ведь мне следовало их упоминать в разговорах, которые предстояло вести. Очевидно, что он не был величиной первого порядка. Но то количество внимания, которое ему уделялось, побудило меня задуматься о том, сколь активную работу, должно быть, осуществляла советская разведка, когда речь шла о выдающихся личностях, о случаях, когда на кону стояло само существование СССР. Нетрудно было понять, что организация белых была полна предателей. Об этом можно было совершенно точно судить по точности и интимности приводимых деталей. Только те, кто пользовался доверием белых генералов, могли быть в курсе таких мелочей. Также досье меня поразило сведениями о круге политических идей, господствовавших в умах генералов и аристократов. Никогда бы не подумал. В России, где нет другого источника информации, кроме официальной пропаганды, Гитлера и Муссолини считали врагами СССР номер один и два. Было логичным предположить, что белые должны были симпатизировать фашистам и что эти режимы их поддерживали и оказывали всю необходимую помощь. Мы считали белых авангардом русского фашизма. Но подобный взгляд не имел ничего общего с действительностью. Насколько мне удавалось судить по обрывкам той информации, белые глубоко симпатизировали демократическим странам, прежде всего Франции и Англии. Подобную неоспоримую симпатию выдавали некоторые из полученных польским доктором писем, полных горечи из-за предательств и жертв, понесённых белыми в ходе кампаний против красных. У меня не нашлось этому объяснения. Эти люди всецело надеялись на Францию и Англию, даже несмотря на победу Народного фронта в первой. В моём распоряжении не было достаточно сведений для верного понимания всего этого, поэтому я отогнал от себя эти мысли и продолжил изучение. Мне очень хотелось увидеть солнце и Париж. Как обещал Дюваль, я их увижу, когда буду вполне готов изображать своего «двойника».

Ничто меня не отвлекало на протяжении того вечера. Ужин принесли точно по расписанию. После него я ещё несколько часов занимался. Затем лёг спать и быстро уснул крепким сном.

Проснулся я внезапно, оттого что кто-то тряс меня за плечо. Комнату освещал свет.

Меня не разбудил даже шум открывшейся двери. Как гладко и тихо работали здешние мудрёные замки́!

— Одевайтесь, доктор. Вам нужно осмотреть больного.

В полусне я сделал, что меня просили, и потом спустился на несколько лестничных пролётов. Перед тем как оказаться на нижнем этаже, меня провели по коридору, вслед за которым была ещё одна нескончаемая лестница. Очевидно, мы были в подвале. Опять коридоры, освещённые тусклыми лампочками, с герметичными дверьми по обеим сторонам. Мой проводник открыл одну из них и пригласил меня войти первым. Дверь вела в узкую и вытянутую комнату, разделённую пополам тяжёлой занавеской. В глубине виднелась двойная стеклянная дверь, сквозь которую было видно помещение размером не более чем два на три метра, ярко освещённое. В нём было трое людей.

У стены напротив входа находилась женщина. Она напоминала своим видом марионетку и была подвешена у стены на двух кольцах, опоясывавших её плечи. Я заметил, что кольца были подвижны и могли быть зафиксированы на любой высоте. В этом случае они были расположены так, что лишь кончиками пальцев ног женщина касалась пола. Голова её лежала на груди, она была без сознания. Её свисавшие волосы походили на крыло мёртвой птицы. Вздувшиеся под давлением плечи выдавались из-под рваной одежды.

Справа от женщины на табурете сидел мужчина в рубахе и оглушительно храпел, уперевшись в угол комнаты. Он был похож на преподавателя: лысый, полный, в очках, с седыми усами и бородой.

С другой стороны стоял Дюваль и курил с привычной изящностью. Он поприветствовал меня:

— Доброй ночи, доктор! Сожалею, что пришлось вас разбудить. Необходимо помочь этой бедной девушке. Как вы видите, она без сознания.

Ничего не ответив, я повернулся в сторону человека с профессорским лицом. Дюваль пояснил:

— Он тоже врач. Умный и умелый человек, прекрасно справляется с задержанными. Но нынче он несколько устал... к тому же он упорно реанимирует себя с помощью бренди. Сами видите. Сейчас на него совершенно нельзя положиться. Потому я позволил себе побеспокоить вас. Уж вы меня простите.

Какой тёплый голос! В этой комнате ужаса сладкий и любезный голос Дюваля, казалось, стирал остальные впечатления. Я представил, что он верно пользовался невероятным успехом у женщин. Он приблизился к девушке и бережно приподнял ей голову, чтобы показать мне её лицо:

— Хрупкая девушка, не правда ли, доктор? Надо, чтобы вы вернули её в сознание. Вот всё необходимое.

Движением головы он указал мне на стол рядом с дверью. Флаконы, колбы, шприцы, некоторые хирургические инструменты и марля. Я взял в руку запястье девушки.

— Видите ли, — начал я, — у неё не прощупывается пульс на радиальной артерии. Прежде всего надо снять отсюда бедное создание.

— Снять? Нет, доктор, кажется, вы меня не поняли. Сейчас речь идёт о том, чтобы вы её пробудили.

— Потому я и прошу об этом.

— Простите меня за то, что я, даже будучи далёким от вашей профессии, укажу вам, что этого обычно не требуется. Я полагаю, что у этих пациентов нет пульса в радиальной артерии, потому что кольца слишком давят на плечевой пояс. Верно ли я говорю? Во всяком случае, я слышал такое от вашего коллеги. Иногда он делает укол вот сюда, — тут он показал на затылок несчастной, — в твёрдую мозговую оболочку, насколько я могу судить. Даже при отсутствии пульса в радиальной артерии пациенты быстро возвращаются к жизни.

Я смотрел на него и слушал с огромным удивлением. Когда Дюваль приподнимал недвижную голову, поворачивал её из стороны в сторону и отводил волосы рукой, чтобы показать мне место субокципитальной пункции, он действовал осторожно, заботливо, почти ласково. Его поведение напоминало заботу любящего по отношению к дорогому его сердцу человеку.

— Я понимаю, что вы имеете в виду, мой друг Дюваль, — сказал я ему, заражаясь от него холодной любезностью, — но я не осмелюсь совершить подобную операцию. Я слышал, что практикуются инъекции в четвёртый желудочек головного мозга, но я никогда их не делал. Я боюсь, что моя вентрикулярная пункция вызовет моментальную смерть девушки. Это было бы... Вы понимаете?

— Я знаю, что это опасно, особенно если вы подобного никогда раньше не делали, но вы должны сделать это. Я умоляю вас, попробуйте... Вы откажете?

— Нет, я лишь прошу позволить мне использовать известные средства.

— Это отличный случай для вашей практики. Дерзайте!

— Нет, — решительно ответил я, — я не приму на себя такую ответственность.

— Будь по-вашему. Мы снимем её.

Он расслабил кольца, а мы уложили на пол тело женщины. Несколько уколов лобелина и кардиотоников вкупе с искусственным дыханием постепенно вдохнули в неё жизнь. Когда она приоткрыла ничего не выражавшие глаза, я заметил у неё невероятный миоз: зрачки практически исчезли. Что за токсичные вещества бежали по её венам? Я добился более уверенного пульса и глубокого дыхания. Голос, звучавший, казалось, из другого мира, едва слетал с её губ. Это был невыразимый, кроткий, печальный и умоляющий голос.

— *Faites moi mourir... faites moi... mourir*[8].

— Она бредит, — сказал Дюваль, похлопывая её по щекам, — какая жалость, не правда ли? Как же она настрадалась!

У меня же, со своей стороны, нашлось для неё несколько слов утешения.

— Ах, бедняжка! Проснитесь. Всё уже позади. Ну же, выше нос!

Было заметно, что её глаза ничего не видели. Они мутно смотрели в никуда. Спящий мужчина зашевелился и встал на ноги, пошатываясь:

— А? О! Голубушка, всё ещё... ладно...

Дюваль, глядя в пол, ледяным и спокойным голосом произнёс:

— Вы проснулись, доктор? Боюсь, в следующий раз вы не проснётесь. Думаете, вы здесь для того, чтобы напиваться?

— Я, я...

— Вы отступили от обязанностей. Можете напиваться до полусмерти вне работы, мне всё равно — дело ваше. Но вы видите, что сейчас мы были вынуждены были позвать другого, а это уже кое-что серьёзное! Понимаете?

Мой коллега, казалось, понимал это слишком хорошо. Он проснулся окончательно и поглядел на меня с ненавистью.

— Что? Что ж, ничего страшного. Я здесь. Голубка уже проворковала?

Молчание Дюваля служило ему ответом. Нет. Она не проворковала. Врач пришёл в бешенство:

— В таком случае, — взревел он, — продолжим! Вперёд! Помогите мне!

Он взял девушку за подмышки и поднял её к стене.

— Давайте! Вдевайте в кольца! Теперь она не уснёт!

Девушка не двигалась и не сопротивлялась, её взгляд был потерянный. Я осмелился возразить:

— Нет! Вы убьёте её! Разве вы не видите, что она больше не выдержит?

Врач уставился на меня.

— Вы здесь вообще никто! Можете уходить. А если остаётесь, то молчите!

Изумлённый, не в силах найти слов в ответ, я с трудом сдержал переполнявшее меня возмущение. Мне оставалось лишь молча наблюдать, как они вновь поместили девушку в устройство для пыток. Мой коллега в профессиональном угаре прощупывал ей пульс, хлопал ладонями по лицу несчастной. Затем поместил ей в ноздри вату, смоченную содержимым одного из флакончиков со стола. Спустя несколько минут жертва пробудилась вполне, хоть лицо её при этом оставалось отстранённым и ничего не выражающим. Дюваль вздохнул и нахмурил лоб, почувствовав её снова в своей власти. Положив руки ей на плечи, он заговорил необычайно нежно:

— Видишь, малышка? Тебе уже лучше, правда? Конечно, ты пришла в себя. Тебе нужно поспать, ты нуждаешься в хорошем отдыхе. В целом дне отдыха в удобной кроватке. Шторы задёрнуты, света почти нет, кругом тишина, никто тебе не мешает. Поверь, именно это тебе сейчас более чем необходимо. Послушай: давай закончим побыстрее, чтобы ты могла отдохнуть. Скажи мне, где Вернер, и отправляйся спать, ладно?

Наступила пауза. Врач дал ей несколько неоправданно сильных пощёчин.

— Ну же! Ты слышишь? Скажи, где Вернер! Сейчас же!

— Я ничего не скажу, — устало произнесла она, — можете продолжать.

— Так давайте продолжим! — взревел доктор.

— Одну минуту, — мягко попросил Дюваль. — Как вы думаете, нуждаемся ли мы ещё в помощи вашего коллеги?

— Никоим образом!

— Что ж, хорошо...

По его знаку человек, приведший меня сюда, тронул меня за плечо и повёл обратно в комнату. На прощание Дюваль любезно извинился ещё раз:

— Простите, дорогой доктор, за беспокойство и за этот спектакль. Я не хотел так. Уж вы поймите... Прошу прощения ещё раз.

Когда я лёг в кровать, стояла полная тишина. Теперь заснуть было невозможно. Я сожалел, что не убил ту женщину каким-нибудь способом. Таким образом я бы всего лишь ускорил её дантовскую смерть, на которую она и так была обречена; прекратил бы её истязания. Истязания, которые Дюваль не хотел мне показывать. Как это понимать!

Мне снились кошмары. Когда, казалось, я проваливался в сон, тысяча голосов в агонии умоляли меня, едва дыша: «*Faites moi mourir, docteur, faites moi mourir...*»

Тысячу раз я видел выражение лица этой несчастной. Дюваль наклонял её голову, показывая её затылок, а там — нарисованный труп моей дочери, спокойным голосом уверявшей меня: «Нет, папа, без пульса в радиальной артерии можно прекрасно жить, нужно лишь сделать укол в четвёртый желудочек головного мозга...» И вновь, подобно волнам в океане, нахлынуло: «*Faites moi mourir..., faites moi mourir...*»

После нескольких часов горячечного сна я поднялся. Кто-то принёс завтрак, чего я даже не заметил.

Спешно и без аппетита поел. Дабы отогнать от себя картины минувшей ночи, решил сразу посвятить себя всецело чтению документов и газет. Много курил, выпил две полные чашки кофе. Уже, должно быть, ранним утром я почувствовал усталость. Умылся. Я решил не ложиться спать, поскольку собирался отдохнуть после обеда.

Через несколько часов навестил Дюваль. Он выглядел неотразимо в новом очень светлом шерстяном костюме. В руке он держал пиджак. Он подарил мне коробочку с конфетами и ароматическими таблетками для курильницы.

— Крайне сожалею, что вам пришлось вмешаться прошлой ночью. Ваша чувствительная натура, наверное, пережила это крайне болезненно, не так ли? В общем, давайте больше не будем об этом говорить. Я принёс вам вот этих мелочей. Вам нравится сладкое? Что касается меня, то я одержим парфюмом. Вам, если память мне не изменяет, нравятся конфеты, ароматы и птицы. И редкие ликёры. Верно?

Интересный тип был этот Дюваль. В его упоминании ночной трагедии не прозвучало ни малейшего намёка на отвращение или протест. Его жесты и голос скорее напомнили мне хирургов, обсуждающих между собой неудачную операцию. Казалось, что этот человек будто бы смог полностью разделить официальные обязанности и личную жизнь. Мне уже приходилось размышлять над этим странным психологическим явлением (в России такое не встречается, ибо в России не существует частной жизни). Я склонялся к мысли, что привычка, а также иные не известные мне обстоятельства, наделили его необыкновенной этикой. Сродни той, что обладают палачи в цивилизованных странах, слепые исполнители закона, в душе которых нет места вопросам о виновности их жертв и справедливости их приговоров. Уверен, что этот человек, который с самого начала нашего знакомства окружил меня стольким вниманием, который вёл себя со мной столь безукоризненно вежливо, убил бы меня, не дрогнув мускулом на своём лице, не шевельнув и нервом, без всякого угрызения совести. Сквозь улыбку, не сходившую с его лица, весьма отчётливо проглядывалось отсутствие и тени колебаний, охватывающих любого в трагическую минуту. Как он пришёл к такой «смелости»? Насколько незаурядной должна была быть его жизнь с психологической точки зрения? Что за жестокие перипетии убили в нём всякие чувства?

— Совершенно верно, — ответил я наконец, отгоняя эти мысли, — у меня несколько барочные вкусы, возможно до степени нездоровой. Мне нравятся экзотические напитки и красиво поющие птицы. Но марка парфюма, вами предложенного, мне неизвестна.

— А конфеты?

— Признаюсь, что конфеты для меня не страсть, а слабость. Легко усваиваемые углеводы. Понимаете?

— Поддерживаете здоровье?

— Слегка беспокоюсь за свою печень. Если хочется за собой следить, необходимо за собой следить. Понимаете?

— Послушайте, доктор Зелинский. Разве печень может заболеть ни с того ни с сего? Насколько я понимаю, если подозрение падает на неё, то уже слишком поздно.

— Господин Дюваль, подобные крайние случаи мы могли бы обсудить у меня в кабинете или в вашей спальне, как вам угодно. Пожалуй, в моём кабинете вам было бы удобнее.

— Удобнее?

— Да. На сто франков дешевле.

Дюваль улыбкой выразил свою удовлетворённость:

— Отлично, доктор Зелинский. Вам делает честь ваша репутация человека находчивого, циничного и... экономного. Ваши «понимаете?» безупречны. Вы не поверите, но мне тоже пришлось изучить персону, которую вам предстоит изображать.

Мы продолжили болтать о пустяках, что доставляло ему много удовольствия и что было так полезно освоить мне. Сидя на стуле, сильно откинувшись назад, он закинул ногу на ногу, не теряя, однако, элегантности позы. Своими очаровательными глазами он провожал лёгкую сизую ленту дыма, поднимавшегося от его ароматной сигареты. Сколько раз его тонкую фигуру можно было видеть на берегу лазурного моря в окружении стройных силуэтов миллионерш и герцогинь?

— Дорогой доктор Зелинский, а как насчёт ужина где-нибудь в городе сегодня вечером?

— Превосходно! — ответил я. — То есть... дайте-ка я посмотрю. Да, сегодня вечером я свободен.

— Прекрасно, я буду через минуту.

Он вышел. Я тут же принялся бриться. Потом надел тёмный костюм. Когда Дюваль вернулся, я уже завязывал галстук.

— Готовы?

Я взял пальто, и мы вышли. Коридорами, как обычно, пустыми. Прошли через серию разных дверей. Как всегда неуклюжие, часовые стояли на своих местах. Мы дошли до «официальной» части посольства. Насколько велика была разница! Роскошные зеркала, отражавшие когда-то принцев и министров, послов и великих герцогинь — весь высший свет, с таким же безразличием теперь показывали образы этого советского подземелья, этих прислужников ГПУ. Несомненно, не один раз они видели испуганные лица жертв, ведомых в жуткие подземелья, или «дипломатические чемоданы», в которых, одурманенные, лежали троцкисты, направлявшиеся на Лубянку...

Уже почти в дверях Дюваль предупредил меня, чтобы я поднял воротник пальто.

— На улице немного прохладно, — пояснил он.

VIII
МОЙ АНГЕЛ-ИСТРЕБИТЕЛЬ

Мы прошлись недолго по тротуару. Некоторые прохожие обгоняли нас, другие стояли и разговаривали. Мне не удалось понять, следили ли за нами, но не сомневался, что кому-то эта задача была поручена.

Мой друг предложил сесть в припаркованное у тротуара такси. Машина тронулась.

— Не погулять ли нам по Елисейским полям? Посмо́трите, как там всё устроено.

Воистину, целая орда автомобилей ехала или, точнее сказать, тащилась по великолепному проспекту. Тысячи машин. Это зрелище красноречивее, чем что-либо, говорило о могуществе этой цивилизации. Я не переставал сравнивать этот парад мощи и роскоши с грустными московскими улицами: прохожие-оборванцы, очереди, голодные и грязные дети и редкие официальные, стремительные, презрительные автомобили, всегда служившие жителям из низов зловещим предзнаменованием. Женщины производили на меня поистине невероятное впечатление — они были красивы, на них были вещи со всех пяти континентов — от тропических перьев до гиперборейских мехов, от вырванных из недр земли бриллиантов до тканей самой затейливой химической окраски: шелка, вышивки, кружева, украшения, обувь самых причудливых форм...

Моё сознание, сформированное, или деформированное, советским бытом, рождало довольно странные соображения. Сколько трудодней было «надето» на каждой из этих женщин? А эти автомобили, выделявшиеся роскошью и затейливостью? Шофёры и лакеи на передних сидениях, серьёзные и напыщенные. Официанты, угодливо обслуживавшие сияющих посетителей. Но... есть ли у Франции столько же танков, сколько у СССР? Есть ли у неё столько же пушек и самолётов? Уносимый потоком роскоши, я представлял, что мы дрейфуем в сторону плотин, турбин, шестерней Советов. Великолепие Парижа было предательской вуалью перед лицом катастрофы, чистой воды морфин. Может ли здесь кто-нибудь представить себе первомайский парад на Красной площади в Москве, те серые квадраты, размеренные, огромные, мощные, с коптящими двигателями и поющие «Интернационал»? Нет, никоим образом. А ведь совсем рядом, на улице Гренель, в самом сердце метрополии изготовлялась бомба, способная разнести тут всё в щепки... Но Париж в это время поёт всеми огнями: «Танцуйте, глупцы, танцуйте!»

— Взгляните на это, доктор, — указал мне Дюваль. — Привыкайте видеть подобное.

Наша машина остановилась на одном из многочисленных светофоров. С нами поравнялся изумительный автомобиль, освещённый внутри и укрывавший в себе настоящий взрыв красоты и роскоши, молодости и золота — ослепительную женщину, одетую в платье *de soiré*[9], прикрытое накидкой из горностая, которая почти что целиком её обволакивала. Женщина ни на кого и ни на что не смотрела. Очевидно, её задачей было не смотреть, а позволять другим созерцать себя.

— Невероятно! — только и смог вымолвить я.

Её машина обогнала нашу. Даже через заднее стекло нас ослеплял блеск её диадемы.

— Не пора ли нам уже поужинать? Вы ещё увидите таких женщин. Быть может, даже поговорите с ними.

— Я не очень нравлюсь женщинам.

— Об этом я и хотел вас предупредить. Рад, что вам это известно. Зелинский для женщин — словно пугало.

Он отдал приказ шофёру. Машина повернула направо. Я не обратил внимания ни на улицу, ни на название ресторана.

— Не самое роскошное место, доктор, но не забывайте, что это репетиция. Со временем всё станет лучше. Зато здесь я готов поручиться за кухню и вина.

Mâitre[10] повёл нас к столику, ничего не спросив, точно столик был выбран заранее. Низкие колонны отделяли его, почти скрывая, от остальной части зала. Неподалёку внушительного вида камин одаривал нас теплом и радостью. Огонь пылающих в нём длинных дров оживлял лица занимавших соседние столики.

Мы сели. *Mâitre* вручил нам меню. Дюваль объяснил, какие блюда считались наиболее важными, и заказал те из них, с которыми мне нужно было познакомиться в первую очередь. Я с наслаждением предался употреблению яств и напитков, но не до такой степени, чтобы перестать наблюдать за публикой сквозь колонны. Не было ни одного свободного столика. Большинство французов можно было отличить по тому, с какими серьёзностью и трепетом они отдавались приёму пищи. Можно сказать, что это составляло для них своего рода ритуал, в ходе которого они сами себе приносили в высшей степени услаждающую жертву.

Подобную особенность я отметил, ещё будучи студентом. Теперь же этот французский «трепет» достигал пределов исступления.

Мой напарник хорошо ел. Но всё же он был не настолько француз, как сами французы, ибо за едой позволял себе разговаривать. Он вёл со мной непринуждённую беседу, которую мне удавалось неплохо поддерживать. В основном речь шла об особенностях наших блюд и вин. Пожалуй, он был сверхучтивым экзаменатором, которого нисколько не пьянили окружавшие нас изобилие и роскошь. После еды по его просьбе принесли восхитительный коньяк, и только тогда, наливая мне вторую рюмку, он проговорился:

— Как жаль, доктор, что нам надо возвращаться туда, вниз!

Он мог иметь в виду как «подвал», так и Россию, его сожаление было неопределённым. Я на секунду застыл, не зная, что ответить. Но в этом не было нужды, потому что он продолжил:

— Хотел бы я увидеть здесь наше большое начальство. Как думаете, их идеологическая твёрдость устояла бы перед великолепием Парижа? И в особенности — перед этим столом?

Его улыбка была острой, как разбитое стекло. Мне нужно было что-нибудь ответить.

— Вы же знаете, дорогой Дюваль, что я не принадлежу к вашей партии. Я ненавижу политику. Думаю, вы хотите избавиться от неё посредством разговоров о ней. Понимаете?

— Оставьте ваши парадоксы, доктор. Вы успешно сдали экзамен. Сейчас можете снова стать Ландовским. Я знаю, что Ландовский не из «наших».

— Так и есть. Ландовскому тоже не нравится политика. Лишь стечение обстоятельств или, может быть, судьба привели его к кратковременному контакту с...

— Кратковременному? Вы так считаете?

— Меня в этом уверяли, у меня нет причин, чтобы...

— Не будьте наивны, доктор. Думаете, что, оказавшись «внутри», легко выйти?.. Да, такое возможно, но совершенно не так, как вы себе представляете...

Его лицо мгновенно обрело иное выражение, полное напряжения и серьёзности. Одним глотком он осушил стоявший перед ним стакан. Я с неподдельным удивлением слушал его глухой голос:

— Очень сложно, знаете ли, найти в моей среде человека честного; честного человека, которого не надо преследовать, или убивать... Я прекрасно знаю, кто вы и насколько вы нас ненавидите, но я твёрдо уверен, что вы — человек чести. То есть не способны нарушить своё честное слово. Вы знаете, что такое «честное слово»? Помните?

— Помню — ответил я.

— Хорошо, — с некоторой торжественностью после небольшой паузы он добавил. — Вас не затруднит дать мне честное слово, что вы не будете использовать ничего из того, что я вам скажу? Разумеется, что в остальном вы в полном праве действовать по вашему усмотрению.

— Даю вам честное слово.

— Полагаю, я не ошибусь, если заявлю, что ваше представление обо мне очень отличается от того, что у вас сформировалось в отношении других представителей моего круга, не так ли? Я не утверждаю, что вам следует считать меня хорошим человеком, никоим образом. Но вы наверняка замечали за мной нечто необычное, противоречащее тому, что вы о таких, как я, привыкли думать. Я прав?

— Более чем.

— Рискну даже сказать, что вы, врач, заметили во мне какое-то несоответствие, нечто неизвестное.

— Да. Вы человек занятный.

— Можете шутить, это неважно. Сейчас вам станет не до шуток. Я расскажу вам о своей жизни. Мне двадцать девять лет. Двенадцать лет назад я ступил на советскую землю. Я чилиец, в Париже жил с десяти лет. Моя мать, молодая и необычайно богатая вдова, приехала сюда со мной, желая, чтобы я получил лучшее образование. Она не скупилась на средства ради этого, и к семнадцати годам я был готов поступить в Оксфорд. Я не ходил в школу: только лицей, частные уроки, книги, представления... Моя мать не могла и вообразить себе разлуки с сыном. Она собиралась в начале осени переезжать со мной в Англию. Как спокойна и уверена она была! Лишь одну тайну хранил я в течение двух лет, немыслимую для неё тайну, поскольку моё поведение всегда было образцовым. Ведь я люблю маму больше всего на свете. Тайна была в том, что я вступил в ряды коммунистической молодёжи и даже стал секретарём лицейской «ячейки».

— Удивительная зрелость!

— Да, одержимость книгами. Знаете ли вы, что способна сделать русская литература с умом юноши, окружённого комфортом? Многих писателей изгнали из Союза, или их книги запрещены — что одно и то же — но большевики никогда не догадаются, что они всем обязаны именно им; обязаны гораздо большим, нежели жестокому Ленину, больше, чем безграмотному Сталину, больше, чем Троцкому, этому сатанинскому еврею. Я чувствую себя инквизитором Толстых, Андреевых, Достоевских!

Он замолчал, налил мне ещё коньяку, закурил, и огонь зажигалки осветил его напряжённое лицо: не заметная до сей поры вена рассекла, словно рубец, всегда бледный и гладкий лоб. Не отдавая себе отчёт в том, на какую почву я ступал, я машинально повторил за ним, закурив и выпив. Тогда он продолжил с более резким акцентом:

— Простите, невозможно сдерживать эти вспышки... Знайте же, что я был избран, мне выпала великая честь отправиться в Москву, чтобы учиться в Школе. Я не поехал в Оксфорд или Кембридж — я направился в Школу преступлений. Как же красивы были мои мечты! Я верил, что моё призвание — стать спасителем человечества, не меньше. Словно мы с матерью и не расставались! Прошёл первый курс. Мои фанатизм и вера помогли мне превозмочь всё отвратительное и чудовищное, что есть в коммунистической жизни, всё изощрённое ханжество, зависть и обиды, присущие сотням подобных «избранных». Причём все эти черты научным образом культивировались с садистским коварством учителями — прямыми потомками Каина, чьей задачей было извратить всё святое и благородное, что есть в человеке: превратить любовь в ненависть, гуманность — в жестокость, ложь — в добродетель, правду — в глупость, убийство — в героизм. Там прощение — это трусость, патриотизм — предательство, а предательство — патриотизм. Кто-нибудь из ваших детей состоит в комсомоле? Может быть, вы хотя бы знакомы с каким-нибудь юным коммунистом? Они лишь бледное отражение того образования, которое давалось «избранным», призванным стать героями и проводниками мировой революции. Моя душа словно бы возлежала на терновом ложе. Но ничто не могло заставить меня отказаться от моей мечты пожертвовать собой во главе голодной толпы, штурмующей Бастилию прогнившей, нечестной и порочной буржуазии.

Вновь пауза, ещё одна рюмка коньяка, и Дюваль продолжил:

— Сперва возникали лишь смутные намёки. Было слишком сложно разобраться. Затем положение моё начало проясняться: для меня сделали исключение за мои пыл и прилежное пролетарское поведение. Я мог в любое время видеться с матерью! До сих пор помню улыбку «учителя», которую у меня не получалось расшифровать в то время; по-прежнему от неё стынет в жилах кровь. «Ваша мать, товарищ, сможет приехать. Естественно, нам известно о её позиции и убеждениях, и мы не хотим, чтобы ей причиняли боль виды незавершённого, ещё строящегося социалистического общества. Мы всё продумали: если она того пожелает, вы встретитесь на одном из лучших курортов Крыма, там же, где отдыхают народные комиссары и высшие руководители Коминтерна». Я был поражён! Какой чести меня удостоили! Я смогу собственными глазами, вблизи, увидеть тех старых большевиков из Смольного, близких соратников Ленина — всех, кого я доныне видел лишь издалека на мавзолее во время парадов! И даже смогу представить их моей матери, и они одарили бы эту бедную женщину, полную буржуазных предрассудков, своей снисходительной и доброй улыбкой. Ночью я написал ей пространное письмо, где просил прощения за то, что оставил её, рассказывал о своей жизни, хотя правильнее будет сказать, врал: я врал о коммунизме, о России, обо всём, что пресса могла донести ей о Союзе. Я верил пропаганде больше, чем собственному опыту. И делал это без сожаления, поскольку был готов на всё, лишь бы она оказалась рядом всего на несколько дней. У меня не было и тени сомнения в том, что она приедет. Той же ночью я передал письмо. Однако прошло много дней, а я не получал от неё никакой весточки. Те дни казались мне вечностью. Моя «коммунистическая выдержка» не позволяла мне расспрашивать начальство о новостях.

Дюваль заказал крепкий кофе. Казалось, он забыл, с кем находился. Он продолжил:

— Рано или поздно всё сбывается. Однажды вечером мне сообщили, что моя мать прибудет в течение двух часов. Я подпрыгнул от радости! Нарядился в лучшее, что у меня было. Мне хотелось произвести на неё достойное впечатление. Я приехал на вокзал за час до прибытия поезда, а он ещё и опоздал на два часа. Сквозь поток вываливших из вагонов пассажиров мне не сразу удалось её обнаружить, но затем вдалеке я наконец сумел различить её бледное лицо с большими чёрными глазами, тревожно глядевшими на кишевшую на перроне толпу оборванцев. Я закричал, замахал руками. Моё намерение вести себя стойко и сдержанно полетело к чёрту, хотя я прекрасно знал, что подобные бурные проявления семейных чувств снизят доверие ко мне как к «сознательному пролетарию» после того, как о них будет доложено начальству дежурившим где-то там шпионом. Наконец-то я мог обнять её и покрыть поцелуями. Не было больше ни людей, ни вокзала, ни Москвы, ни России. Я почти что нёс её на руках, ограждая от толчков и вшей грубой и грязной массы, окружавшей нас. Уже за пределами вокзала нас встретила представительница «Интуриста» и сопроводила в гостиницу «Савой», предназначавшуюся для туристов. У нас получилось пробыть вместе до самой ночи, мы даже поужинали вдвоём. После этого я вернулся в свою школу-казарму. С собой у меня были привезённые матерью подарки. Большую их часть мне пришлось оставить в гостинице, ибо они считались предметами роскоши: это бы вызвало известного рода насмешки со стороны моих товарищей, что разозлило бы меня. Поглощённый мыслями о нежных материнских глазах, я возвращался в школу. На пути мне встретились лишь несколько дежурных, мои товарищи давно спали. Уже лёжа в кровати, я понял, что длинный, заранее заготовленный репертуар лжи мне не пригодился. Моя мать не узнала ничего про Россию и про коммунизм. Всё, должно быть, пронеслось незамеченным перед её взором, ибо всю дорогу она с нетерпением ждала встречи со мной, а встретившись, больше ни на что и ни на кого не смотрела. За часы, что мы провели вместе, она не задала ни одного вопроса и не сделала ни одного замечания, не связанных со мной. Напротив, не было, кажется, ни одного шва на моей одежде, который бы она не ощупала и не изучила. Она неустанно спрашивала о том, что я ем, об учёбе, о холоде, о жаре, обо всём, что могло доставить мне неудобство. Пять дней, что мы провели в Москве, пролетели как краткое мгновенье. Меня освободили от всякой работы в школе, и я проводил рядом с ней всё время, прерываясь лишь на сон, поскольку ночевать мне, как и прежде, приходилось в школе. Через пять дней мы отправились в Крым. Это была прекрасная поездка, и матери, конечно, тоже понравилось. Ни на миг она не отвлеклась ни на людей вокруг, ни на пейзаж за окном. Она всё смотрела на меня и не могла насмотреться. Слушайте, Ландовский, вы знаете, каково это? Давайте, давайте, ответьте мне вашими парадоксами!

Он крепко сжимал стакан. Его глаза блестели так, что я невольно оглянулся.

— Нет, не волнуйтесь, — успокоил он мягким голосом, — я отлично понимаю, что делаю. Сейчас вы выслушаете мою историю до конца, и сделаете это с такой же естественностью, с какой я буду её рассказывать.

Действительно, его поведение было обескураживающе естественным. Если не слышать того, о чём он сообщал, и не видеть близко его глаз, можно было бы подумать, что Дюваль болтал о самых обычных пустяках.

— Нас разместили на скромной светлой даче, — продолжил он. — Там мы провели десять дней. Для меня всё будто перестало существовать. Моя учёба, мой коммунистический фанатизм, даже Сталин — всё это совершенно меня не волновало. Но очарование было недолгим. Через десять дней меня вызвали в Москву. Меня удивило указание, гласившее, чтобы я отправлялся один. «Ваша мать, — сообщали они, — останется здесь, скоро вы к ней вернётесь». Я явился в Москву и сразу же направился к директору школы. Но он не поведал мне ничего особенного и просто велел ждать указаний и не покидать школы. Тем же вечером указание появилось — за мной приехала машина и отвезла меня на Лубянку. Я сохранял спокойствие, но где-то глубоко внутри не унималось известного рода волнение, пока мы приближались к зданию, от упоминания которого дрожит любой советский гражданин. Слегка успокаивало, что со мной обращались не так, как обыкновенно это делают с задержанными. Пройдя через знакомые вам процедуры, я оказался у Артузова, знаменитого начальника внешней разведки ГПУ. Тут-то и начинается моя трагедия! Скажу кратко: мою мать привезли в качестве заложницы, а я должен был в ту же самую секунду поступить на службу в органы безопасности, а именно во внешнюю разведку. Полагаю, нет нужды упоминать приведённые ими доводы и будущее, которое мне обрисовали. Я был потрясён! До самой последней минуты я не догадывался о позорной действительности, частью которой меня вынудили стать. Моя мать, как мне объяснили, въехала в СССР, как и я, и все ученики школы, с советским паспортом на вымышленное имя, поэтому объявить о ней в розыск не было никакой возможности. Она подписала и сделала всё так, как им было нужно, скорее всего, даже не отдавая себе в этом отчёт. Я на всё согласился и быстро понял, что любое противодействие лишь ухудшит моё положение. Во мне даже нашлись силы выказать некоторую радость в связи с той любезной мягкостью, с которой мне делали намёки. Ошеломлённый, я покинул Лубянку и бесцельно бродил по улицам и площадям. Лишь через несколько часов я смог спокойно обо всём подумать. Моя коммунистическая вера пока ещё не была сокрушена, ибо я был до мозга костей пропитан их пропагандой. Если мысль отказаться и возникала в моей голове, я её тут же отгонял. Мне казалось, что я стоял на краю пропасти. Ничего более не существовало: все убеждения и идеи испарились. Во мне осталась лишь только любовь — материнская любовь. Но теперь она сковывала меня, как кандалы заключённого. Но разве не должна была моя мать встать в ряды всемирных искупителей? Они были правы. Чем дольше я думал, тем ужаснее и противоречивее рисовалась мне её судьба. Да! Матери должны стоять рядом с детьми во имя спасения мира. Матери обязаны находиться рядом с пролетариями, юношами, девушками, человечеством, желая стать хозяевами своих судеб, с массами, стиснув зубы и сжав кулаки... Однако же моё бедное сердце противилось. Во мне ещё жили маленький буржуа, светская жизнь, предрассудки... Но маме до всего этого не было никакого дела — она любила меня. Она никому не причинила зла... В моей груди извергался вулкан. И над всем этим нависала убеждённость в том, что она не должна ничего знать, ни о чём подозревать. Я буду лгать ей, используя всю силу воображения, чтобы столь резкая перемена в её жизни прошла как можно менее болезненно. Мне позволили вновь её увидеть. Я снова отправился в Крым, где был совершенно счастлив. Шли дни, а я даже не начинал думать о том, как преподнести ей мою ужасную новость. Я заставил себя — если тут вообще можно говорить об усилии — попросить её продлить своё пребывание как можно дольше. Она гладила меня по голове, не выражая ни малейшего возражения, не находя в этом для себя никаких неудобств. Полагаю, она потеряла счёт времени. Мои усилия не прошли даром. Дошло до того, что она сама предложила, при условии, что мои учителя согласятся, остаться в России на целый год, до конца обучения, о чём я упоминал раньше. Это была моя первая победа. После этого мне нужно было обойти сложности разлуки, а это уже была задача потруднее. Я прибег к другим доводам. Дескать, ей необходимо было остаться там, потому что климат, болезни и тысяча других неудобств не позволят ей жить в Москве, куда мне следовало возвращаться. Здесь она была непреклонна, она упрямо хотела жить там же, где и я. Пришлось сказать ей, что скоро мне предстояла учебная поездка в Сибирь, и что она не может ехать со мной... В итоге, доктор, мать осталась в Крыму. Я вернулся в Москву и только и успел, что написать ей письмо, где сообщил, что время «учебной поездки в Сибирь» изменилось, и я отправляюсь на следующий день. На самом деле я отправился в Берлин, где должен был приступить к новой службе. Однако же мы остались почти одни, доктор, пора идти. Как считаете?

Он попросил счёт. Пока его несли, я заметил странный манёвр. Дюваль вытащил пачку денег из бумажника и, когда пришёл официант, чилиец положил на поднос американскую банкноту. Остальные деньги он бросил в угол за колонной. Официант ушёл и вскоре вернулся с толстой пачкой франков. Дюваль оставил на подносе весьма хорошие чаевые, которые были встречены широчайшей улыбкой и низким поклоном, после чего официант не замедлил удалиться. Когда мы уже встали из-за стола, мой друг выронил платок, который упал аккурат в тот угол, куда ранее он бросил мятые банкноты. Сразу после он одним ловким движением фокусника поднял всё вместе с пола.

Уже на улице я осмелился спросить его про эту манипуляцию.

— Не думал, что вы заметите, доктор. Я утолю ваше любопытство, раз уж мы с вами откровенничаем. Я расплатился фальшивой купюрой в сто долларов.

Увидев на моём лице удивление, он пояснил:

— Это указание сверху, друг мой. Товарищи из службы внешней разведки при любой возможности используют фальшивые деньги.

— Как так? По приказу сверху?

— Именно!

— Наверное, чтобы создать финансовые проблемы буржуазным нациям?

— Отчасти. Но прежде всего — чтобы разрешить собственные финансовые трудности. Вам следует знать, что цари оставили Сталину превосходные машины для печатания банкнот. Станки произвели фантастическое количество рублей. Но оказалось, что советские деньги в мире ничего не стоят.

— Но остаётся золото.

— В самом деле сегодня СССР, вероятно, крупнейший добытчик золота в мире. Месторождений более чем достаточно. Рабочая сила дешёвая и неисчерпаемая — ГПУ поставляет столько тысяч заключённых, сколько требуется. Золото — традиционная основа международных расчётов.

— В чём же тогда дело?

— В чём дело... Было бы абсурдно, непоследовательно и вероломно по отношению к рабочему классу, если бы наш великий отец народов поставлял золото на откорм вражескому капитализму. Нет! Пока есть возможность, мы будем жить на фальшивые деньги, на валюты, печатаемые в России. Ах! Ведь это является частью «пятилеток»...

— Великолепно! Но не преувеличиваете ли вы, Дюваль?

Мой друг слегка посмеялся.

— Преувеличиваю? Более пятидесяти процентов расходов ГПУ за рубежом — это фальшивые доллары и английские фунты. Мы изготовляем их едва ли не безупречно, лишь первоклассный эксперт с особым оборудованием сможет определить, что банкноты — подделка. При обычном обмене валют, даже в окошке какого-нибудь американского банка, об этом никто никогда не догадается. О других странах и говорить нечего. Не скрою, что случались и неувязки. Как-то раз в 1927 году в Нью-Йорке выявили девятнадцать тысяч долларов, переведённых из берлинского банка, которым управляли мы. Но то была случайность — на осуществление перевода ушло много времени, и к тому моменту, когда средства дошли до одного крупного нью-йоркского банка, янки уже успели ввести в обращение новые банкноты чуть меньшего размера, а старые быстро вывели из оборота. Наши деньги передали экспертам, и мошенничество вскрылось. Тот случай наделал немало шума, поскольку американская полиция при содействии немецкой сумела выяснить путь следования денег и определила их московское происхождение. Я бы мог рассказать о ещё нескольких провалах, но поверьте, это сущие пустяки, к тому же почти всегда такое случалось в Соединённых Штатах. Опасности легко избежать, если подобным не злоупотреблять и следовать правилам, которые среди прочего предписывают то, свидетелем чего вы стали: использующий фальшивые деньги обязан позаботиться о том, чтобы в случае обыска у него не нашли других поддельных банкнот помимо тех, что он обменял. Посему необходимо иметь при себе купюры настоящие, чистого происхождения, которое можно легко установить! В таком случае бояться нечего. Ясно? Ну а теперь предлагаю распить бутылочку в кабаре, во славу Молоха. К тому же это будет новым зрелищем для вас.

— Что вы, Дюваль, в мои студенческие годы...

— Ах, я забыл! Канкан! Канкан ещё танцуют в Париже. Вы вспомните ваши старые добрые времена. Возможно, нынче девочки не такие упитанные, как раньше, но сейчас они, пожалуй, много веселее. Такси!

Мы сели в машину. Дюваль указал адрес и сел рядом со мной с непроницаемой улыбкой.

— Вряд ли вы не заметили моего изумления, дорогой Дюваль... То, что вы стали мне рассказывать, невероятно!

— Что именно? История с банкнотами?

— Это тоже, и остальное... Поразительно то, что вы об этом рассказываете, и то, что вы рассказываете это именно мне. Я не считаю вас настолько слабым человеком, чтобы вы исповедовались первому встречному. Думаю, вы знаете, как порою опасно рассказывать о некоторых вещах...

— Дорогой мой доктор Ландовский, — ответил он, положив руку на моё колено, — я знаю, что с вами я могу позволить себе немного секретов или даже похвастать чем-нибудь. Не стоит думать, что я оступился или напился до потери контроля. Сумасшедшие и пьяницы обычно не дослуживаются до моих лет службы там, где мы работаем, не правда ли?

Я попытался было вставить слово, но он не дал мне этого сделать.

— Скажите, доктор Ландовский. Помните ли вы, что вы обычно делаете, лёжа в кровати перед сном? Советую вам с сегодняшнего вечера начать делать это, накрыв голову простынёй, а лучше не делать вообще. Уж во всяком случае совершать это мысленно, не двигая рукой... Понимаете?

Я был потрясён — перед сном я крестился.

— Но как вы могли...

— Ах, я же специалист, не забывайте. С другой стороны, поразмыслите сами. Москва, зная, что вы к ней не расположены, привозит вас сюда, в капиталистическую столицу удовольствий, для совместной работы высокой важности. Ничто не мешает вам высунуться в это окошко и закричать, остановить такси, сдать меня и всех нас, устроить большой скандал. Но они знают, что вы этого не сделаете. Не хотите ли себе это объяснить?

Он замолчал, как бы давая мне время подумать, и после заключил:

— Господин доктор, мастер учится управлять марионетками, дёргая всего за несколько тонких изящных нитей. Вы тоже научитесь этому, как только сумеете засунуть ваши старинную честность и бесконечную наивность под подошвы туфлей. Для верности я бы даже рекомендовал вам скатать ваши наивность и честность в шарик и выбросить его в... Понимаете? В таком случае останется лишь спустить воду, и... Мы приехали, доктор.

Мы вошли в здание. Бело-золотой зал сиял. Надпись на стене гласила: «Просьба оставлять пальто и печали в гардеробе». Усевшись на предварительно заказанных Дювалем местах, я осмотрел зал. Было многолюдно. Танцующие двигались в центре зала в ярком круге, подсвеченном по периметру. Освещение было устроено так, что женские фигуры отчётливо проглядывали сквозь вечерние платья. Мы сели в своего рода ложе, отделённой от других зрителей, и вскоре перед нами появился официант с покрытой пылью бутылкой в руках.

— Не желают ли господа бутылочку, на которой ещё больше паутины? — весело спросил он.

Пробка вылетела. Звон горлышка о края бокалов и звук наполнявшего их вина словно бы призывали радоваться. Мы выпили.

Дюваль предложил мне сигарету и тут же продолжил:

— Где мы остановились? Ах да, на Берлине. В то время Берлин с его пламенной республикой был главным центром нашей деятельности в центральной и западной Европе. С одной стороны левое республиканство с его избытком законности, с другой — вынужденная симпатия немецких военных, видевших в СССР единственного возможного союзника в борьбе с Версалем, — всё вместе обеспечивало нам безнаказанность, которой мы умело пользовались. В нашем берлинском посольстве сосредоточилось управление всеми нелегальными действиями Интернационала. Меня в самом деле поместили в прекрасную среду для обучения. Скоро я понял, почему выбрали именно меня. Ряды ГПУ были полны убийц, зарекомендовавших себя террористов, встречались даже идеалисты, готовые на самопожертвование, но за редким исключением все они являлись людьми грубыми, чей уровень культуры ограничивался лишь тюремным. В наших рядах можно найти людей знатных и даже интеллектуалов, но крайне малое их количество годится для работы за пределами России. Вы наверняка замечали — неважно, насколько далеки вы от партии — наше недоверие, граничащее даже с презрением, по отношению к интеллектуалам, пусть мы их и пестуем. Это не просто классовая ненависть — мы отлично знаем их «мелкобуржуазный» склад ума, плохо скрываемый за словесной демагогией. Они никогда не становятся революционерами, но зато образуют настоящий рассадник дезертирства. Лишь исключения вроде Ленина, Троцкого и партийной верхушки могут служить тому опровержением. Даже Ленин и Троцкий, что ни для кого не секрет, могли приказать учинить какое-нибудь зверство, но всё же не творили его своими руками. Сталин — это другое дело, он-то как раз способен на всё. Но я отвлёкся. Выбор пал на меня из-за полного отсутствия людей утончённых, с образованием и манерами, но при этом готовых на всё. «Отпрыск достойной фамилии», миллионер вроде меня, вступающий в партию, бросающий всё ради попадания в Россию, — это случай незаурядный, а лучше сказать, уникальный.

— О, Рене!

Голос восхитительной кошечки прозвучал справа от меня, и тут же в нашей ложе оказалась девушка, почти ребёнок, с большими невинными глазами. Обвив шею Дюваля обнажёнными руками, она поцеловала его в висок и затем уставилась на меня, прижавшись лицом к голове моего друга. Мне трудно было понять, выказал ли он как-нибудь своё неудовольствие.

— Доктор Зелинский, — сообщил он.

Девушка протянула мне руку и рассмеялась.

— Ха-ха! Вы меня слегка напугали. Вы, кажется, необычайно серьёзны. Не мучит ли вас что? Я добавлю вам в бокал секрет радости.

Она села на подлокотник сиденья Дюваля и с головокружительной, невероятной грацией сняла одну из своих серёжек и отправила её в мой бокал. Украшение стукнулось со звоном о стекло, и со дна поднялись крошечные очаровательные пузырьки.

— Пейте, пейте, доктор! Пейте скорее!

Она подначивала с таким возбуждением, что я почти моментально осушил бокал. Её громкий смех великолепно сочетался с умной улыбкой Дюваля.

— Пейте до дна! Вот так.

Я вернул ей серёжку, улыбаясь как можно более невыразительно, отчего она надула губки.

— Ах, доктор! Вы, славяне, очень необычные. Знаете, что мне сказал ваш друг, когда я в первый раз бросила в его бокал секрет радости? Он сказал: «Мадемуазель, вы позволите мне оставить серёжку себе? Тогда я смогу быть счастливым и в другие дни». И унёс её с собой, а в следующий раз принёс мне две настоящие серёжки с драгоценностями. Помнишь, Рене? Не берите в голову, доктор. Просто испанцы совсем другие.

Я всей душой завидовал испанцам и чилийцу Рене Дювалю. Но его, кажется, не трогали знаки внимания той красавицы. Не переставая улыбаться, он сказал мне на русском:

— Ну же, доктор, помните, что для женщин вы что пугало. Избавьтесь от неё.

Я принял отеческий вид.

— Послушайте, деточка, не могли бы вы оставить нас? Нам нужно поговорить о делах.

Она ушла с видом оскорблённой королевы.

— В Берлине в то время, — спокойно продолжил Дюваль, — было нетрудно попасть в верхние слои общества из-за нехватки средств, что сказывалось даже на высших классах, но удержаться там, обзавестись связями и завоевать доверие — это было уже за пределами возможностей тех, кто не умел правильно есть фазана или отличить одну марку шампанского от другой. Понимаете?

Он налил мне бокал до краёв. Себе тоже, но отпил самую малость.

В это время на сцену ворвался *chansonnier*[11]. Зал погрузился в полутьму, и софиты направили на исполнителя яркие лучи. Мне было сложно разобрать, что он поёт или говорит (могло вполне быть как одним, так и другим). Удалось разобрать только припев, которому подпевала публика. Что-то в духе:

¿Oh? La, la, la... la, la, la
¿Voici..? ¡Voilá!
¿L'amour..? ¡Partout!
¿Voici..? La, la, la...

Исполнитель удалился. Его проводили аплодисментами, и затем вновь начались танцы.

— Как я говорил, — возобновил рассказ Дюваль, — в то время там всем заправлял один еврей — толстяк Гольденштейн. Мне повезло с учителем. Он хорошо принял меня. Для него я был подобен упавшему с небес дождю в засуху. В его распоряжении была лишь дюжина немецких и польских евреев, которые хотя и умели завязывать галстук, но совсем не годились для проникновения в военные или аристократические круги. Республика с таким количеством министров-евреев была неспособна добиться того влияния на прусские классы, которое на них оказывали их братья по крови. Более того, презрение немцев к семитам только росло. Я был в Германии испанским аристократом, богатым и развязным, приехавшим учиться в берлинский университет, но не учившимся. Я влюблял в себя старых генеральш. Ухаживал за благородными девицами, из-за инфляции лишившимися автомобилей и от былого величия которых остались лишь роскошные дома. Поле деятельности было необъятным — мне удалось выведать многие военные и политические секреты. Причём первые необычайно радовали Гольденштейна и, в особенности, другого начальника — Лановича, как ввиду своей важности, так и потому, что выставляли нашу военную разведку в неприглядном виде. Я начал с того, что притворялся, будто мне интересна авиация. Сперва это служило лишь очередным способом выудить сведения, но после обернулось неподдельным, страстным увлечением. Я научился пилотировать. Многие немецкие офицеры, военные «асы» работали в конструкторских бюро и авиакомпаниях, а также преподавали. Обо мне знали в кругу отважной молодёжи. Все они были немножко сумасшедшие и совсем отчаянные, раздавленные экономическим кризисом, как и весь немецкий народ. Моя расточительность и их симпатия к испанцам — недаром Испания одна из немногих не объявляла им войны — сделали меня всеобщим любимцем. Я научился летать, и летал хорошо. Я лётчик и капитан Красной армии. Каждый год, если нет ничего важного, я принимаю участие в учениях и даже иногда позволяю себе читать лекции, где сообщаю о новинках авиации, которые мне попадаются в Европе. Вы же знаете, что авиация — мечта советской молодёжи. Помню одно из моих заданий в Берлине, чем-то напоминающее нынешнее, что сделало нас с вами напарниками. Дело было в конце 1929 года, нужно было схватить белого генерала Кутепова, и мне поручили достаточно важную задачу. Мне необходимо было играть роль молодого сына знакомого ему русского генерала, который собирался приехать в Берлин. Я направился в Париж — впервые по «заданию» — и сделал всё, что требовалось, — Кутепов поехал со мной в Берлин. Но туповатый Гуго Эберлейн всё испортил — генерал очень скоро что-то заподозрил и вернулся в Париж, даже не догадавшись, кем я был на самом деле. До сих пор помню его удивлённые глаза, когда месяц спустя он узнал меня на углу улиц Русселе и Удино. Я оказался там, чтобы сдать его двум задержавшим его подставным агентам полиции и помогавшему им фальшивому муниципальному сержанту. Окончилась операция плачевно — генерал оставался в их руках слишком долго. Эти животные переборщили с хлороформом, и почти что задушенного генерала пришлось срочно везти в посольство, он едва дышал. Гольденштейн, ждавший его в 83-й, даже не успел произвести допрос — тот сразу же скончался. А ведь с его помощью планировалось запустить огромный процесс! Он мог бы дать в Москве сенсационные обвинительные показания против французского Генерального штаба, против Тардьё, Кьяппа, Комите де Форж и прочих. Все французские левые могли бы начать атаку, основываясь на показаниях генерала, возможности были головокружительные. Сделалось чрезвычайное замешательство! Виновники провала боялись гнева Менжинского и Ягоды. Решено было отправить труп в Москву. В то время в посольстве ещё не было современной печи, как сейчас. Полагаю, тогда и решили её соорудить на будущее. Хоронить тело в подвалах означало бы оставить улику в руках врага в случае войны. Потому и появилась кислородная печь, уменьшающая труп до горстки пепла в мгновение ока.

Дюваль наполнил мой бокал. Всё это время я внимательно наблюдал за тем, как он смотрел на меня. Очевидно, что он хотел в точности понимать, какое впечатление его слова производили на меня. Наверное, выражение моего лица было не лучшим. К счастью, погасили свет. Начинался очередной номер. Под живую шумную музыку на сцену выбежала испанская танцовщица.

Я заметил, как Дюваль длинными пальцами отбивал такт по перилам ложи. Женщина, согнувшись в середине сцены, словно сломавшись, завершила танец. Прогремели овации. Она выпрямилась, подпрыгнув подобно пружине, и, даже не попрощавшись, убежала со сцены. Дюваль осушил бокал и позвонил в звонок, попросив ещё сигарет. Высокая, светловолосая, тонкая, но без изящества девушка с прекрасными ногами принесла новую пачку. Её коротенькая юбка в несколько сантиметров длиной выглядела гротеском в сравнении с чудесным испанским платьем выступавшей «цыганки». Дюваль бросил официантке на поднос банкноту в сто франков.

—Уверен, вы понимаете, доктор, что сейчас в случае с Миллером приняты все меры предосторожности. Вы наверняка удивитесь, если я вам скажу, что вот уже полгода как более двадцати человек занимаются исключительно подготовкой этой операции. Учтите, что никто из них открыто не вовлечён в дело. Оно предназначено другим, в частности, нам. Неплохо, не правда ли?

— Всё это кажется мне... излишним. Напоминает какой-нибудь бульварный роман. Нигде не видно ни малейшей предпосылки к тому, чтобы белые смогли организовать массовые выступления в СССР. Даже как террористы они никуда не годятся — послы и заметные советские фигуры разгуливают по всей Европе как ни в чём не бывало. И не оттого, что их защищает Советское государство. Ведь тот же Троцкий — мало того, что он не находился под защитой, так его ещё и преследовал Сталин. Ни один из тысяч белых, чьи отцы, братья, дети или жёны погибли от его рук, не нашёл в себе мужества пустить ему пулю в голову. Предположу, что если Сталин его не убьёт, то Троцкий помрёт от старости в своей кровати.

— Вы очень далеки от понимания сталинской политики.

— Но Кутепов, Миллер? Какую важность они представляют для Сталина или для СССР?

— Можно найти кое-какое обоснование, хоть и без видимой прямой связи, в том, чем несколько месяцев назад начал заниматься Верховный Суд. Полагаю, что вы слышали хотя бы официальную версию по делу Зиновьева и Каменева. Эти захватывающие процессы ещё не закончились, другие важнейшие лица ещё предстанут перед Вышинским. Разве не произведёт оглушительного эффекта появление генерала Миллера, который перед трибуналом заявит, что политики, генералы и прочие были в сговоре с ним, с Германией, Японией и с кем угодно ещё с целью уничтожить СССР, убить Сталина и вызвать апокалиптические катастрофы? Согласитесь, что даже в качестве театрального приёма затея уже превосходна.

— Но неужели это всё из любви к сценическим искусствам? Мне кажется, это чересчур.

— Нет. Не только ради этого. Безусловно Сталин жаждет утолить свою ненависть, но тут есть ещё кое-что. Сталин — единственный диктатор, которому не суждено почивать на лаврах. Вина за все страдания, выпадающие на долю русского народа, всей тяжестью обрушилась бы на Сталина, если бы он всякий раз не находил, на кого её свалить. На Зиновьева, Каменева и их соратников уже повесили страшные обвинения. За ними последуют другие. Они возьмут на себя ответственность за многие зверства. Бывшие правители СССР на съездах, в комитетах, прессе и речах припишут себе авторство законов и планов по осуществлению всей проводимой до того времени политики. Поэтому народ посчитает их виновными и предателями— они сами признаются в этом, а гениальный отец народов останется непогрешимым.

— Ясно.

— Вместе с тем Сталин готовится к большой игре. Совсем скоро произойдут определяющие события. Вскоре мы их увидим. Сделаем же всё возможное, чтобы как следует их засвидетельствовать. А лучше попытаемся их вызвать и даже управлять ими. Вам не кажется это чем-то потрясающим, будоражащим, доктор? Запустить жалкую и полную терзаний жизнь, словно стрелу, к вершинам героического. Ради этого я стал коммунистом. Именно поэтому я тот, кто я есть!

Его глаза блестели, он моментально изменился и глядел буквально сквозь меня. Он напился? Я решил, что да, поскольку он собирался выпить ещё, но бутылка уже была пуста. Он громко окрикнул официанта. Признаться, в тот момент я парил где-то между землёй и небом.

Нам принесли бутылку, и мы выпили. На сцене в это время танцевали вальс. Дюваль смотрел в ту сторону, но, уверен, он ничего не видел.

В меру сил я старался размышлять. Поведение Дюваля становилось всё более необъяснимым. Чего он хотел? Когда он остановится? Я сгорал от волнения, тревоги и любопытства.

— Право слово, вы говорите со мной, как с равным, но имейте в виду, что...

— Не переживайте. Я привык выпивать. И вам следует к этому привыкнуть. Если не напиваться, цивилизованным никогда не стать, доктор. Я не жду от вас полного понимания, но я верю, что ваш ум и прежде всего ваше сердце оживут, снова станут такими же, как прежде... понимаете? Нам двоим представляется возможность, быть может, уникальная. Быть или не быть. Или же стать нам убийцами своего истинного я?

Что это за человек? Что он предлагал?

— Быть тем, кто мы есть, — вот цель всей нашей жизни, — изрёк я, стараясь выражаться в том же духе.

— Вопреки всему и всем! Вот истинный героизм.

— Насколько я могу судить, героизм есть то, что вы предлагаете или собираетесь сделать. Но не мимолётная ли это вспышка в ночи, плод вина и молодости? Нетрудно догадаться, что вы дерзаете бросить вызов злому гению и его бескрайним полчищам. Вы, который как никто другой знает, насколько безгранична его власть. Поразительно!

— Мой враг не всемогущ. Это лишь человек, не забывайте. В конце концов всё сводится к противостоянию один на один. Отбросьте неизвестные, и в уравнении останется лишь один человек против другого. Но не будем отвлекаться. Уже настала ночь, а нам нужно добраться до сути дела.

— Надеюсь на это и всецело желаю.

— Сталин, как я сказал, затевает большую игру. До сей поры он был пугливым лисом, но сейчас превращается в волка. Если остальные не поумнеют, то им придётся иметь дело с его истинной сущностью — тигром...

— Дюваль, вам не кажется, что мы несколько отклоняемся от основной линии? — позволил себе заметить я.

— Разве это не замечательно, доктор? Это удовольствие, которого лишён всякий «сознательный коммунист». Строго следить за собой — ужасная мука! И сколького же люди не знают о нашем «внутреннем мире»! Как долго я уже не говорил так искренне и открыто, как сегодня!

— Но почему со мной?

— Потому что вам нужно кое-что сделать. Сейчас вы поймёте. До сих пор я лишь предварял свой план. Хотите услышать подробности?

— Я весь внимание.

— Прежде всего нам необходимо сформулировать подлежащую проблему. Проблему нашей свободы. Вы и я, как и многие другие, прикованы к НКВД с помощью заложников, членов наших семей. С тех пор, как Троцкий впервые использовал этот приём, подобное стало применяться систематически. Если же мы вновь хотим быть свободными людьми, мы должны разорвать сковывающие нас цепи. Вы готовы к этому?

— Готов! — твёрдо ответил я.

— Если бы речь шла только о том, чтобы устроить побег моей матери и вашей семье, то полагаю, что с весьма высокой долей вероятности мы бы сумели этого добиться после нашего возвращения в Россию. Всё в наших руках. Поскольку ваша ответственность здесь составляет лишь четверть моей, то успех нам обеспечен. Вы сможете жить со своей семьёй в Европе или в Америке совершенно свободно. У вас появится возможность посвятить себя своим исследованиям, чему угодно. Будете свободны от Сталина. Средств к жизни у вас будет предостаточно.

Силясь не поддаться соблазну этой головокружительной надежды, этой опасной сказки, я возразил:

— Послушайте, Дюваль, вы, конечно, можете играть со мной, но умоляю вас, не делайте этого. Расскажите о фактах.

— Вы сомневаетесь? Доктор, я богат. Я владею всем, что принадлежало моей матери в Париже и в Америке, НКВД об этом ничего не известно. Тридцать процентов фальшивых банкнот, что я обменивал, также остались у меня. По правде говоря, в нашей организации несложно разбогатеть. Когда в поисках важных бумаг вскрывают очередной сейф в каком-нибудь консульстве, в нём часто находят стопку купюр, и изъять их даже рекомендуется, ибо такая кража скрывает политические мотивы преступления. Если теряется дипломатический чемоданчик, в нём обычно обнаруживают конверты с контрабандными деньгами, и их владельцы, разумеется, не имеют обыкновения заявлять о пропаже, зная о последствиях. Это ли не факты по-вашему?

— Хорошо. Но зачем мне желать вывезти мою семью из России?

Он бросил на меня взгляд, полный негодования. Но сдержался и продолжил:

— Вы, надо думать, слышали какие-то истории. Да, они правдивы. У НКВД есть много «устроителей» побегов. Любой советский гражданин, кого подозревают в желании бежать, рано или поздно встречает своего надёжного человека, «контрреволюционера» — члена той или иной освободительной организации. Прямо здесь, в Париже, мы создали одну из них. К нам приходят многие, чьи родственники остались в СССР, в надежде их высвободить. Это стоит денег. У них обманом выуживается всё, от них получают точную информацию, необходимую для вычисления искомого человека. Ведь тех, кто годами оставались незамеченными, сменив тысячу обличий, сперва нужно найти, прежде чем они получат свободу. Но их «освобождение» неизбежно приводит их на Лубянку. Тот же самый отдел занимается имитацией белых организаций в СССР, их связью с зарубежными ячейками, въездом белых связных в Россию. Там они посещают тайные собрания, которые есть не что иное, как чистой воды театр! А многие приходят с бумагами, донесениями, паролями. Все участники подобных манёвров — агенты НКВД. Задачи эти крайне важны, и возглавляет всю эту машинерию провокаций и обмана никто иной, как Агабеков. Помните эту фамилию?

Я вспомнил, что имя Агабекова фигурировало в списке убийц царской семьи.

— Да, тот самый. Он подолгу живёт в Париже, его «дело» принесло ему огромную прибыль. Он живёт, как князь... то есть как, по его мнению, живут князья, если быть точным. Сейчас он совершает *tournée*[13] по Испании. Видимо, он и там хочет организовать «штаб по побегам». Предположу, что там его предприятие тоже ожидает фантастический успех, ибо он пообещает беглецам, что они смогут пересечь границу со всем своими золотом, чинами, валютами и драгоценностями. Только вообразите! Они потеряют всё — им даже свои золотые зубы не спасти! Жизнь, разумеется, тоже. А муниципальная полиция Мадрида будет ему только благодарна. И Сталин тоже, потому что Агабеков — большой мастер истреблять троцкистов.

— Чертовщина какая-то.

— Так и есть, доктор, так и есть. Не сомневайтесь, существует целый мир, совершенно вам не ведомый. Но вернёмся к важным делам. Мой план заключается в том, что надёжный человек, коим вы как раз являетесь, должен помочь мне вытащить мою мать из российской территории. Порядок будет следующим: моя мать и ваша семья находятся в Крыму. После возвращения у вас будет шанс увидеться с ними, особенно если мы добьёмся успеха с Миллером, а мы его добьёмся. Моя мать сейчас живёт не в отеле. Мне удалось выбить для неё домик на море, небольшое бунгало, построенное каким-то аристократом, много лет прожившим в Индии. Он, надо думать, желал воплотить в нём черты одного из тамошних дворцов, запавших ему в память, и подошёл к этому основательно. Не знаю, где он их достал, но большей частью дом построен из толстых бамбуковых палок. Собственно говоря, они и побудили меня выбрать это место, помимо его расположения. За домом можно найти нечто, служащее забором, и если приглядеться, то легко представить, что его можно использовать как непотопляемый плот. Я не рассчитывал, что перевозить придётся столь многочисленную семью, но недостатка в бамбуке в доме уж точно нет, поэтому плот в случае необходимости можно легко укрепить. Мне показалось полезным применить одно оригинальное усовершенствование, чтобы уменьшить массу, сохранив при этом ватерлинию. Вы сделаете в центре несколько отверстий такого размера, чтобы в них уместилось один-два человека, стоя на коленях или сидя. Несколько непромокаемых мешков, часть которых вы найдёте в доме, а часть возьмёте с собой, вы приладите к отверстиям, прикрепив их к верхней грани плота. Когда все или несколько пассажиров разместятся в этих мешках, получившееся водоизмещение компенсирует их вес, что повысит его надёжность и упрочнит равновесие. Понимаете? Не думаю, что мне следует вдаваться в бóльшие подробности. Всё, что нужно сделать, — это в одну из ночей, о которой мы условимся заранее, принимая в расчёт прогноз погоды и фазу Луны, посадить всех на плот и проплыть около трёх миль.

Боже, возможно ли, что единственно в целях обмануть меня, проверить мою преданность этот человек соорудил настолько сложную воображаемую конструкцию и начинил её столь мелкими деталями? Чаша весов моей воли склонялась в сторону доверия, а он тем временем продолжал излагать план.

— Я учёл тот факт, что от гребли можно устать. У плота будет двигатель.

— Мотор?

— Мотор, хотя и самый примитивный.

— Не будет ли слишком шумно?

— Напротив, очень тихо. К днищу плота можно присоединить несколько металлических баллонов среднего объёма. Вы найдёте их закопанными в саду, каждый из них имеет три метра в длину и шестнадцать сантиметров в диаметре. Их нужно привязать к плоту. Вы прикрепите их таким образом, чтобы стороной с вентилем они были обращены к части плота, служащей кормой. Уже на плаву необходимо будет лишь повернуть вентили. Баллоны наполнены сжатым воздухом, и поскольку они будут под водой, реактивная сила воздуха потянет плот вперёд. Всё рассчитано, без посторонней помощи таким образом можно проделать путь в три мили. Хотя было и непросто раздобыть всё необходимое, но здесь, кое-где на французском побережье, я покажу вам такую же модель плота. Мы проведём испытания, и я кое-чему вас обучу. У меня всё просчитано. Как вам?

Я добросовестно изучил в уме весь проект.

— Кое-чего не хватает. Отдалиться от российского берега на три мили ещё не значит получить свободу.

— Подождите. Я уже говорил, что я авиатор. Что мешает мне купить гидроплан, например, итальянский *Savoia*, и приводниться за пределами российских территориальных вод или в самих водах, если будет довольно темно?

— Гидроплан? Вы можете приобрести гидроплан?

— Конечно. Разве НКВД не предоставляет все средства для создания любой необходимой мне личности? Не просто же так у нас на улице Гренель работает целая фабрика по производству паспортов и документов высочайшего качества.

— Остаётся вопрос с советской береговой охраной. Полагаю, и вам лучше меня должно быть об этом известно, что побережье находится под пристальным наблюдением.

— Как и везде. Но не сомневайтесь — я изучил карту местности и рассмотрел вопрос во всех деталях. Место, где я приводнюсь, представляет собой залив в виде арки диаметром приблизительно в три мили. Береговая охрана пару раз за ночь пересекает залив от мыса до мыса по линии его тетивы, так сказать. Лучше всего будет приводниться за линией, соединяющей мысы. Так вам даже будет удобнее ориентироваться: при достаточной сноровке, если вы сумеете двигаться по прямой на протяжении трёх миль, сверяясь с компасом, то вы точно попадёте в точку, где буду находиться я. Компас можно закрепить на плоту. Его вы найдёте в доме на моём столе. Я укажу вам градус, которого следует держаться, — я его высчитал. Если корректировать курс небольшим веслом, закрепив его на корме плота, то, полагаю, вы промахнётесь немного — гидроплан будет в окрестности пятидесяти метров, чего вполне достаточно, чтобы увидеть друг друга. Ключевые факторы — это курс и время. Если мы не разминёмся более чем на сто метров и полчаса, то я почти ручаюсь за успех.

— Полагаю, вы также подумали о шуме, производимом двигателем гидроплана.

— До моего приводнения будет слышен лишь отдалённый гул, словно от далеко пролетающего самолёта. Я полечу на максимальной высоте, а снижаться собираюсь планируя, с заглушённым двигателем. А когда будем взлетать, уже будет всё равно!

— Мне не приходят более на ум возражения технического характера. Кажется, вы всё тщательно продумали.

— Что же, договорились?

— Договорились, — решительно ответил я.

Но всё же меня одолевало одно сомнение.

— Послушайте, Дюваль, почему вы выбрали именно меня для своей авантюры?

— Я ещё не закончил, доктор. Чуть поразмыслив, вы поймёте, что ваша большая семья значительно осложняет моё предприятие, поэтому вы далеко не лучший пассажир на моём судне. То, чего я в особенности ожидаю от вас, только вы и способны исполнить. Посему перечисленные мною недостатки не воспрепятствовали моему решению прибегнуть к сотрудничеству с вами.

— Не понимаю.

— Друг мой, вас выбрали для участия в деле Миллера в качестве специалиста по анестетикам. Не знаю, приходила ли вам мысль, что обычное похищение не стоит стольких хлопот. Более того, у ГПУ на все случаи есть какие угодно анестетики. В действительности вы были нужны мне. Нелегко было найти врача такой редкой специальности, да ещё и не коммуниста. Думаю, вы простите мне некоторую долю участия в выборе Ягоды. Если вас это утешит, то скажу, что рассматривались и другие компетентные кандидаты. Двух врачей, евреев, к слову, успешно работавших на ГПУ, — причём один ещё со времён ЧК — мне пришлось устранить...

— Как это случилось?

— Когда я предложил использовать для операции анестетики и просмотрел картотеку, нашлись эти двое. Выбор неизбежно падал на них. Так, сами того не подозревая, они составили оппозицию моему кандидату — вам. Я не знал, как так устроить, чтобы вызвали вас, но идея «оппозиции», объединившись в моих мыслях с их именами, подсказала решение. Оппозиционеры? Значит, пусть ими и будут! Уже через несколько часов появились отчёты, неопровержимо доказывающие их «троцкизм». Думаю, сейчас они уже где-то на Соловках.

— И у вас получилось такое осуществить? Они были невиновными?

— Невиновными в чём? В троцкизме? Один — да, другой — нет. Но есть ли разница? Будьте уверены, что они заслуживали не ссылки, а петлю. Конечно, не за поступки, наказуемые Советским уголовным кодексом, но наоборот — за действия, поощряемые у нас наградами. Военная хитрость!

Что читалось на его лице! Двусмысленная улыбка, с первых минут нашего знакомства не сходившая с его уст, бывала горькой, ироничной и даже садистской, но сейчас все эти черты исчезли. Невидимая маска словно спала, и всем лицом он излучал дьявольское сияние. Мне только и удалось вымолвить:

— Изумительна ваша... ваша готовность к...

— К чему? — оборвал он меня, впившись глазами в мои. — К преступлению, вы хотите сказать?

— Нет, — с трудом выдавил я. — Как раз-таки...

— Да, говорите, говорите. Разве вы не это имели в виду? Меня не пугают слова, доктор. Я же не просто так не отступил от своей программы. В своей преамбуле я обязан был предусмотреть все возможные исходы. Я учёл наличие у вас моральных предрассудков. У вас бы не получилось понять всё за одну ночь. Да и могут ли ваши взгляды противоречить тому, как вас воспитали? Вы, как и миллионы подобных вам, принимаете войну, но войну с правилами, военной формой, уставом, правами человека и всем прочим. Ну что ж, мне нечего возразить... Но когда враг игнорирует все эти вещи и систематически их попирает, когда враг куёт стратегию, исходя именно из положения о том, что все остальные эти правила будут соблюдать... Тогда любое колебание неизбежно означает поражение, предательство отечества или защищаемой идеи! Это самоубийство!

Не знаю, почему, но я вспомнил Дюваля в подвале посольства — палача-садиста той бедной женщины, и не вполне обдуманно сказал:

— Нет, нет, мои сомнения скорее связаны не с доктриной, но с чувствами. То, что произошло минувшей ночью... Вы истязали ту девушку... Вы были столь холодны, корректны, как и всегда... Это напугало меня больше, чем если бы на вашем месте находился какой-нибудь сумасшедший.

Я не смог продолжить. В горле пересохло. Я вдруг осознал всю свою дерзость. Я забыл, в каком положении находился. Ужасное воспоминание в сговоре с шампанским подтолкнули меня на подобное безрассудство. И теперь мой надзиратель испепелял меня взглядом, пылающим гневом и презрением. Пока он, вероятно, обдумывал ответ, на его лбу вновь вздулась вена. Меня едва не трясло от наполнявшей душу тревоги. И тут он выпалил:

— Нет, вы не понимаете! Я не пытал ту девушку, доктор! Это делал не я, а дежурный и помогавший ему ваш коллега. Я всего лишь хотел спасти её, но не нашёл вашей поддержки. Разве вам это не ясно? Вы этого не видите?

Я ничего не видел — лишь очертания ужаса, препятствующие всякому пониманию.

— Из-за запоя врача — у него сдают нервы, и он пытается лечить их алкоголем и морфием — вызвали меня, а я решил прибегнуть к вам. Нет, вы вспомните — я едва ли не заставлял вас произвести субокципитальную пункцию. Помните, что вы отказались? Вы должны были сделать это, Ландовский, если вы и вправду любите ближнего своего, если в вас и правда есть сострадательные чувства. Если бы игла в ваших руках вошла чуть глубже, чем следовало, то она бы задела луковицу головного мозга, и девушка прекратила существование, то есть перестала бы страдать. Почему же вы не сделали этого, доктор Ландовский, вместо того, чтобы привести её в чувство, вместо того, чтобы обречь её на продолжение мук?

— Но вы категорически приказали мне...

— Я не мог вам ничего приказывать! В таком случае виновным в её смерти оказался бы я, и меня наказал бы НКВД. Или вы хотели бы, чтобы наказание выпало на мою долю? Нет, если бы её убили вы, ответственность пала бы на пьяного врача, бывшего не в состоянии исполнять свои обязанности. Девушка бы умерла и перестала страдать. А то чудовище, возможно, никогда больше не пытало бы людей. Как только я доложил бы о его роковой ошибке...

— То есть вы никогда не...?

— Что вы хотите сказать? Не пытал ли я? Отнюдь, это одно из испытаний, которого не миновать ни одному важному человеку в НКВД. Одно из многих испытаний, знаете ли. Я пытал людей всех сортов, человек пятнадцать или двадцать, может быть и больше. Всех, кого приказывали. И знаете, странная вещь, со старыми коммунистами я вёл себя безупречно с технической точки зрения... На память приходит знаменитый Рютин, я мог бы назвать ещё многих... Хочу лишь сказать, что они признавались во всём, в чём только можно было признаться. Видели бы вы мой сеанс со знаменитым Каменевым! Меня пригласили туда мои друзья с Лубянки, и я, обыкновенный *amateur*[14], достиг того, чего они не сумели добиться за несколько приёмов. Но самое поразительное, что в тех случаях, когда мне в руки попадали подлинные враги Советов, настоящие антикоммунисты, мои неистовство или неосмотрительность были столь велики, что те протягивали совсем недолго... Вот незадача, не находите?

И уже другим тоном он объяснил:

— Это то, доктор, что в местных краях зовётся эвтаназией. Умышленное сокращение жизни тем больным, что обречены на смерть, дабы уменьшить их страдания. Моралисты здешних широт много рассуждают о том, допустимо или нет обрывать жизнь человека, если заболевание причиняет ему невыносимые муки. А вот можно ли обрывать жизнь человека, истязаемого другим человеком, — этого пока не обсуждают!

— Но женщина той ночью...

— Она умерла, — невозмутимо ответил он. — Но не переживайте вы так. Полагаю, она не мучилась. Хотел бы я в тот момент владеть всеми знаниями вашей науки, чтобы сейчас можно было с уверенностью сказать, что она не страдала вовсе...

— Но заговорила ли она? Она сказала то, что от неё хотели?

— Нет, доктор, она не заговорила... В связи с этим хочу задать вам научный вопрос. Я вспоминаю один особый случай. То был один из моих первых сеансов, на которых я присутствовал. Пытали молодого поляка, чьё преступление состояло в том, что он спрятал у себя двух заговорщиков, с которыми даже не был знаком, — исключительно из милосердия и сострадания. Его привезли на Лубянку с тем, чтобы он назвал имя и приметы одного из укрывавшихся — того, который сбежал; другого застрелили при задержании. Но всё было тщетно. Сведения представляли ценность необычайную, ибо те двое были анархистами и предположительно собирались совершить террористический акт.

Некоторые даже полагали, что они намеревались убить Сталина или Молотова. Посему к нему применили «крайние меры»... нечто ужасное, поверьте. У Лубянки огромный опыт, но даже её эксперты, скрупулёзно изучающие все случаи, не могли припомнить, чтобы кто-либо выдерживал подобное. Тогда я ещё пребывал в сомнениях, но коммунизм уже имел на меня достаточное влияние, чтобы совершённая по отношению ко мне и моей матери подлость не вынудила меня разорвать с ним последние узы. Я наблюдал, как пытали того мужчину. В те ранние дни я присутствовал лишь в качестве зрителя. С холодной головой, будучи простым свидетелем, я с любопытством отмечал все детали того, как реагировал тот человек. Его лицо не кривилось, как лица других пленников. Когда же боль достигала пределов, на нём выступал пот, вздувались вены, но не случалось ни единого спазма, крика или судорог. Леденящая душу кротость. Когда он открывал глаза, глядя вверх, казалось, что он никого из нас не замечал. Так он и испустил дух. Бесконечное страдание, стекало по нему, словно тёплая вода, не вызвав ни единого жеста.

— Не понимаю... И вы ничего не заметили?

— Да, я заметил, что тот человек молился.

Свирепая музыка оборвала его фразу. В тот же миг зал погрузился в полумрак. Лишь на сцене светился красный круг. Внезапно, подобно двум обезьянам, упавшим с кокосовой пальмы, в центр круга выпрыгнула пара негров. Оркестр яростно грохотал оглушительной мелодией. Не знаю, на какой нотной бумаге можно было написать такую дикую галиматью, способную вызвать в воображении лишь образы людоедов. Двое негров, самец и самка, стали извиваться в некоем варварском судорожном подобии танца. Но далее на моих глазах разыгралась нечто совершенно невообразимое — ужасающая, непредсказуемая, безумная эпидемия!

Публика, державшаяся доселе в тени, воплями и криками подхватила сумасшествие этих приматов. На сцену ворвались несколько парочек в изысканных вечерних платьях, и уже через мгновенье их стало много больше. Все они бросились подражать чёрной паре. В конце концов «цивилизованные» люди, схватив друг друга за нижнюю часть спины, образовали собой кольцо. При этом все участники вакханалии, не теряя ритм, наклонялись и выпрямлялись, словно краснокожие, пляшущие вокруг тотемного столба.

Вдруг откуда-то в большом количестве взялись воздушные шары, и многие с шумным весельем принялись их ловить. Большинство шаров лопались в мужских руках или между женских ягодиц и голов. Музыканты — также негры — выбежали на сцену и смешались с танцующими. Всё это действо происходило под всеобщий бурный восторг! Я обратил внимание, что неудержимее всех куражились старики. По моим подсчётам, семьдесят пять процентов голов были лысыми. Но музыка наконец смолкла, и вновь зажёгся свет. Уважаемые люди вернулись к своим столикам, потея от удовольствия.

— Что это было? — недоуменно спросил я своего спутника.

— Это «чёрный час», импортировано из Америки. Вижу, вы не следите за прогрессом цивилизации.

Заметив моё возмущённое удивление, Дюваль, предвосхищая его, ответил:

— О, если бы весь мир был таким, — он с пренебрежением следил за воздушным шариком, парившим над нашим столиком, — если бы весь мир был таким, то единственное, что он бы заслуживал...

Его сигарета коснулась шарика, и тот тут же лопнул.

В два часа ночи у кабаре царило некоторое оживление, но автомобилей и прохожих заметно поубавилось в сравнении с тем, что было, когда мы прибыли. Мы бродили в поисках холодного ужина, без которого грехом было ложиться спать. Свет дверей и окон, увеселительные заведения тут и там, обрывки музыки и песен, то и дело долетавшие до нас, расстилались по земле, как капли заморосившего дождя — Париж, казалось, был весь обвит бриллиантовыми кружевами.

Мы пришли в неизвестное мне место. Спустились внутрь. Маленькое заведение непритязательной обстановки тем не менее выглядело вполне уютно и даже солидно. Своего рода ресторан, анти... <неразборчиво>. Дюваль переговорил с *maître*, и тот провёл нас в небольшой внутренний зал с дубовым плинтусом и камином, в котором пылал приветливый огонь. Куриные грудки со смородиной, икрой, вишней, и даже с бургундией и сотерном — каждая на отдельном столике. Сделав всё необходимое, обслуга быстро удалилась. Сдержанно. Изящно. Неожиданно.

— Никто так не оберегает любовь, как французы, — иронично заметил Дюваль. — Мы находимся в уютном гнёздышке, господин Ландовский... Нет-нет, не возражайте. Этим господам до нас нет совершенно никакого дела. Каждый здесь предаётся своим сентиментальным мыслям. Нам важно, что тут мы можем спокойно продолжить нашу беседу...

С неизменной любезностью этот человек произносил самые ужасные вещи!

— Наша пропагандистская литература уверяла нас, что в подобной изысканной среде растут великие революционеры. Вздор! Всё, чего нам удалось здесь добиться, — один-единственный осведомитель. И посудомойщица на кухне. Официанты же — неприступны. Они настоящие буржуа с заоблачными доходами, которым позавидовали бы французские маршалы. Только представьте, какие бы из них получились друзья! Кумиры этих пролетариев — Пуанкаре или Моррас.

Неожиданно он остановился, и очень серьёзным тоном продолжил:

— Видите, что я становлюсь занудным? Дело в том, что вы абсолютно ничего не знаете о чём бы то ни было — и искушаете говорить с вами. Я говорю и говорю, словно обращаюсь ко всему этому безмозглому миру, слепому, глупому, глухому и дремлющему. Терпите меня и молчите. Без излишней скромности — я добился успехов на службе. В особенности с августа, когда приехал сюда... В августе перед Вышинским предстало шестнадцать человек. Тогда перед Каменевым, Зиновьевым, Смирновым и остальными я показал всё, на что способен. Хотя то дело и вошло в историю как «процесс шестнадцати», в действительности их было гораздо больше.

— Они замышляли заговор в интересах Германии, как и было заявлено официально?

— Ни в коем случае! Они составляли заговор, но в интересах врагов Германии, гитлеровской Германии.

— И Сталин знал об этом?

— Лучше, чем кто-либо другой. Но поскольку получалось, что эти самые враги Германии официально были друзьями и даже союзниками СССР — также «официально» — то умереть эти заговорщики должны были как отъявленные фашисты. Вам понятно?

— Честно говоря, ни единого слова.

— Заговор, замышляемый Троцким, имел целью свержение Сталина. Его участники получили бы власть, а их зарубежные союзники — гарантии военного союза, гарантии, которых им от Сталина не получить никогда, пусть хоть он семь раз поставит на них свою подпись.

— Получается, что эти процессы тесно связаны с европейской войной, о которой так много сейчас говорят?

— Именно так. Вот только война не европейская, а мировая, и разразиться она может в любой день. Не сомневайтесь.

— Какие же нации стоят за этими заговорщиками?

— Нации? Никаких наций. Скорее силы, партии, правительства и даже суперправительства. Народы и нации лишь платят деньгами и кровью за всё это, что и является их обязанностью. На передовой же этих перипетий — правительства Англии и Франции.

— Но разве Блюм — не союзник коммунистам? Ведь социалисты и коммунисты вместе шли на выборы, чтобы одолеть правых?

— Предвыборный альянс действительно существовал, но следует понимать, что его условием было заключение подлинного военного союза. Однако и те, и другие предпочли обмануться. Англичане и французы шли на всё, дабы оказать Советам военную помощь против фашизма. Сталин её принимал, но лишь с тем, чтобы к собственной выгоде устроить революцию в Европе. С другой стороны, французы и англичане в союзе с заговорщиками-троцкистами в СССР пытались его свергнуть. Тот же в свою очередь мечтал свергнуть их, развязав европейскую войну. Оттого и война в Испании — провоцирование войны в Европе.

— Чудесно! Сталин расстреливает шпионов своих союзников, обвиняя их в шпионаже в пользу Гитлера и Микадо!

— Чудесно здесь то, что и те, и другие действуют тайно. Если вы читали комментарии к процессу, то, возможно, отметили, с какой силой протестовали английские и французские политики против клеветы на Каменева, Зиновьева и Троцкого. «Они ни немецкими, ни японскими шпионами не являются!» — кричали те. Но откуда же им известно, что они не действовали сообща с Гитлером? Дедукция здесь простая — потому что они с ними заодно. В конце концов знать — значит иметь преимущество. А мы знаем, как бороться с этими людьми, потому что когда-то они боролись под нашим командованием. Вы помните дело Довгалевского?

— Вроде бы слышал это имя. Кто это?

— Один из наших местных послов. Его тело со всеми почестями привезли на родину для кремации. Не помните? Так вот, под маской равнодушного интеллектуала Довгалевский скрывал в себе настоящего фанатика: он мог уклониться от выполнения задания, но зато с удовольствием поставлял ГПУ жертв, зачастую отбирая их среди своих же подчинённых или из тех, кто по какому-либо вопросу приходил в посольство. Предполагаю, что к столь ничтожным поступкам его подстрекала супруга, чрезвычайно мстительная женщина, считавшая своими заклятыми и вечными врагами всех, кто не утруждал себя открыто льстить ей в угоду. Так вот, однажды, прибегнув к помощи, кажется, Эллерта, они устроили визит Ройзенмана, бывшего агента ЧК, работавшего тогда инспектором работников дипломатической службы за рубежом. Если не ошибаюсь, в то время выдвигались обвинения против Беседовского, первого советника посольства. Ему вменяли связи со Вторым бюро. Мне неизвестно, каковы были свидетельства на его счёт, но знаю, что было принято решение о его принудительной высылке в Россию. В день, когда прибыл «инспектор», в тот момент, когда советник уже собирался покидать здание, четверо швейцаров задержали его. Но он предусмотрительно не оказал им никакого сопротивления. Ссылаясь на неизвестные мне причины, он добился того, чтобы его отвели на второй этаж, ко входу в *Cité Interdite*[15] — ту часть здания, с который вы уже знакомы. Все четыре конвоира в какой-то момент отвлеклись, и Беседовский, выскочив в окно, выпрыгнул в сад соседнего дома. Даже не знаю, как он умудрился остаться в живых после этого. Разумеется, получился скандал. Но жена советника осталась в руках чекистов. Во время этого эпизода я находился в комнате 83, где мне поручили заниматься «прослушиванием». Из прослушки я догадался, что произошло.

Мне пришла в голову оригинальная идея сочинить и записать женским голосом звонок, якобы совершённый с аппарата номер один — личного телефона посла — на номер кабинета префекта полиции Чиаппе. Мне повезло, что в посольство заявилась полиция: её, несомненно, вызвал сбежавший советник. Оставалось лишь позволить событиям развиваться естественным образом. Несколько часов спустя кто-то — наверное, Аренс — проверяя телефонные записи, обнаружил звонок Чиаппе, которого женский голос просил привезти «несколько букетов цветов срочно». В результате дорогую жену посла пригласили в Москву для вручения какой-то награды или чего-то подобного. Но вместо этого она получила пулю в затылок... Забавно, не правда ли?

— То есть вы ликвидировали Довгалевскую...

— Как скажете, господин прокурор. Но мой рассказ был не о преступлениях, а об университете двадцатого века — первого века новой эры освобождения пролетариата. По складу ума я новеллист — в другие времена я бы писал романы, но сейчас я претворяю их в жизнь. В этом университете развивают воображение и упражняются в отваге. Шаг за шагом приобретается совершенная непогрешимость. Всего-то необходимо научиться держать в голове двадцать факторов, а не четыре или шесть. Когда началась решающая битва между Сталиным и троцкизмом, когда первый почувствовал в себе силы ликвидировать «старую гвардию» революции семнадцатого года, тогда для моей «техники» открылся безграничный простор, мои возможности чудесным образом приумножились. «Что же происходит?» — спросил я себя. Происходит смертельная схватка между двумя противостоящими друг другу революционными концепциями. На обеих сторонах конфликта люди одинакового морального облика с тождественными инстинктами и образованием. Как они сами, так и их цели мне ненавистны. В сущности, «оппозиция» и «сталинизм» составляют единое оружие против человечества. Если «оппозиция» желает осуществлять мировую диктатуру через одних евреев, используя для этого коммунистов, то Сталин хочет осуществлять диктатуру сам, прибегая к услугам других евреев.

— Две стороны одной медали. И в самом деле, гнусная борьба за власть.

— Именно, борьба за власть. Но разве была вся всемирная история чем-либо ещё? Да, никогда прежде не было столь противоречивых ситуаций и столь свирепой жестокости, смешавшихся с равными по величине хитростью и лицемерием. Вы должны помнить решения седьмого конгресса Интернационала. Принятые положения были суть настоящий ортодоксальный «троцкизм», но в то же время сам Троцкий был вновь осуждён. Двуличный Димитров провозгласил, что в капиталистические страны будет ввезён «троянский конь». Этим троянским конём или «политикой протянутой руки» стал

Народный фронт, союз с буржуазией для её же уничтожения. Но наш вождь не подозревал, что его союзники без всякого предупреждения уже запустили в СССР собственного разрушительного «коня». И именно в тот момент, когда он при их поддержке было начал делать первые шаги в общем крестовом походе против фашизма в Испании... вдруг вскрылся троянский конь троцкизма. Припомните-ка, дело было в августе 1936 года. Пали главы этого коня или антиконя, если хотите: Зиновьев, Каменев, Смирнов. Как нельзя кстати, не находите?

— И вправду разоблачающее совпадение, — согласился я и, внутренне с опаской перед ним отступая, признал, что дело не в том, что он пьян, а в том, что он гораздо умнее меня.

Тем временем он продолжал:

— Сталин был ужасно напуган. Не думайте, что на этом всё закончилось. Гигантская «чистка» продолжится. Ежов — это карающая рука. Совсем скоро начнётся очередной чудовищный процесс. Одним из первых падёт Радек, за ним последуют многие другие! Все первые лица революции! Предстоит нечто невероятное! Подобного террора мир ещё не видел. Палачи французской революции покажутся лилипутами! Обвиняемые признаются в самых фантастических вещах и сами себе сверх того выдвинут самые страшные обвинения! Вот увидите! Увидите, как вдруг окажется, что весь авангард революции, все её герои и «святые» сознаются в том, что они всегда были и до сих пор остаются шпионами, убийцами, диверсантами Гитлера и Микадо. Дело Зиновьева с Каменевым померкнет, окажется совсем не зрелищным и бледным. И какой шанс для меня, дорогой друг! Я уже запустил руки во всё это. Я побью собственный рекорд...

— Находясь здесь? — удивлённо спросил я.

— Разве можно найти место лучше? Где ещё, как не за рубежом, в таком изобилии представлены доказательства их гнусного предательства? Знаете, каков мой самый большой и выдающийся успех на сегодняшний день? Вы знаете, кто такой Радек. Кто же не знает верховного главу революции в Германии? Человек, который создал в СССР больше всех пропаганды о самом себе: незаменимый, неистощимый, непогрешимый. Что ж, он пал. Но поверьте, поймать его было непросто.

— Уж по меньшей мере он, должно быть, троцкист.

— Отнюдь. Радек неспособен быть кем бы то ни было по той простой причине, что он уже был всем. Один факт красноречиво опишет вам его нравственный облик. Как-то раз в Константинополе Троцкого навестил близкий друг Радека, знаменитый чекист Блюмкин — еврей, убивший когда-то графа фон Мирбаха, первого немецкого посла в Москве, за что Советское правительство инсценировало его казнь. Как Радек, так и Блюмкин оба состояли в троцкистском заговоре, и именно с ним был связан визит Блюмкина к изгнанному Троцкому. Получив инструкции от шефа, Блюмкин передал их Радеку. Тот его выслушал и, выяснив всё необходимое, спокойно ответил своему другу: «Сожалею, но не далее как вчера я отрёкся от троцкизма и вышел из оппозиции». Блюмкин бросился бежать, но ГПУ, своевременно уведомлённое Радеком, задержало его той же ночью. Блюмкина расстреляли, теперь уже по-настоящему. Радек попрощался со своим другом и единоверцем следующими словами: «Теперь перескажи всё то, о чём ты мне рассказывал до этого, в этот раз я буду записывать для своих показаний». Думаете, Радек поступил так из чувства искреннего раскаяния? Вовсе нет. Затем он продолжил заговоры, чередуя их с доносами на товарищей. Дело в том, что каждый раз, когда он чувствовал за собой слежку, когда опасался разоблачения, он сдавал одного из дружков ГПУ — лучшее средство отвести опасность от самого себя. Теперь вы понимаете, как непросто было его поймать: он всякий раз «прививался» от обвинений в свой адрес. Пришлось проявить изобретательность.

Мои интерес и любопытство не знали пределов.

— И как же Радек проиграл?

— Я лишь заставил его ещё раз «привиться» и донести на Молотова. В его руки попали «очень серьёзные доказательства» предательства председателя Совнаркома, и он тут же передал их Сталину. Но чуть раньше появились другие, не менее убедительные «доказательства» того, что Седов «сфабриковал» те первые против Молотова здесь, в Париже и отправил их в Россию, дабы избавиться от председателя. Неизвестно, кто был адресатом, неизвестно, кем был предатель в России — соучастник Седова, предателя из Франции. И что же сделал Радек? «Привился» в последний раз. Стоило ему увидеть двух здоровяков на Лубянке, как он тут же во всём сознался. Он рассказал обо всех своих преступлениях, как совершённых, так и выдуманных. И если он поступил так с самим собой, только представьте, что способен извергнуть его сардонический жабий рот... Впрочем, об этом нам поведает напыщенный Бухарин.

— И до Бухарина доберутся?!

— Я же говорил вам, нас ждёт нечто неслыханное. Никому такое и не снилось! Всё ценное, что во мне есть, в ближайшие годы найдёт максимально полезное применение...

— Погодите, Дюваль, я не вполне понимаю. Разве вы только что не предлагали мне — или же мне привиделось? — поучаствовать в вызволении из Союза вашей матери и моей семьи? Дескать, приступить к этому следует как можно скорее...

— Это взаимосвязанные вещи.

— После спасения матери вы, надо думать, оставите службу и задания.

— Напротив. Когда вы перебили меня со своими сомнениями во время подробного изложения вашего задания, я как раз к этому и вёл. Не забывайте, что я рассказывал о причинах, побудивших меня к вам обратиться, и разумеется, что дело не в ваших навыках мореплавателя, нужных мне для управления плотом. Если коротко: способны ли вы вызвать в человеке на определённое время неопровержимые признаки смерти? Та самая «каталепсия», когда людей погребают заживо?

Мир вертелся в руках этого необычайного чилийца, словно мяч. Сперва он ввёл меня в лаборатории западного удовольствия, затем — в жуткие подземелья улицы Гренель, вслед за этим посвятил в подробности государственного и коминтерновского устройства, а сейчас внезапно возвращал меня к вопросам моей специальности, ослепительным сиянием освещая весь путь нашей беседы. Если бы Сталин в достаточном количестве располагал столь эффективными агентами, настолько же блистательными умами, как Дюваль, даже и не знаю, нашлись бы в мире силы, способные что-либо ему противопоставить? Пожалуй, что сам по себе высший руководитель не обязан обладать привлекательным видом, располагающими манерами, любезной и учтивой речью — быть человеком особых качеств, короче говоря. Но всем этим обязаны отличаться его подчинённые. И Дюваль был человеком особого, редкого сорта.

Я пишу это потому, что моё покорное, как ретивый раб, воображение с пылом набросилось на предложенную ему тему. Я рассказал Дювалю о своих опытах и соображениях, о вегетативных системах, о связях между жизнью, сознанием и безумием — словом, обо всех идеях и вопросах, в научном пламени которых горела моя жизнь. Да. Я мог приостановить все признаки жизни, не прерывая её глубинного биения, заставить все органы застыть, обездвижиться, сохранив при этом их способность к пробуждению. Мне было под силу сказать «чу!» биологическим процессам и придержать их на какое-то время. Мне хотелось оставить науке величественное наследие этого нового пути, раскрывающего необозримые дали. Нужно лишь научиться ходить, как на ходулях, опираясь одной ногой на фармакологию, а другой на психовлияние, то есть гипноз соматический и гипноз психический. Я говорил с энтузиазмом, быть может, чрезмерным. Дюваль со всем вниманием меня выслушал и затем спокойным голосом объявил:

— Хорошо, доктор. Всё это вам предстоит сделать с моей матерью.

Эти слова немедленно возвратили меня в действительность.

— Но... вы же с ума сошли!

— «Официальная» смерть моей матери при условии, что её последующее воскрешение останется неизвестным, совершенно исключает любые подозрения в побеге. Разве это не очевидно? Что же, в таком случае уже ничего не сможет мне помешать, несмотря даже на отсутствие заложника, оставаться могучим агентом Сталина. Теперь вы понимаете?

Последние остатки способности к рассуждению я потратил на следующее возражение:

— Но зачем вам оставаться сталинским агентом?

Он встал и положил указательный палец на моё плечо. Другой рукой он поднял бокал.

— Вы так ничего и не поняли? Как много в вас рассудка и как мало воображения! Борьба троцкистов и сталинистов дарит мне уникальный шанс: разрушение коммунизма и смерть. И какую смерть — самых опасных коммунистов! Дезертиром я не стану — я буду уничтожать, убивать, делать так, чтобы коммунисты перерезали друг друга. Я их ученик, они меня воспитали и сформировали. Всё, что я знаю, всего себя, всю бесконечную ненависть к другим людям, ими мне привитую, я обрушу на них же самих: преступление против преступников, убиение убийц! Что может быть прекраснее? Пусть этот яростный и возвышенный спорт длится сколь угодно долго, меня зачаровывает апофеоз. Вспомните, доктор Ландовский, прошлое первое мая в Москве. Грозное молчание народа, под рёв танков и самолётов звучит «Интернационал» — впечатляющее созвучие. Колонны машин, проезжающие мимо мавзолея Ленина. А на его трибуне — советские маршалы. Калинин, этот потешный старый председатель. Наркомы в полном составе: Молотов, Каганович, Ягода. И наконец Сталин.

Он остановился и сделал последний глоток.

— Я капитан авиации. И я всегда принимаю участие в параде на своём тяжёлом бомбардировщике. Моему самолёту даже не нужно иметь бомбы на борту. Вы можете себе представить, что такое управлять самолётом в воздухе? Опьяняющая власть, неистовое сумасшествие, пугающее презрение к планете и её отвратительным ничтожным преступлениям, её негрским танцам, советским республикам. Вообразите себя этим тяжёлым бомбардировщиком, летящим среди облаков, обращённым рокочущим носом к солнцу. И вот он взвивается и стремглав летит в центр земли, подобно стреле, молнии, чему пожелаете... прямиком в могилу Ленина, которая в тот день станет и могилой Сталина!

Распростёрши руки, он «пикировал» в меня. С мёртвой улыбкой на лице, черты которого вдруг сделались резкими, напряжёнными, жёсткими, как клюв орла. А руки — словно крылья. Восставший архангел! Восставший против Бога и Люцифера!

IX
Я — ДОНОСЧИК

Полагаю, что я исполнил свой долг, отразив здесь настолько скрупулёзно, насколько возможно, ночной разговор с Дювалем. Любопытно, что сейчас я во всех подробностях помню его слова, однако непосредственно после беседы мне не удалось бы вспомнить ровным счётом ничего. В тот момент они затерялись в глубинах моего восприятия, где перебродили, как ячмень, пока не приобрели горький привкус определённости. То были первые дошедшие до меня сведения относительно формы, сущности и подноготной советских сил, и дошли они до меня в очаровательном беспорядке Парижа, сквозь пары экзотических вин.

Мы возвращались в посольство пешком. Дождь прекратился, и ночная свежесть развязала мне язык. Я решительно заявил, что готов выполнить все указания Дюваля. Просил инструкций. Следовало ли мне теперь сорвать дело Миллера? Или для завоевания ещё большего доверия начальства нужно продолжить действовать корректно? Кроме того, если вновь потребуется произвести субокципитальную пункцию, я был готов провести эвтаназию. Необходимо также найти повод вырваться на побережье, чтобы опробовать управление бамбуковым плотом. И по случаю потренироваться грести.

Едва я взял слово, до сей поры велеречивый Дюваль замолк. Казалось, он был погружён в другие мысли, о сути которых я догадался гораздо позднее.

Когда мы дошли до улицы Гренель, было четыре часа утра, и стоял туман. Едва я различил очертания здания посольства впереди нас, как сразу почувствовал недомогание и беспокойство, знакомые тем, кому хоть раз не хватало воздуха. Мы приближались, уже угадывался чёрный квадрат ворот. Едва мы переступили за порог, я ощутил резкий перепад температур, словно тяжёлый воздух тюрьмы или общественного туалета наполнил мои рот и нос, нечто плотное, резкое, вязкое... Мы вошли в стены *Cité Interdite*. На посту стояли часовые, день и ночь начеку. Уже у дверей в мою комнату Дюваль попросил огня, чтобы зажечь сигарету. Я попытался что-нибудь сказать:

— Завтра...

— До завтра, доктор. Отдыхайте.

— До завтра.

Он закрыл дверь, и воцарилась полная тишина. Было слышно, как его шаги удалялись, становились всё тише, пока не смолкли совсем.

Я начал раздеваться и вскоре остыл и успокоился. В голове закопошились, словно безмолвные ночные птицы, идеи и образы всего увиденного и сказанного столь важной для меня ночью. Погружённый в размышления, я лёг в кровать и выключил свет. Смутно вспомнив, что мне не следовало креститься, я решил этого не делать. Вопреки ожиданиям, мне удалось очень быстро уснуть.

Не знаю, сколько минут или часов я дремал. Проснулся я резко, словно меня сильно ущипнули, словно меня ударило током. Сознание было совершенно ясным, подобная ясность иногда возникает, когда просыпаешься так внезапно. Несомненно, во сне мысли приходят и уходят, ткутся и распускаются. Будто вспышка, пронеслось передо мной всё, что я видел, о чём мечтал минувшей ночью. Вдруг сокрушительным ударом на меня обрушилась страшная мысль, не вызвав умственного смятения, а напротив, словно высекши искру чистой, совершенной, абсолютной правды: «Я пропал!» Именно эта мысль завладела мной, неумолимая и всепоглощающая, и ни один нерв, ни один мускул, ни одна клетка не могли скрыться от этого ясного убеждения, неотвратимо ясного.

Арбалетной стрелой я вскочил с кровати. Зажёг свет. Подошёл к зеркалу. В его отражении показался на удивление не изменившийся образ, словно я был ровно таким же, как и прежде. На несколько секунд я даже пришёл в замешательство от этого обнаружения. Воздух наполнился электричеством. Мой взгляд упал на телефонный аппарат на стене. Мысль «Я пропал! Я ПРОПАЛ!» уже не парализовала шоком, не ударяла молотом, а ласкала моё тело, словно мягкий бархат. И затем — разряд. Сигнал о срочном спасении сверкал в черепе, подобно искре, пробегающей между латунными шариками в электрических агрегатах.

В горячке я схватил телефонную трубку и прижал её к лицу, почти касаясь губ. В ногах было то чувство, когда лифт только начинает подниматься. Лишь тонкий телефонный провод мог удержать меня на плаву в тот миг, когда земля, казалось, уходила из-под ног. Наконец я понял, что я на линии. Никто не отвечал. Прошли секунды, много секунд. Я кашлянул — ничего. Покашлял сильнее — то же самое. Мне хотелось что-нибудь сказать, но в горле совершенно пересохло. В поисках слюны я провёл языком по зубам. «Алло, алло!» — смог я наконец произнести совершенно чужим голосом. Тишина! Должно быть, телефон сломан или не используется.

Уже собравшись сдаться, я вдруг почувствовал сильную дрожь, сотрясшую всё тело. В лихорадке я ещё раз схватил трубку. Тишина! Полная тишина! Словно одержимый, я сжимал аппарат руками. Задержав дыхание, всем существом я вслушивался. Мне послышался далёкий и слабый звук открываемой где-то двери, и даже торопливые шаги, словно кто-то крался на цыпочках... «Алло, алло!» — кричал я во весь голос, перестав себя сдерживать. Дыхание перехватило, сердце бешено колотилось, сбиваясь с ритма. Алло! Я пропал! Алло!! Пропал!! Алло!!! Я пропал!!!

Наконец-то! Резкий (но сколь сладкий!) звук врезался в мою барабанную перепонку. Это был грубый телефонист. Его голос словно гвоздь вонзился в моё ухо, точно он ножом протыкал злейшего врага.

—Алло!

— Минуту, подождите!

На другом конце провода кто-то переговаривался.

— Да, товарищ, я передам ему, как только он придёт.

— Укажите время. Да, вот здесь. Распишитесь.

— Здравствуйте, товарищ.

Наконец я мог говорить.

— Начальник? Соедините меня с начальником!

— Это невозможно.

— Почему, товарищ? Дело срочное...

— Потому что его нет в здании.

— Но мне нужно срочно с ним поговорить.

— Настолько срочно?

— Чрезвычайно срочно!

— У меня нет полномочий, чтобы вызвать его, если только это не звонок сверху. Вы не можете переговорить с кем-нибудь другим? Здесь вот только что был...

— Нет, нет, мне нужен именно он!

— В таком случае ждите. Предполагаю, что он вернётся где-то около десяти или одиннадцати. Потерпите.

— В таком случае, — я не знал, что делать, — вы не могли бы уведомить меня, когда он вернётся? Ах! Могу ли я на вас рассчитывать в случае, если мне понадобится узнать от вас, во сколько я пытался связаться с начальником?

— Конечно, товарищ.

Подавленный, опустошённый, я повесил трубку. Мои колени дрожали так, что пришлось сесть на край кровати и обхватить их руками. Пожалуй, то были одни из худших минут в моей жизни. Все опасности и беды, выпавшие на мою долю до той поры, не вызывали столь сильного потрясения — доселе мне удавалось держать себя в руках. Наверное, помимо непосредственной угрозы чувству опустошения способствовала и резкая перемена положения. По правде говоря, в посольство я входил в состоянии эйфории, почти что жизнерадостным, хотя и усталым. Неожиданность и невероятность откровений Дюваля, надо думать, потребовали от меня нервных усилий бóльших, чем обыкновенно. И ещё столько вина! Зачем меня опоили? А затем внезапно эта уверенность, что я попал в ловушку, что я пропал... Всё это превышало запас моих сил. Сейчас, когда я пишу эти строки, я могу достаточно спокойно анализировать своё состояние, тогда же это было положительно невозможно.

Я всё сидел и дрожал. Было холодно, но мне и мысль не приходила что-либо надеть. На мне была лишь одна пижама. Заметив блеск крана в раковине напротив, я удивился этому, словно сделал необычайное открытие. Наполнив водой стакан, я выпил, зажав его зубами, едва не откусив край. Мне стало легче, нервы слегка успокоились. Я надел халат и тапочки. Даже получилось закурить. Но улучшения были исключительно физическими, тревога же будто только усилилась. До того момента в моём неумеренном воображении возникали лишь смутные образы моих родных. Сейчас же они стали ясными, на редкость чёткими, так что можно было различить самые мелкие черты. Жестокая тревога на этих любимых лицах была столь же неподдельна, как и ясность, с которой я мог их видеть, сидя на краю кровати. Точка-тире-точка, тире, тире, точка-тире, тире... точка-тире, тире. Радиоволны точками и тире доносили о моём предательстве. Отделы шифрования готовили доклад Ежову. Я видел, как эта кровавая марионетка нажимает на кнопку звонка, слышал, как спокойным голосом сообщает начальнику отдела: «Дело Ландовского провалено. Ликвидировать».

Отряд чекистов-бандитов. Зловещий фургон, который ни с чем не спутать, подпрыгивает на глиняных ухабах улиц, полный стонов жертв. Откуда-то из темноты на меня глядели испуганные зрачки: «Нет, папочка, без пульса же можно жить...» Вот они жмутся к углу грязной комнаты, им уже меня не видно. Вот они выбегают оттуда, ибо в том в углу также есть следы убийств, тёмные пятна, следы от пуль... И вот неспешно входят они, шаркая сапогами с набойками... Доченьки мои, доченьки!

Должно быть, я потерял сознание и упал. Помню лишь, что тот беспорядочный и безумный пляс продолжался, всё ужаснее становились его детали под сводящий с ума монотонный ритм тире и точек.

Теперь кто-то идёт посреди ночного поля, неспешно прогуливаясь и с ироничным любопытством поднимая, изучая и бросая обратно на землю куски мяса и одежды, кровавые останки моих дочерей. Он беззвучно смеётся и идёт дальше — высокий, спокойный, блистательный. Это Рене Дюваль.

Вот он похлопывает меня по лицу влажной ладонью. Я словно в трансе между реальностью и кошмаром. Ничего не понимаю.

Ощущения такие, будто в оба виска вбивают гвозди, всё вокруг прыгает и кружится. Чувствую, как поднимаюсь, словно бездыханный, с пола. И сознание одерживает верх. Да, это Дюваль собственной персоной, пусть размыто, нечётко, но я разглядел его сквозь пелену, окутавшую взгляд. Улыбка на его лице стала даже тоньше и приятнее обычного.

— Что с вами, доктор? Вы потеряли сознание? Конечно, это всё шампанское. Неважно, впрочем. Но важно то, чтобы вы привыкали к подобному. Ничего ведь не случилось? Не правда ли?

Я с глупым видом уставился на него.

— Ну же, ну же... Вам принести какое-нибудь лекарство? Не знаю, найдётся ли в аптечке что-нибудь подходящее. Соберитесь. Начальник ждёт вас.

Слово «начальник» оказало на меня магическое действие. Мои нервы напряглись. Я почти подпрыгнул. И, глядя в сторону, ответил Дювалю:

— Одеваюсь, я уже одеваюсь.

Дюваль вышел. Быстро окунув голову в воду, я второпях оделся. В эту минуту принесли завтрак, и я разом, не выдыхая, выпил весь кофе, без сахара. После даже успел покурить. Дюваль вернулся за мной. Он шёл впереди со своим обычным беспечным видом и что-то насвистывал. После предварительного звонка перед нами открылась дверь 83. Тут он со мной простился.

— Вы не пойдёте со мной? — спросил я, чтобы сказать хоть что-нибудь.

— Нет, у меня много работы. К тому же вызывали вас лично. Удачи, доктор, удачи! То есть благоразумия. Мы скоро увидимся, несомненно. До встречи!

Он развернулся, и я вошёл. Секретарь находился на посту. Он взглянул на меня через очки, имея при этом совершенно нелепый вид.

— Одну минуту, — сообщил он, — подождите.

Передав моё имя по телефону, он положил трубку на место и, искоса поглядев на меня, добавил:

— Начальник сейчас примет вас. Подождите.

Ожидание показалось мне слишком долгим. Я старался подобрать слова, упорядочить их как-нибудь, но не мог составить и нескольких осмысленных фраз. Мой взгляд и всё моё внимание приковала к себе немая дверь кабинета начальника.

Рядом со столом секретаря зазвонил невидимый звонок из тех, что находятся словно внутри деревянной столешницы.

— Начальник ждёт вас, товарищ. Проходите.

Глава стоял у стола и смотрел в какие-то документы. Подняв голову, он взглянул на меня бегло, не сказав ни слова. Затем бросил на стол бумаги и направился к креслу. Дождавшись жеста приглашения с его стороны, я приблизился, но не присел, поскольку этого он мне ещё не предлагал.

— Как мне сказали, ночью вы хотели срочно переговорить со мной. Следует полагать, нечто чрезвычайно важное?

— Да, я звонил... звонил, потому что мне нужно было передать вам срочное и важное сообщение...

— Так чего вы ждёте? — с некоторым нетерпением спросил он.

— Я хотел сказать, что минувшим вечером я выходил...

— Я знаю. Никто никуда не выходит без моего ведома. И что?

— Я ходил с товарищем Дювалем...

— Это я тоже знаю. Опустите ненужные детали.

— И мы, — я снова запнулся, — поговорили.

— Разумеется, что вы разговаривали. И что с того? Говорите, говорите, как есть. У меня много работы.

Вероятно, густо краснея, я с чувством прыгающего в пропасть наконец решился бросить свою «бомбу».

— Я лишь хотел сказать вам, что Дюваль — предатель пролетариата... Вечером он просил меня...

— Чтобы вы тоже предали, верно?

— Совершенно верно.

— А вы что?

— Я... видите ли... я приходил во всё большее замешательство... Я сделал вид, будто согласен, понимаете?.. Что я согласен, но всё для того, чтобы выведать подробности! К тому же в моём положении... я был безоружен, весь в его руках... отказываться было опасно, ведь я был один. Я просто хочу вас предупредить. У него наверняка есть сообщники...

Начальник встал и положил руки в карманы, глядя куда-то в сторону. Я хотел продолжить:

— Уверяю вас, что у меня нет никаких сомнений. Он всё мне выложил. Я могу...

— Хорошо, хорошо. В другой раз. Сейчас достаточно того, что вы уже сказали. Возвращайтесь в свою комнату. Будьте уверены, что НКВД так просто не предать. Ни на секунду не забывайте об этом! До встречи, доктор. Если мне понадобятся подробности, я попрошу вас изложить их в письменной форме.

Он нахмурил брови и едва заметным движением показал, что я могу идти. Я попятился к двери, не смея повернуться к нему спиной. Когда я был уже на пороге, он добавил:

— Сегодня или завтра я позвоню вам. Ваше дело почти готово. Вы считаете, что уже в состоянии исполнять свою роль?

— Полагаю, что...

— Хорошо, — прервал он меня. — Посмотрим. Приготовьте свои вещи. Сегодня или завтра вы переедете в гостиницу в рамках «официального» прибытия в Париж. До свидания, доктор.

Закрыв за собой дверь, я застыл перед секретарём, кажется, с улыбкой. Подняв на меня взгляд, он спросил:

— Вам что-нибудь нужно?

— Нет, ничего. У меня всё. Я должен вернуться в свою комнату… Я могу идти?

— Конечно.

— Кто меня будет сопровождать?

— Кто? Никто. Вы можете идти, вы же знаете дорогу.

Я светился радостью. С необычайной лёгкостью, почти вприпрыжку, я вернулся в комнату. Дверь была приоткрыта, и я вошёл. Внутри никого, ничего не изменилось. Теперь она казалась мне приветливой, почти *chic*[16]. Потирая руки, я ощущал возвращение жизни. И мои родные там, на крымском пляже, лежали уже на нагретом солнцем песке, играли, веселились. Я с упоением развлекал себя этой замечательной картиной. Но тут нечто, до сей поры мне в голову не приходившее, незаметно появилось и уселось прямо на моём лбу, словно туда заползло насекомое.

А что, если Дюваль был честен? Я без колебаний отверг такую гипотезу. Но это сомнение вновь ворвалось в голову резко и настойчиво, не под стать той плавности, с какой по мозговым извилинам мысли текли до этого. Но я не мог его принять — слишком очевидной была подоплёка: Дюваль меня испытывал. Разве не являлось это непреложным и неизбежным правилом для ГПУ? Ведь он сам меня предупреждал, и то подтвердил начальник, что со дня на день, быть может, даже через несколько часов я получу относительную свободу передвижения. Посему вполне логично, что напоследок меня следовало подвергнуть «искушению».

Правда, у них в заложниках мои близкие, но… почему бы не убедиться ещё раз, что пленники связывают меня неразрывно и прочно? Это ведь не то же самое, что проводить опыты в России, вдали от границ, в окружении полчищ агентов, когда на тебя давит вся мощь госаппарата. Резонно, что за границей, где виды цивилизованного мира заполоняют взор, а опьяняющую атмосферу западной изысканности ощущает каждая пора тела, отточенная техника советского шпионажа предписывает в самый нужный момент провести последнее испытание — искушением. И изощрённый актёр Дюваль едва не победил.

Я гордился собой, я сам себе казался хитрым, проницательным, превосходным. Разум удовлетворённо укутывался тканью своих аргументов, сильных, точных, тонких, точно шёлковыми перчатками заботливо укладывая их в моём сердце. Но вот опять пугающая мысль, уже было покинувшая мозг, вдруг больно кольнула меня в самый центр груди, словно ядовитый зуб аспида. Ведь кем бы ни был этот Дюваль, сам я был жалким подлецом. Доносчик — и никто больше!

Эта мысль засела в моей голове, как ком в горле. А что, если Дюваля поволокут связанного в пыточную камеру внизу? Что, если меня вызовут на разговор с ним? А что, если я увижу в нём, истязаемом из-за меня, настоящего героя?

X
ГЕНЕРАЛЬНАЯ РЕПЕТИЦИЯ

— Приказ начальника — в одиннадцать в его кабинете. Ваши вещи готовы?

— Который час?

— Девять часов, доктор.

— Хорошо, я буду в назначенное время.

Мы оба повесили трубку.

Я не сумел объяснить себе, как мне удалось продержаться с вечера предыдущего дня до девяти утра дня сегодняшнего. Состояние нервного возбуждения прошло. Несмотря на общую слабость, сознание было ясным. На столе стояли нетронутые обед и ужин. При их виде в животе пробудилось сильное чувство голода. Хотя еда и остыла, тем не менее она показалась мне превосходной. Мучила жажда, и я пил вино бокал за бокалом. Нужно привыкать! Принесли кофе, очень горячий. Выкурил сигарету, на вкус великолепную. Я почувствовал себя другим человеком. Чудеса пищеварения — чем полнее желудок, тем выше настроение!

Если какая-то из терзавших меня мыслей и возвращалась, то мне не составляло труда её прогнать. Тем временем настала пора собираться. Начал укладывать вещи. Умылся и побрился. Посмотрел на часы — чуть больше десяти. Ещё раз просмотрел бумаги с описанием моей «роли». Всё это время я не сводил глаз с часов. Без пяти одиннадцать я поднял трубку телефона и позвонил.

— Откройте дверь, мне нужно к начальнику.

— Дверь? — спросил меня с удивлением голос. — Её кто-то закрыл?

Я положил трубку на стол и подошёл к выходу. Взялся за дверную ручку — она не была заперта на ключ. Я принёс извинения телефонисту. Эта история с дверью произвела на меня странное впечатление. Получалось, что я уже пользовался полным доверием ГПУ...

Взглянув в зеркало, я нашёл себя немного бледным, но в остальном ничего необычного. Отступил на пару шагов назад. Глаза смогли выдержать взгляд отражения.

В коридорах мимо проходили тени, чьи лица едва получалось различить, некоторые даже со мной здоровались. Я уже был «своим».

Дошёл до комнаты 83 и вскоре предстал перед секретарём.

— Вам не сюда. Вам выше. Встреча будет в самом посольстве.

— Я не помню дорогу...

— Подождите минуту, я пойду с вами.

Без стука вошёл мужчина.

— Здравствуй, дорогой друг, — поприветствовал его секретарь, — проходи, я ждал тебя. Будешь сидеть на прослушке. Особое внимание удели седьмому.

Потом он подошёл ко мне.

— Пойдёмте.

Мы вышли вдвоём. Этажом выше мы пересекли несколько залов, где находились люди. Скоро оказались перед закрытой дверью. Мой проводник почтительно постучал, причём так тихо, что ему пришлось постучать ещё раз. Дверь открыл незнакомец. Мы вошли. Начальник находился внутри и разговаривал с двумя неизвестными личностями.

— А вот и наш «доктор Зелинский», — сообщил он собеседникам, обратившим на меня взгляд. — Как поживаете?

Они осмотрели меня оценивающим взглядом «экспертов». Один из них заметил:

— Выглядит неплохо. Но не это самое важное.

Следует сказать, что я как можно больше старался подчеркнуть характер своего персонажа.

— Он неплохо подготовился, — заявил главный. — Не думаю, что его увидит кто-либо кроме Миллера. А тот знает Зелинского только по рассказам. Расспросите его, пока мы ждём. Давайте присядем. Садитесь, доктор.

Мы уселись на диване и двух креслах, стоявших в углу.

— Как ваша супруга, доктор? — спросил на польском тот, который оценил мою внешность.

— Прекрасно, сударь, — ответил я на том же языке. — Вчера разговаривал с ней по телефону. Она передаёт привет вашему сиятельству, генерал. Сейчас она в Лодзе.

— А как Вольский? Восстановился?

Я ответил утвердительно: Вольский был одним из моих пациентов и другом генерала. Я принялся со знанием дела распространяться о его болезни, о лечении и выздоровлении, используя как можно больше медицинских терминов, тиков и «понимаете?». Не успел я сделать и первой паузы в монологе, как все трое поднялись, устремив взгляды к двери позади меня. Я обернулся тоже и увидел, как кто-то вошёл.

Фигура, стоило полагать, была важной, это стало понятно сразу: «товарищи» ведут себя предельно услужливо и покорно, когда приезжает какой-нибудь иерарх из Москвы. Гость прошёл вперёд, пышный полнокровный тип с толстой шеей и похотливыми рыбьими глазами. Он бросил на кресло пальто с соболиным воротником и удостоил улыбкой послушных и угодливых подчинённых. Я скромно стоял в стороне. Усевшись, широко расставив ноги, он хлопнул ладонями по кожаным ручкам кресла. В нём было нечто от *parvenu*[17], что-то от грубого самодовольного миллионера. Он взглянул на меня, чуть откинув блестящую голову.

— Наш доктор? — спросил он, как бы распространяя на меня своё покровительство.

Я отвесил небольшой поклон в ответ на подобный знак внимания и когда взглянул на него ещё раз, заметил, что моя почтительность ему пришлась по душе. Точно как Ягоде, точно как и Ежову...

— Садитесь, товарищи, — пригласил он. — Доктор, подойдите, пожалуйста.

Я с готовностью повиновался, сев на край одного из стульев.

— Нет, сюда, вот сюда, доктор, — он указал на место на диване прямо перед собой.

Я присел со словами благодарности. Оказавшись напротив, он положил на меня руку и обратился с таким тоном, будто вручал мне награду:

— Как поживаете, доктор? Всё ли у вас хорошо в Париже? Знайте, что вами очень интересуется наш большой начальник — Ежов. С вами здесь хорошо обращаются? Говорите всё как есть, потому что если нет... — тут он шутливо пригрозил рукой, что было встречено заискивающими улыбками присутствующих, скрывавшими следы страха, возможно, неподдельного.

— Спасибо! Большое спасибо, товарищ! Пожалуйста, передайте благодарность нашему великому и неподкупному Ежову.

Вновь я ощутил ясность и самообладание, которые пробуждало во мне чувство опасности, как в случае с Ягодой и Ежовым. Я чувствовал уверенность, почти смелость.

— Здесь что, не пьют? — со смехом возмутился «высокий» начальник. — Или вы тут совсем иссохли в этом чёртовом посольстве?

— Ах, нет-нет... — вскакивая, воскликнул местный шеф. Он открыл барный шкафчик, достал бутылки и стаканы и проворно расположил их на круглом столике между нашими сиденьями. При этом он демонстрировал такую ловкость, что невольно на ум приходила мысль, что этот человек когда-то в прошлом служил официантом или *valet*[18]. Как бы то ни было, в тот момент он самым поразительным образом пресмыкался перед новым посетителем.

Мы выпили по стакану водки, не проклятой рыковки, а лучшего её сорта.

— Заседание объявляется открытым! — пошутил московский босс. — Слово предоставляется вам, — он указал на парижского главу.

— Все пункты программы тщательно исполнены.

— И что?

— Результат положительный

— Относительно доктора?

— Именно.

— Тогда давайте поговорим.

— Он, — вступил глава посольства, указывая на того, кто меня осматривал, — перед вашим приходом проверял его готовность. Выскажите ваше мнение на этот счёт, товарищ.

— В ходе непродолжительной проверки я убедился, что он вполне подготовлен. Позже я продолжу. Может оказаться, что какой-то из пунктов стоит подправить, однако время ещё есть. Не сомневаюсь, что в урочный час он будет полностью готов.

— Каков план? — спросил первый. Отныне так я буду звать прибывшего из Москвы: никаких имён и фамилий не упоминалось и вскользь.

— Посредством скорой помощи. В ходе совместного обсуждения мы пришли к выводу, что так будет надёжнее всего, — ответил тот, который до этого молчал.

— Этой ночью прибудут двое немецких офицеров, — вмешался первый. — Процедура мною продумана до конца. Но если есть полная уверенность в другом варианте, то я буду только рад, поскольку тех двоих лучше не использовать. Голландец их очень любит. Он долго не соглашался их мне одолжить. Там, в Германии, они, очевидно, незаменимы.

— Я выделил им комнату, — вмешался второй начальник.

— Нет, это лишнее. Пусть не ступают на порог посольства: их в ту же секунду сфотографируют. Улица Гренель кишит «Лейками», и было бы жаль, если бы при возвращении в Гитлерландию их встретил топор, — тут первый слегка ударил по своей толстой шее ребром ладони и громко рассмеялся. — Ещё водки, товарищи! — вслед за этим потребовал он.

Мы снова выпили. Заговорил второй, парижский начальник:

— Если вы не возражаете, то доктор мог бы покинуть это место уже сейчас.

Я хотел было встать, но он остановил меня:

— Нет, что вы! Я имел в виду посольство. Доктор разместится в заранее выбранном отеле. Это можно сделать сразу после прибытия поезда, для чего он на станции возьмёт такси.

— Хорошо, продолжайте.

Они перешли к обсуждению деталей. По очереди во всех подробностях разбирался каждый шаг, который мне предстояло предпринять. Они спорили и пили. Меня поразили непринуждённость и спокойствие, сохраняемые каждым из них при рассмотрении всех аспектов дела. Делались возражения, их аргументировали, полемизировали до последних сил. В течение тех часов я чуть ли не прошёл технический курс — такое количество специальных терминов было использовано. Я почти ничего не понимал до тех пор, пока первый не завершил дискуссию, чтобы обратиться ко мне.

— Доктор, не удивляйтесь, это были наши частные дебаты, — повернувшись к остальным, он добавил. — Схема со скорой помощью утверждена. Теперь выражаемся ясно. Изложите подробно весь план, — предложил он второму.

Тот, придавая себе важности, несколько раз затянулся сигаретой и сообщил следующее:

— Сегодня доктор оставит посольство и переедет в отель «Шатам» так, будто он только что прибыл этим днём с севера. Его паспорт с выездными и въездными штампами Германии и Франции с соответствующими датами уже готов. Он получит польские деньги и немного немецких марок и по мере надобности будет их разменивать. Деньги — настоящие, — отметил он, обращаясь к самому главному. — Учитывая эти две важные вещи, а также багаж, который будет при нём, полагаю, что он легко сойдёт за польского доктора, не вызывая при этом никаких подозрений, что нам и нужно. На следующий день его навестит генерал, возможно, с супругой, мы ожидаем её появления с минуты на минуту. Ах, я забыл сообщить вам имя генерала, — теперь он обратился ко мне, — это белый генерал Скоблин. Запомните — Скоблин. С ним вы уточните все детали грядущей беседы. Речь пойдёт о том, что вы должны будете вручить Миллеру сто тысяч советских рублей. Вам их выдадут перед вашим отъездом из посольства. Они ждут этих денег, поскольку им необходимо отправить в Союз двух своих людей, и те должны въехать туда не с пустыми карманами. Добыть эти деньги поручено Зелинскому. Волноваться не стоит: эти средства вернутся обратно к нам. Также вы передадите пятьдесят тысяч франков в качестве личного пожертвования от вас, доктора Зелинского. Эти деньги нам, увы, вернуть уже не получится. Вас попросят по возвращении найти курьера, то есть некоего советского гражданина, согласного передать послание через границу. Вы пообещаете сделать всё возможное. Естественно, на встрече разговор может коснуться и личных вопросов, будут ссылаться на частные дела и так далее. В изученных вами *dossiers*[19], предполагаю, вы нашли достаточно материала, чтобы между делом поболтать о подобных пустяках. Остальные подробности вам сообщит генерал Скоблин. Важно, что во время общения вы будете что-нибудь пить. Без этого никак, все эти старые генералы любят поднимать бокалы и говорить тосты. Уже договорено, что ваша с Миллером беседа будет проходить в вашем номере отеля. Не думаю, что этому что-либо помешает. Миллер не будет противиться, потому что это известный и многолюдный отель. Миллер и Скоблин придут вместе. У вас будут наготове стаканы и хорошая водка, которую вы привезёте с собой. Если бы это был другой напиток, предоставленный отелем, тогда бы его разливал служащий. В нашем случае вы поднесёте поднос со стаканами сами, поставите его на журнальный столик, позаботясь о том, конечно же, чтобы нужный стакан оказался ближе всех к Миллеру. Мы решили, что вещество, которое немедленно выведет Миллера из строя, будет в самом стакане, что-нибудь бесцветное, прилегающее к стеклу, однако не видное на его прозрачных стенках. Ставить поднос с уже разлитыми напитками — это слишком грубо. Но ни у кого не возникнет и тени подозрения, если всем нальют из одной и той же бутылки. Скоблин выйдет и пообещает вернуться до конца вашей встречи с результатом относительно некоего вопроса, связанного с возвращением Зелинского в Польшу. Дальше останется лишь дождаться, когда Миллеру станет плохо. Тогда доктор позвонит по заранее указанному номеру. Это номер близлежащего бара. Наш человек будет дежурить у аппарата, и когда к нему обратятся определённым образом — вам сообщат, как именно — тот подаст сигнал скорой помощи, которая будет ждать неподалёку. В номер по соседству с вашим въедет больной господин, страдающий воспалением околоушных желёз с высокой температурой. Он будет ждать, когда его увезут в больницу, и всем в отеле будет об этом известно. Разумеется, что комнаты сообщаются между собой. За те минуты, что будет ехать скорая, доктор перенесёт Миллера в соседний номер. «Дочь» больного соседа поможет ему перенести и перебинтовать генерала. Когда придут с носилками, останется лишь погрузить на них Миллера, накрыть его и ретироваться. «Больной» с забинтованным лицом, к тому же благоухающий букетом лекарств (о подобных мелочах также позаботится доктор Зелинский), вместе с «дочерью» беспрепятственно минуют вооружённых охранников генерала, которые будут находиться в холле или у дверей номера. И вот он в наших руках.

— А что насчёт меня? — осмелился спросить я.

— Вы, доктор, тоже покинете отель. Ваши два чемодана, уже уложенные, перенесут в соседний номер. К тому моменту, когда вынесут больного, их уже не будет в номере. Вы наденете пальто и спокойно выйдете на улицу. Вам даже не придётся платить по счёту. Какая выгода! Затем сядете в такси справа от входа в отель. Не беспокойтесь, водитель знает, куда ехать. Вы направитесь на встречу к Миллеру, где примете участие ещё раз, на этот раз со своими анестетиками. Потом сразу же направитесь на побережье. Не переживайте, доктор: на время путешествия вы станете советским дипломатом, имеющим неприкосновенность. Недалеко от Гавра Миллера поместят в заранее приготовленный ящик (дипломатическую почту) со всеми необходимыми печатями и бумагами. Бедному генералу придётся тесновато, но всего на несколько часов, пока будут идти таможня в порту и погрузка на борт. Судно в ту же минуту отправится. Как только оно окажется в нейтральных водах, вы разбудите генерала и после оставите — далее им займутся двое наших товарищей. А вы, доктор, сможете наслаждаться морем! Пока не получите новые инструкции.

— И выражение благодарности от товарища Ежова, — заключил первый.

Он внимательно смотрел на меня, регистрируя моё выражение лица, которое я попытался сделать вдумчивым и удовлетворённым.

— Как видите, — сказал он, — ваша роль проще, чем вы могли представить. Легче, чем мы сами ожидали.

Шесть заботливых рук помогали первому надеть пальто. Он же протянул мне свою, ободрительно сказав на прощание:

— До скорой встречи, доктор! Вам ничего не нужно? Ничем себя не стесняйте, хорошая работа должна вознаграждаться, так что не скромничайте, — дальше он добавил изменившимся тоном. — Это приказ Ежова.

— Благодарю, благодарю вас.

— Наш комиссар желает видеть вас в самое ближайшее время для некоего важного и нужного дела, так что просите, что хотите.

— Могу ли я приобрести некоторые книги? — осмелился спросить я ввиду такой настойчивости.

— Конечно! Книги, газеты, кабаре — всё, что хотите!

Он уже стоял в дверях, когда я, расхрабрев, остановил его, тронув за локоть.

— Ещё одна просьба, если позволите, — его жест меня воодушевил. — Можно ли письмо моей семье? Комиссар разрешил, но вестей от них... у вас никаких нет?

Он вновь улыбнулся.

— Ах да, почему-то вылетело из головы. Ваша семья в порядке, будьте спокойны. Им нравятся те края. Ваша жена попросила тканей и чего-то ещё, что комиссар тут же им отправил.

— Благодарю вас, больше мне ничего не нужно. Весь к вашим услугам, господин. Я очень доволен. Передайте мои признательность и благодарность... многоуважаемому Ежову.

— Что ж, очень хорошо, — с одобрением резюмировал второй.

Тем временем первый ушёл, грузно ступая и провожая взглядом своё отражение в боковых зеркалах зала. Уже почти пропав из виду, он закурил. То была великолепная сигара, оставившая густое облако дыма в дверном проёме, словно скрывшийся в туннеле «Восточный экспресс».

Оставшись вчетвером, мы спустились в комнаты на нижних этажах. После бронированных дверей мы разделились. Я направился в свою комнату, а остальные продолжили путь к комнате 83.

Согласно полученным инструкциям, я должен был отбыть в восемь часов того же дня. Меня должны были заранее предупредить.

Оставшееся время я потратил на еду, сочинение письма семье, ещё один просмотр бумаг о Зелинском и чтение всего, что в подшивке *Le Temps* относилось к СССР. В тот момент я совершенно понял, что эта газета с её ореолом серьёзности и объективности, рупор Набережной Орсе, была младенчески наивной в отношении того, что касалось России.

Без оппозиции, без всякой возможности её возникновения, без каких-либо вопросов и необходимости на них отвечать можно прибегать к любой лжи, в любых её сочетаниях, совершая любые манёвры. Дюваль показал, что знает об этом гораздо больше, чем я, а вот *Le Temps*, оказывалось, не знала почти ничего. Уверен, что, как и эта газета, весь остальной европейский континент был также ослеплён пьянящим чадом своего политического и социального положения. Они, надо думать, верят, что их обычаи так же незыблемы и универсальны, как гравитация. Оно и понятно, ведь невозможно, право, вообразить сцену, пусть даже на короткое время, в которой люди и предметы ходят и стоят на потолке. Противоположное порою крайне трудно себе представить. В своё время же выдающиеся учёные доказывали невозможность существования аэропланов и паровозов! Полагаю, что подобные примеры хорошо объясняют природу заблуждений западных представлений о коммунизме и СССР. Дело в том, что европейцы не способны представить себе большевизм на практике. Точно так же, как и 99% русских, рождённых после 1917 года, — они, напротив, не сумеют придумать, что происходит по ту сторону границы. Случается, конечно, довольно редко впрочем, что русский в СССР знаком с иностранцем, прямо или косвенно; и чаще, чем обратное, что об СССР известно что-либо человеку нерусскому. В конце концов, остаются ещё несколько миллионов тех, кто застал мир до семнадцатого года. К тому же, сколь велика и опустошительна бы ни была свирепость большевистских разрушений, традиции, архитектура и язык сохранили в себе достаточно истории, чтобы посреди этой новой действительности под шквалом пропаганды всё ещё возникали сомнение и противодействие, вызывая предсмертные судороги умирающего критического ума. Но какой француз, англичанин или немец мог как следует проехаться по российской глубинке и рассказать об увиденном? И что бы их свидетельства могли сделать с этой тотальной непроницаемостью? Правда, есть и другие источники сведений — те же коммунисты, выехавшие из СССР с государственными поручениями. Мне самому выпало на долю пережить их душевное потрясение... и их предательство.

Сталинские меры предосторожности закономерны: заложники, убийцы, снующие на каждом углу. Таких, как Дюваль, должно быть много... Последняя мысль меня встревожила. Быть может, его слова были искренними, а я, враг СССР, его брат по испытаниям и страданиям, донёс на него! Что за неведомые земные силы устроили такое? Я внезапно возненавидел самого себя. Дюваль! Дюваль! Но почему Дюваль? И чувство, пожалуй, ещё более сильное повисло над моим стыдом: я его боялся.

Чуть позже семи часов комендант и ещё один незнакомец принесли мой багаж, предупредив, что начальник ожидает меня к назначенному часу. Разговор со вторым длился всего несколько минут. Он вручил мне рубли и пятьдесят тысяч франков, каждую сумму по отдельности. И десять тысяч злотых мне лично.

— Удачи, доктор! Будьте спокойны — никакая опасность со стороны белых вам не грозит. Что бы ни случилось, наши люди всегда будут рядом, они обеспечат вам защиту. Но и не будьте опрометчивы! При передвижениях действуйте так, чтобы вас не теряли из виду. Если понадобится такси, то вы вправе пользоваться им по вашему усмотрению, если, разумеется, вашего участия не требует миссия. Всегда садитесь в один и тот же автомобиль — тот, который сейчас ожидает вас на станции, вам на него укажут. Он всегда будет ждать вас в одном и том же месте. Повторюсь, белые никакой опасности не представляют. Про других же такого сказать не получится...

— Не понимаю, о ком вы...

— Слышали ли вы когда-нибудь о троцкистах?

— Конечно, как же! Не думаю, что я чем-либо интересен этим убийцам.

— Здесь не угадаешь, друг мой! Не стоит думать, что вы им ничем не навредили. В любом случае могу лишь сказать, что таковы приказы из Центра. Я отвечаю за вашу безопасность перед комиссаром и посчитал, что для своего и вашего же блага лучше обо всём вас предупредить. Откровенно говоря, мне неизвестно, зачем и почему всё это нужно, мне этого не сообщили. Но когда Центр о чём-то предупреждает... Как правило, они не ошибаются и просто так ничего не делают. Понимаете?

Я пообещал чётко следовать инструкциям и, поскольку было уже почти восемь, собрался уходить, выслушав на прощание от него последние указания и пожелания успеха нашему предприятию.

У дверей посольства меня ждала машина. До неё меня сопроводил служащий, и я уселся, наконец оставшись один. Ощущения были прекрасными. Было холодно и очень влажно, но я с жадностью вдыхал свежий воздух: после долгого заточения он был подобен изысканному яству.

Мне не пришлось сообщать адрес. Водитель привёз меня на Северный вокзал и остановился в его окрестности. Около дверей автомобиля возник чей-то силуэт. Это был один из двух присутствовавших на вчерашнем совещании. Он указал, чтобы я следовал за ним. Мы вошли в вокзал. После недолгого ожидания показалась группа прибывших пассажиров. Тогда мы и вышли. Я увидел, что за нами следует носильщик с моими чемоданами. Мой спутник провёл меня вдоль длинной вереницы такси, перед одним из которых он остановился и пригласил сесть. Носильщик разместил чемоданы на кресле рядом с шофёром.

— Поехали! — только и произнёс мой попутчик.

Не ожидая дальнейших указаний, такси тронулось. Проехали несколько улиц. Машина остановилась.

— Здесь я вас оставлю. Ваш отель неподалёку. Этим такси вам следует пользоваться всегда. Удачи, доктор! До встречи... до встречи в Гавре, — он захлопнул дверцу и исчез.

Мы поехали дальше и через пару минут остановились у отеля. Водитель помог портье выгрузить чемоданы.

— Где мне вас ждать, месье? — спросил меня таксист чрезвычайно вежливо.

У меня не было планов на вечер, и я секунду колебался. Наконец я указал ему вернуться через два часа и ждать здесь, справа, на углу, после чего зашёл в отель.

Опущу подробности заселения. Всё прошло быстро. Как мне и говорили, на моё имя был зарезервирован номер, где я сразу же расположился. Номер был довольно неплохим: небольшой кабинет с балконом, спальня и ванная комната. Я вдруг почувствовал непреодолимое желание принять горячую ванну. С чувством сладкой истомы я погрузился в воду и едва не задремал прямо там. Вскоре позвонил шофёр и спросил, собирался ли я куда-нибудь вечером.

— Нет, — ответил я. — Приезжайте завтра.

Я был счастлив от того, что мог остаться один, листать телефонный справочник, открывать и закрывать краны с горячей и холодной водой, прогуливаться по комнатам, смотреться в зеркало, вызвать служащего и справиться о времени (мне принесли красивые часы, а в России часы — большая редкость), позвонить ещё раз и попросить табаку, опять позвонить и заказать пива, устриц и газеты, включать и выключать свет, курить на балконе, писать воображаемые письма, растянуться на ковре, ходить босиком, делать любые глупости. Так продолжалось, пока я, лишившись сил, не уснул. Если за мной следили, то доклад обо мне был приблизительно следующим: «Минувшей ночью путешественник Зелинский вёл себя очень странно».

Очень странно! Можно исписать сколь угодно листов, пытаясь объяснить, что происходило со мной тогда, но этого было бы недостаточно. Так же недостаточно, как всех попыток описать то, что творится на душе у пятилетнего ребёнка.

В первую минуту после пробуждения мне было трудно понять, где я находился и, в особенности, почему. Но физические ощущения были очень приятными. Крепкая, опрятная, чистая мебель, тяжёлые шторы и толстый ворс ковра — всё это поселяло в моей душе чувство спокойствия, ясности и уверенности. Ничто в обстановке не казалось мне враждебным, всё дышало невозмутимым порядком. Ещё бóльший покой внушал непрерывный уличный гул — шумная пульсация полного сил живого организма, приводимого в движение биением неутомимого сердца. Всеми мыслями я погрузился в гулкую колыбельную улиц. Если откуда-то издалека ко мне и приходило воспоминание о прошлом, я тут же мысленно сдувал его, как надоедливое насекомое.

Сейчас, спустя месяцы, уже находясь в Союзе, я ещё помню те минуты и если закрою глаза, то даже смогу получить удовольствие от этих воспоминаний. Эта тревога, вечно давящая, но не убивающая, обостряющаяся от всякой мелочи: шуршания короеда, шороха платья, едва слышного шума, далёкого бормотания... «Неужели сейчас?» — звучит ежесекундно роковой вопрос. И вопрос этот, словно маленькая ящерка, пробегает по каждому нерву, шевелит каждый волосок, заполняет каждую пору кожи. Согласно научной статистике в СССР ужасающе большой процент сердечных приступов, и настолько же пугающе высок процент самоубийств. Но я не хочу от этом думать. Я предпочитаю предаваться воспоминаниям.

Мне было страшно лениво двигаться. Я едва смог вытащить руку из-под одеяла. Мне словно кто-то внушил, что она непременно замёрзнет в таком случае вопреки очевидному свету солнца. Всё же я рискнул. Должно быть, комната отапливалась, ибо разница в температуре даже не ощущалась. Я позволил солнцу ласкающим теплом облизать мои ноги, подобно маленькой собачке. Встал и сел в кресло у балкона. Отодвинув штору, увидел тротуар на противоположной стороне улицы с гулявшими по нему туда и сюда прохожими. Их одежда и манеры зачаровывали.

Некоторые шли с безразличным и серьёзным видом, а другие, особенно дамы, вели себя как-то наигранно, слишком озабоченные своими фигурами и элегантностью. Почему они не подшучивали друг над другом? Почему никто не подходил к тому *monsieur*[20] с наглаженной бородой и не дёргал за неё, на что бородач бы рассмеялся и подарил бы в ответ конфету или сигарету? Непонятно! Я подумал, что у них, наверное, тоже были свои заботы, даже свои печали и горести, во всяком случае, с их точки зрения. Вероятно, многие чувствовали себя несчастными.

Как я им завидую! Вот я, учёный доктор Ландовский, а также опытный доктор Зелинский, прямо сейчас бы поменялся местами вон с тем стариком, несущим тяжёлый мешок. Да, поменялся бы. Что случилось бы, сбрось он свой груз прямо в канаву? Ничего, совершенно ничего. Он свободен так поступить. Никто не сможет помешать ему уйти в свой дом на Монмартре или Клиши. Но что случилось бы со мной, попробуй я сбросить со спины бремя невидимое, но бесконечно более тяжёлое?

И посреди всех этих старушек, дам, донжуанов с бульвара, министров, генералов, таксистов, священников, пролетариев, аристократов, студентов — я, ваш хозяин! Я — агент ГПУ! Всемогущий! Со своей иллюзорной свободой вы счастливы настолько же, насколько овцы, пасущиеся на пастбище. А я овчарка! Я чуть полаю, покажу зубы, и вы пойдёте туда, сюда, звеня колокольчиками. Я пастух! Раскручиваю пращу, и вы ускоряете шаг, бежите, сами не зная куда. Я хозяин! Я хватаю одного из вас, поднимаю за ноги, вонзаю нож и смотрю, как вы блеете и истекаете кровью, а затем швыряю в сторону подыхать на траве. А тем временем остальные — ораторы, депутаты, журналисты, маркизы, художники, богачи, чахоточные, проститутки, охранники, человечество — вы все продолжаете идти, не ведая ничего и не зная. Головы склонены, как у тёлок, глаза опущены, как у овец, рыла в земле, как у свиней. Я ваш хозяин! А вы меня даже никогда не видете! Несчастный я! Я раб... и вы все в моих когтях!

Я вновь содрогнулся от собственных мыслей и надолго сбежал от них в горячую ванну. Затем стал строить планы на завтрак. Может, попросить несколько филе утиных грудок с такими жёлтыми и сладкими волокнами вроде тех, что я ел несколько дней назад в том скромном ресторане? Или ветчину с яичницей и грибами. Или морской язык в мясном желе. Но не лучше ли попробовать что-нибудь новое? Пусть мне принесут заячье сердце в листьях салата! Во французской кухне есть любые блюда? Ах, ножка косули в маринаде! Ах, соловьиные яйца! Салат из мяса птицы и омаров! Копчёный угорь с капустой в уксусе! А если бы мой заказ показался официанту странным, я бы рассердился, наговорил гадостей про столь некосмополитичный отель, выбросил бы его из окна. «Польский путешественник немного вспыльчив», — сказали бы обо мне.

Однако нет ничего лучше простого. Чашка кофе, отборнейшего, непревзойдённого кофе с парой капель мятной эссенции...

Вдруг я понял, чего на самом деле хотело моё тело — апельсинового сока! Много апельсинового сока. Огромный стакан апельсинового сока, чтобы я мог неторопливо попивать его, усевшись в кресле рядом с балконом, поставив стакан на маленький столик с белоснежной скатертью. Я позвонил. Как долго ко мне шли! Пришлось сесть и приготовиться к встрече с этим божественным напитком... Служащий почтительно поинтересовался, хорошо ли мне спалось, на что я со всей холодностью ответил, что спал неплохо. Он торжественно и размеренно разложил всё необходимое. Сока у него не было — он готовил его на моих глазах, выжимая апельсины серебряными приборами, пока я не остановил его.

Неподалёку стояла сахарница из гранёного стекла, полная белейшего порошка. Какое наслаждение приносил каждый предмет: крохотная салфеточка, чайная ложечка — всё... Вскоре официант закончил. Я дождался, когда он уйдёт: для полноты удовольствия мне необходимо было остаться одному. Словно ребёнку, мне приходилось прикладывать невероятные усилия, чтобы не закричать, особенно когда я добавлял сахар ложечку за ложечкой. Мой рот наполнился слюной!

И вот я поднёс стакан к губам. Длинный, большой глоток... я даже запереживал, что это великолепие не доберётся до моего желудка: жажда была столь сильной, что казалось, каждая клеточка рта всасывала сок в себя... После мне представлялось совершенно непостижимым то безразличие, с каким в кафе и ресторанах публика употребляла через соломинки этот ни с чем не сравнимый напиток.

Меня отвлёк шум, доносившийся из соседней комнаты, которая сообщалась с моей через дверцу в стене. Следовало полагать, мои «товарищи» уже были там. Забинтованный человек, его «дочь»... Мне уже стало нехорошо. Я взял пальто и собрался уходить, позабыв даже, что в холле меня ожидают мои «телохранители». Почему шофёр не позвонил мне?

Спускаясь по лестнице, я развлёк себя тем, что разглядывал посетителей, употреблявших аперитивы в холле. Вспомнил, что близился час обеда. Решил, что пообедаю где-нибудь в другом месте. Идти буду пешком, не торопясь, чтобы мои ищейки не волновались.

На углу меня поджидала машина, но я отказался, предпочтя прогуляться.

Я шёл бесцельно, не зная и не желая знать, куда. Удовольствие приносила сама возможность ощущать себя одним из прохожих. Я останавливался у витрин, полных безделушек. Наблюдал, потеряв счёт времени, за мальчишкой, что начищал окна в какой-то закусочной. Провожал взглядом автомобили, пока те не скрывались из виду. Восторгался милой собачонкой, крошечной и блестящей, её пируэтами и даже теми вольностями, которая она себе позволяла у некоторых фонарных столбов и деревьев. Восхитительно!

Так я и гулял в блаженной нирване, неизвестно, сколь долго, пока не настал обеденный час. Тогда я зашёл в первый же попавшийся ресторан и заказал обед, не изучив даже как следует меню. Поел хорошо и обильно, впрочем без всякого к тому внимания. Ибо его привлекали к себе посетители, официанты, плясавшие на занавесках тени в соседнем окне, затейливая кофеварка, шипевшая, свистевшая и подрагивавшая на стойке, кассовый аппарат с его сухими металлическими звуками, зеркала, диваны и лампы — всё требовало внимания, и всему я его уделял.

Наслаждаясь кофе, я вдруг услышал, как какой-то паренёк прокричал мои звание и имя: меня вызывали по телефону. Удивлённо, почти бессознательно отреагировал я на тот оклик, будто звали кого-то другого — настолько ум был отстранён от происходившего вокруг в тот момент. Юноше пришлось окликнуть меня повторно. Наконец, поднявшись, я проследовал за ним до телефонной будки. Чей-то голос по-русски предупредил, что к пяти часам мне следует быть в гостинице. Чары исчезли.

Однако я долго ещё оставался там. Заказал другую чашку кофе, выкурил очередную сигару. «Что ж, дорогая моя сигара, мне нужно срочно принять решение. Заказываем ли мы коньяк? Час тридцать пять. Итого у нас три с половиной часа. Нужно решить сейчас, не стоит откладывать этого решения до последней минуты. Нет, тебе не кажется, что за нами следят? Да, кто-то обязательно должен. Что я за идиот, дорогая сигара, великолепная моя подруга!» Я прижал подбородок к груди, а руку поднёс ко лбу, словно бы мои мысли были написаны на лице. Вскоре, осмелев, я чуть наклонился и посмотрел на себя в зеркале. Что ж, не так уж и плохо.

Но пора было вернуться к делу: что мне делать с Миллером? За тысячи километров отсюда в том доме с лабораторией решение нашлось: «Я их обману!» Пожалуй, выпью ещё. «Что скажешь, моя пышная гаванская подруга? Что играть с вилкой и размечать её зубчиками точки на скатерти глупо? Послушай: с вилкой я делаю всё, что пожелаю, а со скатертью — что захочется. Разве я не агент ГПУ? Ты права...» Поэтому-то я и не могу делать всё, что вздумается. Да, я обману их, но как? Не окажусь ли я сам обманутым? Доказательства, доказательства против, вымысел, декорации, где ложь правдивее правды. Действительно ли меня посетит генерал Скоблин? Не подставной ли это генерал, как и я — подставной Зелинский? Что реально, а что ложно? Прохожу ли я ещё очередное испытание? Когда? И какое?

Сейчас, по прошествии времени, мне приходит на ум множество решений, но в тот момент не находилось ни одного. Превосходство шпионского аппарата надо мной виделось мне настолько ошеломляющим, что бессознательно я чувствовал себя бессильным перед лицом повелевающей мной силы. Стрелки часов кружились фантастически быстро, поглощая драгоценное время. С отчаянием я поднимал взгляд и наблюдал головокружительный бег минут. Но так ничего и не решив, не набросав и возможного плана действий, покинул заведение. Правда, с намерением (твёрдым ли?) помешать похищению. Намерение это укрепляло меня внутренне. Казалось, оно будто бы искупает мою вину за то «происшествие» с Дювалем... Если его вообще следовало искупать!

Обратный путь был совсем иным. Я ничего не видел, ни на что не отвлекался. Меня даже чуть не сбила машина, когда я пытался перейти улицу. Этот инцидент навёл меня на зловещую мысль... окончательное «решение». Я внезапно увидел себя мёртвым под колёсами. Можно ли поверить, что мне почти что стало радостно от такого видения? Признаюсь, тогда подобный исход казался мне почти безупречным. Случайная смерть разом бы решила мою сложную проблему. Никаких репрессий против моей семьи, я был бы свободен... свободен! Своего рода самоубийство... самоубийство... Ох, вот решение! Как же мне раньше в голову такое не приходило? Всё вдруг стало ясно.

Я ускорил шаг. Шёл и шёл дальше... Кто-то неожиданно обогнал меня почти бегом и сразу замедлил шаг до моего, почти касаясь пятками носков моих ботинок. Негромкий, но отчётливо различимый голос, принадлежавший, видимо, этому прохожему, не удосужившемуся даже повернуть голову, сообщил: «Следуйте за мной, вы, должно быть, заблудились. Вы опаздываете». Тогда я огляделся кругом — незнакомая улица, одна из многих, столь похожих одна на другую. Ничего не ответив, я последовал за тем человеком. Шаг ускорился ещё больше. Спустя несколько минут мне удалось распознать одну из улиц, видных из моего отеля, но было ещё не ясно, далеко ли мы или близко. Мой проводник, по-видимому, часто сверялся с часами, судя по тому, что его левый локоть несколько раз сгибался одновременно с тем, как склонялась его голова.

Наконец мы добрались до гостиницы. Было почти пять. Я вошёл в холл вспотевший, переводя дыхание. Испуганно посмотрел по сторонам, как нашаливший ребёнок. Поднялся в номер. Не успел я снять пальто, как зазвонил телефон. Кто-то просил принять его, и я тут же дал согласие. Вероятно, это тот самый визит, о котором меня предупредили в ресторане. И действительно, незнакомый господин мгновениями позже предстал передо мной, назвавшись генералом Скоблиным.

Мы пожали руки, и я пригласил его сесть. Несколько секунд царила неловкая тишина. Предложил ему закурить, но он отказался. Предложил что-нибудь выпить — снова тщетно. Я говорил с ним, не глядя в лицо: меня переполняло невыразимое чувство стыда. Пришлось вспомнить свой доблестный замысел, чтобы суметь поднять глаза. И тогда я заметил, что его глаза также избегали моих. Вряд ли наше смущение длилось долго, но в те минуты молчание казалось бесконечным.

— Что ж, доктор, — он нарушил его первым.

— Генерал, как ваша супруга, всё ли в порядке? Я надеялся иметь честь познакомиться с ней.

— Она бы с большим удовольствием, но она всё ещё в пути. Может быть, завтра...

— Прекрасно, прекрасно, — не бог весть что, но уже хоть что-то. Тут я вспомнил про своих соседей за стеной и предположил, что нас скорее всего уже прослушивали. Невидимые наблюдатели вряд ли были довольны моей первой попыткой. Это заставило меня совершить усилие:

— Генерал, — начал я, — мне бы очень хотелось встретиться со славным Миллером. Я привёз с собой кое-что, что должно его заинтересовать, и я не успокоюсь, пока не вручу ему свой подарок. Кроме того, моя жена хотела бы получить его фотографию с подписью. Не составит ли это труда? Вы же знаете, в каком восторге она от него...

— Хорошо, хорошо, доктор. Не боитесь ли вы, что нас подслушивают? Мы можем перейти в другое место, если вас что-либо настораживает.

— Нет, не думаю, чтобы кто-либо... Скорее наоборот!

— Что ж, тогда давайте сразу перейдём к делу. Сегодня Миллера нет в Париже. Однако я ожидаю, что завтра он уже возвратится. Всё остальное готово. Я уже передал ему, что вы хотите его видеть, а также те поручения, которые вы привезли из Варшавы. Как только он вернётся, я сообщу вам день и место встречи. Сюда я приведу его сам. Потом, когда почувствую, что пора, оставлю вас. Миллер пунктуален. Полагаю, что все приготовления с вашей стороны окончены, не так ли?

— Именно, — подтвердил я.

Он осмотрел комнату, как бы анализируя её, после чего произнёс слова, совершенно изумившие меня:

— Полагаю, стаканы будут находиться вон там, — он указал на небольшой столик возле стены напротив. — В таком случае устройте так, чтобы он занял кресло, которое сейчас занимаете вы.

Он заходил по комнате, а я не знал, куда глядеть и что делать, потрясённый мыслью, которую не смел закончить: «Получается, что Скоблин...» Я повернул голову к столику и почувствовал, что необходимо что-нибудь сказать, и поскорее.

— Да, конечно там, — сказал я, и моё лицо изобразило, наверное, самую глупую мину.

— Будет лучше... Да, лучше, если вы подойдёте отсюда, — поднявшись, он отправился к столику и подошёл оттуда к моему креслу, вытянув руку, словно держа ею поднос. — Поставите стаканы на стол по очереди, не путая их. Разольёте... крайне некстати будет дрожь, любая оплошность или лишнее движение, способные вызвать его подозрение. Я долго думал об этом и хотел вас предупредить. Считаете ли вы иначе?

— Мне представляется это весьма разумным, — выдавил я из себя.

— Это ключевой момент, — убеждённо заключил он, — остальное, пусть и кажется сложным, полагаю, пойдёт легче и без такого риска. Но вот стакан, стакан... Ах, доктор! Ведь наркотик абсолютно надёжен, верно?

— Верно, — подтвердил я. — Его свойства проверялись слишком хорошо. Не переживайте на этот счёт.

— Простите мою настойчивость... От этого дела столь многое зависит! Не удивляйтесь, что все меры предосторожности видятся мне недостаточными. Я годами ждал этой минуты, поймите меня. Нечто для меня определяющее...

Мне едва не стало плохо. Этот жалкий тип действовал на меня, как прокажённый. С непреодолимой силой меня давила необходимость завершить этот разговор. Стало ясно, что Скоблин готовится к длинной беседе, как принято у русских, с бесконечным обсуждением каждой мелочи по многу раз. Невыносимо. Даже любопытство узнать больше об этом чудовищном примере ничтожества и морального разложения не в силах было заставить меня продолжить. Я искал повод окончить наше свидание. Мне нужно было подышать свежим воздухом, а сделать это можно было лишь после его ухода. И я нашёл его.

— Дорогой Скоблин, — сказал я, напуская туман деловитости, — ворох деталей в вашей голове, беспокойство обо всём приведут лишь к тому, что вы поведёте себя неуклюже и неестественно в решающий момент. Да и много ли от вас требуется? Прийти, представить нас, взять стакан и оставить вдвоём, разве не так? Так перестаньте кружить себе голову, не переживайте так много. Всё равно бесполезно. Представьте, что это обыкновенный визит в целях нашего знакомства. Что тут говорить?

— Разумеется, вы правы, несомненно, но поймите... я...

Очевидно было, что он начинал опять. Безвольный человек, вне всякого сомнения. Его воля, подобно выскочившей пружине, была не в состоянии остановить его одержимость. И я решил, что лучшим выходом будет настоять.

— Хватит! — почти отчитал его я строго. — Есть ли у вас ещё что-нибудь сказать о тех коротких мгновениях, отведённых вашей роли? Если нет, то на том и закончим.

Генерал молчал. Тело его казалось слабым, будто помятым. Он выглядел старым, гораздо старше, чем в первую минуту. Поначалу в нём ещё присутствовали строгость и чуть ли не военная выправка, но теперь от них не осталось и следа — он превратился в тряпку. Тут я понял, в чём дело. Он, сам того не сознавая, имел надежду долго и задушевно поговорить о нашем общем преступлении. Его совесть нуждалась в исповеди спустя столько времени пребывания наедине с призраком своего греха. Иллюзия участия со стороны непосредственного сообщника, следовало полагать, рождала в нём спасительную надежду на то, что он сбросит со своих плеч половину непосильного бремени и таким образом обретёт силу вынести его в те последние часы, когда давление становилось невыносимым.

Я встал, Скоблин сделал то же самое, тяжело и медленно. Я сделал несколько шагов к двери, он пошёл вслед, держась чуть позади. Вдруг он тронул меня дрожащей рукой.

— Простите, доктор... Мне сказали, что вы видный специалист по особым веществам... Вы можете мне дать или назвать какое-нибудь средство, чтобы мне удалось уснуть? Моя бессонница устойчива ко всем снотворным... Это ужасно, доктор, ужасно.

В его мутном взгляде читались одновременно надежда и тревога. Против света казалось, что его веки будто нависали над глазами. У него не получилось меня разжалобить.

— Нет, здесь у меня ничего нет... И выписать также ничего не могу, потому что моя специальность не позволяет мне заниматься практикой в Париже, как вы понимаете. Что-нибудь действенное вам сможет посоветовать только парижский врач.

— А то, что у вас для Миллера? Может быть, вы бы...

— Поймите, что здесь этого сейчас нет, — я мягко подтолкнул его к двери.

Уже стоя в дверях, он, сделав над собой усилие, выпрямился и протянул мне руку. Даже, кажется, послышался стук его каблуков. Я проводил взглядом спускавшегося в холл генерала. Его секундная стройность скоро улетучилась, голова почти утонула в плечах, шаги делались всё более нерешительными. Добравшись до лестницы, он ухватился за перила и медленно скрылся из виду.

Генерал Скоблин тоже предатель... Как же меня не предупредили? Было ли это упущением того рода, когда мы часто склонны забывать какую-нибудь важную деталь, столь очевидную и известную, что ошибочно полагаем, будто все остальные тоже о ней знают? Или эта «забывчивость» была очередной проверкой? Нет, в таком случае Скоблин бы с самого начала вёл себя иначе, потворствуя обману и выжидая какого-нибудь предложения с моей стороны... Нет, никоим образом это не могло быть испытанием. Зато в чём я был теперь уверен точно, так это в том, что генерал Скоблин был подлинным, без сомнений. Фальшивый генерал вёл бы себя более генеральски. В этом же, безусловно настоящем, ничего от генерала не было. Достаточно было одного взгляда, чтобы это увидеть. Он был не столько генерал, сколько отчаянный нищий, молящий самоубийца.

Закрыв дверь, я принялся ходить по комнате. Пример генерала, предателя среди своих, потряс меня до глубины души. Стало любопытно, что именно могло довести его до такого чудовищного, вопиющего предательства. Возможно, шантаж заложниками, жертвами которого стали я и многие другие. Маловероятно, впрочем. Он слишком много лет провёл за пределами России, наверное, со времён окончания гражданской войны, в которой участвовал. Сложно предположить, что у него там остались близкие родственники. Его родители, отбрасывая исключительные случаи незаурядно высокой продолжительности жизни, уже много лет как должны были скончаться. Дети... может быть, дети, потому что жена — нет, она жила с ним здесь, в Париже.

Разгадку найти было положительно невозможно, данных было недостаточно для какого-либо заключения. Белая эмиграция материально и морально разложилась. Как же велика разница между этой действительностью и белыми организациями террористов и фанатиков, как их выставляют на зрелищных судебных процессах и в нескончаемой советской пропаганде! Пламя, ещё пылающее в груди стольких русских людей, переживающих голод, нищету, терпящих физический и моральный крах, питается всего лишь иллюзией: в заграничных далях не осталось никого, абсолютно никого, кто был бы способен на героические и спасительные поступки.

Я отбросил столь удручающие мысли. И вернулся к своему делу. Вскрывшееся предательство генерала Скоблина меня не обескуражило. Можно сказать, что оно почти что придало сил и отваги. На ум вновь пришла идея, возникшая у меня, когда меня едва не сбили, — суицид. Но не самоубийство посчитал я выходом. То была лишь случайность, неосмотрительность, непредвиденное стечение обстоятельств. Скоблин же только укрепил меня в своём замысле. Мне нужно было избежать ошибки со стаканами, всего, что привело бы к их путанице и в результате чего генерал Миллер мог бы не выпить из стакана, предназначавшегося ему. Предстояло проявить внимание и осторожность, чтобы этого не случилось. Разумеется. Но что, если я проявлю внимание и осторожность, чтобы случилось то, чего произойти не должно? Подмена стаканов. Из стакана Миллера выпьет... Кто? Я сам. Не будет ли это своего рода самоубийством? В общем-то, да, хотя и временным. Важно, чтобы это казалось чем-то непроизвольным. В моём чемодане находились три стакана, я видел их, завёрнутые в бумагу. Позже ночью я отнёс бы их в свою спальню и отрепетировал бы «ошибку». Весёлая мысль вдруг посетила меня — прекрасное снотворное для Скоблина! Разве он не хотел уснуть?

И тогда... это... посчитали бы самоубийством? Я мог увеличить дозу. Соглядатаи из соседней комнаты не могли видеть ничего из того, что происходило у столика. Скоблин оставил бы нас, ушёл и умер бы где-нибудь. А я бы заявил: «Скоблин взял стакан Миллера, я не мог этому помешать!» Разве он не был похож на самоубийцу?

Мастерский ход, прямо как у Довгалевского, которого упоминал Дюваль. Вместо похищенного Миллера — предатель Скоблин...

Ладно, хорошо, всё это необходимо было ещё раз, не торопясь, обдумать. Определить частности. Ах, если бы у меня был такой же талант, холодный рассудок, «склад ума новеллиста», как говорил чилиец!

Оптимизм и оживление, вызванные моей новой идеей, побудили меня выйти на улицу. Был вечер, после семи, уличные фонари уже зажгли. В комнате стало темно, лишь квадрат балкона освещался. В тот момент мне подумалось, что сейчас бы мне совсем не помешал вермут. И я пошёл в соседнее кафе. Шикарное и изысканное место. Многочисленная публика, изобилие необычайно нарядных, роскошных, ослепительных женщин. Атмосфера заведения, немного пропитанная дымом сигарет и духами, принуждала быть беззаботным, галантным и легкомысленным. Я сел в глубине зала, и у меня приняли заказ. Выпил и в состоянии лёгкой эйфории раскинулся на диване. Я лениво курил и довольно скоро с удивлением обнаружил, как восхищённо гляжу на пару прелестных ножек, выставленных напоказ их обладательницей недалеко передо мной. По-видимому, ей очень нравились их форма и изгибы. Или, быть может, ей всего лишь хотелось похвастаться дорогим шёлком своих чулок. Как бы то ни было, она выглядела весьма удовлетворённой моим заворожённым взглядом, который она заметила много раньше меня самого. Она не накинула юбку, краснея и пряча их, а скорее наоборот, я бы сказал, с волшебной ловкостью едва заметно её приподняла. В поисках спасения я воззвал к грустным образам моих близких, а ещё попросил принести вечернюю газету, которую тут же принялся читать. Позже, переворачивая страницу, я заметил уже оскорблённую позу, принятую той незнакомкой с ножками. Ну что ж, а я углубился в отчёт о событиях на бирже акций.

Ничего особенного той ночью не случилось. Я поужинал и сходил в кино. Показывали американский фильм на английском. Забыл название, но помню сюжет: бандиты, миллионер, его дочь и журналист — наполовину полицейский. Миллионера похитили, но журналист-полицейский его спас и после женился на его дочери. Сама по себе фабула не очень увлекательная, однако мне запомнились потрясающей правдоподобности сцены с пулемётами и фантастическая погоня преследовавших друг друга автомобилей. Но ещё больше меня заинтересовали обстановка, люди, улицы, дома, фонари, пышность, рой автомобилей, гигантские здания, огромные пароходы — многое из этого, безусловно, было взято из настоящей жизни. Без сомнений, там, за океаном, шёл невероятный спектакль мощи и богатства, гораздо больших, чем всё то, что так сильно удивляло меня в Париже.

XI
ПОКУШЕНИЕ

Перед завтраком я получил сообщение по телефону. Никаких дел в тот день у меня не было — его целиком давали мне на откуп. Я выскочил на улицу, намеренный посещать любые достопримечательности на своём пути, есть там, где меня застанет голод, сидеть в том месте, где устану, и гулять вновь, если захочется. Насколько хватит сил!

Я шёл и вдыхал запах книг у торговых рядов на берегу Сены. Остановился перед *Notre Dame*. Меня терзали сомнения, стоит ли заходить: за мной следили — что подумают о таком посещении храма? В конце концов я решился войти исключительно как турист, не подавая никаких признаков религиозности. Помолился про себя недолго. Ничего важного в те несколько часов не произошло. Помню, что каким-то образом очутился в городском парке. Уже начали разносить первые вечерние газеты, и я, купив одну, решил почитать, усевшись где-нибудь на скамейке. Найти незанятую было непросто, но мне удалось отыскать свободное место, где я и расположился вдали от шума и суеты возле живой изгороди из лилий. Через просветы меж ветвями кустов можно было наблюдать, как играли, прыгали и бегали одетые в разноцветные маленькие платья розовощёкие светловолосые детишки. Зрелище напоминало калейдоскоп, где всякий раз новые лица и цвета сменяли друг друга в неповторимых сочетаниях.

Мысли унесли меня к семье. Я представил Елену, положившую подбородок на моё плечо, зачарованно взирающую на окружающие виды. Оттуда, где стояло мраморное изваяние какого-то мифического бога, спрятавшись посреди уже почти голых деревьев и кустов, будто бы доносился её голос. Много времени провёл я таким образом, смешивая воображаемые картины и действительные. Когда же эти воспоминания стали причинять боль, я переключился на чтение.

Через некоторое время меня отвлёк звук колокольчика у моих ног. Неподалёку прыгала собачка, держа в зубах мячик. Метрах в пятнадцати или двадцати стояла дама и подзывала её характерным протяжным свистящим звуком, напоминавшим поцелуй. Тогда собака послушно подносила игрушку, совершая при этом тысячу умилительных прыжков. И игра повторялась вновь. Маленькое животное было чёрного цвета. А женщина — стройная, что-то мужское было в её английском костюме. Она бросила мячик ещё раз, тот укатился, и собачка стремглав ринулась за ним.

Я вернулся к чтению. Хотя я перестал обращать на них внимание, тем не менее я невольно продолжал отмечать, как пёс бегал туда-сюда, а хозяйка вынуждена была за ним шагать. Затем она со своим четвероногим другом оказалась за моей спиной и наконец подошла и села рядом со мной. Её буквально обволакивало густое облако изысканного парфюма. Робко, возможно, краснея, я взглянул на неё искоса и увидел, как она пристёгивала к ошейнику поводок. Питомец не оставил беготню, несмотря на то, что постоянно запутывался поводком вокруг ножек скамейки. Хозяйка же терпеливо его распутывала, вставала и снова садилась, наклоняясь к любимцу. Её шляпа мужского фасона, полами опущенная на правый глаз, почти целиком скрывала половину лица. Подбородок её утопал в дивном серебряном лисьем воротнике. Аромат её духов волновал и будоражил.

Наконец меня оставили одного. Взяв собачку на руки, дама ушла, продолжая издавать тот особый звук, который, надо думать, приводил её питомца в восторг. Её походка была уверенной и твёрдой. В конце я отметил её ноги, тяжеловатые, но худые, в замечательных шёлковых чулках и сапогах на низком каблуке, вероятно, из змеиной кожи, судя по чешуйчатому верху. Столько внимания я уделил этой части её фигуры лишь оттого, что она была последним, что мне удалось разглядеть перед тем, как они скрылись за кустами, где поворачивала тропинка.

Я читал до тех пор, пока стремительно не наступили сумерки. Детский гомон также мало-помалу стих. Я закурил и поднялся. Вокруг никого не было, сквозь кусты различались лишь несколько детей с нянями. Сделав два-три шага, я случайно выронил газету из правой руки и наклонился за ней. В тот же миг где-то позади раздался резкий хлопок, будто выстрел из пистолета. Я быстро зашагал вперёд, точно убегая. Затем осмотрелся, но никого не увидел. За изгородью тоже что-то услышали, поскольку в зазорах стали появляться лица, в основном детские. Выглянула также одна дама, а позади неё — двое мужчин, чьи лица мне показались знакомыми. Все взоры были устремлены на меня.

Но я не производил того звука. Должно быть, лопнуло колесо автомобиля. Эти любопытные взгляды, в особенности тех двоих, смущали меня. Очень скоро мне показалось, что по спине пробежало насекомое. Я сделал ещё восемь-десять шагов, ощущение возникло вновь. Тогда я инстинктивно задвигался, пытаясь его согнать. Может быть, какой-нибудь жук из кустов перебрался мне под рубашку. Но при попытках пошевелить лопатками возникала боль. Я двигался дальше, растерянный и напуганный. Боль усиливалась, и в то же время я почувствовал нечто влажное в левой части спины.

Прошло ещё несколько минут, прежде чем я задался вопросом, не ранен ли я. Спросил себя ещё раз. «Нет, этого не может быть», — отметал эту мысль. Тем временем я почти добрался до выхода из парка. То странное ощущение усиливалось. Становилось неприятно. Боль стала постоянной, иногда обостряясь. Вскоре сомнений не осталось — со мной что-то не так. Наличие чего-то влажного уже было бесспорным — рубашка прилипла к спине. Попытался дотронуться до поражённой части спины, но лишь сделал себе больнее. Сомнения необходимо было разрешить.

Я сделал знак проезжавшему мимо таксисту и несколько секунд притворялся, будто забыл адрес. Таким образом мне хотелось дать время своим преследователям, чтобы те не потеряли меня из виду, если кто-либо вообще за мной следил. Словно не допуская обратного, я поглядел по сторонам, но никто из прохожих не привлёк моего внимания. Тогда я сел в машину и сообщил адрес отеля. Казалось, что ехать было далеко. Моя уверенность стала абсолютной: меня ранили. Движение автомобиля усиливало боль, ровно как и ощущение чего-то влажного на спине.

Приехали. Дрожа, я поднялся в номер. Снял пальто и бросил его на кресло, одновременно с этим инстинктивно посмотрел в зеркало. Ничего необычного. Скинул пиджак и жилетку, зажёг свет и потрогал пальцами бок — кровь. Повернулся к зеркалу спиной и посмотрел через плечо. Тёмное пятно почти в две пяди. Неизвестно почему, но боль и ощущение слабости в ту же минуту усугубились. Я зашагал по комнате. Моё положение было крайне неоднозначным. Что делать? Окружение не позволяло оказать себе помощь, даже самую простую. Но можно ли звонить и звать на помощь? Что бы обо мне подумали? Терзаемый сомнениями, всё же решил воздержаться, стараясь подавить тревогу. «Ничего серьёзного, кажется», — убеждал себя я.

Расстегнул рубашку и тут же её снял. При взгляде в зеркало на моей обнажённой спине мало что было видно — только тёмно-красное пятно, стремившееся к талии. Вытер его чистой половиной рубашки. Теперь стала различима небольшая точка под лопаткой, похожая на отверстие от пули. Вскоре спина потемнела вновь. Кровь быстро вытекла, нужно было её остановить. Опираясь о стену, я дошёл до ванной. Смочил полотенце холодной водой и приложил его к спине. Затем сел на диван и облокотился на спинку. Следовало чем-нибудь заткнуть рану. Но что мне делать?

Продолжать сидеть вот так было опасно. Кого позвать? Не потеряю ли я сознание? Внезапно я вспомнил о соседях. В тогдашнем помрачении ума обратиться к ним показалось наиболее уместным. Звонок в посольство я посчитал абсурдным и опасным. Уже собираясь вставать и стучать в дверь, я взял полотенце в руки и вдруг услышал негромкий стук во входную дверь. Не задумываясь, я ответил: «Войдите». Но тут же понял, какую глупость я совершил, и одним прыжком очутился в ванной. Если это служащий отеля, у меня бы получилось, полагаю, придумать объяснение своему виду... Но я совсем забыл, что моя окровавленная рубашка валялась на ковре, она бы тут же привлекла внимание посетителя. В глазах стало темнеть. Опустился вниз и сел на пол. Было слышно, как открылась и затворилась дверь, но без шагов — наверное, их заглушал ковёр. Голос, вроде бы знакомый, звал меня на французском:

— Доктор! Доктор! Где вы, доктор?

Я спросил, кто это.

— Вы уже меня не узнаёте, доктор? — прозвучал ироничный ответ.

Дюваль! Я с ужасом распознал его. Не осмеливаясь высунуть головы, я откликнулся, чтобы не молчать:

— Одну минуту.

Его голос раздался вновь, в этот раз восклицающий и удивлённый:

— Да что это такое? Что случилось, боже мой?

Я заметил, что дрожу. Там, в двух шагах, Дюваль пришёл прикончить меня! Я озирался по сторонам в поисках несуществующего выхода, мне не хватало духу закричать. Страшно напуганный, я цепенел, сердце бешено колотилось. Пересохший рот утратил способность издавать членораздельные звуки. Наклонившись и опершись на дверной косяк, я попытался разглядеть своего убийцу. Дюваль стоял неподалёку спиной ко мне и держал в руках мою рубашку на уровне головы.

— Что это? — не унимался он. — Похоже на кровь! Вы хотели перерезать себе горло, доктор?

Почувствовав мой взгляд, он обернулся. Увидев меня в таком виде, он сделал изумлённое выражение лица. Должно быть, вид мой и вправду был ошеломляющим. Обнажённый по пояс, с полотенцем через плечо, я держал его спереди ладонями, на руках и на боку кровь. Дюваль начал было расплываться в фирменной улыбке, но мгновенно себя осёк. Он сумел подобрать мину, соответствующую обстоятельствам.

— Вы что, ранены?

— Кажется, ранен, — с трудом подтвердил я.

— Так быстро! Уже? — воскликнул он.

Я не понял смысл этого вопроса.

— Ладно, посмотрим, что тут у нас, ложитесь на кровать, ну же, ну же, — он проводил меня в другую комнату, бережно подпирая, почти нёс меня. — Сейчас, ложитесь. Ох! Где рана? На спине? Надо раздеться.

Я изобразил бессилие.

— Я помогу вам, садитесь вот тут, с краю, — он взял мою ногу и снял ботинок. — Как это случилось? Вы хотели покончить с собой? Хотя нет, в спину же... Вас же ранили в спину, верно? — он снял с меня ботинки и носки. — Так, держитесь!

Он расстегнул мои брюки и спустил их, потом помог мне лечь.

— Нет, не так, лицом вниз. Вот так, посмотрим, что тут у нас.

Я подчинился и повернулся к нему спиной. Сам бы я никогда такого не сделал. Мной овладел жуткий страх. Безумная мысль, что пришёл мой конец, вдруг охватила меня всего. «Да, — думал я, всем телом содрогаясь, — сейчас он всадит в меня нож! Да... сейчас...» Я его не видел, но знал, что он уже заносит оружие, медленно, с наслаждением, тщательно выбирая место для смертельного удара. «Точно! Вот он убрал полотенце, чтобы оно не мешало... Сейчас! Но нет, он, видимо, хочет развлечь себя предсмертным видом жертвы». Я почувствовал, как он взял полотенце и прикоснулся им к краям раны.

— Пуля, — цедил он сквозь зубы. — Вышла? Не вижу... Плохо, она осталась внутри.

В его голосе мне послышались нотки досады на ошибку при выстреле. Сомнений не оставалось — он и стрелял, а потом следил за мной. И вот он здесь, чтобы прикончить меня. А я в его руках, беспомощный, мёртвый! Я стал молиться, но не выходило — зубы бесконтрольно дрожали от панического ужаса.

— Вам холодно? — спросил он, и я ощутил холод на спине.

«Это кинжал, — посчитал я. — Это кинжал вонзается в меня! Да, это его нож... нож такого человека должен быть холодным, как лёд, как лёд...»

Мой взор заволок мутный туман. Глаза скорее всего были открыты, но уже ничего не видели. Я ощутил, как падаю куда-то очень глубоко, но раскачиваясь, как сухой лист, вопреки всем законам физики. «Я уже умер», — наконец признал я и внезапно успокоился.

XII
СЫЩИКИ-УБИЙЦЫ

Пробуждение было довольно приятным, потому что когда сознание вернулось ко мне, я полусидел в кровати, окружённый множеством подушек, уже без того пугающего ощущения мокрой спины. Но открывать глаза было почти противно, ибо первое, что я увидел, было лицо врача из посольства, того самого лысого отвратительного типа.

— Давайте, товарищ, — торопил он меня, — просыпайтесь. Вы уже как следует отдохнули. Теперь вам лучше.

— Да, я чувствую себя неплохо.

Его лоб был покрыт каплями пота, усы промокли от выделяемой из носа слизи, и ещё от него, кажется, дурно пахло. По другую же сторону сияло выбритое и симпатичное лицо чилийца. «Что ж, — подумал я, — если он и убьёт меня, то хотя бы сохранит декорум». В полусознательном состоянии мне не сразу удалось заметить присутствие третьего человека. Единственное, что получилось определить во мраке угла, где виднелись очертания — фигура была женской. Она стояла и молча смотрела на меня. Больше я о ней не думал.

— Что со мной случилось? — спросил я.

— В вас вошла пуля, — ответил врач, — через спину в районе плечевого пояса слева. Выходного отверстия нет. Она, по-видимому, застряла где-то в лёгком.

Я задумался без особой радости. Но сделал возражение:

— В лёгком? Без какого бы то ни было лёгочного кровотечения?

— Нет. Но она могла попасть в средостение.

Такое мне понравилось ещё меньше.

— Пуля в средостении? В таком случае мне невероятно повезло: она не затронула ни одну артерию, но бронхи, ни...

— Или даже в позвоночник...

Каждая новая гипотеза звучала хуже предыдущей. Я попробовал подвигать руками и ногами.

— Без паралича, без спинального шока...

— Коллега, давайте не будем спорить. Потом посмотрим, где пуля. Самое главное, что вам уже лучше и что вы можете покинуть гостиницу. Не позволите ли вы мне выпить немного вашей водки? Или это коньяк?

За меня ответил Дюваль:

— Да, пейте, — с юмором разрешил он. — Вы найдёте там три стакана. Берите любой, только не разбейте.

— Товарищ, — оскорблённо заметил врач, — я предпочитаю пить прямо из бутылки.

Через несколько минут в комнату вошёл новый персонаж — парижский начальник. Второй выглядел встревоженным и обеспокоенным:

— Что случилось? Кто это был? Что скажут в Москве? Ну же, объясните кто-нибудь! Что вы знаете? Кто за этим стоит?

— Товарищ, — прошипел Дюваль, — вам не следует удивляться. Думаю, вам было известно кое-что заранее...

Начальник сдержал возмущение.

— Да, Дюваль, — признал он, — вы были правы. Произошло покушение... но гораздо скорее, чем я мог принять меры для его предотвращения. Полагаю, вас не затруднит уточнить время, когда вы передали мне сведения. Было около шести вечера, верно?

— Пять часов ровно, — уверенно ответил Дюваль.

— Хорошо, пять... Всё случилось в семь....

— В половину восьмого, — перебил вновь Дюваль с тем же апломбом.

— Откуда вы знаете? — спросил начальник в крайне плохом расположении духа, что было трудно не заметить.

— Я просто делаю выводы. Я пришёл сюда в половину восьмого, в этом я уверен. Был я здесь и до этого, но доктор к тому времени ещё не появился. Полагаю, после ранения вам было не очень весело, не правда ли, доктор? Вряд ли бы вы отправились ловить форель, верно?

Я непроизвольно кивнул в знак согласия.

— Я почти готов утверждать, что событие случилось около семи тридцати.

— Хорошо, ладно, пусть в семь тридцать. Тем не менее между пятью и половиной восьмого — два с половиной часа. В ту же минуту я попытался узнать местоположение доктора, но не смог...

— А его сопровождение? — перебил чилиец, занимая роль прокурора.

— Да, оно было. Им были даны строгие указания... Я говорил с моими людьми. Они находились поблизости, но ничего не видели, совершенно ничего. Только самого доктора. Даже чего-либо подозрительного не заметили...

— И выстрел они не услышали?

— Нет, услышали, но ни доктор, ни кто-либо другой не подали виду, что ранены. Они были уверены, что звук был несомненно иного рода.

— Непостижимо! Звук выстрела легко распознать, к тому же если уже приходилось его слышать прежде. Кто эти ваши люди? Сёстры милосердия? Жаль, очень жаль. Будь они внимательнее и усерднее, исполнителя можно было задержать... В Центре бы такому непременно очень обрадовались. Нам не удалось поймать ещё ни одного троцкиста с поличным — мы только теряем своих убитыми. Подумайте только, какой новостной повод упустила *L'Humanité*, да и вся французская пресса. Представляю, как в мгновение ока наш доктор превратился бы в выдающуюся личность: русский учёный, собравшийся в Испанию сражаться с тифом или любой другой болезнью, охватившей ряды лояльных войск... из-за заражений, устроенных всё теми же троцкистами. Я не стану распространять эту мысль, но думаю, она сама придёт кому-нибудь в голову там, в Центре. Будь ваша связь с подчинёнными налаженной, прояви они больше старания, больше рвения к работе...

Начальник рухнул в кресло. На его лице выразилось глубочайшее беспокойство. Казалось, что слова Дюваля звучали для него как ужасное обвинение, более чем достаточное для того, чтобы получить пулю в затылок. Но он, судя по всему, был тёртый калач. Упадок сил его продолжался недолго. Вскоре он поднялся, преисполненный решимости, хотя и с краской на лице.

— Полагаю, вас немножко унесло на волнах вашего пылкого воображения, товарищ Дюваль, — мягко упрекнул он, не скрывая усилий, которых ему стоило себя сдерживать. — Давайте разберёмся, с холодной головой взглянем на факты.

Он заходил по комнате. Вышел в гостиную и вернулся с моей одеждой в руках. Поднёс её к лампе возле кровати и принялся внимательно изучать.

— Вот отверстие, проделанное выстрелом, он пришёлся в спину...

— Любопытное открытие, — ехидно заметил Дюваль.

— Действительно, — ответил тот, — но... что это? — и он указал пальцем на окрестность отверстия.

— Верно, дыра, — Дюваль ответил с сарказмом.

— Порвано... Но как это случилось? — он поднёс одежду ещё ближе к свету и показал мне порванную часть. — Как, доктор?

— Я не знаю, — я посмотрел на надрыв в форме прямого угла, похожий на семёрку или четвёрку, — может быть, я порвал её где-то в другом месте, до или после...

Начальник отошёл в сторону. Он, надо полагать, погрузился в размышления в поисках зацепок.

— Что вы думаете, товарищ Дюваль? Что думаете об этом?

— Ничего, я ничего не думаю. Очевидно, доктор в спешке и замешательстве напоролся на что-то или в такси или ещё где-нибудь, или даже не знаю...

— Это странно, — рассуждал сам с собой начальник, — очень странно, не так-то просто зацепиться этим местом. Ладно бы рукав или полы, но здесь... Не понимаю.

Несмотря на своё состояние, мне было трудно воспринимать происходящее без известной доли иронии: профессиональные убийцы в эту минуту вели себя как самые настоящие полицейские.

— Есть здесь что-нибудь выпить? — спросил главный, явно привыкший прибегать к алкоголю в целях пробуждения умственных способностей.

Я указал, где лежала бутылка. Он сходил за ней, взял стакан, стоявший на столике, и наполнил его почти до краёв. Он уже было поднёс его к губам, как вдруг задал мне странный вопрос:

— Это же не..?

Меня это позабавило. Очевидно, он боялся, что я ошибусь и подсуну ему наркотик, приготовленный для Миллера. Я ответил ему заверяющей улыбкой. Тогда он залпом почти осушил стакан, после чего сел на диван с моим пальто на коленях и погрузился в мысли. Дюваль ходил из стороны в сторону и безостановочно курил, а врач хищнически поглядывал на бутылку с коньяком. Было видно, что он не решался ею воспользоваться из уважения к начальнику, который испить ему не предлагал. Он, по всей вероятности, сильно из-за того мучился, потому как часто облизывал губы.

Пауза затягивалась, и я начал ощущать сонливость и дремоту. Трудно сказать, сколько продлилось всеобщее молчание. Уже почти сквозь сон я услышал голос начальника, от которого и пробудился. Он подошёл к врачу и что-то у него спросил. Тот склонился над чемоданчиком с инструментами и стал в нём рыться. Положение действующих лиц поменялось. Пальто висело на руке женщины, стоявшей в полумраке. Она сосредоточенно смотрела на порванное место. Врач обратился к ней, а главный внимательно за всем наблюдал. Незнакомка взяла у врача какой-то предмет и, чуть повернувшись, подняла руки к свету. Затем я увидел, как с первой попытки она вдела нитку в игольное ушко. Всё это выглядело в моих глазах потешным: столько серьёзности и даже торжественности по случаю того, что эта дама собиралась зашить моё пальто. Но дело было не в штопанье, а ровно наоборот. Она согнула иголку (русская сталь, бесспорно), превратив её в крючок, и вручила край нитки начальнику.

— Тяните! — приказала она на русском.

Шеф дёрнул за нитку, крючок выскочил, образовав ещё одну семёрку в моём несчастном пальто. Она со всем вниманием его осмотрела, сравнила новую прореху со старой и констатировала лишь:

— Да, они одинаковые.

— И что вы думаете? — с нетерпением спросил начальник.

Дюваль и врач, остававшиеся доселе отстранёнными от этих манипуляций, теперь подошли, дабы тщательно рассмотреть отверстия. Она повесила пальто на стул и повернулась к главному, ничего не сказав.

— И что? — вопросил Дюваль.

Она пристально на него посмотрела. Наступила тишина, и у меня появилась возможность лучше разглядеть главную героиню этой сцены. Она была совершенна — да, самое точное слово. В ту минуту у меня не получилось изучить её во всех чертах и отметить каждый оттенок. Помимо заметного с первого взгляда физического совершенства бросалось в глаза и покоряло в ней нечто неповторимое, очень своеобразное сочетание её взгляда, голоса, жестов, движений — необыкновенная выразительность, хотя и невыразимая...

Не знаю, почему, но я уже не мог смотреть ни на кого другого. Всю эту сложность я восприял в один миг, как при вспышке молнии. Да, именно молнии. Она всегда представала перед моими глазами (а случалось это впоследствии много раз) будто в голубоватом отблеске сияющей молнии во время невидимой бури. Ненастоящая, но живая, близкая, но недосягаемая, ангел, но женщина — одним словом, демон.

Она спросила, подчёркивая каждый слог:

— Ты не понимаешь? Это тебе ни о чём не говорит?

В тот миг она казалась Сивиллой, воплощённой в танагре. Она ещё раз показала пальто с двумя отверстиями и обратилась в Дювалю:

— Ведь это яснее ясного! Меня удивляет, что ты, именно ты ничего не видишь. Нет, не нужно смеяться над самим собой.

Дюваль перестал улыбаться. Их глаза встретились, но ни один не уступил и не отвёл их. Казалось, их взгляды, словно пули, стремились пронзить насквозь мозг оппонента. Он заговорил первым, но проронил лишь одно слово:

— Говори.

— Доктора «выудили» — это очевидно!

Совершенный контраст между напряжением и даже драматизмом действия и несуразностью картины, в которой я превращался в тунца, чуть было меня не рассмешил. Не знаю как, но мне удалось сдержаться.

— Вы хотите сказать, товарищ, что это был «крючок»? — вмешался начальник. — Думаю, вы попали в точку! Признаться, мне и в голову такое не пришло.

— Вот это проницательность! — подхватил врач. — И я об этом даже не подумал, а сейчас это кажется очевидным. Прекрасная мысль!

Шеф казался довольным.

— Полагаю, ещё есть время для поиска улик. Да, сейчас же отправлю своих людей. Место должно быть хорошо им известно, несмотря на ночь. Вряд ли убийцам удалось забрать «аппарат». Они не осмелятся сейчас сунуться туда, ведь они уже знают о нас, — затем, обращаясь ко мне, он спросил: — Вы видели кого-нибудь, кто к вам приближался? Вспомните хорошенько.

— Нет, я никого не видел. — ответил я, — И я внимательно осмотрелся сразу после выстрела. Разве что убийца прятался за деревьями или кустами.

— Нет, вы меня не совсем поняли, — поправился он. — Мне необходимо знать, был ли кто-либо рядом с вами до выстрела. Припомните.

— Я всё время был один... то есть нет, одна дама с собачкой подсела на пару минут ко мне на скамейку, но это произошло задолго до звука выстрела, а когда он раздался, она уже, пожалуй, была далеко.

— Что ж, это была она! — со всем апломбом заявил главный.

— Но я же говорю вам, — возразил я, — что она к тому времени ушла, и я не видел больше ни её, ни её собачонку. Я бы обратил внимание, если бы увидел её снова после того, как меня ранили. Не могу понять, как элегантная дама, к тому же с собачкой, может в кого-то стрелять, не привлекая внимания? Простите, но мне кажется это абсурдным.

— Но это не так, доктор. Поверьте, что это была она. Вы не заметили, чтобы она трогала вас за спину?

— Ни в коем случае, — отрицал я. — Она меня не трогала. Но какое это имеет значение?

— Какие у неё приметы? Как она выглядела?

— Я не помню, обычная женщина... Высокая. Да, высокая, плотная, но не толстая.

— Блондинка или брюнетка? Какого цвета были её глаза? — торопливо расспрашивал он.

— Не знаю. Я не видел её глаз вблизи. Волосы тоже не помню... возможно, тёмные... От неё очень приятно пахло.

— Одежда?

— У неё были великолепные меха на плечах, они словно скрывали её лицо.

— Естественно! — перебил меня он. — Продолжайте, продолжайте.

— Шляпа набекрень, ничем не примечательная, похожа на мужскую, одним краем загнута.

— Закрывая лицо, разумеется?

Я вспомнил и признал эту частность.

— Женщина с севера по сложению, — намекнул Дюваль.

— Точно, — согласился начальник. — Больше ничего не помните?

— Помню её духи, они были восхитительны, уверяю вас. Два или три раза я пытался вспомнить этот аромат уже здесь, — пояснил я, — но он словно мираж. А теперь это невозможно вовсе, когда тут так пахнет йодом. Ах! Её обувь была сделана из какой-то особой кожи. Она выглядела как змеиная, с чёрной и серой чешуёй. Собака — маленькая и очень некрасивая, чёрная, с подобием бородки на морде. Больше не спрашивайте — это всё, что я помню. Но что это даёт? Я уже сказал, что эта дама к тому моменту была, наверное, в нескольких километрах.

— Может быть, вы правы, но именно она вас и подстрелила.

— Абсурд! — не в силах сдержаться, выкрикнул я, но до этого, по-видимому, уже никому не было дела.

— Хорошо, ладно. Я пойду искать орудие преступления... Объясните ему всё, Дюваль.

И после этих слов он, взяв своё пальто, вышел. Я чувствовал утомление, но любопытство вынудило просить объяснений у чилийца. Когда тот уже собрался удовлетворить мой запрос, врач, без спроса завладев бутылкой, отправился с добычей в гостиную, где отсутствовал до тех пор, пока Дюваль не позвал его обратно. Его, судя по всему, страшно мучила жажда. За это время Дюваль успел обо всём мне поведать. Приём, использованный при покушении на меня, был хорошо известен ГПУ, и он подробно его описал. Полагаю, что смогу воспроизвести его рассказ.

— Не удивляйтесь, доктор. — начал он. — Несмотря на удалённость вашего врага от вас, тем не менее именно она, так сказать, вас и ранила. Эта женщина подходила к вам, верно? Так вот: за то время, что она кружилась вокруг вас, она всего лишь цепляла крючок за пальто на вашей спине, чем-то похожий на рыболовный. Поэтому вы и слышали, как мы сказали, что вас «удили». Крючок привязан к тонкой и прочной леске. Не знаю, заметили ли вы, что перед тем, как усесться рядом, она прогуливалась у вас за спиной... Подвижная собачка, разумеется, упрощала эти манёвры. Необходимо было прикрепить пистолет — назовём это так, чтобы вам было понятно — где-нибудь сзади: на дереве или на спинке вашей скамейки, к примеру. А после она ушла. Далее вы произвели выстрел в себя самого. Всё ещё не понятно?

Он продолжил:

— Смотрите: крючок дёрнул леску, леска дёрнула оружие, что послужило в конечном счёте причиной выстрела. Это непростое оружие. Пистолет упрощённого устройства — у него есть только ствол, без рукоятки и обоймы, ибо в нём всего один патрон. Что-то похожее на тюбик аспирина. На «рукоятке» такого тюбика имеется крючок, служащий курком, который прочно крепится в любой неподвижной точке. Леска привязана там, где у обычного оружия находится прицел. Как я уже сказал, другой конец лески оканчивается «крючком», который цепляется за одежду жертвы.

Когда всё готово, убийца быстро исчезает, поскольку ему после этого делать уже нечего. Жертва, как вы и поступили, поднимается и тем самым тянет за леску. Та в свою очередь натягивается и увлекает за собой «пистолет», закреплённый на курке. Не производя выстрела, ствол начинает поворачиваться до тех пор, пока не займёт положение, при котором линия огня не совпадёт с линией натяжения. Момент же, когда совместятся линии огня и нити, наступит ровно тогда, когда сила тяги жертвы, прилагаемой к «прицелу», не достигнет величины достаточной, чтобы спустить курок, и тогда оружие выстреливает. Пуля, летящая по траектории, совпадающей с линией натянутой лески, попадает в цель в окрестности места, где прицеплен крючок. Таким образом, жертва сама целится и стреляет в себя. Остроумное изобретение! Очевидно, что оно несовершенно, раз вы ещё живы. У него есть недостаток. Дело в том, что цель двигается, и оттого плоскость её тела не образует прямого угла с линией лески, а следовательно и полёта пули. То есть оно располагается почти всегда под наклоном, и потому проникновение происходит по касательной, что и случилось с вами. Лучше всего, конечно, было бы прикрепить «крючок» к голове, сюда, к затылку, — он показал это место рукой, — тогда пуля била бы без промаха, насмерть... Мы проводили любопытнейшие эксперименты: из десяти девять умирали на месте. Подобное могло бы быть испробовано на женщинах. Крючок крепился бы к волосам, если они достаточно длинны и завязаны в узел. Но доля таких среди тех, кто подлежит устранению, крайне мала, поэтому приём этот не вполне пригоден. Не говоря уже о высоком риске подобной «рыбалки».

На этом его научное объяснение закончилось. Он рассказал об этом ровно так, как если бы описывал устройство механической бритвы. После, вынув позолоченный портсигар с эмалированным вензелем, он открыл его и протянул мне, но я отказался. Тогда, достав сигарету, он зажёг её и с упоением закурил, пуская над головой дым с надменным видом сноба.

— Ах, прости, товарищ... Сигаретку? — в этот раз он предложил портсигар женщине с обходительностью, достойной графини. Она молча приняла сигарету. Дюваль заботливо предложил ей огня и ещё раз извинился:

— Я не заметил тебя. Думал, ты ушла с главным.

— Что ж, нет, товарищ, я внимательно тебя слушала.

— Слушала? Ничего необычного: ты одна из тех редких женщин, кто умеет слушать...

Мне было трудно понять, чего в словах Дюваля было больше, иронии или признания. Он обладал редким даром смешивать в предложениях разные оттенки, даже в одном слове ему удавалось уместить два, а то и три различных нюанса. Это невозможно описать, но нельзя не услышать.

— Вам нехорошо? — она обратилась ко мне, готов поклясться, с издёвкой. — Вам что-нибудь нужно?

— Вон тот градусник — смиренно попросил я. Она поставила его мне, и Дюваль продолжил.

— Вы спросите, доктор, как товарищ смогла догадаться об этом приёме? Нет ничего проще. Жертва вне зависимости от того, получает она смертельное ранение или нет, совершает усилие, достаточное для того, чтобы ткань её одежды порвалась и «крючок» высвободился. В этом есть преимущество, так как из-за того, что натяжение нити внезапно и резко падает, её конец отлетает на несколько метров от места возможного падения раненого. Если позволяют обстоятельства, кто-нибудь, обязательно не тот, кто действовал прежде, даже пробует забрать оружие, не возбуждая подозрений. Остаётся только разрыв на одежде, но и он порою настолько точно совпадает с отверстием от пули, что делается незаметным. Согласитесь, доктор, что способ изобретательный и весьма действенный. Прежде всего потому, что совершенно исключается вероятность быть схваченным с поличным. Не остаётся никаких улик, что крайне важно в странах «буржуазного правосудия», чьи судебные учреждения всегда требуют вещественных доказательств для вынесения вердикта. Не сомневаюсь, что задумку можно усовершенствовать. Я надеюсь, что придёт день, когда такое оружие сможет стрелять при помощи ультракоротких волн, фотографическим способом или как-нибудь ещё по-современному, что позволит проворачивать подобное ещё более надёжно и безнаказанно. Более скептически я настроен относительно смертельности... впрочем, — перебил он сам себя, — какая у вас там температура?

Я вытащил градусник, и он тут же взял его, поднёс к свету и огласил:

— Тридцать восемь и три... Что скажете?

— Сейчас температура не имеет значения, — ответил я.

— Поздравляю. Наверное, пройдёт в течение нескольких дней. Пожалуй, можно порадоваться за вас и за меня. Я уже было занялся необычайно увлекательной работой (пардон, не подумайте, что ваша компания не увлекательна, доктор), когда случился этот инцидент, и мне приказали позаботиться о вас. Ваша жизнь, стоит полагать, очень высоко ценится кем-то там наверху. Нет, ничего не говорите мне! Я воздержусь от вопросов и просто порассуждаю, — он говорил машинально, словно думая о чём-то другом, но вскоре его лицо вдруг озарилось светом радости и оживления. — Да! Как же я раньше до этого не додумался! Как говорит одна испанская пословица: «Испанец думает хорошо, но поздно».

Несколько секунд он словно обсуждал что-то сам с собой, как бы взвешивая доводы пальцами, в которых держал сигарету.

— Что-нибудь по поводу исполнителя? — поинтересовался я.

— Нет, ничего такого... Но вы, собственно, и подали мне эту идею, вернее, ваша нынешняя профессия: химик на службе у НКВД. Понимаете? Нет? Вы химик и служите НКВД, химия тоже ему служит. Остаётся лишь сделать дедуктивный переход от абстрактного к конкретному, от общего к частному: химия на службе у оружия — почему бы не отравить пулю? Почему бы не выпустить снаряд поменьше, отравленный дротик? Будь ранение хоть самым лёгким, маленькой дозы яда вполне хватило бы... Не думаете ли вы, что смертельный исход был бы неотвратим? Представьте, что бы с вами сейчас стало, если бы в ране всё это время растворялся яд, медленно, но верно, и никто бы и не подозревал. Как вы считаете? Уверен, вам уже пришло на ум с полдюжины ядовитых и действенных веществ. Не так ли? Доктор, предложите мне какое-нибудь...

Он смотрел на меня странными пугающими глазами: его серые зрачки блестели, подобно стали. Они казались двумя пулями, летящими мне в лоб, этакие два отравленных дротика. Не выдержав взгляда, я отвернулся и даже поправил край простыни.

— Вам стало хуже? — он озабоченно подбежал ко мне, однако мне послышался едва различимый оттенок весёлой иронии в его вопросе, словно происходящее его только забавляло. Мне пришлось ответить отрицательно.

Он поправил одеяло, слегка сбившееся от моего движения.

— Да где же этот врач, где его носит? — громко спросил он и направился к двери комнаты, но тут же вернулся обратно. — Спит, как ребёнок. Бутылка, надо думать, пуста. Вам не мешают мои разговоры? Если хотите поспать или отдохнуть, я уйду в соседнюю комнату. Это, разумеется, будет нарушением приказа, ведь я отвечаю за вашу жизнь. Кто знает, может быть, убийцы проникают сквозь стены.

— Пожалуйста, не уходите. Я ничего, сносно,

Если в ту минуту мне и было страшно находиться рядом с ним, то ещё страшнее было его не видеть, не слышать его голос. Не знаю почему, но мне казалось, что опасность возрастёт, если он удалится и я не буду знать, чем он занят.

— Я умолкну, если вас это отвлекает, — предложил он.

— Говорите, говорите, прошу вас. Я не хочу спать и вовсе не устал.

— Я всё продолжаю думать о том же. Ведь это большое дело... Ах, да! Я просил вас подсказать мне какой-нибудь препарат. Вам ничего не приходит в голову? Мне нужно сделать доклад для Центра и предложить какое-нибудь усовершенствование. Будет лучше сразу порекомендовать подходящие для отравления вещества. Хорошо бы, чтобы они были оригинальными и малоизвестными... Как считаете? Чем менее известен яд, тем больше работы для буржуазных судей. Тем более романтично. Я же новеллист, как вам известно. Конечно, я знаю, что у меня нет права использовать вашу науку, но вы меня простите — с её помощью я бы мог удовлетворить своё тщеславие, угодив им, в Центре. Естественно, что в Москве хватает химиков, но мне бы хотелось самому предоставить всё в готовом и наилучшем виде. Профессиональное честолюбие — думаю, вы меня понимаете, не правда ли? В конце концов, если вы ничего не посоветуете, кто-нибудь другой окажет им услуги, быть может, даже вы сами, если придёт приказ. Разве что... Вы тоже не лишены профессионального честолюбия и хотите выслужиться перед начальством. Я всё прекрасно понимаю, а потому воздержусь просить у вас одолжения. Оставьте ваш яд при себе.

Этот человек меня поражал. Несмотря на состояние глухого, но ощутимого горячечного возбуждения, вызванного ранением, мне удалось найти нужный ответ:

— Оружие моей науки — моё оружие. Но лишь до известной поры, поскольку пролетарское государство, и только оно, имеет право его мобилизовать. Разве вы не находите это верным?

— Разумеется. Замечательная пролетарская твёрдость. Поздравляю, доктор. Вы уже доказывали прежде, а сейчас доказали ещё раз, что, несмотря на контрреволюционное прошлое, вы способны к удивительным прозрениям в вашем сознании... назовём его пролетарским. Поздравляю, доктор, от всего сердца поздравляю! Даже осмелюсь прочить вам большое будущее в НКВД: мало есть людей вашей науки, способных преодолеть этические мелкобуржуазные предрассудки, подобно вам, во имя защиты Советской родины. Сочетание этих двух добродетелей обеспечит вам блестящее будущее. Если только... если только пуля, на этот раз отравленная, не оборвёт вашу блистательную карьеру... Всё возможно. Не знаю, что заставляет троцкистских гадюк так яростно вас ненавидеть. Сегодня мне стало известно, что они что-то замышляли против вас, о чём я незамедлительно сообщил тем, кому поручено следить за вашей безопасностью, — местному шефу. Но он, к сожалению, ничего не сделал, или сделать не сумел, — тут он перебил сам себя. — Ничего не сумел сделать? — спросил он глухим голосом. — Или он сам тоже...

Он остановился и принялся молча ходить из стороны в сторону. Не выдержав его молчания, я в волнении спросил:

— Вы считаете, что я в серьёзной опасности?

— Не буду скрывать — да, в серьёзнейшей. Как недавно сказал товарищ Сталин, троцкисты, шпионы, вредители и преступники наводнили весь советский аппарат. Кто сообщил, что вы в Париже? Кто следил за вами? Кто воспользовался первой же удобной возможностью, чтобы вас ранить? Кроме того, это оружие производим только мы, и мы прекрасно знаем, сколько штук находится в обороте и за кем они закреплены. Мы выясним, откуда оно взялось. Немыслимо, если вдруг окажется, что использованное оружие закреплено за кем-нибудь, кого считали надёжным... Полагаю, дело выгорит. Посмотрим, что скажут в Центре.

— Получается, — вставил я, — что мне постоянно грозит большая опасность?

— Да, скрывать не буду. Но вам следует нам помогать, дабы её избежать. Могу уверить, что с вами едва ли что-нибудь случится, пока ваша охрана поручена мне. Можете быть спокойны на этот счёт. В то же время вынужден рекомендовать на какое-то время удалиться из места наибольшей опасности: вас необходимо вывезти из Франции, этого логова троцкистов. Даже наши союзники из Народного Фронта — Блюм, Дормуа и многие другие — приближены к Седову, Суварину и прочему троцкистскому сброду. Здесь им очень удобно действовать — достаточно, как в вашем случае, сохранять лицо и не оставлять улик. Более того, останься вы на месте преступления, они бы при поддержке полиции и её расследования попытались развернуть кампанию по обвинению «улицы Гренель» в совершённом покушении. В любом случае я жду прибытия начальника, с которым вы познакомились в посольстве, чтобы предложить ему мой план. Он должен быть сегодня. Полагаю, он согласится с моими соображениями насчёт вашего перемещения, потому что какая теперь необходимость вам оставаться в Париже? Сейчас вы действовать не можете. Дело Миллера откладывается, пока вы не восстановитесь. С другой стороны, нам нужно сделать вам рентген, и нужно извлечь пулю... Всего этого нельзя делать здесь. Это лишь бросит на вас тень подозрений, как и на всех остальных. У меня есть идея, которая разрешит все эти вопросы. Я лишь хочу, чтобы это произошло как можно скорее.

— Возвращение в Россию? — спросил я с надеждой, и от самой мысли о встрече с семьёй душа моя наполнилась радостью.

— Не совсем в Россию, но в общем-то почти, почти... — оставил он меня чуть ли не в бо́льших сомнениях.

Снова молчание. Я смотрел на него, силясь прочесть мысли, бурлившие по ту сторону его гладкого лба. Ни одной морщиной он их не выдавал. Но как если бы по извилинам его мозга прыгали электрические искры, иногда одна из них выскакивала и отражалась синеватой вспышкой в его магнетических зрачках. Неужели этот человек, мой несостоявшийся убийца, ныне мучивший меня издевательской иронией, несмотря на это, зачаровывал меня? Меня будто охватил лёгкий головокружительный невроз, я почувствовал сладостное притяжение бездны, которое, должно быть, когда-то вдохновляло авторов легенд о сиренах. Воспоминания о той ночи откровений со всем её лживым, циничным коварством не выходили из памяти. Зачем он хотел убить меня? Почему он меня ненавидел? Оттого, что я не попался в его ловушку?

Мои размышления прервал возглас его негодования.

— Эй, хватит храпеть! — Дюваль кричал на врача, спавшего в соседней комнате. Я услышал, как тот заворочался, зевая и кашляя, и вынуждая диван скрипеть. Чилиец отдал ему какой-то приказ и вернулся в мою комнату.

— Уже десять часов, — сказал он. — Наш человек всё не возвращается, а я ещё не ужинал. Умираю от голода. Если бы он вернулся, я бы мог отлучиться, хотя бы ненадолго. Послал вашего коллегу, чтобы тот раздобыл нам что-нибудь поесть. Отужинаем прямо здесь, если вы в состоянии ужинать, конечно, вам виднее. Вот досада! Вы знаете, что у меня была назначена встреча? Когда уже эти троцкисты все передо́хнут!

Вскоре возвратился врач, а вслед за ним появился ужин, оставленный официантом в кабинете. Никто из обслуги отеля меня не видел. Я был изолирован среди компаньонов по ГПУ, словно бы внешний мир вновь для меня умер. Они передвинули столик к моей двери. Было лишь слышно, как они ели, не проронив ни слова. Я провалился в сон. Когда меня разбудили, уже настал новый день.

У моей кровати стояли трое: разбудивший меня Дюваль и двое начальников. Первый был мрачен и хмур, в нём не осталось и капли эйфории и безудержного оптимизма, что были в прошлый раз, хотя он и старался делать голос приветливым:

— Мне очень жаль, товарищ, за это покушение на вас. Это военное ранение. Уверен, что оно будет принято в расчёт и вознаграждено. Ах, как жаль! Стать мишенью для троцкистских пуль есть пролетарская честь! Но важно раздавить шайку этих убийц-предателей. Они за всё заплатят! Я уже знаю, кто это, — он произнёс эту фразу с таким натиском, что казалось, что он уже пронзает их кинжалом. — Наш товарищ, почти сумевший предотвратить грозившую вам опасность, продолжит за вами присматривать, ни на секунду не теряя из виду. Действовать необходимо прямо сейчас, нужно избежать осложнений, которые может вызвать ваше ранение. Будьте уверены, мы сделаем всё возможное... Как вы считаете, у вас есть ещё десять-двенадцать часов перед тем, как пулю смогут вытащить?

Я ответил, что не знаю, что надёжнее принять меры немедленно, но если приходится ждать, то следовало бы сделать радиографию, чтобы по меньшей мере определить место, в котором застряла пуля. Сразу после пробуждения я отметил, что у меня онемела и болела левая часть шеи. Её почти парализовало.

— Вы в состоянии отправиться в небольшое путешествие? Шесть-семь часов, со всеми удобствами. По направлению к клинике, имеющей всё необходимое, с лучшими врачами. И даже красивыми медсёстрами! А, доктор?

Я задумался. Пуля скорее всего находилась где-то в межрёберном пространстве. Жизненно важные органы не задеты.

Никаких признаков инфекции. И поездка со всеми удобствами в хорошую клинику...

— Да. Думаю, что выдержу. Но я хотел бы взять с собой несколько флаконов: кофеин, коагуляторы...

— Возьмите мою аптечку, — предложил врач.

— Что ж, тогда приступим, — объявил первый. — Вы, забинтуйте ему лицо, — приказал он врачу. — Вы, ступайте в соседнюю комнату и скажите товарищу, чтобы тот уходил. Без бинтов, разумеется. И пусть не возвращается.

Второй вышел из комнаты.

— Вы, товарищ, попросите счёт доктора и оплатите его. Ах, да! Отправляйтесь к телефону на улице и распорядитесь, чтобы скорая ждала в условленном месте.

Дюваль выскочил в коридор. Я, не понимая смысла всех этих указаний, разглядывал этого человека, похожего в ту минуту на Наполеона при Аустерлице. Чекистский врач тем временем перебинтовал мне голову и часть лица, изготовив что-то вроде маски.

— Раз уж меня повезут куда-то, — заметил я, — неплохо бы было обработать рану, сменить бинт и хорошенько его закрепить.

— Конечно, — согласился начальник, — не беспокойтесь, дорога будет быстрой и комфортной — вы полетите на аэроплане.

— В Союз?

— В Испанию.

Я оторопел, но более вопросов задавать не стал. Начальник вышел покурить в гостиную, а врач тем временем с присущей ему неуклюжестью подготавливал бинты и промывал рану. Двигаться было не очень больно, пульс — в норме, края раны, по словам этого варвара, также выглядели неплохо, лишь левая половина грудной клетки стала чувствительнее и менее подвижной, чем обычно. Никаких приступов кашля. Все эти признаки меня успокоили.

Мне наложили тугую повязку, после чего я был готов к путешествию. Меня забавляло, как этот убийца исполнял роль «милой медсестры» под моим же руководством. Не успели мы закончить, как дверь в комнату распахнулась. Вошли двое в одежде санитаров и с носилками в руках. За ними показался ещё один человек, опрятный юноша в белом халате, на вид совершенно безобидный, и что-то спросил у начальника на русском. Тот ответил:

— Нет. Он — товарищ, обращайтесь с ним со всеми деликатностью и заботой. К тому же он сам врач.

С величайшей осторожностью юноша в халате и один из санитаров подхватили меня. Я возблагодарил тот факт, что я врач и товарищ. Меня положили на носилки. Уже перед самым уходом шеф подошёл и с трогательной теплотой взял меня за руку.

— Вы чего-нибудь желаете, товарищ? Держитесь, уже к ночи вам сделают операцию, самым лучшим образом. До скорой встречи, товарищ.

Он горячо пожал мне руку и задёрнул шторку. Дальше я услышал, как его голос произнёс:

— Давайте, идём.

Я почувствовал, как меня подняли и понесли. Открылись и закрылись двери. После послышался голос моей «дочери» неподалёку. Забавно, что я играл роль, уготованную Миллеру. На секунду возник шум машин и улиц. Меня ещё раз приподняли, и у моих ног захлопнулись дверцы. Тронулась машина. Чья-то рука отодвинула шторку:

— Как вы, доктор? — справилась женщина, искусно исполнявшая роль моей «дочери».

Некоторое время спустя она же объявила:

— Мы приехали!

Машина остановилась. Снаружи доносились голоса. Недолго катились с выключенным мотором. Затем дверцы открылись. Послышалось глухое и громкое жужжание где-то совсем рядом. Взялись за носилки и меня вновь подняли. Чуть подержав, снова опустили и наконец оставили в покое. Но теперь жужжание превратилось в рокот огромных двигателей. Раздавались чьи-то шаги из стороны в сторону, отдавая гулким эхом.

Я сильно волновался, поскольку ни разу до этого не летал. Вот рёв двигателей усилился, всё пришло в движение. Снова тряска, разгон и... покой, неподвижность посреди оглушительного грохота, теперь уже монотонного. Шторки отодвинулись. Дюваль прокричал:

— Мы летим, доктор! Мы в небе! Да здравствует атмосферное давление!

Что до меня, то я думал: «Главное, чтобы в Испании был рентген!»

Голод, шум, слабость и волнение постепенно усыпили меня, заставив исчезнуть само понятие о времени.

XIII
МАДРИД

В ушах ужасно ломило. Приподняв шторку носилок, я высунул свободную руку. Ко мне тут же подошли, но я не успел что-либо спросить: самолёт сильно дёрнуло, затем несколько раз помягче. Дюваль крикнул мне: «Барселона!» и что-то ещё неразборчиво.

Шум двигателей, казалось, усилился и стал определённо не таким мерным. Наконец после тряски и подпрыгиваний аппарат остановился, и мне тотчас полегчало. Боль в ушах, впрочем, осталась.

Мы не прибыли в пункт назначения, лишь сделали временную остановку. Из предосторожности по радиосвязи попросили прислать отряд аэродромных полевых хирургов. Дюваль спросил меня, можно ли осмотреть рану. Поскольку, если с ней всё в порядке, он предпочёл бы продолжить путь в Мадрид, где проведение операции будет наиболее безопасным. Таковы были данные ему указания, и по мере возможности он хотел им следовать.

— Эта часть Испании, — откровенно признался он, — считается гнездом троцкистов.

Он на несколько минут отлучился и сошёл с самолёта, но вскоре вернулся в сопровождении людей, плохо говоривших по-французски, с жутким акцентом и ошибками. Их задачей было переместить меня в здание аэропорта. И действительно, они очень бережно взялись за носилки, и я почувствовал, как меня несут. Нас сопровождала группа людей. Когда раздвинулись шторки, я обнаружил, что нахожусь в небольшой белой комнате с кабинетной мебелью, авиационными трофеями, фотографиями и… хорошо известным портретом Ленина-Сталина.

Надо мной склонились двое, должно быть, врачи. Один измерил пульс, второй вставил градусник под мышку. Дюваль стоял рядом и не сводил с меня глаз. Вошёл, вероятно, третий врач, а за ним ещё один тип необычайного, выдающегося вида: сильный, широкоплечий, небритый, одетый в коричневую кургузую кожаную куртку, перехваченную поясом с висевшими на нём двумя огромными пистолетами. Его воинственный облик довершала чёрная кожаная шапка с заострёнными концами спереди и сзади, украшенная красной советской звездой. Ботинки на толстой подошве отвратительно скрипели. Он громко обратился к Дювалю, очевидно, заверяя, что это место вполне надёжно.

Врачи нашли моё состояние вполне удовлетворительным и посчитали, что срочное оперативное вмешательство не требовалось. Я мог спокойно подождать ещё несколько часов. Они лишь ограничились осмотром раны и заменой бинтов, после чего я стал ощущать себя чуть легче.

Да, я почувствовал себя лучше. Прежде всего удобнее. Дюваль, по-прежнему всецело занятый человеком с пистолетами, не обращал на меня ни малейшего внимания. Я ошибочно предполагал, что после осмотра мы вновь отправимся в путь. Но меня никто из носилок перекладывать не собирался, и никаких приготовлений к вылету также не было заметно. Естественно, что мне не терпелось выяснить окончательное заключение о моём ранении. Пуля, застрявшая внутри, неизвестно где, — это всё равно, что прогулка с бомбой в кармане, готовой взорваться, когда меньше всего этого ждёшь.

Подгоняемый страхами, я решил расспросить Дюваля, но тот находился далеко и не слышал меня. Тогда с места поднялась всё та же девушка, всё это время казавшаяся предельно отсутствующей и отстранённой от происходившего, и подошла к Дювалю. Перебив товарища с пистолетами, она что-то спросила у чилийца. Здоровяк при этом, отступив на несколько шагов, не отводил от неё изумлённый взгляд. Дюваль тут же подбежал и, чуть склонившись, сообщил на русском, что мы улетим не раньше шести вечера.

Начались мучительно скучные часы. Чилиец в мою сторону даже не смотрел. Яркий свет и зычный голос вооружённого верзилы не давали мне уснуть. Девушка, чьё имя мне не было известно, до поры остававшаяся вне пределов видимости, после разговора со мной отошла к окну и листала найденный где-то здесь журнал. Зато теперь я смог её как следует рассмотреть. Лёжа на носилках, я взирал на неё снизу вверх, так, как мы привыкли видеть многие сцены в советском кино, чрезмерно злоупотребляющего ниспусканием камеры, вследствие чего — и неизвестно, нарочно ли производится такой эффект, — в зрителе непроизвольно возникает чувство собственной неполноценности, поскольку тот вынужден смотреть на героев и пейзажи под углом зрения рептилий, жаб, коленопреклонённых рабов — очень по-русски, короче говоря. Однако следует признать, что в ту минуту было не найти более подходящего ракурса для созерцания девушки. Не отдавая себе в этом отчёта, я полагал совершенно естественным и правильным глядеть на неё снизу, как смотрят на икону.

Дюваль стоял рядом с дверью, оживлённо беседуя с пистолетчиком. Они разговаривали на испанском. Мой страж предложил собеседнику сигарету, которую тот принял с такими почтением и благодарностью, словно ему вручили красное знамя. Сперва он отказывался садиться, но в конце концов, соблюдая устав, подчинился и со всей признательностью уселся. У них завязалась живая беседа, из которой я почти ничего не понял, кроме часто повторявшихся слов «Испания», «мятежники», «лояльные», «танки» и «полиция». Они, несомненно, обсуждали войну. Дюваль не только склонил приятеля к курению, но и принудил его выпить, и выпить крепко.

Они всё более и более горячились. Пистолетчик градом обрушивал кулаки о стол, бил себя в грудь. Очевидно, он пересказывал свои подвиги, ибо то и дело изображал стрельбу из воображаемого пистолета по невидимым врагам. Иногда он хлопал рукой по кобуре пистолетов. Теперь Дюваль, перестав быть внушительным начальником, каким предстал вначале, превратился в увлечённого слушателя. Дважды или трижды вояка подходил к двери, чтобы что-то выкрикнуть и раздать указания. Неизменно вскоре после этого появлялся другой человек, не менее вооружённый и настолько же беспокойный, и приносил очередную бутылку, сигары, сигареты и кофе (который те употребляли стаканами) и прочие подобные вещи. Он стремился угодить Дювалю и беспрестанно в карикатурной форме выказывал ему всяческие знаки уважения.

Таким образом протекли несколько часов. Мне ещё раз принесли поесть. В шесть часов, когда ушёл пистолетчик, возле меня вновь возник чилиец с ироничной улыбкой на лице. Вскоре меня отнесли обратно в самолёт с уже запущенными двигателями, и мы отправились дальше. Полёт был скучным, поскольку я не мог развлечь себя видами за бортом. Свет, кажется, начал тускнеть на втором часу полёта. Девушка предупредила, что весь путь займёт три часа, потому что лететь по прямой было нельзя: приходилось облетать мятежные территории и их окрестности. По её расчётам, мы должны были приземлиться около девяти. Там меня уже ожидали, чтобы сразу по прибытии сделать операцию.

Даже когда стало совсем темно, в салоне не зажгли ни единой лампочки. Время тянулось ужасно медленно. Мы, следовало полагать, летели на довольно большой высоте, так как лицу было холодно, и я ощущал некоторую тяжесть в ране. Поверх одежды меня укрыли прекрасным шёлковым стёганым одеялом. Девушка с хронометрической точностью каждый час ставила мне градусник под мышку. Она проверяла температуру, освещая градусник маленьким электрическим фонариком. В одну из таких минут я заметил вышитый герб с короной на краю покрывала. Я попробовал рассмотреть фигуры на гербе: львы, полосы, котлы и геральдические лилии, но вскоре вновь наступила тьма, и больше ничего видно не стало.

Это одеяло вызвало в моём уме целый ворох разнообразных мыслей. Наверное, оно оказалось здесь из-за революции, захваченное в грабежах. Примерно таких, какие я видел в России в 1917 году. Мне вдруг захотелось представить, прихотливо и произвольно воображая эту картину, как в мягком гнёздышке своего ложа, заботливо укутанная и согреваемая теплом этого шёлкового гербового одеяла, юная принцесса выплетала кружева своих сновидений. Что с ней стало? Она и подумать не могла, что теперь оно грело несчастного доктора Ландовского, раба Ежова, хозяина мира, с застрявшей в лёгких пулей.

Дюваль несколько раз справлялся о моём состоянии. Я чувствовал себя лучше, чем утром, лишь немного устал, и побаливала голова. В ушах вновь возникла неприятная глухая боль: мы снижались. Скоро самолёт сел. Меня стремительно выгрузили и куда-то понесли среди толпы людей. Ни одного источника света, лишь электрический фонарь время от времени светил тут и там. Карета скорой помощи. Спустя какое-то время раздался вой сирены, громко и многократно через равные промежутки времени — самый отвратительный звук на свете! Потом мы остановились, и меня вытащили наружу. Послышались торопливые шаги вокруг: меня несли. Я по-прежнему был накрыт и ничего не видел. По наклону носилок стало ясно, что мы поднимались по ступенькам, затем ещё вверх, после повернули налево. Сквозь ткань покрывала стал всё ярче пробиваться свет.

Меня положили на пол и раскрыли. Дюваль, как всегда, стоял поблизости, и вместе с ним ещё четверо или шестеро людей в белых халатах и колпаках. Один из них вежливо спросил меня на французском, могу ли я подняться. Мне потребовалась помощь двух врачей, чтобы зайти за экран. Провели быстрый осмотр в профиль и анфас. Тот же человек, что обращался ко мне ранее, с не меньшей учтивостью сообщил, что пуля застряла в верхних пучках трапециевидной мышцы. Видимо, её траектория была восходящей, почти параллельной спине, между позвоночником и лопаткой. Будь её импульс больше, или если бы мои околопозвоночные мышцы были более проходимыми, она вышла бы через плечо. Удачное ранение. Бояться было нечего. Хорошее кровяное давление, пульс в порядке, здоровый цвет кожи, замечательное телосложение, хорошее расположение духа. Меня отвели в операционную и положили ничком в самой неудобной позе.

Ни на миг не покидавший меня Дюваль спросил на русском:

— Разве вы не перекреститесь, доктор?

Я был готов задушить его, но струя хлорэтила уже обдавала холодом мои усы.

Очевидно, было уже давно за полдень, когда окончилась моя борьба с эфиром, и я убедился, что пуля была извлечена. Желтоватый свет соседнего помещения освещал, насколько хватало, мою комнату, погружённую в полумрак. Взволнованно оглядевшись по сторонам, я с удовлетворением отметил, что палата была очень неплохой, можно сказать, изысканной. Вероятно, что я располагался в роскошной гостинице. Пребывая в тишине, я старался обдумать своё новое положение, но у меня не получалось сосредоточиться. Дюваль находился в соседней комнате. Послышалось, как открылась и закрылась дверь. Чилиец поднялся и исчез из виду. Он с кем-то заговорил. Вскоре оба вернулись в поле моего зрения.

Новый персонаж был низок, толстоват, с выдающимся брюхом, которое он пытался скрыть застёгнутым на все пуговицы пиджаком, из-за чего его ягодицы заметно выдавались. На вид ему было лет пятьдесят или чуть меньше. Однако его старили курчавые, слегка взъерошенные волосы, уже серые с проседью. Классический типаж мирного зажиточного еврейского торгаша. Посему я сильно удивился, когда отчётливо расслышал, как Дюваль пригласил сесть «генерала Кельцова» чрезвычайно серьёзным тоном, преисполненным почтения, с соблюдением некоторого церемониала. Должно быть, обыкновенное знакомство, поскольку разговор продлился не более нескольких минут. Мне удалось уловить лишь отдельные несвязные слова. Также я заметил жест, обращённый в мою сторону. Надо думать, говорили обо мне, хотя неизвестно, в каком смысле.

Когда Дюваль вновь остался один, я позвал его. Мне хотелось узнать что-нибудь о своём состоянии, ибо я выказал уже достаточно кротости, сплёвывая и изрыгая остатки обезболивающего в полном уединении. Извлекли ли пулю? Он немедленно подошёл и первым делом предупредил, чтобы отныне я не звал его Дювалем — его новое имя теперь было Габриель, Габриель Бонин. Он заверил меня, что беспокоиться не о чем, и вручил мне пулю. Милый кусочек прочного свинца диаметром девять миллиметров, по его словам, извлекли из меня элегантно и быстро. Рана была неглубокой, достаточно было простого разреза, чтобы пуля смогла переместиться в карман его жилетки.

— Если не будет осложнений — а они маловероятны — вы сможете встать с постели уже через несколько дней. Врачи были очень удовлетворены тем фактом, что вы устойчивы к инфекциям. Они говорят, что у славян медвежья кровь.

Я принял подобное сравнение за комплимент, хотя до Мадрида и не подозревал, что медведи каким-то особым образом устойчивы к инфекциям. Я бы предпочёл обнаружить, что левое предплечье медведей устойчиво к потерям плоти, потому что моё предплечье ощущалось словно парализованным и болело так, будто к нему приложили раскалённые угли. Попросил у Дюваля укол морфием.

К счастью, мгновения спустя вошёл мой любезный врач, и я обратился к нему с той же просьбою, которую он без промедлений удовлетворил.

— Время свёртывания крови у вас восхитительное, — поделился он. — Прямо как у медведя.

Досье моих испанских впечатлений не достаточно, чтобы справедливо судить об этой стране, но самым заметным из них является восторг испанцев по отношению к косолапым. Полагаю, что если бы то позволяли климатические условия, их национальным спортом стала бы *corrida de osos*[21]. То обстоятельство, что я не умер от заражения или потери крови, мадридский доктор, наверняка, приписал моему родству с полярными медведями.

Когда врач ушёл, я осмелился расспросить Дюваля о той русской девушке.

— Она где-то здесь, — холодно ответил он, — полагаю, что в своей комнате, там, напротив.

— Мне можно знать, кто она?

— Относительно, доктор. Знать, кто есть кто, в разведке непросто даже для нас, что уж говорить о новобранце, коим вы ещё являетесь. Что ж, знайте, что командование обращается к товарищу как... точнее, назовём её Еленой, Еленой...

Тут за дверью прихожей послышался шум.

— Входите, — громко сказал Дюваль. Дверь распахнулась, и вошла та самая Елена.

— Кстати говоря, товарищ, я как раз представлял тебя доктору, заинтересовавшемуся твоей примечательной личностью. В вихре всех этих тревожных событий я совсем позабыл, что вы ещё не знакомы, прошу прощения.

И затем с комичной торжественностью он объявил:

— Елена Николаевна Пономаренко! — и, показав на меня, добавил: — Доктор Иосиф Максимович Ландовский! Что ж, товарищи, вот вы и знакомы. Искренне надеюсь — и желаю того — что вы станете прекрасными друзьями.

Она не разомкнула губ, ни один мускул на её лице не дрогнул. То не было выражением недружелюбия и тем более презрения. Скорее, подобная сдержанность являлась следствием чрезмерного сосредоточения и внимания. Но печать душевных переживаний, как правило, ясно выраженную на лицах большинства людей, невозможно было прочесть в её чертах, будто сделанных из воска. И в то же время, несмотря на эмоциональную непроницаемость её лица, мне удалось разглядеть за ним удивительно мощную жизненную силу, пульсирующую и сияющую. Должен признать, что эта женщина, которую я не знал совершенно, оказывала на меня необъяснимое, необыкновенное воздействие.

Всё это, так долго мною описываемое, я успел подумать за секунды, что длился разговор. Вернее, я даже не думал, скорее это было подобно воспоминанию, чему-то уже сформированному, что вновь возникло в уме.

Дюваль, шагнув несколько раз по моей спальне, заговорил опять:

— Считаю необходимым, товарищ, — обратился он к Елене, — объяснить тебе историю нашего доктора и суть связанного с ним дела.

— А я думаю, товарищ, что мне уже давно стоило рассказать об этом. Я могла совершить ошибку из-за недостатка информации. Тогда бы мы и увидели, кто бы понёс ответственность.

— Естественно я, товарищ. Выбирать между кавалером и дамой — какие тут могут быть сомнения!

— Товарищ Габриель, иногда мне кажется, что твоя старая буржуазная выучка: честь, галантность, жертвенность — книжные штучки, короче говоря, — оживают в тебе и овладевают твоим мозгом. Только так я могу объяснить твою досадную забывчивость, все эти лживые позы... К чему сейчас эти «дамы» и «кавалеры»? Мы не на сцене, не на буржуйской сцене, чтобы продолжать этот фарс учтивости, — так я считаю!

— Прости, товарищ, ты совершенно права. Я ужасно рассеян. Но у меня есть смягчающее обстоятельство: моё чересчур длительное пребывание, вернее, удушающее погружение в море капиталистической лжи, моё продолжительное и досадное отсутствие в мире правды, мире советском, вызывает у меня своего рода амнезию. С другой стороны, товарищ, твой внешний вид имеет разительное сходство с внешностью красивой женщины.

Я не упустил ни единого слова. Я был потрясён! Неужели Елена была эфебом? Но нет, она сама меня разубедила в этом.

— Кто же я тогда? — резко спросила она. Дюваль сделал вид, что смутился, будто сбитый с толку.

— Кто ты? — повторил он. — Конечно же, женщина. Это очевидная, но субъективная правда. Правда, от которой ты сама чуть не подпрыгнула, выражая в свою очередь правду объективную, диалектически самую важную, заключающуюся в том, что ты не женщина по отношению к цели нашего задания, а всего лишь товарищ, ещё точнее, агент, который должен мне подчиняться, упражняться и учиться. Помни, товарищ, что в этой связи совершенно не важно, что субъективно ты женщина, а объективно — бесполое существо. Разве ты не помнишь мою дипломную работу, которую ты должна была проходить в школе, где её считают образцовой?

— Я не помню...

— Очень жаль, потому что в противном случае мне бы не пришлось сейчас преподавать тебе этот урок. Вспомни, что одной из целей коммунистического общества является примирение субъективной и объективной правды путём устранения противоречий капиталистического общества.

— Да, точно. Теперь я вспомнила отчётливо. Должна поздравить тебя, товарищ: я считала твою работу образцом безупречной высокой диалектики.

Несмотря на триумф, Дюваль в тот момент не выглядел самодовольно, скорее он казался рассеянным и отвлечённым. Наступила короткая пауза.

— Что ты сказала, товарищ? Ах, да, диалектика, но и необходимость...

— Диалектическая необходимость.

— Да, конечно, диалектическая. Жизненно важная необходимость бороться за право быть самим собой, за нечто настолько элементарное, как тебе — быть женщиной, мне — мужчиной, правде — правдой.

— Да, — подтвердила она с серьёзным видом, — важно покончить с миром капиталистического вымысла, разрушающего всё вокруг, даже личность. Для того, чтобы однажды можно было во всеуслышанье заявить о своей личной правде, которая неизбежно совпадёт с правдой всеобщей. Потому что человеческая, диалектическая правда, свободная от капиталистических противоречий, может быть только одна...

Дюваль посмотрел на неё неопределённым взглядом и вдруг перебил.

— Товарищ! Пожалуйста! У нас же здесь больной, любимый больной Ежова, а твои слова, пусть они и правильные, могут навредить его здоровью. Не так ли, доктор?

Я покачал головой, но Дюваль настаивал, и они покинули спальню, закрыв за собой стеклянную дверь. Их всё ещё было видно в гостиной сквозь стекло, но слов я уже не слышал. Без сомнений, Дюваль продолжил объяснения, прерванные абстрактным отклонением от темы.

Остаток дня прошёл без происшествий. Навещал врач три или четыре раза, а медсестра — и того больше. Последняя, очаровательная, почти ослепительной красоты девушка, немного говорила по-русски. Она не походила на испанку, может, отчасти: её черты, живость движений, пылкость были вполне южными, но всё это словно было заковано в нордическую кожу, а именно германскую. Золотистые волосы славным образом сочетались с её ярко-голубыми глазами, но радужки отвергали падающий на них свет с надменностью Кармен.

Я слегка злоупотребил морфием, попросив впрыснуть себе ещё два сантиграмма, и также заказал коньяк, испросив разрешения у врача, которому мне пришлось объяснить, что несколько калорий не приведут к острой недостаточности печени. Дело в том, что та девушка меня воодушевила. Мне бы хотелось, чтобы она когда-нибудь прочла эти мемуары. Её знаний русского было крайне недостаточно, но она, казалось, понимала едва ли не всё, что я ей говорил. Полагаю, больше интуитивно, нежели благодаря своим знаниям. Я заметил её любопытство и искусные попытки обольстить моего друга в те минуты, когда она пересекалась с Дювалем в моей палате, но в то же время стало очевидно, что Дюваль их не понимал или не хотел понимать. Это раздражало её вдвойне. Елена же по какой-то причине избегала встречи с медсестрой.

Не знаю, покидал ли меня Дюваль-Бонин во время моего забытья. Полагаю, что нет, ибо он, по-видимому, намерился совсем не упускать меня из виду.

Ночь тянулась долго, я спал урывками. Дюваль лёг спать под утро, предупредив, что будет в соседней комнате. Его сменила Елена, которая провела остаток ночи в гостиной за чтением. При этом каждый час, как только минутная стрелка показывала двенадцать, она заглядывала ко мне справиться о самочувствии и узнать, не желал ли я чего-нибудь.

Тем вечером царил почти полный покой, нарушаемый лишь далёким гулом, который временами усиливался. Елена объяснила, что шум доносился из окопов в пригородах Мадрида. Также были слышны одиночные выстрелы, звучавшие ближе: то были лояльные патрули, охотившиеся на фашистов, проявлявших активность внутри города по мере приближения мятежников. При определённом направлении ветра порывами доносились обрывки фронтового шума: с факсимильной точностью легко различались пулемёты, бомбы и винтовки. Девушка не выказывала ни малейшего испуга в связи с таким неприятным и тревожным соседством. В какой-то момент в комнате стало слишком душно, и я попросил её проветрить чуть-чуть. Она открыла окно, предварительно выключив свет. После этого стало казаться, что треск выстрелов раздавался на расстоянии не более ста метров.

Уже поздней ночью появился свист снарядов, явно пролетавших над нашими головами. С пугающей ясностью доносился грохот пушек, а затем взрывов, за которым следовало эхо производимых ими разрушений. Город бомбардировали. Замеряя пульс, я рассчитал среднее время между выстрелом и взрывом: двадцать секунд. Пушки располагались на расстоянии шести километров батареями по пять орудий. Артиллерийский ответ гарнизона был достаточным, но безрезультатным, поскольку я неизменно продолжал свой отчёт: глухой и стройный рокот канонады из пяти пушек соответствовал каждому залпу. Меня даже увлекло это незатейливое изучение хода сражения. Иногда пулемёты стреляли ритмично, музыкально. Бойцы развлекались.

Успокоенный, оживлённый, не чувствующий боли из-за действия морфина, в компании милой девушки, увлечённый войной, за которой я следил слухом, удобно завернувшись в одеяло, — те ночи я всегда вспоминаю как неделю счастья под огнём.

Мне не удалось завязать обстоятельный разговор с хирургом, который провёл мою операцию (я уже говорил, что мне зарекли вести лишние разговоры), однако было ясно, что я находился в руках первоклассного специалиста. Уверенность его руки и твёрдость указаний, проникновенный и спокойный взгляд, мастерство и мужество резко отличали его от профанов. Настоящий мастер.

Дюваль поведал, что это был известный испанский военный врач. Он испытывал недвусмысленную симпатию к мятежникам, но заслуженная слава выдающегося хирурга спасала его. За ним неусыпно следили, почти удерживая в плену, оттого он и оказывал услуги в этом госпитале для «уважаемых» людей, куда прежде всего доставляли немногочисленных раненых русских и во вторую очередь — тяжелораненых других национальностей. Всего поступало порядка двухсот человек в день, но та часть здания, где размещался я, была удалена от больничной суеты. Я позволил себе задать Дювалю вопрос:

— Вы говорите, что мой врач из бунтовщиков, то есть антикоммунист. Не возникало ли у нашего руководства каких-либо сложностей, когда оно вверяло жизни своих людей в его руки?

— Никаких. С чего вы взяли?

— Он мне совершенно не знаком. Вы же сами видели, что способен сотворить доктор, особенно при операции. Случайное движение скальпелем, незаметная инъекция и тысяча других способов — всё это могут служить надёжным оружием против оказавшегося под рукой врага.

— Конечно, такая вероятность есть, нельзя её исключать. Но вы забываете об одном обстоятельстве, благоприятном для нас и более действенном, чем все наши слежка и угрозы, — буржуазная мораль; религиозная, если угодно, выражаясь западными понятиями. Его мораль запрещает врачу убивать врага, когда тот ранен и лежит в постели. Удивительный парадокс — буржуазная мораль тем строже в человеке, чем более выдающимся членом общества он является. Получается, что она связывает по рукам и ногам именно тех, кому этими руками и ногами следовало бы себя защищать.

Чилиец двусмысленно улыбнулся, как в минуты той ночи «откровений» в Париже. Затем продолжил:

— Ну а дальше всё просто. К обществу, подготовленному буржуазной моралью, мы применяем мораль марксистскую — и дело с концом. Марксистская мораль — это умение пырнуть ножом. Буржуазная мораль — это искусство вытягивать шею. В жестокой борьбе плоти против стали кто, по-вашему, одержит победу, доктор?

Ухмыльнувшись собственному красноречию, он добавил, не дожидаясь моего ответа:

— Порой старый нож ломается о шею молодого крепкого быка. Но знаете что? Наши ножи — новые, высочайшего качества. А что до буржуазной морали, то на деле она оказывается настолько лицемерной, циничной и рутинной, что вовсе собой быка не напоминает — скорее, улитку.

— То есть этот врач...

— Этот врач просто работает на нас. Его личная и профессиональная мораль — наша невольная союзница, союзница его врагов. Разве вы не работаете на нас ровно таким же образом?

— Скажите честно, Дюваль, Бонин или как вам угодно, у вас никогда не вызывала восхищение мораль подобных людей?

— Ну, может быть, да. Меня восхищает всё алогичное. Сердцем своим этот человек с теми, кто боем пытается прорваться в Мадрид, с фашистами. Он, несомненно, вздрагивает при каждом звуке, каждом шорохе в надежде, что его единомышленники уже на подходе. Вероятно, он молится за их победу. Что ж, придут они или нет — неизвестно, а пока что он здесь, спасает жизни тех, кто завтра пойдёт убивать его семью. Со своей стороны он делает всё, чтобы приблизить нашу победу, которая, разумеется, повлечёт за собой его гибель... Подобное отсутствие логики приводит меня в восторг! И это столь необычное влечение к самоубийству воодушевляет всех нас.

— Верно, верно, — одобрительно сказал я.

— Конечно, приступы излишней логичности не менее опасны, — злорадно усмехнулся он. — Недавно авиация мятежников сбила наш самолёт, упавший сразу за нашими позициями. Республиканцы — что логично — изрешетили пилота, пока тот спускался с парашютом. В него попало не так уж и много пуль, ибо стреляют они посредственно, и его удалось взять живым. К его несчастью, он был блондином, высоким и атлетичным, изъяснявшимся на языке, которого те не понимали. Такой человек, подумали они, мог единственно быть немцем. Его принялись безжалостно избивать, сдирать кожу, вырывать волосы. Но тут вмешался кто-то более просвещённый и предложил отвести пленного в штаб для допроса, так как тот мог сообщить что-нибудь интересное. Так и поступили. Его пришлось везти на автомобиле, ибо он едва подавал признаки жизни. Знаете, кем он оказался? В штабе его опознал один из офицеров связи. Это был генерал... Как же его звали? Ах, да! Генерал Серёжа Тарков, глава нашей местной авиации. Он получил семь сквозных ранений кишечника. Он летал в Абиссинию, где сумел спастись от итальянцев, но здесь пал жертвой чрезмерной логики лоялистов.

Он замолк, видимо, давая мне возможность высказать своё мнение.

— Да уж, — только и нашёлся что ответить я, — поистине эксцесс.

— Он был необычайно высок и крепок. Я знал его как страстного поклонника физической силы и спорта. В действительности он ничего другого и не умел. Лишь благодаря своей недюжинной конституции ему удалось добраться сюда живым. Так вот, тот же врач, который уже видел этого высокого русского начальника здоровым, понимая, кем тот являлся, применил настолько чудесный способ лечения, что с семью отверстиями в кишечнике, одним из них — в двенадцатиперстной кишке, тот протянул аж целых семнадцать дней. С такой моралью наша победа неизбежна...

Дюваль поднялся очень нервно, словно был сильно возмущён; много курил. Я кивком согласился с его последним выводом. «Действительно, что за нелепая мораль, — думал я, — вздор, ради которого приходится жить и умирать. Ах! Если бы миром правила лишь диалектика действенности... мира бы уже не давно существовало. Полагаю, что он вообще не зародился бы, а если бы и родился, то был бы уже разрушен. А что я? Эгоист, утилитарист, трус!»

Я ненавидел себя.

Позже к нам стали часто захаживать супруги Кельцовы или как их там: заминки и оговорки в разговорах при употреблении их имён выдавали тот факт, что имена были ненастоящими. Подобная рассеянность была прекрасно знакома мне самому. Если так называемый генерал Кельцов был человеком заурядным, то его жена, напротив, имела характер весьма особенный и старалась его всячески подчеркнуть. Подвижная, живая, находчивая и острая на язык, она старалась выделиться словом и жестом. Почти всегда на ней был надет мужской костюм, но по-женски изысканный. Она предпочитала тёмные цвета, преимущественно синих оттенков. Её длинные брюки были заправлены в высокие ботинки, из которых выступали шерстяные носки, — наряд вполне изящный.

Чета выказывала растущий интерес к моей персоне. Большую часть дня она проводила на фронтах войны под предлогом пропаганды. В действительности же, я предполагаю, главной её задачей был шпионаж. Жена генерала ни на секунду не выпускала из рук великолепную фотокамеру и как-то раз даже показала мне большую коллекцию сделанных ею снимков, все сплошь военные и революционные. Они практически составляли кинофильм об испанской гражданской войне. Министры, братающиеся с солдатами, женские батальоны, города и высоты, захваченные лояльными войсками, фашисты, повешенные на деревьях. Без подробностей вроде последней всё запечатлённое имело бы откровенно праздничный вид.

Испанские революционеры, как и оные в России, обнаруживали категорическую тягу к церковным делам, священным одеяниям и украшениям, литургическим обрядам. Но более того — к необъяснимой, извращённой некрофилии: они выкапывали трупы и фотографировались с ними, обнимая их, вливая им в уста напитки, как если бы те пили, придавая телам нелепые позы. Не знаю даже, где трупов было выкопано больше: в Венгрии или в Испании. Я отметил, что они гнушались скелетов и забавлялись исключительно с мумиями и теми, на чьих останках ещё сохранялись куски мягких тканей, — вероятно, недавно умершие или, быть может, бальзамированные.

Дюваль также проявил большой интерес к этим фотографиям. По отношению же к еврейской чете — её красота имела очевиднейшие расовые черты — он вёл себя в высшей степени учтиво, и часто дарил генеральше цветы. Она с благодарностью их принимала, хотя они не шли к её мужскому, почти военному наряду. В её сорок лет, догадаться о которых было нетрудно, несмотря на все усилия их скрыть, юность чилийца, должно быть, заставляла её сердце известным образом волноваться. В один из дней она учила моего друга управлять автомобилем, и тот неожиданно обнаружил удивительную неуклюжесть. В другой раз он под предлогом пробы сделал несколько фотоснимков супругов в разных позах и местах. Затем я, кажется, заметил, что он долго возился у подножия моей кровати, якобы меняя плёнку в аппарате, после чего позволил запечатлеть себя. Они весело выпивали, а потом расстались, как лучшие друзья на свете.

Но как только чета вышла за порог, он вдруг обескуражил меня строгим указанием:

— Осторожнее с Кельцовыми! Они два опасных троцкиста, не принимайтс от них никакой еды и напитков! Будьте особенно осмотрительны в том, что касается наших дел. От этого может зависеть ваша жизнь!

Вскоре после этого я увидел его в соседней комнате, где он сидел вполоборота за другой фотокамерой. Дабы обнаружить себя, я спросил, можно ли сделать снимок для моей семьи. Он ничего не ответил.

— Или это фотокамера Кельцовых? — осмелился я настоять.

Было видно, что ему это не понравилось. Он с крайней строгостью ответил:

— Кельцовы не должны знать, что у меня есть фотокамера, ясно? Они не должны этого знать. Ни слова об этом.

Я заверил его обещанием, совершенно не понимая, что за всем этим стоит.

На следующий день, когда Дюваль попросил у них свой снимок, Кельцовы сообщили, что вся плёнка непоправимо испортилась. При этом они не скупились на шутки насчёт его фотографических навыков. Более фотографий не было... Кельцовых также я больше никогда не видел.

Через несколько дней я наконец мог встать без посторонней помощи. Я справился об их местонахождении.

— Должно быть, в Москве, — ответил Дюваль. — Если кто-либо будет спрашивать про них, вы должны рассказать всё в точности так, как видели своими глазами, и ничего больше.

Мне хотелось уточнить, свидетелем чего именно я стал, поскольку ничего из того, что сохранилось в памяти, моего внимания не привлекло. На что он ответил, что мне следует рассказать обо всём, что касалось Кельцовых: их визитах, разговорах, вопросах и важнее всего — об эпизоде с фотографированием.

— Должен ли я также сообщить, что видел, как вы подменили плёнку?

— Не подозревал, что вы будете делать такие большие профессиональные успехи, — отметил он с фирменной иронией. — Вы заметили? Что ж, да, вы должны рассказать обо всём, что видели... Не ждите, что я когда-либо укажу вам умолчать о чём-либо перед лицом начальства — ни об этом, ни о чём-либо ещё. Им вы можете говорить всё, что захотите, относительно других и относительно меня.

И, в очередной раз меня огорошив, он повернулся ко мне спиной.

XIV
ЗАНЯТНЫЕ ИСПАНСКИЕ РЕВОЛЮЦИОНЕРЫ

Как-то утром мы получили сообщение по телефону о том, что нас собирается навестить некий коллектив. Точно не помню помпезного официального самоназвания той организации, что высылала своё представительство. Если память не изменяет, нечто вроде «Учреждение политического контроля» того госпиталя, в котором я лежал. Дюваль попытался по телефону отменить их нежелательный визит. Он пробовал обратиться к российскому командованию, но в тот момент в здании остались лишь рядовые бойцы. Делегация посольства, в то время работавшая под видом отдела пропаганды, недавно лишилась своего начальника, генерала Кельцова, а отсутствовавший на месте его подчинённый, временно исполнявший обязанности руководителя, не сумел найти никого, кто бы мог вмешаться. Не оставалось иного выбора, как согласиться принять посетителей.

— Делайте вид, что вы глухонемой, — предупредил меня Дюваль.

Через несколько мгновений раздался стук в дверь. Мы открыли, и нашему взору предстал набор из самых невероятных персонажей, которые только можно было представить. Их было пятеро: четверо мужчин и одна женщина. Двое были одеты во врачебные халаты, далеко не самые чистые. Один из них, лет сорока, высокий и худой, дополнил свой нехитрый наряд огромным пистолетом и откликался на имя из двух букв, ПП. Полагаю, этому чудаку просто хотелось, чтобы его называли по инициалам. Другой был молод, с некоторым лоском. Мог сойти за красавца, но в действительности имел удивительно идиотский вид. Оружия на нём замечено не было. Третий человек, судя по следам на его одежде, был поваром или кем-то в этом роде. Любой френолог усмотрел бы в нём ярко выраженный типаж: глубокий лоб, глаза уже ноздрей, причём расстояние между последними едва ли не больше, чем между глазами, кожа грязная и влажная, хронический насморк, кривые ноги. Во рту он держал небольшую иголку из дерева[22], которую беспрерывно посасывал и пожёвывал.

Под его одеждой угадывались подозрительные утолщения — оружие или съестные припасы, а вероятно, и то, и другое сразу. Венчал мужской состав четвёртый тип простецкого вида, маленький и тучный, с негустыми коротко остриженными торчащими волосами, плохо выбритый, страдающий актиномикозом лица и с обильной перхотью на плечах. Женщина была почти молода, высокая и сильная, недурна собой, в остальном, однако, ничем не примечательная — своего рода служанка в раздражающе чистом халате медсестры.

Чуть ли не хором они попытались все сразу заговорить с Дювалем. Мне удалось разобрать лишь несколько слов. В конце концов, мужчина с перхотью возглавил переговоры с их стороны.

Разговор обещал затянуться, поэтому Дюваль уселся на стул. Его примеру последовали остальные, но одному из них места не хватило, и тот присел на стол. Интересовались мной. Казалось, что к согласию участники не шли. Однако я был удивлён тем, насколько терпеливо вёл себя Дюваль: он предложил им выпить по стакану коньяка, а потом раздал английские сигареты, которые те закурили, став нелепо подражать моему другу, стараясь при этом не терять достоинства и важности. Алкоголь и сигареты, по-видимому, поубавили разногласия, и те постепенно повеселели. Начал то и дело раздаваться смех. Они перебивали друг друга, точно все вместе пытались рассказать одну и ту же историю, забыв о приличии и прекратив потуги к политесу. Френопат показал Дювалю какую-то засаленную карточку, которую потом с торжественной улыбкой передал мне. Это была небольшого размера фотография. Она была сильно замызгана, но тем не менее на ней можно было легко распознать френопата: он стоял с огромным мясницким ножом в правой руке и человеческой головой в левой. Тело жертвы, которой, должно быть, принадлежал череп, лежало на земле, почти голое, покрытое лишь остатками пижамы или рубахи. Его окружала толпа, размахивавшая странным образом украшенными ружьями, а её предводители тужились принять невообразимо устрашающие и оттого потешные позы.

Мужчина настойчиво объяснял мне, что изображено на снимке. Из-за моих скромных познаний в испанском он старался говорить очень громко, делая ударение на каждом слоге. Обезглавленный оказался фашистским генералом. А палачом — он сам. Подвиг был совершён этими самыми мозолистыми пролетарскими руками, которые он любезно разрешил мне рассмотреть и даже заставил потрогать. И если бы не некоторые причины, то этими же руками он покончил бы с фашизмом в самое ближайшее время, используя те же методы. Видимо, суть этих «некоторых причин» сводилась к неслыханной робости буржуев, входивших в Народный фронт.

Не обнаружив на моём лице должного энтузиазма, который, надо думать, этот герой ожидал во мне вызвать, он, насколько я мог понять, туманно намекнул на то, что я не просто не понимал испанский, даже громкий, но и вдобавок был едва ли не идиотом. Тогда на помощь пришёл его участливый перхотный компаньон, который начал изъясняться со мной латинскими словами. Сперва он смутил меня, заявив, что он являлся, как и товарищ Сталин, рабом Божиим. Затем я сообразил, что он, как и Сталин, окончил семинарию. Воодушевлённый моим постижением, он заявил, что его богословские знания позволяли ему без тени сомнения утверждать, что товарищ Иисус Христос не был анархистом, как считают некоторые невежды. Напротив, если бы он жил в наше время, он стал бы верным сталинистом и работал бы на III Интернационал. Иисуса Христа убили еврейские банкиры. Что до него самого, то сего раба Божьего всегда сопровождал его крепкий товарищ. Тем самым, последний делом доказывал, что уважает Книгу Бытия больше, чем выхолощенные священники буржуазной религии.

Этот своеобразный тип вёл себя крайне примечательно: от недостатка латинских слов он старался жестикулировать по-латински, отчего движения его рук напоминали церковные манеры.

Друзья всё это время слушали его с заметным почтением, пока не начали скучать. В конце концов они повернулись к нам спиной, дабы вновь поговорить, буквально запеть вокруг Дюваля. Очевидно, их желание состояло в том, чтобы на равных пообщаться с нами, прославленными русскими большевиками, в чьих глазах они старались показать себя несгибаемыми революционерами.

Наконец, они ушли очень удовлетворённые, вдоволь наобнимавшись и на прощание сделав весьма оригинальный знак: подняв сжатые кулаки над головами, они стали махать ими, как палицей. Картина эта производила довольно противоречивое впечатление, оттого что такое безусловно угрожающее движение они сопровождали самыми милыми улыбками и даже смехом.

Когда они ушли, Дюваль вкратце объяснил мне, что произошло. Это была комиссия, управлявшая нашим учреждением, в прошлом являвшимся большим отелем, а ныне представлявшим собой наполовину госпиталь, наполовину казарму, и в котором теперь располагался центр российского командования, весьма хорошо закамуфлированный. Этот орган образовался ещё в первые дни революции и до сих пор продолжал отправлять административные функции. Они распространяли своё влияние на медицинские услуги больницы, поскольку, в соответствии с законами, известные врачи, оказывавшие здесь свои услуги, находились под их полным контролем. Нечто непостижимое для нас, привыкших к совсем иным советским порядкам. Дюваль не вполне уяснил причину их посещения, речь шла о каких-то поручениях неведомых профсоюзных организаций и правилах, установленных ими в этом здании, которые мы нарушили в бесчисленном количестве пунктов. Впрочем, все эти важные вопросы они обсудили в первые несколько минут — всё остальное время было посвящено рассказам об их героических подвигах. Также человек, уподобивший себя Сталину, семинарист, пригрозил нанести мне ещё один визит, возжелав своей латынью разогнать скуку моих больничных будней, повинуясь требованиям своего пролетарского долга.

Удобно устроившись в кресле, я читал книгу на французском, великодушно предоставленную мне «семинаристом» из «Контроля». Это был труд английского автора, обличавшего испанскую инквизицию, в прекрасном кожаном переплёте, с позолоченным тиснением и короной на корешке. Дюваль нервно шагал по комнате. Наше заточение давалось ему непросто. Зазвонил телефон, и он немедленно снял трубку. Разговор продлился всего несколько минут, его редкие ответы были односложны. Повесив трубку, он подошёл ко мне и объявил, что сейчас нас посетит некая важная персона. Причина, по которой нас обоих удостаивали визитом, ему осталась неизвестной. Единственное, что он успел сделать, это напомнить мне держаться немногословно. Он собирался сесть ко мне боком с тем, чтобы указывать, когда мне следует отвечать утвердительно в случае, если вопрос зададут мне. Без его указания я ни в каком случае не должен был открывать рот. Он передавал эти инструкции в спешке, но его голос звучал твёрдо и решительно, так что мне и мысли не пришло его ослушаться.

Без стука повернулась дверная ручка, и вошёл персонаж, о котором нас оповестили. Определённо он, вне всякого сомнения. Человек не его власти не входил бы с такой бесцеремонной самоуверенностью. Перед нами предстал высокий мужчина, ростом около 1,85 метра или выше, за пятьдесят, с длинным лицом и прямым острым носом, выпиравшим над верхней губой. Черты его были энергичны, не отталкивающие, хоть и немного неправильные. Широкий лоб венчался густыми и хорошо причёсанными волосами с обильной сединой на висках, что придавало величавости верхней половине головы. Но было в ней нечто пугающее — тёмные зеленоватые глаза и рот, точно тонкий подвижный разрез, издававший звуки, почти не размыкая губ, словно бы оттачивая слова, изрекаемые, однако, голосом необычайно приятного тембра, мягким и металлическим. Одет он был в тёмный костюм. Наш новый гость производил неоднозначное впечатление. Пожалуй, его можно определить следующими словами: необыкновенный талант, жестокость, честолюбие и чувственность, а если быть ещё точнее, власть и садизм.

Они поздоровались чрезвычайно учтиво в центре комнаты. Мне было хорошо их видно, но я не заметил, чтобы их взгляды встретились. Они направились в мою сторону, и Дюваль занял нужное положение. Он представил меня, мы пожали руки. Его ладонь оказалась холодной и сухой. Сев на диван почти в его центре, тот господин положил руку на подлокотник, а ноги закинул одну на другую, несколько наискось, таким образом заняв почти всё доступное пространство, словно меньшего места ему было недостаточно. Дюваль расположился напротив него на низком стуле, повернувшись ко мне левым боком, и сразу предложил гостю закурить.

Разговор будто особой цели не имел. Посетитель поинтересовался моим здоровьем. При этом он на секунду растерялся, словно позабыв моё имя, как если бы он его помнил.

— Доктор..?

— Зелинский, — пришёл на помощь я.

— Зелинский, — неуверенно повторил он, — да, Зелинский... Я путаю с Ландовским, или...

— Со мной тоже такое случалось, — необдуманно вставил я и тотчас испытал на себе сверкающий взгляд Дюваля. Надо думать, я совершил серьёзную ошибку.

— Да, перемена имени требует упражнений памяти. Люди вокруг запоминают наши имена быстрее, чем мы сами. Моё «Килинов» всё ещё кажется мне немного великоватым, — произнёс он не без некоторого чванства с удовлетворённой улыбкой.

Я был крайне озадачен его любезностью и мрачностью Дюваля.

— Генерал, — пояснил мой друг, — я не произносил настоящего имени доктора потому, что имел чёткие указания на этот счёт. Если оно вам было известно, и он сам то неосмотрительно подтвердил, то я снимаю с себя всякую ответственность. Надеюсь, этот инцидент останется между нами.

— Безусловно, товарищ. Я понимаю, прекрасно понимаю. Доктор Зелинский — человек, о котором нам следует всячески заботиться. И сам он должен проявлять осторожность, разумеется. Что касается меня, то я прибыл из Барселоны, как только получил новости из Центра. Я уже слышал о недавнем происшествии с этой дурацкой комиссией по контролю. Этого больше не повторится, соответствующие указания уже отданы. Но без неё пока никак: её роспуск повлёк бы за собой лишнюю огласку, а вы сами знаете о наших приказах проявлять особую осторожность здесь. Всё приходится делать через подчинённых нам в правительстве и военном командовании, из-за чего иногда мелкое начальство, вовремя не осведомлённое, позволяет себе крайности. Немного терпения...

— Да, я в курсе этих инструкций. Иначе я бы просто-напросто подрался с этим патрулём из кретинов.

Генерал Килинов закурил, переменив тон и манеры.

— Что вы знаете о Кельцове? — задал он вопрос Дювалю.

— Ничего. Я узнал о нём только через два дня после их отъезда. Полагаю, что он уже на другом фронте. Они даже не попрощались с нами: ни он, ни его жена.

— Я предполагал, что вы знаете, что они отправились в Москву...

— Как? Я пребываю в изоляции с тех пор, как мы прибыли сюда. Я ни на секунду не оставляю доктора.

— То есть вам так же неизвестно, что исполнитель покушения на доктора Зелинского уже сознался?

— Где? Как? Как такое возможно?

— Совершенно верно, он сознался.

— И кто же это? — не сумел сдержать себя я. Но Килинов проигнорировал мой вопрос, даже не взглянув в мою сторону.

— Вы не знаете? — спросил он Дюваля, с необычной прямотой глядя ему в глаза.

— Откуда же мне знать? Мы покинули Париж на следующий день. У меня даже не хватило времени, чтобы разузнать все подробности. Хотя, насколько могу судить, была применена техника «уженья», верно?

— Да, именно так.

— И что ещё?

— Вы знаете исполнителя. Он был совсем рядом с вами, уверяю.

— Может ли быть такое?

— Абсолютно. Это...

Диалог был холодным и колким. Дюваль спросил, выделяя каждое слово:

— Кто-то из сопровождения доктора?

— Нет, действовала женщина, вы же знаете.

— Я имею в виду организатора.

— Нет, никаких посредников. Это был парижский начальник.

— Который тогда всем заведовал?

— Верно.

— Изумительно! — воскликнул Дюваль. В его голосе слышались нотки неискренности.

— Да, изумительно. Никто подумать не мог, что товарищ с таким прошлым, с подобным революционным рвением, человек его качеств способен выродиться в троцкиста... Удивительно! А ведь, как вам известно, его хотели назначить на должность действующего руководителя.

— Я потрясён, генерал, поверьте мне... А женщина — его сообщница?

— Её не нашли. Он назвал имя и адрес, но либо он лжёт, либо она уже сбежала. Не нашлось даже её следов.

— Как жаль! Женщин не так много, и устранить её значило бы лишить троцкистской сволочи очень важного кадра... Не находите, генерал?

— Полностью согласен.

Далее перешли к обсуждению мотивов, побуждавших троцкистов действовать против меня. Они придавали моей персоне столько значения, что вначале оно даже озадачило меня, так что я засомневался, не являлся ли я кем-то много более значительным, нежели сам себя считал. Но их слова вступали в открытое противоречие с полным отсутствием внимания ко мне.

Позже я догадался, что генерал Килинов и Дюваль втирали друг другу очки, но ни у одного из них сделать это вполне не получалось.

Генерал вдруг абсурдным образом высказал иную гипотезу:

— Дело рук троцкистов... Но почему не белых?

— Троцкизм или бланкизм — какая разница? В конечном счёте разве это не одно и то же?

— Не путайте белых с бланкистами.

— Я имел в виду белых.

— Эти — да, их союзники, безусловно, — произнёс он с заметным отсутствием убеждённости, цитируя официальную точку зрения, не более того.

В этом месте Дюваль попытался сменить тему и предложил выпить вермутового вина. Предложение было принято, но я воздержался, и они выпили вдвоём. На лице Дюваля появились признаки удовлетворения, или, точнее сказать, покоя и облегчения. Однако его умиротворение вновь было встревожено словами Килинова:

— По моим данным, мне необходимо познакомиться с ещё одним человеком, прибывшим с вами. Полагаю, вам не составит труда его представить, ведь в конце концов я отвечаю за безопасность вас всех.

— Разумеется, генерал. Нисколько!

Дюваль подошёл к двери, и негромко позвал Елену, которая не замедлила появиться. Трудно было понять, какую именно мелочь или улучшение она привнесла в свой внешний вид, но в этот раз она показалась мне едва ли не лучезарной. И впечатление это возникло не у меня одного: генерал, вопреки советским общественным правилам и субординации, приподнялся, очевидно восхищённый. Должно быть, он был ещё тот знаток женского пола, поскольку перед тем, как начать знакомство, он оглядел Елену с ног до головы, словно обнажил её взором. Она сохраняла невозмутимость, как если бы генерал без всякой задней мысли разглядывал свою подругу. Дюваль представил их:

— Елена Николаевна Пономаренко, из зарубежного подразделения. Генерал Килинов, начальник... начальник всего этого.

— Русская? — только и сумел расспросить генерал, верно, зачарованный.

Елена ответила простым кивком. Дюваль вмешался:

— Русская. Советская гражданка. «Красное знамя», любимица подразделения, любимый агент Ежова...

— Товарищ, — упрекнула она его, — тебе не кажется, что ты несколько преувеличиваешь?

— О нет, товарищ. Как я понимаю, генерал совершенно ничего о тебе не знал. Несомненно, тебя не упомянули в приказах, которые он должен был получить, ведь, как тебе известно, твоё участие подтвердилось в самый последний момент. Не думаю, что я преувеличиваю, сообщая начальнику всего этого то, кем ты являешься. Дело в том, что Москва далеко, и не так-то просто будет передать сведения на случай необходимости принять решение относительно тебя.

— Благодарю, товарищ, действительно, у меня не было никаких особых сведений.

— Как бы то ни было, вы призваны защищать меня и всех, кто со мной, не так ли?

— Именно так, товарищ.

— Следует ли Центру повторить или расширить переданные им сведения?

— Нет, нет, — генерал закончил диалог и в заключение предложил всем выпить. Елена и я отказались, Дюваль согласился. Они выпили вдвоём, после чего военный простился.

— Что скажешь о нём? — спросил Дюваль у Елены.

— О ком?

— О генерале, о ком же ещё.

— Ничего не могу сказать.

— Ты его не знаешь?

— Совершенно.

— Что ж, в таком случае полагаю, что не ошибусь, если посоветую тебе быть с ним внимательной.

— В каком смысле?

— В личном. За столько тысяч вёрст от Москвы эти товарищи военные чувствуют себя в некотором смысле независимыми, пользуясь известного рода безнаказанностью.

— На что ты намекаешь?

— Тут не на что намекать. Неужели ты не заметила, сколь сильное впечатление ты на него произвела?

— Возможно. И что с того?

— Очень просто: мы в Испании, здесь идёт гражданская война, кругом хаос. Насчёт Килинова ходят определённые слухи, рисующие его эдакой смесью Дон Жуана и де Сада... Если слухи верны — будь осторожна. Ибо здесь на любой случай есть спасительное средство: списывать всё на мятежников.

— На каких?

— Официально — троцкисты, анархисты, фашисты и замаскированные священники. Да, многие из них участвуют в войне и революции. Но не всё, что здесь случается, является их рук делом... Как бы то ни было, я был обязан тебя предостеречь, и теперь ты предупреждена. И на всякий случай — если вдруг сказанное мною непонятно, или ты не захочешь этого понимать — покидать это место запрещено.

— Это приказ?

— Да, приказ, вступающий в силу немедленно.

— Я задержана?

— Нет, ты остаёшься в качестве часового для доктора и для себя самой.

Ни сказав ни слова, она возвратилась к себе в комнату и закрыла за собой дверь. Мы остались вдвоём. Я ожидал выговора за раскрытие своего имени, но он ничего не сказал. Лишь наполнил свой стакан и сразу же его опустошил, после чего повернулся спиной и, потирая руки, отошёл в сторону, напевая «Хор кузнецов» из оперы «Трубадур». Что с ним было такое?

Чуть позже принесли еду. Обедали все вместе. Дюваль кушал с большим аппетитом, храня, однако, молчание. Он даже не обратил внимания на взрыв гранаты, разорвавшейся неподалёку. Затем, взяв кофе, уселся полулёжа на диване и, закурив, стал неторопливо его распивать. Он будто предавался сонным грёзам с открытыми глазами.

Чилиец поднялся уже вечером. Наверное, никотин, кофе и коньяк изрядно его опьянили. Однако его поведение ничем того не выдавало. Лишь блеск его глаз был определённо необычным. Предварительно подозвав Елену, которая тотчас подошла, он сообщил нам:

— Мне нужно будет сейчас уйти. Я оставлю вас одних. Я распоряжусь особым образом, чтобы в моё отсутствие сюда никого не пускали. Естественно, что и вам также отлучаться запрещено. Всё ясно?

Она пообещала исполнить приказ. Тогда он надел плащ и туго затянул пояс. Затем вытащил из-под левой подмышки пистолет. Внимательно его осматривая, он достал магазин, проверил все пружинки и вернул его обратно, вставив патрон в патронник. Спрятав оружие обратно, он ушёл. За дверью послышался короткий разговор — без сомнений, часовому отдавались указания. Больше я ничего не слышал. Елена вернулась в свою комнату.

Я вновь один — ощущение свободы. Желая немедленно ею воспользоваться, я встал и подошёл к окну. До того момента у меня получалось лишь мельком бросить взгляд на открывавшуюся оттуда панораму. Теперь же я мог спокойно полюбоваться восхитительным видом. Окно выходило на большую площадь, прерывавшую широкий проспект, параллельный фасаду здания. В центре площади находился монументальный фонтан с Нептуном, державшим античный трезубец в руке. Напротив находился большой отель под названием *Ritz* с огромной вывеской на крыше. Множество деревьев, в ту пору без листьев, обрамляли центральную артерию проспекта. Перед отелем, немного слева, стоял какой-то обелиск, а чуть поодаль виднелся классический портик здания с колоннами. Движение было слабым — редкие автомобили и грузовики, вероятно, военные. Также было видно два или три больших фургона тёмного цвета с какими-то буквами, криво нарисованными на их кузовах. Мне не удалось разобрать написанное, помню лишь, что на одном было сказано что-то вроде *indios*[23]. Бросив взгляд чуть дальше вперёд, я увидел готические шпили храма, возвышавшегося на небольшом холме. Ниже располагалось другое здание, украшенное портиком с колоннами и статуями рядом с ним. Надо полагать, оно было немалых размеров, и уходило вправо, где терялось из виду, скрываемое кронами деревьев, некоторые из которых ещё не сбросили своих тёмно-зелёных листьев. Я бы продолжил осматривать окрестности, если бы вдруг откуда-то рядом с дверью не раздался шум. Я обернулся, предполагая, что вернулся Дюваль. Но нет — вошёл генерал Килинов, чем немало меня обескуражил. Я вспомнил предупреждение своего напарника-стража, но генерал не дал мне опомниться: зашагав в мою сторону с самой почтительной улыбкой, он приблизился и пожал мою руку, недолго подержав её в своей.

— Вы уже чувствуете себя лучше, доктор?

— Да, кажется так, — ответил я.

Он сел почти так же, как и утром, я последовал его примеру.

— А что ваш друг? Спит? Он здесь?

— Бонин? — не знал, что ответить я. — Да, он заходил, кажется, он где-то здесь...

— Бонин! Товарищ Бонин! — окликнул он, повысив голос.

Никто, разумеется, не ответил.

— Странно, — отметил я, чтобы что-нибудь сказать. Генерал встал, подошёл к спальне и ненадолго исчез в ней. Было слышно, как он открыл дверь в комнату Бонина и позвал Дюваля приглушённым голосом. Затем, вернувшись, он, встав у порога, констатировал:

— Его нет. Разве вы не заметили, как он ушёл?

— Нет, не заметил ничего. Возможно, я задремал в кресле. Быть может, он ушёл незаметно. Я даже не подумал об этом, поскольку с самого момента нашего прибытия в Мадрид он ни разу не оставлял меня.

— А товарищ Елена?

— Она только что вернулась в свою комнату. Мне позвать её?

— Нет, не стоит, — тут Килинов сменил тему. — Вам следует гордиться, — тут он предложил мне сигарету из своего золотого портсигара, — исключительно ради вас выделили человека столь высокого разряда, как этот Бонин.

— Вы так находите, генерал?

— Полагаю, вам не хуже меня это известно, доктор.

— Не думаю, ведь я так далёк от всего этого. Моя жизнь, моё призвание...

— Ваш проводник не сообщил вам, чем я здесь занимаюсь?

— О, нет. Если вы с ним знакомы, то, наверное, знаете, что он весьма немногословен.

— Доктор Ландовский! — отрезал он. — Я глава военной разведки в Испании. Оставьте эти церемонии! Хоть я и далеко от Москвы, я регулярно связываюсь с Центром.

— Вы меня ошарашили, генерал... я...

— Я прекрасно осведомлён. Я вовсе не делаю вид, что знаю больше, чем мне известно на самом деле. Однако у меня есть вполне определённые указания относительно вашей безопасности, не оставляющие места сомнениям: они спущены с самого верха. Не так ли? А такое случается нечасто, уж я-то знаю...

— Вряд ли они относятся к моей личности, я слишком незначителен. Скорее всего, они касаются моего задания...

— Да, верно, пожалуй, вашего задания... Ваша миссия очень важна, она определяющая... и рискованная безусловно, я знаю, знаю... и когда вас избрал для неё самый главный...

— Простите, но меня выбрал не самый главный... вернее сказать, не нынешний главный.

— Ах, Ягода...

— Именно, Ягода.

— Ну, он обычно не допускал ошибок. Вы близко с ним знакомы?

— В каком-то смысле. С недавних пор.

— Согласно моим данным, скоро он вернётся на свою прежнюю должность. Поговаривают, что Ежов серьёзно болен.

Я едва ли не подпрыгнул. В то же время я увидел, как зелёные глаза того человека впились в мои. Усилием воли мне удалось взять себя в руки.

— Возможно ли? — воскликнул я пересохшими губами.

Генерал Килинов в тот момент вырисовывал в воздухе причудливые завитушки дымом своей сигареты. Губы его сложились в острую, но загадочную улыбку. Не сводя с меня пристального взгляда, он наклонился и конфиденциально сообщил следующее, понизив голос до шёпота:

— И именно вас ему очень не хватает...

От шеи до самого низа по моей спине пробежал холод. Боже мой, да что же происходит? Не в силах более обладать собой, я поднёс палец к губам и, вероятно, задрожал. Я чувствовал себя героем романов Александра Дюма. Он выразительно изобразил осмотрительность и продолжил всё тем же низким, чуть свистящим голосом:

— Ладно, хорошо, доктор. Вы меня поняли? Вам же ясно, верно?

Я сделал жест, который можно было истолковать как угодно. На самом деле я находился в полнейшем замешательстве. Он добавил:

— Будьте спокойны. Приходите ко мне в любую минуту. Пока что соблюдайте осторожность. Как же нам поступить? Пишите всё, что посчитаете нужным, и оставляйте записки здесь, — он показал на место между сидением и подлокотником дивана, сунув туда пальцы. — Я буду каждый день заходить и забирать послание, если оно там будет. В случае чего-либо срочного дважды легонько постучите в дверь этой самой комнаты, когда он не видит. Договорились? — И сразу после этого он вновь заговорил громко, словно бы желая, чтобы его услышали в соседней комнате: — Что ж, доктор, не берите в голову. Я зашёл на минутку перед дорогой. Мне предстоит маленькое путешествие в несколько часов. Вам ничего не нужно?

— Ничего, генерал.

Он встал. Я хотел было сделать то же самое, но он потряс мне руку и быстро ретировался. В дверях он ещё раз простился лёгким движением и был таков. Мне не оставалось ничего иного, кроме как выпить коньяку. Кое-что, однако, вскоре стало ясным: Ягода и его сообщники полагали, что я исполнил его приказ, и что теперь Ежов был заражён палочками Коха. Но как? Действительно ли болен Ежов? Или он подыгрывал им, чтобы подзадорить заговорщиков, подстрекал их, дабы лучше раскрыть их умысел? Тем не менее не это больше всего волновало меня в ту минуту — важно было определить, как мне следовало вести себя в новых обстоятельствах. Для местных заговорщиков я также являлся заговорщиком. А Дюваль? Что делать с ним? Рассказать ему или нет? На кого положиться? Чью сторону занять в этой запутанной игре? Терзаемый этими вопросами, я услышал разговор за дверью, и спустя мгновенье повернулся замок и появился Дюваль.

Он подошёл, потирая руки с видом полного удовлетворения. Я наблюдал за ним, раздираемый колебаниями. Сказать ли ему?

— Дюваль, — обратился я.

— Бонин, доктор, Бонин, — поправил он. — Габриель, если хотите.

— Послушайте, пожалуйста!

Он почти не шелохнулся, точно я докучал ему.

— Послушайте, — настаивал я, — мне нужно сообщить вам нечто крайне важное.

— Ваша рана? Или вы о вашем лечении? Мне сказали, что опасность уже позади, нет никакого риска осложнений.

— Нет, я не про рану, послушайте, — я понизил голос, — это про генерала Килинова...

— Что случилось? — спросил он безучастно.

— Кое-что очень серьёзное, поверьте.

— Килинов заболел?

— Прежде всего — можем ли мы говорить здесь безопасно? — спросил я, снизив голос ещё больше.

— Вы что, хотите меня напугать? Говорите, здесь ещё нет микрофонов.

Я передал ему без лишних слов весь свой разговор с генералом. Он слушал меня, не выказывая никаких эмоций. Закончив, я уставился на него, пока наконец не придумал спросить:

— Не новое ли это доказательство? Было бы глупо, не правда ли?

Он рассмеялся чуть ли не громко, даже захлопал ладонями.

— Ну и везёт же вам, доктор! Вы невредимым проходите все испытания, как официальные, так и прочие. Поздравляю вас! Обо всём этом я уже знал. То есть почти обо всём, ибо кое-чего мне расслышать не удалось, лёжа под вашей кроватью. Он неглуп, но ему не пришло в голову заглянуть туда. По правде говоря, его попытки отыскать меня в другой комнате — чистой воды комедия. Он был убеждён, что я находился на улице, поэтому и пришёл к вам. Часовые на входе не заметили, как я вернулся, хотя стояли перед этой самой дверью.

— Но как же вы сумели?

— Очень просто. Я возвратился по коридору, скрываемый ширмой, которую несли два санитара. Двое славных юношей, изнурённые, остановились, дабы смочить свои сухие ладони аккурат перед дверью моей комнаты. Вы же понимаете, что я в Мадриде не один. Наше чудесное учреждение не такое уж бесконтрольное!

Он энергично вскочил и зашагал из стороны в сторону. Мой напарник казался нервным, возбуждённым, будто вновь очутился в своей стихии, напоминая собой породистого пса, которому на охоте наконец попалась на глаза долгожданная добыча.

Я осмелился отвлечь его вопросом:

— Так кто же, Бонин, меня ранил?

— Почему вы спрашиваете, доктор?

— Все утверждали, что это троцкисты, не так ли? Лишь генерал выразил сомнение. Ягода — троцкист, его сообщники — тоже. Как же они могут пытаться убить меня, своего, по их мнению, сообщника?

Дюваль на секунду озадачился, но вскоре нашёлся что ответить:

— Вас это удивляет? Разве не Ягода приказал вас убить? Насколько я понял, дело обстояло именно таким образом, правда?

— Да, в этом признался Миронов...

— И не сомневайтесь в этом. Пока вы живы, вы представляете угрозу их заговору.

— Быть может, я ошибаюсь, но сдаётся мне, что ваша дедукция немного подводит вас. Если всё в точности так, как вы говорите, зачем же тогда Килинову приходить и раскрывать себя, вверяя свою судьбу в мои руки? Думается мне, тут есть некое противоречие.

— Разве его судьба в ваших руках? Доктор, не будьте наивными. Всегда есть возможность сослаться на «проверку», не забывайте об этой технике, сударь. Я проверял, вы проверяли, он проверял, мы проверяли... Если он троцкист, то я должен знать об этом. Сказанные им слова можно единственно толковать индуктивным способом.

— Но случай со мной, моё ранение... — не унимался я, пытаясь пресечь его попытки уклониться.

— Ваш случай, доктор, — от начала и до конца троцкистский. Это официальное и неопровержимое заключение. Вы разве не слышали слова генерала о том, что виновник сознался?

— Да, но...

— Как вы смеете, доктор? Он признался перед судом! Никто во всём Союзе не вправе подвергать сомнению искренность и добровольность его признаний, и вы — тем более, доктор, — его глаза коварно и злобно заблестели.

И на этом прения прекратились. Но сомнения мои лишь усилились. Я окончательно запутался, потерявшись в этом тёмном лабиринте бесчисленных преступлений и предательств.

Ох уж этот дивный мир, сотворённый марксизмом!

XV
ЗАГАДОЧНАЯ ДУЭЛЬ КИЛИНОВ — ДЮВАЛЬ

Настало время ужина. Добрый доктор, ещё более снисходительный, чем я, разрешил мне есть без ограничений. Я действительно выздоровел. Трапеза была совместной. Дюваль был немногословен, но в хорошем расположении духа.

За столом он почитал несколько испанских газет, после чего перешёл к просмотру номеров «Правды». Даже не знаю, где он их достал. Елена занималась тем же. Я почувствовал лёгкую тяжесть в желудке, и, сам того не заметив, задремал, сидя прямо за столом.

Меня разбудил телефонный звонок. Дюваль, ворвавшись в мою спальню, одним прыжком оказался возле аппарата. Удивительным было то, что он не произнёс ни слова — он только слушал. Через несколько минут он положил трубку и вернулся на своё место. Но читать больше не стал. Он безусловно о чём-то раздумывал, направив свой рассеянный взгляд в потолок, туда, где растворялись дымные спирали его сигарет.

Телефонные звонки повторялись, и всякий раз он осуществлял тот же манёвр: молчал и слушал. Дважды или трижды, возвращаясь за стол, он что-то быстро записывал. Я искоса поглядывал на блокнот, в котором он строчил, но записи, по-видимому, велись стенографически, или же он пользовался шифром — склоняюсь к последнему.

Елена, погружённая в чтение «Правды», не обращала внимания на скачки Дюваля. Убрав свою небольшую тетрадь с заметками, он, обратившись к Елене, указал:

— Полагаю, тебе лучше пойти спать. Если ничего не поменяется, то завтра рано утром тебе необходимо будет уехать.

Елена, даже не спросив пояснений, отложила газету, попрощалась и вышла. Моё лицо, должно быть, выражало немало удивления, но Дюваль либо не заметил этого, либо не посчитал нужным этого делать.

Было около часа ночи, когда он спросил, хочу ли я спать. Я ответил, что нет, и это было правдой, ибо мой короткий послеобеденный сон совершенно меня взбодрил. Он же, напротив, уже зевал.

— Вот и замечательно, — сказал он, — тогда у меня для вас есть работа.

Далее он пояснил:

— Я заметил с каким недоумением вы наблюдали за мной каждый раз, как я подходил к телефону. Очевидно, оно было вызвано моим безмолвием, не так ли? Наш телефон вот уже несколько часов как подключён к ответвлению, сделанному на другом конце линии. Угадаете, чьей? Генерала Килинова, — он сделал паузу и затем продолжил: — Технически устроить это не составило труда: мой помощник сделал всё необходимое. Но он не знал, в кабель чьего телефона он врезался. Оно и понятно, иначе это могло стать слишком опасным. У меня нет официальных полномочий относительно Килинова. Я запросил их, но в Мадриде нет частной радиостанции ГПУ. Ближайшая из них находится за много километров отсюда, так как в черте города, как и у линии фронта, её легко обнаружить. Это означает, что приказы о мерах предосторожности — если они вообще поступят — придут не раньше, чем через два-три дня. Может такое случиться, что они не придут вовсе, потому что международное положение Килинова в данный момент может оказаться настолько выгодным, что Центр не захочет официально брать ответственность за осуществление контроля над ним — даже если его уже контролируют, и речь пойдёт лишь об ужесточении этих мер. Словом, в таких вот обстоятельствах нам приходится действовать. Разумеется, что с этой минуты я беру на себя всю ответственность, и, если нас раскроют, то отвечать за всё также буду я. Понимаете? Так вот, доктор, у меня нету под рукой подходящего человека, который был бы в курсе дела, и кто способен заменить меня, пока я сплю. Придётся это делать вам. До тех пор, пока Центр не устроит всё иначе, иного выхода я не вижу... Полагаю, вы возражать не станете, не правда ли? Конечно же, предупрежу, что выбора у вас нет. Работа несложная: микрофон трубки обмотан ватой. Как только раздастся звонок, не теряя ни секунды, поднимайте трубку и слушайте. Тем временем громко зовите меня, моя дверь останется открытой. Я немедля к вам присоединюсь, но до того момента старайтесь не пропускать не единого слова, в особенности имена. Вам всё ясно?

Поскольку выбора не было, мне пришлось покориться своей участи. Он ушёл в спальню, и я остался бдеть в ожидании звонков. Для удобства я прилёг на кровать и коротал время чтением. Прошло несколько часов. Около четырёх утра зазвонил телефон. Не успел и дважды простучать молоточек, как я стремглав снял трубку и начал слушать: голос, несомненно русский, пытался что-то донести до собеседника, но безуспешно.

— Крымов, Крымов, — повторял он. На другом конце кто-то громко кричал и одновременно, кажется, говорил с кем-то ещё. Затем послышались чьи-то шаги. Возникла пауза: вероятно, искали Крымова. Я вспомнил распоряжение Дюваля и позвал его. Но в тот же самый момент по телефону заговорили на русском. Я прекрасно всё понимал.

— Крымов слушает, кто звонит?

— Это я, узнаёте?

— Да, генерал.

— Послушайте, — повторил генерал, — почему вас так долго нет? Речь шла о простой подписи.

— Дело в том, — отвечал Крымов, — что он читает его.

Генерал разразился гневом:

— Как это? Читает? Зачем? Ему просто нужно подписать! Этот ломоть сыра вообще читать умеет? Немедленно идите к нему и заставьте подписать, я не собираюсь ждать ни минуты больше. Если будет упорствовать, повесьте его на красном поясе с его же толстого брюха! Чтобы через пять минут вы были здесь!

Раздался яростный щелчок, и связь прервалась, но Крымов продолжал звать собеседника, повторяя:

— Генерал, генерал!

Разговор пронёсся подобно молнии — мой рассказ о нём длился дольше. Не успел я повесить трубку, как заметил Дюваля, уже на ногах. Он смотрел на меня, опираясь на спинку моей кровати. Надо полагать, он дошёл босым, ибо шагов я не слышал. Одетый в пижаму, он тем не менее имел вполне бодрый вид. Не дожидаясь вопросов, я досконально передал ему всё, что слышал. Удовлетворившись, он даже соизволил дать некоторое объяснение:

— Скорее всего, это одна из многочисленных схваток между нашим командованием и республиканским, которое пытается сохранить лицо. Он сказал «ломоть сыра»? Ага! Речь идёт об одном испанском генералишке, командующем мадридским фронтом. Его многие знают. Форма его головы напоминает сырную. Кроме того, действует он так, будто она и вправду из него сделана. Это неважно, впрочем. А Крымов может быть Горевым, Скобельским, Вольфом... Наши позывные — сущий пандемониум. Крымов, Крымов...

Он уже собирался снова ложиться в кровать, когда я спросил его, следует ли мне звать его впредь. Высунув голову из дверного проёма, он ответил:

— Слушайте сами, и если услышите, что говорит Килинов, зовите меня, конечно. Если говорит не он, но дело важное, тоже зовите.

— А если будут говорить на испанском или другом языке, которого я не знаю?

— Да, да, в этом случае тоже, разумеется.

Он исчез, и послышался скрип его кровати.

За остаток ночи мне лишь дважды пришлось прослушивать чьи-то переговоры. Звонили извне, но люди были второстепенные, поскольку ответный голос указывал перезвонить утром после десяти. Я ограничился лишь тем, что записал озвученные имена, которых теперь не помню.

Около восьми Дюваль взял прослушивание на себя. Я очень скоро заснул, ибо сильно устал, и даже если кто-то и звонил, я этого не слышал. Пробудившись к обеду, я поел в кровати и вновь лёг спать. Мне хотелось выспаться наперёд на случай, если понадобится бодрствовать ещё одну ночь. Сквозь сон доносились шум звонка и стук трубки о телефон, но счёта я не вёл: хотелось спать. Проснулся под вечер. Пришла медсестра, чтобы заправить мою кровать. Дюваль всё время её торопил и велел не трогать свою постель. Очевидно, он хотел избежать присутствия посторонних при следующем звонке. На протяжении вечера, примерно до десяти часов, звонки шли один за другим. Дюваль отвечал на все, однако отгадать его реакцию на них было невозможно.

Елена всё это время не появлялась. Уже усевшись за стол, я позволил себе поинтересоваться ею:

— Она уехала этим утром. Разве вы не слышали? — разъяснил Дюваль.

Мы ужинали вдвоём. Уже после того, как убрали, я решил попробовать добиться от него какого-нибудь признания. Происходящее представляло для меня живой интерес, и мне захотелось что-нибудь об этом разузнать. Время кофе, напитков и сигарет — всегда самая подходящая минута для подобных откровений, поэтому я старался не упустить эту возможность.

— Долго всё это продлится? — закинул я удочку.

— Не думаю. Если только не поступят приказы об обратном.

— Полагаете, они поступят скоро?

— Я уже сказал, что точно не знаю. Скорость зависит от того, будут ли инструкции идти из Центра или из Парижа. В последнем случае они должны прийти сегодня или, самое позднее, завтра. Такое не исключено. Когда мы улетали, сотрудник нашего подразделения находился в Париже. Он, уверен, вполне способен их отправить. Я понимаю, что вам скучно. Я уже говорил, что всё в порядке.

— Поймите, я это не из праздного любопытства. Дело в том, что, если мне придётся заниматься этим продолжительное время, то я бы хотел избежать какой-нибудь серьёзной ошибки. А подобное легко может случиться, поскольку мне всё это — что китайская грамота. К тому же, если уж откровенно, я должен признаться, что с каждым часом опасения мои растут. Ведь, согласно вашим же словам, у нас нет никакой поддержки или защиты в противостоянии с Килиновым.

— Вас защищает его «дружба». Вы оба — «важные троцкисты», — тут он скорчил одну из своих типичных мин. — Вы можете придумать любую глупость: что вы ничего не знали, что вы прослушали только два-три звонка, что вы думали, что это была случайность или ошибка соединения... Правда, что в таком случае мне пришлось бы его застрелить. Или подвергнуться жестоким побоям. Предпочитаю первое. Естественно, что я бы не дал этим мадридским чекистам-любителям схватить себя. Не то, чтобы они недостаточно аккуратны, нет. Просто они будут бить до тех пор, пока не лопнет череп. Эти испанцы — люди простые и бесхитростные.

— Да уж, не самая радужная перспектива...

— Это точно, доктор. Но ваши старания... Неужели награда того не стоит?

Я крепко приуныл и, свесив голову, обречённо выпил, ибо лишь моя скука была соизмерима с моим унынием. Кто знает, быть может, скоро я смогу прогуляться по столицам Испании, Франции или Англии. Но вот знать это наверняка, наперёд — у меня никогда не было такой привилегии. Дюваль измерял шагами комнату. Дважды подходил к телефону. Второй раз переговоры затянулись, и он что-то записал. После он возобновил прогулку, погружённый в свои мысли, заметно сосредоточенный. Наконец, должно быть, отыскав решение, он уселся вновь и наполнил свой и мой бокалы.

— Доктор, вы помните, — начал он, — знаменитую ночь вашего «испытания»?

Я не сумел долее нескольких секунд вынести его взгляд. В то же время он, упоминая тот день, оставался безразличным, совершенно спокойным. У меня же покраснели даже ноги, и я вынужденно опустил взор. Я попытался изобразить какой-нибудь утвердительный жест, но не уверен, что у меня получилось. Он тем временем продолжил:

— Помните ли вы, о чём мы говорили? Я имею в виду то, что касалось Испании. Этот фрагмент, хоть и являлся частью «испытания», ложью всё же не был. Техника проверки предполагает, ради большего воздействия, оплетение частичной правдой ложной основы. Теперь я рад, что сделал так, поскольку это избавляет меня от необходимости пускаться в эти пространные объяснения сейчас. Вы безусловно помните, как я рассказывал о ведущейся здесь борьбе между разного рода теневыми силами. Первая из них, троцкизм, — назовём её так — вместе с союзниками борется против Сталина. В этой схватке принимаем участие и мы, и неслучайно. Не думаю, что вы были настолько простодушны, чтобы действительно поверить в то, что Мадрид — единственный город, где можно было вылечить вашу рану. То было лишь удобным мне предлогом для того, чтобы попасть в столь заманчивое место. И я вовсе о том не сожалею. Я подозревал, что враги Сталина воспользуются нашей испанской поездкой с целью установить связи с сочувствующими им правительственными и интернациональными элементами. Совсем не удивительно, что они, старые революционеры, дольше всех пробывшие за границей, располагают наилучшими возможностями, всеми необходимыми навыками для участия в испанской войне, которая сама по себе есть явление очень сложное. Даже тем, кому неизвестны подлинные причины расстрела Зиновьева и Каменева, уже очевидно то, что Сталин попал прямо в точку... Скоро случится нечто, что обнажит сей факт ещё больше, уверен. А пока что две стороны — Сталин с одной и Англия с союзниками с другой — ведут глухую, но непримиримую борьбу на испанской арене. Англии содействует Франция, и обеим помогают троцкисты, и это может представлять угрозу. Предположу, хотя доказательств тому нет, что в Испанию отправляют самых воинствующих врагов Сталина. Посему с таким яростным усердием они работают на победу лоялистов, что трудно отрицать. Однако есть одно условие: им нужно, чтобы их фракция в среде лоялистов извлекла наибольшую выгоду из общего триумфа, а если таковой невозможен, то чтобы правительство, которое придёт к власти, будь оно буржуазным, анархистским, троцкистским или смешанным, в своей внешней политике подчинялось Англии. Это условие *sine qua non*. Вы ясно понимаете? Это важно, и весьма вероятно, что так оно и выйдет, ибо подвластные им внутри страны силы гораздо могущественнее наших. К тому же, они рассчитывают на предателей с нашей стороны. Занятно получается: Москва поставила в Испании лишь на одну сторону, в то время как Лондон работает с обеими.

— Получается, что троцкисты...

— Троцкистская политика суть империалистическая политика. Английская политика тоже есть империалистическая политика. Но до поры англичане и троцкисты объединились, как если бы их империализмы были совместимы. В данный момент англичан и троцкистов следует рассматривать «волками одного поколения»[24], как говорят испанцы.

— А что испанцы в этой войне?

— Испанцы? А испанцы стреляют друг в друга на фронте.

Я едва ли не слово в слово помню все эти фразы Дюваля. В моём уме сохранилось почти всё, что он говорил. Я мог забыть что-то непосредственно после того, как услышал, но слова его оседали в моей памяти, подобно сеянным семенам. Возможно, смысл их в те дни ускользал, и понять их было трудно. Но сегодня я всё хорошо помню и понимаю.

Дюваль продолжал:

— У нас есть одно преимущество — вооружение. Только у Сталина есть достаточные его запасы. Это главный козырь, посредством которого он навязывает свою волю, оказывает влияние, множит и перевооружает свои силы. И как раз этого единственного козыря — оружия — нашего вождя нынче и пытаются лишить предатели. Уверен, что наше прослушивание не прошло даром! Любой другой, без моей мысли, которая мало кому пришла бы в голову, ничего бы и не заметил. Приказы и предложения о перевозках в то или иное место, якобы по военным нуждам, всё согласно самым строгим правилам стратегии — никто бы и носом не повёл, но не я. Не сомневаюсь, что прямо на этом столе я бы мог начертить точную карту пунктов назначения отправок нашего военного снаряжения. А ещё я бы нарисовал другую карту, отметив на ней центры сосредоточения сил нам враждебных, как по своему контингенту, так и командным составом. Так вот, если бы мы совместили обе карты, то неизбежно увидели бы, что они удивительным образом совпадают. А если к этому добавить некоторые указания, данные по телефону замечательным генералом Килиновым, то стало бы совершенно ясным, откуда ветер дует. Что скажете, доктор?

Он сиял, гордый и довольный собой. В ответ я одобрительно молчал со всем вниманием. Он продолжил:

— Я рассказываю вам всё это отнюдь не для того, чтобы похвастаться. Не привык этого делать, уж поверьте. Я отдаю себе полный отчёт в том, какому риску я себя подвергаю в данный момент. Но вы вовсе не в такой уж большой опасности, а скоро её станет и того меньше. Я объясню: раскрывая вам суть дела, я составляю своего рода предохранительное письмо. Уложите всё как следует в своей памяти — если я вдруг пропаду, попытайтесь вернуться в Москву и сообщить то, что я вам передал. Тем самым вы решите все ваши мелкие проблемы. Я не взываю к идеалам, которых у вас и нет. Речь идёт лишь о выгоде, вашей личной и вашей семьи. Уверен, этого вполне достаточно. Нет, ничего не обещайте! С меня довольно ваших обещаний.

Вспышка молнии, полная, может быть, презрения, гнева или ненависти или всего сразу, сверкнула в его глазах, едва не ослепив меня на короткий миг. Из каждой поры моей кожи словно потекли слёзы так, что мне пришлось стирать пот со своего лица. Я выпил стакан воды, что немного меня успокоило, и после закурил, пытаясь скрыть следы возбуждения и стыда.

— Вот и договорились, доктор. Вы послужите мне курьером. Это чрезвычайно важно, не забывайте. Теперь же перейдём к следующему этапу. Ранним утром я должен буду исчезнуть, прослушивание останется на вас. Будьте предельно внимательны, записывайте всё удобным вам образом, как получится, но старайтесь ничего не упустить. Потом же вам нужно будет донести на меня, никому иному, как Килинову...

— Как?! Что вы сказали?

— Успокойтесь! Не смотрите на меня так, я объясню. Около пяти утра я уйду: в тот час я ожидаю получить условный сигнал.

Подойдите сюда, — он подвёл меня к окну. — Видите тот фонтан в центре площади? Хорошо. Пока я буду у телефона, вы будете стоять здесь и тщательно смотреть в том направлении. Когда увидите, что остановился автомобиль и мигнул три раза фарами, немедленно дайте мне знать. Я тоже буду наблюдать с четырёх часов. Ясно? Вероятно, что, как и в прошлый раз, Килинов придёт к вам в ту же минуту, как узнает о моём отбытии. Говорите с ним так, как будто полностью ему доверяете, но пока ничего не раскрывайте. Когда он уйдёт, вернитесь к прослушиванию. Да! Сразу, как я покину вас, лучше всего устроить так, чтобы вы остались у себя в кровати рядом с телефоном. Держите наготове кусочек ваты — когда услышите, что он входит, подложите вату под трубку, дабы телефон не зазвонил, пока генерал здесь. Не стоит ожидать его раньше позднего утра, ибо он точно проведёт ночь где-то в другом месте: он договорился поужинать в десять часов с одной милой светловолосой медсестрой. Вы её помните... та, что была нескромна самую малость в своих чувственных движениях. Килинов — тот ещё бабник, и шанса не упустит. Он верит, что он неотразим с его дьявольским взглядом, дрожащим тенором и серебряными бакенбардами. В общем, если он навестит вас до трёх часов дня, ничего ему не говорите. Но уже после этого, когда засечёте его звонок куда бы то ни было, постучите условленным образом в дверь, спрятав перед тем все свои записи. А ещё лучше, постарайтесь держать все сведения в памяти, а в записях писать чужим почерком, положив их сюда, — он указал на окно, — в косяк, с внешней стороны, между рамой и окном — надёжное место. Когда придёт Килинов, скажите ему, что позвали его, поскольку заметили отклонение на телефонной линии. Вы, мол, сначала подумали, что это какой-то сбой, но затем заметили вату в трубке. Он должен сразу сообразить, в чём дело. Проверив и выяснив, что целью был его собственный телефон, он примется расспрашивать вас. Отвечайте, что я неизменно тщательно слушал всякий раз, как звонил телефон, записывал что-то, но большего вам не известно. Остальное предугадать трудно, я не знаю, как именно он отреагирует, но полагаю, что он бросится на мои поиски, чтобы устранить меня и тем самым скрыть своё участие. Наверное, для моей поимки он попробует задействовать «неподконтрольных» людей, им в действительности контролируемых. Но это неважно, так как будет уже слишком поздно. Я сделаю всё возможное, чтобы ускорить ваш отъезд. Не знаю, где именно, но будьте уверены, что мы встретимся вновь и очень скоро, я не покину вас надолго.

Ночь прошла без происшествий. Дюваль спал до четырёх часов, после чего приступил к наблюдению из окна. Телефон звонить отказывался, что очевидно указывало на то, что Килинова не было у себя. Около пяти Дюваль оставил свой наблюдательный пункт.

— Они уже здесь, — лишь сказал он.

Наспех накинув макинтош, он завязал пояс и надел небольшой берет. Пощупал что-то под левой подмышкой и сделал пару глотков коньяка. Затем прихватил с собой две-три пачки сигарет и, полный уверенности, бросил на прощанье: «До завтра».

Я остался один. Как и прежде в подобных случаях, ощущение свободы толкнуло меня к двери. Она выходила в широкий, слабо освещённый коридор, уходивший далеко в стороны. Напротив двери стоял мой, судя по всему, безоружный часовой, который на русском спросил меня:

— Чего желаете?

Я ответил, что ничего. Тот не шелохнулся. Уверен, что он бы тут же преградил мне путь, сделай я хоть шаг в сторону, но испытывать судьбу я не решился. Удовлетворив свой каприз, я закрыл дверь. Ни на секунду мои глаза не смыкались в то утро, впрочем, спать мне и не хотелось. Приключившееся со мной чрезвычайно меня взбодрило. Я много обдумывал эти события, пытаясь уяснить их себе. Тщетно. Всё это мне представлялось лишь более и более запутанным.

До начала одиннадцатого часа никто не звонил. Затем в трубке слабо зазвучали голос Килинова и ещё один женский, говорившие на французском. На минуту он прервал беседу, извинившись перед собеседницей, был слышен только её кашель. Вскоре он вернулся, и мне удалось отчётливо разобрать следующие слова:

— Приказываю развернуться и направиться в Бильбао.

Я их записал, как и содержание двух-трёх следующих звонков. Меня одолевало всё большее беспокойство, посему я заткнул микрофон и переместился на диван в гостиной — и прозорливо, поскольку ценою пары звонков у меня получилось спокойно встретить Килинова, который тотчас явился.

Осанясь, с внушительными телодвижениями, он вошёл и горячо поприветствовал меня.

— Ваш страж ушёл, не так ли? Около пяти, как мне сообщили...

— Да, — подтвердил я, — в пять.

— И как? Не заметили ли чего-нибудь необычного?

— Ничего, если самый его уход считать вещью обыкновенной: я полагал, что ему нельзя меня покидать.

— Надо думать, он получил приказ об обратном.

— Нет от вас ли? — самым невинным голосом спросил я.

— Конечно, нет. У меня нет таких полномочий. Известно, когда он вернётся?

— Точно нет. Он лишь сказал «до завтра». Однако, поскольку случилось это ровно в пять, сложно судить, имел ли он в виду день сегодняшний или завтрашний.

— Мне известно, что к вам никто не приходил.

— Верно, никто, кроме прислуги. Даже врач меня не посещал, хотя, впрочем, на вчера осмотр не назначали. Моя рана совсем уже зажила.

— В таком случае предположу, что вы тоже скоро нас покинете. Не скрою, что буду этому только рад, ибо хочу уже снять с себя ответственность за то, что может с вами произойти. Видите ли, здешние обстоятельства не способствуют принятию необходимых мер предосторожности.

— Да, если всё зависит единственно от моего выздоровления, то вполне вероятно, что мой отъезд уже не за горами.

— Кстати говоря, доктор, у вас есть семья? Сыновья? Дочери?

— Да, генерал. Сын и несколько дочерей...

— Прекрасно! Я бы хотел передать подарок вашей семье, что-нибудь на память о Мадриде и Испании. Думаю, трудностей на таможне у вас не возникнет.

— При выезде их не было. При въезде их также случиться не должно.

— Вот и славно. Я отправлю вам несколько сувениров сегодня же. Боюсь, у меня решительно не получится что-либо передать в последний момент, если вы вдруг уедете в моё отсутствие.

Мы ещё недолго поговорили о разных пустяках, и он, не задерживаясь, вышел.

Вновь оставшись один, я бросил взгляд на часы — было одиннадцать. Не единожды мне приходила в голову мысль убрать вату из-под диска, но всякий раз страх останавливал меня. Я считал каждую минуту, пока часы медленно двигали стрелку к трём.

Желая отвлечься, я опять начал наблюдать из окна за площадью и широким проспектом. Движения почти не было. С приближением мятежников к стенам Мадрида многие его жители, как мне сказали, вслед за правительством покинули столицу — разумеется, самые важные из них. Люди, которые попадались на мои глаза, имели вид весьма жалкий — они, конечно, не выглядели настолько ободранными, как в России, но одеждой своей весьма точно воссоздавали советские уборы. Правда, что в условиях климата Испании на её зимних улицах не возникали ходячие тюки из лохмотьев, которые в это время года можно увидеть в Москве, и в особенности в других областях, где люди, защищаясь от холода, укутываются во всё подряд. Смешнее же всего смотрелись лояльные солдаты, непременно с огромными пистолетами или ружьями, одетые столь пёстро и различно, что, если бы не оружие, то никто бы не догадался, чем они тут занимались. Они отличались от обычных граждан, безусловно, но и за солдат их принять было трудно. Каждый одевался так, как ему заблагорассудилось. Если что их и объединяло, так это любовь к красным тканям и густая растительность на головах и лицах, постриженная и причёсанная, как у настоящих паломников. Во Франции и Германии я не встретил ни одного бородатого лица. В Испании — ни единого выбритого. Кроме того, движения их были несколько развязными, чуть обезьяньими, что ли. Солдаты эти, как правило, были радостны и веселы, в отличие от гражданских, которые вели себя как-то неуклюже и настороженно, всё озираясь по сторонам при ходьбе, словно боялись, что их собьёт автомобиль. Быть может, эти следы страха и опасений появились от непрекращающихся обстрелов артиллерии мятежников, которые слышались то вблизи, то поодаль. Я не раз своими глазами видел недалёкий взрыв гранаты. Вероятно также, что они боялись бомбардировок авиации бунтовщиков. За время моего пребывания я стал свидетелем нескольких из них. Меня они волновали мало, потому что на нашем здании размещались ясно различимые эмблемы Красного Креста, и задеть его можно было только по ошибке. С другой стороны, их наличие успокаивало не так уж много, ведь я хорошо знал, что здесь действует не только госпиталь. Мятежники тоже могли прознать, что тут находится российское командование, и тогда приняли бы соответствующие меры. Больше всего утешал тот факт, что надо мной располагалось достаточно этажей, чтобы бомба не пробила их все сразу.

Короче говоря, развлекая себя наблюдением за группой из восьми-десяти солдат, которые, окружив двух прохожих и театрально нацелив на них своё оружие, производили обыск, я вдруг заметил, что стрелки часов отметили пять минут четвёртого. Спохватившись, я мигом оставил свой пункт. Секунду я мешкал, не зная, что делать, и второпях соображал своё положение, вспоминая данные мне инструкции. Убедившись, что я ничего не упустил, направился к телефону, вынул вату, блокировавшую диск, и стал ждать.

Телефон довольно долго молчал. Наконец раздался звонок. Началось. Говорил Килинов. Если не ошибаюсь, этот его последний разговор был на французском и касался каких-то артиллерийских планов. По его окончании я вышел из спальни. Некоторое время никак не мог собраться с духом. Выпив немного коньяка, мне удалось побороть свою нерешительность. Теперь я стал готов: подойдя к двери, я постучал условленным образом. Послышались удаляющиеся шаги часового, а чуть позже — звук приближающихся шагов.

Ждать не пришлось. Генерал Килинов был тут как тут.

— Вы звали меня, доктор?

— Да, я хотел сообщить вам кое-что. Оно, пожалуй, покажется вам глупостью, но может оказаться и чем-то важным.

— В чём же дело?

Я рассказал ему о телефоне в соответствии с инструкциями Дюваля. С момента его появления я внимательно следил за выражением его лица. Либо он был человеком совершенно непроницаемым, либо из меня выходил плохой наблюдатель, как бы то ни было, мне не удалось обнаружить ни единого признака встревоженности на его лице. Он дал мне закончить, после чего прошёл в мою спальню и осмотрел телефонный аппарат. Взяв трубку, он заглянул в микрофон, запустил туда мизинец и вытащил вату. Затем недолго послушал и повесил трубку.

— Подождём, пока кто-нибудь позвонит.

Мы сели вдвоём в соседней комнате. Он хранил молчание. Взгляд его блуждал по сторонам. Очевидно, он что-то вспоминал.

Мы выкурили едва ли не все имевшиеся сигареты в ожидании звонка, и в конце концов он зазвучал. Килинов стремительно подбежал и поднял трубку. Он закрыл глаза, слово стараясь сосредоточиться. Потом, положив трубку, он запросто сказал:

— Он подключён к одному из моих телефонов.

Он вернулся в кресло. Я сел напротив и изобразил вопросительную мину, которую с таким старанием принялся подчёркивать, что выражение моего лица стало почти испуганным. Но он не отвечал на мой немой вопрос, а наоборот, начал допрашивать, уже словесно. Он желал во всех подробностях знать обо всех манёврах Дюваля в последние дни. Вопросы его звучали холодно и неумолимо. Положение моё становилось шатким. Я ограничивался заверениями о своём полном неведении относительно всего этого, отметив только, что однажды случайно заметил, как мой приятель делал записи, которые напоминали собой шифр или стенографию. Он хотел знать, видел ли я, как Дюваль кому-либо что-либо передавал: медсёстрам, врачам, часовым — ему было известно, что никто чужой к нам не приходил. Я отвечал отрицательно, предположив лишь, что он мог делать это втайне от меня. Я категорически избегал каких-либо подробностей, но он требовал точных ответов.

Наконец он закончил свой долгий допрос и встал. Руку мне он пожал с некоторым чувством.

— Я вернусь, товарищ, — пообещал он. Впервые он назвал меня товарищем. Я воспринял это как знак уважения и благодарности и почувствовал облегчение, поскольку его уважение и благодарность означали мою безопасность.

Следующие несколько часов прошли без происшествий. Телефон не звонил. Я нервно шагал по комнате. Около шести явился врач, которого не было уже несколько дней — шрам от ранения в порядке.

Через полчаса пришёл Килинов. Вслед за ним с большим подносом вошёл русский солдат.

— Выпьем чаю, товарищ. Настоящего чаю.

Солдат поставил поднос и исчез, напоследок отдав честь и громко стукнув каблуками. Я не мог сдержать внезапный прилив гордости: между «нашими» солдатами и испанскими большевиками-любителями была удивительная разница. Мы отпили из своих чашек, и Килинов взял слово:

— Я доложил об исчезновении Бонина и запросил инструкций на ваш счёт. Ожидаю их прибытия с минуты на минуту. Париж пообещал прислать их к ночи, а она наступит уже совсем скоро, как видите. У меня не было никаких указаний за исключением тех, что касались вашей с ним безопасности. Его исчезновение всё меняет, мне пришлось обратиться за приказами. Если мне укажут, что вам следует продолжить пребывание здесь, я постараюсь сделать его как можно более приятным. Как вы смотрите на то, чтобы переехать в место получше? Подальше от фронта. Например, в один из роскошных особняков на Востоке. Испанские аристократы владели чудесными домами, и некоторые из них всё так же комфортны, как и прежде.

Я поблагодарил его в знак признательности, и позволил себе в свою очередь спросить:

— Столь ли в самом деле важны махинации Бонина и его побег… если это побег?

— Ещё не знаю, доктор. Пока что обстоятельства складываются не в его пользу, ибо его действия сильно напоминают работу шпиона. Но в таком случае на кого он работает?

— Должен сказать, что всё то долгое время, что мы находились вместе, он мне казался фанатичным коммунистом. Если всё это было комедией, то необыкновенно удачной!

— Да, в своё время он был у меня под началом, подчиняясь Тайной военной службе[25]. За короткое время он оказал немало важных услуг. Проницательный и отважный, у него чрезвычайно развитое воображение. Он ведь испанец, не знаете?

— Чилиец.

— Да, вроде того. Но это одно и то же. В любом случае, я не могу ничего обещать. Моя служба работает над этим. Скоро, полагаю, я что-нибудь узнаю. Если только не…

Он прервался, наполнил свою чашку и внезапно спросил меня:

— Вас не затруднит назвать мне цель вашего путешествия? Покинув Берлин, вы, предполагаю, должны были…

— Это нечто не оговорённое данными мне указаниями, — ушёл я от ответа. — В свете случившегося, мой генерал, я обязан делать то же, что и вы: ждать указаний.

— Конечно… разумеется… но… мы могли бы поделиться сведениями друг с другом. К примеру, здесь в Мадриде у вас было какое-то конкретное дело?

— Нет, совершенно нет. Тут я могу вас заверить. Если бы не моё ранение, я бы остался в Париже. Или же в случае выполнения задания уже вернулся бы в Москву.

— Ага! Так ваше задание было именно в Париже?

— Да, в Париже, — мне не оставалось ничего иного, как подтвердить. Я опасался, что сболтнул лишнего.

— И если бы не ранение, ваша поездка сюда не потребовалась бы?

— Абсолютно.

— Кому пришла в голову такая мысль?

— Точно не знаю, но, кажется, я припоминаю, как Бонин предложил её парижскому начальнику.

— Это уже немного проясняет дело. Не скажете ли, где находился Бонин, когда вас ранили?

— В Париже, конечно.

— Нет, я не это имею в виду. В каком именно месте он был в момент покушения?

— Ах! Я не знаю наверняка... Если я правильно помню, то в тот момент, когда я вернулся раненый в номер гостиницы, он также находился в ней. Дело в том, что он вошёл в мою комнату вскоре после меня.

— Не помните ли каких-нибудь ещё подробностей?

— Да, вроде бы они спорили с парижским начальником о точном времени...

— Начальник хотел знать, где тот находился во время покушения?

— Нет, определённо не так. Скорее Бонин упрекал его за то, что тот не принял срочных мер по усилению моей охраны, ибо Бонин лично предупреждал его о возможном нападении троцкистов.

Минуту он размышлял.

— А вы считаете, что это были троцкисты?

— Если быть честным, генерал, я не вполне понимаю, что такое эти троцкисты. У меня нет никаких политических пристрастий. Меня не занимает внутренняя политика партии. Признаться, я никогда ни слова в ней не понимал. Я просто-напросто принимаю и следую официальному курсу. Исполняю беспрекословно.

— Хорошо... Но вряд ли вы отрешены настолько, что вас не волнует, имеет ли ваш случай отношение к троцкизму.

— Для этого мне следовало бы знать, что такое троцкисты и кто они, но это, судя по всему, слишком трудно объяснить. Троцкистский фронт столь широк, как я слышал, что эти троцкисты служат и Гитлеру, и Муссолини, и Чемберлену, и Пуанкаре. Все эти имена, кажется, тем или иным образом фигурировали на всех громких процессах в Союзе.

— Да, — улыбнулся он, — вещь немного запутанная, тут много участников. Но что ваш личный случай?

— Это не тот случай, когда всё можно списать на троцкистов.

— Тогда... правые?

— Да, скажу вам по секрету: правые, ультраправые.

— Прекрасно, доктор, не бойтесь. Это сужает круг подозреваемых. Давайте подумаем. Если это не дело рук троцкистов, то вы должны согласиться, что у троцкистов, рассуждая логически, нету логического интереса вас устранять, не так ли?

— Такой вывод мне видится вполне очевидным. Но тогда кто?

— Сложно ответить категорически. Не исключено, что этот вопрос прольёт свет на происходящее здесь, или наоборот:

местный шпионаж прояснит историю с покушением. Предположение о связи этих двух вещей представляется мне весьма рациональным.

— Пожалуй. Однако я воздерживаюсь делать выводы столь тонкие, как ваши, генерал.

— Одно уточнение: когда вам было поручено дело? Вы помните точно?

— Да, конечно. В первых числах сентября.

— Ещё одно: кто отдал вам приказ?

— Следует ли мне распространяться об этом?

— Эта мелочь ничего по существу не сообщает о деле как таковом, посудите сами. Кто именно из начальства это был? Шпигельгласс?

— Я никогда не слышал это имя.

— Но вы знаете, кто отдал приказ?

— Разумеется, я знаю, кто это.

— Оставьте сомнения. Видите ли, это влияет даже на вашу личную безопасность.

— Хорошо, генерал. Это был нарком внутренних дел собственной персоной.

— Ежов?

— Нет.

— Ягода?

— Верно.

— И вы не получали никаких встречных указаний, были ли какие-нибудь изменения впоследствии, в Союзе или за его пределами? Противоречило ли что-либо изначальному плану, который он для вас составил?

— Отнюдь. Дело осталось без изменений. За исключением разве что несущественных частностей всё шло в соответствии с данными мне инструкциями. Нет, они ни в малейшей степени не поменялись. Если бы не моё ранение, уверен, что через день-другой я бы выполнил миссию, а до тех пор я не получал ни единого приказа, хоть на йоту отступавшего от плана, очерченного Ягодой.

— Очень хорошо, замечательно. Хотя и не без усилий, но полагаю, мы всё же подбираемся к правде.

В этот момент зазвонил телефон. Он взял трубку. Всё, что мне удалось услышать, это пара односложных ответов. Он прервал связь и позвонил сам. Его слова на русском были примерно следующие:

— Может вернуться в любой момент... Будьте крайне бдительны у входа... Всё в порядке. Проследите за ним досюда, но на расстоянии, чтобы он ничего не заметил... Да, сто двенадцать... Прямо здесь.

Килинов повернулся ко мне с очень довольным видом.

— Похоже, что он вернётся. Кто-то звонил ему. Мне передали сообщение для него, в котором говорится, что следует ожидать новостей к двенадцати часам. Кажется, он сказал собеседнику, что позвонит ему отсюда сегодня ночью.

В этот момент на его лице ясно читалось удовлетворение.

— В любом случае, — продолжил он, закуривая, — я предполагаю, что он вернётся. На то указывает этот телефонный звонок. Он придёт сам.

В его глазах сверкнула искра, подобная блеску кошачьих глаз в темноте. Он нахмурил лоб, что у него, надо думать, являлось признаком хорошего настроения. После он позвонил по телефону, и явился уже знакомый солдат и принёс несколько бутылок и смеситель для приготовления коктейлей. Он разложил посуду на столике и приготовил нам коктейль. Названия я не помню, в нём было много ликёров, вишня и имбирь.

— Вам понравится, — уверил меня генерал, подавая бокал.

Напиток и впрямь оказался приятным на вкус, пробирающим. Он выпил вместе со мной.

— Половина девятого. — сказал он. — Думаю, что смогу уделить вам ещё немного времени. Итак, Ягода поручил вам задание. При этом никаких встречных указаний вы не получали. Вы выполняли это задание, когда вас постигло злоключение. Всё верно?

— Если кратко, то да. Всё так.

— И вот покушение на вас… Не находите ли вы, что самой верной мыслью является приписать его кому-либо, заинтересованному в том, чтобы помешать исполнению вашей миссии?

— Соглашусь, что у подобного подозрения есть логические основания.

— Скажите-ка, ваша интуиция или чутьё, назовём это так — не указывали ли они вам на кого-нибудь из круга людей, вам знакомых?

— Однозначно нет. К тому же, я вскоре узнал, ввиду его собственного признания, кто во всём виноват. Зачем мне было пытаться раскрыть его, если он сам себя раскрыл?

— Вы имеете в виду парижского начальника?

— Да, вы же сами сообщили о его признании.

— Да, я говорил такое… Но давайте проведём мысленный эксперимент: забудьте на секунду об этом известии. Считайте, что я ошибся или соврал. А теперь вернитесь к своим воспоминаниям. Поместите себя в тот самый момент, когда произошло ранение. Медленно возвратитесь к тому мгновению. Сосредоточьтесь, вспомните все свои самые мимолётные мысли в первые несколько секунд, когда вы едва успокоились… Кто приходил вам на ум в качестве подозреваемого?

В эту минуту Килинов казался улыбающимся Мефистофелем. Я почти догадался, к чему он хотел меня подвести. Обнаружив смущённую непонимающую мину на моём лице, он продолжил:

— Поверьте, это очень важно. Мой опыт, а также некоторые мои исследования привели меня к убеждению о необычайной важности мимолётных мыслей жертв в первые мгновения после нападения. Довольно высок процент тех, кто отгадывает насильника, если они были знакомы прежде. Сложность в том, что почти всегда этот образ стирается из-за внешних влияний, в силу непроизвольного или умышленного внушения со стороны тех, кто, по мнению жертвы, способен лучше справиться с расследованием. Но будьте уверены, что интуиция жертвы даёт подсказку, у неё случается прозрение во время нападения, если в его результате не нарушаются умственные способности. Уверен, что психологическое давление агрессора превращается в мощное телепатическое излучение, которое «затопляет» жертву и проникает в её сознание в тот самый момент, когда пуля или другое оружие пронзает тело. Убийца — источник излучений. Жертва — приёмник, чья чувствительность умножается ранением.

— С научной точки зрения ваша теория представляется мне крайне занимательной, генерал... Но в моём случае, учитывая применённый метод, миг обострения моей «чувствительности» не совпал с моментом, когда преступник совершал действия, приведшие к моему ранению. Предполагаю, вам известно, какая техника была использована?

— Да, я знаю. И даже знаю, кто её изобрёл. А вы?

— Не имею представления.

— Изобретатель — сам Габриель.

— Он не говорил мне такого, хотя именно он описал мне принцип работы устройства. Кстати говоря, сейчас я вспомнил, как ему пришла в голову мысль об одном усовершенствовании ввиду низкой вероятности поражения жизненно важных органов. Как вы знаете, я избежал смертельного ранения лишь благодаря спонтанному движению, которым сместил сердце с линии огня.

— Всё это очень любопытно. И какое же усовершенствование он предложил?

— Очень простое — отравить пулю, — необдуманно признался я по инерции, о чём тут же пожалел.

— Интересно! — воскликнул он и задумался. — Бонин, убедившись, что вы избежали смерти, тут же придумывает улучшение, которое, будь оно применено в вашем случае, убило бы вас наверняка. Не так ли?

— Выходит, что так.

— Прелюбопытно! Не находите? Разумеется, никаких вещественных доказательств мы из этого не получаем. Но зато для предположений возникает немало оснований. Вы так не думаете?

— Какой же вы делаете вывод?

— Никакого, пока что никакого. Но если Бонин окажется предателем...

— Троцкистом?

— Фашистом, если хотите отличать фашистов от троцкистов.

— Но что скажете вы?

— Что если он окажется фашистским шпионом — а случай с телефоном его выдаёт — то тогда у нас появится возможность уделить внимание заказчику и исполнителю покушения. В этой истории и так уже слишком много троцкизма, чтобы всё объяснялось им одним!

Я предпочёл на всякий случай уточнить:

— Вы хотите сказать, что если Бонин предатель, то, значит, он и организовал моё покушение?

— Например.

Я осмелился заметить с иронией:

— А если он не предатель, то — нет?

Он вновь взглянул на часы. Я посмотрел на свои. Мои часы представляли из себя громоздкий механизм с серебряной пластиной. Их выдали мне в посольстве вместе с одеждой и вещами. Наверное, своим видом они напоминали те, что носил настоящий Зелинский.

— Что это, доктор? — спросил генерал, указывая на мой хронометр. — Какая знатная антикварная вещь! Не хотите золотые? У нас их целая коллекция. Я пришлю вам хороший экземплярчик.

Уже в дверях он предупредил, что вернётся после ужина.

— Выпьем по бокалу шампанского, пока ваш друг не вернётся.

Сложно было не заметить иронии, вложенной им в слова «ваш друг».

Я остался с мыслью, что мой собеседник являл собою личность, пожалуй, необыкновенную. Характер его соответствовал его манере преподносить себя. Скупая, но выразительная мимика; жесты непременно вырисовывали тонкие и витиеватые линии; тембр и выговор — нечто очень своеобразное, странное, но чрезвычайно ярких оттенков. Ясно было одно: он питал смертельную ненависть к Дювалю, достойную лишь той, что чилиец в свою очередь испытывал к нему. Достойные противники, воистину. Будь я простой зритель, каким же увлекательным спектаклем предстала бы мне их взаимная борьба!

Килинов появился около одиннадцати. В это время я, уже поужинав, наслаждался чашкой кофе. Чуть позже показался и его посыльный с бутылкой шампанского. Мы беседовали и начали пить после того, как шампанское в достаточной степени охладилось. Не углубляясь в какой-либо отдельный вопрос, он рассказывал о всяких происшествиях и забавных случаях из испанской войны. Однако я заметил, что он внимательно наблюдал за мной, склоняя к возлияниям.

— Пейте, пейте, у нас есть ещё.

Было нетрудно догадаться, что он пытался развязать мой язык той ночью. Но кое-что нарушило его планы. Посыльный, покинувший нас некоторое время назад, вдруг вернулся с запечатанным конвертом. Килинов тут же вскрыл его и прочёл. После отпустил гонца.

— Кое-что о вас, — сказал он.

— Могу я знать?

— Приказ об отправлении.

— Куда?

— Без указания пункта назначения. Но вы точно покинете Испанию. Если бы вас переводили в другой город подконтрольной нам зоны, меня бы о том известили, поскольку в этом случае вы остались бы в моей юрисдикции. Вы полетите на самолёте. Следовательно, через Францию. Но неизвестно, останетесь ли вы там или продолжите путь дальше.

— А что Бонин? Ничего?

— Пока ничего.

— То есть вы не знаете, кто будет моим... сопровождающим?

— Совершенно. До тех пор, пока он мне не представится.

— Вы же понимаете, что мне от этого немного неспокойно. Побег — полагаю, это можно назвать побегом — моего стража вызывает во мне известную тревогу.

— Мы делаем всё возможное, чтобы найти его, поверьте. Здесь не Союз, местная разведка очень посредственная. К тому же расследование приходится вести сразу в нескольких направлениях. На основании того, что известно сейчас, мне не представляется возможным верно определить организацию, от имени которой он действует.

— Разве не фашисты? Мне бы хотелось что-нибудь заключить из всех этих фактов. Кто, как не они, заинтересованы в шпионаже за вами, генерал? Вы так не думаете?

— Гипотеза небезынтересная, доктор. Но если вы поразмыслите, то вам станет ясно, что дело может оказаться гораздо более запутанным. Вы же в курсе «дел» в Союзе. О чём-то вам известно непосредственно.

Килинов умышленно подчёркивал свои слова. Однако мне сложно было себе уяснить, на что именно он намекал: покушение, цель моей поездки или... московские «дела». Тем не менее я сделал сметливый жест, как будто он мне этим всё объяснил. И генерал продолжил:

— Для фашиста подобное выглядит чересчур смелым. Нет, невозможно. Я неплохо знаком с прошлым Габриеля. В нём достаточно фактов, чтобы отправить его на виселицу.

В этот момент зазвонил телефон. Приняв звонок, Килинов несколько минут слушал и затем сказал:

— Направьте его сюда.

Я почувствовал, как заколотилось моё сердце. Это Дюваль? Но Килинов, повернувшись обратно ко мне, не проронил ни слова.

— Новости о Бонине? — я отважился задать вопрос.

— Нет, не думаю. Срочное сообщение.

В дверь постучали. Килинов разрешил войти, и появился солдат, на вид русский, отдал честь и, встав по стойке смирно, протянул конверт. Генерал приказал ему уйти. Раскрыв конверт, он вытащил из него маленький клочок бумаги и, слегка откинувшись, принялся внимательно читать. Пару раз он доставал из кармана крошечную записную книжку и сверялся с ней. Затем, отложив бумажку и блокнот, он вновь приблизился ко мне.

— Кое-что насчёт вашего друга.

Слово «друг» заставило меня вздрогнуть, но он не заметил моей судороги, поскольку я сильно, хотя и непроизвольно, закашлял.

— Напали на след, генерал?

— Похоже на то. Это меняет дело. Нет, не думаю, что наш подозреваемый фашист.

— Кто же тогда? — спросил я, как можно ярче изображая удивление на своём лице.

— Я ждал этой подробности перед тем, как поговорить с вами, товарищ, — Килинов принял серьёзный вид. — Но давайте выйдем и переместимся в мой кабинет.

Он сделал несколько шагов в сторону двери и взялся за ручку.

— Без этого никак? — спросил я, едва сдерживая свою тревогу. — А если он вернётся и не найдёт меня?

Килинов спокойно посмотрел мне в глаза.

— Ну что вы, доктор. Он не вернётся, а если и вернётся... — и больше он не добавил ничего, при этом последнее слово произнёс очень странным тоном.

Мы вышли в длинный коридор. Он отдал какие-то указания часовому, которые я не расслышал. Тревога то и дело усиливалась. Мне уже виделось, как меня «допрашивает» шайка головорезов из ГПУ. Я всегда считал своё сердце крепким и здоровым, но если бы я продолжил вести такой образ жизни, то определённо заработал бы сердечное заболевание. Путь до комнат генерала, казалось, занял считанные секунды. Я даже не успел понять, был ли это тот же этаж, поскольку с трудом отдавал себе отчёт. Осознание пришло уже позже.

Мы вошли. В первой комнате находились двое или трое, но мне не удалось их разглядеть, ибо мы быстро её пересекли. Да и было не до этого. Зашли в соседнюю комнату, там стоял один человек, который, увидев нас, тотчас вытянулся по стойке смирно. Наконец мы вошли, следовало полагать, в его личный кабинет. Он предложил мне сесть. До сей поры поведение его было корректным, даже уважительным, но доверия оно тем не менее не внушало. Он, должно быть, ловко и умело проводил допросы, не прибегая к жестокости. Я был в этом абсолютно уверен. Но занял своё место с удовольствием: усталость было такой, словно мы прошагали вёрст пять, не меньше, пока шли сюда. Первым делом Килинов предложил выпить. Я охотно согласился, так как во рту пересохло, и употребил с неподдельной жадностью. Мы оба закурили, и после короткого молчания он заговорил тихим и вместе с тем чётким и ясным голосом.

— Доктор, у меня есть сообщение для вас. Оно не такое радостное, как хотелось бы, но ничего не поделаешь. Состояние Ежова ухудшается, — он сделал паузу, и в смотрящих на меня глазах сосредоточилась вся его воля. Я чувствовал себя так, словно вдохнул целый баллон с кислородом. — Сей факт гарантирует вам лично… Вы понимаете?

— Естественно — согласился я и широко развёл руками.

— Я знаю, что вы не из наших. Точнее, были не из наших. Теперь же обстоятельства поменялись. Ваше благоразумие, ваши слова — всё просто замечательно, доктор. Уверен, скоро вы будете несказанно рады, что поступили таким образом, в особенности, если учитывать ваше обнаружение и донесение о нём — что тоже крайне важно. Вероятно, сейчас вы ещё не способны измерить значение этих событий, но, скрывать не стану, оно может оказаться огромным.

— А что же Бонин? Он предатель?

— Хуже… как мне представляется в настоящее время. Он однозначно не фашист. Из полученных мною сведений стало ясно, что из Центра не поступало приказов относительно их аппарата во Франции. За последние два часа ничего не поменялось. Я сразу же доложил в Москву о его побеге. Будь он фашистским шпионом, то проще всего было бы, как оно без исключений происходит в случае раскрытия предательства, моментально изменить всё, о чём ему известно за границей. Такое всегда делается молниеносно. В этот раз, однако, хотя и прошло уже немало времени, не было внесено ни малейшего изменения. Бонин не является предателем НКВД.

— И что тогда? Бояться нечего!

Килинов посмотрел на меня непонятным взглядом.

— Нечего? Или всего.

Борьба была неравной, но я нашёл самым уместным изобразить удивление в ответ. Килинов почти любезно улыбнулся.

— Позвольте заметить, доктор, что вы не вполне понимаете, что происходит. Сейчас не лучшее время для отвлечений от основного предмета. Быть может, вам лучше и дальше многого не знать для собственного же покоя.

— Разумеется. Я вовсе не любопытный. Хотел лишь сказать, что, если Бонин не предатель, то это значит, что у меня не должно возникнуть трудностей там в Москве.

— Очевидно, конечно. Всё же я думаю, что рядом с этим человеком ваша безопасность под угрозой. Как жаль, что мне нельзя покидать Испанию. Этот случай интригует меня необычайно. Что-то мне подсказывает, что тут всё намного серьёзнее, чем обыкновенное прослушивание телефона. В конце концов, в разведке, как и во всём госаппарате, все шпионят и подслушивают друг друга, но здесь... Ещё и это покушение на вас, доктор... Во всём этом есть нечто несообразное и необычное...

— Покушение на меня? — перебил я, не в силах удержать себя.

— Да, ваше покушение. Оно не укладывается в голове, поверьте. У меня есть некоторые начальные соображения. Если бы я только мог хотя бы на день отправиться в Париж, я бы сказал вам...

— Генерал, поймите же, мне не совсем ясно.

— И неудивительно. Ведь речь идёт о вещах технически очень сложных. Даже нам порою не под силу осуществить подобное. Только если обстоятельства благоволят, и можно использовать все необходимые средства в подходящем месте.

— Если я могу быть чем-нибудь полезным, генерал... — решился намекнуть я.

— Конечно, доктор, поэтому я привёл вас сюда. Вы своевременно и честно обо всём рассказали. В свою очередь я гарантирую вам безопасность, как здесь, так и где бы то ни было. Я ещё не знаю, кто ваши враги. Но вскоре рассчитываю выяснить, откуда исходит угроза, будьте спокойны на этот счёт. Пока что для нашего обоюдного блага я хочу попросить вас об одном одолжении...

— С удовольствием, генерал. Чем могу помочь?

— Послушайте — тут он ещё больше понизил голос. — Предполагаю, что вероятнее всего вас отправят в Париж. Учитывая место и обстоятельства покушения, я заключаю, что вы располагаете определённой свободой действий. У вас получится позвонить другу?

— Думаю, да. В прошлый раз у меня была такая возможность.

— Замечательно. Запишите на бумаге, — он продиктовал мне числа, которые я записал. — Добавьте Mic. Позвоните по этому номеру и на русском спросите Голдсмита. Нет! Не записывайте фамилию, сохраните её в памяти. Вы же запомните, не так ли? «Золото» — его много на Западе, особенно во Франции.

— Что-нибудь ещё?

— Да, ещё кое-что. Договоритесь о беседе с тем, кто ответит вам по телефону. О подробностях вы условитесь на месте в зависимости от обстоятельств. При встрече вручите ему конверт, который я вам дам. Он будет прикреплён к подкладке чемодана, приготовленного мною для вас, на самом дне. Не беспокойтесь. Конверт необходимо вручить во Франции. В нём ничего особенного, но всё же, если встретиться с тем господином не получится, то уничтожьте конверт вместе с содержимым до возвращения в Россию.

— Мне всего лишь нужно передать ему этот конверт?

— Это самое важное. Но вы в полном праве рассказать о том, что случилось здесь с вашим спутником, если ваш собеседник начнёт интересоваться частностями. Если посчитаете нужным, доктор, вы также можете рассказать обо всём, что с вами произошло.

— О покушении?

— О покушении, конечно. Но также и о вашем задании, о происшествиях...

— И о самом важном?

— Важном? Что вы имеете в виду?

— К примеру... болезнь Ежова.

— Да, да, разумеется. Вам о ней известно. Вам о ней очень хорошо известно... гораздо больше, чем вы себе представляете. Говорите, говорите с ним со всем доверием. Однажды вы всё поймёте, и тогда не пожалеете, что в тот день были полностью откровенны. Знайте, что после этой беседы вы получите защиту и помощь в любом уголке мира, не сомневайтесь. Полагаю, меня трудно назвать человеком шутливым или склонным к преувеличениям. Можете рассчитывать на эти протекцию и поддержку так же твёрдо, как уже сейчас можете положиться на мою дружбу.

Я поблагодарил его. Мы выпили ещё пару раз и после простились. Он подошёл к двери, и по его приказу один из его помощников проводил меня.

— До встречи, доктор. Сейчас вам принесут багаж.

И действительно, через полчаса посыльный принёс мне чемодан с полметра длиной, а также для меня лично — великолепный кожаный футляр с часами. Они и вправду были хороши: золотые, тяжёлые, не слишком громоздкие, на обеих сторонах крошечные зелёные камушки образовывали собой своего рода орнамент или фигурку. А очаровательный маленький чехол из кожи был искусно расшит. Я изучил содержимое чемоданчика, ключ от которого висел на верёвочке, затянутой на кольце от замка. Внутри находилась женская одежда, лёгкие прозрачные вещи, а также шёлковые чулки. Я представил, как обрадуются мои дочки. С упоением я воображал, как они будут ходить по нашей комнате в Москве, наряженные, как парижские леди. Выходя же на улицу, они вновь будут переодеваться в свои лохмотья. Мой дом в Москве будет местом вечеринок.

В ожидании раннего выезда я немедленно лёг спать. Но заснуть оказалось решительно невозможно. Тем не менее я не вставал с кровати, поскольку хотел отдохнуть хотя бы таким образом.

Позвонил Килинов.

— Вы должны быть готовы, — сказал он. Я заканчивал укладывать вещи в чемодан, когда он зашёл.

— Приходил ли Бонин?

— Нет. Есть несколько зацепок, одна из них кажется довольно обещающей, но всё же пока мы его не обнаружили.

— Разве вы не ожидали его появления этой ночью?

— Но он же не пришёл. А тот, кто ему звонил, не подаёт признаков жизни.

— А что я? Кто будет меня сопровождать?

— Пока не знаю. Мне лишь известно, что у вас будет сопровождение.

— Ещё бы! — хвастливо улыбнулся я.

— Это точно. Ах, как вам часы?

— Они превосходны, генерал. Большое спасибо! Не хотите поручить мне передать что-либо на родину?

— Нет, благодарю вас. Я лишь хочу, чтобы вы бережно хранили их как воспоминание обо мне.

— Обещаю.

— Вы готовы?

— Готов, генерал.

Он тут же ушёл.

Около четырёх утра послышались гулкие шаги в коридоре. Килинов пришёл в сопровождении двоих. Их он не представил. Двое мужчин в униформе цвета хаки с огромными пистолетами. Русские, судя по их речи. Знаки отличия на них отсутствовали, или я их не видел. Лишь на воротнике красовалась крылатая эмблема. В их поведении в отношении Килинова не было и капли угодливости. Я вновь сравнил их с несчастной испанской милицией.

Поскольку я уже собрался, меня пригласили выйти. Тогда вошли двое солдат и взяли мой багаж. Мы долго шли по широкому длинному коридору. Чуть спустя Килинов остановился. И мы вслед за ним. Он приоткрыл одну из дверей и попрощался с двумя военными. На его лице промелькнула тень обеспокоенности. Мои проводники по-военному строго поприветствовали тех двоих, и мы продолжили путь. Коридор казался бесконечным. По дороге мы столкнулись с несколькими санитарами и двумя-тремя людьми в форме. Вышли к лестнице и стали спускаться. Оттуда моему взору открылась часть большого освещённого помещения. Достигнув последнего пролёта, я увидел его целиком: роскошный зал, просторный и красивый, со множеством входов и выходов, обилием арок и ламп. Мы спустились по ступенькам, и у выхода к нам присоединились ещё несколько человек в военной форме. Один из них, уже на улице, обратился на русском к одному из моих конвоиров. Одет он был иначе: на головном уборе размещалась звезда, отличная от советской, белая и блестящая, с бóльшим количеством вершин — испанская звезда. На лице — очки с толстыми стёклами в чёрной оправе и рыжеватые усы. Он, по-видимому, не брился последние дни, ибо его густая рыжая щетина скрывала скулы и подбородок. На поясе висели два огромных пистолета.

Меня ожидал закрытый автомобиль: чёрный, просторный, мощный. Его окружали несколько солдат, несомненно испанцев, вооружённых необычными короткоствольными ружьями с очень толстыми, словно усечёнными, стволами.

Я сел в машину. Рядом со мной уселся мужчина с белой звездой. Двое других сели спереди. Ещё один человек разместился сбоку от водителя — итого шесть. В левое окно было видно, как испанские солдаты вприпрыжку забирались в две большие машины с крытым кузовом, внутри которых уже находились люди. Мы тронулись. Одна из тех двух машин обогнала нас и зажгла мощные фары. Другая освещала нас сзади, так что яркий свет её фонарей проникал в наш салон через заднее стекло. Мы спускались по склону. Хотелось не упустить ни одной мелочи. Должно быть, мы объезжали кругом фонтан, который мне так часто виделся из окна своей комнаты, и повернули налево. Через некоторое время в свете фар на секунду показалась ещё одна статуя недалеко от нашей дороги. Мадридские улицы, очень широкие, пустынные и тёмные, с многочисленными деревьями имели особенный призрачный вид. На какое-то время огонь фонарей высветил на впечатляющих размеров плакате гигантское лицо Сталина с неестественными чертами. Ленина с ним не было. Очевидно, что для испанцев не имел значения тот факт, что эти два революционера всегда были вместе, подобно сиамским близнецам.

В салоне царила мёртвая тишина. Я оглядел своих конвоиров и забеспокоился. Эта троица, прижав пистолеты к бедру, сосредоточенно и пристально всматривалась в окна, каждый в свою сторону улицы. Было ясно, что они опасались нападения, ибо для обыкновенной привычки такое выглядело чересчур театральным. Позднее мне объяснили, что наш автомобиль был похож на министерский. Анархисты были, так сказать, неразборчивы. Они не питали большой любви к роскоши, а уж к Советскому Союзу — и подавно.

Скоро я заметил, что тени зданий уменьшились, они стали попадаться реже, а затем почти исчезли вовсе. По-видимому, мы уже находились за пределами Мадрида.

Я был всецело погружён в свои мысли, пытаясь сообразить своё положение, едва ли не забыв о происходившем вокруг, как вдруг мы остановились. Рассеянный свет освещал густой туман. Я посмотрел вперёд — машина, следовавшая впереди нас, также затормозила. Её пассажиры, энергично размахивая руками и ружьями, должно быть, с кем-то спорили по поводу сумок, лежавших у них под колёсами.

Мой сосед со звездой в нетерпении опустил стекло и высунул голову, пытаясь выяснить причину остановки. Тут я смог различить большой фургон, который, встав поперёк, перегородил дорогу, кабиной по левую сторону от нас. Испанец со звездой вышел и направился к преграде. Я спросил на русском двух своих спутников, что случилось.

— Расстрел, — ответил один из них, уточнив позже, — расстрел фашистов.

Моё внимание обострилось. Всё, что я увидел, навсегда врезалось в мою память. Из стоявшего фургона начали спускаться, вернее, падать, будто выбрасываемые, люди, как большие мешки. Подгоняемая вооружёнными солдатами людская масса брела сквозь свет наших прожекторов. Мрачное, ужасное зрелище. Ночной туман, жёлтый огонь фар, редкие блики оружия, раскатистые проклятия, но более всего —мертвенная бледность лиц этих ходячих трупов со связанными за спиной руками — кошмарная картина. Незабываемо. Жуть. Я не писатель и не смогу описать всей глубины своего потрясения, но я никогда и не читал чего-либо, что описывало бы чувства, хоть отдалённо напоминавшие те, что вызывал вид этой толпы покойников, обречённых на убийство. Будто стадо овец, стрелки толкали приговорённых, тыча им в грудь и спину чёрными стволами ружей. Их привели, поместив слева от нас, и выстроили в неровный ряд недалеко от дверей нашего автомобиля. Яркие фонари машины позади нас безжалостно освещали их на расстоянии какого-нибудь метра. Я ужаснулся, увидев, что руки их были связаны за спиной колючей проволокой, отчего запястья источали кровь. Вооружённые убийцы с красными платками на шеях и острыми шапками на головах, в блестящих кожаных куртках толкали и пинали пленников направо и налево. Там попадались люди всех возрастов: седобородые старики, юноши с горящими чёрными глазами, а двое или трое — почти ещё дети. Я насчитал двух женщин, руки которых также были скованы колючей проволокой. Вскоре привели ещё жертв, выстраивая их в два ряда. Я обмер от ужаса и пробравшего насквозь холода.

Дверь моей машины была почти открыта, и в неё упёрлось несколько узников. Двое безбородых юношей с вьющимися волосами, стоя вполоборота, увидели меня и, обменявшись парой фраз, посмотрели прямо в мои глаза. Они усмехнулись, то ли желая показать неустрашимость и мужество, то ли выражая таким образом презрение. Одетые лишь в рваные рубахи с закатанными рукавами, они отвернулись, обнаружив свои разодранные проволокой окровавленные запястья. Жуткое крещендо криков, ругательств и жестоких ударов. Поляна слева озарилась ещё больше, световые лучи фар нескольких грузовиков пронзали туман, заполняя обширное пространство грубым жёлтым светом, будто бледное солнце осияло это место.

Люди в чёрных кожаных куртках встали между нашей машиной и приговорёнными, загородив последних. Однако мне всё ещё было видно того ухмылявшегося юношу. Он после очередного удара прикладом плюнул в лицо своего палача. Масса, двигаясь вперёд, спускалась по откосу дороги, медленно отдаляясь. Не знаю, почудилось ли мне, но вдруг послышалось отважное пение похоронной песни. Недалеко, метрах в двадцати от нас, шагавшая вперёд цепь остановилась. Военные в чёрном взвели ружья и, отступая, отошли к противоположному краю откоса. Жертвы повернулись и посмотрели нам в глаза. Мне трудно было отчётливо разглядеть выражения их лиц. Песнь, строфы которой, как мне казалось, я слышал, смолкла, и наступила жуткая тишина. В предельном напряжении я неотрывно следил за ними. Вся моя жизнь сосредоточилась в моих зрачках.

Мужчина со звездой вновь очутился возле меня и стал наблюдать за происходящим, широко расставив ноги, недвижимый, заложив руки за спину, а ладони сжав в кулаки. Он скрывал собой часть трагической сцены.

Дикий возглас. Вихрь сухих хлопков. Неизвестно где спрятанные пулемёты неистово и беспощадно затрещали. Чёрные люди с не меньшей яростью разряжали ружья с откоса. А напротив несчастная людская цепь теряла строй. В какой-то момент крики пересилили непрекращающийся грохот выстрелов. И тут произошло невозможное — из уже почти повалившейся шеренги вдруг воспрянула фигура. Она не бежала, но двигалась вперёд. Развязав себе руки, восставший, выпрямившись, весь напряжённый, я бы сказал, невесомый, с высоко поднятой рукой наступал на стрелявших. Сделав десять шагов или более, он остановился и наконец упал, точно сражённый молнией.

— Браво, фашист! — негромко прокомментировал один из русских, стоявших спереди.

Я был больше не в силах что-либо видеть и слышать. Почти лишившись чувств, я погрузился в прострацию и пришёл в себя, уже когда мы ехали. Погребальное сияние казни к тому времени погасло. По обеим сторонам дороги никого не было. Рядом со мной сидел испанец со звездой. Я посмотрел на него: в полумраке виднелись только его блестящие зловещие глаза.

Двигались мы всё в том же порядке: наша машина посередине в сопровождении одной спереди и другой сзади. В чистом поле тьма стала ещё гуще. Наши силуэты в салоне удавалось различить лишь на миг, когда промелькивал свет фонарей автомобиля, замыкавшего ряд.

Не знаю, как долго мы пробыли в пути. Состояние моей души не позволяло мне оценить время. Чудовищная жестокость сцены, свидетелем которой я стал, настолько потрясла и подавила меня, что я крайне смутно чувствовал окружающий мир.

Наконец машина резко повернула и съехала с шоссе. Дорога стала хуже, на коротком её участке нас жестоко трясло, но продлилось это совсем недолго. Мы остановились и притушили фары. В тусклом свете фонарей я увидел какие-то тюки, перемещавшиеся вокруг нас. Все вышли из машины. Я покинул её последним. Не знаю, из-за холода ли, или из-за испуга, но меня всего бросило в дрожь, так, что застучали даже зубы. Стоило мне ступить на землю, как мной овладел жуткий страх. Во мне возникло предчувствие, чуть ли не уверенность, что они вышли для того, чтобы расстрелять меня. Чем дальше мы шли в этой тишине, нарушаемой лишь звуками тех непонятных мешков, тем более бесспорной становилась в моём сознании убеждённость в том, что меня хотят застрелить. Все попытки отбросить эту мысль были тщетны. Напротив, приходили на ум доводы в её пользу: всё было подготовлено Килиновым, или кем-то ещё (я даже подумал о самом Дювале), с единственной целью убить меня.

Неподалёку я различил едва заметное поблёскивание чего-то. «Это случится там», — приговорил я себя в полном убеждении. Хотел было помолиться, но у меня не получалось связать и трёх слов. За тем отблеском виднелось тёмное здание. Вглядевшись тщательнее через просветы в фигурах окружавшего меня конвоя, я предположил, что это был навес, поскольку нечто вроде крыши закрывало поток тусклого света. Судя по всему, нас ожидала группа из нескольких человек. Прибыв и остановившись, я услышал, что между ними шёл разговор. В какой-то момент возникло некоторое оживление. Мне очень сложно было что-либо уяснить: состояние моё было настолько угнетённым, что единственное моё желание в те минуты состояло в том, чтобы то, что мне было уготовано, — что бы это ни было, пусть хоть и фатальный конец — случилось как можно скорее. Вдруг раздался страшный грохот, и в ту же секунду в нас ударил мощный поток воздуха, отчего я, наверное, подпрыгнул. Я отступил на пару шагов, как будто собираясь убегать. Другие последовали моему примеру. Лишь отдалившись на несколько метров, я смог понять, в чём дело: эта громада оказалась самолётом, и они, следовало полагать, только что завели двигатель. Тут мне вспомнилось предупреждение Килинова о том, что я полечу самолётом. Это открытие меня успокоило, но слабость в обмякших ногах не проходила ещё долгое время.

Мы прождали ещё около часа по меньшей мере. Один из тех двух русских офицеров пригласил меня на борт. Он зашёл первым, поднявшись по ступенькам небольшого трапа. Я последовал за ним, не оглядываясь по сторонам и ничего не спрашивая. Начинало светать.

Из-за моей спины доносились два зычных голоса, осиливавших громкостью даже шум двигателей. Но разобрать слов было нельзя. Лишь отметил, что говорили на русском.

Самолёт взлетел. Через маленькое окошко с толстым стеклом слева от меня я старался разглядеть землю или то, что ею казалось.

Мы летели среди туманных облаков, кромсая лопастями в клочья облачную дымку.

Лишь по прошествии часа с небольшим небо стало проясняться по нашему курсу. Сей факт после длительного обдумывания привёл меня к предположению о том, что мы летели на восток, что придало мне необъяснимой уверенности. Восток, возможно, означал Россию: умиротворение, дом, нищета. А самое главное — реальный мир.

Ещё через час уже вовсю занялось утро. Небо посветлело окончательно, и на мгновение я увидел, как сквозь облака пробивалась заря. Солнце восходило из-за серой массы туч и моря.

Скоро я обратил внимание на то, что рассвет брезжил по правому борту, что указывало на то, что мы повернули на север. «В сторону Франции», — подумал я.

Разговоров моих попутчиков более слышно не было. Мой беглый осторожный взгляд подтвердил, что пассажиров было трое. Несмотря на то, что двое из них сидели ко мне спиной и закрывали собой третьего, мне удалось распознать всех троих: те же двое русских и испанец-командир со звездой.

Больше ничего достойного упоминания не запомнилось. Лишь то, что я успокоился совершенно и даже затосковал по плотному завтраку. Желудок мой совсем «обуржуился», тот самый, что в Союзе из нескольких граммов жира умудрялся черпать удивительную производительную силу, теперь превратился в тяжёлого промышленника и требовал полномасштабного снабжения.

Приземлились мы уже поздно днём. Долгое время до этого справа от нас виднелось море, и мы сели неподалёку от него, распугав стаю чаек. Когда самолёт остановился, и утихла буря двигателей, русские пригласили меня сойти на землю. К нам навстречу выбежали несколько человек в одежде механиков, а также подъехал большой грузовик с огромным кузовом, загруженный под завязку. Также к нам не спеша приближалась группа из восьми-десяти вооружённых людей военного вида, которую возглавлял человек в штатском. Они подошли к самолёту. Мои сопровождающие поприветствовали мужчину в гражданской одежде. Не утруждая себя подобающим ответом, он лишь изобразил на лице вопрос и, не задерживаясь, поднялся на борт.

Перед нами возник необычный человек. Где я его уже видел? Мои спутники общались с ним жестами, а тот, вооружённый парой иберийских пистолетов[26], с жаром размахивал руками и приглашал нас следовать за ним. Мы направились к низким белым строениям на окраине поля и скоро вошли в просторный зал, который хотя и сохранил черты современной архитектуры, при этом выглядел необыкновенно грязным: следы плевков, окурки и другие элементы марксистской гигиены покрывали каждую пядь его пола.

В правой стене помещения наш новый проводник открыл дверь, охраняемую двумя часовыми, и впустил нас. И тут я сообразил то, о чём должен был догадаться раньше. Это был тот самый аэродром, где мы с Дювалем провели несколько часов по дороге в Мадрид. А этот тип с пистолетами являлся здесь самым главным, что я заключил впоследствии.

Судя по всему, о нашем прибытии было известно заранее, поскольку нас ожидал небольшой стол, накрытый на четверых, с аппетитным, обильным и питательным завтраком: яйца, куриные ножки и рыбные фрикадельки. Будто догадываясь о моём волчьем аппетите, они преподнесли сей дар, плод кулинарного союза северных морей и средиземноморского неба. Без долгих церемоний мы уселись и приступили к еде, что вызвало некоторое удивление у главного, который продолжал стоять и вопросительно глядел на нас. Он, очевидно, ждал четвёртого гостя, так как знаками пытался выяснить у нас, кому предназначалось незанятое место. Поели мы на славу. Уже когда мы готовились к кофе, без стука вошёл человек в гражданском, всё это время находившийся в самолёте. Оба русских почтительно встали, и я сделал то же самое, предположив, что это был кто-то важный.

Он отдал указания на русском: им следовало оставаться в Барселоне, а я направлялся дальше в Париж. Это я понял однозначно.

Не успел я закурить сигару, любезно предложенную мне гостеприимным пугалом, как пришло время вновь отправляться в путь. Все вместе, включая вооружённый конвой, они проводили меня до самолёта. Я взошёл на борт. Русские почти не простились со мной, ограничившись лишь едва заметным телодвижением. Испанец постарался чуть больше. Он, по-видимому, узнал меня и поинтересовался моим ранением, бережно и тепло похлопав по спине. Оказавшись внутри фюзеляжа через дверь в носовой части, я увидел, как пилоты на фоне раскручивавшихся лопастей уже брались за штурвал. На плетёном стуле в конце кабины сидел ещё один пассажир — некто в гражданской одежде. Он приподнял отвороты огромного пальто, утопив в них голову, и изучал какие-то документы. На меня он даже не взглянул. Этот человек выглядел как капитан нашего воздушного судна. Самолёт тем временем взлетел и совершил разворот над большим, современным и белоснежным городом с прямыми улицами, образовавшими безупречные квадраты кварталов. Вскоре Мадрид скрылся из виду, и я принялся разглядывать через окошко виды моря, облаков и гор. Неожиданно на моё плечо легла рука, а ещё одна указала на какую-то точку на побережье, и в то же время мужской голос прокричал мне в ухо:

— Снова граница! Да здравствует свобода!

Рядом со мной стоял Дюваль. Его рука, лежавшая на моём плече, всё ещё сжимала документы, которые он недавно изучал.

Безразмерное пальто искажало линии его тела, отчего он казался выше, чем был на самом деле. Приглядевшись, я убедился, что он же был тем военным с белой звездой, мой конвоир в Мадриде. У него как будто не хватало ресниц. Зато на его лице остались накладные волосы между бровями и часть его огромных усов. Единственный золотой зуб сделался белым. Несколько полосок клейкой ленты, ловко спрятанных под шапкой, оттягивали кожу на лбу и скулах и искривляли линию бровей. Вдобавок усы, густые брови и очки — всё это вместе составляло простую, но на удивление убедительную маскировку.

Дюваль был весел. Сев напротив меня, он много шутил и то и дело почёсывал лицо, раздражённое несколькими днями ношения бороды. Затем он начал зевать и прокричал:

— Простите меня, доктор, но мне придётся оставить вас ещё раз: пойду спать.

И он мгновенно уснул. Под оглушительный грохот двигателей мы долетели до Парижа за пять часов.

На аэродроме нас встретили двое. Никаких паспортных формальностей.

Работники в униформе — предполагаю, что служащие или полицейские — проводили нас взглядом, совершенно не вмешиваясь, однако. Мы поспешили к автомобилю, ожидавшему нас снаружи. Встречавшие, верно, являлись своего рода охраной, ибо Дюваль — он вновь стал Дювалем — даже не заговорил с ними. Долго ехали по окрестностям Парижа. Много деревьев. Усадьбы и сады. Наконец заехали в район гостиниц и отелей, не самых роскошных и больших, впрочем. Зашли во двор одной из них, чью ограду укрывали густые кусты вьющихся растений. Пересекли небольшой участок сада перед входом в здание и вошли. Заботливо обставленный вестибюль и небольшая гостиная, расположенная справа. Нам отворила двери женщина, которая незамедлительно оставила нас одних после того, как мы оказались внутри. Дюваль всю дорогу не унимался и чесал щёки и теперь побежал мыться, а я решил осмотреться. Всё выглядело вполне обыкновенно, что даже вызвало лёгкое удивление: пара кресел, несколько стульев, секретер, маленький книжный шкаф и немного картин. Напротив окна с решёткой (я всегда отмечаю эту деталь) дверь с матовым стеклом.

Вскоре вернулась женщина и на французском сообщила, что в соседней комнате можно умыться, если я того желаю. Также она принесла один из моих чемоданов, а после ещё один и тот, что мне подарил генерал Килинов. Увидев последний, я посчитал, что настало время рассказать о нём Дювалю, как и о всём разговоре с моим благодетелем.

Я умывался, когда мой напарник вернулся. Мы переместились в столовую, имевшую заметно более буржуазный вид: старая, но в прекрасном состоянии мебель, обставлено всё опрятно и чисто.

Отобедав, я спросил Дюваля, можем ли мы поговорить. Он ответил, что позже. Мы вернулись в кабинет, куда нам подали кофе и коньяк, и после первого же глотка Дюваль, откинувшись в низком кресле, наконец дал мне слово:

— Рассказывайте, доктор, рассказывайте.

Предельно точно, насколько мог, я передал ему о случившемся, а также обо всём, что мне довелось говорить и слышать. Несколько раз он перебил меня, уточняя подробности. Лишь когда я сообщил ему номер телефона, он попросил остановиться и что-то записал. Но в тот момент, когда я приступил к сообщению о письме, которое обязался доставить, он буквально подпрыгнул:

— Вот с чего нужно было начинать! — воскликнул он. — Где оно?

Я принёс из спальни чемоданчик, открыл его и предложил ему извлечь письмо, предупредив, что оно спрятано где-то на дне.

Дюваль ощупал пальцами чемодан, но обнаружить конверт с первого раза не удалось. Тогда он взял чемодан и поднёс к свету, дабы лучше разглядеть внутренности. Опять ощупал, всё так же безрезультатно. Он начал обнаруживать знаки нервности и лёгкого возбуждения. В конце концов, положив чемодан на подоконник, он запустил руку под левую подмышку и вытащил оттуда длинный и тонкий стилет. Наклонившись, он просунул его внутрь чемодана, и послышалось, как что-то режут. Наконец он показал мне конверт. Обычного размера, запечатанный. Дюваль со всех сторон его осмотрел, не вскрывая, будто пытаясь догадаться о его содержимом. Я, совершенно не соображая в чём трудность, упрекнул его:

— Что же вы его не открываете?

Он бросил на меня короткий взгляд, которым, как мне показалось, не произнеся ни слова, назвал меня идиотом. Тогда я вгляделся получше и увидел, что в его руке находился платок, укрывавший большой и указательный пальцы — именно ими он и держал письмо. Я не знал, для чего была нужна такая манипуляция. Разве что он полагал, что на поверхность нанесён знаменитый яд Борджиа. Но высказать своё предположение я воздержался: мне не хотелось испытать на себе ещё один уничтожающий взгляд. Конверт он раскрывать не стал, но вместо этого, обернув его куском бумаги, чилиец аккуратно сложил всё во внутренний карман пиджака и как следует удостоверился, что тот надёжно застёгнут на пуговицу. После чего убрал свой нож.

— Что ж, доктор, мне необходимо выяснить, что находится внутри. Сейчас я оставлю вас. Вернусь как можно скорее.

Он было направился к двери, но уже перед самым выходом развернулся и сказал:

— Ах да, доктор! Вы отлично справились с работой. Признаться, я даже не ожидал подобного. Знайте, что вы обманули не кого-нибудь, а человека, долгие годы возглавлявшего военную советскую разведку. Поздравляю вас! Я доложу об этом в Центр. Великолепная запись в ваш послужной список!

Он блеснул изящной молнией своей улыбки, которая тут же исчезла за закрывшейся дверью.

XVI
ТРОЦКИЗМ ВО ВСЕЙ КРАСЕ

Как бы я хотел, чтобы с лучами солнца ко мне в комнату вошли мои дочки и пожелали доброго утра! Своим устами я за них сказал себе: «Доброе утро, папа». И сразу же встал. Не успев ещё одеться, я первым делом заказал завтрак. Что за удивительную полифагию я приобрёл! И с какой лёгкостью она обострялась! Покушав, я почувствовал в себе силы и едва ли не воодушевление. Чувство опасности, преследовавшее в последнее время, совершенно в те минуты рассеялось, уступив место ощущению «хозяина мира», которое мне уже приходилось испытывать ранее во Франции. Вероятно, что любой агент Сталина в Третьей республике уподоблял себя сущему Юпитеру на настоящем Олимпе. Дюваль же представлялся мне хозяином Парижа. Я вернулся в кабинет и высунулся в окно, но живая изгородь загораживала обзор: кроме нескольких квадратных метров простенького сада, ничего видно не было. Через гардины я заметил, как кто-то вошёл в здание. Затем его шаги послышались в коридоре. Он долго расхаживал и после, судя по скрипу стула и звукам его кашля, уселся. Я предположил, что мне уже назначили личную охрану.

Дабы скоротать время, я взял одну из книг с полки книжного шкафчика. Досадно, что все они были коммунистическими. Хозяин отеля, несомненно, являлся членом партии, однако партийная дисциплина за рубежом, очевидно, блюлась гораздо менее строго: на полках среди прочих присутствовали некоторые еретические издания, такие как произведения Троцкого, Каутского, Прудона и других. Но, разумеется, ортодоксальных трудов представлено было много больше: только две полки занимало полное собрание сочинений Ленина. Также — обязательные три-четыре томика Сталина. Они вместе с классиками Марксом, Энгельсом и Розой Люксембург исчерпывали собой весь корпус одобренной литературы, ибо советский «индекс» одного за другим осуждал на сожжение всех вожаков 17-го года: Зиновьева, Каменева, Радека и остальных.

Если так пойдёт дальше, то из живых авторов в красной библиографии скоро останутся только эти четыре книжки Сталина. Ибо эта библиография имеет свойство удерживать в себе исключительно работы покойников, причём умерших естественной смертью и, полагаю, именно по этой самой причине в ней оставленных, ибо их состояние не позволяло им применить своё творчество с тем, чтобы оспорить власть её содержателя, Сталина. Конечно, лежало ещё сорок-пятьдесят книг, считавшихся правоверными, но их авторы с политической точки зрения являлись людьми куда менее значительными. Одни были русскими, другие — иностранцами. Но никто из них не обладал личностью или биографией масштаба достаточного, чтобы оказать сколько-нибудь ощутимое влияние на партию или массы. Все эти писатели подвергались цензуре и, вероятно, записывали под диктовку своих благодетелей.

Из всего многообразия я выбрал книжку Троцкого. Мне так много приходилось слышать о троцкизме в последнее время, этот вопрос столь значительно влиял на мою жизнь, даже, как мне объясняли, подвергал её опасности, что мне стало крайне любопытно о нём почитать. Нельзя представить ничего более естественного, чем воспользоваться уникальной возможностью узнать об этом побольше, поскольку в России сведения об этом предмете мне были недоступны совсем.

То издание имело предисловие на французском, короткое, страниц шесть-восемь. Имелось также предисловие к оригинальному русскому изданию. Его название «Куда идёт Англия?» чрезвычайно заинтриговало меня, в особенности после всего того, что я услышал от Дюваля, неважно, являлось ли это правдой или нет. Я не сомневался, что если в его словах содержалась хоть толика правды, то я смогу найти здесь ей подтверждение.

Однако, меня постигло жестокое разочарование. Троцкий с первых же страниц принялся за безжалостную вивисекцию Англии. Где же тот союзник, которого рисовал мне Дюваль?

У меня не было возможности записать свои замечания, и посему вероятно, что, пытаясь воспроизвести слова Троцкого, я допущу неточность. Но всё же память на слова у меня хорошая, и ещё лучше я запоминаю идеи. Отдельных фраз мне не вспомнить дословно, но за точность передачи смысла могу поручиться.

В самом начале Троцкий утверждает, что его книга о будущем Английской империи была оценена британской прессой как сумасшедшая советская фантазия. «Тогда, — подумал я, — чего же общего, какие общие интересы могут быть у Англии и Троцкого?»

Ниже, в другом параграфе, он призывает к международной помощи для обеспечения победы английских забастовщиков. Что это такое? Кажется логичным, что будь Троцкий союзником империализма, он бы всеми средствами пытался саботировать революцию в Англии.

«Революционное движение в Англии сделает большой скачок вперёд»[27] — эту фразу я, кажется, запомнил слово в слово. А также вот это: «Британский пролетариат сильно отстаёт идеологически из-за обмана буржуазии и фабианцев. Теперь же он значительно продвинется вперёд. Англия уже созрела для социализма».

Полный абсурд, если принять тезисы Дюваля.

Но несмотря на то, что предисловие к русскому изданию было короче, оно показалось мне значительно более существенным. Не уверен, смогу ли я передать его смысл во всей полноте, поскольку оно слишком насыщенное.

В нём он постановлял исходным пунктом, что «Соединённые Штаты и Великобритания похожи на две звезды, крадущие сияние друг у друга»[28] .

«В Англии революция уже начинается, потому что её капитализм приходит в упадок»[29] .

Но самое непостижимое, почти мистическое, я обнаружил главным образом в следующих словах, которые я много раз перечитал, чтобы получше закрепить их в памяти: «Кто толкает Англию к революции? Это не Москва, а Нью-Йорк. Соединённым Штатам не получится расширить свою империю иначе как за счёт Англии»[30].

И следующее звучит совершенно изумительно из уст Троцкого: «Коминтерн на сегодняшний день — едва ли не реакционная организация в сравнении с чудовищной нью-йоркской биржей. Вот где в самом деле куётся европейская революция»[31].

В этом месте я запутался решительно и категорически. Коммунистическая «искренность» Троцкого стала очевидной. Его революционная цель состояла в уничтожении последней цитадели капитализма — в разрушении Америки. Почему же Дюваль обвинял его в союзе и пособничестве с капитализмом, прежде всего с Англией? Верно, не более чем политическая уловка, оправдание борьбы и определённого образа действий. И игра на руку, в общем-то, Сталину, которого он, однако, обвинял в узурпации силы и власти.

Погружённый в эти мысли, я услышал, как к ограде подъехал и остановился автомобиль. Прильнув лицом к окну, я увидел, как ранее замеченный мною мужчина быстро подбежал к воротам и, заглянув в глазок, тут же открыл калитку. Прибыл Дюваль. Он прошёл по мощёной дорожке сада и исчез из поля зрения. И тут же вошёл в мою комнату.

Чилиец живо и радостно поприветствовал меня.

— Удалось ли отдохнуть после дороги? Я заходил ночью, но увидел, что вы крепко спите, посему я не стал вас будить. Был занят кое-какими делами, дружеский долг, так сказать, и я решил дать вам поспать. Там и вправду ничего для вас примечательного... Но что это? — он взял книжку Троцкого. — Развлекаетесь с этим бандитом?

— Я взял книгу наугад, — извиняющимся тоном ответил я. — Вы её знаете? Не находите её занятной?

— Конечно, знаю, доктор. Я прочёл Троцкого раньше всех. У меня есть на то разрешение партии. Бойцы на передовой должны знать своего врага в лицо. И что же вы прочли? — спросил он, листая книгу.

— Совсем чуть-чуть, кое-что из предисловий.

— Это лучшее, что есть в книге... лучшее во всём его творчестве. Троцкий показывает себя во всей красе, мессианство под его пером приобретает поистине библейские оттенки. Со времён Дизраэли никто столь талантливо не перебирал эпических струн.

— Вы меня поражаете, Дюваль, — осмелился заметить я. — Такая похвала врагу номер один!

— Похвала? Я лишь отдаю ему должное. В политической борьбе всегда является ошибкой недооценивать значение и силу противника. Во-первых, поскольку такое отношение обусловит усилие меньшее, чем необходимо для победы над ним. Во-вторых, потому что в случае победы триумф будет казаться невыразительным, а в случае поражения — вообще могут наречь трусом и дураком. Уважение к противнику всегда есть уважение к самому себе.

— Считаю вашу теорию безупречной. Но если вы позволите высказаться на этот счёт, то буду вынужден заметить, что в тех немногих страницах, что я успел прочесть, я вижу очевидное противоречие между представленным там троцкизмом и тем троцкизмом, который очертили мне вы. Сдаётся мне, что с Англией не грозит случиться столько всего жестокого и апокалиптического. Как же это объяснить?

Дюваль бросил на меня моментальный взгляд, выражавший нечто среднее между иронией и удивлением. Он будто сперва взвесил мой вопрос и затем ответил:

— Доктор, избегайте головоломок. Не обременяйте свой ум подобной ерундой. Вам ведь и так непросто находиться вовлечённым во всё это. Хотя у вас нет совершенно никакой подготовки, всё же я попробую в двух словах рассеять ваши сомнения, или по меньшей мере навсегда сломить ту веру, которую в вас пробудили строки Троцкого. Мне прекрасно знакомо то дьявольское воздействие, которое на неокрепшие умы оказывает этот «король полемистов», как назвал его Шоу. Позвольте задать всего один вопрос: когда была написана эта книга?

Он протянул её мне, и я обнаружил дату под французским предисловием:

— Май 1926 года.

— Май 1926, французское издание? Русское вышло гораздо раньше, разумеется. Вам ни о чём не говорит эта дата? Неужели вы столь наивны, что не принимаете в расчёт даты публикации политических работ? Эту книгу Троцкий написал, находясь у власти, являясь председателем Реввоенсовета, генералиссимусом[32] Красной армии, наркомом по военным делам, бесспорным наследником Ленина... Это, по-вашему, ничего не значит? То падение Англии, которое он предрекал и поддерживал, — кому оно было бы в то время выгодно? Ответьте, доктор.

— Коммунизму, СССР, разве не так?

— Доктор, теперь вы видите, как много вам недостаёт самой общей подготовки? Такой же ответ мог дать любой колхозный рабочий. «Коммунизм», «СССР» — что это для Троцкого? Обыкновенные формы, не более чем средства. Я не отрицаю важности политических форм, как и не отказываю в важности средствам, ибо признаю их значимость при условии, что они соответствуют поставленной задаче. Однако, учитывая этот аспект, всё же форма и средства — лишь инструменты в политическом искусстве достижения целей. Какова же цель Троцкого? Только одна — та же, что движет всяким политиком в наши дни. Исключая навсегда божественную энтелехию, цель остаётся одна — власть и господство. Обязаны ли совпадать действия и подходы Троцкого, когда он обладал большой властью и ожидал заполучить её целиком, и сейчас, когда он изгнан и преследуем, беспрестанно участвуя в заговорах, грезя вернуть былое могущество? Очевидно, что нет. Кому сегодня выгодна революция в Англии? Коммунизму, СССР? Естественно, что для Троцкого коммунизм и СССР — всего лишь «форма» и «средство». В действительности же выиграл бы при таком исходе Сталин. Вы не считаете это достаточным основанием для смены тактики? И ни слова больше, доктор! Не то мы зайдём слишком далеко...

Я замолк. Слова Дюваля вертелись в моём мозгу, никак не укладываясь. В то же время я не мог отрицать того, что его «диалектика» вполне соперничала с диалектикой самого Троцкого... «До чего же запутанное дело — политика! — подумал я. — Намного сложнее, бесконечно более сложное, чем вся органическая химия. Мне это видится совершенно ясно».

Дюваль всё это время стоял. Теперь он сел и закурил. И уже другим тоном предложил:

— Поговорим же о разумных вещах.

— Да, давайте будем благоразумными, — согласился я.

— Действительно, доктор. Вы готовы продолжать? В настоящий момент вы незаменимы в нашем деле.

Я ответил лишь неопределённым жестом.

— Я вскрыл конверт. Ничего особенного. В нём находился обычный чистый листок бумаги. Вы не заметили, как его туда клали?

— Нет, я уже говорил вам. Я даже не видел сам конверт. Генерал только сказал, что я повезу его спрятанным на дне чемодана.

— Письмо совершенно пустое. Может быть, на нём что и написано какими-нибудь особыми симпатическими чернилами, но это не тот случай, когда можно применить кислоту, поскольку можно испортить бумагу и пустить всё насмарку. Единственное, что нам удалось обнаружить с помощью микроскопа, это отпечатки пальцев.

— Полагаю, что генерала, — предположил я.

— Ни за что не угадаете. Мне и самому бы такое в голову не пришло. Отпечатки — мои! Представьте себе!

— Невероятно!

— Моё внимание привлёк тот факт, что бумага, лежавшая в конверте, была вложена в очень тонкий целлофан размером точно в сам листок — обыкновенный приём у специалистов, когда нужно предохранить что-либо от контакта. Это и навело меня на мысль об отпечатках. Выявлять их тут значило бы испортить улику, поэтому мы обратились за помощью в нашу лабораторию.

— И как вы поняли, что это именно ваши отпечатки?

— Совершенно случайно. Я внимательно рассматривал отпечатки, когда один из помощников вдруг сказал мне что-то, отчего, отвлёкшись, я отвёл взгляд в сторону, но после тут же вернулся обратно к изучению. Потеряв бумагу из виду, я инстинктивно начал искать её на столе, полагая, что та выпала из аппарата. Увидев листок, я положил его на стекло и, отыскав отпечатки, заметил вслух: «Вот эти гораздо чётче». На что другой помощник ответил вопросом: «Вы о каких отпечатках?» Я вновь поднял взгляд и увидел, что тот держал нужную бумажку пинцетом и рассматривал её против света — то был наш специалист по бумажным «штучкам». «Что за отпечатки вижу в таком случае я?» — возник в моей голове резонный вопрос. В то же время я отметил, что перед тем, как меня отвлекли в последний раз, на мои глаза попался один крайне характерный рисунок, такой, который ярче всех обозначился до этого на бумаге Берзина.

— Бумага Берзина? — недоумённо спросил я.

— Да, генерала Берзина — машинально пояснил Дюваль и продолжил. — Я вновь взглянул на листок, взятый мной по ошибке, и эта ошибка дала ключ к разгадке, поскольку мной, без сомнений, были обнаружены два одинаковых отпечатка. Посовещавшись втроём, мы заключили, что мой листок был из лаборатории, и касались его только мы, это точно. После изучения отпечатков наших пальцев стало ясно совершенно, что тот отпечаток принадлежал мне. След, обнаруженный на неверном листке, и тот, что содержала бумажка, переданная Килиновым, были отпечатком моего указательного пальца. Первым делом я попытался вспомнить, не мог ли я случайно дотронуться до письма. Эти опасения меня немало обеспокоили. Но — нет. Сообразив, что след принадлежал указательному пальцу левой руки, я отверг подобное предположение. Дело в том, что я касался конверта только правой ладонью, при этом пальцы были укрыты платком. А его содержимое я извлекал исключительно с помощью пинцета. Моё убеждение стало ещё крепче, когда выявилось, что всего отпечатков восемь: шесть с одной стороны бумаги и два — с обратной. Я не мог совершить подобного, даже во сне, ибо в таком случае я должен был настойчиво комкать бумажку. Сомнений не осталось — отпечатки мои... Но мои ладони никогда прежде не держали этот клочок бумаги. Что скажете, доктор?

— Даже не знаю, что думать... В том, что это и есть тот самый конверт, который генерал положил мне в чемодан, сомнений нет никаких. Он находился в указанном им месте... Какого свойства была бумага?

— Это не обычная бумага для писем. Обыкновенной открыткой она также не является. Этот листок размером ровно двенадцать сантиметров в ширину и девятнадцать в длину, что нетипично для канцелярии. Да, она напоминает ту, что иногда используют для машинных копий. Не знаю, какую нынче бумагу употребляют в Испании. Пожалуй, любую. Но я абсолютно уверен в том, что не держал в руках этот жёлтый листок прежде. Одна его сторона — глянцевая, другая — чуть более шероховатая — едва ли подойдёт для письма чернилами. Не припоминаете, видели ли вы что-либо похожее в наших комнатах в Мадриде?

— Вовсе нет, — ответил я, — не помню такого. Мне не попадалось ничего, кроме русских газет и той книги, что мне вручил тип из «комитета».

— Но следы ведь и вправду мои. Мне помогал первоклассный специалист, сомнений быть не может, — Дюваль совершил неясное телодвижение, словно отгонял наваждение. — Как бы то ни было, давайте поговорим о чём-нибудь другом. Надеюсь, вы понимаете, доктор, что только двигаясь вперёд, мы сможем разгадать замысел генерала?

— Очевидно. — согласился я. — Посмотрим, для чего Голдсмиту эта бумажка.

— Другого способа нет. К тому же необходимо узнать, кто это такой. Должно быть, любопытный парень.

— Но кем он может быть?

— Вероятно, что названное имя — фальшивое. Но это неважно. Думаю, вычислить его большого труда не составит. Не без усилий, разумеется. Данный ими телефонный номер принадлежит общественному месту. Я удостоверился в этом, сверившись с нашей картотекой. Но он сам вам покажется лично.

— Получается, — заметил я, — мне решительно необходимо продолжать? Центр не возражает?

Дюваль смерил меня взглядом и строго ответил:

— Это не ваше дело. Я несу ответственность за ваши действия, а не вы. Имейте это в виду. Мне казалось, что напоминать об этом необходимости нет. Уверен, доктор, вы бы не позволили бы себе вопросов такого рода, будь на моём месте Миронов, например. Ваше положение — и вам следует зарубить себе это на носу — предполагает единственную обязанность — подчинение. Естественно, подчинение не пассивное, но деятельное, преисполненное всех ваших сил и внимания. Меня вполне удовлетворило ваше поведение в Мадриде, но сейчас... Считаете, что мне следует сообщить в Центр о недомолвках, что ваши слова подразумевают?

Он хотел продолжить, но я прервал его заверениями в своей покорности. Что ещё мне оставалось делать? Он на секунду задумался, а затем вновь принял обычный вид, будто снова нащупал нить размышлений. И, словно обращаясь к самому себе, продолжил:

— Несомненно, в качестве неотложной меры они намереваются нанести мне удар. Такой шаг представляется логичным, я его ожидал. И я сознательно дал к этому повод. Моё самораскрытие, саморазоблачение при вашем участии в качестве шпиона генерала должно было вызвать две реакции: моё устранение, для осуществления которого необходимо ваше соучастие. До сей поры факты удовлетворяли моим замыслам. Но есть два неизвестных: каким способом меня пытаются устранить? И до какой степени мне удалось побудить их доверять вам? Что касается первого вопроса, единственное дедуктивное звено в моём распоряжении — это листок с отпечатками, доставить который поручили вам. Насчёт второго вопроса я более оптимистичен. Мнимая или настоящая болезнь Ежова выставляет вас человеком, по меньшей мере, благоразумным. Пожалуй, что удалённость и естественный недостаток сведений у Берзина...

— Берзин? — перебил я. — Вы второй раз произносите эту фамилию. О ком вы?

— Да, — ответил он с некоторой досадой, — сорвалось с языка. Берзин — настоящая фамилия генерала Килинова. Будет вам известно, если вам так любопытно... Как бы то ни было, как я уже сказал, он, судя по всему, считает вас лицом доверенным и в полной мере участвующим в заговоре. Я делаю такой вывод из того, как он обходился с вами во время вашей первой беседы наедине. В тот момент моё предположение являлось лишь вероятностью, которую я попробовал превратить в действительность, указав вам выдать меня. Всё сложилось сравнительно неплохо, учитывая вашу неосведомлённость в подобных делах и, следует признать, хитроумие и коварство генерала. Словом, таковы обстоятельства. Воспользуемся ими! Преимущество на моей стороне. Завтра вы позвоните по этому номеру, и в зависимости от того, что вам скажут, мы примем решение.

Он встал, захватил своё пальто и вышел.

На следующий день я проснулся очень поздно. К тому времени, когда появился Дюваль, я уже успел отзавтракать. Мы вновь заперлись в кабинете, но в этот раз наше совещание продлилось недолго. Он только сказал, что мне нужно надеть галстук и привести себя в порядок, ибо нам предстояло выйти в свет. По правде говоря, порядок больше требовался ему. Его лицо заросло семи- или восьмидневной бородой, и причёска оставляла желать лучшего. Я обратил внимание на то, что красноватый тон его бороды подладился к цвету его волос так, что он стал выглядеть как натуральный блондин. На нём были надеты очки со стёклами голубоватого оттенка, отчего стало невозможным в точности определить цвет его глаз. Кроме того — это особенно бросалось в глаза в сравнении с тем изяществом, с которым он наряжался обыкновенно, — его нынешний костюм сидел на нём, если не плохо, то крайне неряшливо — за версту было видно, что он уже давно не пользовался утюгом. Довершал его облик грязный запятнанный макинтош. Едва он раскрыл рот, как меня ослепило золотым блеском двух его верхних резцов, которые придавали ему очень своеобразный вид во время разговора. Только благодаря тому, что я хорошо его знал, я мог его распознать, и то лишь вблизи. Эти наблюдения я сделал, пока занимался собственным внешним видом. По завершении туалета он вручил мне конверт Килинова, имевший, на первый взгляд, совсем нетронутый вид. Когда мы уже собрались идти, он сказал:

— Вы позвоните по этому номеру из публичного места, которое я укажу. В зависимости от того, что выйдет, я приму решение. Если вас будут призывать встретиться немедленно, ищите любой предлог и не соглашайтесь. Откладывайте до завтра или, самое раннее, до сегодняшнего вечера. Ясно?

Указания было нетрудно запомнить, повторять их было не нужно.

Мы вышли. Охранники остались в саду. У калитки стояло такси, в которое мы и сели. В дороге никто из нас не проронил ни слова. Остановились на неизвестной улице, вышли и тут же зашли в какой-то бар, чтобы якобы выпить кофе. Посетителей было немного. Употребив по рюмке коньяка за стойкой, мы направились к телефонной будке этажом ниже. Я набрал номер. Пришлось некоторое время ждать ответа. Наконец трубку сняли, и я спросил Голдсмита. Собеседник секунду молчал, отчего мне удалось расслышать звон посуды и гул разговоров на том конце. Затем меня попросили о следующем:

— Не могли бы вы перезвонить ровно через пять минут? От кого вы?

— Я друг Килинова.

— Хорошо, повесьте трубку пока что.

Так я и сделал, и передал Дювалю содержание беседы. В ответ он лишь посмотрел на часы. Ровно через пять минут он повелел звонить. Ответил тот же голос. Я вновь назвал имя Голдсмита.

— Вы тот господин, что только что звонил, не так ли? — Я подтвердил, и голос продолжил: — Доктор передаёт, что с большим удовольствием примет вас завтра. Вас заберут у главного входа в Нотр-Дам в три часа дня. В правой руке у вас должен находиться номер «Правды», а в левой — платок. Договорились?

Я ответил утвердительно. Услышав, что он повесил трубку, я сделал то же самое.

— Завтра в три у входа в Нотр-Дам. — доложил я Дювалю.

Он ничего не ответил, и мы вышли. Непогодилось. Мы сели в ожидавшее нас такси.

— У нас впереди весь вечер, — уведомил Дюваль. — Я ничего не планировал на сегодня на случай, если бы вдруг пришлось срочно работать. Я в вашем распоряжении. Чем изволите заняться?

Я заметил, что Дюваль пытался отвлечь меня. Заранее не имев в виду возможности распоряжаться таким количеством времени, я выразил желание прогуляться для начала по центральным улицам, дабы на ходу придумать что-нибудь поинтереснее. Парижские магазины до сих пор представляли для меня захватывающее зрелище после стольких лет в России. Но Дюваль возразил.

— Мы не станем выходить из такси, — указав на себя, он добавил: — Разве вы не видите, как я выгляжу?

В качестве компромисса он предложил какое-нибудь укромное место, где можно выпить, а потом, к примеру, сходить в кино:

— Годится?

Поскольку выбора не было, да и план пришёлся мне по душе, я с радостью согласился. Всё что угодно, только не возвращаться в наше убежище, более походившее на тюрьму.

XVII
МИСТЕР ГОЛДСМИТ

С хронометрической пунктуальностью я явился в условленное место. «Правда» и платок были хорошо видны. Также без опозданий к самому краю тротуара подъехало такси, из которого высунулась рука и машущими движениями стала меня подзывать. Не моргнув глазом, я сел внутрь. Такси тотчас тронулось без дальнейших указаний. Мой попутчик лёгким движением поприветствовал меня, но заводить разговор не стал. Мы ехали примерно пятнадцать-двадцать минут, после чего автомобиль остановился у скромного кафе на одной из второстепенных улиц. Мы вошли в заведение, но, не сделав заказ, сразу прошли вглубь через дверцу слева от длинной стойки. Я полагал, что встреча состоится где-нибудь здесь, где для нас уже заказан столик. Но я ошибся. Мой проводник открыл ещё одну дверь, и мы прошли внутрь. Мы оказались в вестибюле неизвестного здания, вплотную к лифту, на котором без промедлений поехали вверх. Он позвонил, и нам тут же открыли. Я предположил, что теперь-то мы точно прибываем на место, но опять не угадал. Мы пересекли коридор, небольшую гостиную, столовую и ещё один коридор. Вокруг ни души: привратник остался у лифта. В конце последнего коридора мой спутник открыл очередную дверь и, пригласив меня войти первым, последовал за мной. Мы спустились по лестнице, определённо чёрной, на три этажа ниже и очутились на другой улице. Там нас ожидало новое такси, которое немедленно тронулось, едва мы в него сели. Я был по-настоящему изумлён. Запутывающие след манёвры были гениальны! Мой поводырь хранил молчание. Я заметил, что мы покидали город и двигались в сторону окраин. Ряды домов редели, высота их уменьшалась, и, чередуя их, то тут, то там стали возникать здания, похожие на своего рода шале. Перед одним из них машина остановилась. Мой безмолвный компаньон вышел и подал мне знак, приглашая следовать за ним. Очевидно, что нас ждали, так как решётчатую калитку тут же без стука отворили. Войдя и обогнув изгородь, мы приблизились к крыльцу. Входные двери были открыты, и мне пришлось зайти первым. В передней нас встретила горничная, которая на секунду отлучилась и тут же вернулась, дабы торжественно объявить заветное: «Хозяин ждёт вас». Я отправился вслед за ней. Меня провели в смежную комнату. В тусклом освещении из-за едва проникавшего сквозь толстые шторы света я отчётливо различил фигуру стоящего мужчины. Он подступил с протянутой рукой и просто поприветствовал меня мягким слабым голосом. Поздоровавшись в ответ, я, дождавшись приглашения, уселся в кресло. На вид ему было около пятидесяти лет. Одет опрятно, но скромно, на носу небольшие очки, которые крепились на двух тонких дужках. Вполне характерный русский тип. На столе меж наших кресел лежало несколько экономических журналов, о тематике которых я догадался по названиям.

— Вы от генерала? — приступил он ненавязчиво.

— Да. У меня есть поручение от генерала Килинова — подтвердил я. — Не мог нанести вам визит раньше в силу естественного рода затруднений.

— Конечно, конечно, — пробормотал он с едва уловимой ухмылкой. — И как всё продвигается?

Неизвестно, что это «всё» означало, поэтому я ограничился неопределённой фразой в ответ. Первые пятнадцать с лишним минут разговора не стоят даже упоминания. Меня постигло разочарование: после столь интригующих приготовлений я ожидал чего-то необычайного, из ряда вон выходящего, но этот человек только и делал, что скользил по широкому туманному полю околичностей с блаженным видом и с такою непринуждённостью, что можно было подумать, будто он исполнял будничную обязанность по приёму рядового посетителя. Хотя ему хватило ума не заводить глупых бесед о погоде, но в то же время он не избежал банальности поговорить о сложности произношения *j* в испанском. Я начинал терять терпение. Дюваль дал мне инструкцию быть начеку, он сказал что-то вроде: «боксируйте, парируйте». Но этот господин занимал самую неуязвимую позицию, в которой ему то ли было нечего сказать, то ли вообще до меня ровным счётом не было никакого дела. В то же время в нём не было ни капли неприветливости, его близорукие глаза смотрели на меня с участием и интересом, выражая многозначительность и любезность. Лишь время от времени он бросал искоса беглый взгляд в случайную точку на моём силуэте. То было его своеобразной чертой, такой же, как и присущая только ему манера со всей невозмутимостью выдавать вперёд лицо с тем, чтобы подхватить жест или слово собеседника, как бы приглашая того продолжить, неважно, насколько банальной была фраза. Дело определённо было не в особенности нашей встречи. По всему было видно, что он вёл себя вполне естественно и непринуждённо. Ни единой морщины, свидетельствовавшей об усилии или напряжении, я не заметил на его очень широком и выпуклом лбу. Пока я изучал его, а времени у меня было более чем достаточно, я не переставал ощущать недостаток жизни и чувств в нашем разговоре, столь долгожданном, ради которого мне пришлось всё утро сберегать энергию своего разума.

Несколько резким движением, без предупреждения, подготовить которое у меня не получилось бы в любом случае, я сунул руку во внутренний карман и запросто протянул собеседнику конверт.

— По правде говоря, — сопроводил я своё действие словами, — моё задание — вручить вам это письмо.

— Большое спасибо, сударь, — он отблагодарил меня приятнейшей улыбкой и взял бумагу.

Я полагал, что он тут же вскроет конверт, но нет. Бережно держа его в ладони, он только повертел им недолго. Вместе с тем он как бы приглашал меня продолжать говорить, пока сам постукивал краем конверта по большом пальцу левой руки. Мои нервы больше не в силах были этого выносить.

Некоторое время он пребывал в таком положении, затем медленно встал, испросив предварительно моего разрешения. После, повернувшись ко мне спиной, он направился к столу. По-видимому, он взял нож для бумаги и вскрыл конверт. Дабы лучше изучить содержимое, он зажёг электрическую лампу на столе. Внимательно осмотрев его, он развернулся с целлофановым конвертом в одной руке и ножом во второй.

— Это всё? — спросил Голдсмит без прочих замечаний. Я кивнул в знак подтверждения, но он, судя по всему, не увидел этого, поскольку повторил вопрос. Затем он подошёл ко мне.

— Давно ли вы знаете генерала? Пожалуй, ещё с Москвы?

— Нет, — ответил я, — мы познакомились в Испании. До тех пор мы ни разу не встречались.

— И вас представил...

— Человек из НКВД.

— Ваш общий друг, надо думать.

— О нет!

— Любопытно! Кто же тогда?

— Это очень запутанная история, сударь.

Уже не помню, как я изворачивался, приступив к рассказу о событиях последних месяцев. Рассказу правдивому, настоящему, со всеми признаками подлинности, по возможности с доказательствами, такого, чтобы всё звучало правдоподобно. С некоторыми опущениями, конечно же. Таковы были лаконичные, но красочные указания Дюваля. Ни слова о моём донесении Ежову об истории с Ягодой. Ни слова о том, что по приказу Дюваля я сообщил Килинову о его шпионаже. Ни слова об удержании в заложниках Ягодой моей семьи, ибо оно должно было считаться делом рук Ежова. Ни слова о том, что Дюваль вернулся вместе со мной из Мадрида. Ни слова о его нынешнем перевоплощении. Ни слова о месте, где я остановился. В случае вопросов местом своего текущего пребывания я обязан был назвать посольство.

Хотя я старался укоротить свою историю, она тем не менее вышла длинной. Однако я не заметил ни единого признака усталости или скуки в своём слушателе. Напротив, он непрестанно выказывал всяческий интерес, не исчезавший ни на мгновение. Разумеется, он не обнаруживал ни малейшего проявления бурных чувств — его лицо всё время оставалось таким же приветливым, любезным и любопытным, каким оно было, когда я вошёл. И он ни разу меня не перебил. Лишь разомкнул слегка губы, когда убедился, что я закончил. Но только для того, чтобы продолжить расспросы.

— А вы, доктор, считаете заболевание Ежова смертельным? — задал он первый вопрос.

— Невозможно дать точный ответ, — уклончиво ответил я, — я не видел «пациента», и у меня нет достаточных сведений. А вы располагаете какими-нибудь подробностями?

— А этот Дюваль? — спросил он вновь, избегая ответа на предыдущий вопрос. — Какие указания он вам дал, когда явился?

— Он лишь навестил меня пару раз и просто сказал, что нам следует подождать.

— Подождать чего?

— Полагаю, что дела Миллера.

— Но для этого, как ни для чего иного ничего предпринято не было?

— Совершенно ничего.

— Даже в отношении вашего покушения?

— Именно. Как я вам уже сказал, дело кажется официально закрытым.

— А что вы скажете, доктор, если я заявлю, что исполнителем был не троцкист?

— В таком случае, кто-то из белых.

— Белые? Почему?

— Если бы они узнали, что я...

— Узнали что?

— План похищения.

— А как же они могли о нём узнать?

— Возможно, через своих шпионов.

— Белый шпионаж? Жалкие неудачники! Что они могут узнать?

— В таком случае... кто же хотел меня убить?

— А вы сами что думаете?

— Больше некого подозревать. Фашисты? Не думаете?

— Кто? Нацисты? Какое им до вас дело?

— Миллер, разве он им не союзник?

— Вы что, тоже верите в ложь советской прессы? Разве не притча во языцех ненависть этих белых генералов ко всему немецкому? Не унаследовали ли они её от своего царя? Разве их не обвиняли в победе большевиков из-за бронированного вагона? Где жил Кутепов? Где сейчас Миллер? В Берлине или в Париже? Скажите на милость, — в конце он сделал жест, как бы подчёркивавший самоочевидность ответов.

— Что ж... Кажется, вы знаете ответ. Пожалуйста, говорите, — в тот миг я был вполне искренен.

— Я знаю? Я могу лишь с уверенностью исключить неверные предположения. Разве я делал что-либо ещё?

— Действительно, — пришлось согласиться мне.

— Самое ужасное, что и французскую поговорку *cherchez la femme*[33] тут не применить, не правда ли? Всё гораздо сложнее.

— Остаётся гипотеза о Москве, верно?

— Москва? ГПУ? Зачем? Разве они не могут в любой момент вас вернуть? И уже там... там они умеют поговорить, ведь так?

— Ваше мнение?

— Личные враги — нет, у вас нет никакого прошлого. Предотвратить то, что вы собирались сделать с Миллером. Не находите такое объяснение логичным? Но помимо логики есть и ещё кое-что: кто-то предупредил Миллера. Именно с того дня он перестал доверять Скоблину. Не показательно ли?

— Мне об этом ничего не говорили. Даже Дювалю об этом не известно. Вы уверены?

— У меня есть свидетельства. Но и это ещё не всё: Миллера предупредил генерал Добровольский. Но кто осведомил Добровольского? Эта старая развалина, далёкая от шпионских дел, он лишь сообщил то, что передали ему, не более того.

— Но коли так, разве вы не отвергли гипотезу о белых?

— Да, пока что да. Предупреждение поступило через день-два после вашего покушения. Миллер был доверчив, как всегда, пока не получил его. Он собирался уже нанести визит, и даже немало удивился тому, что некий польский доктор, от которого он неизвестно чего ждал, вдруг по неизвестной причине не явился.

— Получается, что у него нет ни сил, ни сообщников, чтобы такое преступление совершить?

— Совершенно верно.

— В таком случае остаётся только нигилист-одиночка — полушутя заключил я.

— Нигилист? — переспросил он. — Вы не находите эту мысль удачной?

Я подумал, что Голдсмит также изволил шутить. Но тут он закрыл глаза, слово собираясь с мыслями. Тогда я посчитал допустимым его прервать.

— Вы серьёзно так считаете? Это же глупость!

— Глупость? — спросил он задумчиво. — Нигилизм суть нечто абсурдное, но настоящее и вдобавок завораживающее. Мне знакомы все его виды! Почему бы этому не быть делом рук какой-нибудь редкой птицы?

Я тем временем взглянул на часы. Было восемь с четвертью. Разговор тянулся уже три часа, и было похоже, что заканчиваться он не собирался. Только между русскими случаются такие бесконечные беседы. Он заметил моё движение и заверил меня, что у него достаточно времени, и даже предложил вместе отужинать и продолжить беседу. Я уклонился, сославшись на возможную опасность такого шага, поскольку впоследствии мне пришлось бы объяснять своё долгое отсутствие. До сей поры поход в кино — вполне правдоподобное объяснение.

Он уступил. Я предложил ему позвонить завтра утром, на что тот ответил, что в этом нет необходимости: машина будет ждать меня в том же месте в то же время. А он пока всё изучит — тут он указал на блестевший на столе конверт. Он проводил меня до самого выхода, где нас ожидал тот же человек, что и привёз меня сюда. На его лице не было заметно ни малейших признаков нетерпения. Я попрощался и сел в такси. У меня спросили адрес, и я указал высадить меня на площади Аустерлиц, куда меня и отвезли. На всякий случай я сделал пару кругов, пропустил стаканчик на соседней улице, а затем, поймав такси, доехал до отеля *Ritz* на площади Вендом. Я расплатился и, не дожидаясь сдачи, юркнул в дипломатический автомобиль. В нём сидел Дюваль и отчаянно чесал бороду.

В дороге ни один из нас не проронил ни слова. Советская машина быстро мчалась, постоянно меняя направление. Очевидно, мы пытались запутать след на случай преследования. В неизвестном месте мы сменили машину, пересев в автомобиль, стоявший за углом, и уже на нём приехали к месту нашего проживания.

Наспех поужинав, мы прошли в кабинет, где по традиции мы обсуждали текущие дела за чашкой кофе. Дюваль, до сей поры не обнаруживавший нетерпения, тут потребовал, чтобы я от начала и до конца рассказал всё, что со мной произошло с того момента, как мы расстались.

Я поведал о том, как меня привезли в некое кафе, и об изумлении, меня постигшем, когда нас забрали вновь уже на другой улице.

— Хорошо, — сказал он, — до той минуты за вами следили, но затем вы пропали из поля зрения. Приём не новый, однако сбить с толку наших людей у них получилось.

Мне подумалось: не заверял ли он с тем, чтобы усыпить мою бдительность и посмотреть, насколько точно я передам дальнейшее? Я уже привык рассуждать как детектив под влиянием обстоятельств. В том месте, где я описывал, как мы садились в другую машину, он перебил меня, чтобы уточнить, понимал ли я инстинктивно, была ли та улица параллельна первой или поперечной по отношению к ней. Я задумался и ответил, что будто она являлась задней, параллельной той, на которой находился вход в кафе. И затем уже продолжил без остановок, вплоть до разговора с предполагаемым Голдсмитом, отметив при этом, насколько пресным получилось начало нашей беседы.

— Вы говорили на французском или русском? — спросил он.

— На русском, — ответил я.

Его интересовали происхождение моего собеседника, его акцент, особые приметы и прочее. Я ответил, что по моему мнению, учитывая все частности, он являлся русским.

— Русский? Не еврей? Давайте точно, — допытывался он.

— Русский со всеми характерными чертами, — заключил я.

Далее я перешёл к описанию сцены со вручением конверта. Тут интерес Дюваля возрос ещё больше. Однако он явно расстроился, не получив на этот счёт никаких подробностей кроме того, что по моему впечатлению, тот человек вёл себя слегка рассеянно. Тогда я перешёл к самому интересному лично для меня, поделившись предположениями относительно моего покушения. Я украдкой, но со всем вниманием всматривался в лицо Дюваля всякий раз, когда сообщал об очередной любопытной детали. Но мне не удалось заметить ничего особенного. Он выглядел даже отвлечённым, словно был занят мыслями о чём-то постороннем, неопределённо устремив свой взор в облака сигаретного дыма.

Мой долгий рассказ подошёл к концу. Я заключил его сообщением о нашей договорённости встретиться ещё раз завтра.

— Прекрасно, — отозвался он. — Завтра, полагаю, вам повезёт больше. Однако позвольте один вопрос: что вы думаете об этом типе?

— Незаурядная личность, — ответил я, — крайне необыкновенная, если мои скромные знания людей меня не обманывают. Великолепный психолог — его изречения — всегда вопрос, и даже редкие утверждения имеют вопросительный тон. Я уверен, что он способен проговорить десять часов подряд, и его собеседник не сможет вспомнить и слова в конце диалога. Но сам он будет знать всё, что ему нужно, и даже больше. Культурный человек, культуры высокой, вне всякого сомнения. Его поведение и телодвижения выдают в нём человека, прошедшего через множество тяжёлых испытаний, но сумевшего их превозмочь благодаря своим неисчерпаемым ресурсам. Он, должно быть, занимает высокое положение. Это не явствует из его наряда и присущей ему утончённости. Но вместе с тем присутствует в нём какая-то естественность, привычка в обращении со своей одеждой высокого качества. Думаю, можно точно утверждать, что этот русский давно уже не носил советских лохмотьев.

— Не прозвучало ли намёков на слова Берзина о том, что после этого разговора вы сможете найти друзей по всему миру?

— Ничего подобного, — ответил я.

Тогда Дюваль, наконец, спросил:

— И что вы обо всём этом думаете?

— Совершенно никаких мыслей, — ответил я ему вполне искренне.

— Речь может идти о масонах, что скажете?

— Судя по тому немногому, что я знаю об этом, это просто смешно, — ответил я.

— Не настолько, насколько вам кажется, доктор.

На этом наше обсуждение завершилось. Он ушёл, а я стал укладываться спать.

XVIII
СМЕРТЬ РЕНЕ ДЮВАЛЯ

На следующий день Дюваль явился около десяти часов. Едва я успел принять душ, как он, даже не дав мне надеть костюм, повёл меня прямо в халате в кабинет, где сообщил, как и предполагалось, что я скоро отправляюсь на встречу. Он установил наблюдение на улице, параллельной кафе, на той же высоте, на случай если операция по заметанию следов повторится, ибо ему непременно хотелось узнать, кто такой этот загадочный Голдсмит. Также он вручил мне очень красивый кошелёк и на моих глазах открыл его. В нём не содержалось ничего ценного, лишь семейные фотографии какой-то весьма элегантной молодой дамы с красавицей дочкой, набор визитных карточек с женским именем и несколько писем личного характера. Он объяснил мне, что эта дамская сумочка принадлежала якобы некой богатой американской особе, что явствовало из документов и самого её имени, и мне нужно было случайно его выронить грядущим вечером перед зданием, где состоится встреча с Голдсмитом. Я уяснил в чём дело, но он тем не менее во всех подробностях объяснил, как именно мне следовало бросить кошелёк на выходе. Почти наверняка тот, кто найдёт его, соблазнившись вознаграждением за нечто большой ценности не представляющее, вернёт его и после первых же вопросов в точности опишет «даме», где именно была сделана находка. Ну а если бумажник не появится сам, о потере будет объявлено в прессе с обещанием щедрой награды.

Затем в течение почти часа он наставлял, как мне следует переводить разговор в нужное русло. Он строил тысячи предположений относительно возможных тем, но в конце концов признал, что всё это может оказаться бесполезным в попытках выведать больше сведений. В заключение он добавил, что мне необходимо сообщить Голдсмиту о своём возможном скором отбытии в Москву.

Дюваль ушёл. Я завтракал один, задумчивый и без большого аппетита. Предстоящая встреча меня немало беспокоила. Много раньше условленного часа вернулся Дюваль, и мы покинули отель. Меня высадили поблизости Нотр-Дама, и я занял свою позицию. Машина, отличная от той, что была днём ранее, приехала в назначенное время. В салоне никого не было. Водитель знаком пригласил меня внутрь. Со стороны всё выглядело так, будто я сажусь в обыкновенное такси. Мы тронулись. В неизвестном месте шофёр, в котором я признал своего вчерашнего проводника, попросил меня выйти и купить сигарет, дабы убедиться, что за нами не велась слежка. Выполнив указание, я возвратился в такси.

— Если я на ошибаюсь, то за нами хвост, — сообщил он. — Но не волнуйтесь, мы оставим их позади.

Я посмотрел в зеркало заднего вида — действительно, сзади нас, не отставая, двигалось ещё одно такси, подстраиваясь под нашу скорость. Оно и вправду могло за нами следить. Водитель повёл автомобиль по различным местам. В некоторых из них движение сходило почти на нет, но то такси не покидало поле зрения. Преследование становилось очевидным. Наконец наша машина повернула, и мы очутились на запруженных улицах, где регулировавшие движение жандармы то и дело вынуждали нас тормозить. В одном месте нашему такси удалось неожиданно сманеврировать так, что мы оказались в первых рядах вплотную к регулировщику. Все остановились, в том числе и мы. Но вдруг мой водитель надавил на газ и пересёк перекрёсток через пешеходный переход. Я ожидал, что жандарм возмутится, но ничего подобного: мне даже показалось, что на его лице промелькнула хитрая улыбка, пока он взглядом провожал шофёра. Оставив оживлённый участок улицы позади, водитель сделал очень выразительный жест и продолжил движение, постепенно смещаясь вправо. Мы вновь выехали на пустынные улицы, для того, полагаю, чтобы удостовериться, что слежка прекратилась. Ничего подозрительного и впрямь более заметно не было. Вскоре машина остановилась, и открылась дверца. К нам подсел незнакомец. Он чрезвычайно вежливо поздоровался со мной на французском и закрыл все окна в салоне. В следующий раз, когда я невзначай захотел осмотреться, я внезапно обнаружил, что ничего не мог разглядеть: непроницаемые стёкла делали решительно невозможным что-либо увидеть изнутри. Спустя несколько минут мы вновь остановились, и мне предложили выйти. Мы вошли в какой-то дом, должно быть, весьма изысканный, судя по его гостиной.

Голдсмит вышел встретить меня с самым гостеприимным видом.

— Я уже заждался вас, — сказал мне он. — Какие-либо сложности?

— Водитель посчитал, что за нами следили, и, кажется, так оно и было. Но он сумел ловко уйти от преследования, застав одного из регулировщиков врасплох.

— Врасплох? Вы уверены? Вы не подумали, что он тоже наш «друг»?

— Ох! — только и воскликнул я.

— Вчера к вам были какие-нибудь вопросы, когда вы возвратились? В посольстве что-нибудь заподозрили?

— Нет, пока никаких. Заподозрили ли? Там постоянно и систематически всех подозревают. Вчера, по-видимому, за мной не следили. В противном случае меня бы допросили. Это неукоснительная традиция — причём с большим или меньшим пристрастием в соответствии с классом допрашиваемого. Вы не представляете!

— Полагаете, что я не представляю? — с улыбкой спросил он.

— Вы это замечательно придумали сегодня — прислать за мной непримечательного вида такси без пассажиров. Иначе мне пришлось бы объяснять, кто со мной находился. А так, поскольку за мной следили, я скажу, что взял такси просто так, чтобы бесцельно покататься по Парижу.

— Превосходно, — одобрил он. А затем как о чём-то само собой разумеющемся спросил:

— Вы виделись с Диасом?

— Диасом? — переспросил я, не понимая, о ком он.

— Да, доктор, этот самый Дюваль.

— Подождите-ка, сегодня утром... Да, он только сказал, что скорее всего мы очень скоро вернёмся в Москву.

— Так и сказал? Вот жаль! Мы всего несколько дней сможем наслаждаться вашим приятным обществом, доктор?

— Похоже, что так.

— В таком случае... — он на мгновение задумался. — Не могли бы вы кое-что сделать для меня?

— Вы же знаете, я к вашим услугам.

— Благодарю вас, доктор. Получится ли у вас указать нам при случае точное место, где можно найти Дюваля? Я имею в виду не посольство, конечно.

— Постараюсь устроить. Не буду обещать, разумеется, ведь не я им командую, а он мной. Но я попробую обнаружить его вне посольства.

— Прекрасно. Запишите этот номер телефона, — тут он дал мне номер. — Когда вычислите его местонахождение — где бы то ни было, хоть днём, хоть ночью — сообщите по этому номеру и больше ни о чём не волнуйтесь... Ах да, говорите по-французски.

С первых минут стало ясно, что если я дальше буду вести себя столь же услужливо, то не продвинусь в своей миссии ни на шаг. И я решил прибегнуть к одному из диалектических манёвров, посоветованных мне Дювалем — с самого действенного в тот момент, как я посчитал. Я прикинул следующее: до сей поры я выполнял поручение генерала. Вдобавок удовлетворительно отвечал на вопросы, которые мне задавали. И, наконец, мне поручают совершить нечто, значением и опасностью чего я должен пренебречь. Следовало упредить противника.

— Хорошо, хорошо, — начал я, сопроводив свои слова безобидной улыбкой. — Получается, что мне нужно позвонить и указать место, где будет находиться Дюваль. Правильно?

— Совершенно верно.

— Не имею ничего против, но позвольте мне, сударь, сделать несколько замечаний. Генерал Берзин, — я сделал ударение на этой фамилии, — просил передать вам некий документ. Поручение я исполнил, однако больше я ничего не обещал. Следует помнить, что в тот момент мне не было известно, являлся ли Дюваль фашистом или сталинистом... хотя не стану отрицать, что подозревал последнее. Подчиняясь ему, я опирал свою ответственность на мощь иерархии, за ним стоящей. Вы же понимаете? Хорошо. Вновь находясь в Париже, я вижу, что Дюваль продолжает деятельность, пользуясь при этом полным доверием. Его присутствие в посольстве, его полномочия и свобода передвижений доказывают сей факт. Я не говорю уже о том, что он продолжает командовать мной. Дело крайне серьёзное. Когда придёт приказ, я обязан буду вернуться в Союз, меня уже известили об этом. Возможности отказаться у меня нет. Я уже говорил вам, что моя семья в руках Ежова. Мне не до шуток...

— Мне не терпится узнать, — перебил он, — к чему вы клоните, доктор.

— Так вот. Вы просите меня выдать Дюваля. Я не знаю с какой целью и — что важнее —не представляю последствий, которых этот поступок может на меня навлечь.

Голдсмит на секунду оказался в замешательстве, впрочем, едва заметном, но тотчас сумел взять себя в руки и красноречивым жестом успокоил меня. Движения его рук были очень выразительными, он словно бы ласкал меня ладонями, подобно гипнотизёру, воздействующему на медиума.

— Очень разумно! — заключил он. — Справедливее не скажешь! Я как раз хотел объяснить вам... Прошу прощения, прошу прощения. Я полагал, что ваша доверительная беседа с Берзиным...

— Да. Генерал рассказал мне о вас. Он чрезвычайно лестно отзывался относительно вашей персоны, сообщив о великой важности... или как он сказал? Огромной важности ваших должности и вселенской миссии...

Он склонил голову и благоговейно закрыл глаза, уж не знаю, для сосредоточения или... После Голдсмит приблизился ко мне всем телом. Его глаза, словно два световых луча, как у кота, зрачки которого озарили светом, предстали совсем близко перед моим взором, и он очень тихим голосом заговорил:

— Генерал — необыкновенный человек! Вы уже убедились в этом. Пожалуй, он чересчур восторженно обо мне отозвался. А что касается моей миссии... Если уж хвастаться и относить её выполнение на свой счёт, то лишь те радостные события, которые, я верю, скоро произойдут, смогут отразить меру моего значения. Что, однако, меня не прельщает, ведь известность связывает, сковывает, а по своей натуре я человек любящий свободу... свободу!

И в восклицание это он вложил словно сумрачный огонь, если такая антитеза уместна. Далее он продолжил:

— Вы, доктор, интеллектуал. Ваши образование и культура, уверен, воспитали в вас любовь к свободе... этому высшему благу, которым вы, как любой русский человек, должны дорожить выше остальных, ибо столько лет были её лишены. Уж не знаю, почему столь выдающийся человек, как Ягода, поверил в вас. Это само по себе служит всем нам порукой, но главное, что ваши услуги поспособствовали обезвреживанию одного из главных палачей свободы... и в какой урочный час! Однажды вы поймёте, что это значило для человечества. Для мира пробил решающий час. Либо он погрузится во мрак тысячелетнего рабства, либо мы добьёмся окончательного триумфа. В России по воле злого рока из-за правления ужасного человека погибает величайшая мечта человека, мечта, лелеемая им с самых ранних эпох... Я не говорю сейчас о терроре. Террор необходим во время великих революций, когда нужно истребить в людях отжившие атавизмы. Террор Французской революции уже освящён на политических алтарях всего мира, но террор инквизиции будет всегда навеки осуждён... придёт день, и та же участь постигнет террор сталинский. Террор, в результате которого бесчестно погибают лучшие, чистейшие идеалисты, принёсшие в жертву свои жизни во имя достижения экономической свободы — венца и пика свободы политической и религиозной, за которую самоотверженно боролись великие умы и герои человечества. А этот страшный человек, предатель великого идеала не просто наводит ужас своими неслыханными преступлениями, но и вызывает международную реакцию. Почему, что называют фашизмом и нацизмом? Что это? Лишь карикатура на сталинизм. Тот же вид диктатуры, тот же вид государства, тот же вид рабства. С одной лишь разницей: эти западные диктаторы возбуждают все атавистические импульсы, они возрождают их. А там, в России, хочет того тиран или нет, для того, чтобы выжить, ему приходится опираться или симулировать экономическую свободу, нынче ставшую уже несокрушимым завоеванием; он вынужден провозглашать наши вечные принципы, пусть даже с тем, чтобы нарушить их. Сущностные различия разительны, огромны, хотя в своей материальной форме, в их нынешней роковой проекции, они сделались одинаковыми. Страх перед сталинизмом обеспечил победу Гитлеру и Муссолини. Он же подпитывает диктатуры в Венгрии, Греции, Турции, Австрии — диктатуры, которые завтра станут фашистскими, если ничего не предпринять. Сталинский террор вызвал войну в Испании, за испанским фашизмом становятся массы. Но хватит! Мы положим этому конец. Ждать ещё год — значит позволить континентальной Европе превратиться в Европу фашистскую. Эта чума и без того уже проникает в Америку, не говоря уже об Азии, где Япония, настоящий продукт фашизма, бросилась захватывать и фашизировать весь Восток. Нет, пробил час! Силы свободы уже восстают. Организация, стоящая на страже свободы, к коей скромным работником я имею честь принадлежать, заявила «хватит!». Крестовый поход против фашизма начался в Испании. И он продолжится. Со Сталиным или без него. Естественно, мы не прочь участвовать в нём вместе с ним, но не для того, чтобы укрепить его личную диктатуру или ещё дальше раздвинуть границы его империи. Мы приняли бы его в качестве маленького Наполеона, направив дыхание экономической свободы на его знамёна. Но сам он, как и всякий диктатор, как и любой тиран, должен будет пасть, как и Наполеон.

Он сделал паузу, чем я не преминул воспользоваться, чтобы вставить слово. Его загадочная речь показалась мне занимательной, но в практическом смысле я не продвинулся ни на шаг. И я поспешил сказать:

— Великолепно, сударь! Я прослушал восхитительный синтез политической философии. Я впечатлён, поверьте. Но в головокружительном полёте мысли, что ваши слова вызвали в моём сознании, мне не удалось уловить, какое отношение, какую задачу или какую роль я бы мог...

Он не дал мне закончить.

— Минуту, доктор. Как я сказал, мы хотели устроить крестовый поход вместе со Сталиным. Так оно и начиналось в Испании. Но теперь... произошли события... важные события... Вспомните процесс шестнадцати. Скоро вам станет известно об ещё одном процессе, ныне готовящемся. Это очень серьёзно.

— Я всё же не понимаю. Сталин расстрелял Каменева и Зиновьева, обвинив их в шпионаже в пользу Германии. Теперь, кажется, в том же обвиняют Радека и других. Но в то же время он больше всех помогает испанским антифашистам.

— Полагаю, вы не верите, что эти люди — немецкие шпионы.

— Разумеется, что нет, — с полной убеждённостью ответил я, — я не это имел в виду. Я лишь хотел сказать, что до тех пор, пока Сталин на деле остаётся антифашистом, о главном можно не беспокоиться, разве не так?

— Отчасти так, но кому известны тайные замыслы этого человека? Кто знает, в чём действительно признались ему жертвы? Если он пытками и террором сумел заставить их признаться в чудовищной лжи против самих себя, не получится ли у него извлечь из них правду?

— Какую правду? — спросил я со всем простодушием.

— Какая ещё тут может быть правда, кроме той, о которой я вам уже сказал? Что мы и они, если предпринять всё возможное для сохранения и очищения коммунизма — то есть, экономической свободы, теоретически способной восторжествовать в России, — всеми силами будем бороться против термидорства и бонапартизма, в одно мгновение разрушивших великое завоевание человечества.

— Так ли опасно, что он об этом узнает?

— Всемирный антифашистский фронт рухнет в таком случае. Нам придётся сражаться в одиночку, силы Запада...

— Или же в одиночку станет сражаться он, разве не так?

— И что же? В том и другом случае мы рискуем потерпеть поражение. И тогда фашизм одержит верх, тем самым отбросив человечество на тысячелетие назад.

— Точно, — подтвердил я, — но Дюваль... Какова его роль во всём этом?

— Сейчас вы всё поймёте. Он — уникальный человек, я бы даже сказал, необыкновенный. Две могучих силы сплелись в нём, родив искусного мастера. Его гнев и коварство против этих людей достигли впечатляющих высот. Он был и остаётся одним из самых доверенных людей Ежова. Мы даже полагаем, что он лично встречается с самим Сталиным. Что он делал в Испании? Раскрыл ли он там наш секрет? Нам ещё не известно. Его слежка за Берзиным — ключевой фигурой — может представлять угрозу. Смог ли он догадаться там о наших манёврах? Стали случаться загадочные вещи. Крайне опасный человек. В нём ни жалости, ни колебаний. Он приказывает убивать, или убивает сам лишь из-за одного сомнения. Он не ждёт доказательств, в их отсутствие ему достаточно подозрений, а улики он ловко и находчиво устраивает сам. Охваченный страстью, насколько нам известно, он уже убил нескольких верных сталинистов. Кажется, его только забавляет эта завораживающая охота за человеческими головами. Лишь подражая ему, можно устранить такого опасного человека. Теперь вы понимаете, доктор? Понимаете? Этот человек способен разрушить антифашистский фронт.

— Я отдаю себе отчёт в том, какую опасность он представляет. Если бы я был человеком действия...

— Достаточным будет, как я надеюсь, просто указать нам его местонахождение. Мы ищем его с самого момента вашего прибытия, но безуспешно.

— Чтобы устранить его? Нападение? Ох! Нет, я протестую. Подумайте о том опасном положении, в котором я...

— Ничего не бойтесь, доктор, я обо всём позабочусь. План уже продуман. Мы знаем, зачем нужна бумага, которую вы доставили.

— Да? — спросил я.

— Да, доктор. Мы должны защитить себя. Лучшие из наших братьев погибли в результате «законного убийства». И Дюваль таким же образом будет ликвидирован «законно», вполне законно. Даже Сталин не сможет его спасти.

Я сокрушённо кивнул. И он добавил:

— Тогда вы будете отомщены. Вашему убийце придёт конец.

Не в силах сдержать себя, я вскрикнул:

— Невозможно!

— На вас покушался Габриель Диас, которого вы зовёте Дювалем.

Не задумываясь, я тут же поверил. Должно быть, меня захлестнули эмоции, искривлённое лицо залила краска.

— Успокойтесь, — утешал меня Голдсмит, положив свои руки мне на плечи, — вы больше не один. Вы уже наш брат. Здесь, в Париже, в России, где бы вы ни были, вы всегда отыщете нашу братскую помощь. Вы стали членом большой семьи. В ней состоят короли, президенты, миллионеры, мудрецы, профессоры, скромные ремесленники. Нас — миллионы объединившихся под бессмертным девизом из трёх слов: свобода, равенство, братство. Разве есть в мире что-либо более красивое и человечное? Ступайте, доктор. Сдержите своё обещание, а затем возвращайтесь. Мы дадим вам слово и знак, при помощи которых вы сможете повсюду получить и оказать нашу братскую помощь.

Мы простились, едва ли не обнявшись.

Я вышел. Стояла ночь. Было холодно. Я застегнул пальто и сунул руки в карманы. Правой рукой я нащупал что-то внутри, и сразу вспомнил про дамский кошелёк. Я уже стоял у машины. Мой проводник раскрыл для меня левую дверцу. После секундного колебания я всё же, прижав руки к пальто, отпустил кошелёк, и тот упал на бордюр. Затем сел в машину, и мы тронулись. В пути меня терзали сомнения, но в конечном счёте воспоминания о родных заставили немедленно подчиниться Дювалю — своему убийце.

Меня высадили там, где я и просил. Взяв другое такси, я направился туда же, куда прибыл днём ранее. Меня ожидал дипломатический автомобиль, но без Дюваля. Шофёр лишь сказал на русском:

— Едем домой.

Вскоре мы прибыли, но Дюваля дома не оказалось. С большим аппетитом отужинав, я с нетерпением ожидал его возвращения: мне не терпелось рассказать ему о нашей беседе. Он явился к десерту. Я уже к тому времени заново передумал и пережил все чувства от разговора с Голдсмитом и, когда чилиец приветствовал меня беззаботным «Как поживаете, доктор?», мне даже хватило смелости отпустить шутку.

— Прекрасный вечер! — ответил я. — Оказывается, что не такое уж это простое удовольствие для несчастного доктора-полупленника — броситься и с головой окунуться в парижском море свободы.

— Что вы, доктор! — удивлённо воскликнул он.

— Да, дорогой друг, я имел удовольствие покататься по большому городу в удобном такси в течение всех тех часов, что были в моём распоряжении. А всё благодаря провидению, которое в лице регулировщика избавило нас от преследования каких-то весьма назойливых агентов, упрямо преследовавших нашу машину по пятам.

— Замечательно, доктор. Я вижу, вы делаете успехи в искусстве иронии. Как всё прошло? Однако сразу сообщу вам, что у ваших преследователей имелось указание незамедлительно потерять вас из виду, как только станет ясно, что их слежка обнаружена.

— В самом деле? А по ним того было не сказать. Хотите знать, как удалось надуть их? Просто и гениально вместе с тем. Они, судя по всему, заранее договорились с регулировщиком, который нас пропустил. Люди изобретательные, уж поверьте!

— И опасные, не правда ли?

— Да, очень. Но, как мне рассказали, не настолько опасные, как вы.

— Да? Ну-ка, ну-ка...

— Габриель Диас-Дюваль. Вы — мой убийца!

Он посмотрел на меня в оба глаза, зрачки его затанцевали с видом потрясённого изумления... а затем он самым непринуждённым образом рассмеялся.

— Брависсимо, доктор! Кинжал — в грудь наставника, — он вновь от души рассмеялся и наконец отчитал меня с ласковой гримасой: — Теперь давайте серьёзно! Хорошо?

— Поверьте мне, я совершенно серьёзен...

— Формальности, доктор! Рассказывайте с самого начала или же..! — тут он пригрозил длинной сигаретой, которой недолго спустя меня угостил.

Шаг за шагом я передал содержание нашего разговора. Он молча слушал, попивая какой-то напиток и выкуривая одну сигарету за другой. Когда я добрался в своём докладе до места с бумагой, он оживился, но ему пришлось удовольствоваться лишь сведениями о том, что она послужит его «законному убийству». Он, подобно художнику, по достоинству оценил талантливость своего противника, словно мастер фехтования, восторгающийся великолепными выпадами соперника, забывая при этом, что смертельное остриё вражеской шпаги стремилось пронзить его собственное сердце. Я закончил. Он одобрительно наполнил мой бокал едва не до краёв.

— Очень хорошо, доктор. Восхитительно, учитывая, что вы непрофессионал... Как видите, почти ничего нового. Вспомните вечер своего испытания. В сущности, всё то же самое, если исключить дешёвую анархистскую демагогию, не правда ли? Вкратце: вы должны выдать меня, вот и всё, а затем в награду вас примут в «братство». Опасно, доктор, возвращаться в Союз с такими «родственными» связями! Но этому не бывать. Будем надеяться, что везучий прохожий найдёт сегодня или завтра кошелёк, и нам удастся выведать, где обитает этот важный тип. И тогда вместо того, чтобы сообщить ему о моём местонахождении, вы сами мне и укажете на этого таинственного Голдсмита. Чтобы избежать своего «законного убийства», мне достаточно знать, кто он есть.

Тут он оборвал свою речь, на долгое время умолкнув.

— Но как?! — вдруг спросил он сам себя. — «Законное устранение». Не хочет ли он сказать, что мне придётся столкнуться с правосудием, то есть полицией... Случись такое здесь, по-французски... дела мои плохи!

Несколько минут он в молчании шагал по комнате. И вслед за этим продолжил, будто размышляя вслух.

— Я в худшем положении из возможных. В настоящее время инициатива у них. Власти также на их стороне. Бумага была им необходима, чтобы сфабриковать фальшивую улику, сомнений нет. Но какого рода? Преступного, разумеется. Тогда какую именно? Неважно, это не имеет значения. Суть в том, что меня могут задержать прямо сейчас, в любой момент. Если бы я следовал за вами, меня бы уже, возможно, схватили.

Сей вывод не изменил выражение его лица. Однако я увидел, как он, стоя на месте, поворачивал свой корпус из стороны в сторону, словно желая угадать, с какой стороны произойдёт нападение. После он стремительно поднёс руку к своей левой подмышке, что-то пощупал и вышел из кабинета. Я услышал бормотанье за стеной: очевидно, он давал указания часовым.

Вернувшись, он лишь сказал:

— Не ложитесь спать. Этой ночью вы, вероятно, понадобитесь мне. В этом случае я пришлю за машину. Который час?

Взглянув на свои часы, которые показывали ровно десять, он спешно меня покинул.

Около половины первого послышалось, как у дома остановился автомобиль. Вскоре ко мне вошла хозяйка и сообщила, что меня ожидают. Я накинул пальто и вышел на улицу. Один из моих охранников находился подле машины. Он уселся следом за мной на соседнем кресле и как всегда не проронил ни слова в пути.

Проехав приблизительно четверть часа, машина остановилась. Тогда подсел Дюваль, и мы продолжили путь. Вскоре он приказал остановиться ещё раз, после чего предложил мне выйти, и уже наедине сказал:

— Сейчас мы зайдём в ближайшее заведение. Вы позвоните по номеру, который вам дал ваш «братский» друг. Это телефон посольства Испанской республики. Сообщите им, что Дюваль около трёх часов появится на мосту Альма у третьего фонаря справа со стороны площади Альма, где будет вас ожидать. Помните, что вы должны передать это сообщение на французском.

Так я немедля и поступил. Я доносил в присутствии Дюваля. В посольстве, если это и вправду было оно, надо думать, уже были уведомлены. Человек, ответивший на звонок, очень любезно выслушал меня и попросил подождать с тем, чтобы я затем повторил донесение кое-кому другому, кто вот-вот подойдёт. Заговорил новый голос. Собеседник сделал записи в соответствии с тем, что я рассказал и зачитал их мне. Получив моё подтверждение, он в высшей степени учтиво поблагодарил меня, и я повесил трубку. Мы с Дювалем вышли. Не успели мы ступить на тротуар, как я поспешил расспросить его:

— Вы в самом деле собираетесь ждать у фонаря на мосту?

— Дюваль будет ждать там. Так точно, сударь.

Он стал насвистывать что-то в ожидании машины. Уже внутри он вновь взглянул на часы.

— Ещё два часа, — посетовал он с досадой. — Где бы их провести? — почёсывая отросшую рыжеватую бороду, спросил он сам себя. — В таком виде можно соваться только в злачные места, но «грязь» мне претит.

Он отдал приказ катать нас без цели.

Через некоторое время он указал водителю отвезти нас в сторону Монмартра, где мы вскоре и оказались. Выбрались наружу. Наш страж последовал за нами. Зашли в скромного вида место. Я с Дювалем сели за один столик, а «телохранитель» — за другой. Заведение представляло из себя нечто вроде постоялого двора или кабака.

— Не съесть ли нам чего-нибудь? — предложил Дюваль.

Я согласился. Мой советский желудок положительно сделался западным.

Нам подали холодные закуски: курицу, ветчину и рыбу — невероятно вкусные. Всё это обильно орошалось отменным французским вином.

Мы беседовали о насущных делах. Время пролетело незаметно. Когда часы показывали половину третьего, мы, весьма удовлетворённые, покинули кабак и, вернувшись в машину, неспешно направились к мосту Альма.

Я полагал, что Дюваль выйдет, не доезжая до моста, но этого не случилось. Наш автомобиль проехал по мосту и остановился недалеко за ним. Все остались сидеть в машине. Дюваль снова сверился с часами.

— Без нескольких минут три, — объявил он словно сам себе.

Я взглянул на него и, дабы не молчать, уточнил, о каком фонаре было условлено.

— Третий справа от нас.

Машинально поглядев в окно, я увидел мужчину, шагавшего по мосту в нашу сторону. Достигнув третьего фонарного столба, он остановился и встал, будто кого-то ожидая.

— Вас уже ждут, — уведомил я Дюваля.

Он посмотрел на меня, улыбнулся и ничего не ответил.

Ожидание длилось недолго. Я был уверен, что, согласно его же словам, Дюваль собирался выйти к условленному месту. Но прежде, чем он успел что-либо сделать, на мосту показались ещё двое мужчин. Они двигались навстречу друг другу вдоль правого парапета и встретились аккурат напротив мужчины, стоявшего у третьего фонаря. Всё произошло стремительно. Того схватили под руки. Все трое вступили в борьбу, но без единого возгласа. Тотчас подъехала машина, затормозив прямо у дерущихся. Из неё выбежали ещё двое и втащили несчастного в салон, после чего автомобиль тут же умчался прочь.

Всё случилось менее чем за минуту.

Я повернулся к Дювалю и удивлённо спросил:

— Чего вы ждёте?

— Я? Ничего. Нам пора.

— А как же встреча?

— Она уже завершилась.

— Как это? — удивился я.

— Да, доктор, да. Дюваль был пунктуален. Он ждал, разве вы не видели?

— Но вы...

— Я уже не Дюваль. Дюваль умер или скоро умрёт. Одним Дювалем во Франции меньше — эка важность! Поехали.

Наша машина тронулась.

Дюваль — или как его теперь звали — вышел раньше, а меня живого и невредимого довезли до дома.

XIX
УДИВИТЕЛЬНЫЙ УБИЙЦА

На следующий день не пробило и десяти часов, как ко мне в комнату без стука ворвался Дюваль и сразу принялся торопить меня скорее одеваться. Я поспешил накинуть на себя что-нибудь, пока он нетерпеливо ждал в кабинете. Мы вышли, такси уже стояло наготове. Мы немедля забрались в салон.

— Я знаю, кто этот человек, — с торжествующим видом сообщил он. — Объявился счастливчик, нашедший кошелёк. Получив обещанную награду, он рассказал, на какой улице и примерно в каком месте обнаружил сумочку. Я лично навёл справки о местных жителях. Это может быть только один человек, но всё же лучше удостовериться.

Такси двигалось со значительной скоростью. Вскоре мы остановились, оставшись сидеть внутри.

— Смотрите, смотрите в оба, доктор, — сгорая от нетерпения, приказал Дюваль, — главным образом вглядывайтесь в прохожих, особенно в тех, кто выходит из этого здания. Взгляните на крыльцо — не вчерашний ли это дом?

— Действительно, если не тот самый дом, то очень на него похожий. Учтите, что мне приходилось спешить, пересекая тротуар, — ответил я.

— Хорошо, хорошо. Будьте бдительны и не отвлекайтесь. Если это тот, кого я подозреваю, то он ещё дома.

Прошло некоторое время. Полагаю, менее часа, но тогда казалось, что минуты тянулись необычайно долго. Вдруг в полумраке дверного проёма показалась мужская фигура.

— Это он, — указал я.

Дюваль бросил на него короткий взгляд. Я заметил, как его лицо озарилось жестоким удовлетворением. Он вышел без лишних слов. Я окликнул его, и он нехотя обернулся.

— Что мне теперь делать? — спросил я.

— Что хотите, — резко ответил он и удалился.

Мои глаза проводили его, пока он с лёгкостью и проворством, подобно борзой, пересекал улицу. Мною овладело беспокойство, и я тяжело задышал, не зная, что и думать. Почему-то мне стало страшно. Я тоже вышел из машины.

— Поезжайте, — сказал я таксисту, делая вид, будто платил ему. Но тот посмотрел на меня вопросительно:

— Где мне вас ждать?

Растерявшись на секунду, не зная, что ответить, я наконец указал:

— На Магдалене.

Оглянувшись, я вновь увидел Дюваля, медленно шагавшего вслед за тем господином, который в свою очередь также неспешно прогуливался, останавливаясь у каждого фонаря с крыльцом по прихоти двух своих ищеек — пары чудесных представителей своей породы.

Словно зачарованный, я пошёл в их направлении, всецело поглощённый наблюдением за дуэлью двух врагов. Я чувствовал, как без видимой причины сердце моё яростно колотилось. Трудно сказать, куда я в тот час зашёл, как невозможно вспомнить и маршрут, или как долго моя слежка длилась. Знаю лишь, что мы вошли в просторный парк. Впереди был виден Дюваль. Он курил, словно случайный прохожий, углубившись в чтение газеты. Поодаль находился тот человек, всё это время занятый своими собаками. Я отчётливо запомнил эту сцену. Дюваль шёл слева, а Голдсмит — перед ним зигзагами. В какой-то момент последний развернулся и зашагал обратно наискось. Дюваль продолжал идти, будто ничего не замечая. Они сближались: один — повинуясь воле своих собак, другой — очевидно поглощённый своим чтением. Противник Дюваля склонился над одним из своих псов, в то время как чилиец совершенно незаметно приближался к нему, не обращая на себя никакого внимания. Когда Голдсмит поднимался, Дюваль чуть было не коснулся его. Далее всё произошло мгновенно: я увидел, как Дюваль вытянул руку, отвёл её назад и затем резко опустил вперёд, а в кулаке его сверкнула голубая молния, проткнувшая шею жертвы... Голдсмит раскинул руки, споткнулся и упал, а Дюваль в ту же секунду исчез. Удалось лишь, кажется, на мгновение разглядеть его кошачью тень, мелькнувшую в прыжке, гонимую одной из ищеек. Я прирос к земле, точно лишённый возможности ходить. Загипнотизированный, как одержимый, я уставился глазами во вторую собаку, закружившую и лаявшую вокруг хозяина. В конце концов мне удалось заставить себя сдвинуться, и я рванул в сторону. Я с трудом сдерживал бессознательный импульс к бегству и крику. Я шёл и шёл, неизвестно куда, едва отдавая себе отчёт в том, что вокруг больше не было деревьев, лишь дома и люди. Потеряв голову, я чуть было не попал под машину, однако угроза быть сбитым подействовала на меня отрезвляюще. Ко мне вернулось умение соображать, а импульсивное желание бежать и кричать прошло. Я вдруг ощутил нестерпимую жажду и побрёл в поисках места, где можно было её утолить. Неподалёку возникла пивная. Заказав пива, прямо у стойки я залпом выпил стакан, расплатился и сразу же вышел. Но совсем скоро мне показалось большой ошибкой остановиться на минуту в месте, которое, как мне думалось, располагалось совсем рядом с местом преступления. Кроме того — окружение неизбежно оказывало на меня воздействие — я с ужасом осознал, что успел оставить отпечатки пальцев на стакане — влияние детективного романа, в котором мне приходилось жить. Мимо проезжали многие, многие такси, но лишь одно, очень старое, с перештопанным откидным верхом, всем просвечивающимся от дыр, показалось мне спасительным кругом.

Я остановил его, забился в угол и велел ехать, не указав адреса. Тут я вспомнил, что Дюваль в спешке не сообщил мне, где его искать. Погружённого в раздумья, усатый шофёр возил меня вдоль Сены, что, впрочем, было совершенно мне безразлично в те минуты. В неизвестном месте я вышел из машины и долгое время гулял. После выпил в одном элегантном заведении две порции виски, которые, к слову сказать, пришлись весьма кстати, наполнив меня покоем и силами. Постепенно я стал ощущать голод. Нащупав в положенном месте кошелёк, я с нежностью прижал его к груди и зашёл в один уютный ресторан приятного вида, где почти все посетители ужинали в тишине. Меня встретил метрдотель и провёл к столику. Сидевшая поблизости немолодая дама, очень богато одетая, посмотрела на меня сквозь жидкие ресницы своих глаз, а я уткнул нос в меню. Я намеревался просидеть за столом как можно дольше. Выпивка была хорошей и дорогой. Дабы придать себе важности в глазах зрелой госпожи, я решил закурить длинную гаванскую сигару и наконец ощутил лёгкость, почти невесомость... но тут какая-то собачонка положила конец моей эйфории, напомнив собой ту, что тыкалась мордой в неподвижное тело своего хозяина. Резко вскочив, я сделал шаг и так бы, наверное, и ушёл, позабыв оплатить счёт, если бы чрезвычайно заботливый официант не вручил мне его в тот же миг. Расплатившись, я покинул ресторан. Поймал другую машину и попросил отвезти меня на Магдалену. Там зашёл в первое попавшееся кафе, где, устроившись за столиком, первым делом заказал напитки. Недолго спустя послышались выкрики продавцов газет. Сперва я не обращал на них внимания, разобрав лишь что-то про Булонский лес. Один из посетителей встал из-за соседнего столика и вскоре вернулся с газетой в руках. Когда он уселся, мне украдкой удалось прочесть крупный заголовок: «Убийство в Булонском лесу. М. Навашин убит ударом кинжала». Мужчина сменил позу, и прочесть что-либо стало больше нельзя. Тогда я попросил принести мне тот же номер, что незамедлительно было исполнено. Однако узнать удалось немногим более, ибо новость состояла преимущественно из повторения слов заглавия. Несомненно, что прошло ещё слишком мало времени, чтобы репортёры успели раздобыть подробности об убийстве.

Погружённый в свои мысли, я не замечал, как летело время. Однако настал условленный час. Я торопливо вышел и забрался на ступеньки лестницы той церкви, что желала быть Пантеоном. Машина приехала вовремя, и водитель подозвал меня знаком. Это был тот же человек, что возил нас ранее утром, но теперь на нём была надета униформа, а сидел он за рулём изящного автомобиля обтекаемой формы. Он вышел и с большой учтивостью открыл дверцу, отвесив почтительный поклон.

Очень быстро он довёз меня домой. Я зашёл к себе, где наконец почувствовал себя в безопасности. Из груди непроизвольно вырвался глубокий вздох облегчения. Справился у хозяйки про Дюваля, но он ещё не появлялся. Уставший, я, не раздеваясь, рухнул на кровать. Но вскоре, нервно дёрнувшись, проснулся. Ум мой был на удивление ясным. Уставив против света взгляд на силуэт, возникший на пороге спальни, я сразу же узнал Дюваля, несмотря на то, что черты его лица были едва различимы. Обнажив ровный ряд безупречно белых зубов, он приветствовал меня непринуждённой улыбкой. Я поспешно сел на кровати и нажал выключатель прикроватной лампы.

Я тщательно разглядывал этого человека. Необыкновенно естественный, спокойный как никогда. Если обычно, за исключением камуфляжа, он выглядел элегантно, без вычурности и аффектации, то этой ночью — кажется, уже стемнело — он имел внешний вид в высшей степени утончённый. Его облекал смокинг с запа́хом, обтягивающий, как перчатка, но не стеснявший движения, которые были столь свободны, словно вместо накрахмаленной брони рубашки он был облачён в голубой комбинезон механика. Эти подробности я припомнил уже потом, поскольку в ту минуту всё моё внимание было приковано к его физиономии. Его двадцатидневная борода, без сомнений, химическим образом окрашенная в рыжий, исчезла. Аккуратное бритьё и неведомые парикмахерские или трельяжные манипуляции вернули его коже естественный слегка бледный оттенок, а коричневый загар, привезённый из Испании, бесследно испарился; определённо, не вследствие пребывания под зимним солнцем. Словом, в этом денди никто не смог бы распознать мужчину, кошачьими шагами преследовавшего сегодня утром м. Голдсмита, то есть г. Навашина. И если узнать в нём убийцу было почти невозможно, то ещё сложнее было найти на его лице хотя бы тень беспокойства или терзаний совести. Напротив — его глаза блестели ярче обыкновенного, а его лик лучился сиянием какой-то юношеской радости.

Разумеется, что столь подробный анализ его наружности я проделал долго спустя своего пробуждения. Позже, оставшись один, я без особого труда вспомнил детали внешнего вида Дюваля, поскольку его образ и настроение в тот миг гравюрой запечатлелись в памяти, подобно горельефу.

Я тут же вскочил с кровати. Он отправился в кабинет, и я последовал за ним. Вперив в него вопросительный взгляд, я ожидал услышать хотя бы одно слово, увязавшее бы минуту нынешнюю с той, когда мы расстались. Но тщетно. Покружив вокруг него, я вернулся в спальню и протёр с водой глаза. Зная, как сильно он не любит, когда его допрашивают, я не решался начать разговор с вопроса и посему самым уместным посчитал предложить ему сигарету, которую он любезно принял. Этой секундой я и решил воспользоваться, чтобы обратиться к нему с довольно неопределённым: «И что же?» Он не ответил и лишь посмотрел на часы. Тогда, набравшись смелости, я спросил:

— Голдсмит?

— Не волнуйтесь, доктор. Вопрос решён, делу конец.

— Ну а я?

— Я зашёл убедиться, что вы добрались домой без приключений.

Он простился и ушёл.

До моих ушей долетали звуки фривольной мелодии, которую насвистывал чилиец, пока за ним не захлопнулась выходившая на улицу дверь. Казалось, вместе с ним удалялось само олицетворение счастья.

XX
ПОЭЗИЯ МАТЕРЕУБИЙСТВА

Прошло много дней. Дюваль не появлялся. Шла середина января, погода стояла неприятная, хотя французская зима походила скорее на русскую весну. Я запросил несколько книг по химии и изрядное количество французских романов, и коротал время за их чтением и изучением. Марксистские книги со шкафа наводили на меня жуткую тоску. Мне не удалось даже осилить ту брошюру Троцкого, которую я было начал читать. Моё настроение стало скептическим: ложь апологетов коммунизма являлась просто чудовищной, а контраст с действительностью, в которой существовал я и миллионы других русских людей, — разителен, невообразим. Много раз мне хотелось выбежать на улицу и прокричать правду. И не только после чтения коммунистической или неокоммунистической прессы, но и буржуазной тоже. Сколько глупости, сколько невежества... или предательства!

Дни тянулись медленно нескончаемой вереницей.

В середине февраля явился Дюваль. На его непроницаемом лице нельзя было что-либо прочесть. Он прибыл вечером, возникнув из мрака, без предупреждения.

— Мы возвращаемся, доктор.

— Куда? — с волнением спросил я. — Не исполнив дело Миллера?

— Не исполняя.

— Его уже завершили?

— Просто перенесли. Сейчас оно стало невозможным.

— Я не буду нести за это ответственность? — с известной тревогой спросил я.

— Ни в коем случае. Не знаю, кто тут виноват, но уж точно не вы.

— Тогда я спокоен. Вы кого-нибудь подозреваете?

— Подозреваю ли я? Я всегда подозреваю, доктор. Берите пример с меня. Подозревать — наша профессия. Но, откровенно говоря, сейчас у меня нет догадок относительно того, кто мог всё испортить.

— А всё испортилось?

— Не испортилось — это безличная формулировка. Его испортили, а это не одно и то же.

— И как же так вышло? — заинтригованно спросил я, пытаясь скрыть радость за притворным расстройством.

— Ну, Миллер знает, что Скоблин — предатель. Доказательств у него нет, это так. Однако ему это известно, и он ему больше не доверяет. Теперь Скоблин бесполезен. Ему нужно реабилитировать себя в глазах белых, если получится. Ему придётся долго выкручиваться, чтобы доказать свою невиновность и вернуть себе их доверие. Не уверен, сможет ли он. Быть может, это не так сложно, ведь эти русские аристократы те ещё глупцы. Но для нас в настоящее время существенно то, что вам здесь больше делать нечего. Центр приказывает возвращаться.

— Вы поедете со мной?

— Конечно. Я обязан вернуть вас Ежову живым и невредимым, и я это сделаю.

— Когда мы выезжаем?

— Точно не знаю, но думаю, что скоро. Самолёты летают часто, мы вылетим первым же рейсом. Завтра или послезавтра, наверное.

В следующий раз я увиделся с ним через два дня, за несколько часов до вылета. Нас отвезли на аэродром, и мы взошли на борт. В пути мы были не одни. Тем же самолётом летели ещё трое испанцев и двое русских, с которыми мы не разговаривали. Точнее, я не разговаривал, потому что Дюваль болтал за нас двоих. Из-за дистанции между нами и гула двигателей расслышал я далеко не всё, но даже судя по тому немногому, что мне удалось различить, было понятно, что он виртуозно врал.

Мы совершили две посадки. Вторая, по-видимому, уже произошла в России, а первая — в неизвестном месте, поскольку никто на землю не сошёл. Остановки были короткими, для заправки. Мы прибыли в Москву. Я узнал её издалека. Хотя снег и придавал городу единообразный сплошной белый вид, при взгляде с высоты кремлёвские башни и стены слишком ярко выделялись, чтобы их можно было спутать с чем-либо ещё. Признаюсь, что меня бросило в дрожь, — в очередной раз я почувствовал, что окунаюсь в тяжёлую атмосферу террора и неизвестности, в которой жил долгие годы. И, содрогаясь, гадал, что уготовило мне будущее.

У трапа нас ждала машина. Мы поехали вместе с Дювалем. Я осмелился задать вопрос, куда мы едем, и он пояснил, что в лабораторию.

На первый взгляд в доме ничего не поменялось. Только лица. Того, кто исполнял обязанности мажордома (не знаю, каким советским словом можно назвать его профессию иначе), заменил другой человек. Не лучше, не хуже. Обыкновенный мужчина, характерный типаж, каких сегодня много в России. В остальном всё осталось по-прежнему — меня поселили в ту же комнату и выдали те же инструкции. Я поинтересовался у Дюваля, долго ли мне здесь предстоит пробыть, на что он лишь пожал плечами. Тогда я спросил, известно ли ему, когда я вновь смогу увидеть семью, но и тут ему ответить было нечего.

— Это целиком дело Ежова, — объяснил он. — Думаю, что он скоро мне позвонит и даст указания. Но для вашего успокоения знайте, что я сделаю всё, что в моих силах, чтобы ваши желания удовлетворялись. Будьте спокойны. Живите, живите в своё удовольствие. В конце концов положение ваше завидное. Ведь это исключительная удача — наслаждаться первоклассным жильём и удобствами от НКВД под личным покровительством Ежова! Как только появится новости, я сразу к вам приду. Местным приказано обращаться с вами со всеми любезностью и почтением и исполнять все ваши просьбы, в пределах разумного.

Когда он уже собрался уходить, я решился попросить его об одной услуге. Я хотел, если возможно, послать своей семье подарки, которые привёз с собой: всё, что дал мне генерал Килинов, и кое-что от себя. Практические вещи: всем по паре хороших ботинок, и тёплое бельё.

Первый день я ходил словно оглушённый. Не знаю, что было не так, но я чувствовал себя не в своей тарелке. С нетерпением ждал возвращения Дюваля. Однако в два последующих дня вестей от него не приходило.

Следует сказать, что в эти дни мне и пришла мысль записать всё, что со мной приключилось за последнее время. Искушение становилось необоримым. Такой выход казался мне своего рода побегом из тюрьмы, в которой я оказался. Ещё в Париже я купил несколько тетрадей с очень тонкой, но качественной бумагой, с той мыслью, что они пригодятся мне для записи начисто своих химических формул и соображений. Теперь же я думал применить их с другой целью. Но меня одолевал страх, и я долго не мог решиться. Доступ к лаборатории у меня был с первой же минуты, и я в конце концов направился туда, предполагая без труда найти там уголок, где можно было спрятать записи. Искал я упорно, потратив весь свой ум, изобретая способ понадёжнее. Я осмотрел автоклав, самый большой из них, в поисках места, где бы уместились тетрадки. И нашёл: аппарат размещался на четырёх толстых опорах круглого сечения. Засунув руку внутрь его нижнего отсека, мне удалось обнаружить, что ножки являлись полыми. Они крепились к днищу, оставляя округлой формы лаз в месте спайки. Продолжив обследование, я убедился, что ножка оканчивалась диском в той своей части, что опиралась о пол, образуя с опорой единое целое. Тут я и решил устроить свой тайник, и, сделав свёрток, попробовал вставить три своих тетради в полость. Они с лёгкостью туда вошли. С одной лишь особенностью, что в трубе ещё оставалось место. Более того, когда я отпускал тетради, они застревали на нужной мне высоте, поскольку, слегка развернувшись, свёрток подгонялся к внутренним стенкам опоры, что не позволяло ему провалиться до самого низа.

Затем я выбрал самое удалённое от двери место в противоположном конце лаборатории — там я собирался писать. После чего приступил к тщательному осмотру и изучению каждой щели, каждого уголка, пытаясь обнаружить глазок или отверстие, сквозь которые за мной могли бы шпионить. Ничего подозрительного я не нашёл. Из предосторожности под стойкой, что собиралась служить мне столом, поместил ведро с несколькими литрами серной кислоты: если бы меня застали врасплох, я бы незаметно бросил туда тетрадь, и она бы растворилась. Благодаря этому, а также рядам приборов, колб и пробирок, уставленных на столе для видимости проведения опытов, я наконец посчитал, что защищён вполне.

Эти приготовления меня вымотали. В тот день мне так и не довелось пописать. Уже лёжа в кровати, я вновь подумал, что это — безумие. Для чего всё это записывать? Лишь навлеку на себя беду. И решил не начинать.

Проснулся поздно. Мысль о дневнике вновь настойчиво овладела мной. Однако, уверен, я так бы и не взялся за перо, если бы не одно совершенно случайное событие, которое, однако, до основания потрясло мою душу в то утро. Я искал в ванной бумажку, чтобы протереть свою бритву. Отыскать её было непросто, ибо туалетная бумага закончилась. Раскрыв небольшой шкафчик, я взял оттуда газетную страницу, лежавшую на одной из полок, и оторвал от неё кусочек. Я хотел уже было бросить её остатки на пол, как вдруг моё внимание привлекло одно стихотворение, втиснутое меж столбцов обычного текста. Я машинально поднёс страницу поближе и прочёл следующие строки:

Злой вредитель ты колхоза,
Мать! — ты враг колхозу злой,
А не любишь раз колхоза,
Не могу я жить с тобой.

Темной ночью, зимней и холодной,
От воров колхозный хлеб поставлена спасать,
А сама идешь в амбар колхоза
Хлеб колхозный воровать.

Ты поллета лодыря гоняла
И сейчас холодной зимой
Хлеб ворованный на сено променяла,

Этим план срываешь посевной.

Проня Кобылин[34].

Я был ошарашен. Это маленькое чудовище, растленное сатанинским воспитанием, в своих стихах доносило на собственную мать с тем, чтобы её расстреляли. А Советское государство в качестве заслуги и примера ещё и восхваляло убийцу своей матери… Все мои чувства вспыхнули жгучим пламенем, как обожжённые ударом раскалённого хлыста.

«Нет, — зарёк я себе, — мои дети, как и дети моих детей никогда не станут законными убийцами своих родителей! Я буду писать. Я сделаю всё возможное, чтобы однажды они узнали, на что готов пойти отец ради спасения своих детей. Я буду, буду писать!» И теперь во мне возникла одержимость стремлением писать, и даже грозившая смертельная опасность не способна была меня устрашить.

Как бы то ни было, совсем скоро я вернулся в лабораторию, где писал в течение многих часов. Инстинктивно догадавшись, что пришло время обеда, я отложил дневник и, спрятав рукопись, спустился вниз. Стол уже стоял накрытый. Я ел, погружённый в себя, поскольку напрягал все силы памяти, стараясь вспомнить каждую из приключившихся со мной сцен, с той самой минуты, когда агенты ГПУ появились в моём доме. Я охотно добавлял новые и новые подробности. Моим детям не наскучит пространность моего изложения — напротив, хорошо зная их, я не сомневался, что им понравится всё, даже самые незначительные мелочи, ибо они найдут частности столь же важными, как и самые драматические эпизоды моей истории, за исключением тех, пожалуй, где моя жизнь подвергалась серьёзной опасности. Политические хитросплетения, в которые я волей судьбы оказался втянут, мне и самому не под силу распутать, а им они покажутся безынтересными и подавно. В лучшем случае они предстанут в их воображении удивительным, почти мифическим миром, подобно фантастическому царству, в котором сражаются сказочные чудовища, люди из иных миров и апокалиптические звери…

Не знаю, подведёт ли меня где-нибудь память, но всё же я ей доверяю. Пробелы в ней, пожалуй, неизбежны, из-за чего некоторые имена, даты или порядок следования малозначительных событий могут быть спутаны. Однако я верю, что подобные оплошности будут немногочисленны. В общих же чертах, в самой логике событий, полагаю, мне удастся сохранить большую правдивость. Надеюсь, что у меня получится с достаточной точностью воспроизвести всё, как было, что, на мой взгляд, — самое главное.

Отныне я буду делать краткие заметки о любом важном происшествии, стоящем упоминания, — просто, сжато, лаконично. Они позволят мне давать передышку памяти, а также впоследствии обстоятельно описывать факты в окончательной форме со всеми необходимыми подробностями.

Знай, сын мой, что прежде всего я пишу это для тебя. Пусть это служит свидетельством того, как сильно твой отец любит тебя, твоих сестёр и, в особенности, твою мать. Люби же и ты их, как люблю их я.

XXI
ЛИЧНЫЙ ВРАЧ ЕЖОВА

На следующий день приехал Дюваль. Он послал за мной, и мы поболтали перед едой. Он намеревался составить мне компанию за обедом. Однако ни о чём интересном он не поведал. Лишь упомянул недавно состоявшийся процесс, главным действующим лицом которого был Радек. Этот еврей был одним из виднейших деятелей революции. Дюваль рассказал множество занимательных историй об этом субъекте. Все они показывали его необычайно циничным типом. Я знал, как он выглядит по портретам, публиковавшимся в газетах в былые, более удачные для него времена — внешность вполне подходила его делам. Рот, похожий на тонкий и необыкновенно длинный поперечный порез ножом, всякий раз кривился по-новому, но всегда в сардонической ухмылке. Она являлась его отличительной чертой, выделявшейся на его физиономии, обрамлённой с одной стороны взъерошенными волосами и двойным, как у обезьяны, подбородком с другой, что вместе придавало ей какое-то трагикомическое выражение. По словам Дюваля, Радек был революционером ещё с детства, но революционером хитрым и коварным. Он умело пользовался своими познаниями в химии по части взрывчатых веществ и часто напускал на себя пугающий вид таинственности, подобно средневековому алхимику, в кругах террористов и заговорщиков. Сталин неплохо его знал и не раз пользовался этим устрашающим ореолом, хотя вождю было хорошо известно, что на деле тот был труслив, как лиса. Если Сталин сомневался в торжестве своей воли на очередном тайном совещании, где нужно было принять определённые решения, то его неизменно сопровождал Радек. Он присоединялся к обсуждению безмолвный, непроницаемый за громадными очками, укутанный в широкое чёрное кожаное пальто, представая абсолютной загадкой. В решающий момент по условному знаку Сталина Радек вставал растрёпанный, страшный, и пускал в ход свою злую улыбку. Хриплым голосом он предостерегал и призывал собрание голосовать за Сталина, а при малейшем признаке несогласия отступал на несколько шагов, распахивал пальто, предъявляя свой ужасный арсенал устройств. Вслед за этим, достав правой рукой самый увесистый из них, он высоко подкидывал его и театрально потрясал шевелюрой. Затем, сделав паузу, медленно, но неумолимо подносил дымящуюся трубку к фитилю... Решение принималось единогласно. После чего Сталин победоносно выходил, а следом за ним — зловещая тень Карла Радека. Уже в своей комнате он с грохотом швырял в угол свои «устрашающие» снаряды, обрушивался в кресло и, разинув безразмерный рот, хохотал во всё горло: «Если бы они только знали, что это пустые банки!» Сталина забавляло всё это, и он крепко хлопал еврея по плечам, подымая с них целое облако перхоти.

— Но не всё в Радеке было театром и фарсом, — добавил Дюваль. — У него двойная личность. Долгое время он пробыл в эмиграции, следуя за вождями революции, словно тень. Профессиональная революционная деятельность у него всегда сочеталась с масонской. Как еврей, он был принят ряды в Бней-Брит (кажется, так он это произнёс) — исключительно еврейской масонской ложи, позволяющей, однако, своим членам участвовать в обыкновенном масонстве. И там, и здесь Радек обладал самыми высокими градусами. Благодаря этому он обрёл обширные и тесные братские связи в некоммунистическом мире. Возможно, его истинная сущность как раз и есть масонская, а фарс и цинизм, наполнявшие его жизнь, — лишь маска, призванная скрыть то, что в его жизни было единственно серьёзным и важным! Словом, дело крайне запутанное. Но правда в том, что ему удалось сохранить себе жизнь. Им заинтересовались самые неожиданные и высокопоставленные люди по всему миру. Кажется даже, что тут не обошлось без некоторого шантажа со стороны финансовых и журналистских кругов. Всё это очень необычно и в то же время занимательно.

В этот момент нас позвали на обед.

Мы ели. Надо думать, в доме всех предупредили о высоком госте, поскольку над меню в тот день поработали с особенным старанием. Между блюдами я гадал, в чём же заключалась причина посещения Дюваля, ибо мне казалось, что он никогда не находил большого удовольствия в моём обществе.

За кофе он наконец удовлетворил моё любопытство:

— Удивитесь ли вы, доктор, если я сообщу, что принёс передать вам самый горячий привет от Ежова?

— Чем же я обязан такой чести, Дюваль?

— Без ложной скромности признаюсь, что я принял в этом некоторое участие. Я устно доложил о нашей поездке и по праву отдал должное вашему поведению на всём её протяжении.

— Благодарю вас.

— Это ещё не всё, доктор. Он советовался со мной на ваш счёт, и я поручился за вашу благонадёжность. Знайте, что с сегодняшнего дня вы становитесь личным врачом наркома.

— Что?! — изумлённо воскликнул я.

— Да, Левин отправлен на пенсию. Не то чтобы вы займёте отныне должность врача ЦК. Вы просто будете личным врачом Ежова.

— Благодарю вас, Дюваль, за старания и поруку, но я, право, не могу такого принять... Вы знаете, что доктор из меня посредственный, и что больше всего меня интересует химия. Откровенно говоря, я не могу ручаться за успех в делах медицины и хирургии.

— Да, доктор. Всё это было принято в расчёт, но речь идёт не о диагнозах. От вас требуется нечто гораздо более простое. Вы умеете ставить уколы?

— Думаю, мой пульс при этом остаётся ровным.

— Ну что ж, этого достаточно.

— Чем болеет Ежов?

— Официально... знаете ли, скоротечная чахотка, но на самом деле — заурядный сифилис какой-то там степени, но явно сильно запущенный. Он настолько правоверный большевик, что даже в этом решил подражать нашему дражайшему вождю Ленину. Этой самой ночью... у него крайне тревожные симптомы, он уже давно нуждается в лечении, но то ли из-за огромной занятости, то ли, быть может, из-за общего недоверия к врачам... Суть в том, что до сего дня его никто не лечил, и тут я как раз рассказал ему о вашем поведении и о троцкистской атаке...

— Хорошо. Что ж, тогда я к вашим услугам.

— Мы договорились, что уколы всегда будут делаться ночью. Он хочет, чтобы это хранилось в строжайшей тайне: и его настоящая болезнь, и тот факт, что им занимаетесь вы. Мы будем навещать его, проникая через запасную дверь. Я принёс тёмные очки. В них вас будет не узнать. Вкупе с европейским гардеробом, полагаю, вас легко примут за зарубежного врача, которого вызвали обследовать бактерии в лёгких некой важной персоны.

— Хорошо, вроде бы всё ясно...

— Не скрою, доктор, что в этом деле вы должны задействовать все пять чувств, несмотря на то, что задача выглядит простой. Видите ли, любая неосторожность в отношении к жизни народного комиссара со стороны человека вашего порядка приравниваются к предательству и вредительству по отношению к Союзу в его лице. Но есть и преимущества — не сомневаюсь, что стань сей факт известен, вам бы позавидовали врачи со всей России. Доверие Ежова, особенно в свете грядущих событий, — это привилегия едва ли не небожителей. Вы скоро поймёте, вот увидите...

Больше ничего важного он не сказал и через минуту покинул меня. В дверях он добавил, чтобы я не беспокоился по поводу его возвращения, что он точно вернётся, но когда именно — зависит от работы шефа и решится по обстоятельствам.

Я остался один, довольный, и поднялся в лабораторию. На лестнице я столкнулся с непроницаемым распорядителем, который — что невообразимо — едва ли не улыбнулся мне и, более того, спросил, не изволю ли я попозже отпить чаю у себя наверху. Раньше он ничего подобного не делал. Скорее всего он получил строгие указания быть со мной чрезвычайно обходительным. Я отказался от его услуг, сообщив, что сам спущусь в столовую за чаем, после чего он пропустил меня вперёд с учтивостью уж слишком выразительной.

Вечером я большую часть времени писал, заполнив немало страниц в своей тетради.

В обычное время отужинал, и вечером около одиннадцати часов за мной заехал Дюваль.

Он приехал на великолепном, большом и мощном автомобиле. Мы уселись, и он тронулся. Ехали в темноте. Габриель — буду звать его отныне Габриель, поскольку Дюваль недавно умер — молчал. Я бросил два-три нечаянных взгляда в боковое окно, затем уже всмотрелся в него намеренно, а после ещё одной попытки понял, что не мог разглядеть за матовой дымкой стекла ровным счётом ничего — оно было определённо непрозрачным. Заинтригованный таким обстоятельством, я решил выяснить, куда мы направлялись.

— Проведать товарища Ежова, — ответил Габриель.

— На Лубянку? — задал я следующий вопрос.

— Не знаю, доктор. Предположу, что нет. Не думаю, что в этом случае нам стали бы завязывать глаза.

— Что?! — воскликнул я, поражённый подобным вздором.

— Разве вы не заметили, что сквозь стекло ничего не видно? Ведь это всё равно, что ехать с завязанными глазами, не так ли?

— Верно, — согласился я.

Поездка длилась, наверное, около полутора часов. В последние двадцать минут машина сделала пять остановок. На пятой одна из дверей автомобиля раскрылась, и салон наполнил яркий свет. По-видимому, мы прибыли. Мою догадку подтвердил сидевший рядом с водителем человек, который в этот момент открыл дверцу.

Мы оказались перед дверью, к которой вели три ступеньки. Машина въехала в нечто вроде сеней, отчего делалось решительно невозможным разглядеть, что было вокруг, ибо спереди они были наглухо закрыты воротами. Два устрашающего вида солдата ГПУ стояли на часах. Их вид был безупречен: как выправка, так и лоск обмундировки.

Кто-то, видимо, наблюдал за нами сквозь дверной глазок. Габриель встал вплотную к двери, склонил лицо и что-то произнёс, но слов разобрать не удалось. Должно быть, пароль, так как дверь после этого отворилась. Мы вошли, он шагал впереди. Попали в зал, сравнительно небольшой, но новый, опрятный, обставленный подобающе роскошной мебелью. Больше ничего рассмотреть не получилось, поскольку мы без промедлений продвинулись в следующую комнату. Приёмная, также роскошно и удобно обставленная. Человек, нас сопровождавший, оставил нас. Габриель безмолвствовал, я поступал так же. Но заскучать мы не успели — тот же мужчина очень скоро вернулся и подал нам знак следовать за ним.

Вступив на лестницу в конце зала, мы забрались по двум пролётам, после чего она раздвоилась. Очевидно, дом был двухэтажным. На лестничной площадке стоял ещё один часовой, вооружённый внушительного размера пистолетом. Далее, в конце коридора справа, где было ещё две двери, находился очередной часовой. Туда мы и направились. Наш проводник без стука раскрыл одну из дверей и вошёл, и мы вслед за ним, очутившись в маленькой комнате, вмещавшей лишь диван да пару кресел. Не останавливаясь, мы прошли дальше и попали в новое помещение, также небольшое. Это была спальня, к слову, очень неплохо устроенная. Однако осмотреться я не успел, ибо тотчас заметил сидевшего на кровати Ежова.

Он будто осунулся больше, чем в прошлый раз. Я остановился у порога, а Габриель ступил вперёд и поприветствовал начальника. Тот знаком подозвал меня и, когда я приблизился, он протянул свою руку. Я потряс её и ощутил холод и влагу его ладони. Меня охватило лёгкое волнение.

— Приступайте, как будете готовы, доктор. Вот всё необходимое, — пригласил Ежов.

У подножия кровати и в самом деле стоял столик, накрытый белой скатертью. Подойдя к нему, я убедился, что всё необходимое действительно было на месте: шприц, иглы, марля, бинты и нетронутая упаковка с ампулами цианида ртути. Осмотрел их — на каждой указана дозировка. Вместе они образовывали предписанную шкалу. Взяв самую малую из них, я стерилизовал иглу со шприцем и наполнил его, после чего подступил к наркому. С некоторым смущением я обнажил руку диктатора, подписавшую столько смертных приговоров, — сплошные сухожилия и вены. Последние, к счастью, были толстыми и выпирали, а пережатые жгутом, они вздулись и того туже. Перед уколом мой взгляд непроизвольно упал на лицо Ежова. В его глазах и вправду не осталось и следа от прошлых твёрдости и дерзости. Взор самого страшного человека на планете стал бегающим и тревожным, выражая неподдельный страх. Моя правая рука подносила иглу к вене, а левая держала его запястье, и я осязаемо ощутил, как он дрожал. Уверенно сделав прокол, отвёл поршень назад. Жидкость в шприце окрасилась красным — не промахнулся. Я облегчённо выдохнул. Сняв жгут, стал медленно, очень медленно вводить раствор и, закончив, осторожно вытащил иглу. Уже прижимая пропитанную спиртом вату к красной точке на его вене, я заметил, как округлились глаза Ежова, заполняясь настоящим ужасом. Его дыхание стало частым, а голова упала на подушку. Ужасному Ежову, судя по всему, стало не по себе, когда он почувствовал, как сильно застучало его сердце вследствие естественного воздействия впрыснутого раствора.

— Это ничего, ничего, — поспешил успокоить его я. — Такой укол всегда вызывает незначительное нарушение сердечного ритма. Поэтому я вводил инъекцию очень медленно, чтобы это последствие уменьшить.

Ежов, следует полагать, был признателен за моё разъяснение. Его взгляд стал спокойнее, однако он ничего не сказал, лишь спрятал обе руки под одежду. Мы с Габриелем попрощались и пожелали ему как следует отдохнуть. Он ответил что-то односложное, и мы вышли.

У дверей нас ждала та же машина. Сделав те же остановки, теперь в обратном порядке, мы вскоре вернулись в мою обитель.

Габриель зашёл тоже и отвёл меня в комнату, где я доселе не бывал. По его словам, то был его личный кабинет. Несмотря на хорошую обстановку, в ней был лёгкий беспорядок. Предложив мне сесть, он позвонил. Явился распорядитель, у которого он запросил что-нибудь на ужин. Он объяснил, что до сей поры у него не нашлось времени поесть. Принесли икру, холодную курицу, консервированные фрукты и бутылку вина. Он хотел было меня потчевать, но я отказался, ибо есть не хотелось. Я ограничился кофе.

Как только он расправился с едой, он начал говорить со своей обыкновенной непринуждённостью.

— Подобную экскурсию нам отныне придётся совершать дважды в неделю, верно?

— Если не будет осложнений, — пояснил я.

— Разумеется, если не будет физических осложнений у нашего начальника... Не думаю, что могут возникнуть трудности иного рода. Уверен, ваше благоразумие и без того неплохо обеспечивается в этом доме, но всё же будет нелишним предупредить, что ваше молчание должно быть непреложным.

Тут зазвонил телефон.

Габриель тут же снял трубку. Он несколько раз односложно ответил, а затем, придерживая трубку рукой, передал мне:

— У начальника крайне неприятные ощущения во рту. Он спрашивает, можете ли вы посоветовать что-нибудь для их уменьшения или устранения.

Я понял, в чём дело. Мне следовало заранее об этом подумать. Ртуть выводилась через ротовую полость, чего я не учёл. Я сказал

Габриелю, что необходимо прополоскать рот раствором хлората калия.

Он повторил мои слова в телефон, но после вновь обратился с вопросом:

— Вы можете лично приготовить раствор?

Я ответил, что сомневаюсь, что в лаборатории найдутся нужные ингредиенты, и что скорее всего будет просто заказать раствор в аптеке.

Он передал так и повесил трубку.

— Он лично разговаривал со мной. Думаю, что завтра вам нужно приготовить раствор самому. Не знаю, осмелится ли Ежов использовать средство, не убедившись, что оно не отравлено, и что тот, кто его поставит, находится в его руках на случай ответа... Как бы то ни было, долго продлится это ощущение по вашему мнению?

— Предположительно пару часов или чуть дольше. Когда мы увеличим дозу, ощущения заметно усилятся, но мы их лучшим образом предотвратим.

— Ладно. Постарайтесь завтра же сделать лекарство. Его нужно доставить как можно скорее. Прежде всего им придётся изучить его в двух или трёх разных лабораториях, не зная, конечно, кому оно предназначено. Я уверен, что он именно так и прикажет сделать, так что со всей ответственностью подойдите к изготовлению, ибо от вас потребуют полный о нём отчёт. Предполагаю, что ампула, содержимое которой вы вводили, прибыла из-за границы. Покупатель, или кто её там доставил, разумеется, не имел представления о личности пациента. Более того, я почти не сомневаюсь, что пузырёк из той же партии, того же происхождения, предварительно ввели кому-то другому, и только после этого, удостоверившись, что раствор безвреден, было принято решение его использовать.

— Вижу, что меры предосторожности доходят до крайности.

— И они не излишни, — уверил Габриель. — Вы даже не представляете, насколько безжалостная идёт борьба. Имейте в виду, что угроза прямого нападения почти исключена. Крепость Советского аппарата нерушима, и его врагам остаётся только прибегать к хитрости. И поверьте, они вытворяют настоящие чудеса. В конце концов, разве вы сами тому не уникальный свидетель?

— Это точно, — согласился я, — те детективные романы, что я так любил читать в молодости, теперь выглядят просто детскими забавами в сравнении с тем, чему я стал свидетель.

— Конечно, ведь эти книги написаны не преступниками, что было бы гораздо интереснее, но рождены в воображении людей, мыслящих подобно жертвам, то есть в воображении посредственном. К сожалению, большой потерей для мировой литературы станет тот факт, что ни настоящие заговорщики против Союза, ни уж тем более его защитники мемуаров не напишут.

— Отчего же? — наивно спросил я.

— На то есть несколько веских причин. Одна из них, вполне очевидная, — чтобы посвятить себя писательскому делу, нам просто-напросто не хватает времени. Вы можете вообразить, чтобы наш великий Сталин выделил хотя бы час в день написанию мемуаров? А Ежов? Если бы вы заглянули внутрь нашего аппарата, вы бы неизбежно увидели, что самой главной трудностью, с которой сталкивается высшее руководство, является недостаток времени. Не забывайте, что в отличие от любого иного государства, мы не берём начала. Нет у нас и истории — нам приходится создавать её заново. Никакому режиму мы не наследуем, прошлое нам не подспорье, напротив, оно лишь мешает. Всюду здесь господствует индивидуальный стиль. Мы подобны инженерам, проектирующим мост, висящий над мраком неизвестности с одной-единственной опорой, поскольку другим краем арка распирает пустоту.

— Наверняка были предатели, — возразил я, — изменники, сбежавшие за границу. Как же они?

— Да, было несколько, верно. На тех, кто оказывается в благоприятных для побега обстоятельствах, мы налагаем определённые обязательства, и не так-то просто, как вы сами уже знаете, от них освободиться. Тем не менее кое-кто остался за рубежом. К счастью, почти всегда это были посредственности, которым было известно лишь то, о чём им было знать положено, и немногим больше. Всё, что ими написано, ценности не представляет, ибо они сумели рассказать только о своей ограниченной деятельности. Но и тут, разумеется, они опускают самое интересное — факты личного характера. Видите ли, буржуазная среда навязывает чувство вины и стыда. Никто их них не рассказал, как убил или ограбил. Такое они сообщают о других, но о самих себе... И это естественно, ибо с точки зрения буржуазного общества их деяния есть убийства, грабежи. И чтобы они позволили себе в них признаться, было бы нужным поменять само буржуазное сознание. Тогда бы их поступки рассматривались как военные действия, чем они и являются... И поскольку для буржуазии война не начинается до тех пор, пока её не объявит король, парламент, или пусть даже, в соответствии с требованием большинства, плебисцит, то им трудно помыслить, хотя бы гипотетически, нашу правду: война перманентна, война тотальна и она суть единственный смысл существования Государства, если оно таковым является. Ибо война есть борьба, а история, то есть жизнь человеческая, есть непрерывная борьба за существование. Так сказал Маркс, и такова фундаментальная истина марксизма, существовавшая даже до него, сформулированная ещё Дарвином.

И она есть наш главный догмат, и Советское государство ему неукоснительно следует и всецело ему верно.

— Полагаю, что с точки зрения пропаганды такую блестящую политическую теорию лучше не распространять по радио или в буржуазной прессе, — не без иронии отметил я.

— Почему же? Это всё равно, что говорить на незнакомом им языке. Они бы поняли грамматическое значение слов, но ничего более. Постичь же — никогда. Постичь эту истину в её подлинной непреложности — категорически нет. Никто не в силах понять того, что превосходит его способности. Буржуазному мышлению недостаёт соответствующего масштаба. Невозможно ему постичь больше, чем оно способно в себе уместить.

Его убеждённость казалась абсолютной. Я бы сказал, что он принимал за аксиому то, что для меня выглядело обыкновенным парадоксом, пусть ловким, но парадоксом. И я возразил:

— Всё это остроумно... но совершенно бездоказательно. Никто не полемизировал с буржуазной мыслью словами вроде тех, что вы употребили, и сомневаюсь, что кто-либо...

— До известной степени, так лаконично — вероятно, что никто. Но согласитесь, ведь я не сказал ничего нового. Мой синтез исключительно ортодоксален, он тысячи раз изложен в марксистских текстах, тех самых, что мы тоннами экспортируем ежедневно. Вы же не будете это игнорировать? А коли так, то, признавая их интеллект, хорошо проявленный в других науках, почему они этого не понимают? Признайте, что их интеллект лишён объёма, вернее, объём этой доктрины превосходит объём их интеллекта.

— Быть может, они не верят в искренность этих текстов...

— Возможно, что вы приблизитесь к объяснению этого феномена, следуя этой нити. Они не верят — да, пожалуй, именно данного измерения им не хватает — веры. Они больше не верят. Универсальной опорой для их веры служил Бог, а она уже давно разрушена. Теперь они в Бога не верят и, как следствие, ни во что другое. А поскольку веры в них больше нет, то им стало невозможно поверить кому-либо, кто ещё верить способен. Порою кажется, что они дошли до того, что уже потеряли веру в самих себя. А мы — мы верим в борьбу за существование и определяем её цель и конец: уничтожение угнетающих классов, истребление буржуазии.

— Нет, — ответил я, — нет. Вы принимаете субъективные абстракции за некие универсальные общепринятые аксиомы, в то время как они буржуазией в общем-то не выдвигались.

Но он перебил:

— Она не выдвигала их, верно. Но мы-то их сформулировали. Мы предъявили их как аксиомы. Даже больше, чем аксиомы... ведь девятнадцать лет непрерывной деятельности по всему миру, кровавой печатью этой истины отмеченные все уголки планеты —

разве это не убедительнее всяких аксиом? Проверьте сами, доктор. Буржуазии присуща врождённая неспособность к пониманию. Допустите такое положение, и вы обретёте известность. Займитесь поисками лишней или недостающей клетки в буржуазных мозгах — клетки, обуславливающей их неполноценность. Это стало бы потрясающим научным открытием, поверьте.

И такой едва ли не комичной уловкой он закончил нашу беседу.

Мы встали.

— Уже поздно, — сказал он, почти зевая. — Я переночую здесь. Спокойной ночи, доктор!

XXII
СЕКРЕТНОЕ ОРУЖИЕ

Наша беседа надолго затянулась прошлым вечером, и оттого следующим утром я проснулся поздно. Не припомнив каких-либо указаний и поручений на этот день, я решил, что могу быть предоставлен сам себе, и собрался посвятить большую его часть записям в лаборатории. Спустился в столовую и позавтракал в одиночестве. Осведомился, не было ли каких сообщений для меня, и получил отрицательный ответ. Но стоило мне затем усесться и взяться за перо, как меня окликнули из дверей. Я не на шутку перепугался. Это был Габриель. Однако, он не стал входить, а лишь указал немедленно спускаться. Спрятав тетрадь, я торопливо вышел[35].

Голос Габриеля вёл меня по пути вниз. Я достиг вестибюля, где он жестом позвал меня в кабинет.

— Вам нужно срочно осмотреть одного пациента, — второпях заявил он.

— Где? Кого? — спросил я.

— Здесь. Пациента привезли сюда, но поспешите. Давайте, возьмите всё необходимое.

Мне уже было известно, что в соседней комнате находился чемоданчик с инструментами, и я вышел за ним. Габриель пошёл следом, подгоняя меня. Я взял чемоданчик, и он знаком указал следовать за ним. Мы поднялись на второй этаж и вошли в одну из комнат. Мой взгляд в тот же миг различил человека, лежавшего на кровати. На вид ему было около тридцати пяти лет, он был бледен. Черты лица — правильные. Его глаза были открыты, но взгляд был тусклым, почти стеклянным. Внешний вид больного меня встревожил.

— Вы сказали, что он ранен, — спросил я Габриеля. — Пуля? Ушиб?

— Нет, нет, — лёгкое смущение проглянуло на нём. — У него сильная потеря крови... Однако посмотрите, взгляните сами.

Быстрым движением он скинул простыню и обнажил тело пациента.

Бросив беглый взгляд, я первым делом обратил внимание на нечто необычное, отношение к медицине, впрочем, не имевшее. На мужчине было надето женское платье, кстати говоря, весьма элегантное, похожее на те, что я видел в парижских витринах. Одну ногу обтягивал шёлковый чулок, а другая была голой, и на краю стопы, как мне показалось, я заметил кровь. Но наклонив голову, я обнаружил, что его ногти покрывал красный лак. Обернувшись к Габриелю, я сделал удивлённый жест. Тот лишь иронично улыбнулся и энергичным рывком перевернул мужчину ничком. Громоздкая куча из ваты и марли, перетянутая бинтами, покрывала его ягодичную область, сквозь которую просачивалась кровь.

Воздержусь от описания проведённых процедур. Укажу лишь, что травма была в сфинктере и вызвала сильное кровотечение. Из-за необходимости срочно остановить кровь мне не удалось выяснить, имелись ли также внутренние повреждения, что могло быть вполне вероятным, учитывая природу «происшествия», которое Габриель описал одним очень выразительным словом.

Оставив несчастного под действием обезболивающих, мы вышли.

— Ни слова об этом, — предупредил Габриель.

— Разумеется — кивнул я.

Тем временем мы спустились по лестнице. Оказавшись в зале, я собрался уходить, но Габриель пригласил меня пройти в небольшую боковую комнату, своего рода кабинет, куда мы оба вошли и сели.

— Полагаю, что вы несколько удивлены участием в этом. Также предположу, что вы мне не простите, если я ничего не объясню.

Я ничего не ответил, ограничившись выражавшим любопытство телодвижением.

— Прежде всего это служебная необходимость. Как вы понимаете, — пояснил он, — я бы не стал вовлекать вас в нечто столь омерзительное забавы ради.

— Я так и подумал, — согласился я. — Речь идёт о каком-нибудь большом начальнике, страдающим вот таким вот сексуальным извращением?

— Нет. Он уважаемый иностранец из знатной семьи.

— И всё же я не понимаю, почему его не отправили в государственную больницу. Зачем было беспокоить вас и меня?

— Я уже сообщил вам, что в этом состояла служебная необходимость. Знайте же, доктор, — на его лице возникла загадочная ухмылка, — что на войне, на нашей войне мы пользуемся добродетелями и моралью противника. В этом случае, доктор, это любовь к отцу. Мы превращаем буржуазные предрассудки в действенное оружие. Но у буржуазии есть не только добродетели, но и пороки, и пороки гнусные, которые делают её уязвимой для нападения со всех сторон... И иногда, как в нашем случае, с тыла.

Он глубоко затянулся, вдыхая дым сигары, а затем выпустил целое облако, которое в тот же миг заволокло его улыбку. Он продолжал:

— Это не советское изобретение. Один выдающийся полицейский[36], который в действительности стоял за успехом напыщенного Бисмарка, систематически использовал порок в качестве политического оружия. Редко встретишь человека, особенно знатного или высокопоставленного, не имеющего изъянов или грехов. Всё, что нужно сделать, это лишь навести справки, изучить их, добыть доказательства и обратить их против него. Там, где напрасны угрозы смерти, всегда действует искусно исполненный шантаж. История и опыт — тому подтверждение. И наш закон военного времени велит нам прибегать к методам морального убийства, если под его угрозой удаётся из постороннего или врага сделать раба.

— Но это уже нечто дьявольское! — не удержался я.

— Это война! Война, доктор. К тому же мы не единственные, кто так поступает. Такое практикуется и в странах буржуазной морали разного рода организациями, называющими себя благородными, гуманитарными, почётными... Если бы вы только знали!

Мною овладело любопытство. Захотелось воспользоваться тем, что у Габриеля вновь развязался язык.

— Должно быть, непросто, — подвёл я, — найти и заполучить доказательства по столь деликатным вопросам...

— Отнюдь, — ответил он. — Для этого требуется лишь незначительная организация. Здесь, в СССР, нам очень просто такое устраивать. У соответствующего отдела есть в распоряжении определённое количество профессиональных грешников. Понимаете? Тысячу раз доказано, что специалист в своём отклонении необычайно проницателен: вор выявит вора среди тысячи, гомосексуалист со всей точностью определит гомосексуалиста. А после этого останется лишь предоставить пороку возможность проявиться, создав видимость безопасности и безнаказанности.

— Но как? — изумлённо допытывался я.

— Исключительно дело техники. Ничего не подозревающих жертв заманивают в нужное место, где в каждом углу установлены фотоаппараты и кинокамеры — и вот в наших руках убедительные доказательства. Весьма забавны сцены проводов почётных (очень почётных!) гостей или иностранных дипломатов. Им показывают фотографии или даже устраивают киносеансы. После чего они уезжают в свои страны, где в зависимости от обстоятельств вынуждены держать рот на замке или даже превозносить нас. Если это политическая фигура, он обязан служить. В случае военных и дипломатов — должны предать. Редко, но всё же случается, что ко всеобщему изумлению вдруг вскрывается, что какой-нибудь банкир, принц, аристократ, политик, учёный, литератор, священник, генерал, дипломат или иной человек высокого чина, должности или образования работает на нас. Все тут же теряются в догадках, почему и как такое вышло. Начинают расследование, пытаются выяснить, замешаны ли тут деньги, но на поверку выходит, что нет. И тогда публика уже совершенно бессильна объяснить, почему те, кому по рангу, образованию или должности следовало быть врагами коммунизма, оказываются у него на службе. В их в головы не приходит мысль покопаться в пороках и недостатках. А если бы они попробовали, то неизбежно обнаружили бы на вероломных шеях предателей поводок, навечно их связывающий с нами, — и гораздо крепче, действеннее, чем дуло пистолета, направленное в их спину. Если бы оружие, которым мы пользуемся, стало известным, вряд ли кто-либо удивился бы столь многочисленным и неожиданным предательствам в нашу пользу. Никого бы уже не удивлял тот факт, что среди наших попутчиков так много замечательных и уважаемых людей. Ведь мы никогда не обязываем их делать политические или религиозные заявления или отречения, после того как они оказываются в наших руках, нет. Им полагается продолжать вести себя так, словно бы в их жизни ровным счётом ничего не поменялось. Им и дальше подобает оставаться собой, подвизаясь в своей среде, саботируя, смягчая или постепенно изменяя в желаемую сторону мнение самых враждебных нам слоёв. И поныне для многих непостижим и необъясним тот факт, что в рядах германской армии, и даже в нацистской партии, к нам питают на удивление большую симпатию. Выгода, извлечённая из неё в прошлом, и польза, которую мы получим от неё в будущем, очевидны. Сотрудничество между Рейхсвером и Красной армией с самых ранних времён должно было поставить весь мир в тупик, если бы его слабоумие позволяло ему недоумевать. В то время как одним из факторов действительно являлась злоба и отчаяние после Версаля, другим фактором всегда был хаос интимности, царящий в душе каждого немца. Имели места оба фактора, но существенную роль здесь сыграли подобного рода мужчины, если их можно так назвать. Нравственное вырождение привело их в наши руки. Один яркий пример из прошлого убедительно свидетельствует о правдивости этого положения. Во время войны в 1914-м году внезапно обнаружилось, что глава австрийской военной разведки, полковник с безупречной репутацией, преданно шпионил для царской разведки. Причиной тому служила его гомосексуальность. Это известный факт, он описан в пособиях всех разведок.

— Однако, — возразил я, — сотрудничество германских юнкеров с Красной армией началось ещё в первые годы существования Советской республики. Вы хотите сказать, что партия уже в то время обладала столь совершенной организацией?

— Действительно, вначале нет. Но не забывайте, что у нас имелись союзники. Главным образом в первые годы, когда Троцкий со своей жидомасонской кликой ещё тешил себя надеждой стать наследником Ленина. Благодаря им, не один год промышлявшим внутри Германии, мы получили богатый запас сведений. Кроме того, кадры, уже находившиеся в их руках с конспиративных времён, перешли на службу Советскому государству. Выгнав Троцкого, мы, разумеется, переняли над ними всю власть. Мне кое-что известно об этом, не напрасно же я сперва служил в Германии.

— А что мой пациент?

— Он уже в наших руках, взгляните сами, — с этими словами он поднял с дивана бумажник и вынул из него несколько больших фотографий, которые с торжествующим видом передал мне.

Мне пришлось рассмотреть их. Запечатлённые сцены выглядели беспощадно реалистично. Фотоаппарат перемещался так ловко, шаг за шагом снимая постыдное действо, что каждого из участников можно было легко опознать по физиономии. Непристойные снимки вызывали настолько сильное отвращение и выставляли героев таким ужасным посмешищем, что, подумалось мне, в качестве способа исправления подобных пороков стоило бы заставить их просматривать такие фотографии пару раз ежедневно. Конечно, я исхожу из того, что в них осталась хотя бы крупица стыда и нормальности.

Габриель встал и забрал фотографии, собравшись уходить. Я запросил инструкции насчёт больного.

— Пока что просто вылечите его. Когда решите, что час настал, дайте мне знать. Скоро вы сможете его излечить?

— Полагаю, что да, — непроизвольно ответил я.

— В таком случае приступайте. Тип весьма для нас важный, нужно, чтобы он выздоровел.

Без лишних слов он простился, и я вновь остался один, заворожённый и потрясённый. Поразительно с какой лёгкостью и непринуждённостью Габриелю всякий раз удавалось заручиться моими помощью и пособничеством.

XXIII
НЕОБЫЧНЫЙ ДОПРОС

Мне было дано указание ускорить выздоровление пациента. Как пояснил Габриель, следовало довести его до состояния, когда он мог показаться своим знакомым в Москве, пусть даже в кровати под предлогом болезни. Совершенно отличной от настоящей, естественно. Когда он вернётся в свою среду, я продолжу его лечение. Словом, моя «клиентура» росла. У меня уже было два «пациента»: Ежов, ни много ни мало, народный комиссар, и вот этот иностранец, необычайно высокого ранга, как мне объяснили.

Из соображений этической «асептики» я не стану вдаваться в подробности лечения. Мужчина изъяснялся на французском, однако мне запретили говорить с ним о чём-либо, кроме его раны. Через три дня, имея в виду срочность дела, я принял решение о возможности его перемещения.

Около девяти часов меня разбудил Габриель.

Он ждал меня за завтраком. Чилиец осведомился о том, как скоро больной сможет выдержать длительную беседу. Мой ответ был такой, что, вероятно, ещё через два или три дня, после чего до самого окончания завтрака Габриель хранил молчание. Когда мы закончили, он предложил мне составить ему компанию в комнате, служившей ему кабинетом.

— Доктор, вы удивительно удачливый человек. Если, как я рассчитываю, я преуспею в беседе с этим господином, вашим пациентом, то вы сыграете важную роль в советской политике, и едва ли не мировой. Не воодушевляет ли вас такое, доктор?

Я застыл в молчаливом ожидании, а когда пришёл в себя, ответил:

— Не воодушевляет и не прельщает. Я лишь хочу быть тем, кем был прежде. Воссоединиться со своей семьёй и вновь стать никем...

— Я знаю. Знаю, доктор. Однако подобное положение в корне отличается от того, в котором вы находитесь нынче. В силу целой серии обстоятельств — назовём их непредвиденными — вы очутились, вопреки вашим желаниям и ожиданиям, в самой гуще событий, значение которых выходит далеко за пределы всех существовавших прежде представлений. У вас нет выбора. Вам следует позволить потоку захвативших вас событий нести вас по его течению, отбросив на неопределённое время свои психологию, этику, одним словом — свою личность. Лишь таким образом вы сможете спастись сами и спасти то, чего так желаете: жизнь, семью...

«А душу?» — чуть было не выкрикнул я. Однако его апломб и естественность, и в особенности сияющее жизненной радостью лицо комом встали в горле, лишив меня речи. Он заговорил вновь, сменив тему:

— Если этот человек сломается, а он обязательно сломается, именно вы будете обязаны вникнуть в его замыслы. У меня не получится поддерживать непрерывную связь с ним, тем более здесь. Меня слишком многие знают, а поскольку в этот решающий для режима момент невозможно быть уверенным, кто есть враг...

— Невозможно даже для ГПУ?

— ГПУ, как вам хорошо известно, это безупречная и эффективная политическая полиция. Причём политическая... не только в смысле объективном, подобно буржуазной полиции, но и ещё — в чём заключается её особенность — в субъективном тоже. Понимаете?

— Честно говоря, не совсем, — искренне ответил я.

— Я использую слово «субъективный», потому что все мы без исключения являемся политиками, все мы — коммунисты.

— Чего же тогда бояться? Враг отыщется за пределами состава полиции. Другое дело, если бы все вокруг были сплошь профессионалы и специалисты...

— Верно. Правда была бы вашей, ведись борьба между коммунистами и антикоммунистами. Против фашизма мы можем отправлять людей без разбора. Вы уже имели возможность убедиться в Испании, что с фашистами все сражаются как один. Но здесь же речь идёт не о фашизме. Тут дело в разновидности коммунизма. Точнее, в фальшивом коммунизме, который многим может показаться совершеннее коммунизма настоящего и законного — коммунизма сталинского. Знаете ли вы, что в некоторых случаях даже самым проверенным людям доверять не стоит? И что за какого-нибудь «белого», человека аполитичного, вроде вас, ручаться можно вернее, и что опасности вы представляете меньше, а пользы приносите больше, чем самый ярый сторонник? В вашем случае, доктор, следует говорить об автоматах. И сейчас как раз такие автоматы нам и нужны. Иными словами, солдаты, поскольку лучший солдат — это автомат, например, немецкий.

— Позволю себе не согласиться, — возразил я. — Личные инициатива и героизм...

— Доктор, не нужно смешивать понятия. Вы собираетесь мне описать не солдата, а воина, а между ними — громадная разница. Сегодня, в решающий миг политических сражений, стратегический план должен быть известен только одному единственному человеку — Сталину. Только таким образом возможно достичь победы одновременно на двух фронтах: демократически-троцкистском и фашистском. Нечто поистине сверхчеловеческое, ибо учтите, что нанести поражение нам способен каждый из них в отдельности, как фашистский, так и демократический.

— И что в таком случае? — спросил я, крайне заинтригованный дальнейшей судьбой.

— В таком случае, — на его лице возникла улыбка, — какая вам будет разница? Вы беспокоитесь о вашем будущем и будущем вашей семьи. Что ж, в обоих исходах будет плохо, очень плохо. Нравится вам это или нет, но вы уже действующий сталинист, и вас не простили бы ни фашисты, ни троцкисты. Поэтому, доктор, служите нам преданно, с умом и точностью. Как бы то ни было, обсудим подробности уже после беседы с тем человеком.

Он принялся листать свои бумаги, и стало ясно, что разговор окончен. Простившись, я закрылся у себя в лаборатории, но к тетради притронуться не посмел — было страшно писать, когда он находился в доме.

В течение трёх следующих дней ничего важного не случилось за исключением того, что я, всегда в сопровождении Габриеля, ездил делать уколы Ежову. На третий день Габриель напомнил о моём прогнозе относительно пациента в том смысле, что готов ли тот к разговору. Я ответил, что готов, но что лучше было бы подождать ещё день. Он согласился, но предупредил, что больше отсрочек не даст. Затем он инструктировал меня, сообщив, что я должен предупредить мистера Харриса — так звали больного — о том, что завтра во избежание возможных осложнений мне нужно будет провести тщательной осмотр со всеми необходимыми средствами. Следовало привести его прямо в лабораторию и в качестве первого акта провести осмотр, но под наблюдением Габриеля.

— Не думайте, доктор, — иронично пояснил он, — что это зрелище доставит мне удовольствие. Мне придётся удерживать себя от пинка. Однако мне нужно присутствовать при этих манипуляциях, чтобы вызвать в нём чувство неполноценности, крайне необходимое для успешного развития последующего разговора.

Как всегда, я согласился.

Приблизительно в час дня я вошёл с пациентом в лабораторию. Меня сопровождал один из санитаров, доставивших его на скорой в своё время. Мы отвели больного в комнату на первом этаже, где предварительно разместили операционный стол с инструментами, извлечёнными в свою очередь из подвала, где их по неведомой причине хранил мой предшественник, доктор Левин. В соответствии с требованием Габриеля, происходящему следовало добавить некоторой внушительности, поэтому мы надели белые халаты и колпаки, а также резиновые перчатки и т. д.

В ту минуту, когда мой помощник начал раздевать мистера Харриса, открылась дверь, и без предупреждения вмешался Габриель.

Больной, охваченный стыдом, дёрнулся, пытаясь прикрыть свою наготу.

— Ещё один врач? — спросил он обеспокоенно.

— Продолжайте, — сухо приказал Габриель.

Его металлический голос, до сей поры мне не знакомый, вместе с коротким, но властным жестом однозначно дали понять мистеру Харрису, что распоряжался здесь Габриель.

Санитар продолжил раздевать больного, уже не сопротивлявшегося. Габриель встал примерно в двух метрах от нас. Недвижимый, он лишь вперил, необычайно пристально, взгляд в покрасневшего и смущённого англичанина, точно глазами чилиец желал пронзить его кожу.

В тот вечер Габриель был одет во всё чёрное, даже кофта с высоким воротником была чёрной. Черты лица на его бледной коже выделялись более обыкновенного.

Пропущу своё профессиональное вмешательство. Выздоровление шло быстро и хорошо, признаков осложнений заметно не было.

Когда мистер Харрис уже одевался, Габриель вышел, не сказав ни слова. Я последовал за ним для получения дальнейших инструкций. Он, усевшись за стол в своём кабинете, лишь приказал:

— Приведите его!

Я вошёл вместе с англичанином. Габриель зажёг всего одну, впрочем, весьма яркую лампу, которая освещала исключительно стол и его ближайшую окрестность, сохраняя оставшуюся часть комнаты в полумраке. Его фигура не пряталась в тени, как то обычно бывает в кинематографе в подобных случаях. Напротив — его чёрный силуэт был отчётливо виден и венчался полностью освещённым лицом. Я подумал, что обстановка была устроена с большим знанием сценографических приёмов. Предварительно испросив разрешения, мы с Харрисом оказались внутри. Не размыкая уст, Габриель лишь указал на два стула: один напротив себя, предназначавшийся больному, другой для меня, справа от стола. Харрис с трудом уселся, опираясь на стол, ни на миг, однако, не отрывая взор от глаз чилийца. Я тоже занял своё место, намереваясь немым наблюдателем свидетельствовать происходящее.

По правде говоря, у меня положительно не получится в точности воспроизвести то, что мне довелось увидеть и услышать. Не уверен, что литературное искусство вообще способно передать безжалостную жестокость его слов, и уж тем более изобразить хотя бы отдалённое подобие гримас, телодвижений и в особенности стальной лязг его неповторимого голоса, острого, точно бритва. Я не владею средствами для верного описания того пронзительного впечатления, произведённого на меня увиденным и от которого по сей день содрогается ум.

Наступила непродолжительная тишина, продлившаяся ровно столько, сколько потребовалось нашим стульям, чтобы прекратить скрип. Но в ту минуту она, казалось, длилась бесконечно долго. Её нарушил Габриель следующими словами:

— Что ж, фон Крамер[37].

Лицо мужчины мгновенно исказилось. Он распахнул свои голубые глаза, его нижняя губа отвисла, а трахея зашевелилась так, словно он желал что-то проглотить. Однако он не проронил ни звука.

— Крамер, — повторил он, — ты знаешь, в чьих руках ты сейчас находишься?

Физиономия допрашиваемого была неопределимой. Габриель, неподвижный, сосредоточил всю энергию в своих зрачках, черты его лица будто обострились. Он повторил ещё раз:

— Ты знаешь, в чьих ты руках? Нет? Хорошо. Ты в руках ГПУ.

Фон Крамер не напугался, но его лицо, по-видимому, было не в силах исказиться больше. Наконец, он выдавил глухое «почему?», необъяснимым образом протиснувшееся сквозь крепко сжатые зубы.

— Сейчас ты поймёшь. Теперь посмотри на это, — с этим словами он выложил одну из фотографий перед его глазами.

Крамер сперва моргнул, а затем отодвинул её.

— Нет, Крамер, нет. Смотри внимательно, — приказал Габриель и, указав на часы, добавил: — Назначаю тебе две минуты художественного созерцания каждой позы, всего их пять — итого десять минут удовольствия.

— Нет! — возразил Крамер.

— Да! — властно повелел Габриель.

С садистическим хладнокровием Габриель выкладывал фотографию за фотографией перед Крамером с хронометрической периодичностью. Красный лоб немца заблестел от пота.

Прошло десять минут, осмотр закончился. Габриель одну за одной убрал фотографии. Затем выложив перед ним каждую из них ещё раз, он ироничным и самым бесстыдным образом на жаргонном, грубом, колоритном французском стал отпускать едкие, язвительные, убийственные, но при этом весьма оригинальные и меткие остроты о каждом этапе страстного полового акта, запечатлённого на снимках. Должен воздержаться от цитирования этих фраз, ибо даже в публичном доме они звучали бы непристойно.

Разумеется, что, читая эти строки, нельзя себе представить, какую жуткую психологическую травму получает человек, подвергающийся подобной вивисекции. Чтобы это понять, необходимо непосредственно присутствовать при этом: слышать Габриеля и, главнее всего, видеть те пять дьявольских фотографий, на которых в самом скоромном виде были запечатлены двое взрослых обнажённых мужчин, чьи лица и жесты источали чистую животную похоть, отчего общая картина получалась в высшей степени потешной и нелепой. Словом, не увидев собственными глазами, вообразить подобное невозможно.

Поток оскорблений и похабных образов парижского арго из уст Габриеля завершился безжалостным вопросом:

— Что думаешь, Крамер, насчёт массового тиража ваших эллинских поз, распространяемого бы бесплатно в Берлине?

Крамеру понадобилось около секунды, чтобы сформулировать ответ. Наконец, он произнёс:

— Есть только один выход.

— Какой?

— Пуля, — сказал немец мрачным голосом.

— Слишком простое решение. Тебе должно быть известно, Крамер, что самоубийство — это непозволительная роскошь в нашем пролетарском государстве. Самоубийство есть привилегия буржуазии. Знай, что если за эту ночь мы не найдём общий язык — а это станет ясно по твоему поведению — то решение на твой счёт приму лично я. Не сомневаюсь, что ты читал или слышал кое-что из того, что пылкое воображение антисоветских элементов выдумало о наших пытках. Так ведь? Так вот, это всё ложь! Опыт показывает, что никто не в силах должным образом об этом рассказать. Всё это неправда, грубые домыслы, потому что наше искусство пыток столь невероятно, что их жалкие умы ничего подобного вообразить не умеют. В том числе и твой, а посему я не буду к этому возвращаться до тех пор, пока не придёт время тебе испытать их на себе.

Габриель прервался, чтобы закурить. Положение тела и движения его рук поменялись. Откинувшись на спинку стула, он на мгновение отвлёкся на клубы дыма, выпускаемые им с нарочитым чванством.

— Пока же, — продолжил он, — я тебе кое-что расскажу: твой дорогой товарищ Фритц получил известие об опасном состоянии твоего здоровья. Ты сам сообщил ему об это телеграфом. Разумеется, он не на шутку обеспокоился, не напрасно же он так сильно тебя любит. В следующей телеграмме ты призвал его к себе, и ему повезло без затруднений получить нашу визу — и вот результат.

С этими словами он протянул ему телеграмму.

— Как видишь, твой дорогой Фритц сегодня ночует в Ленинграде. Я же человек, я понимаю, как тебе хочется скорее передать ему привет, — тут он поднял трубку телефонного аппарата. — Давай позвоним ему, нас тут же соединят...

Но Крамер, приподнявшись, с мольбой остановил его.

— Прошу вас, не делайте этого! — просил он, обрушиваясь обратно на стул.

Габриель повесил трубку и заговорил вновь:

— Как пожелаешь. Завтра Фритц приедет в Москву, и вы сможете увидеться. Конечно, я сообщу ему место и причину твоей травмы. Более того, по фотографиям он сам поймёт, как такое произошло.

— Нет! — воскликнул фон Крамер. — Вы не посмеете! Это несправедливо и жестоко эксплуатировать вот так врождённый недуг, болезнь... Вы культурный человек, а потому у вас должна быть мораль. Вам должно быть известно мнение науки на этот счёт, что говорил Фрейд...

— М! — презрительно плюясь, ответил Габриель. — Болезнь? Нет! Это вершина вашей грязной западной цивилизации. Болезнь? Почему же её нет среди неграмотных крестьян и трудящихся, работающих до изнеможения? Это ваша прерогатива, особенность самых привилегированных классов, и если она и возникает в единичных случаях в среде классов низших, то только потому, что до них доходит ваше тлетворное влияние...

— Нет. Вы ошибаетесь, позвольте пояснить: самая большая доля гомосексуалистов встречается в классе революционном. Существует статистика ещё догитлеровского времени, данные выдающихся учёных...

— И о чём же она говорит?

— Очень просто — что наша болезнь не является пороком нашей цивилизации, а является определяющим показателем и вершиной гениального. Революционер для вас должен являться гением...

Я ушам своим не верил: Крамер вопреки обстоятельствам нашёлся и с несомненной диалектической ловкостью придумал такой вот ответ. Отвергни Габриель его вывод, он неизбежно впадал бы в противоречие.

— Очевидно, Крамер, что ты сражаешься на знакомой земле, в своей стихии. Ведь не просто так вы столь жадно ищете научных обоснований вашей психологической ущербности. А поскольку таких, как ты, легион в вашем высококультурном буржуазном мире, то вам удаётся отыскать немало услужливых учёных, готовых оправдать и объяснить эти извращённые сексуальные наклонности. Мне хорошо известно и без научных данных о количестве гомосексуалистов в рядах марксистов. Да, такое бывало прежде, встречается оно и поныне у некоторых так называемых начальников — у аристократов марксизма, как их называет наш великий Сталин. Но подлинный марксизм не таков! Марксизм — это масса, а не личность. Те отдельные псевдомарксисты, те индивиды, по которым твою статистику составили... Разве ты не видишь, что их всех теперь устраняют и изгоняют? В любом случае, Крамер, поставим точку в этом академическом отступлении. Мы остановились на том, что Фритц обо всём узнает. И кое-что ещё — никто не помешает нам сделать копии этой коллекции и отправить их в Берлин твоим сёстрам и прочим родственникам, а также твоим товарищам по Генеральному Штабу. Более того: ты приехал по поводу продажи изобретения, связанного с противовоздушными средствами, не так ли? Так вот, в наших силах устроить всё таким образом, что твоё предложение станут рассматривать в твоей же стране как преступный шпионаж.

— Но это не так! Изобретение не является собственностью Вермахта. К тому же оно вообще чешское.

— Да, я знаю. Однако уже через сорок восемь часов оно может появиться в архивах Геринга, а ещё через несколько дней на тебя донесёт немецкий разведчик, прикрепив к своему отчёту твоё предложение. Что тогда?

Поникший вид Крамера красноречиво выражал охватившее его ощущение подавленности и беспомощности. Он только и нашёлся, что возразить:

— Но что от этого всего выиграете вы или Советский Союз?

— Не твоё дело, Крамер! Не будем забегать вперёд. Кстати говоря, доктор, уже почти четыре. Не пора ли нам перекусить и выпить чего-нибудь?

Я с радостью согласился. Мы много курили, отчего в воздухе чувствовались спёртость и духота. На секунду покинув комнату, я запросил холодных закусок и вина и, возвратившись к столу, услышал, как Габриель торопливо говорил:

— Полный позор в сферах общественной и семейной, разрыв с Фритцем. Нечто непоправимое, не находишь? Перемещение в Рейх обычным рейсом на советском самолёте. Там тебя будет ждать обвинение в шпионаже, а после: расстрел или топор? Я не говорю уже о том, чтобы оставить тебя здесь — ты даже представления не имеешь о наших методах! Однако такая возможность существует.

В эту минуту внесли поднос с едой и бутылкой русского вина.

— Да что это такое? — воскликнул Габриель, обращаясь к прислуге. — В этом доме что, и двух жалких бутылок шампанского не найдётся?

Официант проворно вышел и мгновенно вернулся с новыми бутылками. Габриель взял одну из них и проверил марку.

— Неплохо, — одобрительно заключил он.

Между нами поставили столик, и перед тем, как положить первый кусок в рот, чилиец предупредил Крамера:

— Подумай хорошенько над тем, что я сказал, пока мы будем есть. Ровно столько времени в твоём распоряжении, после — шанса не будет.

Отвернувшись от немца, он со смаком принялся жевать. Затем взял бутылку и, громко хлопнув, откупорил её, после чего наполнил мой бокал и свой, производя свои действия с такими изяществом и проворством, словно мы ужинали в парижском кабаре. На Крамера он не обращал совершенно никакого внимания, точно того вовсе не существовало. Даже для вида не пригласил его к столу.

Лишь несколько раз за свою жизнь мне доводилось есть и возлиять с бóльшим удовольствием, признаюсь честно. До чего же странная человеческая натура: совсем рядом, почти вплотную, сидел человек, который являлся, судя по тому, что я услышал, живым трупом. Будь в его досягаемости пистолет или яд, он бы не обинуясь покончил с собой на месте. И вот я, пусть и стыдясь, но всё же неспособный сдержать голод и жажду, упиваюсь шампанским и наслаждаюсь икрой с неудержимым желанием и аппетитом. Мне хотелось найти этому объяснение или, вероятно, извинить себя, отыскав причину, которая бы облегчила муки совести. И, наверное, я её нашёл, или по меньшей мере мне так показалось: я подумал, что столь длительное наблюдение за душевными страданиями несчастного немца опустошило мою нервную систему настолько, что тело требовало скорейшего и действенного восстановления. Это объяснение, верно оно или нет, тем не менее мыслилось мне бесспорным и немного приободрило меня на фоне вопиющего голоса осуждающей совести. Что до Габриеля — не знаю. Выглядело так, что он смаковал шампанское и еду с необъяснимым возбуждением, как-то неуместно и преувеличенно выказывая привычную ему элегантность. И вот этому мне не удалось найти причину или повод. Воистину что-то жуткое присутствовало в этом едва ли не поминальном обеде.

Мы управились минут за десять. Крамер за это время ни разу не пошевелился. Габриель повернул свой стул так, чтобы тот встал ровно перед столом. Вслед за этим с невозмутимым видом закурил и, раз затянувшись, посмотрел немцу прямо в глаза.

— Ты хорошо подумал? — спросил он.

— О чём я должен был думать? — ответил Крамер.

— Всё просто: о том, готов ли ты подчиняться.

— В чём?

— Ты спрашиваешь, в чём? Ты что, думаешь, я потратил своё время на мерзкого детрита вроде тебя из удовольствия лицезреть тебя в таком виде, — он указал на фотографии, — во власти какого-то варвара-монгола? Нет, Крамер, нет! Речь идёт о твоём задании, мне о нём известно. И прежде всего о том, готов ли ты продолжать его выполнение под моим контролем и руководством. Вот и всё.

Несколько секунд Крамер хранил молчание, а потом сказал:

— У меня есть условие.

— Нет, условия здесь ставлю я, — отрезал Габриель.

— Оно совершенно не имеет отношения к делу.

— Так ты всё-таки признаёшь, что дело есть. Что ж, для начала уже неплохо. Что за условие?

— Фритц ничего не должен знать, и он должен иметь возможность беспрепятственно покинуть СССР.

— Ах! Ты о своём дружке, о самом для тебя важном... Мог бы сказать и раньше. Хорошо, устроим. Говори.

— Я капитан ОКВ[38], цель моего задания — установить контакт с неким советским гражданином.

— С кем именно?

— Я пока не знаю.

— Невозможно, ты хочешь скрыть его имя. Глупости!

— Нет, поверьте. Мне не известно, кто он. Этот человек появится передо мной, когда посчитает нужным, особым образом себя обнаружив.

— Каким?

— Сказав условный пароль.

— Какой?

— «Набор». Тот, кто произнесёт это слово, встав по стойке смирно, по-немецки, ударив каблуками, окажется тем, с кем мне нужно будет работать.

— Задание от ОКВ?

— Отчасти да, но в сущности — нет.

— От партии?

— О нет, ни в коем случае.

— Сколько ещё мне нужно потерять времени, задавая вопросы? Говори! Устный доклад. Так будет лучше для всех.

— Хорошо. Но учитывая мою большую слабость, не могли бы мы отложить разговор? Я обещаю...

— Нет. Пока что ты ничего существенного не сообщил... Ладно, вот тебе для поднятия духа, — с этими словами Габриель схватил неоткрытую бутылку шампанского и одним движением её откупорил. Немец с жадностью наблюдал за ним, по-видимому, снедаемый сильной жаждой. Получив бокал, он тут же его опустошил. Затем Габриель предложил ему сигарету и огня. Казалось, немец мгновенно ожил.

— Я слушаю, — властно объявил Габриель.

— Чтобы вы могли понять всё вполне, мне придётся рассказать предысторию. Дело началось в 1934 году, во время гитлеровских «чисток». В то время я был близким соратником генерала Бредова. Полагаю, вам известно, кто это, как и история расправы над ним и фон Шлейхером, и остальными. Несмотря на мою причастность, мне удалось спастись, как и многим другим. Заговор охватывал очень широкий круг лиц. Если бы я заговорил, Гитлеру пришлось бы обезглавить всю немецкую армию. В силу ряда обстоятельств я очутился в самом центре заговорщического круга. Что принесло плоды, ибо после исчезновения Бредова, которому я служил связующим звеном с высшим командованием, все внутренние связи оказались в моих руках. Факт весьма значительный, поскольку после разгрома заговора некоторым большим и влиятельным группам удалось уцелеть. Дабы не тратить вашего времени, я не стану подробно излагать весь план, который вы и без того, уверен, знаете. Если вкратце, то речь шла об устранении Гитлера и партии и установлении военной диктатуры, основанной на развитой социальной политике. Об этом теперь относительно хорошо известно. Однако сейчас важно другое: следует принять в расчёт, что в заговор вовлечены международные силы. Именно этим иностранным участием обусловлено моё нынешнее задание. Как вы знаете, заговор против Гитлера был двойственным: на одном фронте находились военные, а штурмовые отряды под командованием Рёма — на другом. Как и положено, между собой обе стороны напрямую не сообщались, ибо наши идеи и политические цели расходились диаметрально. Рём хотел распустить Рейхсвер, а мы — уничтожить партию. Связь между двумя фронтами, как и координация действий этих противоположных и враждебных друг другу сил, осуществлялась из-за границы. Вовсе не немцы образовали то, что затем назвали Генштабом путча. Такое положение являлось тактически неудобным, но неизбежным в силу самой парадоксальной необходимости быть одновременно врагами и союзниками. Если во внутренней политике наши цели разнились, то на уровне международном мы единогласно следовали директивам тех, кто поддерживал и руководил нами из-за рубежа.

— И кто же эти зарубежные кураторы? — спросил Габриель.

— Крайне широкий фронт: в первую очередь — Англия и Франция. Ещё точнее, секретная разведка и Второе Бюро. Как вы понимаете, улик не осталось. Контакты осуществлялись через Чехословакию.

— Масоны?

— Да. Учитывая технику и приёмы, можно судить так. Как бы то ни было, вкратце наше главное международное обязательство состояло в том, чтобы создать серьёзную военную угрозу против СССР. Насколько вы понимаете, такое требование вполне укладывалось в идеологические рамки обеих сторон заговора.

— И какую цель преследовало создание подобной угрозы?

— Тогда мне это было не известно, как и никому иному, полагаю. Но сегодня я с большой вероятностью могу предположить, в чём заключался их план. Однако не стоит отступать от хода развития событий. Можно ещё немного шампанского?

Габриель вновь наполнил его бокал и любезно предложил ему закурить. Крамер продолжил рассказ.

— После провала — из-за слишком большой удалённости руководства — я более года не имел никакой связи с нашими зарубежными союзниками. Но как-то раз по случаю предстоящего путешествия в Испанию, уже спустя несколько месяцев после начала гражданской войны, в Париже ко мне обратился некий господин. Англичанин и, очевидно, военный. Он убедительно доказал, что знает обо всём, и в особенности — о моей роли в путче.

— О твоих содомских наклонностях ему тоже было известно? — Габриель задал уточняющий вопрос.

— Да. Его подослали те же силы, что из-за рубежа руководили неудавшимся путчем 1934 года. Изложенные им подробности не оставляли сомнений в правдивости его слов. Он потребовал от меня восстановить связи с высокими чинами ОКВ, которые раскрыты ещё не были, и я пообещал это сделать... Я очень устал... Не могли бы мы продолжить допрос позже? — спросил Крамер, который и вправду выглядел истощённым.

— Нельзя, — отказал Дюваль. — По меньшей мере мне нужно знать, в чём состоит ваше задание в Москве, хотя бы в общих чертах. Выпей ещё, и доберёмся до сути.

Он налил ему в очередной раз, и Крамер выпил.

— У меня совсем нет сил. Доктор, вы должны видеть, что я не вру... Хорошо, я сделаю над собой усилие и попробую в двух словах описать замысел. Целью является возобновление контактов с антисталинскими элементами в Советской армии через человека, который должен мне объявиться. Мне сообщили, что элементы эти многочисленны, многие из них занимают высокие должности. План таков: под завесой возражений и дипломатических протестов Гитлеру позволят резко и существенно нарастить мощь. Европейской войны вследствие испанских событий — чего добивается Сталин — не будет. Когда Гитлер в достаточной мере окрепнет, его заверят в том, что на Востоке его руки развязаны, — начнётся война между Германией и СССР. В обеих странах война приведёт к одному и тому же исходу: власть, военная власть, естественно, перейдёт в руки генералов. Одновременно в Берлине и Москве произойдёт двойной переворот, а Гитлера со Сталиным расстреляют. Между новыми правительствами Германии и России будет заключён мирный договор... Поверьте, я больше не могу, — слабым голосом произнёс Крамер, и уронил голову на стол.

— Позаботьтесь о нём, — приказал мне Габриель и зашагал.

Я привёл немца в чувство, сделав укол. С помощью распорядителя я отвёл больного в комнату, где мы уложили его в постель. Габриель неотступно следовал за нами.

— Не отходите от Крамера. Со всей заботой ухаживайте за ним.

Повернувшись к санитару и «мажордому», он повелительным тоном указал:

— Один из вас должен неотлучно находиться здесь — не спускайте глаз с этого человека! А вы, Крамер, не пытайтесь делать глупостей, например, покончить с собой. Не забывайте, что Фритц ещё в моей власти, — и направился к выходу. Но уже перед дверью остановился и позвал меня: — Можно вас на секунду, доктор?

Мы вышли в коридор, где он, подозвав меня поближе, тусклым голосом предупредил:

— Ничего из этого вы не слышали! Вы ничего не знаете, ясно?

Я немедленно кивнул, поскольку интонация его речи возможности для недоразумений не оставляла. Крайне редко мне доводилось видеть Габриеля в более серьёзном настроении.

— Я буду работать. Позовите меня, если что-нибудь с Крамером, и будьте предельно бережны с ним.

После он перешагнул через порог кабинета и уже оттуда выкрикнул: «Кофе, горячий кофе мне!»

Я же пошёл обратно к немцу. Тот спал так крепко, что его сон вызывал зависть, чего нельзя было сказать о положении, в котором он оказался. Оставив больного на попечение санитара, я отправился на поиски кофе: мне до смерти хотелось спать.

Примерно в девять меня вызвал Габриель, которого я застал печатающим на машинке. Он оторвал от неё взгляд, только когда закончил набирать.

— Сейчас я уеду, — сообщил он. — Возможно, что буду отсутствовать несколько часов. Всё внимание к Крамеру. Я советую вам проявлять предельную осмотрительность. Его здесь ни для кого нет, ни для кого! — повторил он. — Это важно.

— Если вы к комиссару, то напомните ему, что сегодня у нас укол.

— Я не встречусь с ним сегодня, — с этими словами он снял телефонную трубку и набрал номер. — Алло... Могу я поговорить с товарищем Ладо Цулукидзе, — минуты две стояла тишина. — Товарищ Цулукидзе? Можно с тобой увидеться сейчас же? Да, крайне важно... Готов отчёт... Пожалуй, что да, но он сам решит, если захочет взглянуть... Нет, нет, по телефону ни слова... А... Да, если не затруднит, товарищ, пришли за мной пару машин со своими людьми. Такая мера оправдана, скоро ты сам всё поймёшь, товарищ... Лучше самому проверить всё на месте.

XXIV
ПОХИЩЕНИЕ МАРШАЛА

Габриель вернулся около трёх часов дня. Он ворвался стремительно, энергично, и в нетерпении, чуть ли не криком потребовал еды. Он ел с большим аппетитом. Позже, посетовав на то, что уже долгое время не спал, он ещё раз поручил мне наблюдение за Крамером и отправился вздремнуть, велев разбудить его в шесть часов.

Вскоре после шести он приказал привести к нему Крамера, с которым заперся у себя наедине. Я же решил воспользоваться возникшей возможностью, чтобы наконец беззаботно поспать.

Меня разбудили к ужину. Я трапезничал один. Через пару часов возвратился Габриель, и мы отправились к Ежову ставить укол. Ничего необычного не случилось, чилиец не был особенно говорлив.

Обратно в лабораторию мы приехали около двух. Габриель отвёл меня в кабинет.

— Некоторое время вы будете свободны, — объявил он, украсив последнее слово насмешливой интонацией. — Да, в течение нескольких дней вы потребуетесь нам в качестве простого врача, выполняющего обычную работу и ухаживающего за больными. Всё уже устроено. Ваша личность — врач, командированный на Урал. В ваших личных документах, — тут он указал на бумаги, — есть все необходимые подробности, а также легенда, которую следует рассказывать в случае вопросов. Из них вам станет ясно, что вы находитесь в Москве в ожидании указания к отбытию. Вы везёте с собой инструменты и лекарства для больницы, которой собираетесь заведовать. Полагаю, вы понимаете, что цель этого прикрытия одна — Крамер. Мы приняли решение, что именно вы будете поддерживать с ним связь в течение его пребывания в Москве. Вы присутствовали на допросе Крамера два дня назад. Не стоит говорить, насколько важными являются его сведения. Дабы вы получили верное представление об ответственности, на вас возлегающей, достаточно будет знать, что ничего из того, о чём до настоящего времени вам было известно, не идёт в сравнение с текущим заданием: ни Ягода, ни Миллер, ни Берзин, ни Навашин, ни даже здоровье самого Ежова — ничто из этого значимостью своей не дотягивает до дела Крамера. Чтобы вам было проще уяснить, знайте, что все предыдущие предприятия, в которые вы были прямо или косвенно вовлечены, являются... как бы это сказать... они лишь элементы, в сложности своей составляющие заговор, цель которого есть развязывание войны и вторжение в СССР.

— Снова троцкизм? — сгорая от любопытства, допытывался я.

— Да, троцкизм. По меньшей мере, таково общеизвестное название, хотя оно относится лишь к части бóльшего целого и не подходит для именования истинных действующих сил. Но не будем отклоняться. Примите на себя бремя неизмеримой ответственности, которая на вас ложится, и со всем тщанием избегайте неосмотрительности и ошибок. Задействуйте все пять чувств!

— Но так ли жизненно необходимо, чтобы вмешивался именно я? Разве в вашем распоряжении нет людей более опытных?

— Ваш выбор обусловлен моим решением. Я знаю, почему я его принял, но не тратьте умственные силы, пытаясь вникнуть в его причины и мотивы. Вместо этого употребите свой ум на то, чтобы верно и в точности выполнить задание, которое, несмотря на важность, вовсе не такое трудное, в чём вы сами убедитесь.

— Жду от вас подробностей, — запросил я.

Говоря коротко, он заново рассказал и на сотню ладов объяснил, что моя роль сводится только к тому, чтобы навещать Крамера и лечить его раны, полученные им «в результате попадания под грузовик». И что я занимался этим исключительно оттого, что совершенно случайно оказался поблизости в момент аварии и спас его, оказав первую медицинскую помощь. Как мне уже было известно, его официальным именем в гостинице станет Джон Харрис. Габриель многократно подчеркнул особую важность того обстоятельства, что моё знакомство с ним возникло чисто случайно, а общение наше носило вынужденный характер ввиду его лечения. Такая легенда была призвана отвести или даже исключить подозрения относительно моей связи с ГПУ. Малейший намёк на вмешательство со стороны органов безопасности неминуемо означал полный провал, поскольку его сообщники, некоторые из которых, вероятно, занимали самые высокие должности в госаппарате, располагали всеми необходимыми средствами для полного выяснения дела: не только того, велась ли за Крамером слежка, что для иностранца являлось неизбежной обыденностью, но также и того, стояло ли за ней нечто большее — прежде всего, сносился ли он с кем-нибудь, подозреваемым в работе на спецслужбы. Неприметные мелочи и внешняя сторона самым главным образом определяли успех предприятия, ибо от них зависело то, останется ли Крамер вне подозрений для важного человека, который должен явиться и заговорить с ним. Если тот объявится, мне останется лишь передать его имя, которое мне в свою очередь озвучит Крамер.

Теперь предстояло упаковать вещи — «советские» вещи. Иначе говоря, избавиться совершенно от заграничного гардероба. Всего, кроме тёплых вещей, которые я мог спрятать под пальто и посему невидимых постороннему глазу. В общем я должен был мало отличаться от старого Ландовского.

Как только прибыло такси, мы отправились в путь. Стояла обычная для того времени холодная погода, однако она казалось невыносимой — моё тело, обуржуенное «западными» нарядами, неудержимо и бесконтрольно дрожало от холода.

Мы подъехали к гостинице «Савой». Я помог Крамеру выбраться из машины, что ему далось весьма непросто. Но не успев сделать нескольких шагов, мы сразу же совершили первый ляпсус: мы уходили, не расплатившись. Водитель заголосил, требуя плату, и, разумеется, Крамер оплатил. Следовало полагать, таксист также являлся сотрудником органов, но свою роль он сыграл безупречно. Себе же я зарёк извлечь из этого урок и подобного больше не допускать.

Мы вошли и, попросив ключи, поднялись по лестнице к номеру Крамера, где пробыли вместе ровно столько времени, сколько потребовалось, чтобы раздеть его и уложить в кровать. Затем, договорившись о моём следующем визите тем же вечером в семь часов, распрощались.

Спускаясь вниз, я силился вспомнить все свои слова и движения, стараясь оценить, насколько подозрительно я выглядел со стороны. Заключив, что поведение моё было вполне естественным, я спокойно вышел из отеля и со стареньким чемоданом в руке направился на ту улицу, где мне выделили жилище.

Прошло пять дней с тех пор, как я переехал в новый дом. Дни шли однообразно, мне становилось скучно. Сложный механизм, коим является человек, должно быть, во многом подчиняется инерции. Выходило так, что нынче, в своём относительно спокойном положении, я томился непонятной подспудной тоской. Я много размышлял над её причинами, и в конце концов вынужден был признать, что мне не хватало того непрерывного давления, которому я подвергался последние месяцы. Не видеть Габриеля, не чувствовать его присутствие, не жить в постоянном ожидании чего-то невероятного, всегда меня ужасавшего и пугавшего — всё это, оказывается, служило мне своеобразным наркотиком, без которого мне стало невозможно обходиться. Известное влияние, безусловно, оказывали смена диеты и отсутствие алкоголя: последний попал под запрет. Что же касается еды, то меня посадили на диету рядового советского чиновника. Паёк этот, хотя и не худший из дозволенных советским гражданам, тем не менее оставлял беспросветную пустоту в моём избалованном желудке, привыкшему к роскошным трапезам ГПУ.

Место, где меня поселили, выглядело много лучше того свинарника, в котором я жил прежде со своей семьёй. Тем не менее оно казалось мне жутко неудобным. Несмотря на то, что мне выделили целую комнату, она была столь узкой, что, переодеваясь, мне приходилось забираться на кровать и совершать на ней акробатические трюки. Кровать же была старой, жёсткой и скудно заправленной, хотя и с чистым бельём. По ночам я мёрз, даже если поверх двух тонких потёртых одеял укрывался всей имевшейся в наличии одеждой. Впрочем эти неудобства я ещё мог стерпеть. Самым же невыносимым являлся непрекращающийся шум. Надо думать, что в прежние времена здание было просторным и удобным, однако теперь его пространство было столь многократно поделено и подроблено, что в конечном счёте превратилось в настоящий улей из маленьких ячеек. Количество жильцов же здесь было таким внушительным, что людская масса переполняла двор, коридоры и лестницы, и для того чтобы выйти или войти, приходилось проявлять поистине эквилибристическую ловкость, дабы не наступить на носившихся повсюду детишек, сновавших то вверх, то вниз, многие с сумками, корзинами и пакетами. Зрелище было не новым, оно, казалось, не должно было меня раздражать, ведь я много лет прожил в таких же или даже худших условиях. Но теперь, после месяцев комфорта и сибаритства, обстановка ощущалась мучительной.

Тем временем «чистки» шли полным ходом. Я наблюдал за их последствиями из толщи социального слоя, почти целиком состоявшего из мелких служащих. И мне подумалось, что недовольство моё являлось сущим пустяком в сравнении с тем ужасом, в котором вынуждены были жить эти люди. Находясь столько месяцев внутри самой террористической махины, всё это время мне не доводилось испытывать её воздействия на общественные массы. В конце концов я сам был террористом, пускай и запуганным, и взор мой, сосредоточенный всецело на маховике машины террора, упускал из виду жертв, которых она безжалостно стирала.

По первому впечатлению ничего особенного здесь не происходило. Дом, похожий на людской муравейник, бурлил, шевелясь и шумя. Его движение и гул представлялись мне вчуже весьма обыкновенными. Только по пугливым взглядам, по коротким малозначительным беседам, способным из-за пустяка оборваться, можно было предположить, что нечто неизъяснимое и горестное тяжёлым бременем висело в воздухе. Источником террора являлось само Советское государство, воплощённое в его полиции. Но несмотря на колоссальные размеры аппарата репрессий, его щупальцам, пусть длинным и многочисленным, всё же было не под силу удушить в своих смертельных объятьях многие миллионы человеческих существ, составлявших русский народ. Эта бездушная машина могла убить, выслать, обречь на голод и отчаяние один, десять или двадцать миллионов, но население составляло почти двести миллионов. Поэтому шансов высвободиться оставалось относительно много. Вычисления эти, конечно, есть результат умозрительного подсчёта, а разум порою отказывает в точности перед лицом страха, ибо страх сей — самый что ни на есть сущий и подобен головокружению, охватывающему стоящего на краю пропасти небытия.

Признаюсь, что у меня не получится наглядно нарисовать картину советского террора. У его французского предшественника имелись грация, изящество и даже величие с его заседаниями революционных трибуналов и зрелищными казнями. Советский же террор предусмотрительно подавил всё, что могло возвысить или как-нибудь облагородить его жертв. Единичные публичные процессы допускались лишь с тем, чтобы с присущей ему гнусностью морально уничтожить обвиняемых перед тем, как убить их в неизвестном подвале. Во всём противоположным также был террор языческий, развязанный против первых христиан. Имперский палач, Сенат и народ являли себя при свете солнца со всею помпой, без всякого стыда, смущения и ханжества выставляя напоказ всеобщее преступление, во всеуслышание и пышно, как полагалось Римскому государству, желавшему слыть великим во всём, даже в преступлениях. Нет никакого сходства между империей язычников и лицемерными мрачными пресмыкающимися советской бюрократии, людьми без лица, запуганными террористами, вечно прячущимися, точно ночные твари. С ещё меньшим основанием можно сравнивать жертв нынешнего террора с христианскими мучениками. Стоит отметить, что история никогда не именовала попытки их изведения «террором». Слова «террор» не найти ни в хрониках, ни в языческих и христианских антологиях, и раз это выражение не упоминается, то только оттого, что оно никогда не возникало на лицах беззащитной христианской паствы — в ликах мучеников, которых истязали и рвали на части средь бела дня, не промелькивало и тени страха. Если уж искать какие-либо параллели, то единственное, что приходит на память, это страницы произведений классической литературы, где описываются охваченные чумой итальянские города, та жуткая паника толпы перед лицом невидимой смерти, уносившей жизнь за жизнью... Но и эта картина не даёт должного представления о советском терроре, ибо в тех древних городах, чьи улицы были завалены разлагающимися непогребёнными трупами, у выживших всё-таки сохранялась возможность в истерическом приступе или порыве религиозного исступления проклясть небеса, или умолить их. В СССР такой возможности нет. Здешний террор столь вездесущ и совершенен, что парализовал всякую душевную и физическую реакцию — нет ни криков, ни истерики, ни жалоб, ни протеста. И длится он так долго, а сгустился настолько, что народные нервы просто атрофировались. Порою кажется, что когда наступает эта роковая долгожданная минута, и на пороге появляются чекистские убийцы, их уже не воспринимают как нунциев смерти, но напротив, встречают как привратников, отворяющих двери к избавлению.

За несколько дней моего пребывания в этом доме агенты ГПУ наведывались трижды, забрав с собой четырёх мужчин и одну женщину. О задержаниях мы узнавали на следующий день, как правило, когда соседи замечали, как родственники задержанных собирают одежду и вещи, так как за выселением почти всегда следовало заключение. Задержания происходили ранним утром, без шума и следа, с такой естественной неприметностью, что о них догадывались только сожители по комнате. Без криков и плачущих, умоляющих во весь голос родственников. Через тонкую стенку от меня проживал служащий лет пятидесяти, чья семья помимо него состояла из его жены и трёх дочерей, старшей из которых не было и двадцати. Так вот, его забрали, а я, хотя и спал в ту ночь по обыкновению плохо, не услышал ни возгласа, ни мольбы.

Обо всём этом меня извещала хозяйка дома, женщина лет тридцати, высокая и стройная. По её словам, она была замужем за чиновником, отправленным во временную командировку в Баку. Она постоянно сновала туда и сюда и собирала новости. Помимо прочего, она сообщила, что в нашем доме поселился ещё один тип, под видом гостя, также служащий, который, однако, ни на миг не покидал своей комнаты, ссылаясь на острый ревматизм. Он, мол, целыми днями сидел там и долгими часами углублялся в чтение «Правды», которую словно заучивал наизусть. Я предположил и, думаю, небезосновательно, что этот чиновник-инвалид вовсе не являлся ни чиновником, ни инвалидом, а был обыкновенным скромным чекистом, посланным следить лично за мной.

За эти дни я выбирался из дома лишь дважды, чтобы, согласно приказа, навестить Крамера. Ещё, предварительно договорившись с Габриелем, в одну из ночей я ездил ставить укол Ежову. Кстати говоря, чилиец тогда указал мне сделать кое-какие отвлекающие манёвры, менять своё направление, дабы запутать следы на случай возможной слежки со стороны заговорщиков. Только после этого я добрался до машины, в которой он ждал меня, и мы отправились на дачу Ежова.

Наконец ожидаемое случилось. Около семи вечера я явился в гостиницу со вторым визитом. Крамер был на ногах, рана ему почти не досаждала больше, и я позволил ему съесть что-нибудь более твёрдое, нежели пища, которая была ему предписана доселе. Лицо немца было бледным, и вопреки усилиям сохранять невозмутимость, было заметно, что он чего-то боялся. Крамер не сообщил ничего особенного. Встреча ничем не отличалась от других и состояла из обычных лечебных процедур. Но когда он на прощанье протянул руку, я почувствовал в своей ладони многократно свёрнутый бумажный комок. Я взял его, стараясь не терять естественного вида, и покинул больного, пообещав вернуться завтра.

После нескольких безуспешных попыток дозвониться до Габриеля мне в конце концов удалось с ним связаться. Он сказал, что меня заберёт машина, следующая на пути из Москвы. На ней меня отвезут в лабораторию, где мы и встретимся.

Так и произошло. Доехали мы очень быстро. Габриель уже ждал меня. Я передал ему скомканный конверт, и он принялся читать его содержимое. На секунду прервавшись, он осведомился, ужинал ли я, и узнав, что нет, приказал накрыть стол. Чему я несказанно обрадовался, и отчего мой рот в предвкушении тотчас наполнился слюной. Осмелев, поскольку последние дни мне приходилось курить лишь отвратительный народный табак, я взял сигарету, даже не испросив разрешения, и, счастливый, опустился в мягкую обивку удобного кресла.

Через несколько минут нас позвали к ужину. Я кушал с неимоверным аппетитом, в то время как Габриель едва притронулся к еде. Он был задумчив и погружён в себя.

После ужина он попрощался, сообщив, что мне предстоит провести ещё четыре дня в общежитии и как обычно навещать Крамера, стараясь как можно скорее и лучше его вылечить. По прошествии трёх дней, на четвёртый, мне следовало повторить сегодняшний манёвр и вернуться в лабораторию.

Автомобиль отвёз меня обратно на окраину Москвы. На трамвае, а затем пешком я возвратился в свою конуру. Хозяйка дома осыпала меня тысячей вопросов, допытываясь о причине моего отсутствия, а чиновник-инвалид украдкой кидал в меня въедливые взгляды, высовываясь из-за «Правды». Я сослался на служебную занятость, длинные очереди в госучреждениях, а ещё на то, что прихворнул, отчего поужинать сегодня не мог. Мой отказ от пищи, немыслимый для обычного советского гражданина, отбил у скелетоподобного товарища желание разузнать что-либо ещё, ибо она тут же смекнула, что ей светит дополнительная порция витаминов. Я отправился в кровать. В ту ночь я не чувствовал привычного холода, какой ощущал в предыдущие дни. Несомненно, дело было в изобилующем калориями чекистском ужине.

По истечении трёх дней, выполнив все порученные инструкции, я снова вернулся в лабораторию.

Не хочется повторять, как часто я вспоминаю о моих родных. Месяцы разлуки не стёрли, и даже не запеленили их светлые образы в моей памяти. Но это мне можно только чувствовать, не высказывая вслух. Я изощряюсь и изыскиваю тысячи поводов и способов исхлопотать себе возможность встретиться с ними, но все мои попытки и намёки Габриелю оказываются тщетными. Он всегда уходит от ответа, а если я осмеливаюсь настоять, он прячется за «распоряжением сверху». Мне даже не удалось добиться разрешения отправить им весточку. Единственное, что у меня получилось достичь, это выцарапать обещание, что мне дадут долгожданное разрешение, когда текущие дела удачно завершатся. Но я не сумею догадаться, когда они закончатся, потому что дел этих становится всё больше, и сами они становятся всё запутаннее, и не видно им развязки и конца.

Минуло, пожалуй, дней десять, когда без предупреждения вновь явился Габриель. Первым делом он вызвал меня и, опустив предисловие, спросил, имелось ли у меня под рукой то, что мы намеревались применить против Миллера в Париже.

— Вы про инъекцию или наркотик? — уточнил я, поскольку хорошо помнил, что в парижской гостинице планировалось сначала применить наркотик.

— Инъекцию, — заявил он.

— Оба вещества нетронуты и готовы к использованию.

— Хорошо, в таком случае соберите багаж и приготовьтесь: в любой момент мы можем отправиться в путешествие.

— Обратно в Париж, снова попытать дело Миллера? — желал разузнать я.

— Не будьте столь любопытны, доктор, — без строгости укоротил он. — В Париж ли, или Пекин — не всё ли равно? Важно то, что мы вновь вступаем в игру. И в какую игру, доктор!

Прошло ещё трое суток. Вечером третьего дня позвонил Габриель и коротко предупредил, чтобы я был готов выезжать в любой момент. Никаких вещей мне укладывать не пришлось, так как всё необходимое лежало собранным ещё после первого уведомления. Спал я плохо и беспокойно. Неизвестный пункт назначения, неясное задание и рассеянная тревога, возникающая всякий раз при переменах — всё вместе привело меня в весьма сильное нервическое возбуждение.

Очень рано утром меня разбудили. Я умылся, оделся, и перед выходом поел. Едва я успел закончить завтрак, как послышался шум автомобильного двигателя: ко входу подъехала машина. Раздался звонок. Вскоре зашли двое мужчин и отнесли мои вещи в машину. Я последовал за ними. Уселся в салоне. Они расположились рядом. Мы тронулись. Дорога заняла, наверное, часа три, точнее сказать не смогу, поскольку не обратил внимания, во сколько мы покинули лабораторию. Прибыли мы уже поздним утром, оказавшись перед массивными воротами из сложенных крест-накрест досок, обнесённых колючей проволокой. Один из пассажиров вылез и представился офицеру, дежурившему у ворот. Чуть позже я заметил ещё двух часовых. Они перекинулись парой слов, после чего офицер отдал приказ солдатам, и ворота отворились. Пассажир сел обратно, и наш автомобиль тронулся. Заехав, мы преодолели ещё с половину версты и остановились. Выбравшись наружу, в считанных метрах от нас я обнаружил большой трёхмоторный самолёт и нескольких мужчин в его близи. Двое из них подбежали к машине, вынули мой багаж и погрузили его в эту огромную птицу. Когда они заходили внутрь через боковую дверь, мой взгляд привлёк ещё один человек, возникший из аэроплана. Он был одет в форму военного лётчика. Сделав несколько шагов в мою сторону, он вдруг окликнул меня. Я шагнул навстречу и неожиданно признал в нём Габриеля. Взяв меня под руку, он провёл меня к боку самолёта и пригласил взойти по короткому трапу. Мы оба забрались наверх. Трое помощников размещали и привязывали мой багаж. Рядом с моими сумками находились другие чемоданы, а также внушительных размеров чёрный сундук с заклёпками из жёлтого металла. Габриель приказал всем выйти и, оставшись наедине со мной, предложил мне занять место, указав пристегнуться, с чем любезно помог мне справиться.

— А теперь попробуйте его расстегнуть, — предложил он.

Я попытался, но у меня не вышло. Он улыбнулся.

— Хорошо. Не старайтесь больше. У вас всё равно не получится.

После этого он необъяснимым образом отстегнул ремень от сиденья, и я высвободился. Я встал, а он продолжил инструктаж как ни в чём не бывало.

— Вы, доктор, полетите на соседнем кресле. Взгляните на ремень, — он с лёгкостью закрыл и открыл затвор, хотя тот выглядел абсолютно таким же, как предыдущий, — а это место займёт другой пассажир. Полетят только он, вы, механик и я, за штурвалом. Приблизительно через час полёта механик осуществит захват пассажира удушающим приёмом джиу-джитсу, обхватив того за шею, тем самым обездвижив. Как только увидите, что он схвачен, возьмите свой чемоданчик и спокойно готовьте инъекцию. Вы должны сделать укол и усыпить жертву. Когда он мирно уснёт, механик отстегнёт ремень, и вы вдвоём уложите его в этот сундук. Там вы его свяжете: сундук имеет подходящее для того устройство. Механик уже успешно подобное испытал. Далее от вас ничего не требуется. С той минуты можете до самой посадки наслаждаться видом из окна.

— Куда нужно сделать укол? — спросил я. — Видите ли, он будет одет, оголённой кожи почти не будет.

— Это вопрос к вам. Колите, куда захотите.

Я занял своё место, а он сошёл на землю. Через иллюминатор я взором окинул всё пространство лётного поля, а также увидел крыло нашего самолёта. Вдалеке стояли другие летательные аппараты, окружённые хлопочущими солдатами. Возвратился Габриель, и одновременно с этим один за другим завелись моторы. Полёт, план, инструкции — всё развивалось так стремительно, что мне не хватило времени обдумать происходящее. Однако это короткое ожидание всё же успело вызвать некоторые мысли, вернее, вопросы, подозрения и страхи. Я гадал, являлся ли эти полёт и похищение делом государственным, и посему, так сказать, законным, или же это было дерзким, злым и личным выпадом Габриеля, который часто вёл себя не как агент разведки, а как наглый преступник. Слушая его и тем более наблюдая за тем, с какими живостью, энергией и пылом он действует, мне было крайне трудно определить, где заканчивается официальное и начинается личное. Быть может, те изощрённые, хитрые, дьявольские воспитательные меры партии сотворили чудо, и в отдельном человеке при их помощи удалось соединить воедино профессиональный дух чиновника и специалиста с фанатичной страстью изобретателя. Я сам не раз был свидетелем проявлений этого удивительного сплава, получившемся в Габриеле, и всякий раз он казался мне чем-то невероятным; столь пламенный и неповторимый, всякое представление о субординации и подчинении будто растворилось в нём вовсе; решимость, отвага и жестокость, и в то же время охватывающее его опьянение опасностью ощущались в нём чем-то столь необыкновенным, личностным и живым, что лишь тот, кто воспринимал всё это как неотъемлемую часть себя, был способен существовать в подобном режиме.

Разумеется, что в те минуты под неистовый грохот двигателей у меня не было времени поразмыслить над этим так скрупулёзно. Я пишу это сейчас, укутанный тишиной моей комнаты, наблюдая за крохотной радугой, рождённой преломлённым о колбовое стекло лучиком солнца.

Тогда же тысячи предположений беспорядочно рождались в моей голове, одно другого нелепее. Я думал, что мы похищаем крупного советского деятеля, везём его куда-нибудь далеко, на пустынный остров, откуда Габриель потребует за него баснословный выкуп. И почему-то мне казалось, что ему заплатят драгоценными камнями. Перед моим взором уже сверкали потоками рубины, топазы, изумруды вперемешку с бриллиантами и жемчугом...

Подобным глупостями была занят мой ум, когда Габриель прошёл мимо и бросил на ходу:

— Он уже здесь.

Чилиец выбрался из самолёта. Я посмотрел в окно и увидел автомобиль. Из него вышел приятной наружности незнакомец. Его отличительной чертой была окладистая борода, манеры же и наряд недвусмысленно обнаруживали в нём важную персону. В руке он держал большой портфель. Несколько военачальников, по-видимому, ожидавших его появления, не замедлили окружить гостя и с большим почтением сопровождали его. Почти под самым крылом я разглядел Габриеля, у самолёта дожидавшегося прибывшего начальника, которому он вскоре отдал честь. После этого ещё один незнакомец в форме военно-воздушных сил поднялся на борт и, поприветствовав меня лёгким кивком, направился в кабину пилота. Я предположил, что это был пилот или механик. Тут же вошли ещё солдаты, занесли два кожаных чемодана, оставили их в хвостовой части и вылезли обратно.

Заревели двигатели. Вошёл Габриель, а сразу за ним — товарищ, прибытие которого я лицезрел. Габриель со всеми почтением и уважением указал начальнику на его кресло. Перед тем, как садиться, этот человек посмотрел на меня свысока, точно оглядывал букашку, и этой букашкой был я. Его взгляд был оскорбителен, отчего, усаживаясь, у меня невольно пронеслось в голове: «Сейчас ты у нас попляшешь!» Габриель же с улыбкой и деликатной любезностью помог тому пристегнуться, затем подошёл к боковой дверце и отдал приказ её закрыть, что было тотчас исполнено. После чего он в мгновение ока вновь предстал перед этим типом и самым безупречным образом отдал честь со словами:

— Когда прикажете, товарищ маршал!

Тот кивнул, и Габриель, неспешно поворачиваясь, стал натягивать огромные перчатки с особыми манерностью и изящностью, как если бы, в преддверии вальса собирался обхватить за тонкую талию прекрасную герцогиню. После без дальнейших церемоний он вошёл в кабину, и я тут же ощутил, как затрясся самолёт. Аппарат проехал длинный путь поперёк поля и мягко взлетел. Мы быстро набрали высоту. Крылья рассекали облака, и меня переполнило известное чувство торжественности. Осознание того, что я парю в воздухе, всегда вызывает во мне особое настроение, и оттого в голове совершенно развеялась мысль о том, сколько всего должно произойти здесь, в этом узком пространстве, с тем генералом. Не поворачивая головы, я посмотрел на него и увидел, как тот спокойно, с важным и самодовольным видом поглаживал бороду и увлечённо любовался панорамой за окном. С самого его появления на борту он вызвал во мне неприязнь, я всё продолжал повторять про себя: «Вот увидишь, маршал, вот увидишь, как жалит эта букашка!» Однако совесть укоряла меня за столь злобные мысли, поэтому я решил думать обо всём исключительно с позиции послушного и подневольного «технического исполнителя». Так как он не глядел в мою сторону, у меня имелась возможность серией незаметных взглядов исследовать его наружность в поисках возможного места для укола. Он был одет в толстые перчатки и широкое пальто с соболиной подкладкой, чей мех, высовываясь наружу, оборачивался высоким воротником — и впрямь только лицо оставалось неприкрытым. Пальто казалось слишком толстым, чтобы его рукав можно было легко закатать. Можно было попробовать бедро, внутримышечно, прямо сквозь ткань, но я отверг эту идею, вспомнив, что его ноги останутся свободными, и он, разумеется, станет ими защищаться. Я приходил во всё большее замешательство по мере того, как задача представлялась мне более и более сложной. Неизвестно, сколько времени я соображал, так и не отыскав подходящего решения. Мои раздумья прервал так называемый механик, возникший на пороге кабины пилота. Я посмотрел на него и обнаружил его совершенно спокойным, его монголоидное лицо не выражало ничего необычного. Я понял, что пришло время действовать, и расстегнул ремень. Монгол приблизился к нам. Шагая между мной и генералом, он резко повернулся и с быстротой обезьяны схватил генерала за шею, уперев правое предплечье под его челюсть. Всё произошло мгновенно, маршал едва шевелился, оказавшись недвижим. Я отправился за чемоданом с инструментами. Моё тело сотрясала сильная дрожь так, что сперва мне даже не удавалось раскрыть его. На небольшом отдалении от генерала из-за шума моторов до меня едва слышно доносился своего рода глухой хрип, вырывавшийся из его сжатого горла. Наконец у меня получилось открыть чемоданчик. Однако из-за дрожи и большой спешки я пролил содержимое первой ампулы и сумел совладать лишь со второй, заправив ею шприц. Потом два раза из рук выпадала на пол игла, я начал думать об асептике, но всё же каким-то образом прикрепил иглу с третьей попытки. И вот наконец, сжимая в кулаке своё орудие, я почти механически зашагал к креслу. Чувство неподдельного страха владело мною, я не знал, что делать. Я до смерти боялся со шприцем в руке встретиться глазами с генералом. Стянул с него перчатку и попытался закатать рукав, но не вышло. Тогда я схватил его ладонь и проткнул кожу в районе большого пальца. Дрожащей рукой я стал впрыскивать раствор. Инъекция, казалось, длилась целую вечность. Наконец, я закончил и покинул тех двоих с тем, чтобы положить шприц обратно к инструментам. Всё это отняло немало времени, руки меня не слушались. В конце концов сумев закрыть чемоданчик, я встал и взглянул в их сторону: монгол находился на том же месте и продолжал удерживать голову жертвы с теми же упорством и серьёзностью, с какими, отлучившись, я его оставил. Знаками я попытался дать ему понять, что пора прекращать. Однако он этого не уразумел, и мне пришлось самому отстранить его руки. Генерал уже не мог говорить. Препарат начинал действовать, судя по тому, с каким трудом размыкались его веки. На секунду мне стало любопытно, какие мысли в тот миг проносились в его мутном сознании. Монгол вопросительно и уважительно глядел на меня. Я подошёл к двери кабины пилота и, просунув голову внутрь, увидел Габриеля, всеми членами тела расположившегося на приборах управления. Чилиец невозмутимо смотрел вперёд, словно пилотировал мирный туристический корабль. Он едва обернулся, когда я прокричал ему новость о том, что генерал уже усыплён. «Хорошо, доктор», — кажется, только и услышал я в ответ. Я возвратился к генералу. Тот уже спал глубоким сном. Стоило мне лишь взглянуть на чёрный сундук, как монгол тотчас подбежал к нему и откинул крышку. Тут я обнаружил, что сундук действительно был прекрасно приспособлен для своей цели: его внутренности были обшиты мягкой обивкой, как у футляров. Обивка должна была смягчать удары и глушить стуки изнутри. Я подозвал монгола, чтобы освободить неподвижное тело генерала. Проворно орудуя маленьким ключиком, он расстегнул ремень, и вдвоём, со значительными усилиями, стараясь сохранить равновесие, мы перетащили тело к сундуку-гробу, куда его и сложили. Но ноги остались торчать наружу. Тогда монгол без колебаний согнул их, точно ему не впервые приходилось проворачивать подобную операцию. Затем перетянул короб поперёк прочными ремнями и пристегнул их, и в конце с удивительной ловкостью связал руки и ноги генерала. После этого встал и, потирая ладони, жестом показал мне, что закончил, и что крышку сундука можно закрывать. Но я остановил его. Несмотря на то, что я предполагал, что в сундуке имелись отверстия для воздуха, всё же я хотел убедиться в этом наверняка. Отверстия действительно нашлись. Было неизвестно однако, сколько ещё мы пробудем в полёте, поэтому я решил сперва уточнить это у Габриеля. Он ответил, что до посадки ещё полтора часа, и я посчитал преждевременным закрывать сундук — его захлопнули спустя час. Всё это время я пытался осмыслить случившееся, но у меня ничего не выходило: нервы совершенно истощились. Я сумел только заключить, что в эту минуту я официально принял на себя роль профессионального истязателя. И хотя моё вмешательство оказалось впечатляюще быстрым, я чувствовал себя вполне спокойно и нормально. Несомненно, подумал я, человеческое животное обладает удивительными способностями к адаптации.

Мои попытки вычислить наше местоположение прервала резкая боль в ушах — мы снижались. Очень скоро самолёт приземлился, и тут же показались выбежавшие к нам солдаты. Самолёт остановился, вскоре появился Габриель. Монгол открыл боковую дверь. Несколько солдат забрались на борт. Они были не из авиации, но из НКВД, под командованием офицера, который поздоровался с Габриелем и приказал выгрузить весь багаж. Солдаты не без труда спустили огромный сундук вниз вместе с прочими сумками. Мы очутились снаружи. Неподалёку я разглядел нескольких двигавшихся в нашу сторону лётчиков в лётной форме. Они поднялись в самолёт, едва мы его покинули.

Двигатели завелись, и он снова взлетел, не успели мы выйти за пределы поля.

Поблизости с невысокими зданиями аэродрома стояли три дожидавшихся нас автомобиля. В один из них, на водительское место которого уселся монгол, погрузили багаж с сундуком. Мы с Габриелем сели в другую машину, а офицер с солдатами НКВД разместились в третьей.

Наш караван тронулся в путь. Парадоксальным образом факт сопровождения конвоем НКВД меня успокоил, ибо теперь мои сомнения насчёт официальной природы похищения генерала окончательно рассеялись. Машины двигались по разбитой, полной грязи дороге, на которой то тут, то там попадался мокрый снег.

— Как ваша операция, доктор? — весело спросил меня Габриель.

Я лишь сумел ответить неопределённым жестом и в свою очередь спросил:

— Куда везём «больного»?

— Сколько продлится действие препарата? — задал он очередной вопрос, не ответив на предыдущий.

— Примерно шесть часов.

Он взглянул на часы.

— Прошло полтора часа, верно? Остаётся четыре с половиной? Этого мало. Не составит ли труда продлить его сон ещё одним уколом?

— Такое возможно, но где?

— В другом самолёте, — ответил он.

XXV
ПЫТКИ

Предстоял ещё один полёт. Наш автомобильный маршрут лежал на другой аэродром, куда мы прибыли через пару часов. Нас ждал самолёт с уже запущенными двигателями. Задержавшись ни секундой более, чем того требовала погрузка на борт сундука с остальным багажом, мы с Габриелем за штурвалом вновь поднялись в воздух.

Не знаю точно, в каких краях мы оказались. По типажу немногочисленных крестьян, попавшихся на глаза по дороге в аэродром, а также по нескольким стоявшим вдоль неё домам деревенского вида, я заключил, что вероятнее всего мы были где-то на Украине.

В полёте ничего примечательного не приключилось. Как было условлено, я вколол ещё спавшему генералу новую дозу снотворного.

Примерно через три часа слева в иллюминаторе показался обширный город, в котором издалека, сквозь туман, я узнал Москву. Ошибиться я не мог, ибо по пути под нами пронеслось два-три других города, и ни один не имел той типичной московской архитектуры, которую можно легко опознать на далёком расстоянии.

Постепенно мы приземлились, но на ином аэродроме, не том, с которого началось наше приключение. Нас опять встретил взвод НКВД в составе из трёх автомобилей. Офицер представился и поприветствовал Габриеля:

— Капитан Гаврила Гаврилович Кузьмин?

Габриель ответил на приветствие и кивнул, после чего они отошли на несколько шагов в сторону и недолго разговаривали. Затем в машины немедля погрузили всё, что было в самолёте, и мы тотчас на высокой скорости отбыли. Вскоре нас довезли до лаборатории, и круг замкнулся. Увы, моим фантазиям о приключениях в экзотических странах сбыться было не суждено. Все вещи выгрузили, и военные из НКВД уехали, остался только механик-монгол. Как только ворота закрылись, Габриель приказал перенести сундук вниз. Я было хотел остаться наверху, но он пригласил меня вниз, что случилось со мной впервые: мне никогда не приходилось спускаться в подвал прежде. Не знаю, почему, но меня одолел страх на пороге этой вечно запертой пещеры, напоминавшей мне о мрачных владениях исчезнувшего Левина. Отчего-то образ доктора-садиста и подвала тесно сплелись в моём воображении.

Вопреки ожиданиям я не увидел ничего жуткого. Подвал хорошо освещался. От лестницы начинался коридор с тремя-четырьмя дверями по обе стороны. Коридор заканчивался широким залом, в стенах которого находилось ещё шесть дверей. Двери выглядели прочными и вполне обычными, кроме закрытого глазка, ничего примечательного в них не было. Одна из них была отворена, и из неё лился яркий свет. Монгол, распорядитель и ещё несколько человек домовой прислуги поставили сундук на пол у освещённого порога открытой двери, и вопросительным взглядом посмотрели на нас в ожидании дальнейших указаний.

— Открой, — указал Габриель монголу.

Тот исполнил приказ и поднял крышку, и нам показался генерал в потешной позе с согнутыми связанными ногами. Я мельком взглянул на двух других мужчин, которым точно не могло быть известно о содержимом сундука — странное дело, ни один не выразил ни малейшего удивления, ни капли эмоций, и это при том, что тело выглядело как труп.

— Развязать его и запереть там, — вновь приказал Габриель, невозмутимо глядя на дремлющего генерала. Тут чилиец вынул портсигар и предложил мне сигарету, после чего принялся ходить из стороны в сторону.

Тело перенесли в комнату. Я подошёл поближе, чтобы осмотреть её. Она была полностью обшита деревом, вместо кровати имелись нары, занимавшие в горизонтальном положении половину площади. От осмотра меня отвлёк повелительный голос Габриеля за спиной:

— Снимите с него пальто. Обыщите и достаньте всё, что на нём есть. Осматривать тщательно!

Начался обыск. Все карманы выворачивались один за другим. После пришёл черёд швов, подкладок и бортовок. Каждый предмет одежды по очереди прощупывался, сгибался на все лады шестью ладонями, точно они искали блоху. Продолжалось это действо весьма долго, однако Габриель не выказал никакого нетерпения, ни на миг не оторвав взгляда от кропотливой работы.

— Хорошо, — наконец произнёс он, — теперь можете его связать.

Генерала вмиг связали по рукам и ногам — дощатая кровать была удобно для того оборудована прочными плетёными верёвками и застёжками.

— Один из вас всегда должен стоять на страже! — отдал очередной приказ Габриель. — Запирайте! — и, подхватив под руку, повёл меня с собой. — Не желаете ли отобедать, доктор? По-моему, уже давно пора, не находите?

Действительно, с самого утра мы ничего не ели. Хотя в суматохе перемещений и переживаний того дня я этого даже не заметил.

Если до той минуты совесть и определяла меня как профессионального чекиста, то всё же у неё не было оснований предъявить мне обвинение в убийстве или мучительстве. В самом деле, моё прямое участие до сей поры сводилось лишь к спасению Ежова от смерти и нескольким уколам советскому генералу, парадоксальным образом предназначенным не для пыток, но для погружения в умиротворённый сон. Если кого и пытали, так это меня, истязателя, ибо я получил пулю в спину, и рана эта заставила меня страдать физически и морально. Никто бы не поверил, что я, мучитель, приносил пользу другим и сам был мучимым. Однако в действительности подобный ход мыслей слишком упрощён. Я есть шестерёнка в сложном механизме аппарата террора, и хотя лично мне не доводилось до сего дня пытать, вклад и помощь в мере, от меня требуемой, я всё же вносил. А посему — виновен. Именно к такому заключению неумолимо приходит совесть, живая и неусыпно бдящая в моей душе, чьё молчание и тем более смерть я представить себе не в силах. «Возможно ли тогда, — вопрошал я себя в тысячный раз, — что совесть умерла во всех, кто меня окружает?»

На моих глазах они пытают и убивают друг друга, и в пытках и убийствах они обнаруживают редкостную изобретательность. Тут *homo sapiens* предстаёт во всём великолепии своего разума. Но только его и ничего более. Человек истязает и умерщвляет человека столь же бездумно, сколь зверь лишает жизни другое животное. Это непостижимо! Я не в силах понять подобную бесчувственность, пусть даже убивать и мучить для этих людей вполне естественно и нормально. Допустить то, что из их душ испарилась всякая тень совестливости — за пределами моего разумения. Да и есть ли у них душа? Не являют ли они собой существо исключительно рациональное, рефлекторное и функциональное? Неужели всё метафизическое искоренено в них совершенно? Такое мне кажется невозможным. Я отказываюсь верить в это, несмотря на то, что многое в жизни «существа советского» служит тому подтверждением. Признаюсь, что тут мне видится большая и сложная проблема. В своём вынужденном одиночестве я много размышлял над этим труднейшим вопросом и смог найти лишь одну причину такому полному отмиранию или каталепсии всякой чувствительности и морали — это гипертрофия рационального и инстинктивного в человеке советском, происходящая от диалектического фатализма марксизма.

Существование подобного типа «человека» кажется сегодня очевидным. Даже при самом внимательном рассмотрении в нём не отыщется сколько-нибудь малого возбуждения чувств метафизического порядка. У него марксистские, то есть, дарвинистские нормы и законы. Не нашли ли мы новый вид? Новый вид, обязанный, однако, возникновением не эволюции, а революции. Тип, освобождённый от притяжения добра и зла. Но, рассуждаю я, разве дарвиновский эволюционизм и, соответственно, марксистский фатализм как открыто, так и неявно не несут в себе идею прогресса и совершенствования? Подобный тип советского «человека», преодолевшего дихотомию добра и зла, являет собой сверхчеловека Ницше — диалектическое чудовище. Но ни от прогресса, ни от дарвиновского совершенствования тут нет и тени. Попытки усовершенствовать человека, сделать из него сверхчеловека породили только зверя более чудовищного. Именно такого человека я и наблюдаю: зверь, не существующий слепо во мраке инстинктов, но руководимый инстинктами прояснёнными, озарёнными разумом, — зверь, бесконечно усиленный диалектикой. Да, так и есть: марксизм преуспел в откатывании человека до животного состояния, отрезав его от метафизического мира, от возможности соприкоснуться с божественным. Если марксизму удалось сотворить подобное невиданное чудо, в сравнении с которым прочие всемирные открытия кажутся пигмеями, то следует признать за ним нечто по-сатанински гениальное.

На четвёртый день впрыскивания морфия генералу Габриель предложил в качестве эксперимента прекратить инъекции, дабы посмотреть на его реакцию.

Через десять часов лишения наркотика «пациент» пришёл в сильное возбуждение.

Габриель решил более не откладывать допрос и приказал привести генерала в свой кабинет. Как я увидел после, пленника привязали к стулу, тем самым обездвижив. Я не присутствовал на первых трёх часах допроса, поэтому не знаю, что в их течение произошло. Надо думать, попытки Габриеля заставить его заговорить провалились. Поэтому, полагаю, он и призвал меня в качестве подмоги. Войдя, я застал их в следующем положении: связанный генерал приближался к грани нервного срыва, отчаянно пытаясь высвободиться. Но узлы были очень крепкими, как и сам стул. В противном случае они бы не выдержали такого натиска.

— Принесите сюда полный шприц, — приказал Габриель.

Я поспешно вышел и тут же вернулся с наполненным шприцем. Увидев меня, генерал мгновенно притих. Он смотрел с болезненной жадностью, с какой голодный уличный пёс глядит на поедаемый дитём хлеб. Я сделал несколько шагов в его направлении, уверенный, что мне следует ставить ему укол, ведь именно так я понял приказ Габриеля. Но он остановил меня.

— Нет, доктор, нет. Маршал[39], то есть бывший маршал Гамарник не хочет прийти к взаимопониманию. Укол будет, только если он передумает. Садитесь, садитесь, доктор.

Я сел со шприцем в ладони, не зная, что делать. Габриель повернулся к обездвиженному и вмиг изнемогшему генералу и сказал:

— До этой минуты я не собирался прибегать к насильственным мерам. Будь на вашем месте кто-либо другой, кто не знает, как устроена система, мы бы быстро испытали на нём какую-нибудь из известных процедур. Но ведь вам прекрасно известно, насколько действенны наши методы. У вас не получится тешить себя иллюзией о своей исключительной физической или психической выносливости. Сломать вас — вопрос времени. Нам попадались люди прочные, мужчины поистине отважные, с необычайно крепкими нервами, которые прошли сквозь целую череду серьёзных испытаний, но и их мы сломали. Неужели вы считаете себя прочнее и верите, что наделены бóльшими стойкостью и мужеством?

Генерал секунду молчал и затем с видимым усилием ответил:

— Мне не превзойти их мужеством и стойкостью. Но вы лишь добьётесь того, что я буду лгать. Нет ни крупицы правды в подозрении, что я замешан в этом военной заговоре.

— Ни крупицы? А ваше доверительное общение с Крамером? Это что в таком случае?

— Ничего! Это профессиональный контакт в интересах Красной армии, к установлению которого меня обязывает и уполномочивает моя должность уполномоченного Наркомата обороны. Никто не вправе выдумывать фантастический военный заговор лишь на одном этом основании.

— Это ваше окончательное решение? Подумайте, прежде чем ответить. У меня есть признание Крамера, подробное и обстоятельное. Не пытайтесь выдумывать и фантазировать. Ваше признание должно в точности совпасть с показаниями немца. Не зовите меня, пока не будете готовы сказать всю правду. С этого момента я стану испытывать вашу стойкость. Но сперва обязан предупредить: придёт время, и вы захотите говорить, и возможно такое, что в ту минуту меня здесь не будет. Я не смогу вас выслушать. Не ждите, что, когда вы соберётесь заговорить, будь то ложь или правда, вас тотчас перестанут истязать. Может случиться так, что я задержусь на несколько часов, и они станут целой вечностью бессмысленного страдания для вас. Я не смогу вас от него избавить. Что вы решили? Мне нужно идти.

Габриель несколько секунд сидел в ожидании. Но генерал не проронил ни слова. Тогда чилиец встал и позвонил. Вошёл монгол и ещё один из прислуги, и Габриель отдал приказ увести пленного.

Пока генерала отвязывали, чилиец шагал по комнате, будто разговаривая сам с собой: «Какая досада! Все одинаковы! Отказываются, упорствуют первые часы или даже дни с тем, чтобы в конце концов заговорить. Человеческая глупость — это нечто неописуемое. Скучно до тошноты!»

Тем временем те двое, каждый со своего бока, схватили генерала за руки и, вывернув их за спину, вывели его из комнаты.

Он исчез, а я всё сидел в том же положении с заправленным шприцем в руке, растерянно озираясь по сторонам. Габриель продолжал ходить, не обращая на меня внимания. Затем он вышел, и было слышно, как он спустился куда-то по лестнице. Настала тишина. Но вскоре внизу раздался вопль, потом с паузами ещё несколько. Очевидно, генерала начали пытать. Крики, хотя и глухие из-за расстояния, доходили до моего уха вполне отчётливо, оказывая странное удручающее воздействие: я чувствовал, будто где-то в конце пищевода затягивался тугой узел. Послышались поднимающиеся по ступеням шаги, и затем с грохотом захлопнулась дверь. Это был Габриель. Он вернулся и сказал:

— Вы плохо выглядите, доктор. Вы что-нибудь слышали?

— Да, — через силу ответил я, — и, кажется, слышу до сих пор...

— Нет, сейчас уже не слышите, вам кажется. Не думал, однако, что вы столь впечатлительны, доктор. Вы ведь должны были делать операции и резать плоть. Разве вам не привычны кровь и крики?

— Нет, не таким вот образом, на живом и здоровом человеке.

— Ну, представьте, что он уже труп.

— Его убили? — спросил я, не подумав.

— Нет. Что за вздор! Он ещё не умер, но умрёт. Но имеет ли это для вас значение? Впрочем, рано или поздно вы привыкнете. Послушайте, я давно не спал, и сейчас мне требуется сон. Вы должны будете спуститься в подвал и проследить за состоянием генерала. Возможен коллапс. Если он случится, оживите его. Если он потеряет сознание, верните его. Его здоровье и самочувствие в ваших руках, всецело под вашей ответственностью. Вы знаете, что его жизнь крайне важна... до тех пор, пока он не заговорит.

Сделав несколько шагов к двери, он обернулся и добавил:

— Ах да! Если он станет звать меня, захотев говорить, дайте мне знать, но не торопитесь и — они, разумеется, сами об этом знают — не прекращайте воздействие. Всё понятно?

Я не смог ничего ответить, и он вышел. Я только и сумел вдавить до упора поршень, заставив струю морфина дугой вылететь из шприца. Затем неуверенным шагом побрёл из кабинета прочь и зачем-то пришёл в столовую. Там безотчётно взял бутылку и выпил нечто весьма крепкое, ибо нуждался в подкреплении. После долго ходил по залу и курил. Не в силах удержать себя, я то и дело посматривал на ведущую в подвал дверь, а иногда, не смея коснуться, подносил к ней вплотную ухо и слушал. Но ничего слышно не было.

Не знаю, сколько раз я пытался перебороть страх и отвращение перед тем, как спуститься. Не решался я до тех пор, пока не представил себя самого на месте генерала в руках монгола, поскольку если б из-за моей боязни он умер бы от пыток, истязаемым стал бы уже я. Меня обуял жуткий страх, и он же придал мне храбрости.

Минуя две ступеньки за шаг, я сбежал по лестнице. Я двигался, собрав весь свой стоицизм, готовясь стать свидетелем жуткой сцены, и с таким настроем приблизился к освещённому прямоугольнику дверного проёма комнаты. Но, к величайшему удивлению, не увидел там ничего ужасающего. Генерал стоял лицом к стене, а монгол сидел на доске, служившей кроватью, и, недвижимый, терпеливо курил, точно созерцал закат. Я застыл на пороге, сгорая от стыда за свой напрасный страх. Сцена была совершенно лишена драматизма, даже намёка на истязание в ней не имелось. Генерал скорее походил на школьника, поставленного в угол учителем. «Да, — подумал я, — должно быть, он измождён, но боль выносимая, он не готов признаваться». Единственное, что я отметил, это что он постоянно шевелил стопами. Засвидетельствовав его нормальное состояние, я отступил на шаг назад и уже собрался уходить, но в эту секунду генерал неожиданно согнулся и почти упал на пол. Тут же монгол резко, точно обезьяна, вскочил, схватил его за руку и, с силой выгнув, заломал её за спину. Сустав хрустнул, и генерал, вскрикнув, прижался обратно к стене. После этого монгол, всё это время не перестававший курить, вновь принял прежнюю позу.

Дабы сделать хоть что-нибудь, не находя объяснения происходящему, я подошёл и пощупал пульс генерала. Отметил лишь частые удары, их неровность, а также небольшую сердечную недостаточность. Жизненные силы имелись, но тем не менее я пообещал себе осматривать его чаще.

Я поднялся и заметил время, чтобы в следующий раз спуститься ровно через час. Попробовал почитать, а затем пройтись, но сумел только каждые три-четыре минуты сверяться с часами, которые шли так медленно, что я уже было начал думать, что они сломались. Вместе с тем я непроизвольно представлял, сколь бесконечно долгими эти минуты должны были казаться генералу, поставленному в положение полной неподвижности.

Я ходил вниз ежечасно. Спустя три часа я стал навещать генерала каждые тридцать минут, поскольку заметил, что его охватывало всё большее возбуждение. Было не ясно, вызвано ли оно было отсутствием морфина или нет, ибо действие наркотика обычно длилось не более четырёх часов, а он, как мне казалось, обладал выносливостью достаточной, ровно как и физической крепостью, чтобы не приходить в подобное состояние так скоро.

Его попытки сесть становились всё чаще, и он уже не сгибался, а обрушивался, словно внезапно терял сознание. Падения стали столь частыми, что монголу, к слову, столь же невозмутимому, теперь уже приходилось стоять подле него и держать за палец. Если терзаемый собирался падать, то азиат круто выворачивал палец и тем самым заставлял Гамарника держать равновесие. Надо думать, это причиняло генералу жестокую боль, ибо всякий раз, как это случалось, из его пересохшего горла вырывался хриплый стон.

Это зрелище угнетало. Я старался убраться оттуда, избавиться от него, но оно тянуло обратно и вынуждало возвращаться. Я потерял счёт обрушеньям генерала. После одного из них монгол выволок того из комнаты и бросил на пол. Затем он зажёг свет и снял с крюка висевшую на стене верёвку. Другой её конец, как я увидел, свисал с потолка, перекинутый через блок. Верёвка оканчивалась петлёй. Он просунул в неё руки истязаемого и, туго затянув у запястий, дёрнул, отчего тот резко вытянулся вверх. Стопы при этом продолжали опираться о пол, выдерживая на себе полный вес тела. Чтобы дать ногам отдохнуть, ему приходилось повисать всей массой на руках, отчего верёвка впивалась в кожу. Его руки вскоре вздулись и посинели. Монгол же принялся спокойно и сосредоточенно расхаживать вдоль комнаты и даже не глядел в сторону терзаемого. Я опять покинул их, предварительно пощупав пульс генерала. Тем временем настал час ужина, о чём меня уведомил управляющий. Опустошённый и обессиленный, я попытался поесть, но едва мог проглотить и кусок. А вот выпил я немало. Габриель же, вероятно, до сих пор спавший блаженным сном, всё не появлялся.

Я вновь сошёл в подвал. Монгола сменил человек из прислуги, который сидел и тихо читал «Известия».

Впервые генерал обратился ко мне с просьбой дать ему воды. Его голос был сиплым, во рту у него пересохло, а при дыхании из его ротовой полости доносился глухой предсмертный хрип.

— Я не могу, — ответил я ему, — у меня нет разрешения на это, простите, — и я опустил взгляд, не в силах смотреть в его выпученные глаза.

Остатки энергии яростно сотрясали его тело. Полный стыда и смятения, я отвернулся, не зная, куда мне деться. От мысли о том, что мне придётся провести здесь всю ночь, мне стало дурно. Я ушёл и уже в столовой услышал звон тарелок. Заглянув туда, я увидел ужинавшего Габриеля.

— Вы уже отужинали, доктор? — спросил он, завидев меня. — Есть новости?

— Никаких, — сухо ответил я.

— Садитесь. Вы что, ничего не ели? Да на вас же лица нет сегодня, доктор!

Габриель продолжал есть, но, как это обычно бывало во время еды, никак не упоминал текущие дела. Только за чашкой кофе он спросил:

— Что, генерал ещё держится? Не хочет меня позвать?

— Нет, — ответил я.

— Ещё рано, неудивительно. Всё в порядке. Мне вас жаль, но мне некем вас заменить.

Если бы это мучение было жестоким, если бы неистовые чекисты избивали и вопили, не думаю, что подобное зрелище ошеломило бы меня в такой мере. Однако то, что я видел, являлось подавляющим, монотонным, изнурительным. Нервы истощились окончательно, я стал совершенно ватным. Вопреки всем ожиданиям, в этом отсутствовала и толика ярости, драматизма или крови. Всё выглядело ужасающе обыденным, я бы даже сказал, бюрократическим. Без сомнений, тут присутствовал точный расчёт, опиравшийся на богатый опыт. Габриель, которого мне доводилось видеть нервным, возбуждённым в минуты опасности или даже в пылу беседы, сейчас просто ждал, очевидно, уверенный, что рано или поздно сопротивление генерала будет сломлено.

Уже за полночь меня вызвал в подвал распорядитель. Предупредив запершегося в кабинете Габриеля, я как можно скорее сбежал вниз. Бездыханное тело генерала свисало на верёвке, словно человеческие лохмотья.

Я велел развязать его. По всем признакам у него был обморок. Бегло осмотрев его, мне удалось быстро добиться его реакции. Дабы убедить Габриеля дать ему передохнуть, мне пришлось заявить, что я не ручаюсь за жизнь генерала. Тот нисколько не встревожился, и даже, кажется, не больно поверил в мой пессимистичный прогноз.

— Спешить не следует. Можете позволить ему отдохнуть и даже дать ему насладиться вашими уколами до утра. Иначе, как я погляжу, в обморок упадёте уже вы, доктор. Вот так нервы у профессионала!

Он ушёл. Воспользовавшись его разрешением, я дал генералу выпить горячего крепкого кофе. Затем впрыснул большую дозу морфина. Моё внимание привлёк тот факт, что он продолжал шевелить ногами. Я приказал разуть его. Его положили, и тут я увидел его стопы. Я оторопел: они были жутко красными, почти пунцовые, и на каждой кровоточили три точки, образовывавших собой треугольник. Словно шесть язв. В недоумении я поглядел на безмолвного монгола, и тот показал мне ботинки, в которые был обут генерал: из подошв около сантиметра в высоту торчали наружу трое гвоздей. Теперь мне стало ясно, отчего генерал так часто падал после непродолжительных стояний. Я дезинфицировал и перебинтовал раны. Мутные глаза истязаемого, кажется, сверкнули благодарностью, после чего его веки опустились, и он тут же уснул.

XXVI
ПРИЗНАНИЕ

Целых три раза пытки Гамарника прерывались на очередное впрыскивание. Его физическая выдержка таяла: если в первый раз он вынес на ногах и в подвешенном состоянии почти двадцать часов, то на третий продержался всего шесть. Он исчерпывался на глазах. Я боялся, что он умрёт. Врач, не знавший бы об истинных причинах его горячки, истощения и слабости, поставил бы какой-нибудь серьёзный диагноз. Я поделился своими опасениями с Габриелем, ведь неспроста же он назначил меня ответственным за жизнь генерала.

Но тот даже бровью не повёл, хотя было ясно вполне, сколь важны для него показания пленника.

— Старайтесь удерживать его, — ответил он, — в состоянии нормальной чувствительности. Полагаю, наука поможет вам в этом, доктор. А что до угрозы смерти, я имел её в виду. Именно в этом и суть. Когда человек оказывается на границе, соединяющей, или разделяющей, жизнь и смерть, бытие и небытие, им овладевает нечто загадочное. Мне трудно это определить. Мне доводилось только наблюдать это явление и пользоваться им. Не знаю, понятно ли я изъясняюсь, но именно в миг ужаса, заполняющего человека перед лицом неминуемой смерти, если он находится ещё в сознании, появляется та самая драгоценная возможность, когда от него можно добиться всего, что угодно, при условии, что у него есть шанс отсрочить последний вздох. Посему, доктор, мы обязаны улучить этот момент. Когда он наступит, генерал заговорит.

Мне пришло на ум оспорить эту теорию исключительно ради того, чтобы глубже погрузиться в устройство этой жуткой бездны жестокости.

— Не сомневаюсь, что ваш опыт мог привести вас к такому выводу, но позвольте мне привести один противоречащий ему факт — самоубийство. Вы же не станете отрицать, что, будь у

Гамарника средства и возможность себя умертвить, он бы без колебаний сделал это.

— Разумеется, доктор. Он бы покончил с собой.

— И что тогда? Получается, что не страх смерти заставит его говорить.

— Вижу, что вы изощряетесь. Но следует различать две вещи, доктор. Я говорил не о страхе перед смертью воображаемой, а о страхе перед смертью подлинной. Есть огромная разница между мыслимой самоубийцей смертью и настоящей — разница такая же, как между живой природой и пейзажем. Никто из самоубийц на краю гибели не прекращает борьбу за жизнь, исключений не бывает. Именно в этом заключается секрет безотказности наших методов.

— Я не совсем понимаю.

— Всё просто, доктор. Человека помещают на самую грань смерти. Однако у него под рукой всегда есть спасительная соломинка — признание.

— Но ведь за признанием всё равно следует смерть...

— Даже если признание означает смертный приговор. Чувствуя приближение смерти, человек пытается выжить, и ему всё равно, выиграет ли он годы, дни или хотя бы минуты жизни. Самое главное на краю смерти — не умереть.

— Но боль от пыток вызывает отчаяние, желание умереть. Это же очевидно, — возразил я.

— Верно, она возбуждают желание умереть, чтобы эту боль прекратить. Но это желание так и остаётся желанием. Неслучайно ведь ни у кого нет личного опыта смерти, и как бы она ни была вожделенна, человеческая природа в критический момент берёт своё и отвергает её.

— Всё же я настаиваю, что самоубийство...

— Да, такое случается. Но, как я уже сказал, нет такого самоубийцы, который не хотел бы, если б мог, спасти свою жизнь в последний миг. Однако и саму жажду самоубийства, порождаемую продолжительной и нарастающей болью, наш метод задействует.

— Как же?

— Когда время не ограничено, боль дозируется так, чтобы она никогда не грозила опасностью немедленной смерти. Пленный чувствует, что может бесконечно существовать в непрекращающемся физическом и психическом страдании. Способы есть самые разные, как вы можете представить. Когда боль одно за одним заполняет каждое чувство, любое движение пленного, и тот не видит ей конца, его неизбежно охватывает отчаяние. Желание умереть превращается в настоящую одержимость, и если он изыщет способ покончить с собой, то он убьёт себя, не задумываясь. Когда становится очевидным вполне, что обвиняемый находится именно в таком состоянии и средств к самоубийству у него нет, то признание остаётся единственным способом причинить себе смерть, ибо за ним следует неминуемая казнь. К сожалению, доктор, в случае с Гамарником у нас нет достаточного времени. Нам срочно, очень срочно необходимо его признание, его с нетерпением ждут на самом верху... Мы должны использовать метод смены эйфории болью, но есть одно затруднение: истязать следует, не уродуя его, так, чтобы на нём не осталось видимых следов пыток, поскольку ему нужно будет вскоре предстать перед трибуналом, если примут такое решение.

Я не хотел отвечать, ибо по горло насытился таким объёмом новых научных знаний в области садизма и террора.

Габриель принялся задумчиво шагать из стороны в сторону, будто позабыв обо мне, и ходил он так довольно долго, пока вдруг не остановился прямо передо мной.

— Рисковать нечем, терять тоже нечего, — сказал он, словно самому себе. — Послушайте, доктор. Мне пришла в голову мысль, как можно ускорить ход дела, однако мне понадобится ваша помощь. Так вот...

Долго описывать то, что он рассказал. В больших подробностях, с многократным повторением он объяснял суть своей затеи, пока не убедился, что я в точности смогу исполнить задуманное.

Согласно инструкциям, я спустился в подвал. К тому времени прошло ещё около двух часов пыток. Генерал держался относительно неплохо. Когда я вошёл, его как раз собирались подвесить вновь, но я велел отвести его в камеру, что тут же было исполнено. Его привязали к доске-кровати, после чего я осмотрел его внимательнее обычного. Гамарник наблюдал за мной стеклянными глазами. От боли, жажды и нехватки сна он находился в полусознательном состоянии. Однако неожиданный перерыв в истязаниях, до сей поры прерывавшихся только обмороками, возбудил его внимание, и он силился следить за моими действиями. Я попросил воды, и вскоре принесли большой стеклянный кувшин. При его виде взгляд генерала оживился, он зашевелил губами и языком, производя ими резкий звук, будто шлифовали дерево. Я выпил большой стакан. Но когда кувшин собрались уносить, я попросил оставить его, так чтобы генерал продолжал видеть воду. Он неопределённо посмотрел на меня, но я не смог выдержать его взгляд.

Следуя плану, я подготовил шприц и раствор, но укол не сделал. Вместо этого я ещё раз пощупал пульс. Тогда, в соответствии с указаниями Габриеля, я сказал двум помощникам, что они свободны, и те мгновенно исчезли, оставив нас наедине. Исчезновение палачей, а также моё присутствие, самого безобидного из участников в смысле причинения боли, слегка успокоили его. Мышцы его лица заметно расслабились, а я, точно собравшись нести караульную смену, вытащил из кармана книгу и сделал вид, что намерен увлечённо читать. Прошло несколько секунд. Я не читал. Не поворачивая глаз, всё внимание я сосредоточил на генерале. Из его пересохшего горла, продолжали вырываться те неприятные звуки, но я не оборачивался. Вскоре он дважды безуспешно попытался заговорить. Затем послышалось едва различимое обращение: «Доктор, доктор...» Я повернулся. Вся жизнь сосредоточилась в его расширенных вперенных в меня зрачках. «Воды», — попросил он глухим отчаянным голосом. На то и был расчёт. Я встал, ибо всё это время сидел на углу стола и, опёршись обеими руками о косяк входной двери, высунул голову в коридор. Затем, обернувшись к генералу, сделал уверяющий знак рукой. Взяв со стула стакан, я наполнил его водой и подошёл к Гамарнику. Подложив другую руку под его затылок, я помог ему поднять голову и поднёс стакан к его губам. Он пытался отпить, но лишь пролил воду. Мне пришлось силой удержать его затылок, так как его чисто животные конвульсии мешали ему пить. Его опухшие, бесчувственные и сухие губы не способны были всасывать жидкость. Кое-как мне удалось влить чуть-чуть воды ему в рот. Он с большим трудом глотал, много воды стекало с уголков губ. Я поставил стакан на место. «Ещё, ещё», — взмолился он уже неким подобием чёткого голоса. Дал ему ещё воды, но немного: в его положении ему не следовало пить много. После, сев, вернулся к чтению. Но не прошло пяти минут, как он вновь попросил пить. Дал ему ещё полстакана, предварительно «последив» за коридором, изображая предосторожность.

Эпизод повторился три или четыре раза, ибо его жажда была неутолимой — безжалостный палач обратился сиделкой и заступником. В какой-то момент я встал, собравшись выйти в коридор, но генерал окликнул меня возбуждённым от страха голосом:

— Доктор, доктор! Вы уходите?

— Нет, — ответил я, — я лишь хочу прогуляться.

— Вы долго пробудете здесь?

— Неизвестно. Зависит от того, сколь долго потребовались начальнику его люди. Час, два, не знаю.

Генерал на мгновение замолк. На его лице ясно отразились признаки внутренней борьбы. Он что-то прошептал, но так тихо, что слов было не разобрать.

— Что вы говорите? — спросил я.

Сосредоточив волю, он с усилием зашевелил губами и веками и произнёс:

— Доктор, вы хотели бы меня спасти?

Я уставил на него пристальный взгляд. Безусловно, я ждал наводящего предложения, но такая формулировка меня несколько обескуражила.

— Что вы хотите сказать? — ответил вопросом я.

— Я говорю, что вы могли бы спасти меня, если хотели бы. Что скажете? — невыразимая тревога читалась в его зрачках.

— Скажу вам, генерал, что у меня есть жена и дети.

— Доктор, вы и ваша семья — вне опасности. Напротив, если вы спасёте меня, вам от того будет много лучше, так как вы окажете тем самым неоценимую услугу вашему самому большому начальнику. Поймите, доктор, я готов признаться в том, что они от меня ждут. Я сообщу всё, что они хотят, и даже больше. О том, чтобы вы предали или рисковали жизнью, не идёт и речи...

— Я не понимаю вас. Если вы готовы признаться...

— Дайте мне минуту договорить. Почему мне удалось продержаться до сих пор? Поверьте, это непросто. Я не хочу признаваться, принуждённый к тому пытками, ибо такой исход означал бы мою неминуемую гибель. Если вы можете и хотите мне помочь, я признаюсь во всём и сделаю это прямо сейчас, но преподнести это признание вам нужно так, словно оно было сделано задолго до моего задержания.

— Но всё же я не понимаю. Как ваше текущее признание могло случиться в прошлом?

— Легко — это дело техники. Можно ещё немного воды, доктор?

Я дал ему стакан, и он продолжил:

— Вообразите, доктор, что я вступил в заговор против Сталина с той мыслью, чтобы собрать сведения изнутри и снаружи, и чтобы после донести на заговорщиков в момент, когда они будут представлять наибольшую угрозу. Если бы, помимо вступления в заговор с целью его расстроить, у меня бы где-нибудь имелось припрятанное досье, настолько полное, что добавить туда было больше нечего, и вы, доктор, забрали бы его из указанного мною места и помогли ему попасть прямо в руки Сталина, то я бы сразу из заговорщика превратился в верного самоотверженного слугу.

— До известной степени звучит убедительно, — ответил я. — Я вижу лишь одну загвоздку в вашем плане спасения. Как объяснить ваше сопротивление признанию, даже под пытками?

— Я предвидел такое возражение. Считайте, что у меня есть доказательства, разной степени достоверности, об участии товарища Кузьмина в заговоре. Поверьте, у меня достаточно сообщений от военной разведки о его контактах с людьми из немецкого Генштаба. Такое положение дел объяснит моё упорство. Оно становится оправданным, имея в виду, что я нахожусь всецело в его руках. Если он причастен к заговору, то моё спасение, пусть и непродолжительное, зависело от моего молчания. Ибо если бы я заговорил, то тотчас бы был убит. Понимаете, доктор?

— Да, пожалуй, — подтвердил я, хотя всех тонкостей не уяснил.

— Вы готовы отыскать и передать мой доклад?

— Если мне представится такая возможность, я сделаю это, генерал.

Мой ответ был поспешен, может быть, даже слишком. Однако на лице генерала выразилось глубокое удовлетворение.

— Я могу на вас положиться вполне? — повторил он вопрос.

— Да, можете. Где документ?

Гамарник попытался изобразить улыбку и с некоторым смущением признался:

— Документа нет. Я его не написал. Поймите, человек не в силах выдержать всё это, если где-то хранится его спасение. Не удивляйтесь, доктор. Вы нужны мне как раз для того, чтобы сделать моё признание спасительно старым... Нет, позвольте закончить. Я могу составить его здесь — вам только нужно будет отвезти его туда, где его можно будет найти позже, когда я сообщу о нём. Теперь вам ясно?

Я напустил на себя задумчивость. И ничего не ответил, притворившись, что погрузился в глубокие раздумья. Генерал впился в меня взглядом, сосредоточив в нём всю имевшуюся у него тревогу. Сказать честно, я подумывал о том, чтобы прервать беседу, подняться к Габриелю и всё ему выложить. В то же время меня наполняло разъедающее чувство желчного удовлетворения от «хорошо выполненной работы»; от того, что я вновь ловко перехитрил и солгал под диктовку искусного чекиста, имевшего надо мной полную власть. А в награду я удостоюсь очередной насмешливой похвалы, полной сарказма. Мне требовалось дать ответ, и я сказал:

— То, что вы предлагаете, — рискованно. Я не знаю, подвернётся у меня ли возможность отвезти бумаги туда, куда вы хотите. Также я не знаю, достаточно ли у нас времени для написания признания. Словом, я хотел бы помочь, но...

— Если вы пожелаете, то сможете такое устроить. Вы вправе отменить пытки на несколько часов или дней, — он говорил торопливо, в горячке. — Скажите им, что я больше не выдержу, к тому же это правда. Останется только съездить в Москву. Мне хватит трёх-четырёх часов, чтобы всё успеть. Вы сделаете это, доктор, сделаете?

Я поднялся.

— Я сделаю всё, что в моих силах.

— Спасибо, доктор, спасибо! — его глаза увлажнились.

Я вышел в коридор, и громким голосом окликнул. Вернулись два агента, и я поднялся наверх.

Габриель работал в кабинете. На моём лице он прочитал «успех».

— Ну что, доктор? — спросил он, приглашая меня присесть рядом с ним.

Я поведал ему о предложении Гамарника.

— Находчиво, — одобрил он, — нечто новенькое. Пойдёт, сгодится. С чистой совестью он сможет выйти на свободу «по возвращении из рабочей поездки в Испанию». Разумеется, если его доклад-признание окажется безупречным и сообщит обо всём, что мы желаем знать...

Мы закурили. Он ещё раз попросил шаг за шагом, во всех подробностях, описать сцену с Гамарником, словно хотел понять самую суть его жестов и слов.

После он несколько минут в молчании размышлял.

— Где он собрался спрятать своё досье? — гадал он, будто разговаривая сам с собой. — Это существенная частность. Прятанье, как и последующее отыскание, потребуют содействия одного или нескольких человек, к делу отношения не имеющих... Коллеги или родственники, зависит от места... Ведь это неудобно...

Он опять задумался.

— В общем, — заключил он, — мы сообразим, как нам лучше поступить, когда он укажет точное место. Теперь же давайте решим, как дать ему возможность написать признание.

— Оставив меня наедине с ним, — подсказал я.

— Да, разумеется. Однако без лишней лёгкости, иначе он заподозрит подвох. Необходимо ещё помучить его разок-другой, или даже устроить новый допрос с моим участием. Затем уже вы исполните своё обещание.

— Не стоит усердствовать с мерами воздействия, — из сострадания намекнул я, — ведь после его придётся предъявить народу. К тому же он сейчас очень слаб...

— Хорошо, хорошо, жалостливый защитник. У вас будет возможность вмешаться, когда пожелаете. Парни будут давать ему передышку при малейшем признаке обморока. Вот увидите, без всякого уговора он начнёт их симулировать. Опекаемый вами маршал будет премного вам благодарен.

Больше мы не говорили. На следующий день план был в точности исполнен. Как он и предсказал, Гамарник проявлял всё меньше и меньше выдержки, пять раз дав мне повод вступиться. С наступлением ночи, «потребовав» перерыв, о чём было условлено заранее, я наконец остался один на страже генерала.

Габриель, раздав точные указания, отбыл в Москву.

Я дал Гамарнику немного поесть и попить. Через два часа впрыснул ему немного раствора в дозе, достаточной для появления чувства лёгкой эйфории, но не столь сильной, чтобы склонить его в сон. Затем достал из кармана перо и бумагу и развязал Гамарника. После чего помог ему сесть за стол так, что его спина опиралась об обитую деревом стену. Когда он начал писать, я стал гулять по коридору около камеры перед дверью, не теряя его из виду, точно был начеку. Он исписал первую страницу, при этом часто останавливаясь, точно собирался с мыслями и что-то вспоминал. Когда он отложил первый лист, и продолжил писать на следующем, я подошёл и подобрал бумагу. Он ничего не сказал, лишь попросил сигарету. Я не отказал. Вернувшись на пост «часового», изображая готовность к неожиданному появлению невидимых врагов, я стал читать сообщение Гамарника.

Изучив страницу за страницей, я прочёл доклад целиком. Времени на обдумывание у меня не было.

Гамарник написал отдельное письмо секретарю. Написанное иносказательным языком, оно потребовало немало времени на составление. Как он объяснил, оно служило приказом секретарю, чтобы тот впустил меня в его кабинет. Едва я окажусь там — напутствовал он — мне нужно будет подойти к столу и найти щель в верхнем углу правого ящика. Она заделана едва заметным тёмным воском — именно туда следовало поместить свёрнутое в трубку сообщение, предварительно вытащив бумагу, которая там лежала. Затем нужно было вновь залепить щель воском. Сразу по завершении этой операции мне следовало явиться лично к Ежову и передать от имени Гамарника, что генерал задержан, и что я призван забрать его донесение.

Я пообещал исполнить его просьбу следующим утром.

Не скрывая чувств, он искренне и много меня благодарил. Выпил воды, попросил ещё одну сигарету, а затем — второй укол. Ему хотелось спать. По-видимому, в силу развившейся зависимости ему требовалась доза бóльшая, чем обычно. Я удовлетворил его просьбы. Он живо выражал свою признательность, крепко и долго жал мне руку. Даже пообещал, что, когда он вновь завоюет доверие Сталина и вернёт себе звание и власть, он исполнит всё, что я ни пожелаю, а также признал, что был обязан мне всем.

Было уже очень поздно. Гамарник засыпал под действием наркотика. Я извинился и вновь привязал его.

Позвав в коридор, я призвал монгола, а сам ушёл наверх.

Справился о Габриеле. Его ещё не было.

Тогда я направился к себе, предварительно распорядившись уведомить меня о возвращении Габриеля.

Уединившись, я захотел скопировать письмо. Я делал эту настолько быстро, насколько возможно. Вот что там говорилось:

Товарищи!

В грозные и роковые минуты пишу я это письмо. Над режимом Ленина, управляемым ныне нашим гениальным Сталиным, нависла серьёзная угроза. Само существование СССР находится в опасности.

Представляется логичным, чтобы я, заместитель наркома Обороны, немедленно и открыто донёс на изменников. Так оно и случилось бы, если бы речь шла об обычных заговорщиках, число и власть которых не являлись бы столь обширными. Однако сегодня в их руках находится вся материальная мощь Советского государства. И я вопрошаю: откуда у них такая сила? Кому удалось обмануть самого Сталина, вынудив его вложить в руки своих злейших врагов петлю, ему же самому уготованную? Дело в том, что имена этих сверхковарных членов совета мне неизвестны. Очевидно, что их положение очень высоко. Они должны обладать политическими властью, влиянием и доверием поистине огромными, раз они в состоянии раздавить любого, кто осмеливается разоблачить их предательство. Никого в Кремле я не могу считать непричастным к этому заговору. Я исключаю только Сталина, приговорённого к смерти. Но донеси я сегодня на известных мне виновных, не приговорили бы эти уверенные в своей безнаказанности люди меня самого к смерти? Не погиб ли бы я сам, оклеветанный в измене, со своей жизнью утратив единственный шанс предотвратить чудовищное предательство?

Эти вопросы заставили меня приберечь свой доклад до того часа, когда мне удастся вычислить весь штаб высших руководителей, готовящих государственный переворот. И когда в моём распоряжении появятся все имена и улики, только тогда я осмелюсь доложить о них самому Сталину.

Я принял решение в целях сбора как можно большего количества точных сведений притвориться, будто согласен участвовать в заговоре. Накануне поездки в Испанию, где я смогу узнать то, что от меня пока ещё скрыто, я излагаю из разумной предосторожности всё, что мне известно в настоящее время. Если из-за моих действий внутри круга заговорщиков в моём отношении возникнут подозрения, и меня примут за настоящего изменника, пусть эти предупредительные показания послужат лучшим доказательством того, что предателем я не являюсь. А если я буду убит заговорщиками по причине раскрытия моего притворного соучастия, то я тем не менее отыщу способ, чтобы это заявление попало к Сталину.

Лишь соображения высших интересов Партии, а также верности её гениальному Вождю вынуждают меня хранить молчание до решающего момента и вести себя так, точно я и есть предатель.

Именно таким образом я трактую свой марксистско-большевистский долг во имя моего предводителя Сталина – путеводной звезды мирового пролетариата.

Обязан напомнить, что мои первые революционные сражения, ещё в очень молодые годы, проходили под чутким руководством ныне оплакиваемого товарища Урицкого.

В своё время я посчитал полезным вступить в заговор в пользу Троцкого, Зиновьева и Каменева. Однако факт моего подчинения Урицкому, моему учителю, должно быть, настроил их против меня. Урицкого они именовали предателем, что доказывает, что между нами никаких дел быть не могло, а своим возвышением в Партии я обязан Кагановичам, которые, по их мнению, такие же предатели и выродки. Поэтому недавно, после устранения Зиновьева, Каменева, Радека и многих других они вновь попытались составить заговор. И если и позвали меня, то только из необходимости. Моя высокая должность в Красной армии являлась жизненно важной для их военного заговора.

Сказанного достаточно, чтобы прояснить моё прошлое.

Могу утверждать, что к заговору причастны очень могущественные зарубежные силы, оказывающие ему всестороннюю поддержку. Прежде всего, это финансовые круги с Уолл-стрит – самые властительные в США, чьё влияние на американскую и европейскую экономики безгранично, и которым подчиняются правительства и политики многих стран. Мне неизвестно, кто эти могучие банкиры, но мне говорили, хотя я не верю этому, что они оказывают чрезвычайно важные услуги и помощь марксистским революциям уже многие годы.

Согласно главарям оппозиции, правительства демократических стран, в особенности Англии, Франции, Чехословакии и, главным образом, Соединённых Штатов под давлением этих крупных банкиров желают победы оппозиции в СССР и они содействуют ей, устраивая внешнюю политику против Сталина соответствующим образом.

В качестве немедленных и чрезвычайных мер, я уверен, демократические страны косвенным образом способствуют перевооружению немцев и закрывают при этом глаза на усиление мощи Третьего Рейха с тем, чтобы Гитлер, набрав достаточно военных сил, осмелился объявить войну СССР.

Это всё, что мне в общих чертах известно о международных планах, потому как конспиративная работа требует строгого разделения между различными секторами. По этой причине мне не сообщали ничего, кроме подобных сведений общего характера.

Поэтому мне следует перейти к частным вопросам, имеющим в заговоре ко мне прямое отношение. Сперва я хочу описать его технические особенности в военной области.

Заговор организован в рядах Верховного Командования Красной армией. Создан штаб, в который входят генералы, занимающие самые важные позиции на случай мобилизации и войны. Вербовка руководителей и офицеров низшего звена запрещена. Не ставилось целью создать классический заговор, который бы охватывал представителей всех уровней командования. Такой подход продиктован необходимостью предотвратить возможность обнаружения заговора со стороны НКВД, что стало бы неизбежным, знай об этой тайне многие. Тем не менее, конечно, была проделана огромная работа в среде низшего командного состава. И хотя ни один из генералов, военных заговорщиков, ничего не предлагал и не внушал своим офицерам, всё это время первые систематически старались продвинуть на нужные посты офицеров, исповедующих антисталинские идеи, сочувствующих оппозиции, или тех, кто по своим причинам был лично предан кому-либо из генералов-конспираторов. Моя роль в этой части была значительной. По своей должности я получал предложения и личные поручения от вовлечённых генералов по вопросам назначений, наград и повышений в звании бесчисленного количества офицеров. Несмотря на то, что рекомендации обосновывались причинами техническими, мне было известно, что действительная причина заключалась в том, что жалуемые и награждаемые являлись потенциальными заговорщиками. По этой причине в послужном списке всех, кого рекомендовали генералы-конспираторы, стоит красная точка в верхнем правом углу. Дела хранятся в моём кабинете. Таким образом, каждый из отмеченных может считаться заговорщиком. Предельно ограниченный круг посвящённых в заговор, а также строгий приказ ничего не предпринимать вместе с выражением подчёркнутой преданности Сталину – именно поэтому НКВД, несмотря на все сзоркость и усилия, до сих пор не удалось ни о чём догадаться.

Столь действенные меры предосторожности предпринимались в силу необычной природы нашего плана, совершенно не похожего на классический военный переворот или внутреннюю борьбу. Суть и характер заговора кроются в слове «пораженчество». Тайна успеха заговора заключается в подготовке поражения СССР. Но поражения не полного, а ряда частичных поражений, способных привести к падению Сталина как по причине восстаний на фронте, так и из-за мятежа в рядах правительства, или же из-за корсиканства с обеих сторон одновременно. Эти поражения, а также прямое командование военными частями, находящееся нынче в наших руках, должны обеспечить заговорщиков достаточным количеством возможностей и сил для устранения Сталина. Техническая организация поражения поручена Тухачевскому и мне. Ему – на фронте, мне – в тылу. Для этого мне необходимо выйти на связь с представителем ОКВ, который должен прибыть в ближайшие дни.

Как мне сообщили, с Уолл-стрит достигнуто соглашение о том, что война окончится в ту самую минуту, когда расстреляют Сталина, Политбюро и других преданных ему людей. Руководителей заговора заверили, что большая коалиция стран в составе Англии, Франции, Соединённых Штатов и прочих членов Лиги Наций объявят Гитлеру войну, назвав его агрессором. Это в свою очередь послужит сигналом к началу осуществления военного переворота, подготовленного германскими генералами-заговорщиками, которые также желают ликвидировать Гитлера. Сразу после будет подписан мирный договор. В территориальном смысле договор станет «равноправным», однако Германия будет разоружена и будет вновь принуждена подчиниться требованиям Версальского договора, которые в этот раз только усугубятся из-за её новой агрессии.

Теперь же я опишу подробности заговора и укажу тех, кто является его главным руководителями.

Система устройства заговора такова, что каждый участник знает лишь трёх сообщников. Это классическая система «троек». Поэтому с точностью я могу назвать только три имени: Якир, Фельдман и Тухачевский.

Первые два образуют со мной «тройку», а я связываю их с Тухачевским. Приглашение участвовать в комплоте я получил от Якира. Он, я и Фельдман составляем, как её с иронией называют, «еврейскую тройку». У Тухачевского нет никакого иного порученного ему задания, кроме как удержать любой ценой пост Начальника штаба Красной армии. Занятно, что такую ответственную должность занимает генерал-конспиратор. «Организация поражения» на поле боя должна стать его личной разработкой, что является самым непременным условием успеха всего дела. Во время его грядущей поездки в Лондон он должен встретиться и договориться с каким0-то ключевым германским генералом, который в то время будет там. Основная роль отведена также Якиру, как командующему украинским фронтом, где произойдут первые и самые важные сражения.

В «официальные» сношения внутри заговора, как я уже заявил, я вступил только с тремя названными генералами. Но естественно, что мне известно об участии ещё многих. В отношении нескольких я знаю положительно, в отношении прочих – путём умозаключений.

Корк признался мне, что состоит в заговоре, когда просил о покровительстве одному профессору из Военной академии им. Фрунзе, уличённому в антисталинизме.

Уборевич. Хотя он не говорил мне лично о своём участии в заговоре, однако о политической подоплёке его назначения командующим войсками Белорусского военного округа я хорошо осведомлён, поскольку его рекомендовал мне Фельдман. Путна и Примаков образуют «тройку» с Фельдманом. Эйдеман и Каширин – с Якиром.

Сказанного вполне достаточно, чтобы в любой момент расстроить заговор. Каждый из упомянутых генералов сможет выдать длинный список имён в среде своих армий, составляющих их ядро или его часть.

Следует добавить, что Тухачевский, Дыбенко и Блюхер благодаря сзаслугам в первые годы Революции и тому факту, что все они – русские, необходимо станут теми, чьими именами будут подписаны все воззвания. Они войдут в высшее военное командование. Подле них, образуя политическое руководство, – Рыков, Бухарин и кто-то ещё, чьё имя мне неизвестно. Должен быть некто, кто и по сей день занимает высокий политический пост.

Конечно, несмотря на то, что эти шесть имён продолжат фигурировать на первом плане будущей сцены, править на самом деле будут другие.

Троцкий станет генеральным секретарём Партии, председателем Совета Народных Комиссаров, председателем Реввоенсовета и председателем Коминтерна. Он хочет быть бóльшим, чем сегодня является Сталин.

Для Тухачевского создадут должность Командующего Советским Генеральным Штабом и Верховного Маршала СССР. Он верит, что уподобит себя Наполеону. Не сомневаюсь, что его непомерные амбиции побуждают его грезить и о царском титуле. Пока что ему позволяют о таком мечтать, но его ждёт очень горькое отрезвление.

Ягода станет Наркомом Внутренних Дел.

Раковский – Иностранных.

Бухарин хочет себе какую-то новую должность. Что-то вроде Высшего и Тайного Предводителя Мировой Революции.

Рыков станет наркомом всей советской экономики.

Я буду наркомом Обороны.

Список будущих правителей бесконечен, но, как уже ясно, настоящая и абсолютная власть сосредоточится в руках Троцкого, Ягоды и моих руках. Раковский будет играть важную роль на международной арене.

Полагаю, не стоит и говорить, что Сталина, Молотова, Калинина, Ворошилова, Ежова, как и остатки Политбюро, устранят физически, а в партии пройдут большие чистки.

Я сообщил всё самое важное. С учётом упомянутого выше хочу заявить что, если я умру от рук заговорщиков, выявивших, что я всё так же предан нашему вождю Сталину, то этих сведений должно быть достаточно, чтобы сокрушить их заговор. Я оставил человеку, которому всецело доверяю (ему не известно о содержании этого доклада) приказ вручить мой доклад Сталину, если тот узнает, что я убит или задержан.

Если ни того, ни другого не случится, то я лично вручу Сталину этот документ, как только в моём распоряжении окажутся все необходимые доказательства; главным образом, когда мне удастся раскрыть личность высокопоставленной фигуры, чьё имя мне по сей день не известно. Уверен, этот человек обладает более чем достаточными полномочиями в Политбюро и пользуется настолько высоким доверием Сталина, что мог легко бы добиться того, чтобы меня сместили с должности и расстреляли, не дав мне возможности доказать, что все они являются участниками заговора, раскрытого мною здесь.

Пусть это письмо спасёт СССР и нашего любимого вождя Сталина.

С уважением,

Гамарник.

XXVII
ЧЕКИСТСКАЯ ГИПОТЕЗА

Мы увиделись с Габриелем только следующим утром. Получив от него звонок, я немедля явился. Он внимательно прочёл доклад:

— Очень хорошо, доктор, — лаконично заключил он и некоторое время в задумчивости пошагал в комнате. — Теперь, доктор, не показывайтесь Гамарнику до двух часов, пока вас не вызовут. Тогда улучите момент и передайте ему, что его просьба исполнена.

Так я и поступил. Гамарнику не терпелось выведать подробности, но я был крайне скуп на них. Только бережно обработал раны на подошвах его ног, а также согласился впрыснуть небольшую дозу, так как он был сильно возбуждён. Мне было неловко находиться рядом с маршалом, посему я сократил до минимума наше взаимодействие и вскоре оставил его под надзором.

Габриель вернулся вечером, когда уже смеркалось. Прямо в зале он спросил меня, всё ли было исполнено согласно инструкциям. Получив утвердительный ответ, он отдал приказ привести Гамарника к себе в кабинет, указав предварительно развязать его и заботливо проводить до двери.

Ни сказав больше ни слова, он ушёл к себе, и в скором времени там появился Гамарник. Шагая, с большим трудом, мимо меня, он посмотрел в мои глаза: в его взгляде читалась благодарность. Очевидно, он догадался по новым обстоятельствам, что его положение изменилось в лучшую сторону. Меня охватил ужасный стыд, и, не выдержав, я ушёл оттуда прочь.

Не помню, сколько времени прошло, когда меня вновь вызвал Габриель. Гамарник всё ещё находился в кабинете.

— Я получил распоряжение прекратить задержание маршала. Мы условились, что он останется здесь в обстановке той же секретности, пока не оправится. Вы ответственны за его уход. Всеми средствами ускорьте его восстановление, чтобы он мог вернуться к своей высокой должности. Ничто из случившегося здесь не должно стать известным вовне: маршал был в Испании. Вам ясно, товарищ?

Я кивнул. Занавес.

До ужина я Габриеля не видел. Спустившись в столовую, я с удивлением обнаружил там Лидию. Кажется, я ещё не называл её настоящего имени, Лидия. По крайней мере, так её звали в России. Я поздоровался со своей бывшей медсестрой, на что она с отсутствующим видом ответила приветствием, полным загадочной серьёзности. Во время ужина мы привычно обменивались лишь односложными репликами, и посему я предался тайному любованию ею. Когда она изредка появлялась прежде, принимая участие в отдельных эпизодах, я даже не пробовал её описать. Мне приходили подобные мысли, и я даже предпринимал попытки. Но тщетно. Рисовать её словами — далеко за пределами моих литературных способностей. Нельзя отыскать решительно никакого сходства или параллелей с общеизвестными образцами традиционной красоты. Греческие скульптуры — ни отдалённого подобия. Примеры известных мне школ живописи на память также не приходят. Джоконда, сей классический образ загадочности, выражает некую тайну своей улыбкой. Но, на мой взгляд, её загадка лежит вне её самой: она заключена в загадочной любви Леонардо, её автора. Ничего подобного в лике Лидии не найти. Если и есть в нём загадка, то точно не в улыбке. Я никогда и не видел, как она улыбается, и даже вообразить её улыбающейся не смогу. Но именно это в ней непостижимо — недвижность её черт, очевидная отрешённость не придают ей суровости, не делают её вид застылым. Напротив. Всем своим существом она испускает высочайшей силы излучение рассудка, духа и особой чувственности. Однако мои слова не передают и толики её необычайной притягательности. В Лидии неповторимо всё.

И сейчас, когда я перечитываю то, что написал о Лидии, я вновь убеждаюсь, что так ничего о ней и не сказал. Это моя последняя попытка.

После ужина Габриель пригласил нас в свой кабинет.

Он встал на секунду и принёс несколько машинописных листов со стола и вручил их Лидии.

— Прочти это, товарищ. Думаю, не стоит напоминать, что всё это конфиденциально и совершенно секретно. Пока что об этом ничего не знает даже наш аппарат НКВД. Даже сам Ежов ничего не знает.

— Но кто тогда знает? Только ты?

— Нет, товарищ Лидия, об этом знают на самом верху. Но ты читай.

Без дальнейших выяснений Лидия взялась за чтение. Габриель налил мне стакан. Мы хранили тишину. Лидия закончила читать и, не выпуская бумаги из рук, спросила Габриеля:

— Я могу говорить? — неуловимым движением она указала в мою сторону.

— Да, конечно, товарищ. Доктор, совершенно случайно, стал первым, кто обо всём этом узнал. Не так ли, дорогой доктор?

— Я... — начал было извиняться я.

— Нет, бросьте. Всё хорошо. Доктор лично смог получить такое важное признание. Говори, товарищ Лидия. Можешь говорить открыто.

— Думаю, товарищ, ты, как это у тебя водится, дал мне прочесть это с тем, чтобы узнать моё мнение на этот счёт.

— Именно. Но для кое чего ещё.

— Разумеется. Чтобы я вступила в игру.

— Всё так. Когда необходимо, чтобы за дело принялся умный человек, коим ты, Лидия, безусловно, являешься, я всегда посвящаю его в суть дела, знакомлю со всеми подробностями, сообщаю всё, о чём в настоящий момент известно, и даже противопоставляю его точку зрения своей. Споры с умными людьми всегда приносили мне полезные плоды.

— Что не мешало тебе всегда оставаться правым, впрочем, — парировала Лидия.

— Право, слишком много чести... или бóльных уколов. Словом, что ты об этом думаешь?

— Вначале мне нужно знать, каким образом было получено признание маршала. Посредством насилия — или это был добровольный донос?

— Сочетание того и другого.

— Как это? Сочетание насилия и доброй воли? Они несовместимы. Разве что твоё пылкое южное воображение выдумало очередной новый метод. Потом ты мне объяснишь. Пока что мне нужно знать, сделал ли Гамарник признание, зная, что умрёт, или в надежде выжить.

— С его помощью он надеялся остаться в живых. Но для твоего сведения я объясню.

Габриель вкратце описал Лидии всё, что произошло с Гамарником.

Несколько секунд она молчала и затем продолжила:

— Как тебе хорошо известно, нельзя доверять словам того, кто знает, что обречён на смерть. В общем случае такой человек стремится лишь закончить пытки и покорно воспроизводит диктуемое ему признание. Если же, в противном случае, признание получается в обмен на обещание сохранить жизнь, то оно обыкновенно оказывается правдивым. В особенности если требуется добиться заявления с политической подоплёкой. Однако мы не можем однозначно отнести Гамарника ни к первой, ни ко второй категории. Поэтому напрасно пытаться сейчас вычислить, насколько правдиво его сообщение. В первую очередь нам нужно исследовать один за другим все факты и выявить общую схему, проверяя каждого человека в отдельности.

— Полностью согласен, товарищ.

— Исключительная важность обвинений Гамарника превосходит собою всё, что когда-либо выносилось на прошлых и текущих процессах. Все бывшие и нынешние обвиняемые являлись и являются людьми, задолго до этого от власти отстранёнными. В комплоте же, раскрываемом Гамарником, всё иначе. В ряду им обвиняемых числятся те, в чьих руках сосредоточена едва ли не вся военная мощь. Сила эта столь великая, что, будь она направлена против нашего государства, никакая иная сила её остановить оказалась бы неспособной.

— Никакая иная материальная сила, — уточнил Габриель, — но наш товарищ Сталин способен противопоставить силу не только материальную.

— Конечно, — согласилась Лидия, — но не приходило тебе на ум, что заявление Гамарника само может являться ключевым фактором комплота?

— Что ты хочешь сказать?

— Что Гамарник нарочно обвинил не тех генералов, кто действительно в заговор вовлечён, а тех, кто Сталину предан, таким образом пытаясь устранить товарищей, в чьих силах этот военный переворот предотвратить.

— Гипотеза небезосновательная, но только лишь гипотеза. Досье на подозреваемых генералов предстают в новом свете после обвинений Гамарника. Первичное расследование, пусть оно подостаточное, тем не менее уже выявило заговорщицкий мотив в их политических и технических действиях.

— Но не более того, в сущности. Ты ведь учитываешь тот факт, что донос всегда влияет на точку зрения следователя? Не будет ли надёжнее изучить их личные дела в отдельности?

— Ты же понимаешь, что это уже сделано.

— Понимаю, но я имела в виду наше собственное расследование. Например, что есть на Тухачевского, который, согласно показаниям Гамарника, должен сыграть решающую роль в перевороте?

— Как тебе известно, его признают нашим лучшим военным специалистом. Тот факт, что его назначили Начальником штаба Красной армии, вопреки тому, что он у Сталина в фаворе не был, говорит о том, что его считают ведущим стратегом.

— Не был у Сталина в фаворе? Почему?

— Это старая история. Тухачевский когда-то давно обвинил Сталина в своём поражении под Варшавой.

— Почему?

— Сталин в то время являлся Политкомиссаром Армии Юга[40], которой в военном отношении командовали Ворошилов и Будённый. После, в Военной академии, Тухачевский даже добился официального признания своего тезиса о том, что Сталин в событиях под Варшавой сыграл ту же роль, что Ренненкампф — в поражении в битве при Танненберге.

— Не может быть! — изумлённо воскликнула Лидия.

— Да, товарищ. Имей в виду, что это происходило в 1923 году, когда Троцкий был ещё всесилен.

— Тогда признаю, что основания подозревать Тухачевского в троцкизме есть.

— Но это ещё не всё. Троцкий назначил его командующим армии в двадцать пять лет.

— Однако верно и то, что именно войска Тухачевского разгромили Колчака под Симбирском, когда мы контролировали лишь шестую часть России, а затем полностью уничтожили его под Красноярском. Более того, через пару месяцев он также нанёс поражение Деникину. Я хорошо знаю учебники.

— А кто их не знает, товарищ? Но мы, именно мы, сотрудники НКВД, обязаны и вправе глубже, чем советские учебники истории, проникать в суть событий. Как раз со стремительностью побед Тухачевского и следует разобраться. Пожалуй, есть нечто необъяснимое в том, как Тухачевский стал эдаким ослепительным лучом войны.

— Ума не приложу зачем. Ведь в конце концов его победы спасли революцию.

— Секунду. Давай начнём с начала. Тысячи высококлассных офицеров вызвались служить в только что созданной Красной армии. Тогда всем заправлял Троцкий. Очень странным выглядит то, что среди стольких специалистов самых высоких званий, неоднократно доказавших свои превосходные умения, нарком обороны Троцкий предпочёл выбрать неизвестного младшего офицера Тухачевского, бежавшего из немецкого плена, чьё военное дарование никем не аттестовалось.

— Похоже на историю Наполеона, — вмешался я, прервав своё молчание.

— Нет, доктор, Наполеон уже имел звание генерала во времена Брюмера, а загадку его возвышения прояснила история: Жозефина была его вдохновительницей. Но какая Жозефина вдохновила Троцкого? Отсутствуют сведения о чьём-либо личном влиянии в пользу Тухачевского. Но всё же есть одна догадка: Тухачевский уже в восемнадцать лет был масоном. По-видимому, именно этому факту он обязан своим удачным побегом.

— И что из этого следует? — спросила Лидия.

— Нам прекрасно известно, что глупые белые «генералы» служили марионетками в руках союзников. Они согласились с приказом основать демократические правительства и обязались отдать главные посты левой буржуазии, кадетам, социалистам, меньшевикам и анархистам вроде Спиридоновой, Савинкова, Керенского, Гучкова...

— Давняя и общеизвестная история! — воскликнула Лидия.

— Да, давняя. Однако она не согласуется с историей наших дней. Известно, что масонство было распространено среди буржуазии и социалистов, а также контролировало анархистов. И вот, когда оппозиция уже почти обеспечила себе власть в Советском государстве во главе с Троцким, на тот момент хозяином военной машины, их верховное, очевидно масоно-финансово-расовое, командование заставляет Вильсона вынудить союзников не вмешиваться в Гражданскую войну и в то же время приказывает своим масонским агентам предать белых генералов.

— Если позволите, Габриель, я бы хотел сделать возражение не политического характера, в чём я не эксперт, но скорее чисто человеческой природы.

— Буду вам признателен, доктор. Уверен, что, как и прочие ваши замечания, оно окажется веским и метким.

— С обыкновенной человеческой точки зрения невозможно согласиться, что эти масоны со стороны белых по простому приказу некоего далёкого и незримого командования совершили бы подобное предательство. Если только они все не являлись загипнотизированными автоматами.

— Почему же?

— Так были ли они автоматами или нет?

— Разумеется, что нет.

— В таком случае представляется совершенно абсурдным предположение, что они предали белых в пользу красных. Ведь победа большевиков неминуемо означала, что полетят их головы.

— Ваш аргумент, — сразу же ответил он, — лишь подтверждает то положение, которое я принимаю как само собой разумеющееся. Как раз по причине того, что автоматами они не являлись, и было необходимо, чтобы белых разгромил генерал-масон. Ибо такой исход служил гарантией того, что поражение генералов-реакционеров станет благом не для коммунизма, но для масонства.

— Можно ли поверить в столь невероятную глупость?

— Почему нет? Подобная масонская глупость уже была совершена в Великую французскую революцию. И она повторилась во всех за нею следовавших. Я бы сказал, что масонам предначертано погибать от рук революций, которые они сами же вызывают и которым содействуют.

Я вновь вмешался.

— Габриель, но вы же отдаёте себе отчёт в том, что всё, что вы до сих пор изложили, — лишь гипотеза?

— Мы сейчас не пишем учебник истории, доктор. И даже не составляем милицейский рапорт для задержания подозреваемых. Нет, мы лишь пытаемся отыскать доводы, подтверждающие или опровергающие заявления Гамарника, имея в виду ранг обвиняемых и в особенности угрозу нападения не со стороны врагов, а тех, кого считают верными, как справедливо заметила товарищ Лидия.

— Вы же знаете, что я совершенный профан... — извинился я.

— Оставьте ваше недоверие, доктор. Как видите, я благодарен за ваше вступление. Вы здесь не просто так. Я прошу вас возражать. Именно потому, что вы являетесь профаном. Мне следует учитывать то обстоятельство, что мы с Лидией способны впасть в заблуждение в силу естественной профессиональной деформации. Понимаете, доктор?

И, словно спеша утешить меня, Габриель вновь до краёв наполнил мой стакан и протянул сигарету.

— В таком случае, Габриель, — вернул себе я слово, — мне потребуются имена хотя бы нескольких белых предателей, с тем чтобы я смог оценить основания для вашей необыкновенной гипотезы.

— Что ж, доктор, вот вам бесспорное имя: как насчёт Майского, нашего блистательного посла в Лондоне и... бывшего министра-меньшевика в Самаре, где он в числе прочих передал Колчаку абсолютную власть?

— Он перешёл в коммунизм?

— Он еврей и меньшевик, предавший белых, но примечателен он не этим. Дело в том, что он также предал Троцкого — и сделал это очень вовремя.

— Да, — согласился я, отступая, — но это всего лишь единичный случай...

— А другой вы разве не помните?

— Я? — удивился я.

— Да, доктор. Скоблин. Не находите ли вы его случай весьма красноречивым?

— Он повиновался по тем же причинам?

— Сперва да, но теперь уже нет. Сейчас, как вы знаете, он подчиняется нам благодаря своей жене, нашей старой прислужнице из окружения Колчака. Но, доктор, право, — с улыбкой заключил он, — вам не следует выставлять себя столь несведущим. Неужели вы уже забыли длинную речь, произнесённую Навашиным? Вспомните. Он был не более чем масоном, а раз масоном, то и троцкистом. Можете ли вы вообразить его ярым спартакистом в Германии наряду с Куртом Эйснером? Однако он им являлся. Поверите ли, что он скакал на лошади через границу, финансируя и устраивая революции? Но ведь так дело и обстояло. Что, однако, не мешало ему оставаться банкиром. Хотел бы я показать вам его досье! Он никогда не был коммунистом, он был типичным масоном, внедрённым в большевистскую революцию, внедрённым Троцким и им же направляемым. Он служил Троцкому, пока тот имел шанс воцариться. Но ума ему хватало, и посему, почувствовав приближающийся крах своего господина, он предпочёл больше не пересекать советской границы. Однако в конечном счёте, хотя он границу не переехал, граница переехала его.

От зловещей иронии Габриеля по моей спине пробежал холодок. Инстинктивно я перевёл взгляд на его смертоносную руку, в ту минуту изящно фехтовавшую сигарой на длинном мундштуке. Даже едва заметной перемены в голосе, обнаружившей бы хоть тень волнения чувств, не прозвучало, когда он иронично намекнул на убийство. Моему мысленному взору вновь предстала та жестокая картина: он, убивающий Навашина, и рядом с бездыханным телом жалобно скулящий пёс...

Они продолжили обсуждение. Лидия предложила:

— Ввиду недостаточности оснований я считаю необходимым установить особый надзор за Тухачевским.

— Верно. Я знал, что ты это предложишь. Мне ещё предстоит набросать план действий этой ночью. Я вспомнил о тебе, когда думал о том, кого бы можно было приставить близко к нему. Но мне хотелось сначала убедиться, что ты согласна на это задание.

— С каких это пор спрашивают согласия тех, кто обязан повиноваться?

— В этот раз миссия из ряда вон, товарищ. Не столько из-за личной опасности, сколько из-за серьёзных последствий, которые может повлечь за собой ошибка или подозрение. Мне разрешили выдвинуть кандидата. Но прежде, чем услышать твоё решение, я сперва хотел ознакомить тебя со всем, что мне известно самому. Я предоставляю тебе выбор, чтобы у тебя была возможность оценить все риски и ответственность. Перед тем как ты дашь ответ, тебе следует узнать, что, если Тухачевский заподозрит слежку, то оплошавшего придётся принести в жертву. В случае, если маршал раньше срока о чём-либо проведает, слежку объявят «неофициальной», и, кто бы ни был раскрыт, им придётся пожертвовать, дабы успокоить и удовлетворить маршала.

Лидия подумала несколько секунд.

— Я согласна, — холодно сказала она.

— Я так и знал, товарищ. Мне нужно ещё поработать. Вы можете идти спать, если желаете.

Мы с Лидией встали, и, когда я уже был в дверях, Габриель предупредил меня:

— Доктор, не забудьте навестить вашего друга Гамарника. Вылечите его. Может статься, что его скоро прикажут освободить и вернуть на официальную службу.

XXVIII
ДВА ПИСЬМА

На следующий день я совсем недолго присутствовал в конце беседы между Лидией и Габриелем. Всё утро они совещались и затем вызвали меня, чтобы сообщить о заключении, к которому пришли в отношении меня. Мне предстояло взять на себя роль почтового ящика и почтальона. Когда придёт время, Лидия оповестит меня в лаборатории и укажет станцию метро, на которой нам следует встретиться. Приметив друг друга на платформе, мы должны будем вместе заходить в первый пришедший поезд, и внутри она, расположившись рядом со мной, незаметно будет перекладывать в мой карман свои послания.

Габриель вышел проведать Гамарника, и я остался с Лидией наедине. Она не сказала ни слова. Я украдкой посматривал на неё. В её привычно строгой одежде была заметна необычайная утончённость. Безупречная причёска. Волосы, заплетённые в две косы, словно диадема из чёрного золота, венчали её изящную голову, ни один волосок не выбивался, точно она была в воинском шлеме. Она была одета в белую льняную блузу, у шеи и груди расшитую тонкой, едва заметной красно-голубой вышивкой; шёлковые чулки на ногах и туфли на невысоком каблуке, точно не советские. Весьма приятное сочетание. От парижской моды его отделяло расстояние столь же неизмеримое, сколь разительным казалось отличие её наряда от облика средней советской женщины.

Поскольку Габриель задерживался, а мне необходимо было его дождаться, я продолжил своё исследование, теперь уже не таясь, поскольку Лидия отвлеклась на чтение. Я спросил себя, была ли она худой. Да, была, но из-под её кожи не выступало ни единой кости. Линии её тела — вытянутые, в то же время элегантные и тонкие. В своей досужей позе она казалась хрупкой и слабой, но в движениях её ощущались изящная крепость мышц, невероятная жизненная энергия. Мне подумалось, что, если бы она могла испытывать или разыгрывать страсть, ни один мужчина не смог бы устоять. Но воображению не под силу было представить Лидию в порыве страсти. От неё веяло какой-то андрогинностью, но не мужественностью — я бы сказал, чем-то ангельским, но без ореола святости. Трудно описать... нечто едва уловимое, неизъяснимое. Расхаживая по кабинету, я курил и напряжённо думал, желая определить это неизъяснимое. В очередной раз я обернулся и вновь бросил на неё озадаченный взгляд сквозь клубы сигаретного дыма. В ту же секунду Лидия откинула голову назад и прикусила нижнюю губу, отчего белый ряд её зубов словно молнией рассёк алые облака её губ. Этот контраст озарил меня: Лидия всем существом излучала невинность...

Габриель застал меня в глубоких раздумьях.

— Всё хорошо, — сообщил он Лидии, — а вы, доктор, как думаете, скоро ли Гамарник поправится окончательно?

— Предполагаю, — ответил я, — что ему потребуется ещё десять-двенадцать дней. В связи с этим позвольте вопрос: следует мне продолжать колоть ему морфий?

— Полагаю, он никоим образом не мешает.

— Он уже болен морфинизмом. Без значительных усилий ему не выздороветь.

По истечении дюжины дней, что я выделил Гамарнику на восстановление, приехал Габриель и забрал его. Явившись в форме НКВД, в сопровождении конвоя, он усердно изображал большие почтение и уважение к маршалу.

От Лидии вестей не приходило. Очевидно, достойных передачи сведений о Тухачевском не имелось.

Когда Лидия впервые связалась со мной, прошло три или четыре дня со времени последнего визита Габриеля. Мы договорились о встрече в четыре часа на станции метро «Киевская». Я сообщил мажордому, что должен буду покинуть лабораторию, и в три часа меня уже ждала машина.

Не помню, писал ли я уже, что лаборатория находилась к юго-востоку от Москвы, верстах в сорока от пригорода.

Лидия уже ожидала меня, когда я спустился на платформу. Мы осуществили оговорённый манёвр, и через две станции я вышел из вагона. В кармане пальто моя рука сжимала положенный туда Лидией на самое дно конверт.

Прошагав немало улиц, я вышёл на Пушкинскую площадь, где, согласно условию, меня ждал автомобиль. Я сел, и меня отвезли обратно в лабораторию. Прибыв, тотчас позвонил Габриелю. Он приказал отправить ему письмо с человеком, сопровождавшим меня в машине.

Я отдал конверт, и машина уехала. Но тут меня взяла досада от того, что я так поспешил. Моё возбуждённое любопытство желало знать содержание Лидиного сообщения. Мне даже приходила мысль скопировать его, как в случае с признанием Гамарника.

Также, рассуждал я, распоряжение столь ценными документами вроде тех, что проходили через мои руки, могло принести мне пользу, как и всякие чужие тайны в общем случае. Естественно, я отдавал себе отчёт в том, какой опасностью чревато раскрытие. Но вероятность того, что один из таких секретов поможет вернуть мне свободу и возможность вновь увидеть семью, воодушевляла меня смелостью и решимостью. Признаюсь, я не руководствовался соображениями этической допустимости вскрытия чужих писем. Та атмосфера, воздух которой я вот уже столько месяцев вдыхал, вовсе не располагала к воспитанию в себе подобной элементарной совестливости. Я пообещал себе при благоприятных обстоятельствах читать всё, что попадёт в мои руки, и даже делать копии, если они будут представлять интерес.

Однако, это намерение, как и многие другие, оставалось действительным только в теории. Я отваживался на подобное лишь мысленно, ибо между намерением и действием непременно пролегала тень моей трусости.

Через два или три дня вновь позвонила Лидия. Мы повторили тот же манёвр, и я возвратился в лабораторию с новым письмом. У меня была возможность не звонить Габриелю первым делом и заставить тем самым автомобиль недолго подождать. Я бы успел вскрыть и затем запечатать конверт. Но мне не хватило духу — мне всё мерещилось, что Габриель вдруг возникнет неслышно и невидимо за моей спиной, пока я буду держать конверт над паром. Нервничая, словно оно обжигало мои ладони, я передал письмо чекисту и с облегчением выдохнул. Но после я целый день корил себя за малодушие.

Но наконец в один из дней я возвратился в лабораторию с очередным письмом, и мне не удалось дозвониться Габриелю ни по одному из указанных им номеров. Машине пришлось ждать. Я заходил из угла в угол, как дурак, в душе пытаясь совладать с искушением вскрыть конверт. Не знаю, как у меня получилось взять себя в руки тогда в лаборатории, но я чувствовал, что моя решимость крепла. В конце концов я вскрыл конверт. Письмо было печатным, без адресата и подписи. Вот его содержание:

Г. исполнил обещанное. Он навестил Т. Разговор длился ровно семьдесят семь минут. Когда он вошёл, он застал меня за разговорным уроком французского. Кстати говоря, Т. не прекращает попыток, не без труда, учиться у меня французскому. Получается довольно смешно. Ему никак не давалось «рр», и он, негодуя, делал жест, будто его ослушался солдат. Когда Г. ушёл, он снова позвал меня. На полу я увидела фрагмент микрофильма и незаметно наступила на него. Затем, во время разговора, я решила порыться в сумочке и нечаянно выронила вещи как раз на то место, где лежал микрофильм, и таким образом подобрала его. Сегодня я нашла Т. в очень возбуждённом состоянии. У него не выходило связать и двух слов на французском. Я заметила ему это и справилась о его здоровье. Он согласился, что чувствовал недомогание, и мы договорились прервать занятие.

Вечером я вернулась, чтобы отдать ему микрофильм. Я рассказала, что после ухода Г., когда мы возобновили урок, из моей сумки, как он должен был помнить, на пол выпали вещи, и что я ненарочно подобрала микрофильм вместе с ними. Сообразив появление последнего среди моих вещей именно таким образом, я решила принести его обратно, поскольку он, видимо, принадлежал ему.

Он ничего не ответил. Взяв микрофильм двумя пальцами, он посмотрел на свет, затем взял лупу и ещё раз посмотрел уже через неё. Долгое время он молча шагал. Я сохраняла безразличный вид, сделав самую невинную мину. Наконец он обратился с вопросом:

— Товарищ, вы прочитали то, о чём здесь говорится? — и он показал на микрофильм.

— Да, — просто ответила я.

— Вы говорите по-немецки?

— Да.

— Здесь говорится о военном атташе, который скоро отправится в Лондон.

— Предательство или шпионаж? — простодушно спросила я.

— Мы ещё не знаем, — с некоторым затруднением ответил он.

Я решила, что пришло время нанести удар:

— Товарищ маршал, вы забыли, что я работаю в Наркоминдел? Там мы кое-что понимаем в этом.

— Товарищ, на что вы намекаете?

— Довольно просто: что это никого не касается.

— Нет! — воскликнул он.

— Никого, кроме вас. По крайней мере, именно из этих соображений я всё же решила вернуть это вам. Иначе я бы отправилась в НКВД, а там бы сделали всё остальное.

— Очень признателен за ваше решение, товарищ Лидия, но...

— Разве это дело вас не беспокоит, маршал? Могу ли я в таком случае донести о нём в НКВД? Они будут мне благодарны — ведь никогда не знаешь, пригодится ли дружба с Лубянкой.

— Неужели моей дружбы вам недостаточно? — спросил он меня то ли с угрозой, то ли с намёком.

— Судите сами. Я же пришла сюда, а не на Лубянку.

— И вы не пожалеете об этом, товарищ! — с этими словами он обеими руками горячо пожал мою руку.

Тут генерал Корк попросил разрешения войти, и наша беседа закончилась. Я расцениваю этот эпизод как первый удачный шаг на твёрдой почве.

Прочитав сообщение, я быстро сделал копию. Затем заклеил конверт и положил обратно в карман. Ах, да! Я касался бумаги исключительно в перчатках. Подобная мера осторожности, возможно, была излишней, но так мне было спокойнее. Мне казалось, что я провозился очень долго. Ещё раз позвонил Габриелю, но, к радости, вновь его не застал. Он ответил лишь спустя полчаса после моей третьей попытки связаться с ним. Как всегда, он указал переслать письмо с водителем.

Помимо этого я осмелился вскрыть всего два конверта. Ничего важного в них не содержалось. Лидия лишь подчёркивала, что любовный пыл Тухачевского усиливался. Расследование же, напротив, заметно не продвигалось. Пока что Лидию ни коим образом нельзя было назвать сообщницей или помощницей маршала, чего она тем не менее усердно добивалась.

Было первое мая. Я хорошо помню эту дату. С раннего утра в сторону Москвы летали самолёты, которые затем неслись обратно, сменяясь другими. Их общий моторный гул далёкой грозой разносился по небу. Мне никогда не доводилось бывать в этот день на Красной площади. Моё воображение, основываясь только на сообщениях в прессе да рассказах соседей, рисовало грандиозные картины небывалого зрелища, устраиваемого каждую весну. Парад наземной и воздушной техники Красной армии вместе с массами людей, выстроенных в гигантской человеческой геометрии, по «священному» обычаю представали перед мёртвыми и живыми атрибутами большевистской мифологии: Лениным, флагами, лозунгами, Политбюро, маршалами и, выше всех, обожествлённым Сталиным… и вместе с ними сгущающимся, сопящим и даже чавкающим — террором.

С такою панорамой перед мысленным взором, что хуже всякой фантазии, я провожал глазами самолёты, всё носившиеся и летавшие, как стаи стервятников, а губы мои с мольбою вопрошали, едва не проклиная:

— До каких пор, Боже мой!

Через два-три дня Лидия вызвала меня вновь. Однако в этот раз она добавила:

— Доктор, вы должны вручить это письмо лично. Никому его не передавайте и ни с кем не отправляйте.

Я пообещал ей так и сделать.

Я вернулся с конвертом в руках. Естественно, что мне не терпелось прочесть содержимое. Водителю я сказал, что он свободен и что Габриелю я позвоню позже, и, перепрыгивая через ступеньки, стремглав взбежал вверх по лестнице. Первым делом, как обычно, убедился, что за мной не было слежки. Однако в этот раз проверка производилась мною с особой тщательностью. Вода вскипала, казалось, слишком долго. Но вот листы оказались в моих ладонях, и я с жадностью принялся читать:

Товарищ,

Из моих прошлых отчётов тебе должно быть ясно, что я никуда не продвинулась, поскольку одного лишь подтверждения участия Т. в деле недостаточно.

Но есть один способ — и только один! — выяснить всё окончательно. Способ…

Нам обоим известно, что Т. имеет славу страстного мужчины, страстного в отношении всех женщин, донжуана. В прошлых письмах я упоминала, что он всё настойчивее осаждает меня. Судя по всему, страсть овладела им, руководит им. Понимаешь?

Я уже вижу, как ты улыбаешься с присущей тебе иронией, полагая, наверное, что я хвастаюсь, описывая состояние чувственного влечения Т. ко мне. Однако в этих известиях нет никакого тщеславия. Я возбудила так много пылких чувств за время исполнения своих «служебных обязанностей», что очередной такой случай не вызвал бы во мне особой гордости.

Т. — заурядный человек. Мне не пришлось прибегать к каким-либо (женским) хитростям обольщения вроде тех, что описывают в романах. Достаточно было сопротивляться и всё время отвечать «нет». Проверенное средство. Каждое «нет» — точно щепоть пороха, брошенная в пламя. Сейчас как никогда уместна ирония: добродетель более всего желанна плотью!

Я вынуждена осведомить тебя о таких «подробностях», товарищ, тебя, кто лучше других понимает Революцию, чтобы ты уяснил вполне, что я хочу рассказать… и принял решение.

Т. привык всю жизнь повелевать другими (он ведь командовал войсками в двадцать пять). По-видимому, у него имеется «комплекс власти». Подчинение мужчин его воле для него естественно, природно, а следовательно, также — подчинение женщин.

Касательно последних вернее всего предположить, что все они покорялись ему. С первых же секунд я прочитала это в его улыбке и взгляде (он пожирал меня глазами) и прежде всего в его самодовольной физиономии, когда он заносчиво поднимает свой острый подбородок.

Забавно видеть, как этот Наполеон превращается в покорителя бульваров. Подобный типаж встречался мне только в Париже.

И внимание! Когда, казалось, его «комплекс власти» был готов вот-вот «лопнуть», оттого что к его ногам не падает жалкая чиновница, пал он сам!

Он предлагал мне всё. В одной из бесед (во французских романах её бы назвали *risqués*[41]) я нарисовала ему идеал мужчины, которому бы я отдалась, и ему единственно. Я не указывала имён, но, полагаю, вполне ясно дала ему понять, что речь идёт об известном императоре. Лишь такому человеку я бы отдала всю себя. А не кому-нибудь, кого бросает дрожь от одного упоминания фамилии Ежова. Этой подробности должно быть достаточно, чтобы ты уяснил суть моей уловки, товарищ.

В какой-то момент я даже подумала, что он сейчас заговорит. Его пылающие руки сжимали мои. Мне показалось, он был готов признаться, что Ежов его не пугает, что он является тем самым императором из моих грёз... Он колебался секунду... Но, надо полагать, страх удержал его.

Я могу стать его подругой, советчицей и соратницей. Могу... если из вожделенной превращусь в обладаемую. Ключ — любовь. Тогда бы он доверился мне. Тогда бы я слилась с ним в единое целое, став чем-то абсолютно интимным. Он бы вообразил, что его амбиции — мои амбиции, его грёзы о господстве — мои жажда и мечта. Нетрудно в таком слиянии чувств заставить мужчину поверить. Без всяких усилий. Любви подобное присуще. Зачарованными глазами в возлюбленной он видит себе подобную.

Резюмируя: чтобы сдался он, должна отдаться я. Эту дилемму предстоит разрешить тебе, Габриель.

Долгое время мы были вместе, и теперь очень многое знаем об остальных, но друг о друге не знаем ничего. Поэтому я должна рассказать тебе кое-что. Наверное, мои слова не удивят тебя. Ты решал бесчисленные загадки, в самых неожиданных обстоятельствах, и ничто тебя не изумляло. Не думаю, что тебя вообще что-либо способно удивить.

Однако возможно такое, что, прочитав то, что я сообщу тебе, ты вопросишь: но почему я, именно я? И я отвечу: но кто иной?

Мне неизвестен свой возраст, как и место, где я родилась, или кто мои родители. Там, откуда я пришла, — сплошной туман. Ни единого лица, ни какого-нибудь места. Ничего личного. Моё первое воспоминание — поток тепла и света, нечто вроде огромной стеклянной лампы, которая растворяется и исчезает, если я пробую к ней присмотреться. А потом — холодно, сыро, вязко. Наконец, я вижу себя, а также вижу других. Окраина Ленинграда, я живу с двумя стариками, они несут меня на руках. Голод, мороз, снег. Эти старики любили меня. Мне было, наверное, шесть или семь лет. Однажды пришли какие-то люди. Старуха воет и обнимает старика. Я убегаю, расталкивая соседей, столпившихся у двери. Когда я вернулась, она была уже одна: его увели. Мы вместе помолились перед иконой, которую она тайно хранила. Прошло ещё время. Одним утром старая женщина, с которой мы спали в одной кровати, перестала шевелиться. Её тело окоченело. Соседи сбежались на мой плач. Она была мертва. Её вынесли в тот же день. На следующее утро в комнату заехала другая семья. Четверо новых детей сперва били меня, но после голод нас сплотил. Днями напролёт, а иногда ночами мы слонялись по Ленинграду. Однажды я потерялась где-то в порту и не смогла найти дорогу домой. Я подошла к костру. Вокруг него стояло несколько мальчишек и девчонок — банда беспризорников. Я присоединилась к ним. Мы воровали всё, что видели, иногда безуспешно, иногда с побоями и побегами. Удачей было поесть. Просто поесть. Шайка росла — к ней примыкали ребята постарше. Они не воровали, но руководили нами, отправляли воровать, чтобы затем отнять у нас наворованное. Мне было десять или двенадцать лет, не помню точно — мешок с костями в лохмотьях. Стоял жуткий холод. Одной ночью Никита, один из главарей, велел мне следовать за ним. Я подчинилась. От отвёл меня далеко, куда-то в темноту. Остановившись в дверях неизвестного подвала, он закурил и зашёл внутрь, смачно затянувшись сигаретой. Без всякого страха я шла за ним. При свете сигареты я заметила нечто непонятное на его лице, его глаза блестели под чёрными взъерошенными волосами. Когда он затянулся в последний раз, на его лице промелькнула ухмылка. Он сел на сноп сена, взял меня за руку и сказал: «Ложись сюда». Я не двинулась с места. Он дёрнул мою руку, но я отскочила назад. Тогда он схватил меня за пояс, и завязалась борьба. Он повалил меня. Я укусила его за руку, а он ударил меня по лицу. Я слабела, выбивалась из сил, но защищалась. Одной рукой он рвал на мне лохмотья, а другой сдавливал горло. Я задыхалась. Я почувствовала, что мои бёдра оголены, и сплела ноги. Он сорвал последние куски тряпья с моего живота. Его пальцы, сжимавшие моё горло, чуть ослабли, и я попыталась вдохнуть... но он давил всем своим весом. Я знала, что он собирался сделать со мной. В нашей распутной банде секс не был ни для кого секретом... и тут я вспомнила сочащиеся гноем причинные места своих подруг. А также гноящиеся, покрытые язвами половые органы мальчишек. Какой ужас! От отвращения я рассвирепела. Как сумасшедшая, я неистово кусала и царапала его, но даже в припадке сохраняла ясность сознания. На секунду я замерла, и он решил, что мои силы иссякли. Я уже ощущала его дыхание у моего рта. Но мои руки искали его лоб. Большие пальцы изогнулись... и ногтями впились ему в глаза. Он взревел, а я вырвалась и полунагая убежала по снегу. Как-то раз, уже после, я видела его издали, вытянутыми руками щупавшему пустоту. Он прошёл мимо, неспособный видеть. На месте его глаз зияли две гнойные раны. Я выдавила их в тот день, оставив его навсегда слепым. В банду я не возвратилась. Я убежала на другой конец Ленинграда, где спустя несколько дней забралась с двумя мальчишками в поезд, и мы приехали в Москву. Ещё два года я провела с беспризорниками, исколесив почти весь юг. Со временем нападения мужчин и парней только участились. Однако крепли и мои сила и ловкость. С собой я носила бритвенное лезвие, завернутое в платок, и не раз пускала его в ход. Моя дикость внушала уважение. Мне стал помогать один подросток, постарше меня. Он умело, с тигриной жестокостью защищал меня, ничего не требуя взамен. Я верила в его беззаветную любовь. Но нет: он оказался педерастом.

В один из дней нашу банду накрыли. Нас бросили в тюрьму вместе с бесчисленным множеством бродяг. Настала пора ликвидации. В переполненных камерах мои товарищи дохли, как мухи. Многих главарей банды расстреляли. Уцелевшее меньшинство собирались депортировать (включая меня). Одна женщина, часто посещавшая тюрьму, приметила меня. Она добилась моего освобождения и отвела к себе домой. В доме жили двое. Ты знал их — сёстры Прайгер, две чешские еврейки-коммунистки, работавшие на ГПУ. Они не из сострадания меня вызволили, но хотели использовать меня на службе. Под их строгим руководством я научилась вслушиваться и следить, шпионить и лгать. Тощая, в грязном отрепье, я не вызывала подозрений, находясь рядом, и потому всё видела и слышала. Дома они говорили на немецком языке, и я выучила его. Ночами они учили меня читать и писать. Меня едва кормили, и, поскольку воровать мне было запрещено, я страшно голодала. Спала я на кипе бумаг в нише для хранения дров. Я провела там почти три года, пока однажды не появился ты и не поговорил с ними. Спустя несколько дней ты подошёл ко мне и дал мне несколько рублей. А ещё спросил о друзьях этих двух еврейских чекисток. Я выложила всё, что знала. Той же ночью их обеих задержали. Они были троцкистки. Я узнала об этом от тебя часом позже, когда ты пришёл на рассвете. Как стыдно мне было находиться грязной, в лохмотьях рядом с тобой, таким юным и нарядным! «Они, — заверил ты, — никогда больше не вернутся». Ты положил на стол ещё несколько рублей и ушёл.

Той ночью я больше не спала. Твои сигареты оставили по всему дому странный аромат, который, однако, мне очень нравился. Я осмотрела «гардероб» жидовок. Весьма скромный, но мне он показался настоящим сокровищем. Я вымылась холодной водой и мылом и перемерила одно за другим все платья. В каждое из них влезло бы двое таких, как я, — настолько я исхудала. Вот ведь досада: я не умела шить! Твои деньги на следующий день я потратила на подшивку одежды. Первый раз в жизни меня расчесали: услужила соседка. Но, уже нарядившись, я пережила другую трагедию — я не могла полюбоваться собой как следует. Напрасно я сновала перед крохотным зеркалом. Тогда я побежала к Москве-реке и там увидела себя почти целиком в отражении воды. Я прыгала и смеялась, точно маленькая девочка, коей и являлась... И в тот же день я стала женщиной.

Об остальном ты знаешь. О том, как ты устроил меня в школу. Мой плохой немецкий послужил мне на пользу. Даже несмотря на требования железной дисциплины и беспрекословного повиновения, там я узнала, что значит быть личностью. И даже узнала, что такое свобода. Меня больше никто не атаковал, только пробовали добиться, а мой отказ не приводил к неминуемой дуэли за сохранение девственности. Я уже не вела той жестокой борьбы, какой была моя жизнь с самого детства. Без религии и лицемерного ханжества буржуазной добродетели жизнь и наука живо показали мне, что такое физиология полов... И — важно! — я подозреваю, что я не вполне нормальная. Мне неизвестно, есть ли я жертва психического отклонения или атавизма. Я тайно брала консультации у выдающихся русских и европейских докторов, усердно изучала Фрейда и его школу, но нигде не нашла объяснение своему случаю...

Всё моё существо безгранично восстаёт этой фазе любви. Отдайся я против воли, поруганная, — я погибну. Постарайся понять, Габриель, и, самое главное, умоляю тебя, не смейся надо мной...

Теперь, когда ты обо всём знаешь, я спрашиваю тебя: должна ли я отдаться Т. во имя Партии?

Жду твоего ответа, товарищ.

Л.

Письмо Лидии меня потрясло. Всякий при виде чужих страданий непроизвольно относит их к себе. Таким образом выходило, что на фоне Лидии я ощущал себя едва ли не счастливчиком. Мои дочки, на чью долю, как мне казалось, выпало столь мало радости, теперь виделись мне почти что избранными. Под неусыпной родительской опекой им никогда не приходилось переживать подобного ужаса, ногтями и зубам обороняя свою девственность. Впрочем, такая мысль послужила лишь мимолётным утешением. В конце концов, всё это уже в прошлом. Но что мне известно о её настоящем?

Срочная необходимость переписать письмо — да, мне непременно требовалось сделать копию, — запечатать и вручить его возвратила меня к действительности.

Нервно, торопясь, я осуществил желаемое и, закончив, позвонил Габриелю. Он ответил на первый же вызов. Доложил ему, что письмо у меня и что в этот раз мне велено передать его лично в руки. Он ответил, что вечером же будет в лаборатории.

В ожидании его я размышлял над историей Лидии. Хотя психолог из меня так себе, всё же я оказался прав насчёт её необыкновенной личности. Несмотря на огромную духовную пропасть между нами, её «случай» произвёл на меня глубокое впечатление. И даже немало опечалил, вызвав необъяснимую отеческую нежность. Она всегда казалось мне суровой, твёрдой и слегка жестокой, но теперь, разглядев в этом письме её душу — а она у неё была, пусть даже она о ней не ведала, — я узрел её хрупкой, дрожащей и несчастной, точно слабую девочку... точно собственную дочь.

Воображение рисовало мне, как в бесстрашном доблестном кульбите мне удаётся её спасти. Но что я мог сделать? Я был рабом без голоса и воли. Габриель — да. В его власти было принимать решения. Но всё ли мне известно? Свободен ли Габриель в своих решениях? Был ли вообще кто-либо действительно свободен в СССР?

Подобные глубокие мысли полнили мой ум, когда послышались звуки прибывшего автомобиля. Вскоре появился Габриель. Должно быть, я глупо устремил на него вопросительный взгляд, будто желал справиться о его решении, позабыв, что содержание письма ему ещё неизвестно. Вид мой был настолько отстранённым, что ему, похоже, даже пришлось попросить меня отдать конверт. Получив его, он ушёл в свой кабинет и запер дверь.

Настал час ужина. Стол был накрыт на два прибора. Без Габриеля садиться не хотелось — стал ждать. Однако время шло, но он отсутствовал. Прошёл целый час. Что же делать? Подождал ещё немного. В конце концов решил поужинать один. Но едва смог притронуться к еде. Челюсти отказывались жевать. Встав из-за стола, я в беспокойном возбуждении заходил по кругу, искуривая одну сигарету за другой.

Габриель покинул кабинет уже на рассвете. Я сидел в кресле в столовой, очень усталый, оттого, что, не отдавая себе в том отчёт, прошагал за ночь не одну версту. Не заговорив, не удивившись моему присутствию, он даже не обратил внимания на дожидавшиеся его всё это время приборы на столе. В руке он держал письмо. Протянув его мне, он лишь указал:

— Передайте его как можно скорее.

Габриель растолкал в зале дремавших на стульях водителя с его напарником и велел им отворять ворота. На пороге он задержался и на мгновенье устремил взгляд в далёкое небо, туда, где блестела Венера.

Он залез в машину, и, взвизгнув тормозами, она тут же рванула с места.

Габриель даже не попрощался со мной.

Распорядитель закрыл дверь и лязгнул тройным замком.

Я пошёл к себе. Мне до помешательства хотелось знать, что ответил Габриель. Мои пальцы ощупывали письмо вновь и вновь. На уголке конверта виднелся ещё не высохший клей. Я сунул карандаш внутрь и лёгким вращательным движением сумел раскрыть конверт без каких-либо повреждений. Но тут меня охватил страх. В каждом шорохе мне стало слышаться возвращение Габриеля. Я лёг в кровать, выключил свет и прямо в одежде накрылся одеялом почти с головой. Спустя долгое время мне удалось наконец совладать с нервами, и я вновь обрёл способность думать. «Да, — решил я, — я прочитаю содержание, но осторожно. Под рукой у меня лежит старый номер «Правды». Я включу свет и возьму газету. Затем извлеку письмо и, склонив голову, под шумный шелест бумаги спрячу его в газете, дабы можно было без опаски читать». Так я и поступил, и нетерпеливо прочёл следующее:

Товарищ,

Благодарю тебя за письмо. Оно отнюдь меня не рассмешило. Моя жизнь не являет собой пример жизни полной болезненных привязанностей и чувств. Но то, что ты рассказала о себе, откровенно, всецело доверившись, как настоящий товарищ, вызвало во мне чувство особой близости с тобой. Неслучайно то, о чём ты пишешь, женщина способна открыть лишь матери. И я горжусь тем, что могу хотя бы на короткое время занять это место — стать матерью, которой ты не знала.

Сумел ли я тебя заверить, что не собираюсь над тобой смеяться?

Перейдём к делам насущным. Ты действительно полагаешь, что единственное возможное средство — отдать всю себя? Не могу в это поверить. Прояви свою пылкую изобретательность. Думаю, что тебе под силу добиться успеха, не совершая столь ужасной для тебя жертвы. Более того, она беспримерна. Если бы стало известно, что изменникам полагается столь восхитительная женщина, как ты, то даже угроза немедленной казни не удержала бы самых верных из них от предательства.

А теперь серьёзно. Ищи, придумывай, пробуй укротить его любым иным способом. Что именно поможет тебе в этом — мне знать невозможно.

Твои слова отражают необычное состояние твоего ума. В тоне твоих строк я нахожу нечто столь пронзительное и фундаментальное, едва удержимый пароксизм, граничащий, боюсь, с помешательством.

Ты спрашиваешь себя, нормальная ли ты. Только ты сама способна разрешить загадку предполагаемого тобой полового или психического комплекса. Отталкивают ли твоё половое чувство или мозг противоположный пол? Да? Абсолютна ли эта неприязнь? Попробуй ответить на эти вопросы, и тогда у тебя получится сделать заключение.

На основании моих поверхностных знаний о «вечной женственности» я могу совершенно искренне тебе заявить, что считаю тебя здоровой. Пока ты не убедишься окончательно в своей неспособности полюбить мужчину, ни ты, ни кто-либо другой не имеют права определить такое отторжение как абсолютное и неисправимое. Любви всё под силу превозмочь — как нормальное, так и неестественное. Во имя любви женщина навсегда может остаться невинной — и во имя любви же она таковой быть перестаёт.

Я использую слово «любовь», исключая всякое его понимание как явления интимной природы. Это слово всё ещё обладает самым выразительным смыслом, потому я его употребляю, вычитая, однако, все возможные его антимарксистские значения. Я говорю с тобой о любви — старым языком прошлых веков, — дабы доказать, что ты ошибаешься. Признавать себя нормальным и любить себя есть начало любой нормальности. Мне хочется убедить тебя в этом, и, думаю, у меня получится.

Всё твоё существо охватывает дрожь, всем нутром ты восстаёшь от мысли, что тобою кто-то овладеет. На кону сама твоя жизнь, там она решается, как если б высший её смысл заключался в совокуплении. Если бы дело и вправду обстояло столь странным и абсурдным образом, то все цивилизации, что веками предшествовали нашей, оказались бы ненормальными в мере не меньшей, чем ты... Поскольку с незапамятных времён центральное место они отводили соитию, высшему смыслу их жизни и смерти. Ведь что в сущности есть история человечества? Мировая литература даёт однозначный ответ. В прозе, стихах, живописи и музыке выражается единственная и вечная тема — любовь. Во имя неё мужчины и женщины живут и умирают, рождаются и убивают. И на чём всё это зиждется? На чём-то совершенно абсурдном с точки зрения разума, экономики, физиологии — на абсурде девственности. Если гордая наука, видя своё бессилие, оставила безумным поэтам задачу разгадки вечной тайны девственности, то безумна ты не более, чем вся мировая поэзия.

И дальше больше, много больше. Безумная поэзия тоже почувствовала бессилие и поражение. Поэтому загадка девственности стала одним из таинств религий. Не стану тебе рассказывать, как народы мира, точно одержимые, заполонили проблемой взаимоотношения полов свои мифологии. Мне не хватит письма, чтобы объяснить тебе это, как не хватило бы и тысячи томов.

Ты родилась почти свободной от религии. А я родился и жил в одной из них — в католическом христианстве. Как ты знаешь, я отрёкся от неё, и сегодня, как сознательный коммунист, являюсь её врагом. Ничего нового я тебе не сообщил, впрочем. Однако в неудержимом желании развеять твои опасные подозрения в своей нездоровости и патологии, в стремлении помочь вернуть тебе контроль над волей, я расскажу тебе о собственном «комплексе» и «ненормальности».

Не знаю, известно ли тебе, что католическая религия, как никакая другая мистическая и метафизическая, навязывает верующим догму девственности. Вера в девственность Марии, матери Иисуса, — закон для каждого католика, внушаемый под страхом отлучения от церкви. Вдумайся: верить в девственность матери! Настолько очевидного и абсолютного абсурда мир ещё не знавал. Что же, ты раскрылась мне, и теперь я открою тебе свою тайну: настолько человечным мне кажется таинство христианской матери-девы, что сердце отвергает разум, и я соглашаюсь с этим совершенным абсурдом... Вспомни, что у меня есть мать, ты её знаешь. Ни я, ни любой другой нормальный сын не способен представить себе свою мать в наготе. Во мне, как и во всех остальных, против подобного восстаёт само «я» и в стремительном прыжке перескакивает через зоологию... И если бы прыжок этот, этот полёт, вознёс меня на самое небо, и, став Богом, я властвовал бы над землёй, то и тогда бы я был рождён девственной матерью. Считаешь ли ты меня за это ненормальным? Ненормальный — это жидёнок Фрейд, забавляющийся со своим эдиповым комплексом. Разве не так?

Я не нахожу более достойных и неопровержимых доводов, чтобы убедить тебя в твоей нормальности. Если в твоём комплексе есть нечто нездоровое, то есть оно и в моём. Твоя ненормальность всеобща. В той или иной форме она содержится в каждом человеке. Если это комплекс — что мне неизвестно, — то люди сумеют когда-нибудь от него избавиться. Однако эволюция видов в этом отношении должна идти столь медленно, что нам не дано будет наблюдать прогресс.

Как видишь, я избежал ответа, продиктованного бы мещанским романтизмом или религиозной мифологией. А он был бы прост и даже в литературном смысле красив: «Откажись, не отдавайся», — призывают поэзия и религия, раздувая ценность личности. Более того, проще бы в таком случае было и мне. Во мне, как и в моём родном языке, существует известный расовый пережиток. В силу загадочных причин воля и любовь выражаются у нас одним словом — *querer*. Для испанца хотеть и любить есть одно и то же. И тогда я бы мог сказать тебе: если не любишь, не отдавайся. Только животное, не обладающее свободой и не способное любить — а без свободы нет любви, — может себя отдать. Но ты ведь до уровня животного не опускалась.

Красиво и просто, не так ли?

Я не искал простоты — я взывал к тебе самой, исключительно к твоей «самости». Глубоко внутри тебя таится решение, ибо там кроются твои воля и свобода.

Никакой божий или государственный закон с их идолопоклонничеством и статолатрией прошлого не вправе требовать от тебя принести в жертву свою невинность на их алтарь. Разве что какая-нибудь богиня принудила бы тебя стать весталкой.

Но пролетарское государство — вправе! Оно не приказывает тебе. Но в то же время оно подарило тебе диалектику материализма. Ты — коммунистка-большевичка. И если враг мирового пролетариата в настоящее время сильнее Советского государства, обеспечившего этот пролетариат людскими силами и оружием для их защиты, то что же делать? Ничего?

Неизвестно, кто они и сколько их. Мы не знаем, где они. Их зарубежные сообщники также неизвестны. Всё, что мы знаем, — это то, что крупные силы Красной армии и все мощнейшие армии Европы будут брошены в атаку. И мы не знаем даже её день и час.

Эти сведения решат судьбу мирового пролетариата на много веков вперёд. Будь мы уверены, что внезапный удар сегодня отсёк бы голову комплота, не вызвав этим военный переворот, масштабы и время которого нам неведомы, мы бы уже смертельной молнией поразили всех известных нам предателей. Но на кону стоит нечто слишком важное. Мы не можем рисковать и потерпеть поражение, не попытавшись сперва сделать невозможное.

Только ты можешь узнать точную дату и имена. Только он может об этом сообщить. И, как ты пишешь, он бы доверился тебе... если ты отдашь ему себя. Попробуй сравнить: на одной чаше весов существование СССР и Мирового Пролетариата. На другой — ты, кто столько раз на моих глазах рисковала жизнью ради Партии. И она не просит твою жизнь, она просит...

Послушай эти строки испанского классика:
Должны отдать мы королю
Жизнь и именье, но не честь:
Она наследие души,
В душе ж отчёт даём мы богу.
Над большевиками нет ни короля, ни бога. Честь того старого испанца коренилась, в частности, в представлении о святости женской невинности.

Если тирану-королю нужно отдать жизнь и именье... не заслуживает ли большего освободительное пролетарское государство? Не заслуживает ли Коммунизм больше, чем тот мифический бог?

Как ты можешь убедиться, в моём письме нет ни тени иронии, которой ты так опасалась. Слишком трагичен политический и личный момент, чтобы позволить её себе. В ней есть порой своё изящество, когда речь идёт о моей жизни, но сегодня, поверь, на карту поставлено гораздо больше...

И худшее во всём этом для меня то, что я не могу ничего сделать или решить.

Тебе одной следует принять решение.

Салют, товарищ.

Габриель.

Меня взяла оторопь. Сложив скрывавшую письмо газету на груди, я погрузился в глубокую задумчивость. Мысли терялись в ворохе противоречивых чувств и дум, запутанным фонтаном бивших в моей голове.

Чтобы успокоиться и прояснить ум, я решил закурить. Затем ещё раз перечитал письмо Габриеля и попробовал сопоставить его рассуждения с признаниями Лидии, чьё письмо мне хорошо запомнилось.

Казалось, что передо мной лежало какое-то разнородное гнилое месиво, и мне предстояло исследовать его стерильным пинцетом своего разума, подобно искателю жемчуга, ибо редкие жемчужины, словно слёзы, всё же блестели в этой смрадной куче марксизма. Более всего меня изумила Лидия и её агония девственности. Её бунт против бесчестья казался непреодолимым. Но каковы его истоки? Любовь, любовь, в которой она, возможно, не признавалась даже самой себе. Но не бывает любви без любимого. Кто мог им быть? Габриель, Габриель, любить неспособный. Я мог представить его только ненавидящим. Была ли антитеза любви и ненависти основной причиной этой драмы? Неужели Габриель и вправду неспособен любить? Конечно, нет. В его письме любовь к матери пылала белым пламенем в чёрной ночи его преступлений. Любовь на грани сверхчеловеческого. В своём заклятии убийца и материалист поносил марксистских идолов и взбирался на вершины мистического. И в нём, открытом враге Христа, я находил человеческое основание для наиболее оспариваемой тайны мира. Основание, по природе своей чисто человеческое, и как раз в силу своей исключительной «человечности» становившееся абсолютным утверждением Богочеловека. Что же лежало в основе этой сложной и поразительной конструкции? Логика — если она присутствовала — неизбежно приводила меня к заключению, которому я не верил сам: Габриель влюблён в Лидию. Но нить логики тут и обрывалась. Письмо Габриеля — сплошное противоречие, его неожиданная развязка — оглушительна. Если один миг он славит Бога, то лишь с тем, чтобы вслед сорваться в бездну зла. Да, в нём присутствует дуализм, внутри которого марксизм оказывается поверженным посмешищем. Однако поверженным он предстаёт только в моих глазах, благодаря моим культуре и воспитанию. А для Лидии? Лидии же, напрочь лишённой всякого разумного понимания Бога, лишь угадываемого ею своей женской и девственной «самостью», Габриель представляет Партию как единственное воплощение божественного, более безграничное и пугающее, нежели все иные представления, порождённые самыми варварскими мифологиями. Получится ли у неё разглядеть столь беспощадную иронию? И нет ли в этой напыщенной риторике марксистской «метафизики» Габриеля, столь ему несвойственной, очередной виртуозной иронии — единственного способа ответить Лидии? Или есть? Свободен ли он выражать своё мнение? Нет, ни он, ни кто иной не неуязвим для террора. И над его жизнью также висит страшная угроза.

Как же, должно быть, трепещут палачи вроде него! Его чудовищный опыт пыток, замучивших бесчисленных жертв, необъятен. Плоть палачей — а они сотканы из той же человеческой плоти — должна дрожать несравнимо сильнее, когда им грозит опасность самим превратиться в жертв.

На таких качелях противоречивых предположений качалось моё воображение до тех пор, пока в щелях оконных ставен не забрезжил утренний свет. Я не спал. Поднялся. Письмо Габриеля обжигало руки, и мне хотелось поскорее доставить его.

Лидия позвонила лишь в три часа дня. Мы договорились с ней на пять, как обычно, и в урочный час я неуклюже вложил письмо в карман её плаща. После, увлекаемый потоком пассажиров, вышел на первой же станции. Когда поезд тронулся, мне удалось ещё мгновенье поглядеть на неё. Черты её лица не исказились, но я догадывался, с какою силой она сжимала конверт.

XXIX
НЕОБЫКНОВЕННАЯ ЖЕНЩИНА

После прошлого письма Лидия не давала о себе знать. Вплоть до 6 мая, когда в восемь вечера раздался звонок. Она поручила мне срочно связаться с Габриелем, чтобы она могла встретиться с ним в лаборатории. Также он запросила для себя машину на Пушкинскую площадь.

О машине я сообщил распорядителю, и тот пообещал исполнить указание. Я же тем временем стал искать Габриеля, но, как назло, его никак не удавалось найти. Поскольку называть своё имя мне было нельзя, ровно как и оставлять для него сообщения, оставалось лишь раз за разом перезванивать.

В начале одиннадцатого прибыла Лидия. Я сообщил ей, что поиски Габриеля пока успехом не увенчались, что, однако, не вызвало в ней досады. Она попросила у распорядителя ключ от кабинета и вошла внутрь. Вскоре оттуда послышался стук печатной машинки. Тем временем я продолжил делать свои тщетные звонки. Затем вновь известил Лидию о своей неудаче, спросив попутно, не желает ли она отужинать со мной. На секунду оторвав глаза от машинки, она поблагодарила меня, но отказалась.

Я наскоро поужинал и возвратился к телефону. Теперь мне повезло больше: Габриель взял трубку. Передал ему, что Лидия ожидает его. Он пообещал приехать как можно скорее, но появился он только спустя два часа.

В ожидании я ходил по залу. Едва ступив на порог, он, коротко поздоровавшись, спросил:

— Где она?

Я указал на кабинет, и он направился туда.

— Я буду вам нужен?

— Нет, думаю, что нет. Можете ложиться спать, доктор.

Он запер за собою дверь, а я отправился в свою комнату. Сна не было ни в одном глазу. Зная, что Лидия и Габриель были в те минуты вместе, зная об их дилемме, я немного нервничал и — к чему скрывать — сгорал от любопытства.

Неторопливо раздеваясь, я вспоминал их лица, какими они мне запомнились в ту ночь. Лидия хранила невозмутимость. Если и отмечать в ней что-нибудь необычное, так это странный блеск её глаз, которые сияли ярче обыкновенного, — такими они мне показались, когда она отклонила моё приглашение. Быть может, мне почудилось, или так казалось от контраста из-за того, что она, сняв тёмный плащ, была одета во всё белое. А вот Габриель, видимо, изменился. Он точно осунулся, будто измученный бессонницей, что было неудивительным, поскольку ему приходилось много работать в последние дни.

Одетый в пижаму, я уже стелил постель и собирался укладываться спать, как вдруг услышал сухой хлопок. Озадаченный на мгновенье, я уже стал успокаиваться, поскольку другого шума не последовало, когда внезапно раздались голоса и звуки приближавшихся шагов. Я направился к двери, но не успел дойти — она распахнулась, и на пороге возник управляющий.

— Скорее, доктор, скорее! Торопитесь! — срочно звал он.

Я сделал шаг назад, намереваясь накинуть на себя что-нибудь.

— Нет, идите прямо так, доктор! Очень срочно!

Не раздумывая дольше, я бросился вниз вслед за ним. Не успел я вбежать в зал, как Габриель, высунувшись из дверей кабинета, прокричал:

— Сюда, доктор, сюда!

Я ринулся и почти одним прыжком забежал внутрь.

Лидия, раскинувшись у дивана, почти всем телом лежала на полу. На её груди виднелось красное пятнышко.

Габриель, стоя на коленях, пытался ей помочь.

— Она выстрелила в себя! Ну же, доктор, сделайте что-нибудь!

Тотчас склонившись, дрожащими руками я резким движением разорвал на ней блузу. Показалась рана — пуля вошла между грудей у основания левой. Свет потух в её распахнутых глазах. Правой рукой я пытался нащупать пульс, пока левой силился остановить кровотечение её же одеждой. Но пульса не было. Снова и снова я пробовал нащупать его, но тщетно. Мне стало совершенно ясно, что Лидия мертва. Однако Габриелю, чей взгляд всё это время я ощущал на себе, я ничего не сказал. Чтобы сделать хоть что-нибудь, ухватив Лидию снизу, я попросил его помочь переложить её на диван. Очень бережно мы переместили её тело. Я приложил ухо к её оголённой груди и, как и ожидалось, не услышал даже слабых ударов сердца.

Приподнявшись, я встретился взглядом с Габриелем и упавшим голосом объявил:

— Уже сделать ничего нельзя.

— Мертва! — едва слышно произнёс он несвойственным ему голосом.

— Мертва, — подтвердил я.

Бросив на неё короткий взгляд, он вновь поглядел на меня. Я его не узнавал. Передо мной стоял не тот Габриель, которого я знал прежде. Его глаза сверкали блеском мучительной боли и оттого стали такими человечными, какими их невозможно было вообразить у того, кто на моих глазах убивал, истязал и обрекал на смерть с дьявольским огоньком в зрачках.

Но видеть его таким мне привелось лишь мгновенье, ибо он тут же от повернулся ко мне спиной.

Он отошёл в другой конец кабинета и встал там, замерев, окаменелый, сжав в кулаки напряжённые руки. Я вернулся к бездыханному телу Лидии и вновь, почти автоматически, осмотрел её. Жизни в ней уже не было. Как мог, я прикрыл её грудь и сомкнул ей веки. Её лицо не было искажено гримасой боли. Смерть, должно быть, наступила моментально.

Позже, когда мне удалось убедить Габриеля ненадолго покинуть комнату, я принёс инструменты с намерением обследовать рану. Траектория пули, судя по всему, пересекала сердце Лидии.

Произошедшее произвело на меня глубочайшее впечатление. Сердце сжималось, когда я накрывал её лицо двойною марлей.

Я вышел в зал, где в неподвижной позе застыл Габриель. Его глаза, широко раскрытые, казалось, ничего не видели. Интендант с помощником молча и испуганно смотрели на него с подножия лестницы. Безотчётно я прошёл в столовую, а затем тут же вышел обратно — выглядело это, наверное, невероятно глупо. За многие месяцы привыкнув не предпринимать каких-либо действий по своей воле, тем более в присутствии Габриеля, я пребывал в совершенной растерянности относительно того, как мне поступить в виду случившейся трагедии. Всё же, собравшись духом, я отважился попробовать что-нибудь сделать, не придумав ещё, что именно. Но что-то предпринять определённо было нужно.

Сперва я приблизился к Габриелю.

— Товарищ, товарищ Габриель... — неуверенно начал я.

Он направил на меня пустые глаза, но даже не разжал губ.

— Подойдите. Подойдите, пожалуйста, сюда, — добавил я.

К моему удивлению, он ступил несколько шагов, точно собравшись следовать за мной. Я не знал, куда вести его, да и для чего — тоже. Не помню, как мы очутились в столовой, где я закрыл за нами дверь.

— Габриель, — обратился я к нему с неподдельными волнением, — что мне делать? Как я могу помочь вам?

Несколько секунд мы оба молчали, после чего он с неимоверным усилием ответил:

— Делайте что хотите...

— Вы не могли бы мне подсказать? Это было самоубийство? Или нет?

От моего вопроса Габриель на миг встрепенулся.

— Да! Она застрелилась на моих глазах! Что вы такое думаете?!

— Нет-нет! — защищался я. — Я не... Ведь вы же были одни, верно?

— Да, одни... и что? Оставьте меня сейчас же, доктор! Идите туда. Там вроде бы осталось её письмо. Идите же, идите... — и он упал на стул.

Я вышел и направился в кабинет. В тот момент мне уже в большей мере удалось овладеть собой. Войдя, взглядом окинул комнату. Оружие первое бросилось в глаза — маленький чёрный пистолет валялся рядом с правой ножкой дивана. Сперва я хотел было подобрать его, но удержал себя. Под влиянием полицейской среды во мне родилось опасение, что на оружии могут остаться отпечатки, выдавшие бы личность стрелявшего. Занятый этими мыслями, я вспомнил, что Габриель что-то говорил о письме. Тогда я подошёл к столу и сразу же увидел восемь машинописных листов, лежавших на папке Габриеля. Глотая написанное, пропуская предложения, строки и даже целые абзацы, я выяснил, что это был подробный доклад. Тухачевский признался. Его поездка в Англию отменилась, что он истолковал как угрозу, и поменял планы. Теперь заговорщики собирались осуществить государственный переворот, не дожидаясь начала войны. Дата была согласована — 15 мая. Предполагалось, что Лидия отправится в Лондон в качестве атташе нового представительства СССР на коронацию нового короля. Ей следовало отвезти несколько микрофильмов (приложенных к докладу) и передать их некоему немцу, который назовёт ей пароль. В случае успешного переворота Лидия возвратилась бы в СССР. В случае же провала Тухачевский, если бы выжил, присоединился бы к ней в Лондоне.

Вкратце суть доклада сводилась к описанному выше, хотя в нём присутствовало множество прочих подробностей, а также значительное количество имён. Однако большего прочесть у меня не получилось, поскольку в моём распоряжении имелось не более трёх минут. В конце стояла подпись Лидии. Адресован доклад был Габриелю.

Я стал усерднее искать письмо, но найти его так и не удалось, потому что, кроме доклада, никаких иных бумаг на столе не оказалось. И только когда я отошёл, уже смирившись с мыслью, что письмо не найти, моё внимание привлекла смятая бумажка, валявшаяся на полу. Я подобрал её и увидел, что она была написана от руки. Внизу стояла подпись Лидии. В ней сообщалось следующее:

Товарищ Гаврила Гаврилович,

Вот доклад о предательстве со стороны Тухачевского и его сообщников. Полагаю, он тебя удовлетворит. Маршал более никому ничего не сообщил.

Теперь, когда данное тобой распоряжение и мой долг перед Партией исполнены, я не нахожу причин продолжать жить и приняла решение покончить с собой после передачи столь желаемого тобой доклада. Пусть настоящая записка послужит твоим оправданием поступку, который я должна совершить по собственной воле.

Прощай, товарищ.
Лидия.

Разумеется, что воспроизведённый мною текст не совпадает с оригиналом слово в слово, однако он не резко от него отличается. Я также уверен, что в точности передал — пусть только суть — сведения, представленные в докладе, с такой поспешностью мною прочитанном.

Перед тем, как покинуть кабинет, я не смог устоять перед желанием ещё раз взглянуть в лицо Лидии. Подняв марлю, я несколько секунд не отрывал от неё глаз. Мертвенная неподвижность нисколько не повлияла на совершенные линии её лица. Они словно стали только более изящными и тонкими, подчёркнутые незапятнанной белизной её кожи. Уста были слегка приоткрыты, точно она ещё дышала. А меж её лиловых губ виднелись белоснежные зубы, на одном из которых отблеском отражался свет электрической лампы.

Я так и застыл с марлей в руках. Что ещё оставалось делать человеку в такой момент, кроме как молиться? И я молился. Молился от всей глубины сердца и, неизвестно почему, видел в этом лице лики своих дочек, такие же белоснежные и ирреальные... Что-то подступило к горлу, дыхание захватило... и выронив марлю, я выбежал оттуда прочь.

Дав себе немного времени, чтобы опомниться, я вошёл к Габриелю. Он находился в том же положении, в каком я его оставил.

Я привлёк его внимание, показав записку, но он даже не прочёл её и отвёл взгляд.

— Мне что-нибудь нужно сейчас сделать? — спросил я.

— Ничего, доктор. Сейчас ничего. Нам нужно дождаться утра.

Он встал неуверенно, повернулся спиной и пошёл к Лидии, закрыв за собой дверь в кабинете.

Не представляя совершенно, что мне думать и делать, я остался один. Но тут же спохватился: всё это время я был в одной пижаме. Мне было очень холодно, и я поторопился в комнату за одеждой. Поспешно переодевшись, спустился обратно в зал, где, выкуривая одну сигарету за другой, провёл оставшиеся до рассвета часы, шагая из одного угла в другой; часы, тянувшиеся бесконечно долго.

Те двое из местной прислуги также не ложились. Несколько раз они миновали меня, не осмеливаясь заговорить. Когда уже дневной свет проник сквозь решётчатые окна, я заказал им кофе. Мне принесли напиток, и я решил сам отнести чашку Габриелю.

Он сидел напротив Лидии и смотрел на её обнажённое от марли лицо. Он не услышал, как я вошёл. Мне пришлось положить руку на его плечо, дабы обратить на себя внимание. Поглядев сперва на меня, затем заметив чашку, он покачал головой. Я попытался настоять, но он только поднялся и вышел. Последовав за ним в зал, я вновь попросил его выпить, сильно не надеясь впрочем, что мне удастся его уговорить. Однако появление распорядителя, по-видимому, подействовало на него ободряюще. Он взял чашку и одним глотком её опустошил. Увидев дневной свет, он, судя по всему, догадался, какой был час, и заказал распорядителю машину.

Автомобиль приехал через час или чуть позже. Габриель собрался уходить.

— Ждите меня здесь, — указал он мне с порога и исчез.

«Ждать его? — переспросил я себя. — А что ещё я могу здесь делать в заточении? Трагическое происшествие, несомненно, — объяснял я себе, — заставило Габриеля позабыть о нашем взаимном положении; вероятно, теперь я стал стоять с ним на равной ноге».

Габриель вернулся перед полуднем, примерно в одиннадцать. К нему вернулась его привычная невозмутимость, но его лицо траурной вуалью покрывала зловещая тень, придававшая его чертам чрезвычайную суровость.

Он сообщил, что вечером приедет скорая, и больше не произнёс ни слова. Он ничего не ел и почти всё время проводил в кабинете подле тела Лидии. В одно из моих посещений, пытаясь в очередной раз убедить его поесть, я заметил, что доклада на столе уже не было. Следовало полагать, он отвёз его в Москву.

Скорая приехала, когда уже стало темнеть. Тело переложили на носилки. В этот момент мне пришла мысль накрыть его чем-нибудь. Я вышел и попросил простыню, которую интендант мне вскоре выдал. Накрыв покойницу, я приподнялся и, кажется, прочёл в глазах Габриеля, на миг утративших жёстокую суровость, выражение благодарности.

Два санитара подняли носилки и направились к дверям. Габриель, те двое из домашней прислуги и я, словно сговорившись, последовали за ними, образуя подобие скромной похоронной процессии.

Карета скорой помощи тронулась, и мы, застыв в молчании на пороге, проводили её взглядом, пока она не исчезла из виду. Тогда один за другим мы вернулись в дом. Габриель зашёл последним. Он отвёл меня в кабинет и надломленным голосом сообщил:

— Её везут на Лубянку. Там будет необходимо выполнить ряд формальных процедур, одна из которых — вскрытие... Я подумал, что вы могли бы оказать мне большую услугу...

— Конечно, — немедля согласился я.

— Официальная часть улажена, всё в порядке.

— Говорите.

— Я бы хотел, чтобы вы были одним из врачей на вскрытии. С другим я уже поговорил, он не возражает. Я хочу, чтобы вы, если возможно, не трогали её тело инструментами, не резали её… лишь установили бы причину смерти.

— Что касается меня, — ответил я, — я полностью согласен. Я могу установить её прямо здесь.

— Нужно действовать по регламенту. Я скоро отвезу вас. Машина вот-вот приедет.

Недолго спустя прибыл автомобиль, и мы поехали в Москву. Остановились мы, однако, не перед главным зданием НКВД, которое, по моим расчётам, находилось где-то неподалёку. Мы вошли. Человек в форме проверил наши документы и отвёл нас в какую-то комнату, где Габриель надолго оставил меня одного. Чилиец вернулся в сопровождении местного врача, как мне его представили. Разговор был коротким. Врач, очевидно, сильно торопился, поскольку он тут же пригласил меня следовать за ним. Габриель остался ждать.

Мы прошли по нескольким коридорам. Все двери в них были опечатаны. Затем спустились на пару лестничных пролётов. Прошагав очередную вереницу коридоров, врач, имя которого выпало из памяти, открыл какую-то дверь и предложил войти. В помещении находилась только одна медсестра в форме. Врач попросил у неё два халата и передал один из них мне. Мы накинули халаты и вышли, и он продолжил вести меня по лабиринту, пока мы не достигли двери, охраняемой вооружённым сотрудником НКВД. Без каких-либо проверок мой проводник вошёл, и я следом.

Мы оказались в маленькой комнате. Мне не хватило времени подробно изучить её внутренность, но в целом она походила на хирургический кабинет частного врача. В центре стоял операционный стол, а на нём — тело, покрытое саваном.

Мой коллега одним ловким движением скинул простыню и обнажил покойное тело Лидии. Я приблизился к нему и обнаружил отсутствие всяких следов крови — безусловно, тело уже омыли. Только у основания левой груди виднелась чёрная точка пулевого отверстия, окружённая фиолетовой каймой. Её рана представилась мне цветком лилии, распустившимся на её молодых персях. Не в силах оторваться, я поглощённо рассматривал её. Профессия сделала меня человеком весьма невпечатлительным. В студенческие дни я позволял себе известные неприличия с человеческими останками в анатомических театрах. Ещё позже война лишила меня окончательно восприимчивости к виду трупов. Однако теперь, в своём оропийском положении, зная все трагические обстоятельства этой драмы, воображая себе капитуляцию этого бесконечно непокорного, совершенного, несравненного тела, я испытывал ужасный шок. Если бы меня заставили производить вскрытие по-настоящему, то, боюсь, на то бы во мне не нашлось сил.

Все эти мысли стремительным вихрем пронеслись в моей голове, пока мой коллега складывал в углу простыню.

— К вашим услугам, товарищ, — объявил он, повернувшись ко мне.

— По договорённости... — начал невнятно отвечать я, не успев прийти в себя окончательно.

— Да, да, конечно, — поспешил согласиться он, — не резать её. Но нам по меньшей мере нужно извлечь пулю. Это элементарно. Её необходимо приложить к делу. И поскольку выходного отверстия нет...

— Да, непременно, — согласился я, — сейчас мы этим займёмся.

Он отвернулся, чтобы взять необходимые инструменты с соседнего столика. Несомненно, он намеревался расширить пулевое отверстие, с тем чтобы было легче отыскать пулю. Но когда он повернулся обратно со скальпелем в руке, я предложил ему:

— Пожалуй, коллега, длинного пинцета будет достаточно. Выстрел был произведён в упор, а посему, предполагаю, пуля не вошла слишком глубоко. Наверное, так будет несколько хлопотнее, но зато, думаю, такой способ подойдёт больше. Как вы считаете, товарищ?

— Совершенно согласен, товарищ. Да, на мой взгляд, такое подходит больше. Поймите, я в вашем полном распоряжении. К тому же это указания сверху...

Он оборотился и стал искать что-то среди инструментов. Но сумел он найти лишь очень короткий и широкий пинцет, который показал мне с сомневающимся видом.

— Сгодится? — неуверенно спросил он.

— Не думаю. Как бы неглубоко ни засела пуля, этим мы её не извлечём. Но, если хотите, можем попытаться.

— Погодите, погодите. Возможно, у моего коллеги Евлеева есть... Не подождёте здесь? Я недолго.

Он вышел, и было слышно, как удалялись его шаги. Мне стало не по себе одному в этом помещении. Если бы не часовой, я бы предпочёл выйти и пройтись по коридору. Я машинально потянулся за сигаретой, но, опомнившись, швырнул её на пол, едва не успев зажечь. Меня даже хватила злоба на самого себя, точно я чуть было не совершил осквернение. С той секунды, когда мой коллега раскрыл безжизненное тело Лидии, в моей душе стало возникать необъяснимое чувство печального смятения при её виде, отчего глаза невольно смещались в сторону. Но когда я остался один, неожиданно в моей голове образовался целый ворох мыслей. Картины из прошлого с её участием каруселью закружились на экране моего воображения. Долее других на нём задержалась сцена в самолёте, когда меня, раненого, переправляли в Испанию, и она, незримая, проницая рукой покрывало носилок, прикладывала её к моему горячему лбу, подобно волшебной фее. И вдруг перед моим мысленным взором предстала целиком трагедия, выраженная в её письме; трагедия, закончившаяся вынужденной сдачей маршалу и жертвенным закланием её девственности на алтаре этого варварского дела. Я силился связать мысли воедино, напряжённо думал, умозаключал и обобщал, в горячке и тревоге. «Загадочно — да. Но непостижимо ли?» — терзался я вопросом. Я был не в себе, был кем-то другим в ту минуту. Подозрительно осмотрелся. Чувства обострились, настала полная тишина. Украдкой приблизившись к телу, сохраняя полный покой, хладнокровно, преисполненный необыкновенной решимости... я исследовал её.

Затем отступил. Тысяча мыслей бомбардировали мой мозг. Меня всегда наполняло чувство редкостного восхищения, когда удавалось наблюдать живую Лидию, и загадку её необыкновенной личности, которая, как казалось, мне в ней виделась, в глубине души я объяснял себе сильными эманациями её неповторимой, совершенной красоты. Однако теперь, зная всё то, что мне стало известно в тот момент, я был сбит с толку. Если её холодное тело являлось высшим воплощением красоты, никому и не снившейся, то её душа, заточённая и страдавшая в этой плоти, мне в тот миг представилась едва ли не ангельской... Пятясь спиной к стене, в почтении опустив глаза, я мысленно возносил сердечную молитву к Господу. Не подбирая слов, я обращался к Нему из того подземелья ГПУ: «Ты, только Ты, Бесконечный, в состоянии постичь и судить это существо и также простить его». Лишь эта немая молитва сумела приблизить меня к пониманию небывалой личности этой женщины.

XXX
КОНЕЦ МАРШАЛА

Скажу лишь, что пуля была извлечена. Я подписал, не читая, какие-то документы и в сопровождении врача НКВД возвратился к Габриелю. Молча мы вышли и также молча доехали до лаборатории. Уже там, при ярком свете зала, мне показалось, что его глаза выражали немой вопрос, и я посчитал необходимым доложить:

— Всё сделано, как вы просили. Она осталась нетронутой.

И едва не добавил: «Мы не причинили ей страданий». Но решил промолчать.

Мы разделились, и он вновь уехал. Я пошёл спать, но уснуть уже не смог. Мой ум охватили думы и размышления. Всё, что произошло за прошедшие часы, вызвало во мне сильнейшее душевное напряжение. Примечательно было то, что случившееся ни малейшим образом не угрожало моему положению и никак не отражалось на моих жизни и свободе. Однако оно до самой глубины потрясло мою душу, коснувшись её в самом личном и сокровенном; потрясло так же сильно или, пожалуй, даже больше, чем моменты смертельной угрозы; чем мгновения безнадёжного отчаяния от невозможности вновь увидеть родных; чем тяжкие минуты присутствия при пытках, или угрозы самому стать жертвой ужасных истязаний. Разум не находил тому психологической причины. Отказывала в этом и логика. В который раз я убеждался в господствующем влиянии чувств на всё важное в человеке: разум, инстинкты, силу, интересы и волю. Все эти циклопические камни, из которых строится гигантское здание общества и государства с их неразумным вавилонским стремлением взобраться на небеса, превращаются в дым и пепел, сгорая в пламени человеческих страстей и чувств. Выходит так, что разум, инстинкты, сила, интересы и воля играют только второстепенную роль в нашей жизни, а главное в ней есть сам человек, и, кто он суть — что является единственной тайной мироздания, — ни наука, ни рассудок никогда не уразумеют. Никто и никогда не сможет постичь самого себя, как никому не суждено перепрыгнуть собственную тень. Мне кажется, что в человеке сокрыт ещё не познанный «высший разум», та самая «причина безрассудного»[42], нечто сверхъестественное, позволяющее нам преодолеть смерть и жизнь, и в чём выражается наше бессмертие.

Самая действительность, в которой я существовал, неумолимо привела меня к такому умозаключению. Лидия и Габриель были единственными человеческими существами, чьё общество оставалось мне доступным в узких рамках советского мирка, в котором я был заточён. Невзирая на огромную психологическую пропасть, нас разделявшую, я считал их безупречным воплощением архетипа «существа советского», без страстей и чувств, руководимого лишь рассудком и инстинктами. Они являлись для меня представителями нового зоологического вида «великолепного рационального животного», преуспевшего в низведении любви до физиологии. Но вот, внезапно, как гром среди ясного неба, любовь, низвергнутая в бездну, испепеляет женщину и разит мужчину... А я-то полагал, что женщина сделана из льда, а мужчина слит из стали! Но с каким жаром воспылал лёд, и как жутко изогнулась сталь! Теперь они предстали передо мной в своём первозданном виде, как простые мужчина и женщина в их извечном, неизменном естестве.

Без сомнений, обнаружив в них человеческое, увидев их такими же людьми, каким был я сам, я уже не мог не сопереживать их трагедию и боль. Только так я могу объяснить своё сочувствие случившемуся несчастью.

Много дней мы не виделись с Габриелем, в лабораторию никто не приходил. Начиналось лето, которое изредка прерывалось небольшими дождями. Вялый, не в силах себя чем-нибудь занять, я в тоске проводил те долгие деньки. Даже писать у меня не получалось — несколько раз пробовал, но перо не слушалось. Закончив страницу, я перечитывал её, но текст казался мне беспорядочным, холодным, неясным, совсем не отражавшим окружавшую действительность. Эти строки я написал гораздо позже, когда время позволило мне взглянуть на события той поры в перспективе с большей ясностью.

В одну из ночей, уже готовясь ко сну, я неожиданно услышал визг автомобильных тормозов снаружи.

Вскоре возник Габриель. Он поздоровался и знаком пригласил пройти в его кабинет, где предложил мне сесть. Он же остался стоять. Пока он говорил, я внимательно всматривался в его лицо, пытаясь определить его состояние. Ни единого следа былого упадка, осенявшего его в день смерти Лидии, обнаружить не удалось. Напротив, хотя прежний жизнелюбивый блеск его глаз исчез, нынешняя неподвижность его черт придавала ему отчётливое выражение силы и строгости. Казалось, что в ту минуту он воплощал собою ненависть — бесконечную, лютую ненависть, преисполненную, однако, горечи и разочарования.

Его голос звучал резко и мрачно, без оттенков и модуляций.

— Доктор Ландовский, вы нужны мне сегодня ночью. Предупрежу, что это может поразить вашу чувствительную натуру. Я хотел избавить вас от подобного потрясения, но во всей Лубянке не нашлось ни одного врача, не говорящего по-русски. Мне необходим человек, который не сможет меня понять, когда я буду кое с кем разговаривать.

— Но я же говорю по-русски, товарищ, — возразил я, решив на секунду, что Габриель что-то напутал.

— Я знаю, доктор, я в своём уме. Да, вы говорите по-русски. Кроме того, вы сможете понять не только язык, но и всё, что я на нём скажу. Вы способны понять это как никто другой. Но, зная вас, я не беспокоюсь о том, что вы увидите, услышите и уясните, тем более учитывая, сколько вам уже известно. Вас уже ничем не удивить, ровно как не будет у вас соблазна об этом трепаться. А если таковой возникнет, то вы себя сдержите.

В последнем предложении мне послышалась угроза, но виду я не подал.

— Я не вполне понимаю ваши мотивы, но мне, пожалуй, их знать необязательно. Тем не менее я благодарен вам за объяснение. Вы прекрасно знаете, что можете мною распоряжаться, как вам угодно. Но всё же о чём идёт речь? Если мне можно знать, разумеется.

— О казни, — ответил он невозмутимо.

— Официальной? — спросил я совершенно необдуманно.

— Официальной? Что вы хотите сказать? Как казнь может быть неофициальной?

Осознав ужас своего промаха, я поспешил поправиться:

— Простите, я неправильно выразился. Я хотел спросить, при официальных ли обстоятельствах она будет производиться, в любом случае оставаясь при этом законной. Вот что мне хотелось прояснить, когда я задал свой вопрос.

— Ладно, ладно. Казнь пройдёт прямо на Лубянке.

— Ну, а я?

— Вы должны будете присутствовать на казни и засвидетельствовать смерть.

— И кого будут убивать? — не удержался я.

— Какая вам разница? Просто мужчина... Не пора ли нам отправляться?

Он развернулся, а я автоматически последовал за ним.

Автомобиль тронулся. Стояла чудная ночь, на небе ярко сверкали далёкие и спокойные звёзды.

Подавленный, застывший, с трудом соображая, я отдался ощущениям быстрого движения машины, которая несла нас по прямой длинной дороге, освещая путь жёлтыми фарами.

Мы прибыли в окрестности Лубянки. Было видно, что они изобиловали множеством солдат НКВД, вооружённых винтовками и опоясанных гранатами. Нас три раза останавливали через короткие промежутки времени, и каждый раз Габриелю приходилось предъявлять какие-то три удостоверения, которые со всей тщательностью изучались офицерами. Во время последнего досмотра мне привиделся массивный танк в начале улицы по левую сторону. Тут я сообразил, что вокруг не было ни одного человека в гражданской одежде — меры предосторожности, судя по всему, предприняты были чрезвычайные.

Наконец мы вышли и оказались перед дверью, которую охраняли двое солдат. Много больше их находилось в портале. Вместе с ними на одной ступени стоял офицер. Ему Габриель протянул два удостоверения. Тот осмотрел их, взглянул на нас, и нас пропустили. Ещё одна дверь — и вновь проверка. Прошли длинный коридор, где на равном расстоянии друг от друга неподвижно стояли вооружённые часовые. Вошли в просторную комнату. Помещение разделялось деревянной перегородкой с несколькими проделанными в ней окошками. Только одно из них было открыто. Габриель просунул туда удостоверения. Я только успел разглядеть чьи-то очки по ту сторону. Спустя мгновение офицер открыл дверцу в перегородке и присоединился к нам. Поприветствовав Габриеля, он вернул удостоверения и вновь вывел нас в коридор.

Мы миновали ещё несколько пропускных пунктов, прежде чем ступили на лестницу. По-видимому, мы спускались в подвал. Это стало ясно по запаху и почти ощутительному вкусу, характерному для пещер. Мы прибыли в своего рода охранный корпус. Опять много солдат. Габриель вошёл с офицером к начальнику заставы, а я остался ждать снаружи. Через несколько минут они вернулись. Габриель держал какую-то бумагу в руке. Позади них возник человек с пистолетом за поясом и связкой ключей в ладони. Офицер простился с нами, и мы пошли за военным с ключами, который, надо думать, являлся старостой. Миновали ещё часовых. Староста открыл тяжёлую дверь, с двух сторон окружённую стражей.

Стало понятно, что мы попали в настоящую тюрьму. Староста-тюремщик затворил за нами дверь. Впереди тянулся хорошо освещённый коридор с рядом тесно расположенных запертых дверей по обеим сторонам. Вдоль каждой из стен расхаживали охранники и то и дело заглядывали в смотровые щели.

Тюремщик шёл впереди и с безразличным видом позвякивал ключами, как колокольчиками, и мы, не останавливаясь, следовали за ним. Пролёты параллельных коридорных стен прерывались другими коридорами, концы которых терялись вдали. В моей голове вихрем проносились тысячи мыслей. Я очутился в том самом жутком подземелье, что страшным сном мерещится каждому русскому, и все фантастические легенды, что я когда-либо слышал о нём, стали полошить мой ум. Что могли рассказать эти немые стены? Свидетелями каких ужасов и кошмаров они стали?

Образы прошлого будоражили мою нервную систему. Не в силах удержаться, я разглядывал стены. Легенды, по-видимому, были страшнее действительности, ибо тут не было ни шума, ни крика. Всё тихо и спокойно, повсюду царил порядок. Лишь звуки, которые издавали мы сами, слышались в том коридоре. Надзиратели передвигались бесшумно. Из закрытых камер не доносилось ни единого вздоха жизни, будто они пустовали или хранили мертвецов. Лишь два или три раза, кажется, раздался чей-то кашель из-за дверей, и за этим исключением только мои шаги и Габриеля да бряцание ключей впереди прерывали местную тишину.

Свернули направо в боковую галерею. Затем спустились ещё ниже по лестнице и опять прошли коридоры с камерами. В конце мы вышли в помещение, напоминавшее собой некое подобие ротонды. Тюремщик знаком показал подождать там. Габриель подошёл к нему, и они о чём-то переговорили. Тюремщик ушёл, а Габриель вернулся ко мне. Воздух казался тяжёлым и густым, характерный запах подвала усилился.

Габриель, не нарушая тишины, предложил мне сигарету, но я отказался. Тогда он торопливо закурил сам, точно желал каждой затяжкой накалить атмосферу.

Мне стало казаться, что тюремщик задерживается, поэтому я ступил пару шагов, но тут нечто разорвало эту погостную тишину. Издалека донёсся гул. Он походил на слабый, далёкий конский топот. Я предположил сперва, что дрожат мои барабанные перепонки или это галлюцинация в мозгу. Но нет, было вполне ясно, что мне не послышалось, что это не иллюзия. Шум нарастал, приближался, можно даже сказать, что у него имелся ритм. Я попятился к Габриелю. Мне стало страшно. Должно быть, мои глаза испуганно смотрели на него, но он даже не взглянул в мою сторону. Он превратился весь во внимание. Вперив взгляд в дальний конец галереи, он стал подобен шакалу, почуявшему добычу, его ноздри раздувались... тем временем звук всё нарастал. Наконец в дали коридора выделились несколько силуэтов. Странный стук становился всё громче, точно берцовыми костями били по черепам. Настойчиво, сухо, стройно. Растущая симфония звучала мрачно, похоронно и, я бы даже сказал, эпически. Но откуда доносились её звуки? Группа приближалась, уже стало можно различить, что трое шли впереди, один позади. Зловещий шум сопровождал их, и по мере их приближения он становился громче, словно упрочняя их шаги. Каждая камерная дверь гремела тамтамом.

Когда четвёрка подошла и остановилась на расстоянии нескольких метров, барабанный бой достиг предела своей мощи. Однако мне удалось кое-что разобрать. Из трёх следовавших впереди тот, что находился в центре, был среднего роста, чуть выше меня и чуть ниже Габриеля. На нём были надеты какая-то поношенная пижама и военные брюки, но без высоких сапог. На ногах — грубая обувь. Но его величавый надменный вид и властный взгляд кругом выдавали его ранг. Сухой ритмичный бой с единственной повторяющейся фразой, казалось, выправил и вытянул его. Даже без униформы, в потешной одежде в нём бесспорно можно было распознать военного. Когда его глаза встретились с глазами Габриеля, он в свойственной ему манере поднял острый подбородок. Это движение напомнило мне о замечании Лидии о Тухачевском из её письма, и я предположил, что передо мной стоял маршал. Они с Габриелем уставились друг на друга. Лицо чилийца пылало яростной ненавистью: ноздри расширились, губы плотно сжались, а жевательные мышцы вздулись и задрожали. Всё происходило стремительно. Габриель отступил, и тюремщик, что стоял позади, отворил массивную дверь. В сопровождении двух коротких лысых мужчин, должно быть китайцев или монголов, маршал миновал нас. Когда Тухачевский поравнялся со мной, я заметил, как он набрал воздуха в грудь перед тем, как твёрдо и решительно перешагнуть через порог. Аккомпанемент барабанного марша всё это время ни на миг не прерывался. Габриель следовал за маршалом в двух шагах позади, а за чилийцем держался я.

Как только я оказался за порогом внутри, тюремщик запер тяжёлую дверь. Оглушительный грохот сразу же утих, превратившись в глухой слабый гул, и я тотчас ощутил облегчение от этого угнетающего ритма. Встав справа от Габриеля, я оценил обстановку. Помещение являлось галереей без дверей, со сводчатым потолком и лампами через каждые пять-шесть метров, которые неравномерно освещали пространство. Я бросил на Тухачевского мгновенный взгляд. Он стоял ко мне спиной и немного боком. Тут монголы схватили его за руки и вывернули их назад. На моём лбу выступил холодный пот. Но когда я увидел, как Габриель достаёт из-за левой пазухи большой чёрный пистолет, меня всего затрясло, как во внезапном приступе лихорадки...

В глазах помутилось, словно галерея заполнилась дымом. Раздался чей-то голос, глухой и сухой, и группа из четырёх человек зашевелилась. Я тоже прошёл вперёд. Ещё возглас — все встали. Мне хотелось всмотреться, но в этот момент тот же неизвестный резкий, тусклый и неумолимый голос, кажется, произнёс:

— Лидия.

Взрыв выстрела едва не раскроил мои барабанные перепонки.

Я решил, что всё кончилось, и открыл глаза. Но нет, все четверо продолжили идти. По телу пробежала ледяная волна, мною овладел жуткий страх. Я рванул вперёд, чуть не упав.

Вновь остановка. Теперь было ясно слышно, что её имя произносил Габриель:

— Лидия.

И я увидел, как на этом слове он прижал пистолет к затылку маршала и выстрелил.

Я оглох. Мозг обмер, а все немногие силы, что в нём остались, сосредоточились на зрении. Тем не менее их осталось достаточно, чтобы я задался вопросом: почему маршал не умирал?

Мои уши различили два выстрела, но он продолжал идти. Моему помрачавшемуся сознанию он стал казаться бессмертным.

Опять встали. И вновь голос повторил: «Лидия».

Маршал уже не мог крепко стоять на ногах, как прежде, и тогда мне послышался хруст костей его руки в лапах одного из монголов.

Габриель выстрелил в третий раз. И тут я понял, в чём было дело: пистолет прислонялся к затылку под углом, и пуля, следовало полагать, лишь скользила по тканям. Показалась кровь.

Ещё несколько метров — снова остановка.

«Лидия», — раздалось вновь, и прогремел выстрел.

Маршал сложился, как тряпка, но не упал. Треская костями его рук, монголы сумели его удержать. Я посчитал, что он умер.

Но нет, Габриель издал очередной гортанный крик, и монголы двинулись вперёд, почти неся маршала на себе. Его физическое и моральное сопротивление были сломлены. Он уже не в силах был сдерживать кишечник.

Охваченный ужасом, я разглядел на полу красное пятно, тянувшееся на большом расстоянии. Мы ступали по нему. Я ощутил, как ноги скользили по чему-то липкому, жирному, а иногда в подошвы ботинок впивались как будто маленькие гвозди, которые нельзя было стряхнуть. При мысли о том, чем это являлось, меня всего бросало в дрожь от отвращения и страха: очевидно, что мы шагали по крови, ошмёткам мозга и осколкам костей черепа...

Наша процессия остановилась прямо посреди этого кровавого месива, блестевшего на полу. Ноги уже не держали маршала.

— Лидия!

Габриель выстрелил в последний раз.

Тело маршала вынесло вперёд, и, едва не выскочив из рук монголов, оно повисло. Удержав, те швырнули его тут же назад, и оно безжизненно упало на спину. Из бреши во лбу хлынула кровь, залив глаза и часть лица.

Я отпрянул и опёрся рукой о стену. Из-под моих ног стала уходить земля, а стены заходили ходуном, словно началось бесшумное землетрясение.

Габриель с дымящимся пистолетом в ладони отдалился на два шага, дабы лучше разглядеть лежавшего у его ног маршала. Так он и застыл неподвижный, уставившись в него одержимым взглядом.

Монголы сблизились. Один из них опустился на корточки и со всей серьёзностью запустил указательный палец в левый уголок губ маршала. После чего, согнув палец, растянул и искривил уста трупа, и мне в глаза сверкнули жёлтым блеском несколько золотых зубов. Монгол повернул голову к своему напарнику, предъявляя тому находку. В их взглядах промелькнуло молчаливое взаимопонимание, и мне почудилось даже, что их мелкие зрачки засветились весёлым огоньком.

Я вновь посмотрел на Габриеля. Не знаю, что творилось в его душе: его тело видимо тряслось, точно его било током. Быть может, в неистовой буре, бушевавшей в его черепе, ему привиделось, что Тухачевский исказил свой рот в язвительной насмешке.

Он схватил обеими руками пистолет и выпалил в мёртвое туловище одну за другой все пули, остававшиеся в магазине.

Затем поворотился и, подобно автомату, зашагал к выходу из галереи. Он шёл быстро, я едва поспевал за ним. Уже в дверях я осмелился обернуться и увидел двух склонившихся над телом монголов, похожих на пару омерзительных гиен.

Тюремщик ждал нас у дверей, равнодушно попыхивая трубкой. Габриель прошёл мимо, не останавливаясь, продолжая торопливо двигаться вперёд, а я, запыхавшись, спешил за ним. Сзади шагал человек с ключами, бряцание которых, казалось, преследовало меня. Мои чувства помутились и смешались. Мне вновь послышался далёкий бой похоронного тамтама, незримо дирижируемый заключёнными в честь обвинённого Тухачевского. Но, как и в первый раз, гул приближался и нарастал, делаясь чётче и сильнее. Он был подобен ночному кошмару, который продолжился после пробуждения. Однако мой мозг не галлюцинировал. Поворачивая за угол коридора, мы едва не столкнулись с ещё одной группой, шедшей в противоположном направлении. Они двигались туда, откуда мы возвращались. Их также было пятеро: трое впереди, двое сзади. Выражение лица мужчины посередине было мертвенным, а его незабываемый взгляд — мутным и матовым.

Сей мрачный марш сочетался с его миной: настойчивый, монотонный, бесконечный, он воздавал последние почести и был призван приободрить приговорённого перед лицом смерти.

Воспоминания об этом мне видятся, как сквозь запотевшее стекло: всё размыто, нечётко. А если я пытаюсь сосредоточиться и составить всё вместе, то они приходят в движение, словно овиваются туманной дымкой.

Не помню, как я оказался с Габриелем в каком-то кабинете вместе с другими людьми. Кто-то спросил, как меня зовут, и что-то ещё. Затем мне выдали бумагу, которую я даже не прочёл. «Подпишите» — указал мужчина за столом напротив, и я дрожащей рукой расписался.

Затем очутились на улице. Сперва мы шли пешком, потом сели в машину. Как и на пути сюда, на выезде нас несколько раз остановили и досмотрели. Наконец мы выбрались на пустынные московские улицы и уехали. Время от времени на глаза всё же попадались военные патрули.

В себя я стал приходить, когда обнаружил, что мы мчались за городом. Тени по бокам, ещё больше теней сзади. Впереди — жёлтое шоссе, освещённое фарами. Чистый воздух гладил моё лицо, возвращая ощущение жизни. В безоблачном небе сверкали яркие, как никогда прежде, звёзды. Жизнь шла, жизнь продолжалась... Габриель же сидел рядом, молчаливый, недвижимый, затерявшийся между небом и землёй, и страдал, должно быть, как грешник, мучимый в аду. Я даже не смел глядеть на него. Признаться, для меня он уже перестал быть человеком — теперь его фигура представилась мне совершенно демонической. Даже в момент отмщения и убиения в нём чувствовалось столько горести и отчаяния, что он вызывал во мне не столько ужас, сколько бесконечное сострадание. В нём я видел утратившего надежду демона, тщетно пытавшегося найти удовлетворение в наслаждении злом.

Не успел я опомниться — а я утратил всякое чувство времени и пространства, — как мы прибыли домой. Зашли внутрь. Габриель посмотрел мне в лицо. Оно, по-видимому, имело столь очевидные следы пережитых той ночью терзаний, что он решил отвести меня в кабинет, где до краёв наполнил для меня стакан коньяком. Он выпил тоже, не говоря ни слова, точно слова увязали в его горле. Коньяк оказывал своё действие, и я заметил, что Габриель тщился заговорить, но, не сумев заставить себя, отвернулся. Глядя в никуда, он зажёг сигарету и несколько минут в молчании шагал по комнате. Наконец, встав передо мной и выждав секунду, он с большим трудом смог произнести:

— Доктор, вы можете идти спать... и спасибо.

Я с усилием поднялся, ибо мои ноги обмякли. Когда я уже выпрямился, наши взгляды встретились вновь, и я ещё раз увидел в его чёрных очах нечто человеческое... Жалость, её неожиданный прилив — неизвестно что вдруг подвигло меня на безрассудный поступок. Я положил руки на его плечи и с чувством сжал их и, устремив взгляд прямо в его глаза, сказал ему:

— Знайте, Габриель, что Лидия умерла такой же девственной, какой её родила мать. Так и знайте.

Нечто нечеловеческое показалось в глубине его агатовых зрачков. Точно в них сверкнула белая вспышка радостного света. Морщины на его лбу разгладились, а руки так крепко сжали мои, что мне едва не стало больно.

Ничего не сказав и не сводя с меня глаз, он отступил и затем отвернулся. Вслед, силой распахнув дверь настежь и застыв на пороге со сжатыми кулаками, он, большевик, помянул Бога, полагаю, на испанском. Уверен, то было не богохульством.

И тут он повернулся ко мне вновь и, вцепившись в дверной косяк, уже на русском прокричал:

— Она не отдалась! Да! Чтобы она... Невозможно! А я, дурак, поверил! Нет, я её не достоин!

Больше он ничего сказал. Чилиец направился ко входной двери и распахнул её, и его силуэт растворился во мраке ночи. И там, где его тень слилась с прочими тенями, засияла утренняя звезда, возвещая о приближении нового дня.

XXXI
ПРЕНИЕ

Я вёл весьма необычную жизнь. Большинство моих дней проходили как в настоящем плену, без всякой связи с внешним миром. В этом плену, однако, я довольствовался полной свободой в пределах стен дома-лаборатории и наслаждался гастрономическими привилегиями и удобствами, далеко превосходившими те, что были дозволены советскому рабочему классу. По моим сведениям, уровень моей жизни был таким же высоким, как у высших чинов Совнаркома. Не знаю, так ли оно было на самом деле. Но мне известно, что даже самым высоким должностным лицам приходилось сталкиваться с разного рода трудностями и бюрократическими препонами на пути ко многим вещам, которыми мне посчастливилось распоряжаться без хлопот и ограничений. НКВД, несомненно, давно уже даровал лаборатории экстерриториальные права и щедро её снабжал, что давало понятие о важности той роли, что мне выпало на долю сыграть в политических событиях СССР. Учреждение лаборатории, следовало полагать, являлось личной инициативой Ягоды. Такое предположение родилось у меня потому, что бывший нарком до революции работал скромным служителем в аптеке, и первая профессия вдохновила его на использование химии, фармацевтики и, вероятно, самой медицинской науки в качестве полицейского орудия — полицейского и, как показывал опыт, орудия пыток и преступлений. Мне никогда не забыть своего предшественника Левина, с которым я познакомился здесь, как и его садистских теорий о пытках. Любопытно, что сталось с этим странным типом? Его исчезновение не вселяло оптимистических надежд относительно его настоящего. Он, надо думать, был подельником Ягоды, а настоящему и будущему бывшего ужасного главы НКВД завидовать не приходилось.

Мысли уносились прочь в погоне за привидениями Левина и Ягоды (не остались ли от них нынче лишь бестелесные призраки?), и я вновь думал о моей удивительной жизни. Хотя я и томился в заточении, тюремные стены с их прочной решёткой в любой момент могли раскрыться, подобно занавесу на огромной сцене, и на подмостках появлялся я, гиньоль, швыряемый невидимый пружиной, чтобы участвовать в жуткой драме террора. Исполнив трагический пируэт, как требовала моя роль, я тут же без перехода, точно кто дёргал невидимое механическое приспособление, возвращался назад во мрак своей темницы. Но драма предполагает развитие, пусть ни отголосков, ни криков боли не слышно. И драма неизбежно продолжалась.

Время от времени до меня доходила «Правда». В одном из номеров, три дня спустя после ночи казни Тухачевского, появилась новость о задержании Тухачевского, Примакова, Якира, Фельдмана, Уборевича, Путны, Корка и Эйдемана. На следующий день «Правда» сообщила о расстреле восьми генералов.

«Что же стало с Гамарником? — гадал я, ознакомившись со списком покойников. — Он мог с равной вероятностью как продолжать занимать должность заместителя наркома обороны, так и быть холодным трупом, как его приятель маршал Тухачевский. До чего славная жизнь у власть предержащих в Советском Союзе!»

Что касается «официальной версии», представленной в печати, она была чистой ложью. Расстрел, военный трибунал, законные формальности... Судя по тому, свидетелем чему я стал, а также по дате публикации, всё это являлось выдумкой. Тухачевский, если бы трибунал и был назначен, должен был предстать перед ним в гробу, если таковой ему полагался.

Это всё, что мне удалось узнать о событиях, в которых мне довелось принять столь непосредственное участие в своё время. До середины июля никакие вести до меня не доходили больше. Я оставался один, не имея связи с окружающим миром.

Обстоятельства сложились счастливо прежде всего для моих нервов, ибо, если бы мне пришлось вмешиваться так же много и часто, как в предыдущие дни, я бы, пожалуй, просто не выдержал. А так я пребывал в уединении, без новостей, не имея ровным счётом никаких дел. Та пора оказала на мою нервную систему поистине успокоительное воздействие. Более того, солнце, уже обильное и жаркое, не менее благоприятным образом сказывалось на моём самочувствии.

Вечером одного знойного дня я услышал резкий звук автомобильных тормозов. Первым делом я спрятал тетрадь, так как в ту самую минуту писал. «Кто же это приехал столько дней спустя?» — возник у меня естественный вопрос.

На лестнице послышались твёрдые и торопливые шаги. Удивительно, но в дверь сперва постучали. Стучать перед тем, как войти, — далеко не самое важное правило приличия, прививаемое советским воспитанием. Чаще всего предпочитают бесшумно проникнуть внутрь и изучить глазами её обитателя, чтобы затем застать его врасплох.

Я отворил дверь и увидел Габриеля, терпеливо ожидавшего разрешения войти.

— Добрый вечер, доктор. Я вам не помешал?

— Нет, нисколько.

— Работаете и скучаете?

— Работаю совсем мало. В такую жару тянет в горы и на море. А скучать — да, есть немножко.

— Вам хочется действия?

— Смотря какого. Уж лучше сидеть в заточении, чем видеть... — тут я осёкся, поразившись собственной дерзости.

— Да, вам видеть кровь не по душе. Не так ли, доктор?

— Именно.

Я глядел на Габриеля, пока мы беседовали. Он загорел, на морском солнце, без сомнения. Бледности на его лице заметно не было. Его мина была исключительно серьёзной. Улыбка на нём не появлялась, а неподвижному острому взгляду было словно не под силу более выражать радость.

— Согласен с вами, если это кровь дорогого человека. Но если это кровь врага...

— Она мне также отвратительна.

— Но есть ли у вас враги?

— У меня? — с сомнением переспросил я.

— Нет, доктор. У вас врагов нет. Не из-за отсутствия к тому причин, ведь вашего личного и семейного положения для того достаточно... Но причины эти теряют значение, если по своей натуре вы не являетесь подходящим для того субъектом или объектом...

— Я не вполне понимаю.

— Да. Естественно, что вы не понимаете. Я хотел сказать, что, если в вас нет субъективной способности враждебно реагировать на врага, каким бы опасным и злым он ни был, то врага и быть не может. Ровно как и наоборот: если вы не имеете качеств, которые могут обусловить существование и непрерывную деятельность врага, то ему также места нет. Природный враг, как особый случай субъектного и объектного состояния, есть явление исключительное, встречающееся крайне редко.

— Теперь ясно. Иными словами, я по своей природе не способен ненавидеть и быть ненавидимым.

— Верно.

— В таком случае вопрос сводится, если рассуждать абстрактно, к отсутствию определённого измерения личности, не так ли?

— В сущности, — согласился он.

— Что ж, поверьте, Габриель, я не чувствую себя обделённым и не жалею о своей увечной личности.

— Прекрасно понимаю вас, доктор. Для человека вашей формации всё это выглядит логичным и естественным.

Его понимающий тон ободрил меня, и я возразил:

— Вы всё относите к формации. Ко внешнему. Словно единственный императив находится где-то вне нас и зажимает нас в свои тиски, точно беспомощных жуков, навязывая нам желания и мысли, диктуя наши чувства и решения. Однако для меня есть нечто высшее, тому предстоящее, более значительное и важное.

— Что это? — спросил он без любопытства.

— Свобода.

— Ах, свобода! Ох уже это ваше романтическое воспитание, доктор. Да, была такая эмоция — этап революции, необходимый, но сегодня уже преодолённый.

— Нет, простите. Мы говорим на разных языках, хотя и выражаемся одинаковыми словами.

— Великий парадокс, доктор.

— Могу ли я говорить с вами «неофициально»?

— Конечно, доктор.

— Даже местами впадая в известного рода ересь? Антимарксистскую ересь, разумеется.

— Если это не ересь личного свойства, то можете. Говорите, доктор. Не так-то просто человеку из НКВД вроде меня поупражняться в СССР в буржуазной диалектике. Поверьте, подобные споры оказывают мне пользу, когда я бываю там, на Западе. Можете говорить откровенно, доктор. Пожалуйста, прошу вас.

Мне показалось, что предложение Габриеля прозвучало без подвоха, и я поверил ему.

— Я вам говорил, Габриель, что мы общаемся на разных языках, имеющих идентичный звуковой состав. Позвольте объяснить. Согласно библейскому преданию о Вавилонской башне, люди перестали понимать друг друга, ибо были наказаны тем, что стали выражать одни и те же вещи разными словами. Сегодня случается нечто похожее, но иначе: одним и тем же словом выражаются разные мысли. Естественно, что люди, как и прежде, не могут друг друга понять. И таков как раз наш случай.

— Слушаю вас с любопытством.

— Мы оба произнесли одно и то же слово — «свобода». Оно состоит из одинаковых звуков, но каждый из нас выражает им разные значения. Более того — противоположные.

— Объяснитесь, доктор. Мне не терпится выяснить, к чему вы ведёте.

— Для вас свобода — нечто историческое, политическое. Приобретённое человеком «ценой усилий и крови», не правда ли?

— Правда. Это период времени, фазис в эволюции масс в ходе её неумолимого движения вперёд.

— Согласно Дарвину и Марксу, правильно?

— Они сформулировали эти идеи, каждый в своей сфере. Разве это не так?

— Предоставьте мне, Габриель, единственное право опираться на догмы вашей же диалектики.

— Догмы? Вы так считаете?

— Да, догмы. Однако опять же одно и то же слово имеет различные смыслы. Догмы, Габриель... и разрешите заметить, что ваша приверженность к этим догматам обеспечена, так сказать, страшной Инквизицией... Вы же понимаете, что я имею в виду.

— Мы же договорились, что вы не станете излагать ересь личного свойства.

— Вы правы, я отвлёкся. Больше такого не повторится. Догма эволюции — точнее эволюции-революции — есть именно догма, вряд ли вы будете это отрицать. Её имманентность, действительность, истинность... и извечность — всё это есть предмет самой настоящей веры.

— Веры? Нечто рациональное верой не является.

— Хотя бы вера в разум, если на то пошло. Вера в вашу диалектику. Как раз в вашу диалектику, что силится из материализма, из материи сотворить некое божество, определяющее, а не определяемое.

— Метафизика, доктор. Чистой воды метафизика.

— Но не моя, я всего лишь ограничиваюсь описанием действительности, марксистской действительности.

— Какой именно?

— Ту, которую принимаете вы и заставляете принимать других и которая состоит в том, что эволюция-революция есть становление исключительно диалектическое. Для установления такого положения диалектическим методом, как вы понимаете, следовало бы доказать непогрешимость разума, тем самым установив непогрешимость эволюции. Согласитесь с этим утверждением, иначе вы впадёте в противоречие.

— Дайте определение.

— Я говорю о том, как соотносятся разум и эволюция. Определяет ли разум эволюцию или эволюция определяет разум? В последнем случае эволюция оказывается не диалектической, ибо определяющее не может одновременно являться определяемым. Если же разум — эволюцию, то тогда она перестаёт быть тотальной, универсальной, ведь разум остаётся вне её, независимым. Если есть эволюция, то нет разума, и, напротив, если есть разум, то нет эволюции.

— Существует универсальная диалектика, которая определяет все явления и понятия.

— При условии, что таким явлением не является диалектический разум, конечно.

— Протоявление, если желаете.

— Метафизика! Всегда, силясь примирить свои противоречия, вы прибегаете к ненавистной вами метафизике, как бы вы ни ухищрялись. Вы неизбежно придёте к необходимости первоначального определяющего — разума или эволюции, какого угодно, — но одно из них обязано стать абсолютным...

— Мне больше нравится вас слушать, нежели полемизировать с вами. Ваши доводы звучат убедительно постольку, поскольку остаётся незамеченным ваш софизм. Как вы называли это в своей старой логике?.. Ах да! «Предвосхищение основания». В ваших аргументах присутствует ошибка предвосхищения основания — не софизм, несмотря на то, что она выглядит софистически.

— Какое предвосхищение? — потребовал я разъяснений.

— Абсолют.

— Нет, ни в коем случае. Никакого предвосхищения основания. Я беру всё это из действительности, из практической непогрешимости и неизменности — провозглашённой и навязываемой — диалектического абсолюта. Ваша диалектика суть Бог, всемогущий и справедливый, который есть начало и конец всего сущего. Разве вы не видите, что к ней подходят все качества, которыми религии описывают божественное?

— Все ли, доктор?

— Полагаю, что да, все.

— Вы позволите мне поправить вас? Насколько я помню с тех пор, когда я был христианином, Бог имел ещё одно качество, которое вы не упомянули.

— Какое же, Габриель? — недоумённо спросил я.

— Самое главное — любовь.

Я обомлел от столь неожиданного слова. К чему он клонит? И к моему безмолвному изумлению, Габриель повторил:

— Любовь, разве не так? Не является ли она для христиан воплощением Бога, Христа?

— Да, это правда. Только любовь довлела Богу, когда он сделался человеком и умер во его искупление. Да, любовь.

— Любовь к человеку? — допытывался он, устремив в меня инквизиторский взгляд.

— К человечеству, — подтвердил я.

Как бы я хотел быть умелым художником! В тот миг я увидел нечто в лице Габриеля, словами столь невыразимое, что только красками возможно передать. Я бы сказал, что это был разбитый приступ смеха, словно его лицевые мускулы, получив нервический сигнал, не смогли подчиниться, парализованные резкой и мгновенной болью. Ни боль, ни смех не могли исказить его неподвижных черт, и лишь в глазах блеснули одновременно хохот, богохульство и проклятие. Таким представился он мне в ту секунду. Словно мимолётную искру высекли из израненного твёрдого куска кремния. И мне пришла вдруг мысль, что, если бы

Габриель не был атеистом, если бы он верил в Бога, то только для того, чтобы его ненавидеть.

— Любовь к человечеству? — повторил он. — Тогда почему чувство Божеской любви к человечеству сделало нас кровожадными чудовищами, полными ненависти? Кто на это ответит?

Я даже отступил от удивления, вызванного скорее не самими словами, а теми категоричностью и сдавленным ожесточением, с которыми он их произнёс.

— Я повторю, Габриель, — кротко ответил я, — что мы говорим на разных языках. Бог сотворил нас, но он не делал нас такими, какие мы есть, потому что каждый человек есть только то, чем он хочет быть.

— Разве ваш Бог не всемогущ?

— Конечно, всемогущ.

— Тогда почему он не сделал нас такими, какими хотел и должен был хотеть?

— Он сделал нас такими, какими хотел и должен был хотеть в животном существе, и сделал нас такими, какими хотел и должен был сделать в трансцендентном, духовном начале.

— Бесконечно нас любя, он сделал нас плохими... Редкая у него любовь, не находите?

— Габриель, Он всего лишь сотворил нас существами, наделёнными свободой.

— Свободой убивать и ненавидеть?

— Нет, свободой только для одного — для любви.

— Но мы убиваем?

— Да, мы пользуемся свободой, чтобы убивать.

— Тогда будь проклята божественная свобода, которая убивает.

— Благословенна свобода, которая любит.

— Мы должны исправить его творение, доктор. Должны исправить творение, создав мир, где не будет свободы для зла.

— Попробуйте. Вы уже пытаетесь. Но делаете это, ненавидя и убивая, как никогда прежде.

— Дело того стоит. Изъясняясь на вашем языке, доктор: не кажется ли вам, что наше дело чем-то напоминает божественное?

— Божественное? Габриель, не богохульствуйте! Есть иная сущность в деле творения, чья работа походит на вашу гораздо больше.

— И кто же это, доктор?

— Вы не разозлитесь?

— Нисколько, говорите.

— Дьявол.

— Выдумка для детей и бабушек! Будьте серьёзнее.

— Я вполне серьёзен, поверьте. Да, литературный образ его нелеп. Вся литературная демонология оказалась не в силах дать должное представление о столь грандиозном сверхчеловеческом существе. Ведь он тоже хотел исправить творение. В своём восстании против Бога он желал достигнуть совершенства, которое видел и алчно возжелал в своём Создателе, — неспособности ко злу. А вы отчаянно пытаетесь сделать то же самое, бросаясь, как хотел Дантон, штурмовать небеса.

— Восстание ангелов и наше восстание — одно вымышленное, а другое настоящее — оба справедливы и необходимы. Они преисполнены высшего величия. Вы бы, доктор, назвали их священными. Нет ничего священнее, чем избавление человека от возможности творить зло.

— Но как? Преобразовав его сущность? Такое единственно возможно, если из человека сделать или животное, или Бога.

— Признайте, по меньшей мере, что, как и мифическое восстание Сатаны, наша борьба не лишена трагической красоты. Даже потерпев поражение в попытках сделать невозможное возможным, отчаянно сражаться есть подвиг, достойный богов.

— Да, трагично, но красоты в этом нет. Красота несовместима с абсурдом. Изменить сущность человека значит убить его собственное я. Обратите внимание, убить не физическую жизнь, а бессмертное я. То я, которое ни вы, ни я, никто иной не видит, не знает и от которого отказаться не способен. Оно столь непостижимо в своей действительности, что с помощью нашего искусственного языка можно лишь притвориться, будто существует возможность вообразить его, посредством объективации субъективного, измыслив иллюзорный образ неживого я, как если бы ничто поддавалось изображению. Никому нельзя быть другим, как никому не изобрести иного себя. Вы вправе желать и даже воображать себя Сталиным, но вы останетесь собой. Стремление или грёзы о другом себе — противоестественны и неприемлемы, поскольку их осуществление значило бы прекратить быть собой, чтобы быть иным, то есть быть и не быть в одно и то же время, что есть непримиримое и неразрешимое противоречие.

— Доктор, не стоит умствовать. Я с огромным интересом слушаю вас и ваш необыкновенный метафизический язык, но как марксист полностью отвергаю всякую метафизику. Мне совершенно безынтересно это духовное я, такое чистое, вечное и свободное, но почему-то всегда подчиняющееся материальному... и которое неизбежно определяется экономическими условиями в конечном счёте. Мы создадим иную экономику, иные условия, отыщем иное, новое социальное я.

— Сохранив индивидуальное я?

— Конечно, не убивая его, не переделывая, как вы и говорите.

— Ваш экономический детерминизм, несмотря на стремление казаться математическим, является столь же метафизическим. Не убив и не переделав самость, нового человека не получить. Человек есть субъект экономики, а не просто объект. Не экономика определяет человека, а человек определяет экономику. Будь оно не так, то сытый стал бы мирным, а голодный — воином, а, согласно вашим утверждениям, первые являются хищниками, а голодные, пролетариат, есть те, кого вы должны поднять на восстание — вы, его вожди, выходцы из буржуазного класса по большей части... Нет, Габриель, нет. Это ваше экономическое правило действительно только для животных. Обычно, когда зверь сыт, он не убивает. Человек же почти никогда не убивает по экономическим причинам. Я бы даже сказал, что для убийства едва ли вообще существует причина. На убийство человека толкает чувство, превращённое в страсть. Взгляните внутрь себя — вы что, сражаетесь и убиваете по экономическим соображениям? Будьте честны: это не так.

— Оставьте ваши словесные игры. Разум и чувства бывают совместимы.

— Да, и совместимость эта суть подчинение. В решающий миг, в минуту сражения и убийства, возобладает страсть, и мы подчиняемся ей. И уже после приходят адвокаты и прокуроры и устраивают суд разума с намерением наказать за преступление. Однако адвокат и прокурор, оба являясь частью разума, непременно находят рациональные причины, оправдывающие наши безрассудные поступки, выдумывая для того высокую и далеко идущую цель.

— Цель идеальную, возвышенную или, если угодно, священную...

— Цель не оправдывает средства.

— Оправдывает, если сама цель оправдана.

— Даже если это так, то кто её оправдывает? Непременно разум или чувство или оба, если желаете. Позвольте не приписывать им непогрешимость, иначе вы сочли бы это обожествлением. Я не ищу божественный эрзац.

— И как же в таком случае, без богов и опоры в разуме и рассудке, принимать решения?

— Очень просто — соотнося средства и цель. Хорошей цели — хорошие средства. Очевидно, что убийство не является допустимым средством ни для какой благой цели. «Не убий», исключений нет — так завещал Господь Бог.

— И дать себя убить? Это мышление скота, доктор.

— Кто такое утверждает? Убийство, совершаемое, чтобы предотвратить своё убийство, является противостоянием последнему, то есть отрицанием убийства, которое, в свою очередь, есть отрицание жизни. Поэтому убийство против своего убийства есть её утверждение.

— Тонко, доктор! А что же тогда мученики? Диалектический абсурд, аберрация?

— Не упоминайте их, ибо вам не понять мученика. На вашем языке можно сказать, что мученик есть невозможный синтез смерти и жизни. Они умирают, чтобы жить, и жить вечно, и делают это мистическим образом, который вы не понимаете и не принимаете. Для человека мученик бесконечно проигрывает, дабы навечно победить. Не заговорщики, революционеры или воины одолевают тиранов — их всегда побеждают мученики. Свидетельство своей правды, которое даёт народу истинный мученик, не может дать ни один победитель. Мученик морально низвергает тирана, и он один способен возвысить неискупимое человечество.

— Ну, а пока эти проигрывающие и побеждающие мученики ещё не появились и зреют — что делать? Позволять тиранам и злодеям предавать и истреблять род человеческий?

— Пусть они защищаются.

— Да, элементарно. Сделать так, чтобы их нападки стали невозможными.

— Естественно, лишив людей свободы.

— «Свободы ради чего?» — ещё Ленин поставил этот вопрос. В этом вопросе мы и находим высший смысл нашего государства. Скажите, свободы для чего?

— Всё просто, Габриель, — свободы любить. Не бывает любви без свободы, — опустив глаза, я процитировал его же слова из письма к Лидии.

Я ощутил на себе его пронзительный взгляд и затем увидел, как он перевёл взор в сторону окна и сосредоточенным голосом произнёс, будто разговаривая сам с собой:

— Нет, любовь потерпела крах. Ваша религия, христианство, стала абсолютным мировым провалом. Посмотрите вокруг, взгляните на христианский мир — он убивает себя в дурмане трусливого саморазложения. Да, окончательный провал.

Он произнёс это точно аксиому, как будто не ожидал ответа. Но я всё же решился.

— Ровно такие же мысли пришли бы в голову самоубийце, пока его тело летело бы с отвесной высоты. Он бы разочарованно размышлял о провале всемирного тяготения, которое неизбежно убьёт его, в то время как провалился только он сам — самоубийца.

— Находчиво, доктор. Но тот, в ком остались ещё человеческие чувства и смелость противостоять этому преступному и порочному миру, единственно способен избежать зла, лишив людей средств к его совершению.

— Да, вы уже говорили об этом: лишив их свободы. Бросив людей за решётку.

— Но почему нет, если они уподобились диким животным?

— Но кто заточит тюремщиков? Или они не звери? Родила ли их иная мать?

— Да, признаю. То есть неизвестное большого уравнения. И какое же решение вы предлагаете, доктор?

— Не думаю, что у меня получится убедить вас. В начале нашей беседы я уже упомянул истинную трагедию человечества — утрату способности понимать неизвестные языки друг друга в вавилонские времена.

— Продолжайте тем не менее.

— Человеческий ужас перед злом, присущий самому нашему естеству, нашёл выражение в совершенном извращении — зло было персонифицировано, из него сделали деятельный субъект. Таким образом зло стало метафизической сущностью, существующей самостоятельно. Пантеистический дуализм многих примитивных религий обожествил зло, олицетворив его в бесчисленных идолах. Подобное сверхъестественное усилие понадобилось для того, чтобы люди перестали чувствовать ответственность за содеянное ими зло. Столь велик был их ужас, что, дабы обернуться зверями *in libertas*[43], они, даже не задумываясь, отреклись от своего существа. Таким было язычество прежде, таковым оно является и поныне. Гегелевские «противоположности» и марксистские «классы» в их современной интерпретации есть лишь очередное воплощение всё того же дуализма, новая попытка отрицать очевидный факт, что человек есть «субъект зла». «Не человек определяет зло, а зло определяет человека», так бы вы сказали.

— Что ж, да, мы детерминисты. И что с того? Что из этого следует?

— Прежде всего то, что вы прибегаете к мифологии, и притом очень древней, прямым следствием чего есть поощрение в людях зла путём отказывания им в субъективности и низведения их до простых объектов. Самым действенным средством убиения совести есть отнесение зла к категории «необходимости». Более того, вы его считаете едва ли не элементом синтеза, способным поспособствовать «добру».

— Для вас зло...

— Закончим на исходном положении, с которого следовало бы начать. Зло есть дело рук человека, зло настоящее и трансцендентное, которое человек причиняет человеку. Однако оно лишено категории вечности, которую люди в своем эпилептическом ужасе ему приписывает, принимая его за духовную силу. По своей природе зло двойственно, противоречиво. Оно всецело объективно и внутри несёт отрицание и пустоту. Поэтому, когда мы проводим его до самых крайних последствий, оно саморазрушается, уничтожает само себя. Зло является злом и для самого зла. Таким образом, зло не может стать абсолютным и вечным, оно обязательно является преходящим и человеческим, ибо оно перестаёт существовать без объекта — без него оно ничто, его нет. И посему божественного происхождения у него быть не может, поскольку пустоту нельзя создать. Зло-пустота антитетично Богу, ибо Он извечен и бесконечно сущ. Он есть Слово. Оттого в нашем высшем понимании Бог есть любовь.

— Я больше не собираюсь с вами спорить, доктор. По-видимому, вас и ваших единоверцев зачаровывают подобные верования. Я же, очень злой, каким вы, должно быть, меня видите, не желаю разрушать нечто столь вам дорогое. Нечто, что, как я понимаю, вы находите прекрасным видеть в предсмертный час. Но согласитесь хотя бы с тем, что всё это философия жертв, только и всего. Вы проиграете!

— Как вам угодно. Но, прошу, избавьте меня от чести, не ссылайтесь на меня. Если я проиграю, то это будет поделом. Поскольку я, несчастный человек, один из многих, даже имея веру и сознавая её, несу огромную ответственность за отступничество... и даже за свои сомнения и страх. Но не предрекайте всеобщее поражение! Выживут не те, кто ненавидит, а те, кто любит. Лишь любовь созидает. А те, кто умеет только ненавидеть и убивать, сами себя и разрушат, никто из них не уцелеет. Разве вам это не очевидно?

— Мне ничего не очевидно и ничего не слышно, доктор. Представьте, что я — пластинка, и эту пластинку послушал бы Ежов!

Я, верно, побледнел. Но тут Габриель поднялся и добавил, положив мне руку на плечо:

— Большое спасибо, доктор! Это было замечательное академическое упражнение, невозможное в советских академиях. Как раз то, что мне сейчас нужно. Я скоро улетаю в Западную Европу, где для целей задания мне может понадобиться показать себя ревностным христианином. А я уж и забыл, поверьте, эту роль: так много лет я её не исполнял. Благодарю вас за этот восхитительный урок! В награду вот принёс вам подарков: книги и журналы для развлечения. Есть среди них и западные, которые, надеюсь, удовлетворят ваш буржуазный вкус. Вам также следует набраться западного лоска: может статься, что однажды вы окажетесь там вновь. А пока что я покину СССР, возможно, на несколько месяцев. Отвлекитесь пока, оставьте на время заботы. Я ещё раз отдал всем приказ, чтобы ваши желания и потребности исполнялись. Вы обладаете полной свободой в той мере, в которой я могу её вам предоставить, то есть до этой двери. И если вам от меня более ничего не нужно, то я пойду.

Я был приятно удивлён столь деликатным обхождением Габриеля и осмелился попросить его:

— Вы знаете, чего я хочу больше всего на свете: увидеть свою семью или хотя бы написать им, получить от них весточку...

— Не в моей власти сделать что-либо в отношении вашей семьи. Всё, что я могу сказать: не теряйте надежды, всему свой черёд. И вместе с тем не сомневайтесь: им сейчас хорошо, лучше, чем вам.

Пока он уверял меня в этом, он держал меня за руку, то сжимая, то разжимая свои пальцы, с мрачным озабоченным лицом.

Напоследок Габриель взглянул в широкое окно. Там, слева от нас, солнце, уже закатываясь, опалило предзакатное небо багровым заревом. Внизу же, по земле, вытянувшись, сплелись две длинные тени от высоких деревьев, словно влюблённая пара целовалась на закате.

Габриель направился к выходу, и я пошёл его проводить. Когда он шагал мимо кабинета, тень, всё это время омрачавшая его лицо, стала ещё гуще, а его глаза заморгали, точно желали отогнать наваждение. Уже на выходе он протянул мне руку.

— Всего хорошего, доктор, — пожелал чилиец и скоро сел в ожидавший его автомобиль.

А когда машина тронулась, он даже помахал мне ладонью на прощанье.

XXXII
ПЕРЕЛЁТ В ПАРИЖ

Я провёл в одиночестве почти два месяца. Нервы оправились. И одним прекрасным солнечным утром интендант известил, что меня вызывают по телефону.

Звонил Габриель. Уведомил, что будет вечером. Я стал ожидать в зале. Приехав, он радушно поздоровался со мной, сохраняя при этом прежнюю серьёзность.

Габриель на секунду остановился, будто в нерешительности, и затем предложил пройти в лабораторию. Войдя, он закрыл дверь, а я направился зажечь свет, поскольку было почти совсем темно.

— Не зажигайте, не стоит, — прервал меня он и открыл окно.

Он уселся, и я устроился напротив.

— Я вернулся несколько часов назад и получил приказ выдвигаться вновь. Вернее, что мы поедем вдвоём.

— Куда? Если можно узнать.

— Можно — во Францию. Вновь дело Миллера — да будет ваше любопытство удовлетворено.

— Когда?

— День пока не назначен, но совсем скоро. Будьте готовы отправиться в любую минуту. Как ваши наркотики? Проверьте всё для надёжности. Второй провал может оказаться фатальным.

— Я полагал, что дело закрыли, — сказал я, стараясь выведать побольше сведений, так как мне показалось, что он поставил точку.

— Нет, ни в коем случае. Присутствие генерала Миллера в Москве сейчас более чем необходимо. По причине, отчасти вам известной.

— Правда? У меня нет догадки.

— Это связано с ликвидацией генералов.

— Будут ликвидировать ещё больше генералов-предателей? — спросил я с неподдельным удивлением.

— Возможно, — непринуждённо подтвердил он. — Но и в противном случае Миллер всё равно нам нужен для ликвидации уже расстрелянных.

— Неужели расстрелянные ещё живы?! — изумлённо воскликнул я, не без тайного подозрения, однако, что некоторым из приговорённых сохранили жизнь, кроме, разумеется, Тухачевского.

В другое время Габриель посмеялся бы надо мной, но его ирония, казалось, была погребена навеки.

— Нет, доктор, не стоит верить в чудеса. Генералы-предатели мертвы, мертвы по-настоящему и уже похоронены. Нет нужды физически убивать их вновь, осталось лишь уничтожить их морально.

— Но как?

— Вам известно, как мало времени у нас имелось на раздумья. Раскрытие и подтверждение существования заговора прошли одновременно с его ликвидацией. Страшная угроза к тому обязывала. Ни одного генерала не получилось судить публично, не удалось даже провести предварительное расследование, с тем чтобы после опубликовать его результаты и таким образом дать народу и армии составить своё мнение. Поэтому вынужденное неведение масс может привести к возникновению известного рода сомнений в мотивах и причинах казней, и эти сомнения, воспользуйся ими оппозиция, способны деморализовать пролетариат и, что ещё опаснее, Красную армию.

— Да, я понимаю, в чём тут опасность, но я не вижу, как она связана с необходимостью доставки Миллера в Москву.

— Довольно просто, доктор. Если белый генерал признается в участии в заговоре с генералами-предателями в СССР, и его показания подтвердят другие предатели, для чего полным ходом идёт подготовка нового процесса, то, как вы понимаете, в глазах советских масс, Красной армии и мирового пролетариата устранённые генералы окажутся ликвидированными совершенно, и физически, и морально.

— Да, — согласился я, — в сущности, ликвидация доходит до такой степени, которую я даже вообразить себе не мог.

— Вот и славно, доктор. Подготовите ли вы теперь со всей тщательностью свои вещи? — спросил он, поднимаясь.

Я кивнул, и он потряс мне руку на прощание.

— Оставайтесь здесь, доктор. Я сейчас же выезжаю в Москву.

Было слышно, как удалялись его шаги по лестнице, а затем раздался шум двигателя автомобиля, на котором он уехал.

Свет я не зажигал. Внезапное известие о новом путешествии заставило меня крепко задуматься. Размышления мои длились часа два или даже дольше. Искушение сбежать во Франции стремительно овладело мною со всей силой, и в моей душе разгорелся жаркий внутренний спор. Естественно, что, как всегда, на этом пути передо мной вставала неодолимая преграда, отменявшая всякое моё решение: мои родные и их жизни невидимой цепью приковывали меня к ГПУ.

Как и в прошлый раз в Париже, мне в голову пришло соображение погибнуть в «аварии». Однако сама мысль о самоубийстве, ибо самоубийством это и являлось, была совершенно противна моему сознанию. Но размышления о «физической смерти» от самоубийства привели меня к мысли о «гражданской смерти». А что если я сам себя выдам? Меня бы задержали французские власти. Я бы мог устроить так, чтобы они сами обнаружили доказательства моего участия в похищении генерала Миллера, и в моём признании отпала бы необходимость. Таким образом мне бы также удалось спасти генерала. Просторное помещение лаборатории уже совсем погрузилось во тьму. Она окутала и поглотила меня, и оттого мне мнилось, что мои тайные намерения надёжно скрыты. И почти обретя решимость, я отправился вниз отужинать. Свет из зала больно ударил по глазам, привыкшим к темноте за столько часов. От этого искусственного света у меня возникло впечатление, что все решения, что я недавно принял, стали рассеиваться. С каждой ступенькой света становилось всё больше. Мне чудилось, что я сейчас войду в залитую светом залу, и меня встретят с распростёртыми объятиями мои дочки, и я увижу сына за уроками и жену, готовящую ужин.

Эта фантастическая и невозможная картина разбила вдруг мою решимость. Навсегда отказаться от возможности увидеть их, даже если вообразить, что их не репрессируют, было слишком большой жертвой, на которую ничто не в силах было меня заставить пойти.

Первого сентября мы отправились поездом из Москвы в Минск. Купе я покидал только для того, чтобы сходить в уборную. Компанию мне составляли трое. Неизвестно, все ли они были из НКВД или только один из них. Одетые в штатское платье, они вполне могли оказаться какими-нибудь госслужащими. Я видел Габриеля издалека, ему полагалось ехать в другом вагоне. Он предупредил, что мы не будем общаться до самого Парижа. В Минске мой багаж заберёт некто, кто направит меня дальше. Мне выдали чехословацкий паспорт на имя Ян Зих, доктора медицины. Назвав именно это имя, ко мне обязан будет обратиться встречающий.

Дорога до Минска была чудной. Ночью мне удалось неплохо выспаться сидя. Мы прибыли поздним утром, и, согласно условию, когда мои попутчики уже вышли, в дверях купе появился человек невыразительной наружности и объявил моё имя. Он взял оба моих чемодана, и с саквояжем в руке я пошёл за ним. У вокзала нас ждал довольно изношенный автомобиль, в который мы вдвоём уселись. Без каких-либо указаний автомобиль тронулся. Дорога до аэродрома заняла, наверное, чуть более часа. Состояние машины, ровно как и дороги, не позволило нам сильно разогнаться.

Подъехали к аэродрому. Вероятно, он являлся запасным или ещё только строился, ибо там имелись лишь взлётная полоса, два больших деревянных ангара и ещё один барак поменьше. Перед воротами последнего мы остановились. Водитель и мой проводник схватили багаж, и я последовал за ними. Меня разместили в некоем подобии кафе и принесли завтрак, хотя я об этом не просил: хлеб с маслом, кусок колбасы и, после, чашку чая. Весьма посредственная пища на мой гастрономический вкус в жадных глазах моего спутника, следовало полагать, выглядела пиром богов. Я пригласил его присоединиться к трапезе, но он, поблагодарив, отказался, хотя было видно, как он проглотил слюну. В конце он принял от меня сигарету, которую с благоговением закурил. От качества табака его взгляд наполнился ещё более глубоким почтением ко мне. Надо думать, я казался ему необычайно важным человеком, который путешествовал инкогнито.

Недолго спустя вдалеке я завидел Габриеля в окружении шести-семи человек. На противоположном краю поля стояло шесть массивных трёхмоторных самолётов. Вокруг них суетился персонал. Не прошло и десяти минут, как показалась группа Габриеля, и почти одновременно с этим двигатели почти всех аэропланов завелись. Тут же появились трое солдат и забрали мой багаж. Я со своим напарником направился вслед за ними. Ожидавший нас офицер коротко переговорил с моим проводником, после чего учтиво поприветствовал меня и пригласил подняться на борт. Кроме экипажа внутри никого не было. Я обнаружил лишь двух человек, и ещё столько же, если не ошибаюсь, находились в кабине. В салоне было пусто. Он напомнил мне самолёт, на котором меня перевозили из Мадрида в Париж. Какой-то неотёсанный деревянный стул, привязанный верёвками к металлической раме, служил единственным местным удобством. Решив, что сиденье предназначалось мне, я уселся.

Ещё через полчаса мы взлетели. За секунды до нас в воздух взмыл соседний самолёт, и наш последовал за ним. В общей сложности я насчитал пять самолётов. Машины выстроились в форме буквы V. Несмотря на отсутствие униформы у экипажа, самолёты очевидно были военными.

В течение долее двух часов мы летели клином, насколько я мог судить, в направлении юга. Затем наш самолёт свернул по маршруту на запад, и строй распался. Машины разделились и стали отдаляться, пока не потерялись из вида.

Когда мы совершили посадку, часы показывали начало четвёртого. Перед нами сел самолёт из нашего строя, а чуть позже один за другим приземлились ещё два. Аэродром, по-видимому, имел важное значение. Вдали виднелся ряд невысоких белых зданий современной и изящной формы. Один из наших самолётов заправлялся. Затем тот же внушительных размеров заправочный грузовик, своего рода огромный цилиндр на колёсах, подъехал к нам. Пока нас заправляли, предыдущая машина взлетела, и вскоре за нею отправились мы. Остановка не продлилась и часа.

Мне захотелось кушать, и я прибег к своему саквояжу, где у меня хранились скромные съестные припасы. С огромным аппетитом я было принялся за еду, но тут самолёт начал то и дело неприятно проваливаться, чем грозил расстроить мне пищеварение. День же выдался великолепный, по небу плыла лишь горстка крошечных облаков. Мы пролетали над горами, возвышавшимися справа от нас. Тряска длилась не более часа, и после уже ничего меня не тревожило. Ужасно хотелось курить, но я вынужден был воздержаться, поскольку знал, что на борту это запрещено.

Наконец около восьми часов я увидел Париж с его неповторимой Эйфелевой башней.

Совсем мало мыслей посетили мой ум за время того долгого путешествия. Самолёт — не самое подходящее место для размышлений. Раздираемое страхом, всегда подспудным, видами неба и панорамой земли с большой высоты, внимание поглощается слишком сильно, чтобы суметь отвлечься. Однако стоило мне увидеть Париж, как меня охватило заметное волнение. Меня привело сюда совсем не то, ради чего бесчисленные туристы приезжают в «город огней», «город удовольствий» и т.д. и т.п., — не желание исполнить юношеские мечты. Моя поездка вовсе не являлась весёлым приключением, о котором я, разумеется, когда-то мечтал. Её целью было преступление, и когда город уже находился почти под самыми ногами, мне стало страшно и даже стыдно от этой мысли. Я отвернулся от иллюминатора, словно желая скрыть от Парижа свой стыд.

Мы сели. Солнце уже закатилось. Едва наш самолёт остановился, его тотчас окружила целая группа людей. Я остался сидеть внутри, ожидая распоряжений, и вскоре на борт взобрался некто в компании второго человека, похожего на портье. Первый обратился ко мне по новому имени и, дав указание портье заняться моим багажом, на который, в свою очередь, указал ему я, предложил мне сойти на землю. Как я уже сказал, несколько человек возились вокруг самолёта. Пока я пробирался сквозь них, мне удалось расслышать, что они говорили на русском и французском, а также, кажется, на испанском и ещё на одном, неизвестном мне языке. Не останавливаясь и двигаясь весьма торопливо, мы поспешно покинули аэродром. Никто не просил предъявить паспорт и не донимал формальностями. Мой проводник лишь на мгновенье забежал в здание таможни и тут же вышел. Никто не удосужился проверить мои чемоданы или спросить у меня ключи от их замков.

Недалеко от входа нас ожидало такси. Вдвоём с французом мы забрались внутрь, и машина тронулась. Не имею ни малейшего представления, где мы ехали. Точно не проникали в глубь города. Судя по всему, мы делали большой крюк по его периметру, потому что на пути нам попалось совсем мало улиц, да и те выглядели как второстепенные. Из окна были видны преимущественно загородные домики и шале более или менее привлекательной наружности. Горели уличные фонари, и, несмотря на отдалённость от центра, движение было оживлённым, и особенно много было велосипедов. Хотя я бывал уже в этом городе прежде, тем не менее меня в очередной раз поразили роскошь, видимая повсюду, радостные люди, всеобщее курение, обилие огней и музыки, часто доносившейся до моих ушей; ровно как и террасы кафе и таверн, полные беззаботно выпивающих посетителей. Всё больше и больше мелочей, незаметных для местных жителей, но столь изумлявших меня, требовали внимания. Я, широко раскрыв глаза, не желал упустить ни одной детали этой сверкающей витрины, нескончаемым парадом проносившейся за стеклом автомобиля.

Я не заговорил со своим компаньоном, как и он попыток завязать разговор не предпринял. В той очаровательной картине лишь наша молчаливость напоминала о советской действительности.

Постепенно движение и шум утихли. Мы свернули направо и поехали по улице, точнее дороге, вдоль которой тянулись заборы из колючей проволоки, огораживавшие редкие дома, а также ограды обычных шале. Время от времени встречались бесхозные полосы земли — должно быть, сады или долины. Фонарей стало заметно меньше. А открытые и освещённые лавки и магазины исчезли вовсе.

Мы остановились у ворот. Мой спутник вышел позвонить. Послышался лай собаки, и спустя короткое время ворота открылись. Такси медленно заехало внутрь. Было слышно, как ворота закрылись. Я заметил своего попутчика, шагавшего вдоль машины с моей стороны. Всё это продолжалось секунду. Затем автомобиль остановился перед освещённой дверью. Мужчина, составлявший мне компанию в пути, проводил меня до крыльца и простился. После, как только мои чемоданы выгрузили, он сел обратно в машину. Перед уходом он успел представить меня, очевидно, хозяину дома, назвав моё новое имя. «Ну, вы знаете», — лишь и было его объяснением. Хозяин взял мои вещи и пригласил меня следовать за ним. Мы поднялись на второй, и последний, этаж этого здания. Мне выделили чистый и неплохо меблированный номер. Кровать, как он показал, находилась в соседней комнате. Всё недурно, для советского человека даже роскошно, но в то же время веяло каким-то холодком, обстановка была совершенно неуютной. Стоя на входе, хозяин указал на дверь в ванную, находившуюся тут же по соседству. «Вы можете ужинать в любое время», — сообщил он и засим исчез, спустившись по лестнице. Управляющий и, вероятно, мой страж, был молод, на вид не старше тридцати. Физиономия обыкновенная и вовсе не отталкивающая. Надо думать, он был коммунистом. Как это часто бывает, в его внешности отсутствовало что-либо зловещее, что простые люди обычно приписывают революционерам.

Я умылся и направился вниз поужинать. Меня обслужил тот же хозяин со всеми уважением и непринуждённостью. Я ел с аппетитом и наслаждением. Мой язык, вырвавшись из долгого однообразия кухни русской, восторгался утончённым и приятным вкусом французской кухни. Прекрасное вино самым лучшим образом дополнило ту трапезу. Ужин не занял много времени и, поскольку я вымотался, то сразу после пошёл спать.

Ночью мне ничего не снилось, и я проспал беспробудно до самого утра.

XXXIII
ПРЕДАТЕЛЬ В ОПАСНОСТИ

Мне мало есть что рассказать о своём втором «официальном» визите в Париж. В первый раз я многие часы наслаждался свободой. Мне можно было гулять и перемещаться в одиночку по этому прекрасному городу. Разумеется, такая свобода могла обойтись мне очень дорого — ни много ни мало она чуть не стоила мне жизни. Однако подобные соображения нисколько не утешали меня в этот раз, когда мне почти не привелось побывать на улице за всё время пребывания в Париже.

Правда, вначале ничего не предвещало затворничества. Габриель появился в доме на следующий день, приехав на чудесном автомобиле, и пригласил меня на вечернюю экскурсию по центру.

Во время прошлой поездки мы также катались и любовались бульварами примерно в тот же час дня. Однако тогда мы ехали в такси, скромный вид которого почти что зримо умалял нас на фоне тех огромных роскошных автомобилей, что давили нас со всех сторон. Их сияющие кузовы, ослепительный свет их фар, подобных горделивым взглядам, словно норовили вышвырнуть нас из этого потока роскоши и блеска. Но не в этот раз. Теперь надменно презирали мы. Наша машина двигалась плавно, неспешно и бесшумно, преисполненная достоинства, среди равных себе. Мы даже позволяли себе равняться с самыми элегантными из экипажей. Прежде всего с теми из них, что в своём освещённом салоне укрывали дам неотразимой красоты.

Габриель молчал. Он управлял автомобилем легко и точно, словно был его частью. Казалось, он не обращал никакого внимания на окружавшее нас великолепие. Впрочем, мне тоже не очень хотелось разговаривать. Мои глаза восхищённо разглядывали виды за окном, и в конце концов меня потянуло философствовать. Вот, подумал я, мы двое, члены этого золотого общества, принятые им, наслаждаемся всеми его привилегиями единственно благодаря свидетельству нашего показного богатства.

Если б мы попытались, то без труда сумели бы стать на короткую ногу и общаться с самым широким кругом представителей этого общества. Никто бы не утруждал себя вопросами относительно подлинности нашего богатства, не говоря уже о том, честно ли оно нажито. Являлось ли оно настоящим или только казалось таковым, украдено ли, заработано или досталось в наследство — всё равно! Нехитрого набора элементарных правил хватало любому подлецу или проститутке, чтобы взобраться в верхние слои местного социума. Но не это было хуже всего. Ведь были мы с Габриелем. Для их заурядного ума мы были обыкновенными бандитами, замышлявшими похищение. Но подобающий наряд достойных господ, в особенности автомобиль, убедительная жемчужина нашего достатка, уравнивали нас с остальными. «А что если большинство из них тоже бандиты? — гадал я. — Отличается ли их специальность от нашей?». Нечто сгнившее должно было скрываться под этими шелками и сверкающими драгоценностями, если до сих пор никому в голову не пришло соорудить стены и преграды на пути негодяев вроде нас. Подобное положение вещей ещё можно было оправдать тем, что само по себе наличие гангстеров не обязывает к возведению стен. Но речь не шла о малоопасных злодеях. Если бы мы задумали обыкновенное похищение, не более чем с целью получить выкуп или из личной мести, то такому замыслу, конечно, не достало бы важности, необходимой, чтобы власти приняли суровые меры. Но тут никакой личной подоплёки не имелось — преступление далеко выходило за рамки обычного. Оно служило частью большого всемирного преступления против всех и вся, и никто, ни одна нация, ни один человек, не смогут избежать его последствий рано или поздно. Неужели оно не вызовет соответствующего отпора по всему миру? «Нет», — ответил я себе, оглядываясь по сторонам. Если всё то, что я видел вокруг, принимало решение и всем заправляло, то нет, никакого спасения нет. Быть может, они того заслуживают?..

— Развлекаетесь, доктор?

— Всё это выглядит очень завораживающе и необычно. Но вот чтобы развлекаться — пожалуй, нет.

— Вглядитесь хорошенько, доктор, в эту бездну великолепия. Даю вам честное слово, что всю эту мощнейшую марксистскую пропаганду оплачивает не Коминтерн.

Я промолчал. Свидетельство были неоспоримо, и потому его ирония не нуждалась в ответе. Он повернул руль, и мы свернули на улицу потише.

— Не отужинать ли нам, доктор? — соблазнил он меня.

Предвкушая праздничный ужин, я с удовольствием согласился, и недолго спустя мы остановились у одного из шикарных ресторанов.

Габриель спросил, сильно ли я проголодался, и, получив положительный ответ, с серьёзным видом составил для меня меню. С особым наслаждением я вспоминаю того омара тёмно-красного цвета и два сорта вин, поданных с торжественностью языческого обряда. Мы долго сидели за столом. В ресторане шло настоящее представление с участием невероятно красивых, изящных дам, которые одна за одной прибывали в заведение. Мы сидели немного в стороне, отчего наблюдать было только удобнее, и поскольку Габриель почти не говорил и толком ничего не съел, я развлекал себя тем, что с любопытством рассматривал всё вокруг. Ужин и вина с безупречными кофе и коньяком вдобавок наполнили мою душу оптимизмом. Блаженное чувство усилилось ещё больше, когда я клубами напустил повсюду сизого дыма от гаванской сигары. Сквозь его завесу всё казалось привлекательным и прекрасным.

Габриель с рассеянным видом потягивал коньяк и курил сигареты одну за другой. Однако он всё это время, надо думать, следил за мной, так как заметил мне в упрёк:

— Ох, доктор! Не смотрите вы так, с таким провинциальным видом! Изобразите хотя бы немного непринуждённости и безразличия. Светские правила уже не требуют восхищаться женщиной вот так, обоими глазами заглядывая ей в лицо. Это «старорежимно». Теперь, доктор, они — и вот эти больше всех — желают выбирать сами, а не становиться избранными. И, разумеется, выбор у них не простой.

Я едва не покраснел. Но не столько от слов, сколько от серьёзности, с которой Габриель их произнёс. В них звучала ирония, но её не дополняла привычная улыбка, исчезнувшая с его лица навсегда. Я даже извинился.

— Это не дурной тон, Габриель, но обыкновенное любопытство. Вы же понимаете, мое заточение... я не отрицаю, что я восхищаюсь красотой... Но разве она не заслуживает восхищения?

Пока я задавал мой вопрос, мимо нас прошла женщина величавой поступью, достойной императрицы.

— Вы находите, доктор?

— Это подлинная красота.

— Не будьте так уверены. С такого расстояния вам не определить, да и с близкого тоже, впрочем. Вполне возможно, что ей столько же лет, сколько и вам, доктор, а очаровывающая вас красота есть следствие косметической хирургии, результат работы портного, ювелира и парикмахера; волшебство и украшение, плод трудов сотен мужчин и женщин, употребивших свои силы, науку и искусство на то, чтобы из старой курицы сделать павлина. Чтобы с точностью утверждать о её красоте, вам для начала следует отмыть её. Но и этого, вероятно, окажется недостаточно. Тогда вам придётся поскоблить и отмочить её в кислоте, дабы добраться до истинного облика.

— Вы преувеличиваете!

— Отнюдь, доктор. Если бы вы знали, на какие уловки идут порою дамы, высокомерные и прелестные, вроде этой... Хотите узнать правило?

— Какое?

— Прежде, чем судить окончательно, смотрите не на них.

— Неужели?

— Смотрите на её пару. Если компанию ей составляет молодой человек, пусть она и выглядит ему ровесницей, — по меньшей мере сомневайтесь. Если же на голове её спутника сияет порядочная лысина, то можно ручаться, что её красота — подлинная.

— Не утрируете ли вы?

— Моему правилу есть крайне мало исключений. Я тщательно его проверял. Поверьте.

Его слова прозвучали так, будто он сообщил положение, тысячу раз подтверждённое наукой. Тут он подозвал официанта и расплатился, и, судя по глубине поклона последнего, лбом едва не коснувшегося пола, чаевые были великокняжескими.

Мне удалось заметить, что Габриель рассчитывался французскими франками, без трюков и ловкости рук, из чего я заключил, что с финансами у Советов дела обстояли весьма неплохо.

На обратном пути он предложил мне посетить Лувр следующим утром. Я с радостью согласился. Последний раз я бывал там ещё в годы моей юности и хотел увидеть его вновь. Мы положительно сделались туристами. Я не решался спрашивать Габриеля о нашем парижском задании — я буду называть это заданием, — как и о том, когда нам предстояло его исполнять.

Он довёз меня прямо до моего жилища, где и оставил, пожелав спокойной ночи, без кошмаров про молодушек и старух.

Габриель прибыл, когда я ещё мылся в ванной.

В Париж мы въехали около десяти утра. Всюду сновали пешеходы и автомобили. Какое счастье, думал я, иметь возможность затеряться в этой толпе в полной анонимности: неизвестный, никого не зная, бредёшь куда глаза глядят, сделавшись ещё одним атомом в этой бурлящей массе. Великолепные здания не призывали моего внимания, и рассеянному взгляду чудилось, будто они сбегали назад. Но показавшаяся впереди Вандомская колонна вынудила вынырнуть меня из потока раздумий. Я мечтал о том, чтобы новый Наполеон взял Москву и освободил меня. Я желал этого, не задумываясь ни о печальной судьбе того, чья статуя венчала колонну, ни о трагическом конце русского генерала, возжелавшего уподобиться ему в собственном брюмере. Одно мгновенье длились мои грёзы, ибо, когда мы приблизились к ней, Габриель неожиданно высказал вслух:

— Нет. Как высоко ни вздымалась бы колонна, ей не превысить цены, заплаченной за твою славу. Вот ты возвышаешься здесь, Наполеон, весь из себя гордый и самодовольный, и теперь уже, поди, не помнишь, сколь шатким был твой престол. Кто скинет тебя вновь? — тут он остановил машину у въезда на площадь и продолжил. — Может быть, Гитлер, этот пьяный Бисмарк с потешными усиками? Вряд ли. Это непременно будет наша революция! Да, она его низвергнет. Я предложу, чтобы мы увезли эту колонну вместе со статуей и поставили её напротив Кремля, перед его последней завоевательной мечтой...

— Да вы с ума сошли! — не удержавшись, воскликнул я.

— Нет, доктор. Я порекомендую Сталину установить её в яме глубиной в высоту колонны, причём вверх дном. У ямы тоже есть величие — величие, свойственное тиранам. Яма — это перевёрнутая колонна.

Он снова завёл машину. Я заметил, что мы въезжали на улицу Риволи. Свернули в направлении Сен-Поль, удаляясь от сада Тюильри. Я спросил, а в Лувр ли мы едем. Он ответил, что ему необходимо на минуту заехать в посольство, а меня он оставит подождать в каком-нибудь кафе на Сен-Жермен. Мы проехали площадь Шателе и по мосту Сен-Мишель попали в Сен-Жермен.

Но мне было не суждено в тот день насладиться классической живописью. Уже в аристократическом районе Габриелю пришло в голову купить газету. Он остановился и приобрёл свежий номер. Пробежав глазами по страницам, будто выискивая что-то определённое, он вскоре зафиксировал взгляд и стал читать. Прочитанное, верно, не понравилось ему вовсе, потому что он с нескрываемой злобой швырнул газету между нами. «Идиоты!» — глухо выкрикнул он. Я не имел ни малейшего представления, кому это оскорбление предназначалось.

Он в очередной раз включил зажигание. Его лицо исказилось в гримасе жестокой досады. Проехав немного, он опять остановился и направился к газетному киоску. Было видно, как он покупал одну за другой несколько газет и в каждой из них что-то вычитывал. Любопытство вынудило меня поднять брошенную им газету. Габриель оставил её развёрнутой на прочитанной странице, и мне захотелось выяснить причину его расстройства. Но ничего подозрительного я не нашёл, лишь новости и заурядные заметки, ничего такого, с чем можно было увязать его досаду. Разве что телеграмма из Лозанны вызывала подозрение: в ней сообщалось, что на шоссе на выезде из города был расстрелян из пулемёта некий гражданин Чехословакии по имени Ганс Эберхард. Имя мне было неизвестно, а гражданство запомнилось только потому, что совпадало с моим тогдашним. Я гадал, послужило ли это преступление причиной возбуждения Габриеля. Но времени порассуждать мне не хватило, так как в ту секунду он забрался обратно в машину и бросил на сиденье кипу газет. Я отодвинулся ближе к своему окну, освобождая место для него и бумаг. Но меня одолевало желание выведать об этом побольше, и посему я искоса поглядывал на газетный ворох. Как минимум одно из изданий было швейцарским, из Лозанны. Пообещав себе установить позже, упоминалось ли убийство чеха на той странице, где газета была развёрнута, я сперва решил попытать удачу иным способом.

— Плохие новости? — спросил я.

— Ни плохие, ни хорошие. Лично меня это не касается. Просто берёт досада от недостатка ума и выдержки у некоторых сотрудников. Причём при исполнении своих профессиональных обязанностей!

— Вероятно, недостаток опыта, профессиональная незрелость, — старался я умерить его пыл, делая вид, что мы разговариваем о чём-то повседневном.

— О нет! Речь идёт о специалистах, проверенных многими годами службы.

Теперь я стал ещё больше подозревать то убийство и попробовал разговорить его.

— Моей профессии свойственны случайные ошибки. Врачебная ошибка? Больной друг?

— Вы ничего не узнаете, доктор. Не пытайтесь меня разболтать.

Несколько секунд он молчал, а затем внезапно издал удивлённый возглас. Он снизил скорость и, продолжая управлять автомобилем одной рукой, надел другой очки.

— Поглядите на этого типа с газетой, шагающего навстречу.

Я взглянул на незнакомца. На нём также были непроницаемые очки. Он шёл нам навстречу, а в руке держал газету, однако не читал её.

— Выходим, доктор. Не упускайте его из виду. Я пойду за вами вслед.

Мы вышли. Он дал мне немного времени отойти и запер дверцы автомобиля на ключ. Подчиняясь новым указаниям, я прошёл вперёд, пока не приблизился к тому человеку на расстояние шести-восьми метров. Габриель через секунду нагнал меня.

— Продолжайте идти. Я буду прятаться за вами: он меня знает.

Так мы и поступили. Лишь слышались мерные шаги чилийца за спиной.

Мужчина лет сорока на вид, прилично одетый. Двигаясь несколько беспокойным шагом, он то и дело неприметно озирался по сторонам. Меня он, уверен, заметил, однако моя внешность, по-видимому, не вызвала у него подозрений. Когда его голова обратилась в мою сторону чуть больше, Габриель тихим, едва различимым голосом, продолжая скрываться за спиной, приказал сойти с тротуара. Я повиновался. Габриель следовал за мной по пятам, притворно зажав нос платком.

Таким образом мы дошли до конца улицы, затем пересекли ещё две и, пройдя ещё одну, вышли на площадь. Вероятнее всего, то была площадь Сен-Жермен, но не берусь утверждать точно, поскольку почти всё зрение я в те минуты сосредоточил на преследуемом господине.

Он завернул к станции метро и, спустившись по лестнице, исчез из вида.

— Бегите! — едва не прокричал Габриель, дёрнув меня за руку.

Я рванул, устремившись ко входным дверям.

— Скорее спускайтесь, — вновь гнал меня он, — возьмите два самых дорогих билета и не отступайте от него ни на шаг!

Я мигом сбежал вниз, налетая на прохожих и только чудом не упав. Тот человек только что купил билет и собирался уходить. Я взял два билета. Подоспевший Габриель взял себе один, и мы вошли внутрь. Нам показалось, что мы различили его в толпе, и мы поспешили за ним. Но, вбежав на платформу, я не смог его обнаружить.

— Вот он, — указал Габриель и добавил: — Подберёмся ближе, но разделимся, поедем в разных вагонах.

Габриель снял очки и закрыл лицо газетой, сделав вид, что читает. На платформе стояло много пассажиров. Прибыл поезд. Слившись с потоком, мы попали в вагон по соседству с тем, в котором ехал незнакомец. Габриель разговаривал со мной на русском. Он инструктировал, что на следующей станции мы перейдём в вагон к тому типу. Там нам придётся разделиться, однако мне нельзя терять Габриеля из вида, потому что, как только я увижу, как он вынимает носовой платок, я должен буду сойти на ближайшей станции. Когда же сойдёт он, мне к нему приближаться не стоит. Если будет нужным, он сам ко мне подойдёт. В случае, если нам встретиться не удастся, мне следовало ожидать его у машины. Если и там он не появится в течение двух часов, я должен буду позвонить в посольство и спросить товарища Шпигельгласса и указать своё местоположение. Только ему мне можно доложить о случившемся. Он также добавил, что мне следует уточнить, что мы следили за Вальтером.

Он давал эти инструкции в спешке. В следующую секунду поезд остановился. Мы вышли и вошли в соседний вагон через разные двери. Оба остались стоять.

Я не мог ни о чём думать и лишь сосредоточенно наблюдал. Габриель вошёл в вагон через последние двери, преследуемый мужчина сидел к ним спиной. Я вошёл через первые. Ничего не происходило. Габриель снова «читал», словно ему не было дела до окружающего мира, расположив газету аккурат между своим лицом и головой господина. Я не успел в полной мере оценить обстановку, когда поезд тронулся. Перед следующей станцией, когда скорость стала снижаться, Габриель достал платок.

Засвидетельствовав сей факт, я вышел из вагона, как только раскрылись двери.

Каждый имеет примерное представление о времени в хронометрическом смысле. Но есть у него и другое измерение, о котором нам не известно почти ничего. Я говорю об особом его течении в минуты событий необычайной силы, вызывающих величайшее душевное и телесное напряжение. В таких случаях время перестаёт быть временем в привычном его понимании — оно становится вечностью.

По прошествии стольких месяцев я всё так же живо переживаю события того дня в своих воспоминаниях и, прибегая к подобной абстракции, единственно хочу дать наиболее полное представление о том, что случилось в течение половины минуты на часах, но что на самом деле тянулось вечность.

Покинув вагон, я смешался с потоком пассажиров и направился в сторону хвоста поезда. Минуя крайние двери вагона, в котором остался Габриель, я кинул косой взгляд и увидел, что он едва не касался газетой уха незнакомца. Я сделал ещё пару шагов, но тут какой-то слабый блеск, не сразу распознанный моим мозгом, заставил меня ступить назад. «Что-то» находилось в руках Габриеля. Я продолжил идти, наблюдая за ним вполоборота. Габриель уже не читал, но рассеянно смотрел в потолок. Однако самое захватывающее происходило с изнанки газеты. Левой ладонью он сверху держал бумагу, края которой почти касались головы преследуемого. Правой же якобы поддерживал листы снизу. Но из его кулака торчало тончайшее лезвие, походившее на скальпель, обухом прижатое к вытянутому указательному пальцу. Раздался звонок, извещая об отправлении поезда. Двери всех вагонов автоматически закрылись за исключением тех, где стоял Габриель, ибо он блокировал их ногой. Я следил за ладонью Габриеля. Мне одному было видно, ото всех остальных её скрывала газета. Она двигалась, и лезвие ножа уже отделяло от шеи жертвы не более пары сантиметров. Тут поезд дёрнулся, собираясь трогаться. Больше я ничего не увидел. Я, наверное, закрыл глаза — чёрная тень скрыла от меня руку Габриеля. У меня даже упасть не получилось, трель звонка и шум движения поезда словно обхватили меня и удержали на ногах. Когда я открыл глаза, Габриель держал меня под руку. В нескольких шагах виднелась спина жандарма.

Всё это длилось считаные секунды, что требуются поезду парижского метро для остановки и немедленного отправления. Честное слово, в тот день время перестало существовать — я пережил вечность!

Мне было неизвестно, успел ли Габриель рассечь сонную артерию жертвы перед тем, как выскочить из поезда в последнюю секунду. Ноги затряслись, точно при эпилептическом припадке.

Еле-еле получалось их тащить, хотя мне казалось, что я скачу. Уста тщетно силились кричать, но не испускали ни звука.

Габриель, должно быть, заметил что-то ненормальное на моём лице. Он крепко схватил меня за руку и вывел из станции. Когда мы оказались на улице, он чуть ли не отругал меня:

— Да что с вами такое?! Что происходит, доктор?

Я пытался ответить, но язык не слушался. У меня только и получилось, что предъявить трясущийся подбородок да стук дрожащих зубов.

Габриель ударил меня ладонью по спине.

— Идёмте! Скорее! Что вы как ребёнок, доктор!

Он вёл меня неспешно и молча, крепко схватив за локоть. Я не знаю, куда мы шли. Вероятно, мы взяли такси. Лишь помню, что я вновь очутился в нашем автомобиле. Мы стремительно мчались по Парижу. Вот мы оказались уже за городом, в окружении лесов, шале и дворцов, а мои колени всё ещё тряслись и стучали друг о друга.

Насколько я мог понять, мы ехали где-то в Версале. Через короткое время Габриель остановил машину перед рестораном, окруженным садом. Он помог мне выбраться наружу, и мы вошли в заведение. В огромном очаге тлела большая груда углей, на которых запекалось несколько румяных золотистых курочек, источавших упоительный запах. Официант провёл нас к столику, скрытому изгородью, и мы уселись. Он мигом покрыл стол скатертью, и передо мной возникли два цилиндрических сосуда с причудливым содержимым, жидким и твёрдым.

— Пейте, доктор, пейте! — призывал Габриель, одновременно предлагая сигарету. Я жадно выпил большое количество той жидкости залпом и тут же почувствовал, как мои глаза заслезились, а грудь запылала огнём. Я, кажется, начал глубоко и часто дышать. Пойло было очень крепким.

— Ну что, доктор? Пришли в себя?

Я кивнул, ещё не в силах говорить.

— Что это было? Что это было, доктор? — пытал меня Габриель.

Я выпил ещё, но ничего не ответил. Когда же он повторил вопрос, я, расхрабрев от возлияний, воскликнул:

— Да вы же сущий демон, Габриель!

Было видно, как из его уст готов был вырваться взрыв смеха, но не вырвался — он утопил его в стакане с огненной водой. И после ответил:

— Бросьте, доктор! Прямо-таки демон? Нет, обыкновенный человек, не более. Но к чему эта неуместная рисовка? Докладывайте, доктор! Вы, что ли, увидели хвост Сатаны?

Я выпил ещё, черпая в напитке недостававшую мне смелость.

— Да, Габриель, я видел дьявола... я всё видел!

— Ах, доктор! Ваше проклятое любопытство! Детская любознательность, которая может дорого вам стоить. У вас слабое сердце, оно отказывает вам.

— Отказывает, как и вашим начальникам. Должен же я быть чем-то похож на великих революционеров.

— Да, но по иной причине. Ваше сердце — чистой воды мораль. Вам было бы достаточно обратиться к своему профессиональному сознанию, чтобы не воспринимать вот так подобные пустяки.

Как всегда, Габриель прибегал к парадоксам, когда ему нужно было отвлечь моё внимание от чего-то тяжёлого и неприятного. Мне следовало поддержать его.

— Причём здесь моё профессиональное сознание?

— Притом, доктор. Ваша рука не дрогнула бы, став уверенной и твёрдой, как моя, если бы вам нужно было извлечь поражённую, гниющую железу.

— Разумеется, что не дрогнула бы. Но здесь совсем другое дело, речь идёт о жизни...

— Нет. То, что вы называете жизнью, есть лишь гнилая клетка, которую следует удалить перед тем, как она успеет заразить другие. Иначе они вместе и впрямь станут угрозой для жизни настоящей, социалистической жизни. Смотрите на это таким образом, профессионально. Я есть врач, призванный оберегать эту жизнь. И тогда вы найдёте совершенно естественным тот факт, что моя рука не дрожит.

Как если бы мы болтали о пустяках, он подозвал знаком официанта и попросил меню. Он посоветовал мне несколько блюд, со всеми из которых я согласился. Без сомнений, чилиец желал устроить для меня банкет в качестве компенсации за пережитое.

Принесли закуски и вино — всё было восхитительным. Приступили к обеду. Однако я не собирался завершать нашу беседу там, где Габриель, уже возомнив себя победителем, положил ей конец.

— Кажется, вы говорили, Габриель... Ах да! Вы ссылались на профессиональную тождественность, но я не соглашусь.

— Естественно, что не согласитесь. Я понимаю, понимаю: ваша мораль, ваше самость и так далее, и тому подобное.

— Я всегда буду утверждать, что никто не имеет права распоряжаться жизнями таким образом. Что вам сделал этот человек, которого вы убили?

— Вы в этом уверены?

— Разве вы его не убили?

— Нет. Увы, нет.

— Какое облегчение! — не удержался я от радостного восклика и удовлетворённо выдохнул.

— А вы так подумали? Нет, оставалась лишь доля секунды, но ничего не вышло. Чёртов жандарм!

— Ангел! Это был его ангел-хранитель!

— Не всем, кого убил он, хватило ангелов.

— Лозанна — это его рук дело?

Габриель удивлённо взглянул на меня, его ладонь с вилкой зависла в воздухе... и тут я понял, что проговорился.

— Откуда вы знаете про Лозанну? Я вам ничего не говорил.

Мне в лицо, должно быть, ударила краска, как ребёнку, которого поймали с липкими от мёда пальцами. Пришлось признаться.

— Дедукция, Габриель. Простая дедукция. Утром, пока вы стояли у киоска и изучали прессу, я прочитал известие в газете, оставленной вами в машине. И поскольку среди купленных газет была одна швейцарская, из Лозанны, то я...

Он перебил меня.

— Вы становитесь опасны, — предостерегающим тоном заметил он, но не рассердившись. — В вас развился инстинкт ищейки, который...

— Я не виноват, Габриель. Я живу, то есть вы принуждаете меня жить в этой так называемой вами полицейской среде, где у меня нет связи с другими, и, сам того не желая...

— Да, доктор, это объяснимо. Но я советую вам изменить направление. Шпионьте вовне, а не внутри. Так будет лучше.

Я хотел было и дальше оправдываться, но Габриель продолжил:

— Теперь я обязан разъяснить вам, дабы вы нечаянно не допустили какую-нибудь ошибку. Нет никого опаснее, чем частично осведомлённый человек. Будет вам известно, доктор, что человек, которого вы сегодня видели в опасности, — это генерал...

— Ещё один! — выпалил я.

— Да, ещё один. Во всяком случае, у него имеется такое звание. Начальник военной разведки этой части Европы.

— Он всё ещё им является?

— Официально — да. Но в действительности он ходячий труп. Предатель, опасный предатель, который в силу своих полномочий слишком много знает.

— Это он убил того Ганса?

— Нет. Тот Ганс, то есть Рейсс, был его другом и сообщником. Изощрённый троцкист, еврей...

— Так это вы его убили?

— Всё это скверно, ужасно скверно. Но да, мы его ликвидировали. Не знаю, расстроит ли это происшествие наше дело. Отсюда моё негодование. Из-за этого точно поднимется переполох, вмешается полиция. Этот Кривицкий быстро сообразит, он знает, откуда был нанесён удар, и вычислит тех, кто мог его совершить. Естественно, ему известны эти тупоголовые исполнители, он выдаст их улице Гренель... И всё из-за бульварного сознания, столь нынче распространённого! Их культура — это кино и детективные романчики. Машины, яды, пулемёты... Кино, чистое кино. А ведь их предупреждали! Теперь вы понимаете моё возмущение. Несколько часов назад в моих руках оказался человек, который может дать той оплошности серьёзный оборот, поэтому я и хотел его устранить и вместе с тем преподать урок исполнителям покушения на Рейсса...

— Урок? Какой?

— Простой. На практике показать, как необходимо действовать. Никаких мудрёных и театральных приёмов. Никаких следов и разоблачающих улик. Всё должно выглядеть естественно, в рамках обыденного и привычного. Как если бы на жертву упал кирпич. В общем, вы сами всё видели. Если бы не жандарм, что возник в десяти сантиметрах от меня в тот самый момент, когда виновник уже был готов поплатиться, то ярёмная вена последнего была бы уже рассечена и он вместе с остальным пассажирами мчался бы в глубине туннеля. А я без подозрений и следов покинул бы станцию метро. Разве не так?

— Да, точно так. Как в случае с Навашиным, — брякнул я, увлекаемый воображением, возбуждённым Габриелем. И тотчас пожалел.

— Вы и про это знаете! Да вы патологический случай, доктор!

Я уже хотел было признаться, оправдываясь, что стал свидетелем убийства, но, к счастью, вовремя осёкся, иначе бы только усугубил своё положение. Нашлось иное объяснение.

— Я прочёл об этом спустя несколько часов в газетах. Вы же помните, как оставили меня одного. Узнав об этом из прессы, мне было трудно не связать Голдсмита с Навашиным.

— Вы никогда об этом не говорили...

— Видите ли, никак не находилась удобная минута и возможность, — и, стараясь скорее сменить тему, я добавил, — кстати говоря, у меня всё не выходит из голова та бумага, что я привёз из Мадрида. Вы знаете, для чего она предназначалась?

— Да, бумага предназначалась для моей поездки в Испанию. Вернее будет сказать, она её обосновывала.

— Неужели? Обыкновенный пустой лист?

— Нет, доктор. Не пустой, а с моей подписью. Вам же известно, что на нём остались мои отпечатки.

— Да, верно.

— Так вот, они вписали в неё расположение корабля, перевозившего оружие для лояльных испанских войск. Этот корабль был впоследствии захвачен судном мятежников в водах Атлантики.

— А зачем им понадобилась бумажка?

— Всё просто. На следующий день после задержания несчастного Дюваля — меня, как они полагали той ночью, — в советское посольство явился военный атташе посольства Испанской Республики. Мы ждали его. Его принял молодой статный секретарь. Это был я. Совершенно искренне, без всякой задней мысли испанский военный вручил мне бумагу с моими отпечатками и точными градусами долготы и широты захваченного корабля. Он всё тщательно объяснил, а также подробно описал в отчёте, который любезно изволил доставить. Я, Дюваль, задержанный предшествовавшей ночью, по его словам, вручил эту бумагу несколькими днями ранее шпиону из Гестапо, в результате чего был захвачен республиканский груз. Сразу после задержания Дюваля на самолёте отправили в Испанию, но, к несчастью, посреди полёта я выбросился за борт, когда самолёт пролетал над территорией мятежников, и они, мол, очень сожалели об этой неудаче, ибо рассчитывали, что в Мадриде я раскрою им весь шпионский аппарат фашистов. Поэтому, дескать, они спешили донести и указать на меня в нашем посольстве, с тем чтобы наши службы приняли необходимые меры предосторожности. Видите ли, они располагали сведениями о том, что я работал на советскую разведку и совсем недавно находился в Испании в качестве агента СССР. Вот такую историю простодушно поведал мне уважаемый военный.

— И что же сделали вы?

— Ничего. Я лишь попросил его расследовать, если возможно, как этому чёртову Дювалю удалось выброситься из самолёта посреди полёта. Я выразил любопытство относительно технических подробностей побега. Военный округлил глаза, не сумев отыскать связи между такой просьбой и изложенными им фактами. Он даже попросил объяснить причины моего технического интереса. Я ответил, что мой интерес имеет исключительно научную природу и носит, так сказать, ретроспективный характер. Мне хотелось узнать об этом больше, чтобы лучше уяснить себе, как за несколько лет до этого из своего личного самолёта над Ла-Маншем сумел выпасть некто Лёвенштейн. После этого атташе проводили, выразив самую горячую благодарность. Не сомневаюсь, что он за чистую монету принял такую весьма необычную реакцию русских.

— Вижу, что вы так и не поняли, как ваши отпечатки оказались на том листке. Или догадались?

— Нет, пока не знаю.

— А я знаю.

— Не может быть!

— Да. Бумага была из уборной мадридского отеля.

Его глаза расширились и даже заблестели радостным огоньком.

— Находчивый же этот Берзин! Отныне нужно ходить в туалет в перчатках...

Обед завершился. Мы ещё долго беседовали за столом, пили кофе и ликёры, курили. Но ни о чём важном более не разговаривали.

Когда солнце уже клонилось к закату, Габриель отвёз меня домой и оставил. Несколько следующих дней я его не видел.

XXXIV
ПОХИЩЕНИЕ МИЛЛЕРА

Десять или двенадцать дней я провёл в полном одиночестве. Хозяин дома был единственным человеком, которого я видел. В один из дней Педро — так звали хозяина — сообщил мне, что грядущей ночью мне нанесут визит. Весь вечер до самого поздна я тешил себя надеждой, что похищение отменится. Какими дерзкими бы они ни были, рассуждал я, они всё же не решатся совершить два громких преступления за столь короткое время. Несмотря на то, что убийство Рейсса случилось в соседней стране, полиция безусловно знала, что организовано всё было во Франции, и скандал непременно бы усилился, если бы прямо в Париже было совершено ещё одно преступление против видного деятеля белой эмиграции. Да ещё и с тем отягчающим обстоятельством, что оно являлось бы рецидивом, поскольку всего несколько лет назад исчез генерал Кутепов. Я уже не сомневался, что визит понадобился единственно для того, чтобы известить меня о переносе или отмене задания, и с этой надеждой ожидал посланника, коим, как мне хотелось верить, окажется Габриель.

Ещё не пробило десяти, когда приехала машина. Я стал весь внимание. Со стороны лестницы послышались голоса и шум приближавшихся шагов. Мне показалось, что звуки издавали несколько человек. Я перепугался. Почему-то я боялся, что это французская полиция. Но слишком долго бояться мне не пришлось, потому что вскоре дверь распахнулась, и тут же возник Габриель в сопровождении двух или трёх человек, чьи тёмные силуэты выглядывали из-за его спины. А что, если это конвой полиции, который он привёл, чтобы сдать меня? Он поздоровался как обычно и указал на своих трёх спутников, представив меня жестом как «доктора», а их — просто «товарищами». Вот и всё знакомство.

Я пригласил гостей садиться, что они и сделали. Не знаю, отчего, но казалось, что встреча носила характер некоторой торжественности.

Двое были блондинами, уж не знаю, настоящими ли. У одного из них — чистые голубые глаза, так что, скорее всего, цвет его волос был естественным, а у другого глаза карие. Рослые, даже высокие, они имели характерную немецкую наружность. Третий же — невысокий, тощий и смуглый. На вид невзрачный. Единственное, что можно было отметить в его лице, — узкий лоб и густые брови. Все трое были хорошо одеты.

Габриель первым вступил в разговор, вынув из кармана пиджака бумажный свёрток.

— Давайте пройдёмся по деталям дела Миллера, — сказал он, развернув бумагу и положив её на маленький столик в центре комнаты.

— Всё состоится? — осмелился спросить я.

— Да, доктор, — сказал Габриель, толком не обратив на меня внимания.

— Могу я сделать замечание?

— Разумеется, говорите, — ответил он.

— Не слишком ли рискованно, имея в виду возможные последствия, исполнять дело прямо сейчас, после того, что совсем недавно произошло?

— Нет. То происшествие послужит в стратегическом смысле отвлекающим манёвром. Также, как вы понимаете, все возможные последствия были предусмотрены и был отдан точный приказ действовать. Как бы то ни было, я благодарю вас за ваше замечание, которое несомненно выражает вашу сильную озабоченность интересами Советской родины. Спасибо, доктор.

Я заметил, как два предполагаемых немца с любопытством и почтением взглянули на меня, когда Габриель кончил ответ.

Следует добавить, что мы общались на русском.

Габриель рассмотрел бумагу, оказавшуюся картой Парижа, и, ткнув в ней пальцем, продолжил:

— Встреча с Миллером назначена вот здесь, на углу улиц Жасмэн и Раффэ, шестнадцатый округ. Важно не наносить удар прямо там. Может статься, что Миллер отправит своих людей на разведку. Хотя он, судя по всему, и уверен в верности другого генерала, не исключено всё же, что он примет меры предосторожности. Мы должны избежать возможных свидетелей и предотвратить постороннее вмешательство.

— Как это обеспечить? — спросил «немец» постарше.

— Это может представлять некоторые трудности, поскольку нам придётся принимать решения на ходу, и зависеть всё будет главным образом от того, как поведёт себя Миллер. Вы, товарищи, должны будете наткнуться на генерала, когда тот будет направляться к оговоренному месту, так, словно вы повстречались случайно. Этот факт не должен будет удивить генерала, ибо ему известно, что вы все следуете в одном направлении. Скоблин уже передал ему, что полковник — то есть вы — знает его в лицо, и потому он найдет это естественным, что вы втроём поприветствуете друг друга. В то же время вы передадите Миллеру, что Скоблин ожидает на условленном углу. Однако эти действия, несмотря на кажущиеся лёгкость и непринуждённость, требуют приготовлений и разрешения вероятных непредвиденных затруднений, что мне не очень нравится. Мне нужно наладить связь для передачи сведений. Первый пост наблюдения я должен установить напротив места, откуда генерал отправится на встречу. Но как мне его обнаружить? Установлю пост рядом с Домом инвалидов. Это самое вероятное место, но не единственное. Если он выйдет оттуда — либо сверху, либо с противоположной стороны, — то меня уведомят, а также сообщат, идёт ли он пешком и по каким улицам. В таком случае будет несложно вычислить улицу и направление, по которым он придёт. Если он выйдет не из Дома инвалидов, то у меня останется возможность определить его местоположение с помощью телефонных звонков Плевицкой: если ей удастся его обнаружить, она даст мне знать. Но всё это — исключительно моё дело, больше оно никого не должно занимать. Вам четверым необходимо будет расположиться в такси неподалёку от места встречи и ждать моих приказов. Если Миллер прибудет один, как и было уговорено, и ничего подозрительного вокруг замечено не будет, я укажу вам двигаться ему навстречу вдоль той улицы, по которой, как мы узнаем, он будет идти. Вы двое уже видели его, как и водителя машины. Когда он появится в поле зрения, и если он будет шагать по тротуару справа от вас, водитель остановит автомобиль. Вам обоим нужно будет выбраться наружу прежде, чем он сможет вас увидеть. Сразу после этого начинайте шагать в направлении условленного угла, но передвигайтесь неспешно, так, чтобы у генерала получилось нагнать вас. Это позволит вам случайно встретиться до того, как вы достигнете места встречи.

— Ну что же, остальное нам троим уже известно, — перебил его «немец» помоложе.

— Как я сказал вначале, — продолжил Габриель, — все эти довольно запутанные манёвры я придумал с единственной целью: не проводить операцию непосредственно в месте встречи, оговорённом с Миллером; дабы избежать возможного вмешательства людей, которых он может туда подослать. Но вероятность настигнуть его до пересечения улиц Жасмэн и Раффэ полностью зависит от нашей способности предугадать точку, из которой генерал начнёт путь. Если он выйдет из непредвиденного места или же отправится на автомобиле, а не пешком — то мы ничего не обсуждали. Вся эта подготовка станет бесполезной, от этих мер придётся отказаться. Останется только одна возможность: схватить его на месте встречи, рискуя столкнуться с его сообщниками. Мне бы не хотелось до этого доводить, но мы обязаны подчиниться, поскольку приказ не допускает отлагательств или отмены. Шпигельгласс сделал окончательное распоряжение. В свою очередь, я делал возражения Слуцкому, указав на большую опасность действий непосредственно на месте и даже предупредил об этом наркома. Но тот ничего не ответил, а Слуцкий и Шпигельгласс приказывают действовать. Я запросил дать мне карт-бланш, с тем чтобы я имел право приостановить проведение операции в любой момент, но получил отказ.

— Им неизвестно о замысле совершить похищение, пока генерал будет в пути?

— Нет, товарищ, — ответил мне Габриель, — те двое ничего об этом не знают, и я благодарю вас за этот вопрос, так как должен предупредить всех присутствующих, что о моём плане нападения на Миллера по дороге, а не на перекрёстке, никому нельзя сообщать. За исключением нашей пятёрки, которая будет действовать на свой страх и риск. Больше никто об этом не должен знать. Никто, повторяю. Ясно? Если потребуется, я отвечу за свой приказ перед самим Ежовым, и ввиду этого с вас ответственность будет снята. Если желаете, товарищи, я готов выдать вам письменное подтверждение моего приказа с подписью. Нужен ли вам такой документ?

Они переглянулись, два германца. А я поспешил ответить:

— Мне не нужен, товарищ.

Немцы также отказались.

— А ты, товарищ? — спросил Габриель третьего, что всё время молчал.

— И мне не нужен.

— Благодарю, товарищи. Я продолжу. В случае необходимости действовать на перекрёстке вы двоё будете ожидать там, то есть вы прибудете туда с хронометрической точностью. Поскольку Скоблин не явится, вам придётся прождать вместе с Миллером некоторое время. Вы уже заучили подробности разговоров о фон Вицлебене и Беке. Поддерживайте беседу так долго, как того потребуют обстоятельства. В подходящий момент, сославшись на отсутствие Скоблина, предложите генералу переговорить в удобном ему месте. Пусть он сам выберет, где именно, — с вашей стороны никаких предложений исходить не должно. Если он согласится, ты, товарищ, — он указал на молодого, — приподнимешь шляпу. По этому знаку наше такси начнёт очень медленно, прижимаясь к тротуару, приближаться к вам. Вы подтолкнёте Миллера к тому, чтобы воспользоваться этой машиной и отправиться в выбранное им место. Там вы, дескать, обсудите что-нибудь потрясающее вроде краха Советов и того, как, благодаря Миллеру, их можно заменить царём. Дальше или я ничего не смыслю в психологии, или генерал сядет в машину без колебаний и подозрений. Что касается вас, доктор, во втором случае вы покинете такси перед тем, как эти два товарища в неё сядут. Вместе с этим товарищем вы постараетесь переждать в небольшом отдалении, целиком погрузившись в чтение и обсуждение чего-нибудь только что прочитанного в газете, которая будет находится в ваших руках. Если Миллер усядется в автомобиль добровольно, то при включении зажигания возникнет неполадка, которую водитель исправит в тот самый момент, когда вы с товарищем окажетесь напротив дверцы автомобиля. Водитель вновь сядет за руль и с рёвом и грохотом заведёт двигатель. В тот же миг товарищ распахнёт дверцу. Все трое схватят Миллера, а вы, доктор, как-нибудь попытаетесь влезть в салон. Машина тотчас рванёт, и дальше вам останется только сделать укол. Несмотря на известную возможность вмешательства со стороны людей Миллера, не беспокойтесь на сей счёт. Я лично вступлю в случае необходимости.

— Не слишком ли нас много для одного автомобиля? — засомневался я.

— Да, много, но такси вместительное, с высоким потолком. Это обстоятельство было принято в расчёт. Должен заметить, что, когда вы вдвоём будете садиться, двое товарищей и Миллер будут занимать только заднее сиденье. Там они будут держать генерала неподвижным. Вам будет предоставлено всё оставшееся место. Ещё замечания?

Все промолчали. Сотни предлогов для отсрочки приходили на мой ум, но было ясно, что дело уже решено, поэтому я промолчал.

Он стали расходиться. Задержавшись на пороге, Габриель, когда уже другие его слышать не могли, приободрил меня:

— Веселее, доктор, всё будет хорошо. Доверьтесь мне.

Сейчас, когда я пишу эти строки, я нахожусь в тысячах километров от Парижа, а с того дня прошло уже немало месяцев. Однако сцены тех событий всё так же ясно предстают перед моим мысленным взором. До той поры мне, разумеется, доводилось переживать ужасные и трагические минуты, в конце концов моя жизнь бывала в опасности, но всё же я всегда был не более чем очевидцем и если участвовал, то под угрозой и надзором. В случае с Гамарником обстоятельства были совершенно другие: дело происходило на советской территории, в рамках закона, преступного закона, правда. Тем не менее он узаконивал моё преступное соучастие. В Париже — нет, я был субъектом, действующим лицом преступления, орудовавшим вне закона. Естественно, что моё психологическое состояние разительно отличалось. К отвращению и моральному осуждению этого поступка добавился ещё страх перед законом, который мог и обязан был меня покарать в случае провала. Бессчётное количество раз в самой настоящей панике я осматривал шприц. С необычайной бережностью я вновь и вновь доставал его, проверял и затем укладывал обратно в металлическую трубку, начинённую ватой. Со шприцем была связана известная трудность: необходимо было исключить случайное нажатие на поршень, которое могло привести к излиянию содержимого. Я решил её с помощью алюминиевого цилиндра с мягкой подбивкой, размером примерно с наполненный шприц. С такой трубкой со шприцем внутри, спрятанной в верхнем кармане жилета, можно было не опасаться, что раствор вытечет.

Поскольку последние надежды на длительную отсрочку задания исчезли, не говоря уже о его отмене или моём отстранении от него, мне уже почти что хотелось, чтобы ожидание скорее окончилось. Коли злодеянию суждено было свершиться, так пусть оно случится как можно скорее, дабы я мог уже сбросить с себя эту тяжелейшую ношу, пусть только с тем, чтобы взвалить на себя другую.

И как наступает всё плохое, так и настал тот день.

Примерно в десять часов приехал Гарбиель. Поторапливая меня, он повелел собрать всё необходимое для операции, проведение которой назначили в тот же день между двенадцатью и часом. Как ни старался я мысленно подготовить себя, все усилия оказались бесполезными. Совершенно бессмысленно я заходил по комнате. Захотел сперва накинуть пальто, но после передумал, ибо вспомнил, какая хорошая погода стояла в ту пору. Также рассудил, что оно будет только излишне сковывать мои движения. Взял ампулы и шприц и в силу инерции ума долго соображал, как их следует дезинфицировать. Стало очевидно, что по натуре я был просто не приспособлен к подобным ненормальным обстоятельствам. Наконец мне удалось наполнить шприц, после чего я вложил его в цилиндр и спрятал в жилетном кармане. Габриель молча следил за мной, и, когда я закончил и уставил на него взгляд, он предупредил:

— Я советую вам успокоиться. Для этого сосредоточьте всё внимание исключительно на том, что необходимо сделать только вам. Не думайте ни о чём другом, позвольте каждому исполнить свою роль. Не беспокойтесь о том, хорошо ли у них получится или нет. Ах да! Ещё кое-что: вот ваш новый паспорт на случай задержания. Изучите его прямо сейчас. Вы польский врач, направляющийся в Испанию, где вы уже бывали прежде, с целью примкнуть к республиканским войскам. О Миллере вам ничего не известно. Ваши товарищи, также испанские офицеры, сказали вам, что это якобы полковник из Интербригады, страдающий умственным расстройством, из-за чего он покинул фронт, и, дескать, вы всего лишь хотели отвезти его в лечебницу. Ваши товарищи признаются, что обманули вас. Вам легче? Мы делаем для вас всё, что в наших силах. Вас немедленно отпустят, потому что крови пролито не будет. Они установят залог, который тотчас будет внесён, после чего мы покинем Францию. Я не могу явиться к наркому без вас: вы же знаете, какое умиротворяющее воздействие вы на него оказываете.

Я выучил своё новое имя и прочие подробности своей официальной личности — некто Казимир Штемлер из города Лодзь, врач.

Мы вместе вышли в сад. Справа от ворот находился крытый грузовик средних размеров. Я не успел обратить внимание на что-либо ещё, так как мы спешно забрались в машину и сразу тронулись. Педро отворил ворота. Напоследок Габриель предупредил его, чтобы тот был начеку после двенадцати. Педро подтвердил. Он, судя по всему, был уже проинструктирован. Мы уехали.

День стоял чудесный. Даже моим мрачным думам было не под силу помешать мне восхищаться тем ясным светом, которым солнце щедро одаривало растения, воздух и прохожих. А мягкий обдававаший благоуханной свежестью ветерок, казалось, стремился унести прочь мучительные мысли из моей головы.

Длинным извилистым путём опоясав город, мы наконец въехали в Париж. Дома стали складываться в стройные улицы, каждая следующая краше и богаче предыдущей. По бульварам и тротуарам зашагали бесчисленные прохожие. Сей факт, впрочем, не способствовал успеху предприятия — ведь, пройди сейчас дождь, на улице бы не осталось свидетелей. В глубине моей души всё ещё теплилась слабая надежда на то, что всё может отмениться в последний момент. Мы остановились около кафе.

— Подождите здесь, — сказал Габриель и вошёл внутрь. Я посмотрел на часы, они показывали двадцать минут двенадцатого. Габриель немного задержался.

— Он ещё в Штабе белых, — сообщил он. — Нужно ждать известий.

Прошло четверть часа. Вдруг к нам подошёл некто. До меня донеслись его слова:

— Он только что вышел.

— Пешком? — спросил Габриель.

— Да, пешком, — ответил незнакомец.

В течение этого секундного обмена слов ни один из них даже мельком не взглянул на другого, точно они не говорили вовсе. Ещё несколько минут спустя появился другой тип и похожим образом передал:

— Он вошёл на станцию метро «Марбёф», — и удалился.

Такое обилие агентов невольно заставляло предположить, что на дело мобилизовали чуть ли не весь НКВД. Габриель завёл двигатель, но проехали мы совсем чуть-чуть. Свернув на ближайшем повороте, он заглушил мотор и стал позади другого авто, на вид более потрёпанного, чем наш.

— Выходите, доктор, — приказал он.

Я вышел, и мы вдвоём приблизились к той старой машине.

— Садитесь, — указал он и открыл дверцу.

В салоне я увидел трёх знакомых мне сообщников.

Прикрыв дверцу, Габриель объяснил:

— Он едет в метро. На станции «Жасмэн» он сойдёт и выйдет на улицу Моцарта. Не допускайте его до Раффэ! Как только вы двое и Миллер пересечёте Жасмэн, пускай такси в ту же минуту подомчится к вам. Суслов, ты сядь справа и держи дверцу приоткрытой. Распахнёшь её, когда окажешься напротив них. Сразу начинайте действовать, — тут он постучал костяшками пальцев по стеклу, шофёр спустил его. — Тормоза в порядке?

— Так точно, товарищ, — ответил тот.

— По команде этого товарища резко тормози, но мотор не глуши. Как только они окажутся внутри, жми на газ. Я расположусь в машине неподалёку. Ясно? Сейчас вези машину на улицу Моцарта, к станции метро. Да, ещё кое-что — когда тронешься, не забудь вынуть ручку из сиденья. На этом всё. Поехали.

Он закрыл дверцу и проводил нас взглядом. Мы проехали немного, миновав всего два квартала, после чего вновь встали. Тогда двое немцев выбрались из салона и, приняв подтянутый вид, церемонно зашагали по тротуару, вырядившись в этот раз много изящнее, чем за день до этого. Мне показалось, что в их наружности читалось слишком много германского и военного. Пара расположилась у входа в метро, но в месте, недоступном зрению выходящих пассажиров. Так называемый Суслов пристально за ними наблюдал, точно как и шофёр. Двигатель не прекращал работать ни на секунду. Мне с трудом удавалось что-либо рассмотреть. Сердце колотилось, норовя выскочить из груди. Дрожи не было, но под ложечкой ощутительно щипало. Хотя мой взор и падал то и дело на часы, память не удержала количество истекших минут. Сознание снова утратило представление о времени. Однако при этом присутствовало явственное ощущение, что наше ожидание тянулось бесконечно.

Внезапно мой напарник издал гортанный крик. Я начал всматриваться в даль, когда машина уже двигалась. Немцы соединились с третьим неизвестным на одной стороне улицы Жасмэн. Более ничего разглядеть у меня не получилось. Автомобиль поворачивал и ускорялся. Моя рука сжала трубку под пиджаком. Ладонь Суслова лежала на ручке дверцы. Я захотел подвинуться поближе, но он с силой оттолкнул меня левой рукой обратно в угол и даже, кажется, слегка ушиб меня. Тут дверца раскрылась настежь. Перед нами возникло несколько сплетённых человеческих фигур, которые яростно толкали друг друга. Вдруг на дорогу вылетела другая машина и резко затормозила, встав параллельно с нашей, почти вплотную, едва не переехав боровшихся. Всё это длилось секунду. Чьи-то голова и плечи просунулись в салон. Суслов с кошачьей ловкостью обхватил обеими руками шею и потащил тело внутрь, немец же вталкивал его с противоположного конца. Криков не было, только негромкое мычание. Шум двигателя глушил прочие звуки. Я отодвинулся подальше, желая испариться прочь. Неизвестным образом Миллер — а это должен был быть он — очутился подле, едва ли не поверх, меня. Суслов, крепко вцепившись в его шею, с трудом удерживал генерала. Немец тоже кое-как всунулся в салон, и в тот же миг дверца захлопнулась.

Когда я перечитываю описание этой драматической сцены, я нахожу его вполне достоверным. Однако меня не покидает впечатление, что она длилась долго... но нет — несомненно, они запихали Миллера в машину быстрее, чем если бы я забирался в неё сам. Спустя время, когда я пробовал восстановить в памяти этот эпизод, ум всякий раз приходил к заключению, что это происшествие прошло, вероятнее всего, незамеченным для прохожих. Ибо чтобы суметь заметить хоть что-нибудь, необходимо было знать о нашем плане заранее и нарочно следить за тем участком улицы. Но даже если допустить подобное, то и в таком случае нужно было расположиться прямо в центре улицы или где-нибудь на балконе, поскольку кузова двух автомобилей закрывали вид с обеих сторон, и посему с тротуара возможности разглядеть дверцу нашей машины не имелось. Лишь встав точно на линии, проходившей между автомобилями, случайный свидетель смог бы что-либо различить, ибо машины разделяло не более метра.

Пока я соображал случившееся, машина уже успела набрать приличную скорость. Немец, к этому моменту уже стоявший на коленях лицом ко мне и спиной к водителю, держал генерала за ноги. Он устремил на меня взгляд, и я предположил, что пора действовать. Сжатый в пальцах цилиндр только подтвердил мою догадку. Я неуклюже вынул шприц и воткнул иглу Миллеру в бедро. Стал впрыскивать раствор. Казалось, что поршень никогда не достигнет упора. Закончив, я отпрыгнул обратно в угол, не желая больше ничего видеть. Мои глаза закрылись, но тут мне пришло в голову опасение, что этот Суслов ненароком задушил генерала. Я вздрогнул от этой мысли и испуганно посмотрел на пленника. Генерал не шевелился. После двух бессильных попыток издать звук, мне с третьего раза удалось задать вопрос:

— Вы не задушите его?

— Нет, — ответил он, — такой захват позволяет ему свободно дышать. Но вы сами скажите, товарищ, когда станет можно его отпустить.

Я не помнил, сколько минут прошло с момента укола, и, наверное, ответил:

— Попробуйте сейчас... посмотрим.

Он медленно ослабил хватку, словно держал пойманную птицу и боялся, что она выпорхнет, готовый в любой момент стиснуть её вновь. Но генерал, очевидно, уже не мог говорить. Он лишь слегка дёрнулся и скоро замер совсем.

Я не сознавал, как долго мы находились в пути. Помню лишь, как водитель трижды просигналил и после повернул. Осмотревшись, я распознал уже знакомый мне сад дома, в котором меня поселили. Немец выбрался наружу. Я последовал за ним. Тогда же въехала машина Габриеля, и ворота затворились. Педро, немец и Суслов перенесли генерала Миллера внутрь здания. Пока его извлекали из автомобиля, я озирал видимые над оградой окрестности, так как боялся, что нас могут увидеть из соседнего здания или с недалёкой возвышенности. Но мне на глаза не попалось ни единого строения, превышавшего бы наше. Выбор этого места был явно хорошо продуман.

Я и Габриель шли вслед за теми троими, что несли генерала, и, когда мы оказались внутри, чилиец закрыл дверь. Миллера положили на низкую кровать в комнате слева. Заглянув осмотреть генерала, я нашёл его состояние нормальным, и поскольку действие инъекции должно было продлиться не менее трёх часов, мне там было делать больше нечего.

Суслов остался дежурить, а остальные покинули комнату. Шофёр всё это время оставался снаружи. Габриель и Педро вышли во двор. Сквозь стёкла двери мне стало видно, как такси тронулось. Следовало полагать, оно уехало прочь, так как больше я его не видел. Вскоре возвратился Габриель и прокомментировал, обратившись ко мне с немцем:

— Как ни старайся всё предусмотреть, всё равно упустишь что-нибудь важное! Я совершенно забыл про метро, полагая почему-то, что он либо отправится на автомобиле, либо пойдёт пешком. К счастью, нам удалось избежать столкновения в условленном месте, как и появления ненужных свидетелей, хотя до перекрёстка оставалось совсем недалеко. Я также опасался, что его мог сопровождать эскорт на отдалении. Но и в этом случае сандвич из двух наших машин позволил бы выкрасть генерала так, что никто бы не успел опомниться. Однако я слишком много говорю. Ты, товарищ, оставайся здесь, а мы с доктором уходим. Доктор, поднимайтесь к себе, и пусть Педро поможет вам спустить багаж как можно скорее. Поспешите.

Второпях исполнив требуемое, я уже через пять минут опять был внизу с двумя чемоданами и саквояжем, после чего мы вдвоём с Габриелем покинули дом и уехали на машине.

— Как ваши нервы, доктор? — спросил он меня.

— Ошеломление не дало мне как следует сознать случившееся.

— Ошеломление? Но почему? Ведь всё прошло безупречно точно и легко. Не сомневаюсь, что в своём воображении, пока вы столько времени томились в ожидании и думали об этом, вы составили себе чересчур преувеличенное представление об этой операции.

— Но разве это не было чем-то поистине ошеломляющим?

— Само по себе нет, вы же сами видели. Если отбросить сентименты, то дело покажется довольно нехитрым. Улица, вопреки расхожему мнению, не является очень опасным местом для подобного рода акций. Да, бывает, что попадаются прохожие, способные сорвать план. Однако последнее возможно лишь при условии, что они станут как-нибудь реагировать, а они этого делать не будут, если их к тому не побуждать. Казалось бы, самое потрясающее — звук выстрела, но если он не сопровождается криками или беготней до и после, то он не привлекает ровным счётом никакого внимания, так как каждый занят своими заботами и делами. Улица — что совсем неочевидно и удивительно, — неважно сколько зевак по ней гуляет, обеспечивает столько же безнаказанности, сколько сельва в тропиках. Да — в конце концов она ею и является: лесом бродячих кустарников.

Стало ясно, что Габриель желал отвлечь меня измышлениями о психологии уличных масс. Экспериментальной психологии, как он считал.

Тем временем мы неслись по центральным проспектам Парижа. Смешавшись с общим автомобильным потоком, мы вскоре прибыли на Елисейские Поля, где, сбавив скорость, неторопливо покатились дальше. Удалившись чуть-чуть от главной магистрали, мы остановились напротив кафе. Мы выбрались наружу, и Габриель запер дверцу на ключ. В кафе он усадил меня за столик и разложил передо мной газету, купленную по дороге, и после указал:

— Закажите пару закусок и полистайте газету, пока я буду звонить.

Он отошёл и, закурив сигарету с присущей ему непринуждённостью, растворился в толпе, а я сделал всё, что он велел. К напиткам, однако, я не притронулся, ибо, как только газетный номер оказался в моих руках, я тотчас вспомнил, что в нём уже могли содержаться новости о похищении, ведь шёл уже третий час пополудни. С волнением пробежав глазами по заголовкам, я ничего не нашёл. Тогда из моей груди, должно быть, вырвался вздох облегчения, и в тот же миг ко мне вернулась способность пить и курить.

Габриель долго не возвращался. Появившись вновь, он уселся и заверил меня:

— По нашим сведениям, ничего необычного не происходит. Можно с уверенностью утверждать, что сам инцидент никем замечен не был. Что касается белых русских — также ничего примечательного. Пожалуй, можно даже заявить, что пропажа генерала до сей минуты является для них чем-то вполне заурядным. Идёмте, теперь мы можем совершенно спокойно отобедать.

Мы пообедали в скромном ресторане. Габриель трижды за полчаса отходил к телефону.

— Не может быть! — воскликнул он, вернувшись в третий раз. — Я пытался устроить так, чтобы мы с Миллером выехали сейчас же, но возникли неполадки с самолётом: барахлит мотор, и к ночи его не исправят. А я хотел уже воспользоваться этим затишьем и исчезнуть, пока белые и полиция не спохватились.

— Да, — поддержал его я, — было бы здорово. Всё это время я сижу как на иголках.

— Отчего же, доктор? Для вас самое опасное позади. Ни у кого нет ваших примет, вашего участия никто не заметил. Чего вы боитесь?

— Верно, но мне хочется разделаться с этим поскорее.

— Что ж, ждать осталось недолго. Уже завтра мы покинем Францию. Пойдёмте. Не пора ли нам мирно поспать? — предложил он.

Я согласился, и мы уехали. Он отвёз меня в маленький дом, где я останавливался в прошлый раз в Париже. Мой багаж остался при мне.

— Спокойной ночи, доктор, — пожелал он мне на прощание. — Позже я заеду и заберу вас.

— А что будет, когда он очнётся?

— Кто? Ах, не беспокойтесь, ничего с ним не случится. До ночи или до завтра!

Я побрёл в свою старую спальню, где хозяйка уже приготовила постель. Однако уснуть мне удалось нескоро, ибо я часто пробуждался от беспокойного нервного сна. Теперь, когда я остался один, мои нервы начали отзываться на напряжение последних часов. Внешние тишина и покой сталкивались с душевными переживаниям и потрясениями того дня, отчего в голове всё кружилось в дикой пляске.

XXXV
В ИСПАНИЮ

Я проснулся, вздрогнув, как в испуге. Охваченный крепким и, должно быть, многочасовым сном, я с большим трудом опоминался, когда меня окликнули. Первые мгновенья я не мог сообразить, где я находился и даже кем я был. Того, кто меня будил и тряс за плечо, мне также распознать сперва не удавалось. В конце концов я всё-таки признал хозяйку. Ей позвонили и попросили позвать меня.

Примерно через двадцать минут послышался шум прибывшего автомобиля. Вслед за тем вошёл Габриель и справился о моём отдыхе. Я как раз успел умыться и был в его распоряжении. Мы сразу выехали. Включив зажигание, он предупредил, что первым делом мы заедем в дом, где давеча оставили генерала, с тем чтобы я вновь усыпил его перед отправлением.

Было около трёх ночи. Небо стояло кругом почти чистое, с редкими перистыми облачками и совсем без звёзд.

По прибытии в дом мною был подготовлен раствор. Предварительно стерилизовав шприц, я прошёл в комнату, где находился генерал. Он уже не спал и был одет. Его привязали за руки и ноги к кровати. Кляпа во рту не было, однако пленник хранил молчание. Его глубокие тяжёлые глаза устремились на меня. В них не читался страх, но присутствовало беспокойство. Его взгляд внимательно следил за каждым моим движением. Наличие человека со шприцем в руке — не самое успокаивающее зрелище, я это прекрасно понимал. Было очевидно, что он прикладывал усилия к тому, чтобы не выказать эмоций, и это у него получалось. Мне пришла мысль заверить и успокоить его, но присутствие русского и Педро парализовало мой язык, и без того малоподвижный из-за захлёстывавшего меня волнами стыда и омерзения к самому себе.

Я сделал укол, пряча глаза от глаз генерала. Мышцы его рук напряглись, и напряжение это было единственным знаком, выдававшим его психологическое состояние. Он не жаловался, не проронил ни слова, ни один мускул его тела не дёрнулся.

Завершив процедуру, я немедля удалился под предлогом необходимости убрать шприц, но в действительности сбегая от переживания собственных страданий на глазах у жертвы. Дожидаясь начала действия инъекции, я просто ходил туда-сюда и курил. Затем вышел Педро и чуть позже пригласил меня позавтракать в столовой. Завтрак состоял из кофе, масла и хлеба. Габриель и два немца уже поели и, торжественно поприветствовав меня, пригласили садиться за стол. Аппетит почти отсутствовал. Все закончили раньше и ушли. Я же решил задержаться за столом и не покидал столовой, несмотря на доносившиеся отовсюду шум и звуки шагов. Послышался также звучный стук удалявшегося мотора.

Когда меня вызвал Габриель, кроме Педро на мои глаза никто более не попался.

Чилиец сообщил, что мы сейчас же должны выезжать. Уже собравшись сделать первый шаг, я кинул взгляд на комнату генерала — дверь была открыта, а кровать пуста. Заметив мою, следует полагать, вопрошающую мину, Габриель объяснил:

— Его уже увезли.

Без прочих отлагательств мы покинули дом. Педро запер входную дверь, а также калитку в саду, после чего уселся посреди чемоданов на заднем сиденье машины. Мы отправились в путь.

Светало, но солнце ещё не взошло. В тишине мы втроём выехали из Парижа, и на приличной скорости мчались около полутора часов, пока не остановились на перекрёстке, где долго чего-то ждали. Время от времени нас миновали грузовики всех возможных размеров. Через некоторое время один из них, крытый брезентом, притормозил неподалёку. Неизвестный мне водитель обратился к Габриелю:

— Салют, товарищ! Всё в порядке, он погружен.

— Хорошо, — ответил Габриель, — мы уезжаем, товарищ. Салют!

Этот автомобиль остановился напротив моего окна слева, и, чуть высунув голову наружу, я успел проводить его взглядом. На номерном знаке виднелись небольшие заглавные буквы *C. D.* — было нетрудно догадаться, что они означали Дипломатический корпус. Воспользовавшись неприкосновенностью советского посольства, в нём перевезли генерала тем утром, «благополучно» оставив его в неизвестном месте. Но где? Тогда же я распознал в этом дипломатическом фургоне тот грузовик в углу нашего сада, который привлёк на мгновенье моё внимание, когда мы собирались на похищение на улице Моцарта.

Мой ум делал эти соображения, пока наша машина несла нас дальше. Углубившись в себя, я не обратил внимания на то, как долго мы находились в пути. Следующей остановкой стал въезд на аэродром, на котором не было видно ни транспорта, ни прибывающих или вылетающих путешественников. Мы поспешно вылезли наружу и распределили чемоданы между собой. Гарбиель переговорил в течение нескольких минут с неким благовидным господином. Я стоял от них всего в нескольких метрах, но тем не менее моих ушей не достигло ни единое слово из их беседы. Однако почтительное и серьёзное отношение обоих друг к другу заставило предположить, что незнакомец являлся человеком достаточно важным. Габриель не шевелил ногами или руками, не жестикулировал вовсе. Мне были хорошо известны его живость и непринуждённость, с которыми он обыкновенно обходился с равными себе или посторонними, и оттого стало ясным, что перед ним находилась фигура весьма значительная. В конце они попрощались и без лишних чувств пожали руки. Нас же этот высокопоставленный тип не удостоил и беглым взглядом, оставшись стоять на месте, когда мы двинулись дальше.

Прошагав по узкому коридору, мы попали на зелёную взлётную полосу аэродрома. Невдалеке виднелся серый двухмоторный самолёт с необычно тонкими крыльями. Рядом с ним находился французский офицер, а также несколько солдат вперемешку с людьми в штатском самого разного вида. Один из них, прилично одетый, приблизился к Габриелю и, заговорив с ним по-русски, сопроводил его до самолётного трапа, по которому в ту минуту поднимался мужчина с крупным коробом на спине. Габриель вручил Педро какие-то ключи и попрощался, после чего мы вдвоём забрались на борт. Самолёт оказался заметно меньше того советского, на котором я прилетел в Париж, но зато имел более удобные сиденья. Ещё не успев усесться, я заметил крепко привязанный к полу сундук, сильно напоминавший тот, что когда-то хранил в себе Гамарника.

Габриель настоятельно попросил русского, что поднялся с нами на борт, ускорить вылет. Тот пообещал сделать всё возможное и вышел. Чуть позже закрылась дверца, и принялись гудеть двигатели. Самолёт покатился по траве. Доехав до края поля, мы развернулись и остановились ненадолго, давая винтам как следует раскрутиться. Через несколько минут машина двинулась вновь, и спустя ещё недолго французские земли уже зелёным ковром разостлались перед моим взором.

— Как скоро он проснётся? — спросил меня Габриель, указывая глазами на сундук.

Я посчитал в уме и ответил:

— Часа через три.

— В таком случае я успею вздремнуть. Пожалуйста, разбудите меня, когда решите, что пришло время освободить нашего попутчика.

Я пообещал исполнить его просьбу. Тогда Габриель откинулся на спинку кресла и, ничем не укрывшись, сомкнул глаза. Судя по его ровному дыханию, через несколько минут он уже провалился в сон.

Я также откинулся на своём сиденье. Меня снедало желание курить, но я усиленно старался его побороть. В сон не клонило, а посему я решил развлечь себя созерцанием видов за окном. День стоял спокойный, хотя по небу то тут, то там плыли рассеянные облака. Тут, к своему удивлению, я обнаружил, что солнце находилось по левому борту, едва ли не за нашей спиной. Секундного соображения мне хватило, чтобы понять, что мы держали путь на юго-запад. «К океану? — спросил я себя. — Спиной к России, — решил в итоге». Меня охватило беспокойство, ибо я не мог объяснить себе, куда мы собирались по такому направлению. Воображение, воспалённое чередой недавних сильных впечатлений, родило в уме подозрение, что Габриель и я, а также генерал, стали жертвами похищения со стороны экипажа. Преступное окружение, в котором я находился, побуждало меня верить в самые абсурдные вещи, точно речь шла о чём-нибудь вполне обыкновенном. Потому возможность того, что похитители и похищенный, в свою очередь, сами оказались похищенными, представлялась мне вероятной и даже очевидной. Недолго думая, я с силой растолкал Габриеля.

— Уже? — перепугавшись, спросил он, уставившись на меня сонными глазами.

Я размашистыми движениями пытался донести до него, что мы летели в неверном направлении. Он не понимал меня. Тогда я, желая остаться неуслышанным, приблизился к нему и сообщил тихим голосом:

— Мы летим на юго-запад.

Но из-за шума двигателей он не расслышал меня, и я вынужден был повторить уже громче.

— Ну и что?

— Но разве мы летим не в СССР?

— Нет, доктор. Не напрямую.

— Но тогда куда?

— Мы летим в Испанию.

— Даже если и так... Разве вы не понимаете?

— Да, мы направляемся не в Мадрид. Мы приземлимся на северном побережье, у Атлантики. Пожалуйста, дайте мне поспать.

Я оставил его и вернулся на место, сожалея и краснея от стыда.

Таким образом, мы проделали немалый путь. В какой-то момент вдали по линии движения мне показалось побережье. И действительно — не прошло много времени, как под нами появилось море. Тогда самолёт сменил курс на юг. В течение примерно двух следующих часов пилот нёс аппарат над водой вдоль берега на определённом удалении, не теряя его из виду, однако. Затем, свернув на запад, мы вдались глубже в море.

Пришло время, как я посчитал, будить Габриеля, ибо с минуты усыпления генерала должно было пройти более трёх часов. Ещё не успев вполне пробудиться, Габриель взглянул на часы. Но, выяснив время, он тут же стал совершенно бодрым. Ничего не сказав, чилиец встал и подошёл к сундуку. Отпер замок, отцепил металлические тросы, обвивавшие короб вдоль и поперёк, а также освободил массивные заклёпки, скреплявшие стальные пряди с крышкой, и поднял последнюю. Приблизился и я. Связанный генерал неподвижно спал. Увиденное, впрочем, уже не вызывало во мне дрожи. Я лишь нашёл его положение, в котором колени едва не касались подбородка, недостойным его поведения и выдержки, подмеченных мною, когда он бдел.

Габриель стал проворно его развязывать. Он поставил сундук вертикально, отчего ноги генерала вытянулись и выползли за пределы короба. Чилиец попросил меня помочь. Мы ухватились с разных концов и не без усилий извлекли Миллера, с трудом удерживая равновесие, ибо самолёт изрядно болтало в те минуты. Наконец нам удалось разместить его в одном из кресел, всё так же неподвижного из-за действия наркотика.

Взглянув в иллюминатор, я обнаружил, что мы летели посреди моря. Кое-где виднелись корабли, казавшиеся сверху детскими игрушками. Небо, как и вода под ним, выглядело тускло и уныло тем утром.

От созерцания меня отвлёк юноша, возникший из кабины. Он подошёл к нам и доложил на русском:

— Мы приземлимся менее чем через тридцать минут, — и исчез.

Габриель взглянул на генерала, по-прежнему погружённого в глубокий сон.

— Отчего он не просыпается? — спросил он.

— По моим расчётам, он уже должен был проснуться. Но это ничего. Вероятно, в силу возраста его тело избавляется от вещества медленнее, — ответил я.

По левому борту уже отчётливо виделась земля. То были высокие горы, вершинами утыкавшиеся в облака. Вскоре самолёт повернул, наклонившись одним крылом, отчего мне причудилось, что восстаёт само море, точно со стола тащили скатерть. Скоро мы летели над землёй; крайне неровной, почти полностью покрытой зеленью, с многочисленными бурыми вырезками в форме квадратов. Глаз смог различить небольшие сёла и множество особняков. Несмотря на известные неприятные ощущения в ушах, мне удалось недолго полюбоваться этим видом, пока мы снижались. Тут я заметил, что Миллер начал шевелиться. По-видимому, повышенное давление помогало ему справиться с отравлением. Оторвав взгляд от панорамы за стеклом, я стал наблюдать за генералом. Мой взор ни на миг не отрывался от него, отчего я почти не заметил, как мы сели. Самолёт остановился, и винты замерли. Но мы не выходили. В недоумении я выглянул в окно и с удивлением обнаружил, как несколько человек толкали самолёт, буксируя и двигая его назад. Причина этого необычного манёвра была непонятна. Крыло с моего бока едва не задевало стволы деревьев. Внутри и снаружи фюзеляжа стало темнеть. Наконец, когда высокие стволы деревьев плотно окружили аппарат, самолёт оставили в покое, и оба пилота вышли из кабины. Они отворили дверь и вместе с Габриелем спустились на землю. Мне он велел ждать внутри и следить за генералом. Миллер секундами приходил в сознание и всё чаще пытался возвратить контроль над движениями тела. В конце концов ему удалось несколько раз моргнуть. Его глаза силились что-либо разглядеть. Я ничего не предпринимал, чтобы ускорить прояснение его сознания. Напротив, я давал ему возможность самому постепенно вернуть себе чувство. «Зачем, — рассуждал я, — сокращать время, в течение которого он может не страдать?»

Немного спустя из-за спины раздался шум: возвратился Габриель. С ним было ещё нескольких мужчин. Они общались на неизвестном языке, но в памяти он запечатлелся почему-то как испанский. Двое из них, скрестив руки, подхватили Миллера. Третий поддерживал его за спину. Эти крепкие рослые ребята с необычайной легкостью справлялись с «больным». Мы с Габриелем вышли за ними вслед. Генерала положили на носилки, находившиеся неподалёку. В эту минуту к нам подъехал значительных размеров белый автомобиль, в котором я после признал карету скорой помощи Красного Креста, ибо каждая его сторона была отмечена большим алым крестом. Генерала погрузили в скорую. Габриель приказал мне тоже забраться внутрь, предупредив, что он будет следовать за нами в другой машине. Я устроился подле носилок. Также, вошёл врач или санитар в белом халате с повязкой Красного Креста. Задние двери закрылись, и мы поехали.

Где и куда мы ехали — мне было неведомо. Свет проникал в салон только через два лобовых оконца, да и те почти полностью перекрывали собой водитель и его напарник. Дорога заняла чуть более получаса. Выбравшись наружу, я увидел особняк, устройством напоминавший шале, едва ли не дворец, с садом и фруктовыми деревьями вокруг, располагавшийся на возвышенности фасадом к морю. В ту же минуту прибыла машина Габриеля. Он вышел в сопровождении четверых незнакомцев. Двое из них были одеты полностью в военную форму, двое других — лишь отчасти. Не уверен, целиком ли эта четвёрка состояла из испанцев. У входной двери стоял часовой и со скучающим видом то и дело перекладывал ружьё из руки в руку, как будто оно ему мешало. Около здания находились ещё солдаты, в неопрятных униформах и с подвижными лицами.

Носилки спустили и перенесли в дом. Всем заправлял Габриель. Он бегал из места в место, пока наконец Миллера не разместили в одной из комнат на первом этаже. Генерал к тому времени уже проснулся и недоумённо озирался по сторонам. К его комнате с каждой стороны двери приставили караулить по солдату. Нас же с Габриелем отвели в другое помещение — просторную столовую, где уже стоял накрытый стол. Этот дом, надо думать, когда-то являлся роскошным особняком, ибо повсюду были заметны бесчисленные следы былых шика и изыска: картины, гобелены, посуда и мебель — всё очень качественное и сделанное со вкусом. Но состояние их оставляло желать лучшего, так как грязь, ущербность и общий беспорядок придавали местному убранству весьма жалкий вид. Однако и эти остатки комфорта и роскоши я находил по-своему замечательными. Просторный сад, хотя и был крайне запущен, всё ещё создавал прекрасную обстановку. Я бы счастливо мог провести здесь остаток жизни; если, конечно, убрать оттуда крики, хохот, гомон и, прежде всего, пугающий стук подкованных сапог, оставлявших на изломанных половицах ужасные следы, точно по полу скакали кони.

Нас отменно отпотчевали. Кухня была не столь изощрённой и до искусственного изысканной, как во Франции. Простая, незатейливая еда, вмешательство повара ограничивалось лишь добавлением приправ. Главным в тех блюдах являлось качество продуктов — высочайшее в целом. Мясо, рыба и прочие морские продукты — всё имело свой отличный вкус, крепкий и приятный, без добавления соусов, без сложных приготовлений — море и земля уже дали им всё необходимое. А фрукты, в особенности же яблоки, имели сладость просто-таки восхитительную! Создавалось впечатление, что остальные плоды были «серийного производства», в то в время как местные были изготовлены природой по особому рецепту.

К той минуте аппетит у нас разыгрался недурный, и посему разговор завязать мы не старались, с наслаждением предаваясь поглощению этих невероятно вкусных и доселе мне неизвестных кушаний.

Беседа возникла, когда вдалеке несколько раз раздался гулкий шум, точно раскатывался гром.

— Непогода? — удивлённо спросил я, поскольку день стоял ясный и спокойный.

— Нет, бомбардировки, — ответил Габриель. — Авиация мятежников атакует порт. Но не пугайтесь, доктор, мы за много километров от места падения бомб.

— И где же мы находимся?

— Я вам уже сказал... мы в Испании.

— Да, но в какой её части?

— На севере полуострова, на небольшом клочке земли, со всех сторон окружённом фашистами. Естественно, кроме воздуха и моря.

— Фашисты так близко?

— Да, самое дальнее расстояние до них — около ста километров, а ближнее — тридцать-сорок. Однако не стоит бояться или мечтать, что вы сможете попасть к ним в плен. Мы исчезнем задолго до того, как фашистский авангард доберётся досюда.

— Стало быть, побеждают антикоммунисты?

— В классическом смысле — да.

— Я не понимаю.

— Конечно, вы не понимаете. Вы и не сумеете понять. Я не хочу вас ущемить, это также невдомёк великим европейским дипломатам. У вас тот же случай.

Мы поели. Тогда подали бутылку ликёра и кофе на небольшом столике у окна. Мы переместились туда, удобно устроившись на диване и одном из кресел, которые вместе образовывали уютный уголок. Далёкий гром бомбардировок утих, и из окна открылся самый что ни на есть умиротворяющий и чудный вид. Мне захотелось воспользоваться этой обстановкой и тем состоянием благодушия, которое возникает после вкусной еды, чтобы вывести Габриеля на откровенную беседу, ведь послеобеденное время более всего благоприятствовало моим неустанным попыткам его разговорить.

— Так вы говорили, Габриель, — возобновил я беседу, — что я нахожусь на одном уровне с европейскими дипломатами. Могу я узнать, почему?

— Мы говорили о победе фашистов в Испании, не так ли?

— Да, вы говорили о победе, но назвали её классической. Что это значит?

— Будет непросто вам объяснить, учитывая ваше полное незнание предыстории.

— Пожалуй, моего пребывания в Мадриде действительно оказалось недостаточно, как и чтения всего того, что было написано об этой гражданской войне в буржуазной и советской прессе за последние годы. Не даром эти события занимают ума и сердца людей со всего света. Но я полагал, что вполне ясно понимаю, что здесь идёт важная борьба против хищнического и захватнического фашизма Гитлера и Муссолини, разве не так? А коли так, то поражение антифашистов окажется поражением во всех смыслах. Есть ли в моих словах логика?

— Да. Логика есть, но логика эта начальной степени, совершенно примитивная.

— Вы же не станете утверждать, что поражение антифашизма есть триумф коммунизма?

— Коммунизм, доктор, — это СССР. Сколько ещё вы собираетесь игнорировать этот факт?

— Но фашизм — его враг, верно?

— Сам по себе фашизм не враг. У нас единственный враг — капитализм. Фашизм же есть название фракции капитализма, одной из его форм. Крайней формы, которую он способен принять. Мы являемся врагами фашизма, это верно, но ровно до тех пор, пока он суть капитализм.

— Хорошо. Но я всё ещё не могу увязать эту ясную теорию с вашим поразительным утверждением, что, дескать, поражение антифашизма здесь станет сродни победе коммунизма. С вашей же точки зрения, это абсурд.

— Я не разговариваю с вами языком пропаганды, вы — не масса... Какова самая действенная и гениальная стратегия как в революции, так и на войне? Не достижение победы ценою собственной крови. Это классическая победа. Великая же стратегия нашего гениального Сталина позволяет одолеть врага, не проливая ни единой капли коммунистической, то есть советской, крови.

— И в чём же заключается столь гениальная, или скорее чудесная, стратегия?

— Заставить врага сражаться против себя самого. Не гениально ли? Столь же гениально, сколь просто. Это стало настоящей аксиомой.

— Да, действительно, в теории это звучит превосходно. Однако вся трудность состоит в том, чтобы убедить врага уничтожить себя.

— Вот именно. Тут требуется искусство. Искусство, превосходящее таланты Ганнибала и Наполеона. Но не стоит полагать, что только чудом можно сделать подобное. Капитализм заключает в себе противоречие, экономическое противоречие. А посему зародыш саморазрушения уже кроется в нём. Достаточно усилить это противоречие, поднять его на уровень выше, национальный и международный уровень, и тогда революция, гражданская война или война между странами разразятся сами собой. Теперь ясно? Революция и война — это истребление врага, уничтожение капитализма. Он разрушает сам себя, в то время как СССР в битве даже не участвует. Вы понимаете?

— Теория — предельно ясна. Но всё же повторюсь: мне непонятно, как и где её можно применить.

— Как вам может быть непонятно, доктор? Вы же прямо сейчас в зоне её применения! Минуту назад вас напугал далёкий грохот бомбардировок. Кто там погибает? Только не говорите, что лояльные войска или мятежники. Умирают одни испанцы! Запомните раз и навсегда: каждый человек, каждый класс, каждая нация, пока они не объединятся с СССР под идеей коммунизма, являются его врагами. И неважно, врагами действительными или возможными. А враг существует только для того, чтобы его уничтожили. Аксиома эта столь элементарна, что тут и говорить не о чем.

— В таком случае нынешняя война ведётся лишь с тем, чтобы испанцы убивали друг друга?

— Если упрощать вопрос до примитивного младенческого уровня, то да, так. Но абсолютной цели здесь никогда не ставилось. В действительности же местная цель является лишь средством достижения другой, высшей цели. Существует иная цель — международная, всемирная.

— Не очередной ли это секрет или парадокс, какими вы любите пестрить? — решил съязвить я, желая уколоть его самолюбие.

— Вы заслужили доверие своими верностью и сообразительностью. Кроме того, вы, в силу обстоятельств, являетесь настоящей могилой для любых секретов. Хорошо, я перестану теоретизировать, дабы вы сумели меня понять.

— Благодарю! Я весь внимание, — поддержал его я.

— Эта маленькая война, война и одновременно революция, суть «ход конём» Сталина на шахматной доске Европы. Знайте, доктор, что эта война была вызвана нами.

— Как? Методы развязывания войн, уверен, очень любопытны.

— Особой изобретательности здесь не понадобилось. Сложившиеся определённым образом обстоятельства создали совершенные условия для начала войны.

— Обстоятельства были созданы Москвой?

— Нет. Их нам предоставили даром.

— Но кто?

— Капитализм — или, если желаете более точное название, его демократическая форма.

— Если вы не объясните лучше, я так и не пойму.

— Я хочу быть кратким. Известно ли вам что-нибудь из мировой истории касательно Испании?

— Только самые общие вещи.

— Кое-что. Тогда вам должно быть известно, чем была и чем Испания является. Она стала первой и самой крупной империей современности. Нечто экстраординарное для одного народа! И если вы попробуете отыскать наиболее точную параллель Испанской империи, то ваши поиски непременно приведут вас к СССР.

— Изумительно! Ведь история определяет его как полную противоположность.

— По этой самой причине: полная противоположность оборачивается тожественностью, вывернутой наизнанку. Если бы Испания вместо служения христианству служила коммунизму, то её империя, и без того сумевшая превратиться едва ли не во всемирную, распространилась бы на всю планету и сделала бы себя нерушимой навеки.

— На мой взгляд, это слишком смелое заключение.

— Вовсе нет. Испания располагала силами, достаточными для открытия почти всех известных ныне земель, как и для управления ими. Но христианство породило двойственность власти. Всякий восставший против короля, будь то человек или народ, вопреки тому, что им же был христианизирован, оставался считаться христианином. Эта ошибка стала роковой. Ах, если бы только испанский король одновременно был верховным понтификом католической церкви!

— Тогда бы он стал божественным Цезарем, Александром Македонским, Нероном.

— Но ему помешала собственная вера — христианство. Поэтому в коммунизме, рационально отвергающем всё религиозное, двойственности нет. Любой мятежник немедленно перестаёт быть коммунистом, каким бы правоверным большевиком он ни был. Говоря вашим языком, доктор, он впадает в ересь, направленную против догм целостности и всеобщности. Теперь понимаете?

— Да, но вы продолжаете слишком обобщать.

— Но разве я виноват в том, что вы, при всём уважении, являетесь полным политическим невеждой? В двух словах: присущая Испанской империи двойственность послужила тому, что более слабые народы и враги сумели её погубить. Христианство настоящими узами скрепляло Испанскую империю изнутри. И когда оно перешло под иную власть, папскую, политическая связь ослабла, и её стало легко разрушить. Оставалось только решить вопрос войны. Пришлось непросто, ведь, как известно из свидетельств летописей и записей от Аристотеля до Наполеона, включая Федерико и Веллингтона, испанец — лучший воин. Недаром ведь испанские кости можно найти на любом меридиане планеты.

— Кроме Московского меридиана.

— Да, но только потому, что они были единственной нацией, выступившей против Наполеона. Нельзя утверждать решительно, что они не сумели бы дотуда дойти. И не стоит думать, что во мне говорит чувство народной гордости. Испанец — плохой солдат, он плачет в казарме, но воин он прекрасный — на войне он смеётся и поёт. Я беспристрастен. И поскольку испанец таков, то нужно было выдумать новую стратегию, дабы его побороть. И стратегия эта, которую я уже упоминал, была применена против Испанской империи, как и против самой Испании. Испанцы уже более двух столетий воюют друг против друга, то есть одолевают сами себя. Два века беспрестанных гражданских войн!

— Но почему и зачем?

— Во имя и ради чужой выгоды. Любая гражданская война как в колониях, так и в метрополии есть победа нации противника.

— И в этом случае?

— Целиком и полностью — Англия.

— Но каким образом? Какими методами?

— У Англии имелся в распоряжении свой Коминтерн — или, вернее, даже два.

— Никогда не слышал о подобном.

— Зовите его так, как называл его Навашин.

— Масонство?

— Да. Вероятно, что масонство — это политический Коминтерн, действующий в пользу нации, его создавшей и использующей. А также в пользу её союзников, пока те таковыми остаются.

— А второй Коминтерн?

— Финансовый интернационал. Выступая сообща, посредством заговоров и подкупов, в союзе с природной тупостью испанских политиков, оба эти Коминтерна сделали всё для того, чтобы Испания победила сама себя. Выдающихся усилий тут не потребовалось. Посудите сами: в течение века без малого в Испании случилось пять гражданских войн и почти сотня революций и переворотов. И это вдобавок к самоубийственной мировой войне и трём колониальным войнам, последняя из которых продлилась двадцать лет из-за бесчисленных предательств внутри и вовне. Как видите, не мы изобрели эту стратегию. Мы лишь её усовершенствовали и возвели до мирового уровня.

— А что сейчас?

— В настоящее время, пока в Испании продолжают свои столетние манёвры империалистические буржуазные нации...

— Какие?

— В данный момент те, что не удовольствовались её разделением натрое, ибо они стремились расчленить её по меньшей мере на пять частей.

— Я плохо разбираюсь в политической географии.

— Точно, доктор. Испания — раз, Португалия — два, Гибралтар — три. Теперь же собираются отделиться ещё две области: Каталонская республика и республика Эускади, или страна Басков, с последующим ирредентизмом в пользу Франции.

— Я ничего не знал об том.

— Однако таковым было то выгодное положение, которое нам предоставили. Естественно, что очередная попытка оторвать ещё две клочка земли вызвала военно-патриотическую реакцию. Но сама по себе она едва ли обеспокоила Кремль. Откровенно говоря, здесь наши позиции были весьма непрочные. Наша партия в Испании насчитывала сравнительно немного людей, подобно большевистской в 1917 году в России. Но здесь, как и там, решающую роль сыграли обстоятельства, которыми в своё время гениальным образом воспользовался Ленин, а нынче — Сталин.

— Неужели местные события настолько важны, что их можно сравнить с нашей революцией?

— Да. Происходящее здесь могло и всё ещё способно привести нас к полному интернациональному торжеству.

— Это уж положительно что-то немыслимое!

— Поверьте, это так. Здесь, в Испании, благодаря дару предвидения, аттестующего его как величайшего гения наших времён, Сталин увидел решение своей двойной задачи, внутренней и внешней. И для достижения двойного её решения достаточно было начать новую гражданскую войну.

— Гражданская война в Испании есть решение внутренней проблемы СССР и заодно второй международной? Позвольте мне толковать ваше утверждение как гиперболу — или в лучшем случае как преувеличение.

— Нет, доктор. Развязать эту войну и тем самым из возможной фашистской опасности сделать настоящую угрозу равносильно тому, чтобы заставить капитализм сражаться с самим собой. И разрешите вновь засвидетельствовать нашу верность центральной аксиоме всей нашей военной и революционной стратегии.

— А не является ли всё это самообманом?

— Нет, нисколько. В последнее время у вас имелась возможность ознакомиться с буржуазной прессой и даже фашистской. Если хотите, послушайте их радио. Разногласия между Англией и Францией с одной стороны и Германией и Италией с другой — чудовищны. Война между всеми ними может разразиться в любой момент.

— И втянуть СССР, верно?

— Нет. Наше участие зависит всецело от нас. Для Советского Союза ничего жизненно важного на испанском кону не стоит.

— А для других стран?

— Для других — да. По меньшей мере они в этом убеждены, что для наших целей равнозначно. Но мне бы хотелось уже закончить. Будет вам известно, доктор, что одна из вековых аксиом британской международной политики есть развязывание войны, как только главная сила на континенте начинает преобладать на берегах Гибралтарского пролива. Разумеется, у них находились все основания для безоговорочного следования этому правилу от Питта до Чемберлена.

— Но Испания уже не главная сила.

— Да, я знаю. Но не Испания подступает к проливу, а Германия с Италией. Не одна главная сила, а сразу две.

— Они также исполняют там приказы Сталина?

— Не стоит иронизировать, доктор. Да, они там потому, что того захотел Сталин.

— Чудесно! Но невероятно, если позволите.

— Вы не даёте мне закончить. Беспрестанно перебиваете и сбиваете разговор. Как я уже сказал, существовала военно-патриотическая реакция. Довольно было лишь подстрекнуть испанских корниловых, и гражданской войны уже было не избежать.

— Но как их подстрекали?

— Позвольте сперва сообщить нечто существенно более важное: в своё время один испанский политик, руководитель наиболее значимой партии Народного Фронта, а впоследствии премьер-министр, объявил из Лондона войну Италии и Германии.

В тот день заявление было воспринято как донкихотство. Но оно таковым не было, несмотря на то, что в это искренне верил сам заявитель. Его поступок был инспирирован двумя нашими агентами, внедрённым в его партию. Близкие соратники социалистического лидера, они льстиво величали его «испанским Лениным», хотя на самом деле он был не более чем слабоумным масоном с цементом в голове вместо мозгов — пережитки их древней профессии. Три или четыре дня спустя этого объявления войны фашистским государствам мы учинили провокацию.

— Какую?

— Подразделение нашей военной полиции ворвалось в дом главаря оппозиции и похитила его. Следующим утром его нашли с пулей в затылке — классический приём.

— И этого оказалось достаточно?

— А как же! В действительности испанские вояки-корниловцы стерпели многие выходки, но эту сносить не стали. Оно и понятно: той ночью множеству испанских генералов и начальников наверняка во сне привиделись взводы ополчения и полиции, вламывающиеся в их дома. А также собственные тела, найденные на следующий день с классической дыркой в затылке. Этого было довольно. Через несколько дней, кажется через пять-шесть, три четверти военных взбунтовались.

— Но я не вижу разрешения двух основных задач.

— Всё просто. Франция, близкая Народному фронту, снабдила оружием законное правительство, а Германия и Италия недолго спустя, вполне закономерно, помогли мятежникам.

— Закономерно?

— Да. Разве я не говорил минуту назад, что испанский руководитель объявил в Лондоне войну фашистским государствам? Естественным шагом со стороны фашистов стало оказание помощи врагам своих врагов. Мы предвидели подобное и не прогадали. Таким вот образом Сталин разнёс не одну главную силу, а сразу две по противоположным берегам Гибралтарского пролива, обусловив столетний британский casus belli. С тех пор лишь остаётся ждать начала мировой войны — надёжной предпосылки очередного продвижения, или полного торжества мировой революции.

— Но война не разразилась.

— Правильно. По этой причине мы стараемся обеспечивать равновесие между сторонами, оказывая им умеренную поддержку, а также принимая непосредственное участие в управлении армией и законным правительством. Ибо пока продолжается местная война, сохраняется возможность её перехода на общеевропейский и мировой уровни.

— Теперь я уяснил себе верность плана международного, но что же внутренняя задача СССР?

— На этот счёт у вас ещё больше свидетельств. Трения, вызванные испанской войной в среде враждебных стран, демократов и фашистов, позволили Сталину начать физическую ликвидацию оппозиции. Вы не можете не помнить то, о чём недавно узнали — о связи троцкизма с демократией и финансами. Вам следует поразмыслить о том удивительном совпадении, что у нас получилось расстрелять главных троцкистов, Зиновьева, Каменева и компанию, только после начала война. И это при том, что происшествие, послужившее тому поводом, убийство Кирова, случилось аж за два года до расстрелов. Война разразилась 20 июля, и уже через месяц, примерно 20 августа, произвели расстрелы. Пока напряжение в Испании растёт и все вражеские нации захвачены борьбой, не способные как следует противодействовать, будут шириться и чистки. Даже если война не перейдёт в мировую, усилия наши не останутся напрасны, так как полмиллиона испанцев уже убиты, и погибнет ещё больше, а мы сумели упрочить тыл Красной армии и СССР — оплота мировой революции.

— Признаюсь, что стремительная череда ваших доводов и громадное количество новых фактов превышают мои сообразительные способности. В моей голове сейчас некоторая путаница.

— Оставьте рассуждения, держите в уме только диалектику событий. Смотрите: первая декада июля, «объявление войны» фашистским государствам от лица «испанского Ленина» в Лондоне. Через пять дней — подстрекательство, устранение главы оппозиции. Ещё пять дней спустя — гражданской война. Месяц позже — расстреляны Зиновьев, Каменев и компания. Пройдёт ещё *N* дней, месяцев или лет, и эта рукотворная местная война вызовет европейскую и мировую. Капитализм уничтожит сам себя. Коммунизм восторжествует. Как видите, доктор, стратегия настолько же гениальна, насколько и проста. Диалектика событий совершенна, безупречна. И следует учесть, что я осветил всего лишь две основных стороны самого главного дела — революции, дабы не сбивать вас с толку. Однако есть и иные взаимосвязи, также чрезвычайно важные.

— Я ошеломлён, поверьте! В последние недели мне довелось прочесть несколько буржуазных газет, но ни в одной из них, несмотря на обилие известий и мнений о международных проблемах, я не нашёл ни единого упоминания или хотя бы далёкого намёка на то, о чём вы мне сейчас поведали.

Мои слова являлись безусловно правдивыми, однако сказал я их чилийцу прежде всего с тем, чтобы польстить и подбить его продолжить.

— Да, — добавил он, — буржуазная пресса молчит из-за своего непреодолимого невежества, а наша — из расчёта и выгоды. Вполне понятно.

— Но вы говорили, что существуют и иные аспекты, другие полезные следствия.

— Бесспорно, но их перечисление займёт слишком много времени. Упомяну лишь те, что имеют прямое отношение к Испании, раз уж мы находимся сейчас на испанском театре. Несомненно, устранение этой нации как военного фактора в европейской войне, что разгорится в грядущие месяцы, — дело решённое. Общие потери испанцев ужасны.

— Так велики разворачивающиеся сражения?

— Да, они большие и кровопролитные. Но самые жестокие потери обе стороны несут в тылу. Республиканцы и фашисты проводят серьёзнейшие чистки, и мы, естественно, всячески стараемся им потворствовать.

— Но не принесла бы победа республиканцев больше выгоды и пользы? Ведь таким образом мы бы обрели союзника.

— У нас нет союзников. Выбирая между живым союзником и мёртвым, мы предпочитаем второе. Мы не ищем союзников — нам нужны республики, входящие в СССР.

— Даже если эти республики коммунистические?

— Даже в таком случае. Мы бы единственно согласились их терпеть, из очевидных стратегических соображений, если б они граничили с СССР. Имейте в виду, доктор, что любая колония, воздух и море которой целиком не контролируется метрополией, является препятствием могуществу последней. Сей простой факт игнорируют едва ли не все буржуазные страны, поскольку их империализм диктует экономика, а не стратегия. Однако его неоспоримая действительность очевидна. Англия обладает флотом не потому, что у неё есть колонии, но, напротив, колонии у неё есть оттого, что она имеет флот.

— С военной точки зрения доктрина звучит безупречно, но ведь в этом деле играет роль и экономика.

— Верно. Но при одном условии: колониальная экономика обязана приносить пользу армии и флоту метрополии, без ущерба своей обороне. Убедитесь сами: в случае с Англией, господствующей в море, экономика и население её колоний служат ей в пользу. Для Италии — напротив: все вложенные ей усилия и средства пропадут втуне, она потеряет войска, имеющиеся в её колониях. Триумф Муссолини есть победа, отданная авансом в руки противника. Мы не станем делать подобных подарков.

— Это кажется очевидным, но совершенно противоречит классическим представлениям...

— Разумеется. Однако если сказанное вас всё ещё не убедило, то вместо новых доводов, я лучше расскажу вам об иных особенностях, связанных с Испанией. Весьма типических, почти что чудесных, как вы бы сказали.

— Каких же?

— Испания — не только здесь. Вы знали, что у испанцев без малого столько же людей, сколько у СССР? Потенциально это очень серьёзная вещь. Их много миллионов. Более того, они занимают лучшие, неиспорченные земли Америки. И опасность их сплочения под началом христианства ради общей защиты возможна. Англия всегда держала эту угрозу в уме. Как вы считаете, необходимо ли устранить вероятную опасность такого объединения? Так вот, эта самая опасность коренится именно здесь, в их так называемой родине.

— Не полезнее ли завоевать эти массы коммунизмом?

— Даже если бы стратегические причины тому не мешали, подобное завоевание не стало бы полезным, ибо невозможное никогда не оказывает пользу.

— Ересь! Разве существует что-либо непосильное марксизму?

— Да, доктор, и это не ересь. Существуют частные невозможности... Зачем тогда ликвидировать отдельных людей и массы? Если где и существует нечто невыполнимое в широком масштабе, так это в Испании.

— Немыслимо!

— Да, доктор. Христианство всегда имело решающее значение в становлении испанских личности и нации. Причём христианство в его наиболее могущественной форме — христианство единое, то есть всемирное, католическое. Такова досадная действительность, и с ней приходится считаться. Христианство, как вам известно по русскому опыту, тяжелее всего искоренить. После устранения троцкистской оппозиции в СССР останется только одна — религиозная. Даже если рубить головы и развращать умы, всё равно остаётся нечто глубоко личное и непостижимое, недосягаемо сокрытое в человеке. Если таким образом дело обстоит в России с её государственной, царской церковью, то чего же ожидать от Испании, исповедующей христианство всеобщее?

— Выходит, что ваша религия выработала иммунитет к коммунизму?

— Отчасти да, но, помимо того, такое христианское воспитание создало редкостный тип человека. Даже порвав с религией, он продолжает вести себя очень странно. Это столь ценное христианское освобождение личности от государства, пусть в вырожденном и искажённом виде, произвело в Испании необычайное, неповторимое действие.

— С научной точки зрения это явление положительно заслуживает исследования.

— Верно. Кажется, я уже говорил вам, что наши силы здесь крайне скудны, из чего вы, должно быть, сделали заключение, что в Испании нет никакого коммунизма, не так ли?

— Точно.

— Что ж, вам следует знать, что Испания — это страна с наибольшим количеством правильно организованных коммунистов в мире. Здесь их больше, чем в любом другом не коммунистическом государстве; больше, чем в СССР, в пропорции к числу населения. Ясно, что этот коммунизм абсурдный — анархический коммунизм, или либертарианский. Но то не есть особый испанский ответ — он чисто русский. Их апостол и глава — назовём его главой, хотя главу они не признают, — это необыкновенный человек по фамилии Бакунин. Тот, что осмелился бросить вызов Марксу. Толстой, Кропоткин, Нечаев и вся эта шатия московских анархистов и нигилистов потерпели неудачу, их идеи провалились за неимением структур и поддержки масс. И тем не менее на этой земле находится самая мощная рабочая организация, которая насчитывает полтора миллиона человек. Что вы на это скажете?

— Скажу, что лучше бы их привлечь в свои ряды, так как они уже приняли то, что принять труднее всего, — коммунизм. В таком случае у Коминтерна сразу появилась бы недостающая ему массовость.

— Вы мечтатель, доктор! Разве что накинуть верёвку на их шеи, как когда-то анархистам на Украине — так бы мы согласились их привлечь. Вам следует уже поднатореть в таких вопросах. Запомните: единственная опасность, угрожающая коммунизму, состоит в том, что он может размножиться; в том, что все сферы жизни: экономическая, политическая и общественная — не станут скреплены нерушимым единством, предельным и всеобщим. Как вы думаете, почему мы столь большое внимание нынче уделяем борьбе с национал-социализмом? Из-за того, что в нём есть враждебного? Нет — из-за того, что есть коммунистического в его государственной форме. С католической церковью происходит то же самое: своим излюбленным врагом мы её находим не из-за её противной философии, но потому, что она едина и всеобща в такой мере, в какой должен быть СССР. То же и с анархо-коммунизмом — он обречён быть нашим врагом именно потому, что является коммунизмом. Как бы то ни было, кто сегодня наш первейший враг? Троцкизм. Наиболее опасный вид коммунизма, ибо он имеет те же мораль и устройство. А если вы отмахнётесь от этого утверждения, как от очередного парадокса, то я вполне откровенно могу заявить вам, что наш смертный приговор капитализму вынесен не нашей классовой ненавистью, но он обусловлен тем простым фактом, что капитализм в своей сущности и в своих самых крайних последствиях настолько же коммунистичен, насколько коммунистичен большевизм.

В который раз откровения Габриеля лишили меня дара речи, и мир вновь перевернулся вверх дном в моей голове. Однако, сделав усилие, я нашёлся ответить следующее:

— Как-то раз вы говорили, что Ницше, возражая Гегелю, сказал об испанцах, что «они абсурдны и, однако же, реальны», — кажется, так? И знаете, что я вам скажу? Я согласен.

— После того, что я о них рассказал?

— Нет. Потому что я знаю вас.

— Вы так полагаете? Вы думаете, что знаете меня?

— Теперь думаю, что да, — заявил я.

— Ну что ж, примите мои поздравления, доктор, вы меня знаете, а я себя — нет. Но который час? Уже пятый! Доктор, да вы вредите моему здоровью! Я всё болтаю и не унимаюсь, хотя до смерти хочу спать...

И, зевая, он вышел из столовой.

XXXVI
ТРАГЕДИЯ В МОРЕ

Я остался сидеть там же в безмятежном спокойствии и, сам того не заметив, тихонько задремал. Когда проснулся, уже стояли сумерки. Я вышел в залу. Комната полностью погрузилась во мрак. Тут появился Габриель. Он разговаривал по-русски с незнакомцем, которого представил как «товарища», и втроём мы дошли до столовой. От полуденного очарования в ней не осталось и следа. Она освещалась тусклым пламенем нескольких свечей, оставлявших углы сокрытыми непроницаемой тьмой, единственно выявляя своим скудным светом обеденный стол. Мы расселись, и нам подали ужин, который, будто в утешение за столь тоскливую обстановку, выдался просто превосходным. Мне не очень хотелось есть, но кушанья были столь высокого качества, что аппетит бы разыгрался у покойника! То простецкое на вид блюдо из фасоли с салом и множеством колбас будет всегда возникать в моей памяти, особенно в голодные дни. Оно было новым, его не подавали во время обеда в отличие от прочих блюд.

С великим удовольствием я поедал этот необычайно вкусный ужин, однако всё моё внимание было приковано к беседе моих сотрапезников. Габриель и тот русский, чьего имени мне запомнить не удалось, но который, судя по услышанному, был из НКВД, болтали без умолку.

Беседа завязалась после первого блюда, и вначале речь шла о нынешнем положении дел в испанской войне. Я попытаюсь воспроизвести суть того, о чём они говорили.

— На этом фронте, — сказал чекист, — дела очень скверны. Наши силы там на исходе. Диверсия на мадридском фронте провалилась, его не удалось упрочить.

— В чём основная причина? — спросил Габриель.

— Нехватка оружия. Вооружение недостаточное и редкое, только ружья были в нужном количестве. Артиллерии же едва доставало, а поддержка с воздуха — почти нулевая. Что тут можно сделать?

— Причины столь острого дефицита?

— Не знаю, известно ли тебе, товарищ, но советские поставки не достигали этого фронта. В начале войны кое-что доходило, крайне мало, но потом обеспечение прекратилось совсем.

— И что ты думаешь? Саботаж?

— Нет, не думаю. На столь важном фронте подобное бы не прошло незамеченным для Москвы. Кроме того, я знаю, что главы Народного фронта приложили все усилия, чтобы направить советскую помощь как можно дальше на север. Можешь вообразить, с какой тщательностью я расследовал возможность саботажа. Даже местные троцкисты шли на всё возможное, чтобы сыскать оружие в Западной Европе и Америке, мне это известно наверняка. Но в итоге они мало чего добились. Им не повезло настолько, что фашисты захватили несколько их кораблей, груженных оружием. Сепаратисты, те католики, наши союзники, чья республика уже исчезла, потратили неимоверное количество сил, гигантские суммы денег, пытаясь добиться удовлетворительных результатов во Франции и Англии, а прежде всего в Америке, но их стараний тоже оказалось недостаточно. Однако саботаж не имел места, я убеждён.

— Приходит ли тебе на ум, товарищ, иное объяснение провалу?

— Признаться, нет.

— Тогда если ты не находишь тому причин, то, исключая всё прочее, выходит так, что вина наша, московская, так, что ли?

— Я такого не утверждал, — решительно заявил чекист, сделавшись тут же очень серьёзным.

— Нет, товарищ, ты этого не утверждал. Но если снять вину с трёх участников из четырёх этого наказуемого дела, то тогда вся вина падёт на последнего подозреваемого — Москву. Так или не так? — мягким голосом сделал Габриель резкий вывод.

Собеседник изменился в лице. В тамошнем сумрачном свете мне даже почудилось, будто оно покрылось пепельной пудрой. Он как-то неуклюже отыскал стоявший поблизости большой бокал вина и залпом его опустошил.

— Товарищ, — помрачнев, неуверенным тоном стал отвечать тот, — я честно поведал тебе об истинном положении дел. Таковы мои должностные обязанности при общении с тобой, моим руководителем. Я воздерживаюсь от собственных заключений. Кроме того, во всех официальных и публичных выступлениях я заявлял, что троцкистский, анархистский и буржуазный саботаж — единственная причина всех неудач. Я устранял сторонников этих партий, открыто и тайно, по обвинению в саботаже. Будь я в Мадриде или Барселоне, я поступал бы точно так же.

— Хорошо, оставим эту сторону вопроса. Я прибыл сюда не в качестве твоего обвинителя, к тому же мы с тобой хорошо знакомы. Мне любопытно кое-что другое. Как тебе известно, ближе всего к Англии и западу Франции располагается это побережье Испании. Оно образует угол стратегически важного воздушно-морского треугольника, расположенного к югу. В случае, если фашисты перекроют Гибралтарский пролив, заперев тем самым юг Франции, уничтожение республиканцев на этих берегах станет весьма серьёзной угрозой для Франции и Англии. Откуда французский фронт будет снабжаться в случае европейской войны? Средиземное море будет закрыто — следовательно, с Атлантического океана уже будет не добраться. Удалось ли тебе выведать планы действий Лондона и Парижа?

— Да, немного. Как ты знаешь, сепаратисты, равно как и социалисты с анархистами, имеют тесные связи с Лондоном и Парижем. Мои люди удачно разместились в штабах управления этих сил, некоторые из них даже занимают высокие руководящие посты. Но об ответных шагах лондонского правительства, которые, впрочем, всегда категоричны, у них имеются крайне скудные сведения. С басками, кто есть католики и дикари, они обращаются хуже, чем с лошадьми. В действительности последние совершенно ничего не знают. Говорить с ними о тонкостях международной политики — всё равно что заставить их слушать наш разговор на русском. К социалистам же с тех пор, как они утратили власть в правительстве, доверие подорвано. Да, Негрин («Русский?», — спросил я себя) числится социалистом и является президентом, но всем известно, что он из наших. У кого должны быть сведения, так это у министра обороны, обуржуившегося социалиста и давнего агента британской разведки. Я могу лишь следить за его приспешниками тут, но из-за своих грубости и заносчивости он не сообщает ничего, достойного внимания. По моим данным, этот министр обороны вступил в заговор по заданию Лондона, чтобы договориться о мире с фашистами.

— И почему его до сих пор не ликвидировали?

— Он единственный английский агент на высоком посту. Для меня тоже удивительно, каким чудом он ещё жив. Вероятно, имеют место международные причины: через него Лондон надеется получить возможность заправлять здесь всем, а мы, таким образом, можем рассчитывать на их дипломатическую помощь.

— Логично.

— Самые ценные сведения я получил через анархистские круги, некогда являвшиеся здесь очень влиятельными. Есть тут один старый анархистский глава, с виду неприметный и миролюбивый, едва ли не апостол, вроде Кропоткина, с которым, кстати говоря, они дружили. Он вертит анархистскими шишками, как захочет. Однако примечателен тот факт, что он также распоряжается левыми буржуа. Он масон высшего градуса и ненавидит нас тихой, лицемерной, но свирепой ненавистью. Он имеет прямые международные связи, ему известно всё. Я передам тебе досье, ты сам сможешь оценить информацию от него. Он обмолвился о готовящихся действиях в Париже и Лондоне, но действия эти — не военного характера. Войны Франции и Англии против Германии и Италии он не пророчит, но знает, что последуют политический и дипломатический ответы, давление возрастёт, а материальная помощь республиканцам продолжится. Но война — нет, отнюдь.

— И на чём он основывает свои предположения?

— Ни на чём. Если бы всякий раз его слова не подтверждались впоследствии фактами, я бы даже не подумал их записать. Этот масон-анархист крайне обеспокоился последней военной чисткой. С ним, таким кротким и блаженным, сделался буквально припадок бешенства, когда он получил известия о расстреле Тухачевского и прочих генералов. Парадокс! Он, кто до недавнего времени безжалостно глумился над местными фашистами, вдруг запротестовал, задыхаясь от гнева, узнав о расстрелах русских генералов-фашистов, шпионов и сообщников Гитлера. Анархист, непримиримый противник войн, собственноручно застреливший каждого военного, попавшегося в его лапы, теперь превратился в ярого защитника советских маршалов. Чёрт пойми что! Дополняет картину тот странный факт, что он с большой осторожностью сообщил осведомителю, также масону, что Франко, предводитель испанских фашистов — не фашист... И самое невероятное: после заявления о том, что предводитель испанских фашистов не фашист... он с неудержимым смехом воскликнул: «А Сталин считает себя самым умным!». Как ты понимаешь, правда тут мешается со вздором. Что думаешь, товарищ?

— Я? Ничего, — ответил Габриель. И после паузы добавил: — Логика порой оказывается абсурдной в наши дни, а абсурд — логичным. Что бы это ни значило, я запишу на всякий случай.

Он вынул записную книжку и, достав авторучку, исписал лист, насколько мне удалось разглядеть, стенографическими знаками.

Габриель на секунду задумался, помешивая чайной ложкой свой кофе. Но ничего более не сказал и не спросил.

Затем, когда мы вставали из-за стола, он справился о чьём-то возвращении откуда-то.

Было около одиннадцати часов, когда он спросил меня, не хотелось ли мне спать. Я ответил отрицательно, и тогда он добавил:

— Вот и хорошо, потому что может статься, что сегодня ночью мы покинем Испанию.

Я промолчал, уже привыкнув покорно принимать подобные неожиданные решения от него. Он долгое время мерил комнату шагами, после чего посоветовал чекисту отправиться разузнать о нашей поездке и как можно скорее известить его. Чекист вышел, и мы остались вдвоём. Тогда Габриель обратился ко мне и сказал, что, вероятно, уже грядущей ночью я поплыву в СССР, если вовремя прибудет ожидаемое советское судно. Он же на самолёте возвратится во Францию, где ему необходимо завершить кое-какие дела. Таким образом он-де сможет с пользой провести те дни, что я буду в пути до Ленинграда. По прибытии он обещал обязательно меня встретить.

— Теперь пойдёмте к Миллеру и поговорим с ним, — добавил он в конце. — Перед тем, как оставить его наедине с вами в столь долгом путешествии, я хочу удостовериться, что он в должном состоянии ума.

Мы вошли в комнату, где держали генерала. Габриель на испанском приказал часовому выйти, что тот сразу же исполнил. Затем он пристально посмотрел на генерала и, усаживаясь, спросил его:

— Как с вами обращаются, генерал? Ах, вы ещё умеете говорить по-русски? Или изволите изъясняться на французском?

— Я говорю по-русски, сударь, и с выговором почище вашего, — ответил Миллер с необычайным спокойствием.

— Очень рад, ваше превосходительство. Это необыкновенная удача — иметь возможность совершенствовать себя в русском, слушая язык, на котором когда-то общались в Зимнем дворце. Если таковой вообще употреблялся, ибо, по моим сведениям, там говорили лишь на французском и иногда на немецком.

— Только не я, — твёрдо сказал генерал.

— Тем лучше. Надеюсь, сей факт означает, что у нас получится понять друг друга. Не желаете ли выпить?

— Нет, благодарю.

— Как хотите. Полагаю, генерал, вам не терпится знать, где вы находитесь, верно? Что ж, вы в Испании, неподалёку от очаровательного пляжа, ухоженного и хорошо охраняемого.

— Никакой разницы нет.

— Отнюдь, генерал, разница есть. Ваше положение не столь безнадёжное, каким оно могло показаться на первый взгляд.

— Нет совершенно никакой разницы, имея в виду, что я в плену у ГПУ.

— У НКВД, генерал. Это не одно и то же, тут есть некоторые преимущества и возможности.

— Я не собираюсь это обсуждать, вам должно быть это известно.

— Полноте, генерал. Я хотел бы избавиться от этой натянутости в нашем неофициальном разговоре. Вы сами убедитесь, если соблаговолите отвечать. Как вы считаете, почему вас похитили? Умоляю вас, ответьте.

— Не трудно догадаться, учитывая мою позицию главы русских противников коммунизма.

— Знали бы вы, генерал, как сильно вы сейчас ошибаетесь! Вовсе нет, причина не в этом. Ни в коем случае не хочу оскорбить вашей гордости, но опасность вашей организации для Советской России нулевая — что блоха слону, отстоящему в двух тысячах километров. Конечно, вы по праву можете быть собою довольны, ведь вы сделали всё, что было в ваших силах в борьбе с СССР. Вы вложили все свои отвагу и ум, также те немногие средства, что у вас имелись. Мы признаём это, генерал, но... что с того? Скажите честно, вы удовлетворены? Вы и вправду полагаете, что нас вынудили пойти на риск и угрозу скандала в связи с вашим похищением ваши антисоветские достижения? Не желаю унизить ваших чувств, однако согласитесь, что наши посольства не взлетают на воздух, наших послов не убивают, белого террора в СССР нет, как и монархического саботажа пятилеток. Белые генералы не служат в Генштабе немецкой армии и не являются советниками Гитлера и Микадо. У нас же имеются союзники, подобающие дипломатические отношения, мы приходим и уходим — короче говоря, перемещаемся совершенно свободно, нигде не натыкаясь на вашу ужасную белую гвардию. Да, я знаю, что вы верите, что где-то там у вас есть тайные организации и люди, преисполненные решимости и терпеливо ожидающие, когда пробьёт час. Мечты, генерал, несбыточные мечты движут вами.

— Даже если б всё так и было — я не стану с вами договариваться. Я исполнил свои клятву и долг — и если я пал, то пал с честью.

— Отдаю должное, генерал, и ценю. Поверьте, большевику всегда приятно слышать, когда о таких вещах говорят без напускного, пустого фарса, как оно часто бывает. Отрадно слышать подобные слова от вас, человека чести. Поэтому поспешу заверить вас: мы не похитили вас — и я сказал «мы», потому что мы оба принимали самое деятельное участие в этом деле, — мы не похитили вас, повторюсь, с целью добиться признаний относительно ваших друзей и вашей организации. Между нами говоря, раскрывать тут нечего. О вашей организации мы осведомлены больше, чем вы сами, ибо нам известно всё, вплоть до шпионов в ней. Что скажете о вашем дорогом Скоблине? Несмотря на недоверие, вы не могли допустить подобную мысль, не так ли? Вы изумительны, генерал! Помните ли, как год назад вы должны были встретиться с неким доктором Зелинским? Припоминаете? Так вот, он перед вами, — тут он указал на меня, — собственной персоной. В тот раз вас спас от похищения не белый, а троцкист. У вас возникли подозрения из-за Скоблина, и вы оставили письмо с обвинениями в его адрес на случай, если вы не вернётесь со встречи, верно? Вы предприняли эти меры предосторожности, но себя самого никак не обезопасили. Ведь это абсурд! Чего вы добились? Да, у него не получится теперь стать вашим непосредственным преемником. Вы спасли свою пропащую и бестолковую организацию. Но сами-то вы что, генерал?

— Организация превыше меня. Я не мог выказать страх за себя перед своими подчинёнными. Неужели вы не понимаете?

— Да. Мы уже поняли, что у вас есть воинская гордость, но, в конце концов, это уже свершилось, и ничего тут не исправишь. Попробуем всё же понять друг друга. Я не сомневаюсь, генерал, что вы по-своему любите Россию. Я верю в это, правда. Собственно говоря, в виду этих чувств я и намерен предложить вам сослужить службу этой самой России, которая, замечу, снимет все возможные вопросы со стороны правительства. Вы, безусловно, слышали кое-что о некоторых советских генералах и что с ними случилось недавно. Я имею в виду сам факт, а не поводы и причины их казни. Так вот, генерал, нам бы хотелось, чтобы вы сыграли роль патриота. Такая роль подходит вам, как никому другому, и мы были бы очень рады, если бы вы согласились.

— Всё это очень странно. Извольте объяснить.

— Конечно, я объясню. Необязательно давать ответ прямо сейчас. У вас будет достаточно дней, чтобы как следует обдумать своё решение, — ровно столько, сколько потребуется кораблю, чтобы достичь берегов СССР. А теперь послушайте, генерал. Вы узнали, что Гитлер замышляет вторжение в СССР, который для вас всегда являлся Россией. Вам об этом стало известно, так как вас просили о военном и политическом сотрудничестве. Генералы, расстрелянные в Москве, были вовлечены в гитлеровский план наряду с другими, имена которых вам сообщат. А также Троцкий и иные политики, о которых вы тоже узнаете. Получив такие сведения от немецкого Генштаба, который решительно настроен осуществить свой замысел, вы, преодолев свои политические предубеждения и ненависть к коммунизму, донесли на казнённых генералов — и сейчас по своей воле неожиданно появитесь в СССР с тем, чтобы выдать оставшихся в живых предателей вместе с их зарубежными пособниками.

— Но это всё неправда! — воскликнул генерал.

— Не всё. В узком смысле неправда, но факты все настоящие. Так уж ли важны частности? Нет, не отвечайте сейчас, генерал. Вам следует поразмыслить. Выбора у вас всё равно нет. Обсудите это с доктором. Для вашего же блага примите предложение. Буду с вами откровенен, у меня нет цели вас запугать, однако лучше поберегите себя... вернее, избавьте себя от иного исхода. Вы в любом случае заявите всё, что потребуется. Подумайте, генерал. А пока вы вправе просить всё, что вам нужно. Ваши просьбы будут удовлетворены в той мере, в какой того будет позволять ваше положение. И последний вопрос. Вероятно, что через несколько часов мы заберёмся на палубу. Стоит ли нам вас связать или усыпить? Вашего честного слова, что вы не попытаетесь покончить с собой, будет довольно, чтобы мы избавили вас от этих неудобств. Что скажете, генерал?

— Я не стану себя убивать. И не только из-за моего честного слова, а оттого, что подобное запрещает мне моя вера.

— По меньшей мере тут мы достигли взаимного понимания. Не смеем больше вас беспокоить, генерал.

Мы вышли, и часовой вновь занял пост.

Уже за полночь, во втором часу, вернулся русский, что ужинал с нами. Он доложил, что связь с кораблем, на который мы намеревались взойти, установлена и что оно пришвартовано у нашего берега.

Мы зашли за генералом. Перед выходом Габриель напомнил ему о его обещании и обратил внимание пленника на то, что тот даже не связан. Миллер вновь поручился за себя, и без дальнейших промедлений мы отправились. Подле меня шагал какой-то паренёк, который нёс мой саквояж.

Совсем скоро мы очутились на пляже. Почти ничего разглядеть было нельзя. С большим трудом мне удалось различить маленький деревянный причал, скрипевший под тяжёлым шагами. Судно стояло на швартовах, все фонари были погашены. Только огоньки сигарет, мерцающие в темноте, подобно светлячкам, обнаруживали наличие экипажа.

Габриель, Миллер и я взошли на палубу. Недолго спустя ритмичным «тра-та-та» зашумел двигатель, и мы отчалили, уплыв во тьму. Всё это время мои глаза различали неясный силуэт того паренька, что нёс мой саквояж. Он стоял поблизости и спокойно смотрел на меня, а его распахнутые очи ярко блестели во мраке. Затем чей-то голос вызвал его, отчего он быстро поднялся и с ловкостью кота отправился к носу. Море было тихим, а волны — широкие и невысокие, так что наши бока их не разбивали. В какой-то момент невдалеке показались мигающие огоньки, по-видимому от других кораблей. Один из них проплыл мимо, едва не коснувшись нас бортом. То было небольшое судно, на палубе которого роем толпились многочисленные людские тени. Я спросил Габриеля, рыбацкие ли это шхуны, но он объяснил, что эти суда прислали сюда для эвакуации семей республиканцев во Францию. Они бежали от вероятного фашистского плена. Генерал сидел между мной и Габриелем и хранил молчание. Через три с лишним часа плавания перед нами внезапно вновь появился юнга. Положив одну ладонь мне на плечо, он простёр вторую руку куда-то в даль и стал издавать негромкие крики. Мы посмотрели в сторону, куда указывала его рука. Во тьме мерцал тусклый свет.

— Должно быть, наш корабль, судя по местоположению, — предположил Габриель, после чего обратился к подростку на испанском.

— Да, это он, — подтвердил чилиец. Стало заметно, что мы поворачивали, меняя курс в направлении тех огней, которые не замедлили появится вновь. Мне захотелось курить, и я попробовал зажечь сигарету, но из-за сильного ветра лишь потратил напрасно несколько спичек. Но вдруг перед мной возникло пламя: это мальчишка умело зажёг свою сигарету и тотчас предложил её мне, чтобы я мог прикурить. Свет от спички на мгновенье озарил его лицо. В его чертах я успел заметить столько проницательности, живости и обаяния, что стал немедленно очарован этим юнцом. Когда же тьма вновь окутала нас, я продолжил его разглядывать, скорее угадывая его любопытный, устремлённый в нас взгляд и едва заметную весёлую улыбку. Мне стала любопытна причина его странного расположения к нам. Пожалуй, полагал я, его увлекал тот советский «престиж», что старательно внушала местная пропаганда, и он видел во мне настоящего русского. Мои догадки отчасти подтвердились, когда я увидел, как он, показывая на меня пальцем, с резким акцентом спросил:

— Руски?

— Да, русский, — ответил Габриель.

— Товарищ, товарищ! — воскликнул он, сердечно похлопывая ладонью по моему плечу. Больше он ничего не сказал и только молча сидел передо нами, не сводя с меня глаз.

Световые сигналы становились заметнее по мере нашего приближения. Наконец мы пристали к чему-то крупному и чёрному. Послышались русские слова, и наша лодка проплыла несколько метров вдоль борта нового судна. Мальчишка, следуя примеру старших, встал у фальшборта и, опершись на корабельный корпус, старался помочь остальным уберечь суда от столкновения. Оказавшись напротив трапа, мы при помощи экипажа взобрались на верхнюю палубу того корабля. Миллер безмолвно следовал за нами. Юнга взял мой саквояж и взошёл вслед.

На палубе подле трапа нас ожидал капитан. Мы с Габриелем поприветствовали его, и чилиец осведомился о назначенных нам каютах. Капитан лично сопроводил нас на другой борт. Никакого света не было, нас вёл матрос, освещая путь спереди электрическим фонариком.

— Побудьте с Миллером, доктор, я сейчас вернусь, — указал Габриель и удалился вместе с капитаном.

Я и генерал вошли в тёмную каюту. Только после того, как дверь закрылась, матрос зажёг свет, и мы сели. В ту же секунду раздался стук, и свет снова погас: принесли мой багаж. Хотя было темно, по невысокому росту в одной из фигур я сумел признать уже знакомого мне мальчишку, что переносил мой саквояж. Носильщики без промедлений исчезли, и в каюте снова загорелся свет.

Габриель возвратился через четверть часа. С ним был капитан. Первым делом они попросили генерала на выход, и тот вдвоём с капитаном вышел.

Габриель поспешно заговорил. Он сообщил, что с меня сняли обязанность опекать Миллера. Её возложили всецело на капитана.

— Таким образом, — заключил он, — вы освобождаетесь от этой ответственности. Но вы будете обязаны служить единственным собеседником пленника. Ни капитан, ни кто-либо иной не имеют права обменяться с ним и словом. Они уже получили соответствующий приказ. Если Миллер захочет что-нибудь сообщить, ему придётся просить вызвать вас и говорить с вами. На вас также ложится особая ответственность за его здоровье и обязанность по уходу за ним. Вы вправе разговаривать, оставаться с ним наедине и, короче говоря, располагать всем, что посчитаете удобным, при условии, что это не составит угрозу его безопасности. По прибытии в Ленинград, где я вас встречу, вы должны будете написать подробный отчёт обо всём, что вы обсуждали с генералом и что может представлять интерес. На этом всё, доктор. Счастливого пути!

Мы вышли на палубу, где нас поджидал капитан. Он проводил нас до сходней. Габриель сошёл обратно на лодку, и миг спустя зашумел её мотор. После этого капитан двинулся в сторону, и я последовал за ним. Направлялись к моей каюте. Перед сном, однако, мне захотелось осмотреть генерала. Предварительно постучавшись в дверь, мы вошли в его каюту. Нас по обыкновению встретил полный мрак, свет зажёгся только после того, как затворилась дверь. Миллер лежал. Обе его руки были связаны верёвкой, концы которой уходили под койку. Я захотел убедиться, что его запястья не сдавлены слишком сильно, и пощупал петли. Они не были стянуты туго, но всё же я спросил генерала, не вредит ли ему бечёвка, на что получил отрицательный ответ. На случай, если бы ему стало больно или он бы почувствовал, что его ладони немеют, я предупредил его, что он мог не раздумывая вызывать меня. На этом, соблюдая те же меры предосторожности со светом, мы покинули Миллера. Определённо, экипаж не желал обнаружить местоположение своего корабля.

Я оказался в моей каюте. Она находилась по соседству с генеральской. Капитан, надо думать, был молчуном, ибо всё время оставался без слов. Единственно он пожелал мне хорошо выспаться и удалился. Заперев дверь, я лёг в койку, и, поскольку почти целые сутки мои глаза не смыкались, меня тотчас объял крепкий сон.

Первый день плавания я провёл в одиночестве, слоняясь по палубе без дела. Морская болезнь меня не тревожила, так как море не волновалось, но всё же я чувствовал нечто необычное. Несколько раз навестил Миллера, ничего примечательного.

Наконец наступила ночь, и на корабле загорелись фонари. Скрываться в темноте больше не надобилось: опасные берега Испании остались далеко позади.

Истекло довольно времени с тех пор, как я собрался спать, но уснуть у меня не получалось. Я сидел на койке и курил. В ту минуту до моих ушей как будто донёсся лёгкий шум из-за двери. Однако он не повторился, и потому я решил, что мне послышалось или скрипнул деревянный настил. Через минуту шум раздался ещё раз, уже более отчётливо, точно собака скреблась в дверь. Я встал и отворил её. С удивлением я обнаружил в проёме того самого испанского юнгу. Он глядел на меня и улыбался неуверенно и боязливо. Было видно, что он желал войти, и я отступил, давая ему путь. Стремглав он забежал внутрь, а я, заперев каюту, вернулся к койке, ибо находился в одной пижаме. Тихим голосом он произнёс какие-то слова, из которых мне удалось разобрать лишь «товарищ». Он вперил взгляд в бутылку с водой и показал на неё. Я кивнул. Он схватил её и сделал большой глоток. Очевидно, его мучила жажда. Из этого наблюдения я заключил, что его нахождение здесь было не вполне законным. То, каким образом он объявился, а также его жажда указывали на то, что он где-то прятался. Несомненно, он пребывал на корабле без разрешения. Теперь в замешательстве оказался уже я, ибо не знал, что делать с этим милым пареньком, взиравшим на меня с улыбкой и опаской. Его жажда навела меня на мысль, что он, должно быть, ещё и голоден. Движимый привычкой запасаться продуктами впрок, присущей любому советскому человеку, в обе заграничные поездки я непременно набивал чемодан едой. В нём хранились ветчина, колбасы, фрукты в сиропе и печенье. Благословив свою советскую запасливость, я соскочил с кровати и вытащил провизию, после чего разложил съестное перед мальчишкой. Сперва он отказывался что-либо брать, хотя в его глазах читалось обратное желание. Мне пришлось подбодрить его, одобрительно похлопав по плечу, и только тогда он принялся за еду с напускным равнодушием.

Не желая показывать нужду, он в сложности съел совсем чуть-чуть. Мне многократно приходилось его ободрять, дабы он съел хотя бы что-нибудь. Закончив ужин, он вынул из кармана папиросную бумагу с измельчённым табаком и предложил мне небольшой кусок, чтобы я мог сделать себе папиросу. Я отказался, а он, прилепив уголок бумажки к нижней губе, стал манипулировать табаком в ладони и вскоре с необыкновенной сноровкой скрутил цигарку. После запалил и принялся с серьёзной миной попыхивать через нос. Я с любопытством наблюдал за ним. На вид ему было лет двенадцать-четырнадцать, небольшого роста для его возраста. Загорелое и весьма смуглое лицо с чёрными живыми глазами было наделено необычайной подвижностью. Волосы — блестящие и вьющиеся — смешно падали на лоб. Однако движения его были стремительными и решительными, как у взрослого мужчины. Одет он был в кургузую безрукавку из коричневой кожи, а на голове носил крошечный тёмный берет, вершину которого венчал стоящий торчком двухсантиметровый хвостик, делавший его вид особенно забавным. Искуривая самокрутку, он с большим вниманием изучал каюту. У изголовья койки висел обязательный портрет Сталина с его неизменной трубкой. Подросток пристально, с глубоким почтением всмотрелся в него, будто то была почитаемая икона. Затем он, очевидно, стал рассказывать о себе, но мне удалось лишь понять слова «партия», «пионер», «комитет», «русский», «война» и ещё парочку.

Как умел, я вынужден был объяснить ему, что ему пора уходить. Он немедленно понял и, пожав мою руку, вышел, напоследок бросив трепетный взгляд на обожаемого им Сталина. Он даже отдал честь, поднеся к правому виску сжатый кулачок. И, не забыв на прощанье посмотреть на меня с благодарной улыбкой, поспешил удалиться.

Я предположил, что теперь он спрячется где-нибудь в укромном уголке и предастся мечтам о чудесном советском рае, в надежде когда-нибудь издали посмотреть на своего кумира, дымящего трубкой. Перед тем, как погасить свет, я коротко взглянул на вождя народов, и мне показалось, что на этом портрете, как никогда прежде, выделялись его подмигивающие азиатские глазки, полные иронии и насмешки.

Во сне ко мне снова явился испанский мальчишка. Неизвестным образом я уже понимал его, а он говорил и говорил, не умолкая, радостный и игривый, а на его фоне возвышался огромный сияющий Кремль.

На следующее утро, снуя туда и сюда, я не нарочно оказался напротив каюты Миллера. Вдруг безотчётный порыв подвиг меня войти. Всё было по-прежнему: связанный генерал и скучающий часовой. Повинуясь неудержимому импульсу, я приказал матросу развязать его — и тут же изумился его незамедлительному подчинению. До той минуты мне не доводилось пользовался своими полномочиями относительно пленника. Я почувствовал себя значащим, и, охваченный головокружительным ощущением власти, набрался смелости и приказал матросу выйти и ждать снаружи. Мы остались с Миллером вдвоём. Мною овладело некоторое смущение, потому что в действительности мне самому было не вполне ясно, зачем я освободил его и для чего остался с ним с глазу на глаз. Я вспомнил, что на мне лежала ответственность за его здоровье, и потому я принялся с неловкостью делать осмотр. Послушал сердце, приложив ухо к груди. Ничего серьёзного, повреждений точно не было, но его сердечное истощение было очевидным. Трудно было судить, в какой мере на его состоянии сказывалось нервное напряжение, вызванное переживаниями последних дней. Я пообещал себе следить за его сердцем и даже подумал, что, если оно продолжит слабеть, то можно будет попробовать восстановить его с помощью наперстянки. Поинтересовался у генерала, хорошо ли он питался, он ответил утвердительно. Тогда, высунув голову наружу, я спросил часового, ел ли генерал что-нибудь, на что тот сказал, что к еде Миллер почти не притрагивался. Когда я попробовал выяснить причины его воздержания, генерал объяснил его отсутствием аппетита. Я потребовал знать меню, ему предписанное. Оно и впрямь оказалось весьма безвкусным. Тогда, пользуясь своей признанной властью, я решил внести изменения в его диету и обеспечить его более вкусными и изысканными блюдами, о чём позже распорядился.

Однако я не нашёл того, что искал: подсознательно мне хотелось установить с кем-нибудь тёплые отношения, лучше всего с Миллером, чьё достоинство оказывало на меня притягательное влияние. Но мои усилия были напрасны. Мои попытки завязать беседу встречали лишь односложные ответы с его стороны.

После раннего ужина я опять вышел на прогулку. Начинались сумерки. Далёкий маяк скользил световым лучом по морской глади, чуть освещая корпус корабля через одинаковые промежутки времени.

Погружённый в мысли, я услышал звук шагов, приближавшихся к корме. Из любопытства я неслышно проскользнул вдоль борта и увидел три человеческие фигуры в бледном свете заката. Две из них, обыкновенной высоты, шли по бокам третьей, что была существенно ниже них. В эту секунду свет маяка на миг скользнул по палубе, и в невысоком силуэте я распознал своего протеже, испанского юнгу. Кажется, он тоже успел меня разглядеть и как будто даже улыбнулся мне. Все трое тем не менее продолжили двигаться к фальшборту и остановились почти вплотную к нему. Дальше всё произошло мгновенно: те двое схватили мальчика всеми руками и подняли над головами. Прожектор, подобно молнии, осветил сцену, и на моих глазах ребёнок полетел за борт. Раздался пронзительный вопль. Больше мои глаза ничего не видели, ибо я зажмурил их, а всё мое тело съёжилось, точно меня самого швырнули в море. Я стал вслушиваться, жадно вслушиваться, силясь услышать крики или что-нибудь похожее на них, но безжалостные удары волн равнодушного моря не позволили разобрать ни единого прочего звука. Я восстал. Точно обезумевший, я наскочил на тех двоих, что уже уходили прочь. В неистовстве я кричал и осыпал их проклятиями, а те лишь в замешательстве глядели растерянными глазами. Мне пришло ум, что следует немедленно сообщить о преступлении капитану. Пылая гневом, я бросился к его каюте и едва не налетел на него, так как он, должно быть, уже сам спешил на мои крики. Возбуждённый, вне себя, дрожа голосом и запинаясь, я донёс капитану о бесчеловечном убийстве. Он не сказал ни слова, только взял меня под руку и отвёл в свою каюту. Там он постарался меня успокоить. Затем он начал говорить. Он, кто казался едва ли не немым, говорил чрезвычайно много. Но запомнилось мне только то, что он тысячей разных способов пытался объяснить, что этот безбилетный бродяга, прошмыгнувший на палубу незамеченным, подвергал опасности двух членов экипажа, двух женатых мужчин, в чьей ответственности находилось ведение учёта тех, кто всходит на корабль и покидает его; что прибытие в Ленинград с зайцем на борту неминуемо привело бы к расследованию, которое для тех двоих закончилось бы Сибирью, а ему стоило бы должности. И это при лучшем исходе, поскольку, в виду того что происшествие случилось при исполнении кораблём политического задания, коим являлась моя с генералом транспортировка, представлялось решительно невозможным предсказать, чем всё обернётся, если такого пассажира заподозрят в шпионаже. Всё это он повторял снова и снова на разные лады. Дабы успокоить моё волнение, он настоял на том, чтобы я выпил виски, но, когда я сказал ему, что по прибытии в Ленинград мне велено доложить обо всём случившемся, этот суровый крепкий здоровяк затрясся от страха. Однако довольно быстро ему удалось взять себя в руки, точно он смирился с неотвратимостью злой судьбы. Он учтиво заметил, что мальчика уже не спасти и что единственное, чего я добьюсь, — это сделаю несчастными двух мужчин, членов экипажа, и их семьи, а также, вероятно, и самого капитана с его семьёй. В конце он попросил меня подумать обо всём крепко и сказал, что, дескать, встань я на его место, с учётом обстоятельств сей случай бы мне представился в совершенно ином свете.

Я вышел, оставив капитана с бутылкой виски, которое он поглощал большими глотками, как если бы напиться казалось ему единственным выходом.

В бешеном негодовании я забежал в свою каюту. Стало только хуже: на столе ещё лежал кусок хлеба, что я припас для паренька, а также бутылка, полная воды. В моей памяти возник его образ. Я вспомнил его, жадно утолявшего жажду, а после сосредоточенно готовившего самокрутку, зажав бумажку нижней губой... Нет! Это преступление нельзя оставить безнаказанным, решил я! Я не смогу себе этого простить и не стану молчать, когда мы доберёмся до Ленинграда.

Разгорячённый, я кружился в тесной каюте, воображая, как в своём отчёте я сообщаю о совершённом убийстве. Неизвестно, сколько времени я провёл таким образом, но, надо думать, много.

К моему удивлению, имея в виду степень поглощения моего ума теми фантазиями, раздался стук в дверь. Я предположил, что это как-то связано с генералом. Но когда я отворил, вошёл капитан в сопровождении двух мужчин. Капитан сел на единственный стул, а я устроился на койке, двое неизвестных остались стоять. Из-за крошечных размеров каюты вчетвером мы с трудом умещались внутри. Мне показалось, что я узнал тех двух матросов. Щёку одного из них рассекали два глубоких параллельных шрама. Вскоре капитан рассеял мои сомнения, начав разговор:

— Это двое членов экипажа, что замешаны в деле с неучтённым пассажиром. Раз уж мы втроём ответственны за ваше пребывание на корабле, то, после того как вы ушли, я решил позвать их, чтобы вместе обсудить и выяснить сложившееся положение.

Такими словами начал речь капитан, которого я нашёл, несмотря на вежливое обращение, в весьма возбуждённом состоянии, вызванном, вероятно, употреблением чрезмерного количества алкоголя. Те двое же неотрывно смотрели на меня, не моргая веками, вонзив взгляды в моё лицо. Следует признаться, что, как только они вошли, моя ярость тут же поутихла, а когда я удостоверился в том, кто они были, мною овладело определённое беспокойство. Я угрожал будущим доносом на этих убийц и, не вполне отдавая себе в этом отчёт, также на капитана. В моём распоряжении уже имелось вполне недвусмысленное свидетельство их морального облика: из страха они выкинули в море испанского подростка... и это наблюдение внезапно породило следующий вопрос, ударивший в мой ум, подобно фонтану: «А что если они втроём из страха таким же образом выкинут в море и меня?». Нечто поднялось из желудка к горлу, а зрение затуманилось от вида тех трёх расплывчатых страшных лиц. Наверное, в ту секунду я резко побледнел. Стоит отметить, что описываемые мысли пронеслись в моей голове быстрее, чем я написал это предложение. На соображения эти ушло ровно столько времени, сколько понадобилось капитану, чтобы сделать вдох и дважды затянуться трубкой после своего вступления. Затем он добавил:

— Я уже просил вас, товарищ доктор, подумать над этим, учесть личное и семейное положение этих двух матросов, честных работяг и отцов... И мы пришли узнать, поразмыслили ли вы об этом получше.

Воцарилась полная тишина. Только шум бьющихся о борты волн доносился до четырёх пар наших ушей. С большим трудом я собирался духом, дабы что-нибудь сказать. Воображение рисовало, как меня, если я не уступлю, тащат шесть крепких рук и швыряют во тьму, как куклу. Я прикинул расстояние между койкой и краем палубы и насчитал около трёх метров — три метра, разделявших мою жизнь и смерть. Всё это в миг стало мне очевидно. Представить трудно, сколько всего может произойти в нас в течение считанных секунд, когда ужас овладевает нашим сознанием.

— У меня трое детей, доктор, будьте сострадательны! — услышал я от человека со шрамами на щеке.

И его призыв придал мне решительности.

— Товарищи, — я сделал вид, что прокашливаюсь, — я поразмыслил над словами вашего капитана. Вам следует понять, что меня охватило огромное человеческое возмущение, когда я стал свидетелем... — я чуть было не сказал «преступления», —

поступка, который не имел никакого оправдания в моих глазах. Позже, уяснив себе, что вы действовали исключительно из страха перед чудовищным наказанием, перед карой, способной разлучить вас с вашими детьми, я, товарищи, также, в свою очередь, являясь отцом, сообразил ещё немного, — дальше я солгал, — и как раз в ту самую минуту, когда вы вошли, собирался сам отправиться к капитану, чтобы сообщить ему, что передумал, что я ничего не знаю, что ничего не видел...

Вдвоём они бросились ко мне в порыве чувств:

— Спасибо вам! Спасибо вам, товарищ доктор! — не переставали благодарить они.

Последовало ещё много, очень много слов. Но все они служили только объяснением и повторением того, что уже было сказано прежде.

Перед уходом все трое горячо пожали мне руку. Они удалились, и я подумал о случившемся: я жал руки преступникам, выкинувшим в пустоту мальчика, и будь на его месте мой сын, они поступили бы точно так же. Ещё час назад я бы в такое не поверил! И вот я обнаружил себя связанным с убийцами общим страхом. Неумолимо напрашивался вопрос: а отличался ли я от них? Не являлся ли я сам очередным запуганным убийцей?

XXXVII
ГЕНЕРАЛ МИЛЛЕР И Я

Таким жалким я себя не чувствовал никогда. Один-единственный раз мне привелось довольствоваться свободой принимать решение и даже небольшой властью. И при таких необыкновенных обстоятельствах на моих глазах случается гнусное убийство, за которое я могу и жажду навлечь наказание на виновных, и советское правосудие обрушилось бы на их головы, стоило бы мне только обмолвиться об этом. Всё просто и ясно, но вот он я, немой и безмолвный, точно железные тиски сжимают мои уста, скованные страхом смерти. В ту бессонную ночь мой разгорячённый ум измыслил спасительный способ обойти угрозу убийства. Конечно, это далеко не самый благородный выход: если я буду лгать и притворяться до Ленинграда, делая вид, что держу своё обещание, будто я ни о чём не сообщу, мол, я ничего не видел, то на мою жизнь не станут покушаться. Напротив, мне будут бесконечно признательны. А потом я уже без последствий для себя доложу о преступлении в НКВД.

Чувство небывалой прежде ничтожности овладело мной в результате таких соображений. Душа полнилась презрением к самому себе от сознания того, что я становлюсь настолько же уродливым в нравственном смысле, как советская среда. В мире, в котором я существовал, добро и справедливость являлись морально недопустимыми. Более того, справедливость и добро были намеренно заклеймены великим злом. В отчаянии я думал о реальности этого сатанинского мира. Да, именно сатанинского, ибо я, обманом и притворством избегая угрозы смерти, поражённый непреодолимой трусостью, не находил в себе смелости решиться заявить о случившемся. Однако наказанию за преступление подверглись бы также невиновные. Оно не ограничилось бы допустимой назидательной мерой, но непременно достигло бы степени зверской, смертельной. А самое горькое здесь то, что советское правосудие наказало бы не за само преступление, а за халатность в исполнении приказов, что только лишь поспособствовало бы укреплению советской диктатуры.

Обязан ли я потворствовать террору? Не был ли террор первой причиной этого преступления? Не будь они охвачены необоримым страхом, пошли бы они на убийство? И отчего они должны считаться хуже меня? Не был ли я сам преступником лишь из страха? Нет, я не стану доносить. Возмездием за преступление стало бы только большее преступление. А я уже согрешил довольно, принуждённый террором, чтобы брать на душу ещё один грех, хотя бы под лицемерным предлогом справедливости, что в тысячу раз преступнее.

Из-за этих трагических парадоксов моя жизнь делалась невыносимой.

Судя по всему, прошедшей ночью мы проплыли через Ла-Манш, чего я даже не заметил. После полудня мне сообщили, что мы уже шли по Северному морю.

Помню, мне нужно было проведать генерала. Я вошёл в его каюту и поздоровался, стараясь придать себе как можно более непринуждённый вид. Генерала, согласно моему приказу, уже не держали связанными. Я выслал караульного, после чего меня, как обычно, охватило чувство некоторой неловкости от того, что я не знал, что сказать или сделать. Машинально мне пришло в голову закурить, дабы выйти из неловкого положения. Не задумываясь, по привычке, я предложил сигарету генералу, но он, поблагодарив, отказался. Однако в ту секунду я заметил, как в его глазах промелькнуло нечто, что несколько мгновений оставалось для меня непонятным. Но затем я понял в чём дело: то был типичный взгляд заядлого курильщика, истомившегося по табаку; взгляд, который за многие советские годы бесчисленное количество раз встречался мне в чужих лицах и которым так часто смотрел я сам. Я настаивал:

— Примите сигарету, прошу вас.

— Спасибо, не стоит, — отказал он вновь.

— Но разве прежде вы не курили?

— Да... я курю.

— В таком случае... Следует ли мне истолковать ваш отказ как нежелание принимать сигарету именно от меня?

Было видно, что он колебался перед тем, как ответить.

— О, нет! Мне не следует из-за своего здоровья, — слукавил он.

— Да, в действительности, никому из нас не следует. Однако смею заявить вам как врач, а также учитывая свой личный опыт, что в определённых обстоятельствах отсутствие табака может нанести вред больший, чем его употребление. Прошу простить меня за то, что до сей минуты мне не приходила в голову мысль о том, что вы курите. Будь мне известен этот факт, я бы с первого дня запасся нужными сигаретами. Мне хорошо известно, какой невыносимой мукой может стать лишение возможности курить.

Примите, генерал. Мне доставит удовольствие избавить вас хотя бы этого мучения, раз уж от других я вас избавить не могу...

Интонацией и телодвижением подчеркнув последние слова, я протянул ему портсигар. Генерал взял сигарету, которую я тут же для него зажёг. Когда же он на моих глазах сделал первую затяжку, я почувствовал, как по моему телу разлился сладкий разнеживающий наркотик. Я счастливо и глубоко вдохнул, точно я сам с упоением впустил в себя табачный дым после месяца воздержания. А в глубине сознания тихий голос одобрительно говорил: «Ну вот, молодчина! Наконец-то ты сотворил доброе дело».

Больше я ничего не мог сделать или сказать. Пробормотав что-то невнятное, я поспешил выйти. Мне нужно было побыть одному на свежем воздухе, чтобы выдохнуть из груди, готовой тогда, казалось, разорваться.

Мы уже вошли в Балтийское море. Не знаю, почему, но после того, как стало известно, что мы плывём по нему, присутствие СССР стало сильно ощутительнее. Всё сделалось тоскливее, свет потускнел. Даже дышать как будто стало труднее. Из-за последнего, чисто воображаемого ощущения я стал беспокоиться за сердце генерала. Я весьма тщательно слушал его, и, уверен, мне не показалось, что сердце его начало слабеть день ото дня. Решил давать ему по несколько капель дигиталиса ежедневно, что я и делал с безупречной регулярностью. Было бы глупо, подумалось мне, лишать себя удовольствия сделать добро и позаботиться о его здоровье. Более того, иначе оно бы могло подвергнуться опасности. В кои-то веки моя совесть не протестовала против полученного указания. Впервые, пожалуй!

В один из вечеров я осмелился завести серьёзную беседу с генералом, и после некоторых околичностей и обиняков я отважился задать ему прямой вопрос:

— Генерал, вы подумали над тем, что вам предлагалось, когда мы покидали Испанию?

— Разумеется, я размышлял над этим.

— Нескромно ли будет с моей стороны узнать о заключении, к которому вы пришли? — не дав ему ответить, я продолжил. — Поверьте, это я не из праздного любопытства. Я лишь хочу помочь вам найти решение вопроса, который неизбежно должен представлять для вас немалую трудность. Однако если вы считаете, вполне по праву и исходя из видимых обстоятельств, что разговор со мной способен вам навредить, то не говорите. Поясню сразу, что мои обращение и поведение в отношении вас останутся ровно такими, какими они были до сего дня, и не изменятся до самого прибытия в Ленинград, вне зависимости от того, ответите вы или предпочтёте хранить молчание. Как видите, сколь мало бы вам ни было известно об НКВД, моё отношение довольно отличается от его норм.

Генерал некоторое время не отвечал. Было видно, что его одолевала внутренняя борьба. В конце концов он заставил себя ответить:

— Не уверен, верно ли я запомнил слова второго господина. Насколько мне удалось понять, он желает некого заявления от меня. А именно — фальшивого признания, не так ли?

— Верно, — подтвердил я, — заявления. Пока что определять его характер преждевременно...

— Преждевременно? — перебил он меня. — Разве рассматривать в первую голову первостепенный и главный вопрос — это поспешность?

— Для вас, генерал, этот вопрос наиболее важен?

— Естественно, что основной вопрос — моральный.

Он произнёс это без колебаний, без всякой рисовки, как нечто само собой разумеющееся.

— Какой моральный вопрос?

Генерал посмотрел на меня с тем же удивлением, с каким я смотрел на него, и ответил:

— Вы разве не видите? Очень странно. Я же должен лгать, доктор, разве нет так?

— Ах! Речь о том, что ваше заявлением будет ложным... — подчеркнул я.

— Конечно! Ведь я буду обязан поклясться честью.

Его архаичный язык, в моих ушах звучавший, как арамейский, вызвал во мне бурную реакцию:

— Где вы находитесь, генерал? Вы отдаёте себе отчёт в том, что ступаете на советскую территорию? Насколько я могу судить, у вас не получится приспособиться к этой среде. Более того, ваша неспособность к этому настолько велика, что вы решаете её игнорировать. Но подобное пренебрежение не отменяет её существования. Советское существует, оно обволакивает нас, наполняет и диктует...

— Вы так полагаете, доктор? — вновь перебил он меня. — Так уж всеобъемлюща и абсолютна Советская власть? Настолько, что даже способна диктовать нашу мораль?

— Я мог бы просто ответить вам «да», генерал, и привести в подтверждение тысячу примеров. Но я прекрасно знаю, что вам эти доводы покажутся неубедительными из-за вашей неспособности отступить от своей абсолютной морали, как я успел заметить.

— Я всё ещё не понимаю, доктор. Неужели для вас существует две или более морали?

— Да, генерал. Я говорю в гипотетическом смысле, точнее так, как если бы был вами, с вашим характером и в вашем положении.

— Возможна ли такая перестановка?

— Не сомневайтесь. У меня получится, и много проще, чем вы можете себе представить.

— Я весь внимание.

— Не думаю, что трудно вообразить существование преступного режима, преступного во всём. Ведь именно таков для вас Советский режим? Нет, не отвечайте, генерал, это не допрос. Режим преступен до степени абсолютной; настолько, что личная мораль и субъективное добро в действительности есть для него объективное зло. И быть преданным злодейскому режиму, искренне и честно защищать его, бороться и умирать за него только ради исполнения клятвы значит преумножать его зло. Не так ли?

— Правильно.

— Вы видите сами, генерал, что абсолютная и личная мораль дают промах в зависимости от обстоятельств.

— Вы искусный полемист, доктор. Мне говорили об удивительном развитии диалектики в СССР, но, поверьте, когда политика или философия рождают больших диалектиков, во мне тут же возникают подозрения, ибо любая ложь нуждается в софистике для своего утверждения. Но я не стану сейчас спорить о выявленном вами единичном случае, поскольку мне не терпится узнать, к чему вы клоните.

— Всё просто — к тому, что превосходящая необоримая сила вынуждает вас сделать выбор. Вы должны либо повиноваться, либо взбунтоваться против приказа Советов. И что вы делаете? Насколько я вижу, вы хватаетесь за нравственный императив, который в данном случае ни имеет никакого значения.

— Простите меня, доктор, но что, если я скажу, что вы, на мой взгляд, сами себе противоречите?

— В чём же, генерал?

— Вы утверждаете, что служба преступному режиму равносильна его укреплению.

— И это так.

— Так что же?

— Но какое отношение это имеет к вашему случаю? Я выявил эту истину, дабы поколебать вашу решимость подчинить всё морали, и только. Ваше дело никак не связано с добродетельностью или преступностью Советского режима.

— Право, вы меня озадачиваете.

— Нисколько, генерал. В конце концов, что вас просят сделать? Свидетельствовать против заговорщиков, врагов Советского режима.

— Для меня — злодейского режима.

— И что?

— Что значит «и что»? Доктор, согласно вашим же словам, служить порочному режиму суть усиливать его, но разве борьба с его врагами не является ему услугой?

— При одном условии, генерал.

— Каком же?

— Что враги, которым большевистское государство указывает вам нанести вред, есть добро.

— Добро есть противоположность злу.

— Позвольте, генерал. С вашей же точки зрения на мораль подобное рассуждение таит в себе чудовищную ошибку, присущую не только вам, разумеется. Однако тот факт, что эта огромная ошибка является общей, не умаляет её серьёзности. Ваше утверждение станет правдой, только если поменять местами понятия.

— Как это?

— Противоположность добру есть зло, что всегда есть истина, без исключений, но утверждать, что всё противоположное злу — это добро, абсурдно. Противник зла сам может быть злом. Враг убийцы может быть убийцей. Враги Советского режима не обязаны быть хорошими, они могут быть злодеями, не меньшими или даже худшими... Вы думаете, что Троцкий лучше Сталина или наоборот? Если предельно упрощать вопрос, то для вас он сведётся к тому, кого выбрать, Троцкого или Сталина. Как видите, это нечто, выходящее за пределы вашей личной морали.

Я был уверен, что одержал безоговорочную и полную победу, генерал ничего не ответил. В завершение разговора я предложил ему сигарету и собрался уходить. Он принял её, а я, весьма собой довольный, вышел.

Остаток дня я бродил по палубе, уверенный, что сумел переубедить генерала, оттого ликуя и радуясь в душе. Избавление моей жертвы от издевательств и пыток НКВД почти что искупало мою вину, как я полагал.

На следующий день я задержал свой визит. Перед встречей с генералом мне хотелось уложить в памяти темы, которые, по моему мнению, должны быть упомянуты в его заявлении. Главным образом я пускал небылицы, приписывая Миллеру роль русского патриота, движимого исключительно любовью к своему народу, поднявшегося выше всякой партийщины и жаждущего спасти святую Русь от нового вторжения.

Сперва полюбовавшись вдоволь видом розовой панорамы, я вошёл в каюту. Генерал сидел на койке и курил. Внимательно осмотрев его, я нашёл его совершенно спокойным, и вид его придал мне бодрости. Вскоре я завёл беседу. Поскольку его согласие мне казалось несомненным, я сразу перешёл к делу, опустив выяснение частностей. Первым делом я сообщил, что ему следует отрицать факт своего похищения, его путешествие в Советский Союз объявят добровольным. Встречи с немецкими военными имели место по правде. Как раз в ходе них его посвятили в замысел — план о вторжении в Россию и последующем её расчленении. Это, мол, и сподвигло Миллера на разоблачение заговора, задолго до того составленного расстрелянными генералами.

Своё сообщение я украшал множеством подробностей и советов, и говорил долго, без перерыва. Несколько раз в моём монологе возникали паузы, в течение которых я ожидал, что генерал возьмёт слово. Однако они были неизменно встречены молчанием с его стороны, посему я возобновлял объяснение, полагая, что он ещё не вполне всё уяснил. Наконец я умолк окончательно, приглашая собеседника высказаться.

По-видимому, он понял меня и начал свой ответ с вопроса:

— Моё заявление уже не может навредить расстрелянным генералам?

— Очевидно, что нет.

— Но, если они расстреляны, каким образом оно поможет предотвратить вторжение?

— Вероятно, в заговоре участвуют другие генералы.

— А политики-предатели также будут расстреляны, если я признаюсь?

— Они будут расстреляны вне зависимости от того, признаетесь вы или нет.

— Можно ли мне знать, кто они?

— Мне не известен полный список тех, кто предстанет перед судом, но в него точно войдёт Ягода, бывший глава НКВД, Бухарин, бывший председатель Коминтерна, Рыков, бывший председатель Совнаркома. Прочие должны быть того же или сравнимого ранга. Как видите, согласно вашим же убеждениям, это все те, кто стоял во главе революции, кто играл в ней роли существенно более важные, чем их судьи. Потому роль палачей своих подельников предназначалась им...

— Выходит, что, как вы сказали, враги злодеев — такие же злодеи.

— Я, генерал, рассуждал теоретически, исходя из вашей точки зрения... Что до меня, то я служу Сталину и режиму.

Миллер взглянул на меня внимательно и неторопливым невозмутимым тоном, словно обдумав слова очень тщательно, произнёс:

— Мне жаль вас разочаровывать, доктор. Не буду лгать... Пусть мои противники — большевики, троцкисты и сталинисты — в равной мере отвратительны, однако не быть тому, чтобы царский генерал играл за кого-либо из убийц. Я ещё послужу своему делу и России. Я покажу миру и своим солдатам, что остались ещё честь и отвага в русской груди. Смерть станет последней службой, которую я сослужу моему Отечеству и своему Царю. Я не умру подлецом.

Никаких колебаний, ни тени апломба не слышалось в словах генерала. Я наслаждался про себя, точно слушал небесную музыку. Мой отец, старый полковник, сказал бы то же самое. Несмотря на то, что внешне они не походили друг на друга, я видел, как сквозь лицо Миллера проглядывал отцовский лик. Это меня растрогало.

Наступила тяжёлая тишина. Генерал ни за что бы не догадался, что творилось в моей душе. Быть может, он думал, что я, потерпев неудачу, мучился от уязвлённого чекистского самолюбия. Как бы я хотел решиться на безумство и обнять его и признаться тут же, что я тоже когда-то стал запуганным пленником, но мне не хватило смелости противостоять принуждению! И что со всеми своими доводами я был неправ перед лицом его абсурдной чести...

Я не находил в себе более сил продолжать спор. Я оставил пачку сигарет на койке и вышел, не сказав ни слова, отправившись прятать свои радость и стыд в самый дальний уголок корабля.

До Ленинграда оставалось ещё два дня плавания. Во мне не хватило смелости настаивать. Я мог вынести не долее нескольких секунд рядом с генералом. Ежедневно я давал ему дигиталис.

Больше о последних двух днях плавания я ничего не помню.

Я пишу эти строки несколько месяцев спустя после прибытия в Ленинград, но сцены того дня всё так же живо возникают перед моим мысленным взором, как если бы они произошли сегодня.

Если в последние дни меня мучила бессонница, то в ночь накануне прибытия мои глаза не смыкались вовсе. Спозаранку команда засуетилась на палубе, их голоса и шум предвещали скорый причал. Я зажёг свет и увидел, что часы показывали четыре часа. Капитан известил меня, что мы пришвартуемся около восьми. Я оделся, умылся холодной водой и почувствовал свежесть.

Каюта Миллера влекла меня. Я старался отсрочить посещение генерала и вглядывался вдаль в попытках угадать очертания Ленинграда, погружённого в сумерки. Огни уличных фонарей выдавали приближавшийся город, растворённый в предрассветной дымке. Кажется, я сумел различить мрачную громаду Кронштадта. Однако пронизывающие холод и сырость в конце концов согнали меня с палубы.

Исходив много раз дощатый настил взад и вперёд, я наконец осмелился войти в каюту генерала. Отворив дверь, я просунул голову. Караульный, завидев меня, немедля вскочил. Я посмотрел на Миллера, который лежал на койке. Его вновь связали, его рука свисала из-под одеяла, но он безмятежно спал. Я знаком показал охраннику, чтобы тот, не разбудив и не задев спавшего, покинул каюту и осторожно закрыл за собой дверь, не потревожив сон пленника.

После я возвратился в свою каюту, но вскоре вновь выбрался наружу, ибо не мог спокойно сидеть на месте. Я пробовал ободрить себя, представляя первую встречу с женой и детьми после долгой разлуки. Мне хотелось насладиться их восторгом от тех маленьких подарков, одежды и прочих вещей, что я привёз для них из двух поездок на Запад. Но радостные образы ускользали, сметаемые жуткой сценой кончины генерала. Во тьме советских берегов она представлялась мне столь дикой и кровавой, что мне приходилось зажимать виски ладонями, облокотившись на край борта. Ничто не могло унять моих душевных терзаний.

Все этапы преднамеренного похищения генерала проносились в голове, начиная с первого разговора с Ягодой и кончая грядущей трагедией в подвалах Лубянки. И затем всё повторялось снова...

Меня вдруг посетила шальная мысль впрыснуть себе какой-нибудь наркотик, и ноги твёрдо зашагали к каюте. Но, оказавшись внутри, я пожалел и раскаялся. Я лишь попробовал утишить бурю своих мыслей немалой порцией коньяка. Ум немного успокоился и прояснился. Теперь совесть винила меня за то, что мне не хватило храбрости помешать похищению Миллера, о чём я столько раз помышлял. А мой страх коробили невозмутимость и отвага генерала, которого несколько минут назад я видел спящим крепким сном младенца, в то время как я, раздавленный, размяк. Продолжил опорожнять бутылку.

Молочный свет утреннего солнца уже проникал через окно в каюту, а я всё смотрел сквозь стекло невидящим взглядом.

В ту минуту мне в голову пришла мысль, сперва показавшаяся мне гениальной: перед выходом дать генералу дневную дозу дигиталиса. Его сердцу понадобится крепость при первой встрече с НКВД, который предстанет перед ним во всеоружии своего сценографического аппарата. Такая простая и нехитрая затея показалась мне в тот миг едва ли не величественной, чем-то вроде бесценной последней услуги.

Схватив медицинский чемоданчик, я направился в соседнюю каюту. Пока шагал, успел разглядеть несколько кораблей, стоявших на якоре. Наше судно время от времени издавало оглушительный звук гудка.

Войдя, я обнаружил генерала связанным, что привело меня буквально в бешенство. Почти ругая матроса-сторожа, я приказал развязать пленника. Когда он исполнил моё требование, я повелел ему тотчас выйти, что он с покорным овечьим взглядом немедленно сделал.

— Мы прибываем, генерал, — тогда уведомил я Миллера.

— Я догадался по гудку. Мне придётся встать, вы позволите?

От такой просьбы я весь покраснел. Кивнув, я отвернулся, чтобы он мог одеться.

Дождавшись, когда он кончил, я повернулся обратно. Вообразив его снаружи в той парижской одежде, что на нём имелась, я сразу сообразил, что ему станет холодно в таком наряде. Температура была необыкновенно низкой, утро обещало быть зимним.

— Вам не холодно, генерал? — спросил я.

— Утро, по-видимому, будет весьма прохладным, — ответил он, потирая руки.

Ничего не ответив, я вышел и зашёл в свою каюту. Там, в спешке раскрыв чемодан, я вытащил плотную сорочку и очень тёплую шерстяную фуфайку. Положив вещи за пазуху, возвратился к генералу. Вновь оказавшись с ним наедине, я попросил его надеть обе вещи. Однако он отказался поддевать сорочку, объяснив это тем, что хочет приберечь её до Ленинграда. Тогда я вынужден был предупредить, что не могу ручаться за то, что ему позволят оставить её при себе, если она не будет на нём. Этот довод его убедил, и он натянул рубашку.

Тем временем судно медленно двигалось в порт. Становилось светлее. Свой завтрак я попросил принести вместе с завтраком генерала. Мне пришлось настоять на том, чтобы он поел как можно больше после приёма капель дигиталиса.

Вскоре после завтрака наш корабль встал. Послышался короткий буйный грохот падающего якоря, а вслед за тем — возгласы экипажа.

Генерал не докурил и выбросил сигарету. «Вы позволите?» — спросил он, поднявшись, и подошёл к окошку. Его глаза неподвижно уставились в даль. Черты города стало различить легче, всё ещё туманные, они прояснялись всё чётче. Я тоже рассматривал панораму сквозь стекло, но местность была мне незнакома, а потому я предоставил окно целиком в распоряжение генерала. Его глаза продолжали смотреть, не моргая. Он стоял бледный, недвижимый и окаменевший. Что он видел сейчас, о чём вспоминал? Наверное, гадал я, в его душе сейчас возникали воспоминания о Санкт-Петербурге времён его офицерской службы; царского двора; быть может, волнующие образы его первой любви всплывали в его памяти. Мечта войти в дорогой город во главе освободительных войск, маршируя по великолепным императорским проспектам, вероятно, пронеслась в его уме, подобно смутному видению, точно он пробуждался от чудовищной действительности. Страшна должна была быть тихая буря, что разыгралась в его сердце.

Обратившись во внимание, я, затаив дыхание, глубоко сопереживал его чувствам, стараясь разглядеть их в каждом его движении. Но нечто сверкнуло мне в глаз. Мой взор отвлёкся от генерала, привлечённый отблеском. То был чемоданчик с инструментами и препаратами, что я оставил открытым на столике у койки. Тут по моему телу пробежала дрожь. Я осознал, что футляр с ампулами и пузырьками оставался раскрытым всё это время — их содержимое в определённых дозах могло вполне оказаться смертельным. Вихрь мыслей пронёсся в моей голове. «Да, генерал мог бы... Да, на то бы потребовалось не более секунды...». По спине сбежала холодная волна страха. «Нет, — упорно убеждал я себя сам вновь и вновь, — он дал честное слово, он не покончит с собой! Но что, если чувства, нахлынувшие на него по прибытии, сознание неминуемой опасности и страх смутили его?». Я впился глазами в пузырьки с ампулами, силясь отыскать следы вмешательства. «Может быть, наперстянка? Разве её не оставалось больше?». Желая измерить содержание, я схватил пузырёк и осмотрел его против света. Ум лихорадочно отсчитывал дозы, что я уже дал генералу, в попытках догадаться...

Взор возвратился к генералу. Его положение не изменилось. Он был подобен стоячему мертвецу, покойный, окоченевший, каким-то чудом державшийся на ногах с прямой спиной. Душу переполнила тревога. Я уже видел, как генерал вот-вот рухнет подле меня.

Вдруг раздался громкий, резкий и неприятный скрежет какого-то колеса, который вывел меня из состояния ступора. Скоро треск утих, и у меня получилось взглянуть на генерала более спокойно. Я застыл, будто завороженный: по его щекам текли две слезы.

Не знаю, отчего, но сердце наполнилось покоем. Страх испарился. В уме появилась необычайная ясность. Нет, генерал не отравил себя. Для той внезапно охватившей меня убеждённости не было никакого основания. Теперь я ощутил уверенность в генерале, столь же твёрдую, как в самом себе.

Когда же мой взгляд вновь упал на пузырёк наперстянки, я хладнокровно рассчитал, что половины оставшегося в нём вещества будет достаточно для того, чтобы в течение нескольких часов вызвать неминуемую смерть в любом, кто принял бы такую высокую дозу.

Во рту пересохло, и я решил налить себе чашку чая, поскольку чайник, доставленный вместе с завтраком, ещё стоял на столе. Наполнив чашку себе, я машинально налил и генералу. Но, когда я ставил чайник обратно на стол, одна мысль внезапно вкралась мне в мозг, прямо в лобную извилину... В ту же секунду генерал повернул голову и доложил:

— Причалили, уже готовят сходни, — после чего продолжил наблюдение в окно.

Кадры жестоких пыток генерала и его смерти проносились страшной кинолентой в моей голове, изрезывая мне душу подобно зубьям наточенной пилы. И не помню, ясным ли было моё сознание или я стал сомнамбулой, — точно без колебаний и промедлений — я вдруг обнаружил склянку с наперстянкой зажатой меж моих пальцев. Я тотчас выплеснул половину, или даже больше, её содержимого в его чашку. Затем автоматически спрятал лекарство и захлопнул чемодан.

Послышались тяжёлые приближающиеся шаги. Схватив по чашке в каждую из ладоней, я, показалось, не своим голосом произнёс:

— Последнюю чашечку, генерал?

— Спасибо, — он взял у меня чашку.

Я пил с закрытыми глазами.

Когда же они открылись, генерал уже откладывал пустую чашку на стол.

— Сигарету?

— Благодарю вас, доктор. Благодарю.

Твёрдой недрогнувшей рукой я высек огонь.

Из-за двери уже доносились обрывки чьих-то слов, и сквозь стекло стало можно различить чекистские кожаные плащи. Дверь распахнулась, и в каюту ворвался морозный воздух.

— Вам не холодно, генерал?

— Нет, доктор, спасибо за ваши вещи. Без них я бы дрожал от холода, а они бы посчитали, что я дрожу от страха.

Секунду в дверях никто не показывался. После раздались гулкие, решительные, властные шаги. Широкая фигура офицера НКВД возникла в проходе.

— Задержанный? — спросил он.

— В вашем распоряжении, сударь, — ответил генерал, делая шаг вперёд.

Чекист шагнул в сторону. Генерал занёс ногу за высокий порог и перед выходом повернул голову и посмотрел на меня.

Не могу описать его последний взгляд. Но хочу верить, что прочёл в нём прощение и благодарность.

XXXVIII
ПОВЕРЖЕННЫЙ ЯГОДА

И вот я опять здесь. Ничего не изменилось. Всё здесь кажется незыблемым. Месяц с небольшим мне привелось жить в кинофильме, захватывающие эпизоды которого с фантастической скоростью сменяли друг друга, набегая один на другой, подобно красочным сценам на кинематографической ленте. Тут же — СССР, недвижимый, каменный, нерушимый... революция — «вечное становление», согласно её философам, — в такие минуты мне видится неподвижным центром вселенских событий. Скоростные самолёты, похищения, беспрерывное действие, убийства, война, интриги, мировые судороги... И что? Передо мной СССР, завёрнутый в белоснежный саван, как вчера, как год назад, уже целую вечность...

Таким я его вижу, вновь запертый в лаборатории-тюрьме, через железную решётку широкого окна. Комната, флаконы, колбы, оборудование, дом, люди, поле — всё то же самое. Сама вечность.

Я вернулся в Москву с Дювалем (почему-то за время последней поездки и сейчас, по моему возвращению, Габриель вновь стал для меня прежним Дювалем, с каким я познакомился когда-то). Мы передвигались на поезде. Он доставил меня в лабораторию и оставил. Я должен составить отчёт о моём сопровождении генерала. Постараюсь распространиться о его сердечном недуге и подчеркнуть его тяжесть. Ленинград мы покинули через полчаса после прибытия. Габриель ждал меня в автомобиле, прямо у причала. Пока мы ехали сюда, я ежеминутно спрашивал себя, умер ли Миллер. Мне едва удавалось не отводить взгляд от лица Габриеля. Страх того, что по моим глазам он догадается об «убийстве», вынуждал меня то и дело ссылаться на недостаток сна и даже изображать дремоту. Теперь же я крайне напуган. Новость о смерти генерала должна была дойти до Москвы раньше нас. Габриель заедет ко мне или позвонит. С нетерпением жду этого.

Из-за этого я ничем не могу заниматься, даже читать не получается. Только курю и хожу из угла в угол.

Отсутствие известий о генерале заставило меня опасаться того — я пишу «опасаться», — что он выжил, окажись вдруг дигиталис советским. Но нет, он пришёл из Германии, и чистота препарата проверялась мною лично в этой самой лаборатории. Его действенность я считаю безошибочной. Было бы огромным злосчастием, если бы в этом случае знаменитая немецкая техника дала промах. Подобный исход стал бы трагическим прежде всего для Миллера, поскольку его жизнь означала пытку, а смерть — освобождение. Как всегда, неизменные советские парадоксы. Добро — это зло, а зло — это добро.

Да, генерал мёртв. Габриель позвонил и сообщил об этом по телефону поздней ночью, когда я уже крепко спал. Не знаю, извращение ли это, но я помолился и поблагодарил Бога. «Наконец, — заключил я, — я сумел сделать добро ближнему своему. Добро убиением его».

Минуло много дней. Я отправил Габриелю отчёт о Миллере с мажордомом на следующий день. Думал, меня станут допрашивать, он или кто-нибудь другой. Однако я ошибся. Мною никто не занимался. Напрасно копились во мне смелость и хладнокровие.

На дворе уже зима; зима, от холода которой пусть я и защищён, тем не менее сковавшая мне душу. В моей груди до сей поры не переставала теплиться надежда, что я встречусь с моими родными. Теперь же она превратилась в отчаяние. Ничего мне неизвестно, ровным счётом ничего! По завершении дела Миллера, когда я было уже вновь поверил, что я обрету свободу в большей или меньшей мере, ничего не изменилось. С Габриелем мы не виделись с самого возвращения. Никто не удосужился мне что-либо сказать. Когда я встречусь с ним, если встречусь вообще, то обязательно поставлю этот вопрос ребром. Нашей разлуке уже год! Столетие для отца! Неужели это не ясно? Никому нет до этого дела?

Навещал Габриель. Совсем недолго, несколько минут.

— Вот досада с Миллером! Год работы насмарку! — только и отозвался он.

Я подступил к нему, когда он уже выходил за порог. Просил его озаботиться моим положением, моей совершенной необходимостью увидеть семью. Несмотря на все приготовления, мне не удалось сказать это так выразительно и красноречиво, как я хотел. А он выслушал меня спеша, нетерпеливо и вместо ответа отделался следующим:

— Я передам всё наркому. Он ждёт меня прямо сейчас. Я займусь этим, доктор. Но имейте в виду, что вы уже слишком много знаете, чтобы свободно перемещаться в пределах СССР.

И, даже не взглянув на меня, исчез.

Новый, 1938 год. Боже мой! Что меня ждёт?

За последние три месяца я не видел никого. Габриель с тех пор не появлялся. Как всегда, я боюсь и желаю его возвращения.

Наконец мне удалось превозмочь своё слабодушие, и я вновь стал писать. Сейчас я подошёл к событиям, связанным с самоубийством Лидии. Не нравится мне, каким выходит моё описание. Мне недостаёт художественного вдохновения, чтобы дать хотя бы слабое представление о её трагедии. Когда я переживаю чужую боль, она резонирует во мне, и строки сами выходят из-под пера. Но если я не вмешиваюсь в происходящее и тем более не являюсь свидетелем, а захватываю лишь развязку, то, какой бы страшной она ни была, мои слова не вызывают трепет. Они кажутся мне бесцветными, сухими.

Приехал Габриель. Он остался поужинать в моём обществе. С собой он привёз вкуснейшие лакомства, по его словам из Германии. Совместная трапеза в эту особенную ночь и тост за начало нового года — я был от всей души благодарен ему за подобное внимание. Я не ожидал такого и готовился провести эту ночь так же, как и многие другие. По правде сказать, я с семьёй никогда не праздновал большевистское окончание года. Наш скромный семейный праздник всегда отмечался по православному календарю. То был наш тихий духовный протест против тирании.

Отужинали мы превосходно. Он заставил меня употребить чуть больше, чем мне следовало, да и сам выпил немало, но на нём это не сказалось нисколько. Было видно, что он силился отыскать увеселение в алкоголе, но подозреваю, что у него ничего не вышло. Ужин продолжался долгое время. Большие часы в столовой пробили двенадцать, как раз к десерту. Мы провозгласили тост за наше личное и семейное счастье. Я поверил в искренность его слов. Несмотря на весь прошлый опыт, они растрогали меня. Почти готов был заплакать. Быть может, одна непокорная слезинка и истекла по моей щеке.

Мы много разговаривали. Габриель демонстрировал искусное уменье ведения беседы. Он говорил и говорил, на тысячи разных тем, одновременно весело, красочно, с иронией, иногда блистая шутками, а порою даже доходя до границ сентиментальности. Однако ни разу не коснулся «нашего», «профессионального».

Беседа тянулась едва ли не до рассвета. А когда пришёл час расставаться, он с тёплым чувством попрощался со мной.

Счастливая первая ночь в году.

Когда я вышел из комнаты, было почти двенадцать. Тут же ко мне подступил Габриель. Заставив меня выпить с ним по рюмке вермута, он повёл меня в лабораторию.

— У меня к вам маленькая просьба, доктор, — начал он, когда мы оказались внутри.

— Говорите.

Он просунул руку в карман своего жилета и вынул нечто, обёрнутое белой шёлковой бумагой, зажав его меж пальцев. Он развернул свёрток и показал мне покрытую никелем капсулу размером с пистолетную пулю.

— Что это? — задал я вопрос.

— То, что вы видите: яйцевидный резервуар, из платины.

— И что вы хотите? Мне следует изучить его?

— Нет, доктор. Я прекрасно знаю, что это за сосуд и что у него внутри. Всё, что я хочу знать: как трудно будет поместить это под кожу?

— Какую кожу? — недоумённо спросил я.

— Мою.

— Вашу?! — изумлённо воскликнул я, не понимая, что он задумал на этот раз.

— Да, доктор, не удивляйтесь. Насколько я могу догадаться, в телах множества людей, гораздо глубже, чем под кожей, — в мышечных пучках или даже лёгких — хранятся застрявшие пули, при этом они как ни в чём не бывало живут многие годы. Правда это или нет?

— Да, конечно.

— В таком случае, ежели пуля, выпущенная из ружья или пистолета, может попасть под кожу, то, полагаю, и вам не составит труда, со всей асептикой, поместить эту капсулу в неглубокий подкожный слой.

— Верно. Операция неопасная.

— Ну что ж, давайте проведём её. Чего мы ждём?

Я не знал, как ещё ему возразить, ровно как я не нашёл уместным задавать лишние вопросы, и посему отправился за необходимыми инструментами.

Возвратившись, я спросил его:

— Куда следует вставлять?

— Вот сюда, — он указал на левое запястье, сняв предварительно наручные часы. — Сюда, — повторил он, — чуть выше сустава.

Я приготовил местную анестезию и зашагал к Габриелю с полным шприцем в ладони.

— Постойте, что вы собираетесь делать? — вопросил он удивлённым голосом.

— Анестезию, — ответил я.

— Вы считаете, она необходима?

— Разумеется. Или вы желаете ощутить боль без всякой нужды?

— Она будет не такой уж нестерпимой, доктор. Я же не умру от этого... Но будь по-вашему. В конце концов, вы же у нас специалист по «антиболи». Испытайте какой-нибудь из ваших знаменитых препаратов. Давайте, колите уже.

Я воткнул шприц и впрыснул. Подождал несколько минут.

— Куда именно?

— Сюда, доктор, — и он нацарапал на коже линию ногтём указательного пальца, — подальше от артерии, которой вы измеряете пульс. А то какой-нибудь незадачливый врач нащупает капсулу и захочет выяснить, что это такое. Наука такая любопытная! Не так ли, доктор?

— Как пожелаете... Готовы?

— Да, доктор. Не придавайте этому столько значения.

Я сделал надрез и слегка отодвинул кожу. После вставил капсулу, предварительно окунув её в дезинфицирующий раствор. Затем наложил швы и перебинтовал. Операция прошла очень быстро.

— Прекрасно, — отозвался Габриель, надевая часы поверх бинта. — Благодарю вас, доктор. Сколько с меня за эту операцию?

— Шутить изволите? Бросьте, Габриель. Полагаю, это официальная услуга. Или тут личный вопрос?

— Видите, доктор, как вы желаете вознаграждения...

— Я?

— Да, вы хотите, чтобы я отплатил...

— Бога ради, Габриель!

— Чтобы я отплатил, удовлетворив ваше любопытство.

— Нет! — запротестовал я.

— Не отрицайте, доктор, вам же страшно хочется узнать, в чём тут дело. Я расскажу вам. И более того: я предложу вам такую же капсулу с моей сывороткой.

— Так это сыворотка? — спросил я, потрясённый.

— Да, доктор, сыворотка, по вашей специальности, но изготовленная не вами. Сыворотка против боли.

По-видимому, он разговаривал серьёзно, или же я просто не замечал иронии в его голосе.

— Правда? — с большим сомнением спросил я.

— Я вполне серьёзен.

— Сыворотка, заключённая в капсулу? И она действует сквозь металл? Что за удивительная штука! Или самый металл обладает предохранительными свойствами? Сдаётся мне, вы стали жертвой какого-то чудесного обмана.

— Ладно, давайте поговорим всерьёз. Что является, по вашему мнению, доктор, самой продолжительной и самой совершенной анестезией?

Я было собрался уже отвечать учёными терминами, но он знаком остановил меня и продолжил:

— Молчите, мы сейчас согласимся. Самая продолжительная и самая совершенная анестезия — это смерть, доктор. Разве она не тотальна и вечна? В этом мы согласны. Как-то раз я сказал кому-то, вы слышали, что смерть, точнее самоубийство, является здесь недопустимой роскошью. Не помните? За спасительную пулю в мозге многие бы отдали все своих богатства, всех своих женщин, сыновей и дочерей. Сие обстоятельство вдохновило меня на одну светлую идею; задумку, которую вы помогли мне осуществить на практике. Эта драгоценная пуля уже заложена во мне, эта непозволительная пуля...

На этой фразе его зрачки блеснули мрачно-весёлым огоньком. Мне казалось, что он не перестаёт шутить надо мной или, должно быть, рехнулся, и посему я поспорил:

— Но эта пуля не убивает, ваше здоровье никак не пострадало от того, что она оказалась внутри вас, верно?

— Да, доктор, верно. Потому что эта пуля убивает только по моей воле.

— Она заколдована?

— Не стану больше вас томить. Эта замечательная пуля содержит в себе цианид в высочайшей концентрации. Если вы, доктор, не донесёте на меня, то никто не сможет меня её лишить. Как бы крепко меня ни связали, я без особого труда сумею положить капсулу себе в рот и раскусить её. Я уже испытывал прочность подобной оболочки своими зубами. Разумеется, пустой.

— А если под рукой не окажется ничего острого, дабы извлечь её?

— У меня всегда есть мои зубы. Как правило, их не вырывают в первую очередь. Крепкого укуса будет довольно.

— Да уж, вы и впрямь обо всём позаботились... Но к чему это всё, Габриель?

— Ах, да так, простая мера предосторожности. Вам известно, что я нередко бываю в Германии. Гестапо, понимаете? Не то чтобы они достигли совершенства в пытках, нет. Они лишь жестоко избивают, как звери. Нет, «чёрным» категорически чужда какая-либо тонкость. Если они убивают, то убивают сравнительно быстро... Правда, что это они подвигли меня сделать себе прививку против боли, однако едва ли не в большей мере я оберегаю себя по местным причинам.

— По местным причинам? — спросил я, положительно ошеломлённый.

— Да, доктор, да. Именно здесь моя сыворотка может понадобиться более и необходимее всего. Вы уже чуть-чуть знакомы, немного, с нашими методами. Не естественно ли нам, эти методы применяющим, задуматься о вероятности самим оказаться на месте истязаемых?

— Как такое возможно?

— Как? Спросите у Ягоды.

— И его тоже?

— Конечно. И если сегодня с наркомом и маршалом обращаются столь изощрённым способом его же бывшие воспитанники, то почему мне, а также и вам, не следует опасаться такого исхода?

— Вы опасаетесь?

— Мне нечего бояться.

— Быть может, что-то поменялось?

— Нет, не думаю. Но Сталин не бессмертен. Ни я, ни кто-либо иной здесь будущего не ведает. Если глава НКВД со своего высочайшего и всемогущего места упал в камеру размером с гроб, то не исключено, что он вновь когда-нибудь сумеет заскочить на свой устрашительный трон. Вы можете себя вообразить, доктор, в лапах того Ягоды, которого вы знали? Не сползает ли по вашей спине холодок?

— Да, я ощущаю холодок и кое-что ещё.

— Тогда, — сказал он, запуская указательный и большой пальцы в карман жилета, — ваша капсула, доктор?

— Нет, Габриель, нет. Спасибо. Вы знаете, что я не могу...

— Ах! Да, ваш Бог, религиозный предрассудок. Пожалуй, вам и впрямь обезболивание не пригодится, в отличие от меня. Религия есть опиум для народа, как сказал Ленин. Полагаете, этого наркотика вам хватит, чтобы противостоять боли? Мне так не кажется, доктор. Подумайте.

— Вы не понимаете...

— Что я понимаю — это то успокоение, вам не знакомое, что в долгие часы опасности вселяет игра большим пальцем с предохранителем пистолета, или ощущение, сродни пульсу, спускового крючка в фаланге пальца глубоко в кармане. Но пистолет — это слишком просто. Того, кто не знает о своём приговоре, легко разоружить. Однако капсулу у меня не отнимет никто! В решительную минуту, когда тебя волокут пытать, сколь чудесным её наличие должно являться! Я представляю себе безумную радость отца, вдруг ощутившего под своим пальцем внезапно забившийся пульс сына, которого он считал погибшим. Нечто неописуемое! Когда я буду трогать этот крошечный выступ, ни с чем не сравнимые воодушевление и отвага будут охватывать меня. Чувства более сильные, неизмеримо сильнее, чем ощущение возникшего вновь пульса любимого человека... В конце концов, последнее есть радость жизни, в то время как моё — слава смерти! И ничего нету подобного, ничего более желанного, чем умереть за несколько секунд до пыток; пыток таких, какими только мы умеем пытать...

Габриель внезапно осёкся. Он выражался чуть ли не с религиозным пылом, с глубочайшим убеждением. Его глаза не видели моих глаз. Иначе бы они увидели в них ужас.

Однако, он тут же изменился в лице. Его лоб сделался опять невозмутимым и ровным. Перемена внутри него, стоит думать, произошла мгновенно.

— Не пообедать ли нам, доктор? Вы настоящий мастер разговорить меня! Собирайте всё и пойдём.

Мы наскоро отобедали.

За Габриелем приехала машина, и он приготовился отбывать. Уже в зале, точно забыл сказать сразу, он предупредил меня:

— Ах да, доктор! Через несколько дней вам предстоит очная ставка с Ягодой из-за судебных разбирательств. Исключительная формальность, не беспокойтесь. Вот вам и предоставится случай утолить вашу ненависть.

— Мою ненависть? — удивился я.

— Разве вы его не ненавидите?

— За что? Если Ягода избрал меня своим орудием, любой иной на его месте таким же образом мог выбрать меня... Отчего мне ненавидеть именно его?

Габриель пару секунд молчал и затем посоветовал:

— Так-то оно так, доктор. Однако ненавидьте его, ненавидьте.

Не сказав ни слова более, он вышел, поправляя уши меховой шапки на голове.

Ещё десять дней одиночества. Пишу, ем и читаю с изнурительным однообразием.

Позвонил Габриель и передал, что в вечером за мной приедут и заберут, и затем мы встретимся.

Около десяти часов прибыла машина. Стоял ужасный холод. Мы направлялись в сторону Москвы. «Куда меня сейчас везут?» — гадал я безответно.

Мы остановились у ворот на Лубянке, у тех же, через которые попали в здание в ночь казни Тухачевского. Вместе с одним из проводников, который единственно представился часовому, мы вошли внутрь. Очутились в помещении, своего рода караульне, откуда он позвонил по внутреннему телефону. Ему, судя по всему, отдали приказ отвести меня куда-то, так как мы сразу пошли дальше в сопровождении всего одного солдата НКВД. Мой проводник в руке держал карточку, которую он много раз предъявлял, как здесь было заведено. Очевидно, его здесь хорошо знали, и удостоверял он свою личность только для проформы, соблюдая, однако, все требования.

Мы шагали по коридорам и взбирались по лестницам, пока я не перестал ориентироваться совершенно. Наконец мы встали перед дверью, охраняемой солдатом. Увидев нас, он постучал и вошёл внутрь, несомненно с целью известить о нашем прибытии. За те пару минут, что он отсутствовал, я успел осмотреть коридор. Чистый и прибранный, на полу ни плевков, ни окурков, в каждой из стен имелось несколько лакированных деревянных дверей с блестящими металлическими пластинами. За ними явно располагались кабинеты высоких начальников НКВД. По обоим концам коридора стояло по вооружённому солдату; серьёзные, выправленные, самой убедительной военной наружности.

Часовой возвратился и пригласил меня войти.

Приёмная, стол, печатная машинка.

Солдат открыл вторую дверь и учтивым жестом предложил мне входить. В центре кабинета находился Габриель и курил, точно заждавшись меня.

Мы поздоровались. Он провёл меня к дивану, удобство и величина которого делали его похожим скорее на оттоманку, и предложил сесть. Так я и поступил, а он остался на ногах возле меня. На нём была форма офицера НКВД. Она сидела на нём весьма изящно — такому виду позавидовал бы любой немецкий военный. Я окинул кабинет взглядом. Чистый, скромный; новая, прочная и почти изысканная мебель, без лишней пышности, впрочем. Если бы не роковой портрет Сталина в литографических цветах, обстановка не внушала бы страха вовсе.

— Ну что, доктор? Как ваши настроение и решимость? Готовы встретить ужасного Ягоду?

— Если того не избежать... Что тут поделать?

— Речь пойдёт только об отравлении наркома. Не думаю, что могут возникнуть затруднения, однако мне захотелось самому выступить в роли дознавателя, из предосторожности.

— Что мне нужно делать и что мне можно говорить?

— Всё просто. Изложите приказ, им данный вам, а после подтвердите, что те ампулы, что вы ему отправили, были найдены разбитыми под ковром Ежова.

— А что насчёт их содержания?

— Это другой вопрос. Решение о том, использовались ли в покушении предложенные вами бациллы или нет, ещё не принято. Тут кое-что может стать удобным поменять...

— В каком смысле?

— В смысле большей правдоподобности.

— И как?

— Дело в том, доктор, что у нашего уважаемого наркома, к счастью, туберкулёз не выявлен. То есть он не заражён. Если — что вполне естественно — покушение, устроенное Ягодой, будет фигурировать в публичном суде, то правда, пусть и подтверждённая подсудимым, покажется невероятной, подделанной или вымышленной. Надо бы, чтобы использованное средство оказалось таким, что, даже в случае смерти наркома, оно оставило бы в его теле явные следы болезни; видимые, проверяемые следы. Вам не приходит на ум что-нибудь подходящее?

— Прямо сейчас ничего придумать не могу.

— Очень жаль.

— Я подумаю. Мне следует начать с изучения истории болезни наркома, дабы выяснить нынешнее состояние его здоровья. Мне известно только о его застарелом сифилисе.

— И, разумеется, сифилис не подходящая для покушения болезнь... Было бы смешно вынудить Ягоду утверждать, что он лично заразил преемника... половым путём! Нет!

Из моих уст непроизвольно вырвался смешок. Определённо, стены этой просторной комнаты слышали совсем мало смеха. Улыбка Сталина на портрете была совершенно немой.

— Словом, я обещаю подумать на этот счёт.

— Хорошо, я вам напомню. А теперь я прикажу привести Ягоду.

Он подошёл к столу и связался с кем-то по одному из телефонов.

— Пусть приведут 322-го, — сказал он в трубку, а после подозвал меня. — Подойдите, доктор. Садитесь сюда, на этот стул, справа от меня.

Я повиновался, усевшись на указанное место, и стал с нетерпением ждать того самого Ягоду, которого некогда считал мифическим полубогом.

Прошло некоторое время, прежде чем в приёмной послышался шум. В дверь постучали, и Габриель громким голосом дал разрешение войти. На пороге появился солдат, что до этого впустил меня.

— 322-й прибыл.

— Пусть войдёт, — приказал Габриель.

Солдат исчез, и вскоре дверь распахнулась вновь. На пороге из двух солдатских силуэтов вырезалась фигура Ягоды. Он сделал три шага и встал, вытянувшись, как новобранец. Дверь за ним захлопнулась. Я не сводил глаз с бывшего наркома. Габриель откинулся на спинку кресла и без всякой грубости, вполне обыкновенным тоном указал ему:

— Проходи, Ягода.

Тот подчинился и подошёл к Габриелю, встав примерно в метре от стола. Я внимательно разглядывал его, не смея, однако, заглянуть в глаза, когда Габриель протянул мне портсигар:

— Не желаете ли закурить, доктор?

Я взял сигарету, а он зажёг свою, и чилиец добавил, обращаясь к Ягоде:

— Знаком ли тебе этот товарищ?

Он посмотрел на меня, а я взглянул на него. Его взгляд точно не был прежним. Ему не доставало пристальности, высокомерной самоуверенности, и в ещё меньшей мере в нём сохранился холодный устрашающий блеск, что прежде наполнял моё сердце ужасом.

— Отвечай! — строго потребовал Габриель.

— Не помню... — неуверенным голосом ответил Ягода.

— Не помнишь? Вот так странно! Ведь не кто иной, как я, рекомендовал тебе этого товарища для одной услуги... Не припоминаешь?

— Официального дела? Их же было так много, товарищ...

— Слушай сюда, Ягода! Чтобы ни разу больше ты не позволял себе невнимания звать нас товарищами! Товарищи в чём? Твой рот марает это слово, Ягода.

— Прошу прощения, нечаянно...

— Довольно! Знаком ли тебе мой товарищ? И ты не помнишь, как приказал ликвидировать его в последний день своего руководства?

— Я? Нет...

— А ты знаешь толк в цинизме. Давай разберёмся и закончим с этим. Помнишь ли дело Миллера? Не этот ли товарищ есть тот специалист, кто был обязан способствовать предотвращению того, что случилось с Кутеповым?

— Да, теперь вспомнил. Я забыл, как он выглядит.

— И опять ты врёшь. Ты разве не помнишь, что попросил его ещё об одной, личной, услуге? Позабыл уже, что он тебе передал? Запамятовал, сколько раз перед своим задержанием ты справлялся о здоровье товарища Ежова? И повторяю: ты что, не помнишь, как послал Миронова устранить доктора?

Ягода изменился в лице и перебил Габриеля.

— Не утруждайте себя. Да, я всё помню. Как и с любым следователем, уверен, у нас получится договориться. Вы можете пропустить весь допрос. Просто скажите, о чём идёт речь. Предполагаю, что о ликвидации нынешнего наркома. Я признаюсь. Если хотите подробностей, я обо всём доложу, всё напишу сам; если вы чего-либо не знаете, я восполню пробелы. Если вы хотите вдобавок показания по другим делам, то только скажите, и я во всём сознаюсь. Такова моя позиция в этом процессе.

— Да, я так и знал, Ягода. Оттого меня и удивила твоя поза. Чем это вызвано?

— Дурость, признаю, глупое колебание. Твоё, то есть ваше, присутствие меня смутило. Я не думал, что вы примете участие в моём деле. Память о том большом доверии, которое я т... вам оказывал, важные задания, исполненные вами. В конце концов, ваши фанатизм и большевистская преданность устыдили меня... Поймите, моё положение резко изменилось, трудно так скоро привыкнуть к новому.

— Ладно, хорошо. Ягода, прошлого между мной и тобой не существует, имей это в виду! Если я горжусь чем-либо в профессиональном смысле, так это тем, что при первой же нашей встрече сумел распознать в тебе троцкизм. Хочешь знать, как я его в тебе увидел? По той ярости, с которой ты истреблял павших троцкистов. Личина жестокости тебя выдала. Однако напрасно вспоминать минувшее. Теперь пал ты, пришёл твой час, на том и порешим. Мы уже сошлись на том, что ты изволишь признаться во всём, чего я пожелаю знать. Что ж, сегодня мне достаточно будет сведений о покушении на нашего главу Ежова. Ты же не собираешься больше ничего утаивать?

— Нет, вовсе нет. Вы же понимаете, как никто иной, что мне прекрасно известно о тщетности любых попыток сопротивляться и отрицать.

— Твои слова весьма разумны. Ты, преподаватель и изобретатель бесчисленных методик допроса, по опыту знающий о их безотказности, совершил бы необыкновенную глупость, если б побудил нас заставить тебя на своей шкуре прочувствовать исключительное воздействие твоих методов. Поверь мне, маэстро, там внизу у тебя остались чрезвычайно одарённые ученики... и столь пламенные последователи твоей науки, что им не терпится сдать магистерский экзамен с самим доктором в качестве подопытного.

Ягода умолк и уставился в пол.

— Что скажешь?

— Ничего... что мне не следует подавать к тому никакого повода.

— Хорошо. Возьми стул и садись.

— Благодарю вас, благодарю, — подчинился он.

— Двигайся ближе, чтобы ты мог писать. Я не стану тебя допрашивать. Докладывай по своему усмотрению, но не упускай ни мельчайшей подробности.

Ягода придвинулся к столу. Габриель положил перед ним бумажные листы и протянул ручку. Ягода взял её и словно заколебался.

— Что такое?

— У меня нет очков. Без них я не могу читать.

— Почему сразу не сказал об этом? — упрекнул его Габриель, одновременно поднимая телефонную трубку. Он отдал приказ по телефону: — Принесите очки 322-го сюда.

Мало спустя постучал и вошёл солдат-привратник с очками, завёрнутыми в бумагу. Габриель вручил их Ягоде и приказал солдату остаться, объяснив:

— Встань здесь, подле него, чтоб он не пытался снять очки с носа.

— Я ничего делать не собираюсь! — пообещал Ягода, по-видимому, уловивший смысл указания.

— Тебя не спрашивали! Как и мне, тебе прекрасно известно, как легко рассечь главную артерию осколком стекла... Незачем обременять доктора столь хлопотной перевязкой.

Ягода начал писать. Габриель поднялся, желая пройтись.

— Пожалуйте, доктор, пересядьте сюда, — обратился он ко мне, показывая на оттоманку. — Не желаете ли вкусного кофе?

Я согласился, и он заказал две чашки по телефону.

Я вновь уселся на диване. Запасы энергии, которые я копил для предполагаемой жуткой сцены, оставались нетронутыми. По правде говоря, до сего момента в допросе знаменитого Ягоды ничего зверского замечено мною не было.

Вежливый и опрятный повар принёс нам кофе. Одно удовольствие было видеть человека во всём белом с высоким накрахмаленным колпаком. Причудливой прихотью казалось присутствие здесь, в цитадели пролетарской инквизиции, господина в подобном наряде, вызывавшем в уме образы самой утончённой буржуазной кухни. Сей гастрономический работник, надо думать, стал иронической выдумкой какого-нибудь тайного врага пролетарской диктатуры, потому что этот повар даже наружностью походил на такового: блондин, полноватый, цветущий, сияющий, румяный, безбородый, евнушеского типажа, будто сошедший со страниц французского журнала.

Предельно изящно поставив поднос на стол, он разлил нам кофе и с нашего позволения, вихляя упитанными бёдрами, удалился.

Мы выпили кофе и выкурили по сигарете. Затем Габриель предложил мне спокойно отдохнуть:

— Можете даже вздремнуть прямо здесь. Всё это займёт, возможно, часа два-три.

И сам принялся расхаживать по кабинету.

Не думаю, что мне удалось уснуть, однако, сомкнув веки, я, наверное, потерял счёт времени. Услышав шум, я спросонья открыл глаза. То был Ягода, он закончил писать и чуть отодвинул стул от стола. Габриель взял последний листок бумаги и принялся его читать. Предыдущие страницы он уже прочёл, следовало полагать. Закончив изучение, он велел Ягоде снять очки и передать их обратно солдату, который после этого покинул помещение.

Ягода смотрел на Габриеля в ожидании, и тогда чилиец резюмировал:

— В принципе признание приемлемое. Позже я изучу его тщательнее и, если станет нужным его дополнить, вызову тебя. Один вопрос, Ягода. Попытка устранить преемника — какую цель она имела? Исключительно личная месть? Надежда вновь занять пост? Или же оставить место свободным, дабы после его занял какой-нибудь тайный троцкист?

— Только злоба и личная месть, — ответил Ягода, не обинуясь.

— Это не правда, ты сейчас врёшь.

— Я говорю правду. Зачем мне лгать, когда я уже во всём сознался?

— Это могло быть посмертной местью. Если положение вероятного преемника всё ещё прочно, если ты ещё надеешься на скорую смерть комиссара и что его место займёт пока что не выявленный троцкист — в этом могла заключаться твоя последняя надежда на спасение. Логично это или нет, Ягода?

— Признаюсь, будь я на месте следователя, я размышлял бы ровно так же, но поверьте...

— Я ничему не верю! — перебил его Габриель. — Отрицаешь ли ты существование своего кандидата, претендующего на главенство в НКВД?

— Да, отрицаю.

— Докажи! Если нет...

— Как я могу это доказать?

— Тебе лучше знать, мастер допросов.

Ягода замолчал и потупил взгляд. Я гадал о том, что в те минуты творилось в его преступном мозгу. От мысли, что он со мной мог сделать, если б он непостижимым образом вновь обрёл былую власть, меня хватила дрожь, но ещё больше я испугался за Габриеля. Теперь стало ясно, зачем ему понадобилась капсула с цианидом под кожей.

Габриель заговорил вновь:

— Я не стану настаивать этой ночью. Даю тебе несколько часов на раздумья. Надеюсь, ты до чего-нибудь додумаешься. Иначе — это был не лучший ко мне подход. Ты отлично знаешь, что тебя ждёт. Однако жаль! Я уж понадеялся на соглашение с тобой, — и сделав переход, обратился ко мне. — Вы не проголодались, доктор?

К тому времени я уже точно зевал. Взглянул на часы, они показывали двадцать минут четвёртого утра. Мне и впрямь не мешало бы чего-нибудь перекусить. Я ответил утвердительно.

Габриель по телефону запросил икры, яиц с соусом тартар и ветчины — нечто великолепное для того часа, мой рот тут же наполнился слюной. Затем он справился насчёт отдельных марок иностранных вин, всё досадливо жестикулируя, пока наконец не уговорился на две бутылки бордо.

Через десять минут пышный повар появился вновь. Габриель приказал ему устроить «небольшой ужин» прямо на рабочем столе и разложить вино и всё, что не умещалось, на паре стульев поблизости. Когда же Габриель с показными важностью и торжественностью принялся орудовать приборами и в особенности когда он, попробовав вино, причмокнул языком от удовольствия, я понял, в чём тут дело. Мне пришёл на память допрос Крамера, того немца. Естественно, что Ягоде, с его многолетними стажем и опытом в чекистском ремесле, был знаком подобный приём в отличие от немца. Однако отличалось и состояние его желудка. Какую диету предписали бывшему наркому? Разумеется, я нашёл его сильно осунувшимся. Из-под его маленькой потрёпанной рубахи видимо выступали очертания костей. Он несколько раз зевнул, то ли от голода, то ли от недостатка сна — или от того и другого одновременно.

Ободрённый примером Габриеля, я также приступил к ужину. Меня трудно назвать обжорой, но та трапеза заставила бы прервать свой пост самого Ганди, как мне показалось. Мне невольно приходилось участвовать в этом спектакле, разыгрываемом для несчастного Ягоды. Габриель, конечно, в совершенстве играл роль прожорливого парвеню. Я же, смущённый, под тяжестью ужасного стыда, повесил голову над тарелкой... но как же всё было вкусно! Право, у меня желудок дикого зверя!

Но дальше случилось нечто непредсказуемое! Внезапно перевернулся стул, и чья-то рука схватила нож, который Габриель, отвлекшись, оставил в пределах досягаемости Ягоды. Затем обвиняемый резким прыжком вскочил на ноги и стал пятиться. На его лице возникла холодная, безмолвная, загадочная улыбка.

— Стой! Убью!

— Попробуй, с...а! Всё кончено, смотри!

Он резко выбросил сжимающую нож ладонь к своему горлу, стремясь наверняка рассечь его.

Мои веки сжались, и в то же время гнев досады овладел мной.

Но вдруг откуда-то раздался точно оглушительный хохот.

Испугавшись, я открыл глаза, предполагая увидеть брызжущую из сонной артерии кровь, но вместо этого обнаружил Ягоду раздавленным: голова опустилась на грудь, а руки отчаянно повисли. На ковре валялся согнутый нож.

Убирая пистолет, Габриель продолжал хохотать. Это было поразительным, ибо я не слышал его смеха со дня смерти Лидии.

— Иди сюда, бедолага, иди сюда. Учитывая твои положение и знания, подобрать ключ к тебе оказалось непросто. Трюк с окном, сообщник с ядом и прочее — всё это ты знаешь назубок, а посему пришлось измыслить для тебя кое-что новенькое, тебе неведомое, — свинцовый нож.

Ягода не шелохнулся.

— Иди сюда, — повторил Габриель. — Или хочешь, чтобы я позвонил?

Ягода сделал несколько медленных, бессильных шагов, едва волоча ноги. Я полагал, что Габриель сейчас обрушит на него град ругательств и угроз, хотя бы за нанесённое грубое оскорбление, но чилиец удовлетворённым голосом, без нотки расстройства, произнёс:

— Теперь мы сможем договориться, не так ли? Ты же прекрасно знаешь, что человек, жаждущий с собой покончить, готов на всё. Сигарету, Ягода?

Он любезно протянул ему портсигар и помог зажечь папиросу. Как ни в чём не бывало! Лишь у меня застрял кусок в горле, а желудок сделался, точно сумка, сдавленная крепкой рукой. Одним словом, мой вкусный банкет был испорчен выходкой Ягоды.

Больше к еде я притронуться не мог. Скорее, напротив, готов был красочно её возвратить из желудка.

— Садись, Ягода. Если я верно помню, мы обсуждали твоего возможного преемника, так?

Ягода курил, глубоко затягиваясь, его сигарета стремительно укорачивалась. Он продолжал хранить молчание, а Габриель настаивал:

— Так мы придём к соглашению? Мы могли бы уже наконец договориться и кончить с этим, — тут он обратился ко мне. — Вы уже больше ничего не будете, доктор? А ты, Ягода, не хочешь чего-нибудь попробовать? — тут он подвинул к нему тарелку с ветчиной.

Долго его уговаривать не пришлось. Было видно, что в первые секунды он старался держаться, однако после нескольких кусочков животный инстинкт, должно быть, овладел им, подавив волю. Он стал пожирать жадно, второпях, как пёс, который боится, что собака покрепче отнимет у него еду. Габриель налил ему в большой бокал вина и с пристальным вниманием, не сводя глаз, следил за ладонями Ягоды, будто опасаясь, что тот вновь попытается разбить посуду и перерезать себе горло, теперь уже осколком стекла. Но такой попытки предпринято не было. Он поставил на стол порожний бокал без подозрительных движений. По-видимому, он был повержен окончательно.

— Ещё сигаретку?

Ягода закурил ещё раз. Я отметил некое подобие румянца, подёрнувшего его щеки. На его лице появились проблески живости, а тот матовый, точно земляной, флёр, что покрывал его черты прежде, будто слегка рассеялся.

— Если хочешь, Ягода, я могу позвонить, и тебя отведут вниз. Мне нужно идти. Но перед тем, для твоего же удобства, мне бы хотелось устроить для нас плацдарм. К примеру, если бы ты назвал имя... Только имя.

— Имя моего преемника?

— Точно.

— Ладно — Жданов.

— Нет!

— Да, Жданов или кто-то из Кагановичей.

— Я надеялся, что мы сумеем договориться, Ягода. Но теперь я вижу, что нет. Ты злой, да, злой. Ты жаждешь мести, желаешь убить побольше врагов перед смертью.

— Почему вы не верите? Что мне сделать?

— Ничего. Как видишь, я даже не требую доказательств. Ведь ты не намереваешься заявить, что они у тебя есть? Тут всё дело в мести. У тебя, видимо, есть какая-то особая нелюбовь к нашим ленинградским партийным руководителям. Поскольку ни на Жданова, ни на Кирова ты напасть уже не в силах, ты тщишься устранить их ложным доносом. Что касается Кагановичей, то ты, Гамарник и прочие троцкисты вашего сорта словно хотите наказать их за то, что в ваших глазах является непростительным предательством. Я тебя вижу насквозь! Тебе меня не обмануть, Ягода.

— Кто сейчас со мной говорит, обвинитель или адвокат? — осмелился сострить Ягода. — Будь я на своём посту, если б я услышал через микрофон из уст следователя подобную защиту подозреваемых, неважно, виновных или нет, я бы немедленно приказал ликвидировать его или, пожалуй, сделал бы с ним кое-что похуже...

— При условии, конечно, что те, на кого ты доносишь, не являются твоими сообщниками в заговоре.

— Естественно...

— Так вот, если бы следователь или дознаватель утаил имя подозреваемого, неважно, допускал он вину последнего или нет, являлся ли последний виновным или нет, по какой бы то ни было причине, — ты знаешь, что я бы первый его пристрелил. Нет, я не стану скрывать твоё признание, поскольку считаю его актом мести. Я заставлю тебя дать показания и доказательства, ты всё у меня подпишешь, но в другой комнате. Нет, Ягода, нет. У меня нет предубеждений или пристрастий относительно чьей-либо вины. Для меня, человека НКВД, все обвиняемые одинаково виновны. Все, кроме двух, ибо абсолютно невозможно, чтобы они таковыми являлись. Известно ли тебе, кто эти двое?

— Нет.

— Первый — Сталин, а второй, разумеется, я. Однако знай: если бы на вопрос об ожидаемом тобой преемнике вместо Жданова или Кагановичей ты бы назвал мою фамилию, то я бы так же, точно таким же образом, заставил тебя подписать признание.

— Беспримерный поступок.

— Единственно допустимый для безукоризненного большевика. Тебе этого не понять. Но нам пора кончать. Сейчас тебя уведут, но перед тем запиши здесь кратко мой вопрос о гипотетическом преемнике на случай успеха твоего покушения на Ежова, а также свой ответ на него. Давай, поторапливайся!

Ягода взял перо и стал писать. Поскольку очков у него уже не имелось, то он, пока составлял сообщение, оттянул голову как можно дальше от бумаги. Оттого буквы у него выходили крупными, почти безразмерными.

Габриель, вероятно, вызвал надзор, ибо ещё перед тем, как Ягода закончил, к нам вошёл солдат, спросив сперва разрешение. Он встал смирно в ожидании.

Вскоре Ягода дописал, и Габриель, передав обвиняемого солдату, вернулся к столу. Он собрал предыдущие заявления, затем последнее признание и тщательно проверил их. После подошёл к сейфу, сложил в него все бумаги и запер.

Возвращаясь ко мне, он по пути поднял с пола бутафорский нож, которым Ягода пытался перерезать себе горло. Осмотрев его ироничным взглядом, чилиец сказал ему с досадой, словно тот был живым:

— Сплоховал, такую возможность упустил!

XXXIX
ЛЮДИ?

После столь занимательной и полной впечатлений ночи меня привезли обратно в лабораторию.

Габриель, измученный желанием спать, поручил мне отыскать или изобрести болезнь для Ежова. Никак не соображу, что он затеял. Я, разумеется, постараюсь удовлетворить его запрос. Придётся поломать голову. Но подобные задачи как нельзя лучше годятся для заточения.

Вот уже восемь дней обо мне никто не вспоминает. За это время я много размышлял о Ежове, но на ум пока ничего не пришло. Сотню раз я силился разгадать пожелание Габриеля: болезнь, способная возникнуть сама по себе и по возможности являющая видимые следы.

Ежова бы, полагаю, немало обрадовало, если б мне удалось решить эту головоломную задачу, ведь покушение со стороны троцкистов в послужном списке означает исключительный почёт в среде сталинистского руководства. Я слышал, что покушений готовилось множество, но ни одно из них до конца доведено не было, а свидетельства неудавшихся попыток слишком подозрительные: ни единой раны, ни выстрела в публичном месте — ничего. В глазах скептиков такое будет выглядеть фикцией. Не сомневаюсь, что поэтому Габриель и хочет оказать Ежову столь небывалую честь. Будь то в моих силах, я бы подарил ему свой небольшой шрам на спине от троцкистской пули в Париже. «Троцкистской», согласно неоспоримой официальной точке зрения. Однако каждая из сторон обвиняет в покушении другую. Но поскольку официально моя пуля считается троцкистской, то, как мне теперь ясно, у меня имеются большевистские заслуги бóльшие, чем у Ежова и даже у самого Сталина. Какая честь!

Подобными отступлениями я развлекал себя, в попытках высечь искру воображения. Таким образом шли дни за днями. Дважды по телефону звонил Габриель. Осведомлялся, не пришло ли мне что на ум, а когда получал отрицательный ответ, настаивал на огромной важности этого задания. Но что я мог сделать?

Я питал идею преподнести всё так, будто покушение совершили посредством горючей или разъедающей жидкости, якобы причинившей язвы на какой-нибудь части его тела, лучше на руках или лице. Но вскоре пришлось отказаться от этой мысли, ибо с момента задержания Ягоды прошло немало времени и было бы глупо предъявить сейчас Ежова со шрамами, почему-то не видимыми прежде.

Яд, который бы разъел губы при употреблении, придумать нетрудно, ровно как имитировать его последствия. Но как Ягода сумел бы раздобыть его, будучи уже задержанным? Преданный сообщник, оставшийся на свободе? НКВДшникам не составило бы труда выбить признание. Я уже было принял решение, хотя вначале мне пришлось уговорить себя относительно допустимости ещё одной жертвы, необходимой из-за сообщника. Угрызения совести мне удалось подавить, заключив, что многие тысячи людей и так истребляют ежедневно. Так ли важна точная причина очередного убийства?

Я даже предложил этот способ Габриелю, передав записку с посыльным. Но он отклонил мою затею, объяснив, что покушение должно было случиться тогда, когда Ягода ещё находился на свободе и у власти.

Я был в чрезвычайно затруднительном положении. Дело становилось уже вопросом моего профессионального честолюбия. Я и подумать не мог, что способен, точно одержимый, измыслить такое количество преступных техник. Однако так оно и было, с тех пор как я нашёл резон для успокоения совести.

Если замысел, предложенный мной Габриелю, не оказался удачным и принятым, то всё же он привёл меня к совершенному решению. Губы Ежова, изуродованные едким веществом, которым его враг намеревался продырявить его желудок, навели меня на вполне верную мысль. Я вспомнил про его стоматит, вызванный цианидом. Да, вот где крылась разгадка! Тогда и раны, столь нужные публике, будут налицо. Ягода хотел отравить его чем-то ртутным. Но как? Каким путём?

Придумать что-нибудь правдоподобное теперь стало нетрудно. Я предложу разные способы, а они пусть выберут самый удобный.

Составленная мной записка пестрила формулами и научными терминами. В ней объяснялось, каким образом можно осуществить отравление через ротовую полость, внутривенно, внутримышечно и воздушно-капельным путём. Вкратце в ней говорилось следующее:

Теперь выбор за ними.

Мне оставалось только рассказать обо всём Габриелю. Тогда я позвонил ему и сообщил, что решение найдено. Он поздравил меня и предупредил, что тем же вечером за мной заедут и привезут к нему.

И действительно, ещё до одиннадцати прибыл автомобиль. Скоро мы с Габриелем встретились в том же кабинете на Лубянке, где допрашивали Ягоду.

Едва поздоровавшись, он поспешил запросить подробности. Я протянул ему отчёт, и он мгновенно прочёл его.

— Я не вполне понимаю в этом, — признался он, отложив бумаги на стол. — Вы продумали всё как следует? Выдержит ли ваш метод отравления технический анализ? Поймите меня правильно, дело будут изучать специалисты, причём не только настроенные нейтрально, но и враждебные Советскому государству.

— Да, разумеется, — ответил я.

— Имейте в виду, доктор, что на ваш метод будет ссылаться государственный обвинитель СССР. Его обвинение услышат иностранные послы, а мировая пресса миллионными тиражами разнесёт по миру описание способа, которым Ягода пытался отравить Ежова. Вы ни в чём не сомневаетесь?

— Нет, вовсе. Средство имеет относительно замедленное действие, в зависимости от выбранного пути внедрения. При вдыхании, конечно, не последует внезапная смерть. Жертве отравления в таком случае пришлось бы вдыхать ртутные пары в течение нескольких дней. Невозможно отрицать, что человек обречён, если подобное ядовитое воздействие длилось продолжительный срок. Точный промежуток времени вы можете выбрать по своему усмотрению.

— А если прошло недостаточно дней, что тогда?

— Если поступление яда прерывается, человек продолжит жить.

— Без ущерба здоровью?

— Здоровье, безусловно, повредится — пропорционально степени отравления.

— Ну что ж, прекрасно! Именно таким может стать случай наркома. А видимые симптомы?

— Даже если отравление прервано, спустя некоторое время человек начнёт страдать от острого стоматита, его дёсны станут кровоточить. Как раз как у комиссара Ежова, хотя его симптомы происходят от отравления крови в лечебных целях. В обоих случаях внешние проявления одинаковы.

— Счастливое совпадение! Поздравляю вас, доктор, восхитительно!

— Да, явные последствия совпадают. Это обстоятельство и подвигло меня исследовать найденное средство.

— Превосходно! Выпьем же и отпразднуем! Как доволен будет вами комиссар! — воскликнул Габриель из комнаты, соединявшейся с кабинетом. Послышался хрустальный звон, и он вернулся с парой бокалов в одной руке, а другой торжественно показал прихваченную бутылку.

— Коньяк «Наполеон»!

Смакуя этот бесподобный напиток, Габриель после добавил:

— Я вызову Ягоду. Необходимо уговориться с ним о ещё одном признании, в соответствии с новой процедурой покушения.

— А он согласится? — спросил я, отметив уверенный тон Габриеля.

— Конечно. А что ему остаётся? С Ягодой всё просто. Он заранее сломлен, к насилию прибегать нужды нет. Не даром же у него имеется личный технический опыт, с которым некому соперничать. Его память запечатлела такие сцены, что одного напоминания о них достаточно, чтобы подчинить его и сделать с ним всё, что заблагорассудится.

После этих слов он поднял трубку и приказал привести 322-го. Недолго спустя Ягоду привели. Не знаю, показалось ли мне, но он выглядел ещё более сникшим, чем в прошлый раз. Габриель дал знак, и двое солдат удалились.

— Подойди, Ягода.

Он приблизился.

— Посмотрим, — начал Габриель, — сумеем ли мы прийти к скорому соглашению. Наш доктор, по указанию сверху, изобрёл иной способ твоего покушения против Ежова. Тебе же не составит труда сознаться, что ты пользовался не упомянутым прежде методом, а другим, новым?

Ягода заморгал, точно силясь сосредоточиться, и, будто не понимая, спросил:

— Иной способ? Какой?

— Отвечай, а не спрашивай! Да или нет?

— В принципе...

— В принципе, — перебил Габриель, — в принципе, да. Имеет ли для тебя значение, как именно ты совершил преступление, с помощью палочек Коха или выстрелом из пистолета? Наказание одинаково. Разница лишь в том, получим ли мы твоё признание бескровно или пытками, — тебе прекрасно это известно. И мой вопрос заключается только в том, желаешь ли ты сделать новое признание сам или я вынужден ждать, пока тебя убедят его сделать там, внизу. Ясно или ты уже сделался совсем идиотом?

— Я готов. Что нужно подписать?

— Пока ничего. Садись.

Ягода повиновался, а Габриель ещё раз прочёл мой доклад.

— Что скажете, доктор, насчёт дыхательного способа?

— В каком смысле?

— Например, в смысле скорости и тяжести последствий.

— Это самый медленный путь, требующий больше всего времени для смертельного исхода.

— Но в то же время наиболее осторожный?

— Да, в самом деле.

— И... как бы сказать... самый тонкий?

— Можно расценить и так.

— В таком случае вот здесь, — он ткнул пальцем в бумагу, — я видел, что распыление и опрыскивание должно проводиться многократно, правильно?

— Да. Для ускорения и надёжности действия поступать следует именно так.

— Поэтому основательным было бы то, что губительные манипуляции не переставали производиться долго после исключения Ягоды из НКВД. Не стоит забывать, что некоторое время он довольствовался свободой, а его покушение замедленного действия было обнаружено лишь в канун его задержания, когда у товарища Ежова стали заметны признаки отравления.

— Но... — я попробовал было напомнить о том, как дело обстояло на самом деле.

— Я говорю исключительно о процессуальной стороне вопроса. Не перебивайте меня, доктор. Я хочу заключить, что нам понадобится один или два сообщника для Ягоды.

— Для чего?

— Говоря просто, сам Ягода мог произвести манёвр с отравлением здесь, на Лубянке, только после того, как узнал о своём смещении. То есть в течение одного дня. Хватило бы этого? Думаю, что нет, исключая экстраординарные обстоятельства. Посему Ягоде потребовалось заручиться помощью сообщников, которые бы продолжили разбрызгивать раствор. Не так ли, доктор?

Я был ошеломлён. Поразительным было то, сколь логически безупречным являлось его рассуждение, исходной точкой которого была полная ложь. Но ещё более потрясающим стал следующий вопрос:

— А ты, Ягода, кого предложишь?

— В качестве сообщников? Живых или мёртвых?

— Естественно, живых. Кого-либо, кто в силу дружбы с тобой, по причине своего троцкизма и исходя из своего положения вполне вероятно мог согласиться на подобное преступление.

— Мне надо подумать.

— Хорошо, но быстро. Вот, ободрись, — он дал ему сигарету.

Он зажёг для него огонь. В свете спички я разглядел его увеличенные зрачки с жёлтыми пятнами, одно воспоминание о которых когда-то вызывало во мне дрожь. Теперь же его непрозрачные потухшие глаза выглядели напуганными.

Он жадно сделал первую затяжку и, задержав надолго дым в лёгких, выдохнул, после чего предложил:

— Артузов?

— Швейцарец, нет, — отклонил Габриель.

— Слуцкий?

— Мой прошлый начальник? Нет.

— Молчанов?

— Продолжай называть имена.

— Паукер? Волович? Жуков? Саволайнен? Буланов?

Ягода остановился.

— Больше никого?

— Они были моими ближайшими помощниками. Им лучше остальных подошла бы такая роль.

— Но с каждым из них есть трудности. Некоторые из них не смогут явиться.

— Ликвидированы?

— Не знаю. Я наведу справки.

Габриель поднял телефонную трубку и запросил связь по какому-то номеру, после чего стал расспрашивать относительно некоторых из упомянутых имён. Помню, что, кажется, звучали фамилии Паукера, Воловича и Саволайнена. Затем он отложил аппарат и продолжил:

— Пусть Буланов, твой секретарь, и Саволайнен. Согласен?

— Как хотите.

— Дело кончено. Теперь осталось написать окончательное заявление. Тебе сообщат, ты выучишь его наизусть.

Ягода хотел было что-то сказать, но зазвонил телефон. Габриель ответил, и на его лице отразилось беспокойство.

— Одну минуту, — сказал он и нажал на кнопку дверного звонка.

Отворилась дверь, и вошли двое солдат, которые доставили Ягоду.

— Отведите его вниз, — приказал он им.

Ягода вышел с конвоем, а Габриель извинился в трубку:

— Простите, товарищ комиссар. У меня сейчас был Ягода. Я вас слушаю.

Некоторое время он слушал. До меня доносились звуки голоса его собеседника, но разобрать слов было нельзя.

— Он здесь со мной. Не уверен, сможет ли он... Ведь он вовсе не подготовлен... Но он, конечно, подчинится. Во сколько примерно? Хорошо, хорошо, товарищ комиссар.

Он повесил трубку и крепко задумался на несколько секунд. После встал и машинально закурил. Затем принялся ходить по кабинету.

Я то и дело поглядывал на него, стараясь отгадать причину его задумчивости, в то время как его хождение из угла в угол всё не прекращалось.

Наконец он повернулся ко мне.

— Доктор, вы могли бы помочь с остановкой сильного кровотечения?

— Не вижу никаких трудностей.

— Видите ли, дело в том, что раненый будет иметь весьма плачевный вид. Мне бы не хотелось, чтобы вы лишились чувств.

Злая судьба вынуждает нас прибегать к вашей помощи в такой час... Я бы очень хотел этого избежать...

Меня озадачила столь необычная обеспокоенность Габриеля, ибо причин для тревоги я не видел.

— Не беспокойтесь. Хотя я не занимаюсь этим постоянно, мои нервы и руки меня не подведут. Можем отправляться на эту срочную операцию, когда пожелаете.

Я хотел уже подняться, но Габриель жестом остановил меня.

— Не спешите. Раненый... ещё не поступил. Ещё есть время, больше часа. Сколько сейчас? — он взглянул на свои часы. — Половина второго. Нам нужно ждать до трёх по меньшей мере.

Лицо его оживилось, и он подошёл ко мне.

— Время ещё есть. Чашечку кофе?

Он заказал его по телефону, и мы стали ждать.

— Сигарету? Не унывайте, доктор!

— Да я и так уже весел.

Подобные внимание и ободрение со стороны Габриеля, напротив, только усиливали моё беспокойство.

В очередной раз возник тот пухлый повар незабываемой наружности и принёс кофе, от одного запаха которого ощущалось наслаждение. Выпив кофе, мы дополнили его многократным употреблением коньяка «Наполеон», отчего эйфория, овладевшая мною, достигла пика.

«Операция? — думал я про себя. — Что за важность!». Мне уже всё виделось светлым и сияющим. Бутылка иссякала. Габриель настоятельно продолжал опаивать меня. Прикончив коньяк, мы перешли к смеси ликёров, которую он приготовил в большом стакане и заставил меня попробовать. На вкус — необычайно приятный коктейль, я бы выпил его залпом, если бы чилиец не отсоветовал, предложив потягивать напиток не спеша.

Часы показывали половину третьего. Я продолжал смаковать возбуждающее зелье. В голове не осталось места мрачным мыслям и тревогам, всё казалось простым, ясным, почти хорошим.

Габриель ещё раз кинул взгляд на часы и подошёл к шторам, которые, по-видимому, скрывали окно. Он отодвинул занавес и потянул за шнур. Жалюзи поднялись, и показалось прозрачное стекло, которое Габриель протёр ладонью, после чего внимательно посмотрел наружу. С непринуждённостью, не под стать моей обыкновенной робости, я также подошёл поглядеть. Первой в глаза бросилась луна на тёмном небе, размытая лёгкой дымкой. Она будто бежала, при этом не двигаясь с места. Затем я посмотрел на землю и окинул взглядом площадь. Надо думать, Лубянка. Что было примечательным — живое автомобильное движение в столь поздний час. Машины беспрерывно прибывали и уезжали. Оттого казалось, что на улице стало светлее, как будто фонари светили ярче, чем в час, когда той ночью эту площадь пересекал я. На каждом углу стояли на страже отделениями застывшие, словно вросшие в землю, солдаты в длинных шинелях. Между ними энергично, совсем не исподволь перемещались другие люди в форме, вероятно офицеры.

Зазвонил телефон. Габриель подошёл поднять трубку. Пока он разговаривал, я всё разглядывал площадь через окно. В ту минуту на неё въехал ряд одинаковых крупных чёрных автомобилей. Я успел насчитать четыре. Быть может, их было больше, но тут меня торопливым голосом окликнул Габриель:

— Идёмте, идёмте, доктор! Нет, оставьте пальто здесь, идите так.

Он одёрнул китель и оценивающе взглянул на себя в зеркало. Затем, уже держа ладонью ручку двери, аналитически посмотрел на меня.

Мы вышли и отправились вместе. В левой руке Габриеля находилось удостоверение, которое он предъявил часовому у входа в лифт. Оказавшись внутри кабины, я испытал непривычное ощущение спуска на неизвестную глубину. Из лифта мы попали в длинный коридор, плотно начинённый часовыми. Офицер, удостоверив личность Габриеля и сверившись со списком, выступил вперёд и повёл нас дальше. На всём длинном пути, что мы прошагали дальше, нам более никто не докучал.

Мы упёрлись в дверь, охраняемую двумя стражниками. Офицер остался снаружи, а мы проникли внутрь. Почему-то я ожидал увидеть что-нибудь необычное. Однако нет, помещение представляло собой простой медицинский кабинет. После я вспомнил, что в этом кабинете я с коллегой проводил формальное вскрытие тела бедной Лидии.

— Накиньте халат, доктор. Поторопитесь.

Я снял халат с вешалки, а Габриель, пока помогал мне его надеть, тихим и торопливым голосом проговорил:

— Мне бы очень хотелось уберечь вас от подобного, но обстоятельства встретились непредвиденные, решение было принято наспех. Иного надёжного врача под рукой не оказалось. Ирония тут в том, что врач, который до недавней поры оказывал услуги в таких случаях, сейчас сам оказывается пациентом. Сохраняйте спокойствие, доктор. Мне не следовало вам это говорить, и говорю я это только оттого, что дорожу вами. Держитесь мужественно, ибо, даже если вы никого не увидите, будут видеть вас, и не смейте спрашивать, кто именно. Ну что ж, идёмте! В вашем распоряжении должно иметься всё необходимое.

Мы вышли обратно. Офицер по-прежнему шагал впереди. Свернули в другой коридор. Вновь только двое, Габриель и я, вошли в очередную комнату.

— Я уж думал, вы не придёте, — сказал кто-то ясным и чётким голосом.

— Здравствуйте, товарищ Райхман. Наш доктор, — представил меня Габриель.

Опрятный человек в форме взглянул на меня.

— Здесь должно быть всё, что вам может понадобиться, — он указал на противоположный конец просторного помещения. — Посмотрите, всё ли в порядке, и доложите мне.

Не без некоторого замешательства я зашагал в сторону указанного угла. У меня получалось сохранять невозмутимость, ибо выпитое помогало мне справиться с напутствием Габриеля, в котором чувствовалось нечто чрезвычайно серьёзное. На пути мне попалось двое других мужчин в форме, двигавшихся к Райхману.

Пока я осматривал марлю, бинты, иглы, пинцеты, нити, щипцы, крючки и всё остальное, до меня доносился голос того главного, раздававшего указания. Через боковую дверь входили и выходили новые офицеры. Я нашёл все принадлежности и инструменты в порядке и вернулся к Габриелю, который к этому времени уже оживлённо разговаривал с Райхманом. Увидев меня, последний спросил:

— Всё в порядке?

— Всё хорошо, — заверил я с апломбом, хотя не представлял себе важность предстоящего лечения.

— Посмотрим, не пора ли нам начинать.

Он повернулся спиной и вместе с Габриелем направился к широкому столу. На столе находился телефон, в который он стал говорить. Я остался стоять немного поодаль и теперь мог лучше осмотреть помещение. Оно представляло из себя просторную прямоугольную комнату. Пустую, с грязно-белыми стенами. Вдоль длинной стены стоял уже упомянутый стол, за ним — три кресла. Вдоль стены напротив, на расстоянии метра от неё, шла деревянная или железная балка, опиравшаяся на несколько ножек, прибитых к полу. Балка на метр, или чуть больше, возвышалась над полом, в длину же она простиралась почти во весь зал. В центре стоял узкий низкий столик. Он располагался между балкой и широким столом и был отделён от обоих расстоянием более чем метр. Слева от стола, в короткой стене, располагалась дверь, с противоположной стороны — ещё одна, через которую я попал сюда.

Больше ничего не запомнилось.

Райхман положил трубку и о чём-то негромко сообщил Габриелю.

Я наблюдал за ними с расстояния шести или семи метров, как вдруг за спиной послышались чьи-то тяжёлые шаги. Я обернулся. В комнату вошёл крупный человек, одетый в великолепное длинное пальто, полами почти касавшееся подошв его сапог. Он на ходу расстёгивал многочисленные пуговицы. Развязанные уши его шапки болтались вверх и вниз по бокам его красного лица, как уши у некоторых собак.

— Я уж решил, что не успею. Был на даче, когда меня вызвали. У меня была лишь открытая машина, и та три раза глохла по дороге.

Уже без шапки и перчаток, он размашисто поприветствовал Габриеля и Райхмана. Затем с их помощью снял пальто и остался в форме милиции НКВД. На нём, как и на Райхмане, висели генеральские значки.

Воспользовавшись завязавшейся между двумя высокопоставленными лицами беседой, Габриель подошёл ко мне.

— Как вы, доктор? Есть ли бодрость?

— Пока что да. Почему нет?

— Привлечь вас — желание товарища Ежов. Не сомневаюсь, что тем самым он хочет оказать вам знак особой признательности и уважения. Вы же знаете, как высоко он вас ценит. Кстати говоря, ему ещё не известно о вашей остроумной идее касательно покушения. Сами увидите, как много благодарен он вам будет. Ждите наград...

Я не слушал его, поскольку моя тревога росла всё больше. До той степени, что я осмелился спросить:

— Но могу ли я узнать, что здесь...

— Ничего, доктор, не волнуйтесь. Я буду рядом. На вас это произведёт сильное впечатление. Если почувствуете, что ваши нервы не выдерживают, то помните, что всё, что вы увидите, придумали Ягода и знакомый вам доктор-садист.

В этот момент Габриеля кто-то окликнул, и он присоединился к генералам. Они, полагаю, сказали ему что-то, потому что он отошёл к креслам и знаком подозвал меня. Я двинулся в его сторону, минуя похожий на трибунал стол, в креслах которого расположились генералы с чилийцем. Пока я шагал, мне почудилась чья-то фигура в белом, двигавшаяся вдоль стены позади генералов. Я присмотрелся и разглядел человека в белом халате, направлявшегося туда же, куда и я. В следующий момент мне стало ясно, что это моё собственное отражение в зеркале на стене. Длиной около двух метров и высотой почти метр, нижний его край проходил по уровню кресельных спинок. Я приблизился к Габриелю, и он указал мне:

— Возьмите стул, что стоит в углу, и садитесь возле меня.

— Свет! — скомандовал Райхман, слегка склонившись над небольшой коробкой, стоявшей перед ним на столе.

Тут же комнату озарил яркий свет.

Коробка издала шум, напоминавший звуки телефонного звонка, только много глуше, и в то же время на ней загорелась лампочка.

Райхман приказал в коробку:

— Первый!

Боковая дверь слева раскрылась. Вошли двое. Один в униформе, а второй... что за вид! Он походил на клоуна из цирка.

Штаны были спущены до лодыжек, отчего походка его получалась комической. Весь его облик был гротескным. Напарник вёл клоуна за цепь, привязанную к левой руке последнего. Вслед за первой парочкой появилась вторая, а затем и ещё одна. Шеренга неспешно двигалась неровными шагами. Зрелище вызвало целую бурю смешков. Однако мне было не смешно: нечто обречённое и мрачное сообщали пристыженные и похоронные физиономии этих несчастных. Наконец, достигнув одного из концов балки, они остановились. Конвой принудил их приложиться к поперечине спинами. Затем, проделывая какие-то манипуляции с их руками, заключённых пристегнули к балке таким образом, что перекладина проходила меж суставами их рук и спиной, а кисти, каждая со своего бока, привязывались одна к другой цепью, скреплявшей их на животе. Их насильственная поза вынуждала их высоко задирать голову, а грудь держать выгнутой.

Конвой вышел и вернулся с новой партией заключённых, после чего несуразное шествие повторилось.

В третьей группе мне показался знакомым один старик, которого я где-то видел прежде. Мои глаза не сходили с него. Когда же он оказался прикованным, прямо передо мной, и яркий свет осветил его лицо, я узнал доктора Левина.

С четвёртой партией прибыл Ягода. Прошло не более пары часов с нашей последней встречи, но теперь он казался совершенно другим человеком. Он тащился с поникшей головой. Понукаемый подгонявшим его охранником, он с трудом удерживал равновесие, ибо ему мешали спущенные штаны. Я не мог глядеть ни на кого другого. Когда его приковали к балке в непристойной позе, его взгляд сделался недвижимым, одержимым, устремившись поверх наших голов. Словно в зеркале он увидел человека, ненавидимого более всех на свете. От жуткой злобы, пылавшей в его глазах, по моему телу забегали мурашки.

— Полюбуйтесь на вашего друга Ягоду. Смотрите, какими глазами он глядит, — прошептал мне на ухо Габриель.

— Но что он видит? Куда смотрит? — тихо спросил я.

— Попробуйте сами представить, доктор. Достаточно подумать о том, что раньше он всегда находился именно там, откуда, как он верно полагает, сейчас глядят на него.

— Здесь, в креслах?

— Нет, доктор, дальше сзади. Но не будем об этом.

Не удержавшись, я украдкой поглядел по сторонам. Вокруг лишь зеркало, а в нём — отражение той страшной и безобразной шеренги. Что хотел сказать Габриель?

Выведение заключённых завершилось. Я насчитал двадцать семь человек, связанных вместе, всех возрастов и самых разнообразных наружностей.

Всё это походило на какой-то отвратительный и нелепый гиньоль.

— Скольких узнаёте, доктор?

— Думаю, только двух: Ягоду и Левина.

— А тот бородач рядом с Ягодой? Это Рыков, бывший председатель Совета народных комиссаров, преемник Ленина.

— Наверное, я видел его на фотографиях.

— А вон тот, что чихнул, с красными щеками и лысиной? Это Бухарин, бывший руководитель Коминтерна. Слева от него — Раковский, посол в Лондоне и Париже. Дальше — Гринько, нарком финансов СССР[45]. Справа от Рыкова, с бородой — Карахан, также заместитель наркома. Следующий — Буланов, секретарь Ягоды и отравитель. Вон те двое с краю — маршалы Блюхер и Егоров.

Пока я слушал слова Габриеля, я пропустил, как в зале началось движение. Трое или четверо человек ходили сзади несчастных. Лишь один юноша, румяный и симпатичный, бритый налысо и с улыбкой на лице, шагал вдоль связанного ряда по нашу сторону от них. В руке он держал тонкий прут, возможно тростниковый, в три пяди длиной, которым он ловко и изящно помахивал. Крупный пёс с маленькими острыми ушами неотступно следовал за ним, с большим вниманием глядя вокруг.

В крошечной деревянной коробке вновь звучно затрещал невидимый звонок и также загорелась розовая лампочка.

Теперь я буду краток, сынок. Не уверен, стоит ли мне вообще описывать то, свидетелем чего я стал дальше. Но, думаю, тебе следует знать, на что способны эти люди... Люди ли?

По едва заметному сигналу Райхмана парень с прутом придвинулся к краю шеренги. Мне не было видно, что он делал. Вдруг первый из связанных испустил долгий глухой стон. Молодой человек подошёл к следующему. Тут мне стало видно лучше. Он сёк тросточкой гениталии привязанных, заставляя тех вопить от боли. Три или четыре удара, не более, однако эта садистская пытка, должно быть, причиняла жесточайшую боль.

Меня удивляло, что никто из них не пробовал загородить ногою пах и защитить себя. Но на третьем истязаемом я понял, в чём было дело. Перед тем как стегать очередного заключённого, солдат, находившийся сзади, наступал на сваленные штаны меж их ступней, препятствуя тем самым любому их сопротивлению.

Юный садист продолжал хлыстать одно за другим своим прутом, оставляя за собой вереницу исступлённо ревущих и искорёженных людей.

Большой пёс не отставал от хозяина ни на шаг.

Я непроизвольно ёрзал на стуле, точно сидел на иголках. Действие алкоголя мгновенно прекратилось. Глаза не хотели больше видеть этого. Теперь он уже должен был находиться перед нами, у бывших больших начальников. Мои веки сжались, а руки обхватили голову, зажав заодно и уши. Душераздирающие крики стали глуше, как будто доносились издалека. Если бы я продолжил смотреть и слушать, я бы, наверное, сомлел. Даже сейчас, когда я вспоминаю об этом, мне становится жутко. И если тогда я и остался в сознании, то только оттого, как мне казалось, что ощущал на спине взгляд пары чьих-то глаз, которые подобно двум ледяным пулям вонзались в моё тело.

Я призывал всё своё самообладание, а также воспоминания в памяти. Я воображал себе Ягоду, приказывающего убить меня. Видел, как меня ведут, как Тухачевского. Более того, я представлял своих жену и дочерей поруганными, а моего сына истязаемого, подобно этим людям. Воображение живо рисовало мне страшные картины в жутких подробностях. Наконец мой внутренний страх пересилил заполнивший комнату ужас, и я, не раздумывая, открыл глаза.

Зверская пытка подходила к концу. Оставалось трое или четверо. Почти весь ряд извивался в самых страшных корчах, точно в припадке падучей. Некоторые лишились чувств и, как тряпки, свисали с перекладины.

— Покурите, доктор, — Габриель сунул мне в лицо портсигар.

Я потянулся за сигаретой и, не подумав, отнял руки от головы. Пронзительные вопли тотчас врезались мне в душу, разрывая её на части, отчего мои ладони мгновенно прижались обратно к ушам.

— Нет, спасибо, — отказался я.

Габриель настаивал, и мне пришлось согласиться. Запаливая для меня сигарету, он успел прошептать мне на ухо:

— Возьмите, — я заметил, как он касался меня чем-то под столом. — Отойдите на секунду к столику с инструментами и пейте, много пейте. Идите, идите.

Подчинившись, я отошёл в угол. Кое-как поднеся к губам плоскую металлическую фляжку, я стал жадно пить, желая опустошить её как можно скорее. Но не смог, ибо в ней содержалась настолько же качественная, насколько крепкая водка. Я почувствовал, как моя глотка запылала, а вскоре воспламенился желудок. Это оказало на меня бодрящее действие, крайне необходимое мне в ту минуту. Восстановив силы, я сумел вернуться на место. А силы мне были ещё ой как нужны.

Пытка окончилась. По меньшей мере, так я предположил. Палач разделался с последним заключённым в длинном ряду. Оттого, что он отошёл от них к нашему столу, стало чуть легче дышать. В скором времени к нему присоединились те, кто ходил сзади балки.

Большинство избитых продолжали стонать, хотя уже не так громко, и многих ещё крутило от боли. Лишь немногие остались стоять несгибаемо ровно, обнаруживая ужасную боль, что они испытывали, лишь предельной тугостью своих поз. В число самых твёрдых, насколько я помню, не входил ни один высокий начальник. Левин, садист и еврейский учёный, с таким воодушевлением прочитавший мне панегирик мучительству, недвижно свисал с поперечины, лишённый чувств.

Увидев его теперь безжизненно повисшего, я представлял себе выдающегося доктора Льва Григорьевича Левина, стоявшего около того столика в центре, необыкновенно учтивого и предельно любезного, выразительными движениями аристократических рук дополнявшего свою прекрасную речь. Для этой аудитории из бесчеловечных истязателей он объяснял патологическое значение, а также психическое воздействие всего происходившего. Вначале он обосновывал действенность унизительного позора в ходе потешного марша, его воздействие на тех, кто пал так низко со столь заоблачных высот... комплекс личного либидо, страдание, бессилие от утраченного могущества. В один миг пронеслись все эти мысли в моём возбуждённом воображении. Чекисты безжалостным образом привели в чувство лежавших в обмороке.

— Молчать! — прокричал мучитель, замахнувшись тростью и выступив вперёд. — Тишина немедленно! Или пойдём по новой!

Установилась тишина. Лишь сап тяжёлого дыхания доходил до наших ушей. Казалось, что этот повелительный окрик окончательно вернул в сознание даже тех, кто до той секунды ещё не успел прийти в себя.

Только собака позволяла себе слегка поскуливать.

Чекист обернулся и подошёл к краю нашего стола, устремив свой взгляд на Райхмана.

— Карахан, — произнёс Райхман.

Молодой человек с тростью подошёл вместе с остальными к шеренге. Они отвязали того, кто, надо думать, являлся Караханом, и повели его за цепь на его руке. Он был высок и хорошо сложен, с правильными чертами лица и большою чёрной бородой. Он не сопротивлялся и выглядел измождённым и мертвенно бледным. Очень скоро его раздели, оставив лишь болтавшиеся внизу штаны. Затем его повалили навзничь на низкий столик и, пока я пытался понять, что происходит, его распластали по столешнице, а руки и ноги привязали к ножкам. Его гениталии выступали, совершенно неприкрытые. Ногами он был развернут к нам. Собака, сидевшая на задних лапах, уставилась на него странным взглядом. Палач посмотрел на Райхмана.

Тот махнул рукой, и парень приблизился к Карахану с ближнего к нам края стола. Он замахнул прут и нанёс резкий удар по тестикулам. Нестерпимее всего звучал тот лёгкий свист, с которым тонкая палочка рассекала воздух...

Раз..., два..., три..., четыре... Тросточка издавала тот жуткий свист снова и снова. Пауза, взрываемая истерическим воплем жертвы. Раз..., два..., три..., четыре..., пять... Крики, вой, обморок...

Другие вытащили из-под пыточного стола ведро и окатили бесчувственного бедолагу большим количеством воды, которая, судя по всему, была ледяной. Он вздрогнул, задрожал и вновь стал кричать. Жердка засвистела снова, раз, второй, третий...

Это стало невыносимым. С каждым свистом моё нутро сотрясалось. Бёдра инстинктивно сжимались в попытках защититься, а нервы натянулись так, точно их рвали щипцами. Я больше не мог смотреть и слушать... Как долго всё это длилось?

Я почувствовал, как кто-то схватил меня за руку и стал щипать её. Наверное, Габриель. Раскрыв глаза наполовину, я, словно сквозь туман, увидел, что это беспощадное, омерзительное, гнусное изуверство продолжается. Я с силой зажмурил веки обратно, так, что стало больно.

— Ладно, будет вам... Что вы как маленький, доктор? — шептал Габриель мне на ухо. — Уже скоро вам нужно действовать. Вот, возьмите, пейте, — и он опять протянул мне фляжку.

Силясь подняться, я отталкивался руками и ногами, но тщетно. Только с третьего подхода мне удалось оторвать себя от стула. Укрывшись в углу, я присосался губами к фляжке и глотал водку, пока в лёгких не кончился воздух. Это прибавило мне немного сил и смелости, и я отважился обернуться и взглянуть на истязаемое тело. Ужас! Его гениталии стали чёрными, изуродованными, распухшими. Травматический орхит походил на чудовищную слоновью болезнь.

Ему, вероятно, уже не хватало сил на крики, и его надорванное горло исторгало лишь глухой хрип. Время от времени ему на лицо выливали воду.

Линия его товарищей по страданиям застыла беззвучно, точно то были призраки.

Не в силах более отвернуться или сомкнуть веки, я, точно одурелый, заколдованно глазел. «Они что, хотят его убить таким образом?» — спрашивал я себя. Однако во мне всё же сохранились остатки разума: «Нет, они ведь позвали меня». Но в следующий момент на ум приходило возражение: «Но что, если я должен лечить кого-то другого?».

Неизвестно, продолжалось всё это минуты или часы. Развязка же изгладила во мне всякое представление о человечности.

Битьё в конце концов прекратилось. Тогда живодёр рыкнул, и пёс вдруг бросился на беззащитного человека. Он нацеленно вцепился тому прямо в пах и вырвал целиком его гениталии. Кровь хлынула ручьём.

Я не лишился чувств. Напротив, редкостная ясность сделалась в моей голове. Движимый чем-то автоматическим, я кинулся к столу с инструментами, где схватил охапку марли и бинтов и подбежал к изувеченному. Мне кое-как удалось наложить толстый компресс и прижать его рукой. Только я собрался просить кого-нибудь придвинуть ко мне стол с инструментами, как обнаружил его у себя под рукой. Кто-то из охраны помогал мне, не без определённой сноровки.

Сосредоточив всё внимание на срочном лечении, я не мог видеть, что происходило вокруг. Я зашил основные артерии и вены, продезинфицировал и приложил компрессы, впитавшие кровь, а после туго забинтовал рану. Пот лился ручьями, точно мы находились в печи.

Не могу ручаться за оказанную помощь, но, полагаю, я сделал всё возможное в тех обстоятельствах.

Справившись с бинтами, я заметил Габриеля, стоявшего подле меня.

Когда я выпрямился, он положил мне на плечо свою ладонь и похвалил:

— Вы справились отнюдь не плохо, доктор, учитывая, что вы здесь впервые.

Мои глаза посмотрели в его глаза. Он невозмутимо курил.

— Ради Бога, Габриель, пусть это будет первый и последний раз! — взмолился я.

— Я постараюсь, доктор, — ответил он и, обратившись к кому-то из охраны, велел унести калеку. Неподвижное тело несчастного Карахана тотчас подняли, и оно исчезло из виду.

Вскоре после я обнаружил, что мы остались одни. И тогда я почувствовал, что силы вдруг стали покидать меня. Перед глазами появились вращающиеся круги жёлтого, лилового и белого цветов...

Когда я пришёл в себя, то нашёл себя лежащим на оттоманке в кабинете Габриеля. Вокруг было темно. Я зашевелился, и до меня донёсся его голос: «Спите, доктор, спите».

Меня будто окутал густой туман, теперь, однако, тёплый и умиротворяющий. Больше я ничего не чувствовал.

XL
РЕНТГЕНОГРАФИЯ РЕВОЛЮЦИИ

Я вернулся в лабораторию. Моя нервная система давала о себе знать, и я предписал себе абсолютный покой. Я провожу в кровати почти что целый день. Вот я здесь четыре дня уже совершенно один. Габриель ежедневно справлялся обо мне. Он должен считаться с моим состоянием. При одной лишь только мысли, что меня снова могут послать на Лубянку для присутствия при новой сцене террора, я волнуюсь и дрожу. Мне стыдно, что я принадлежу к человеческому роду. Как низко пали люди! Как низко пал я!

Предшествующие строки — это то единственное, что я мог написать спустя пять дней после моего возвращения, при попытке изобразить на бумаге пережитый ужас, нарушая этим хронологический порядок моих записей. Я не мог писать. Только спустя несколько месяцев, когда началось лето, я смог спокойно и лаконично изложить все, виденное мною, столь отвратительное, дикое и похотливое...

За эти протекшие месяцы я задавал себе тысячу раз один и тот же вопрос: «Кто были те лица, которые инкогнито присутствовали на пытке?..» Я напряг все свои интуитивные и дедуктивные способности. Был ли это Ежов?.. Это возможно, но я не вижу оснований для того, чтобы ему нужно было скрываться. Официально он несет ответственность, и чувство опасения, которое заставило бы его скрыться, не поддается логическому объяснению. Даже больше: если я могу считать себя хоть сколько-нибудь психологом, то этот фанатик — хозяин НКВД — с наличием признаков ненормальности должен был бы увлекаться криминальными зрелищами. Такие вещи, как проявление высокомерия перед униженным врагом, превращенным в отребье и психологически и физически, должны были бы доставить ему нездоровое удовольствие. Я анализировал еще дальше. Отсутствие подготовленности было налицо; по-видимому, решение о созвании этого сатанинского заседания было сделано поспешно.

То, что назначили присутствовать меня, явилось следствием внезапной договоренности. Если бы Ежов мог выбрать время свободно, то подготовка была бы проведена заблаговременно. Тогда не был бы назначен я; тот генерал НКВД, который едва успел прибыть к сроку, с целью присутствовать на пытке, знал бы об этом раньше. Если же это был не Ежов, то кто же назначил срок? Какой другой шеф мог бы все согласовать?.. Как ни скупы мои сведения о советской иерархии, но над Ежовым — в делах по линии НКВД — имеется только один человек в СССР, один-единственный: Сталин. Значит, это был он?..

Задавая себе эти вопросы, возникшие в результате моих выводов, я припомнил еще кое-что, что подтверждало мое мнение. Я вспомнил, что когда я наблюдал из окна за площадью за несколько минут до того, как мы спустились на «спектакль», я видел, как на нее въехало четыре больших одинаковых автомобиля, все мы, советские, знаем, что Сталин ездит в караване одинаковых машин, для того чтобы не было известно, в какой именно едет он, и таким образом было бы труднее совершить на него покушение. Был ли он там?..

Но тут я столкнулся со следующим неизвестным: согласно деталям, в которые меня посвятил Габриель, скрытые зрители должны были помещаться за нашей спиной. Но там я мог видеть одно лишь продолговатое зеркало, за которым ничего нельзя было рассмотреть. Откуда могли они наблюдать за этим отталкивающим представлением?.. Я не приметил ни одной щели, через которую можно было бы подсматривать... Может быть, зеркало было прозрачным? Я не думаю этого: мое лицо отображалось там совершенно нормально. Это было для меня загадкой.

Прошло только семь дней, когда однажды утром в доме появился Габриель. Я нашел, что он имел энергичный и воодушевленный вид и был в оптимистическом настроении. Тем не менее те вспышки радости, которые озаряли черты его лица первое время, не появлялись больше никогда. Казалось, будто он хотел разогнать тени, которые обволакивали его лицо, усиленной активностью и умственным напряжением.

После завтрака он сказал мне:

— У нас есть тут гость.

— Кто же это? — спросил я его.

— Раковский, бывший посланник в Париже.

— Я его не знаю.

— Это один из тех, которого я показывал вам той ночью, прежний посланник в Лондоне и Париже... Конечно, большой друг вашего знакомого Навашина... Да, этот человек в моем распоряжении. Он у нас здесь; пользуется хорошим обращением и досмотром. Вы его увидите.

— Я?.. Почему?.. Вы хорошо знаете, что я не страдаю никаким любопытством к делам этого рода... Я прошу избавить меня от новых зрелищ; я еще не совсем здоров после того, на чем меня заставили присутствовать. Я не ручаюсь за свою нервную систему и за свое сердце...

— О!.. Не беспокойтесь. Этот человек уже сломлен. Никакой крови и никакого насилия. Нужно только давать ему в умеренных дозах наркотические средства. Я принес вам сведения: это от Левина, который все еще обслуживает нас своими познаниями. Кажется, где-то в лаборатории имеется определенный наркотик, могущий творить чудеса.

— Вы верите во все это?..

— Я говорю в образной форме. Раковский расположен сознаться во всем, что он знает касательно дела. Мы уже здесь имели первоначальную беседу с ним, и получается неплохо.

— В таком случае для чего нужен чудодейственный наркотик?

— Увидите, доктор, увидите. Это маленькая предосторожность, продиктованная профессиональным опытом Левина. Она поможет добиться того, чтобы наш допрашиваемый чувствовал себя оптимистом и не терял надежды и веры. Он уже видит возможность сохранить свою жизнь в дальнем плане. Это первый эффект, которого надо достигнуть; затем нужно достигнуть того, чтобы он все время находился как бы в состоянии переживания решающего счастливого момента, но не теряя своих умственных способностей; правильнее сказать, их нужно обострить... Ему нужно создать состояние опьянения совершенно особенное... Как бы это выразиться?.. Точно: состояние просветленного опьянения.

— Что-то вроде гипноза?..

— Да, так, но без усыпления.

— И я должен изобрести наркотик для всего этого? Мне кажется, вы преувеличиваете мои научные таланты. Я не смогу достигнуть этого.

— Да, но не надо ничего изобретать, доктор. Что касается Левина, то, как он утверждает, проблема эта уже разрешена...

— Он всегда производил на меня впечатление несколько шарлатана...

— Пожалуй, да, но я думаю, что указанный им наркотик, если даже и не будет таким действенным, то поможет нам добиться желаемого; в конце концов не надо ожидать чуда. Алкоголь против нашего желания заставляет нас говорить глупости, почему же другое вещество не может побудить нас говорить разумную правду, а не глупости?.. Кроме того, Левин рассказывал мне о предыдущих случаях, по-видимому, достоверных...

— Почему вы не хотите заставить его принять участие в деле еще хотя бы один раз?.. Или он может не послушаться?..

— О, нет! Он-то хотел бы. Уже достаточно одного стремления спасти или продолжить свою жизнь при помощи этой или другой услуги, чтобы не отказываться от нее. Но я сам не хочу пользоваться его услугами. Он не должен ничего слышать из того, что мне скажет Раковский. Ни он, никто.

— Значит, я...

— Вы — это другое дело, доктор; вы личность глубоко порядочная... Я не Диоген, чтобы бросаться на поиски другого по снежным просторам СССР.

— Спасибо, но я думаю, что моя честность...

— Да, доктор, да; вы говорите, что мы пользуемся вашей честностью для всяких подлостей. Да, доктор, это так... но это так только с вашей, абсурдной точки зрения А кому же могут на сегодняшний день нравиться абсурды? Например, такой абсурд, как ваша честность?.. Вы уж всегда в конце концов заставляете меня отклониться от темы, чтобы повести разговор о самых увлекательных вещах... Но что же, собственно, будет происходить?.. Вы только должны помочь мне дозифицировать наркотик Левина... Кажется, что в дозировке имеется незаметная черта, которая отделяет сон от бодрствования... просветленное состояние от одурманенного, разум от безумия... создается искусственное упоение.

— Если дело только в этом...

— И еще кое-что... Будем говорить серьезно. Изучите инструкции Левина, взвесьте их, примените их разумно к состоянию личности и силам арестованного. У вас есть для изучения время до наступления ночи; вы можете исследовать Раковского столько раз, сколько вам нужно. И пока больше ничего. Вы мне не поверите, как я ужасно хочу спать. Я посплю несколько часов. Если до вечера не произойдет ничего необыкновенного, то я распорядился, чтобы меня не вызывали. Вам я советую хорошо отдохнуть после обеда, потому что потом придется долго не спать.

Мы вышли в вестибюль. Распростившись со мной, он проворно взбежал по ступенькам, но на середине пролета задержался,

— А, доктор,— воскликнул он,— я забыл. Большая благодарность от товарища Ежова, Ожидайте подарка... может быть, даже и ордена.

Он махнул на прощание рукой и быстро исчез за лестничной площадкой верхнего этажа.

Заметка Левина была короткая, но ясная и точная. Я без труда смог найти лекарство. Оно было дозифицировано в миллиграммах в крошечных таблетках. Я сделал проверку, и, согласно объяснению Левина, они очень легко растворялись в воде и еще лучше в алкоголе. Формула там не была записана, и я решил произвести позже сам подробный анализ, когда буду располагать временем.

Несомненно, это был какой-то состав специалиста Люменштадта, того ученого, о котором мне говорил Левин во время первого свидания, Я не думал, что натолкнусь в анализе на что-нибудь необыкновенное. Пожалуй, разве опять какая-нибудь база со значительным количеством опиума более активного качества, чем сам табаин. Мне были хорошо известны 19 главных видов и кое-какие еще. В тех материальных условиях, в которых протекали мои опыты, я был удовлетворен теми сведениями, которые мне дали мои исследования.

Хотя мои работы имели совершенно другое направление, я прекрасно ориентировался в области одурманивающих средств. Я вспомнил, что Левин говорил мне о перегонке редких разновидностей индейской конопли. Я должен был иметь дело с опиумом или гашишем, чтобы разгадать секрет этого хваленого наркотика. Я был бы рад иметь случай натолкнуться на одно или несколько новых оснований, в которых коренились его «чудодейственные» достоинства. В принципе, я готов был предположить такую возможность. В конце концов, исследования при наличии неограниченного времени и средств (при отсутствии экономических преград, что было возможно в условиях лаборатория при НКВД) представляли собой неограниченные научные возможности. Я тешил себя иллюзией найти в результате этих исследований, направленных для причинения зла, новое оружие в моей научной борьбе против боли.

Я не мог посвятить много времени для развлечения такими приятными иллюзиями. Я сосредоточился на мнении, чтобы подумать, как и в какой пропорции должен буду дать Раковскому этот наркотик. Согласно инструкции Левина, одна таблетка должна была произвести желаемый эффект. Он предупреждал, что при наличии у пациента сердечной слабости возможна сонливость и даже полная летаргия с последующим притуплением ума. Учитывая все это, я должен был предварительно осмотреть Раковского. Я не рассчитывал на то, что найду внутреннее состояние его сердца нормальным; если не было повреждения, то, наверное, был упадок тонуса по причине нервных переживаний, ибо не могла остаться неизменившейся его система после продолжительной и терроризирующей пытки.

Я отложил осмотр на время после второго завтрака. Я хотел обдумать все на случай, если бы Габриель пожелал дать наркотик как с ведома Раковского, так и без его ведома. В обоих случаях я должен был им заняться, поскольку именно я сам должен был ему давать наркотик, о чем мне было конкретно сказано. Тут не требовалось вмешательства профессионала, ибо лекарство вводилось через рот.

После завтрака я посетил Раковского, которого держали запертым в одной из комнат нижнего этажа. Охранявший человек не спускал с него глаз. Из мебели там имелись только одна табуретка, узкая кровать без спинок и маленький грубый стол. Когда я вошел, Раковский сидел. Он моментально вскочил, пристально посмотрел мне в лицо, и я прочитал в его глазах сомнение и, как мне показалось, испуг. Пожалуй, он должен был бы меня узнать, видя сидевшим в ту памятную ночь рядом с генералами.

Я велел охраннику выйти, распорядившись, чтобы он внес для меня стул. Я сел и попросил арестованного сесть. Ему было около 50 лет; это был человек среднего роста, спереди лысый, с большим мясистым носом. В молодости физиономия его была, наверное, приятная; черты лица не имели карикатурных семитских очертаний, но таковое хорошо подтверждалось в них. В свое время он был, наверное, довольно тучным; теперь же — нет; кожа висела у него повсюду; его лицо и шея были похожи на пузырь с выпущенным воздухом. «Дежурный обед» на Лубянке служил, по-видимому, слишком строгой диетой для бывшего посланника в Париже. В тот момент я ограничился только этими наблюдениями.

— Курите?.. — спросил я его, открывая портсигар, с намерением установить с ним несколько более сердечные отношения.

— Я бросил курить по причине сохранения здоровья, — ответил он мне очень приятным тоном, — но я благодарю вас; думаю, что я сейчас хорошо оправился от своих желудочных болезней.

Он курил спокойно, сдержанно и не без некоторой элегантности.

— Я врач, — представился я.

— Да, я это знаю; я видел, как вы действовали... «там», — сказал он сорвавшимся голосом.

— Я пришел поинтересоваться состоянием вашего здоровья... Каково ваше состояние?.. Страдаете ли какой-нибудь болезнью?

— Нет, никакой.

— Вы в этом уверены?.. Как сердце?..

— Благодаря вынужденной диете — не замечаю у себя никаких ненормальных признаков.

— Есть такие, которые не могут быть замечены самим пациентом, а только врачом.

— Я врач, — перебил он меня.

— Врач?.. — повторил я удивленно.

— Да. Вы этого не знали?

— Никто мне этого не сообщил. Поздравляю вас; мне будет очень приятно быть полезным коллеге и, возможно, соученику. Где вы учились? В Москве, в Петрограде?

— О нет! Я тогда не был русским гражданином. Я учился в Нанси и в Монпелье; в последнем я получил ученую степень.

— Значит, мы могли учиться одновременно; я прошел несколько курсов в Париже. Вы были французом?..

— Я собирался им быть, Я родился болгарином, но не спросив моего разрешения, меня превратили в румына. Моя провинция

Добруджа, где я родился, после заключения мира перешла к Румынии.

— Разрешите выслушать вас, — и я вставил в уши фонендоскоп.

Он снял свой порванный и засаленый пиджак и встал на ноги. Я выслушал его. Ничего ненормального. Как я и предполагал, слабость, но без дефектов,

— Я полагаю, что надо дать питание сердцу.

— Только сердцу, товарищ?.. — спросил он с иронией.

— Я так думаю, — сказал я, как бы не приметив ее, — что ваша диета должна быть тоже усилена.

— Разрешите мне выслушать себя?

— С удовольствием, — и я передал ему фонендоскоп. Он быстро прослушал себя.

— Я ожидал, что мое состояние будет гораздо хуже. Большое спасибо. Могу ли я уже надеть пиджак?..

— Разумеется... Остановимся, значит, на том, что надо принимать по несколько капель дигиталиса, не так ли?

— Вы считаете это абсолютно необходимым?.. Я думаю, что мое старое сердце вполне выдержит те несколько дней или месяцев, которые мне осталось жить,

— Я думаю иначе; я думаю, что вы будете жить гораздо больше.

— Не тревожьте меня, коллега... Жить больше! Жить еще больше!.. Должна быть инструкция об окончании; процесс уже не может дольше задерживаться... Затем, затем отдыхать.

И когда он сказал это, имея в виду окончательный отдых, то казалось, что в чертах его лица отразилось почти что блаженство. Я содрогнулся. Эта жажда умереть, умереть скорее, которую я прочитал в его глазах, бросила меня в озноб. Мне захотелось подбодрить его из сострадания.

— Вы меня не поняли, товарищ. Я хотел сказать, что в вашем случае может быть решено продлить вам жизнь, но жизнь без страданий... Для чего-то же привезли вас сюда... Разве с вами не обращаются сейчас лучше?

— Это последнее да, конечно. Об остальном мне уже намекали, но...

Я дал ему еще одну папиросу и после этого добавил:

— Имейте надежду. Со своей стороны и в той мере, в какой разрешит шеф, я сделаю все, что от меня зависит, чтобы вам не был причинен какой-либо вред. Я теперь же распоряжусь улучшить вам питание; умеренно, имея в виду состояние вашего желудка; мы начнем с молочного режима и с кое-чего более существенного. Можете курить... берите... — И я оставил в его распоряжении все, что оставалось в коробочке.

Я позвал охранника и приказал, чтобы он зажигал арестованному папиросу, когда тот захочет курить. Затем я ушел, и прежде чем отправиться отдохнуть на пару часов, распорядился, чтобы Раковскому дали пол-литра молока с сахаром.

Мы приготовились к свиданию с Раковским в двенадцать часов ночи. «Дружеский» характер встречи подчеркивался во всех деталях. Хорошо нагретая комната, огонь в камине, умеренный свет, маленький изысканный ужин, хорошие вина; все — научно импровизированное. «Как для любовного свидания», — определил Габриель. Я должен был ассистировать. Главная моя миссия — дать заключенному наркотик так, чтобы он этого не заметил. Для этой цели напитки расставили «случайно» около меня, в расчете на то, что я буду угощать его вином. Я должен следить также за прекращением действия наркотика и в нужный момент дать новую дозу. Это — главное в моем поручении. Габриель желает, если опыт удастся, добиться уже в первое свидание продвижения к сути дела. Он надеется на удачу; он хорошо отдохнул и находится в полном порядке; у меня есть желание услышать, как он будет сражаться с Раковским, который, кажется мне, является достойным ему противником.

Разместили перед огнем три кресла; стоящее ближе к двери займу я; Раковский сядет посередине, а в третьем поместится Габриель, который даже своей одеждой старался создать оптимистическое настроение: он надел русскую белую рубашку.

Уже пробило двенадцать часов, когда нам привели арестованного. Его прилично одели, и он был хорошо выбрит. Я бросил на него профессиональный взгляд и нашел его более оживленным.

Он сразу же попросил извинения, что не может выпить больше одной рюмки из-за слабости своего желудка. Я пожалел, что перед его приходом не положил ему туда наркотик.

Разговор начинается банально; Габриель знает, что Раковский гораздо лучше владеет французским языком, чем русским, и начинает говорить на этом языке. Делаются намеки на прошлое. Видно, что Раковский искусный собеседник. Его речь точна, элегантна и даже обладает изяществом. Он, по-видимому, хороший эрудит; по временам приводит цитаты с полной непринужденностью и всегда правильно. Иногда делает намеки на свои многочисленные побеги, на изгнания, на Ленина, на Плеханова, на Люксембург и даже говорит, что, будучи мальчиком, подавал руку Энгельсу.

Мы пьем виски. После того, как Габриель дал ему возможность поговорить с полчаса, я как бы невзначай спросил его: «Вам налить побольше соды?..» — «Да, налейте», — ответил он мне машинально. Я манипулировал с напитком и опустил туда таблетку, которую с самого начала держал между кончиками указательного и среднего пальцев. Сначала я придвинул виски Габриелю, дав ему знать взглядом, что дело выполнено.

Я передал Раковскому его рюмку и начал после этого пить сам. Он с наслаждением пригубливал свою содовую.

«Я маленький негодяй», — говорю я себе. Но эта мысль мимолетна, и она сгорает в веселом пламени камина, который производит впечатление почтенного очага.

Прежде чем Габриель добрался до главного — диалог был длинный, но увлекательный.

Мне посчастливилось раздобыть документ, воспроизводящий лучше, чем стенография, все, что обсуждалось между Габриелем и Раковским. Вот он здесь.

ДОКЛАД.
ДОПРОС ОБВИНЯЕМОГО ХРИСТИАНА ГЕОРГИЕВИЧА РАКОВСКОГО ГАВРИИЛОМ ГАВРИИЛОВИЧЕМ КУЗЬМИНЫМ 26 ЯНВАРЯ 1938 ГОДА

Габриель. Согласно тому, как мы договорились на Лубянке, я ходатайствовал о предоставлении вам последней возможности; ваше присутствие в этом доме означает то, что я этого добился. Посмотрим, не обманете ли вы нас.

Раковский. Я не желаю и не собираюсь этого желать.

Г. Но предварительно — благородное предупреждение. Теперь дело идет о чистой правде. Не о правде «официальной», той, которая должна выявиться на процессе в свете признаний обоих обвиняемых... Нечто, как вы знаете, подчиняющееся целиком политическим соображениям или «соображениям государственным», как бы выразились на Западе. Требования интернациональной политики заставят нас скрыть всю правду, «настоящую правду»... Каков бы ни был процесс, но государства и люди узнают только то, что они должны будут узнать... Тот же, кому надлежит знать все, Сталин, должен знать об этом все... Итак, каковы бы ни были здесь ваши слова, они не смогут отягчить вашего положения. Знайте, что они не усугубят вашу вину, а, наоборот, смогут дать желаемые результаты в вашу пользу. Вы сможете спасти свою жизнь, в данный момент уже потерянную. Вот я вам сказал это, а теперь давайте посмотрим: все вы будете сознаваться в том, что вы шпионы Гитлера и состоите на жаловании у гестапо и *OKW*. Не так ли?

Р. Да.

Г. И вы являетесь шпионами Гитлера?

Р. Да.

Г. Нет, Раковский, нет. Говорите настоящую правду, а не процессуальную.

Р. Мы не являемся шпионами Гитлера, мы ненавидим Гитлера так, как можете ненавидеть его и вы, так, как может ненавидеть его Сталин; пожалуй, еще больше, но это вещь очень сложная...

Г. Я вам помогу... Случайно я тоже кое-что знаю. Вы, троцкисты, имели контакт с немецким штабом. Не так ли?

Р. Да.

Г. С каких пор?..

Р. Я не знаю точной даты, но вскоре после падения Троцкого. Разумеется, до прихода к власти Гитлера.

Г. Значит, уточним: вы не являлись ни личными шпионами Гитлера, ни его режима.

Р. Точно. Мы ими были уже раньше.

Г. И с какой целью?.. С целью подарить Германии победу и несколько русских территорий?

Р. Нет, ни в коем случае.

Г. Значит, как обыкновенные шпионы, за деньги?

Р. За деньги?.. Никто не получал ни одной марки от Германии. У Гитлера не найдется достаточного количества денег, чтобы купить, например, комиссара Иностранных дел СССР, каковой имеет в своем свободном распоряжении бюджет больший, чем совместные богатства Моргана и Вандербилта, и не обязан давать отчет в обращении с ними.

Г. Ну так по какой же причине?

Р. Могу ли я говорить вполне свободно?

Г. Да, я вас об этом прошу; для этого я вас и пригласил.

Р. Разве у Ленина не было высших соображений при получении помощи от Германии для въезда в Россию? И нужно ли признавать верными те клеветнические вымыслы, которые были пущены в ход для его обвинения? Не называли ли его также шпионом кайзера? Его сношения с императором и вмешательство немцев в дело отправки в Россию разрушителей большевиков — очевидны...

Г. Правда это или неправда — все это не имеет отношения к вопрос.

Р. Нет, разрешите докончить. Не является ли фактом, что деятельность Ленина вначале была благоприятна для немецких войск?.. Разрешите... Вот сепаратный мир в Бресте, на котором Германии были уступлены огромные территории СССР. Кто объявил пораженчество в качестве оружия большевиков в 1913 году? Ленин. Я знаю на память его слова из письма к Горькому: «Война между Австрией и Россией была бы очень полезной вещью для революции, но вряд ли возможно, чтобы Франц Иосиф и Николай представили нам этот удобный случай». Как вы видите, мы, так называемые троцкисты, изобретатели поражения в 1905 году, продолжаем на данном этапе ту же самую линию — линию Ленина.

Г. С маленькой разницей, Раковский: сейчас в СССР существует социализм, а не царь.

Р. Вы в это верите?

Г. Во что?

Р. В существование социализма в СССР?

Г. Разве Советский Союз не социалистический?

Р. Для меня только по названию. Вот тут-то и кроется настоящая причина оппозиции. Согласитесь со мною, и в силу чистой логики вы должны это признать, что теоретически, рационально, мы имеем такое же самое право сказать нет, как Сталин — сказать да. И если для триумфа коммунизма оправдывается пораженчество, то тот, кто считает, что коммунизм сорван бонапартизмом Сталина и что он ему изменил, имеет такое же право, как и Ленин, стать пораженцем.

Г. Я думаю, Раковский, что вы теоретизируете, благодаря своей манере широко пользоваться диалектикой. Ясно, что при наличии здесь публики я бы это обосновал; хорошо, я признаю ваш аргумент, как единственно возможный в вашем положении, но однако я думаю, что мог бы вам доказать, что это не что иное, как софизм... но отложим это до другого случая; когда-нибудь уж он появится у нас... И я надеюсь, что вы мне предоставите возможность для реванша. В данный же момент скажу только вот что: если ваше пораженчество и поражение СССР имеет своей целью реставрацию социализма, настоящего социализма, по-вашему — троцкизма, то, поскольку нами уже ликвидированы его вожди и кадры, пораженчество и поражение СССР не имеет ни объекта, ни смысла. В результате поражения теперь получилась бы интронизация какого-либо фюрера или фашистского царя... Не так ли?

Р. В самом деле. Без лести с моей стороны — ваше заключение великолепно.

Г. Хорошо; если, как я предполагаю, вы утверждаете это искренне, то мы уже добились многого: я, сталинец, и вы, троцкист, мы достигли невозможного. Мы дошли до точки, где наши мнения совпали; совпали в том, что в настоящий момент СССР не должен быть разрушен (здесь и далее выделено редактором).

Р. Должен сознаться, что я не ожидал очутиться перед такой умной особой. В самом деле, на данном этапе и, возможно, в течение нескольких лет, мы не сможем думать о поражении СССР и провоцировать таковое, ибо известно, что сейчас мы находимся в таком положении, что не можем захватить власть. Мы, коммунисты, не извлекли бы из этого пользы. Это положение точное, и оно совпадает с вашим мнением. Нас не может интересовать сейчас развал Сталинского государства; я это говорю и одновременно утверждаю, что это государство помимо всего сказанного — антикоммунистично. Вы видите, что я искренен.

Г. Я это вижу; это единственный способ договориться. Я прошу вас, прежде чем продолжать, разъяснить мне то, что мне представляется противоречивым: если для вас Советское государство антикоммунистично, то почему бы вам не пожелать разрушения его в данный момент? Кто-либо другой мог бы быть менее антикоммунистичным, и, таким образом, было бы меньше препятствий для реставрации вашего чистого коммунизма.

Р. Нет, нет, этот выход слишком прост. Хотя сталинский бонапартизм также противостоит коммунизму, как наполеоновский — революции, но очевиден тот факт, что все-таки СССР продолжает сохранять свою коммунистическую форму и догмат; это — коммунизм формальный, а не реальный. И, таким образом, подобно тому, как исчезновение Троцкого дало возможность Сталину автоматически превратить настоящий коммунизм в формальный, так и исчезновение Сталина позволит нам превратить его формальный коммунизм в реальный. Нам достаточно было бы одного часа. Вы меня поняли?

Г. Да, само собой разумеется; вы высказали нам классическую правду о том, что никто не разрушает того, что он желает наследовать. Ну, хорошо; все остальное — это софистическая сноровка. Вы базируетесь на предположении явно опровержимом: на предположении о сталинском антикоммунизме... Имеется ли частная собственность в СССР? Есть ли личная прибавочная стоимость?.. Классы?.. Не буду ссылаться на факты: для чего?..

Р. Я уже согласился с тем, что существует формальный коммунизм. Все, что вы перечисляете, это только формы.

Г. Да? Для какой цели? Из обыкновенного каприза?..

Р. Нет, разумеется. Это необходимость. Невозможно удержать материалистическую эволюцию истории; самое большое — это что ее можно затормозить... И какой ценой?.. Ценой ее теоретического принятия, чтобы провалить ее практически. Сила, которая влечет человечество к коммунизму, настолько непобедима, что эта самая, но искаженная сила, противопоставленная самой себе, может добиться только замедления быстроты развития; более точно — замедлить ход перманентной революции.

Г. Пример?..

Р. С Гитлером — наиболее очевидный. Ему нужен был социализм для победы над социализмом; вот этот самый его антисоциалистический социализм, каковым является нац. — социализм. Сталину нужен коммунизм, чтобы победить коммунизм. Параллель здесь очевидна. Но, несмотря на гитлеровский антисоциализм и сталинский антикоммунизм, оба, к своему сожалению, против своей воли, трансцендентно создают социализм и коммунизм... они и многие другие. Хотят или не хотят, знают или не знают, но создают формальный социализм и коммунизм, который мы, коммунисты-марксисты, должны неизбежно получить в наследство.

Г. Наследство?.. Кто наследует?.. Троцкизм ликвидирован полностью.

Р. Хотя вы это и говорите, но этому не верите. Какими колоссальными ни будут чистки, мы коммунисты, переживем. Не до всех коммунистов может добраться Сталин, как ни длинны руки у его охранников.

Г. Раковский, прошу вас, а если нужно, то и приказываю, воздерживаться от оскорбительных намеков. Не злоупотребляйте своей «дипломатической неприкосновенностью».

Р. Это я имею полномочия? Чей я посол?..

Г. Именно этого недосягаемого троцкизма, если мы договоримся так его называть...

Р. Я не могу быть дипломатом при троцкизме, на который вы намекаете. Мне не предоставлено право его представлять, и я сам на себя этого не брал. Это вы мне его даете.

Г. Начинаю доверять вам. Отмечаю на ваш счет, что при моем намеке на этот троцкизм вы не стали отрицать его передо мной. Это уже хорошее начало.

Р. А как отрицать? Ведь я же сам о нем упомянул.

Г. Поскольку мы признали существование этого особого троцкизма по нашему взаимному соглашению, то я желаю, чтобы вы привели определенные данные, необходимые для расследования указанного совпадения.

Р. Да, так; я смогу подсказать то, что вы считаете нужным знать, и сделаю это по своей собственной инициативе, но не могу уверять, что таково же всегда мышление и «Их».

Г. Да, я так буду на это смотреть.

Р. Мы согласились на том, что в данный момент оппозицию не может интересовать пораженчество и падение Сталина, поскольку мы не имеем физической возможности заместить его. Это то, в чем мы согласны оба. Сейчас это неоспоримый факт. Однако имеется налицо возможный агрессор. Вот он, этот великий нигилист Гитлер, нацелившийся своим грозным оружием вермахта по всему горизонту. Хотим мы этого или не хотим, но ведь он употребит его против СССР? Согласимся, что для нас — это решающее неизвестное. Считаете ли вы, что проблема поставлена правильно?

Г. Поставлена хорошо. Но я могу сказать, что для меня тут нет неизвестного. Я считаю неизбежным наступление Гитлера на СССР.

Р. Почему?

Г. Очень просто; потому, что к этому расположен тот, кто этим распоряжается. Гитлер — это только кондотьер интернационального капитализма.

Р. Я согласен с тем, что существует опасность, но до заключения на этом основании о неизбежности его нападения на СССР — целая пропасть.

Г. Нападение на СССР определяется самой сущностью фашизма; кроме того, его толкают на это все те капиталистические государства, которые разрешили ему перевооружение и захват всех необходимых экономических и стратегических баз. Это само собой очевидно.

Р. Вы забываете кое-что очень важное. Перевооружение Гитлера и те льготы, которые получены им в настоящий момент от наций Версаля (заметьте себе это хорошо), были получены им в особый период, когда мы еще могли бы стать наследниками Сталина в случае его поражения, когда оппозиция еще существовала... Считаете ли вы этот факт случайным или только совпадающим по времени?

Г. Не вижу никакой связи между разрешением версальских властей на перевооружение немцев и существованием оппозиции... Траектория гитлеризма сама по себе ясна и логична. Нападение на СССР уже очень давно входило в его программу. Разрушение коммунизма и экспансия на восток — это догмы из книги «Моя борьба», этого талмуда национал-социализма... а то, что ваши пораженцы желали бы использовать наличие этой угрозы против СССР — это, конечно, соответствовало ходу их мыслей.

Р. Да, на первый взгляд все это кажется естественным и логичным, слишком логичным и естественным для правды.

Г. Для того, чтобы этого не случилось, чтобы Гитлер не напал на нас, нам нужно было бы довериться союзу с Францией... но это было бы таки наивностью. Это бы означало поверить в то, что капитализм согласен пойти на жертву ради спасения коммунизма.

Р. Если мы будем вести беседу только на базе тех понятий, каковые употребляются на массовых митингах, то вы вполне правы. Но если вы искренни, говоря так, то, извините, я разочарован; я думал, что политика знаменитой сталинской полиции стоит на большей высоте.

Г. Атака гитлеризма на СССР является, кроме того, диалектической необходимостью; это то же, что неизбежная борьба классов в плане интернациональном. Наряду с Гитлером, по необходимости, против вас встанет весь мировой капитализм.

Р. Итак, поверьте мне, что, при наличии вашей схоластической диалектики, у меня сформировалось самое неблагоприятное впечатление о политической культуре сталинизма. Я слушаю ваши речи, как мог бы слушать Эйнштейн ученика лицея, говорящего о физике с четырьмя измерениями. Вижу, что вы знакомы только с элементарным марксизмом, т. е. с демагогическим, популярным.

Г. Если не будет слишком длинным и запутанным ваше разъяснение, я был бы вам благодарен за некоторое разоблачение этой «относительности» или «кванты» марксизма.

Р. Тут нет никакой иронии; я говорю, будучи воодушевлен наилучшими желаниями... В этом же самом элементарном марксизме, который преподают даже у вас в сталинском университете, вы можете найти довод, который противоречит вашему тезису о неизбежности гитлеровской атаки на СССР. Вас обучают еще и тому, что краеугольным камнем марксизма является утверждение, будто противоречия — это неизлечимая и смертельная болезнь капитализма... Не так ли?

Г. Да, конечно.

Р. А если дело обстоит таким образом, что мы обвиняем капитализм в наличии постоянных капиталистических противоречий в области экономики, то почему же он не должен страдать таковыми также и в политике? Политическое и экономическое не имеет значения само по себе; это состояние или измерение социальной сущности, а уж противоречия рождаются в социальном, отражаясь одновременно в экономическом или политическом измерении, или в обоих одновременно. Было бы абсурдно предположить погрешность в экономике и одновременно непогрешимость в политике, т. е. нечто необходимое для того, чтобы нападение на СССР стало неизбежным, по вашей мысли — абсолютно необходимым.

Г. Значит, вы полагаетесь во всем на противоречия, фатальность и неизбежность заблуждений, которым должна быть подвержена буржуазия, каковая помешает Гитлеру напасть на СССР. Я — марксист, Раковский, но здесь, говоря между нами, чтобы не дать повода для возмущения ни одному активисту, я вам говорю, что при всей моей вере в Маркса я не поверил бы тому, что СССР существует вследствие заблуждения его врагов... И думаю, что такого же мнения и Сталин.

Р. А я — да... Не смотрите на меня так, ибо я не шучу и не сошел с ума.

Г. Разрешите мне, по крайней мере, усомниться в этом, пока вы мне не докажете ваших утверждений.

Р. Видите ли теперь, что у меня были основания для квалификации вашей марксистской культуры как посредственной? Ваши доводы и реакция таковы же, как и у какого-нибудь низового активиста.

Г. И они неправильны?

Р. Да, они правильны для маленького управителя, для бюрократа и для массы. Они подходят тому, кто является рядовым борцом... Таковые должны в них верить и повторять все, как написано. Выслушайте меня в порядке конфиденциальности. С марксизмом получается точно так же, как с древними эзотерическими религиями. Их приверженцы должны были знать только все самое элементарное и грубое, поскольку у них этим нужно было вызвать веру, т. е. то, что абсолютно необходимо, как в деле религии, так и в деле революции.

Г. Не желаете ли вы теперь разоблачить передо мной мистический марксизм, нечто вроде еще одного масонства?

Р. Нет, никаких эзотеризмов. Наоборот, я его изображу с наибольшей ясностью. Марксизм, прежде чем быть философской, экономической и политической системой, является конспирацией для революции. И так как для нас революция — это единственная абсолютная реальность, то философия, экономика и политика истинны только постольку, поскольку они ведут к революции. Основная истина (назовем ее субъективной) не существует ни в экономике, ни в политике, ни даже в морали; в научной абстракции это или истина, или заблуждение, но для нас, подчиненных революционной диалектике, — только истина, И поскольку для нас, подчиненных революционной диалектике, она — только истина, а следовательно, и единственная истина, то она должна быть таковой для всего революционного, каковой она и была для Маркса. В соответствии с этим должны действовать и мы. Припомните фразу Ленина в ответ на то, когда ему кто-то указал в качестве аргумента, будто его намерение противоречит реальности: «Я его ощущаю реальным» — был его ответ. Не думаете ли вы, что Ленин сказал глупость? Нет, для него всякая реальность, всякая правда была относительна перед лицом одной-единственной и абсолютной истины: революции. Маркс был гениален. Если бы его труды свелись только к одной глубокой критике капитализма, то и это был бы уже непревзойдённый научный труд; но в тех местах, где его произведение достигает степени мастерства, получается как бы произведение ироническое. «Коммунизм, — говорит он, — должен победить, так как эту победу даст ему его враг капитал». Таков магистральный тезис Маркса... Может ли быть еще большая ирония? И вот, для того, чтобы ему поверили, достаточно было ему обезличить капитализм и коммунизм, превративши существо человеческое в существо рассудочное, что он сделал с необычайным искусством фокусника. Таково было его хитроумное средство, чтобы указать капиталистам, что они являются реальностью капитализма и что коммунизм может восторжествовать в силу врожденного идиотизма: ибо без наличия неумираемого идиотизма в *homo economico* не могут проявляться в нем непрерывные противоречия, прокламируемые Марксом. Суметь достигнуть того, чтобы превратить *homo sapiens* в *homo stultum*, это значит обладать магической силой, способной низвести человека на первую ступеньку зоологической лестницы, т. е. до степени животного. Только при наличии *homo stultum* в эту эпоху апогея капитализма Маркс мог сформулировать свое аксиоматическое уравнение: противоречия + время = коммунизм. Поверьте мне, когда мы, посвященные в это, созерцаем изображение Маркса, хотя бы то, которое возвышается над главным входом на Лубянке, то мы не можем сдержаться от внутреннего взрыва смеха, которым заразил нас Маркс; мы видим, как он смеется в свою бороду над всем человечеством.

Г. И вы еще способны насмехаться над самым уважаемым ученым эпохи?

Р. Насмехаться, я?.. Это восхищение! Для того, чтобы Маркс мог надуть стольких людей науки, необходимо было, чтобы он был выше их всех. Ну, хорошо: для того, чтобы судить о Марксе во всем его величии, мы должны рассмотреть настоящего Маркса, Маркса-революционера, Маркса — по его манифесту. Это значит Маркса-конспиратора, ибо во время его жизни революция находилась в состоянии конспирации. Не напрасно революция обязана своим продвижением и своими последними победами этим конспираторам.

Г. Следовательно, вы отрицаете наличие диалектического процесса противоречий в капитализме, ведущих к финальному триумфу коммунизма?

Р. Будьте уверены, что если бы Маркс верил в то, что коммунизм дойдет до победы только благодаря противоречиям в капитализме, то он ни одного разу, никогда бы не упомянул о противоречиях на тысячах страниц своего научного революционного труда. Таков был категорический императив реалистической натуры Маркса: не научной, но революционной. Революционер и конспиратор никогда не разоблачит перед своим противником секрет своего триумфа. Никогда не даст информации: он даст ему дезинформацию, каковой вы пользуетесь в контрконспирации. Не так ли?

Г. Однако, в конце концов, мы дошли до заключения (по-вашему), что в капитализме нет противоречий, и если Маркс о них и говорит, то это только революционно-стратегическое средство. Так ведь? Но колоссальные и постоянно нарастающие противоречия в капитализме имеются налицо... И вот получается, что Маркс, соврав, сказал правду.

Р. Вы опасны, как диалектик, когда вы ломаете тормоза схоластической догматики и даете полную волю вашей собственной изобретательности. Так оно и есть, что Маркс сказал правду, совравши. Он соврал, когда ввел всех в заблуждение, определив противоречия, как «постоянные» в истории экономики капитала, и назвал их «естественными и неизбежными», но одновременно сказал правду, зная, что противоречия будут создаваться и увеличиваться в нарастающей прогрессии до тех пор, пока не достигнут своего апогея.

Г. Значит, у вас получается антитезис?

Р. Нет тут никакого антитезиса. Маркс обманывает из тактических соображений насчет происхождения противоречий в капитализме, но не насчет их очевидной реальности. Маркс знал, как они создавались, как обострялись и как дело доходило до создания всеобщей анархии в капиталистическом производстве, предшествующей триумфу коммунистической революции... Он знал, что это произойдет, ибо знал тех, кто их создает.

Г. Весьма странной новостью является подобное разоблачение, утверждающее, что именно то, что ведет капитализм к «самоубийству», по счастливому выражению буржуазного экономиста Шмаленбаха, в подтверждение Марксу, не является сущностью и врожденным законом капитализма. Но меня интересует, меня интересует — доберемся ли мы этим путем к персональному?

Р. Не почувствовали ли вы этого интуитивно?.. Не заметили ли вы, как у Маркса слова противоречат делу? Он заявляет о необходимости и неизбежности капиталистических противоречий, доказывая наличие прибавочной стоимости и накопления, т. е. доказывает реально существующее. Он ловко придумывает, что большей концентрации средств производства соответствует большая масса пролетариата, большая сила для построения коммунизма, ведь так?.. Теперь дальше: одновременно с этим заявлением он учреждает Интернационал. А Интернационал является в деле ежедневной борьбы классов «реформистом», т. е. организацией, предназначенной для ограничения добавочной стоимости и, где возможно, упразднения ее. Поэтому, объективно, Интернационал — это организация контрреволюционная и антикоммунистическая — по теории Маркса.

Г. Теперь получается, что Маркс контрреволюционер и антикоммунист.

Р. Вот вы теперь видите, как можно использовать первоначальную марксистскую культуру. Квалифицировать Интернационал, как контрреволюционный и антикоммунистический, с логической и научной точностью возможно лишь, если не видеть в фактах ничего больше, кроме непосредственного видимого результата, а в текстах только букву. К таким абсурдным заключениям, при их кажущейся очевидности, приходят, забывая, что слова и факты в марксизме подчиняются строгим правилам высшей науки: правилам конспирации и революции.

Г. Дойдем ли мы когда-нибудь до окончательного заключения?

Р. Сейчас. Если борьба классов в экономической области по своим первым результатам оказывается реформистской и в силу этого противоречит теоретическим предпосылкам, определяющим установление коммунизма, то в своей настоящей и реальной значимости — она чисто революционная. Но повторяю снова: она подчиняется правилам конспирации; это значит — маскировке и сокрытию ее настоящей цели... Ограничение прибавочной стоимости, а следовательно и накоплений, в силу борьбы классов — это только видимость, иллюзия для вызова первичного революционного движения в массах. Забастовка — это уже попытка революционной мобилизации. Независимо от того, победит ли она или провалится — ее экономическое воздействие анархично. В результате, это средство для улучшения экономического положения одного класса несет в себе обеднение экономики вообще; каковы бы ни были размеры и результаты забастовки, она всегда приносит урон продукции. Общий результат: больше нищеты, от которой не освобождается рабочий класс. Это уже кое-что. Но это не единственный результат и не главный. Как мы знаем, единственная цель всякой борьбы в экономической области — больше заработать, а работать меньше. Таков экономический абсурд, а по нашей терминологии, таково противоречие, не примеченное массами, ослепленными на какой-то момент повышением жалованья, тут же автоматически аннулируемым повышением цен. И если цены ограничиваются при содействии государства, то происходит то же самое, т. е. противоречие между желанием расходовать больше, производя меньше, обусловливается здесь денежной инфляцией. И так создается порочный круг: забастовка, голод, инфляция, голод.

Г. За исключением того, когда забастовка идет за счет прибавочной капиталистической стоимости.

Р. Теория, голая теория. Говоря между нами, возьмите любой ежегодный справочник по экономике любой страны и поделите ренты и общий доход на всех, получающих жалование, и вы уж увидите, какое получается необыкновенное частное. Вот это частное, самое революционное, мы должны держать в строжайшем секрете. Ибо, если из теоретического дивиденда высчитать жалование и расходы дирекции, которые получатся при упразднении собственника, то почти всегда остается дивиденд, пассивный для пролетариев. В реальности — всегда пассивный, если возьмем еще на учет уменьшение объема и снижение качества в области производства. Как теперь вам видно, призыв к забастовке как к средству за скорое улучшение благосостояния пролетариата — это только предлог; предлог, необходимый, чтобы понудить его к саботажу капиталистического производства; таким образом, к противоречиям в буржуазной системе добавятся противоречия у пролетариата; это двойное оружие революции; и оно, что очевидно, не возникает само собой: существуют организация, начальники, дисциплина, и, сверх того, отсутствует глупость. Не подозреваете ли вы, что пресловутые противоречия капитализма, в частности финансовые, тоже как-то организованы?.. В качестве основания для выводов напоминаю вам о том, что в своей экономической борьбе пролетарский Интернационал совпадает с Интернационалом финансовым, ибо оба производят инфляцию... а где имеется совпадение, там, надо думать, имеется и договоренность.

Г. Усматриваю здесь такой колоссальный абсурд, или же намерение сплести новый парадокс, что даже и не желаю и не хотел бы себе это представить. Похоже на то, что вы намекаете на существование чего-то вроде капиталистического второго Коминтерна, само собою разумеется, враждебного.

Р. Совершенно точно. Когда я говорил о финансовом Интернационале, то я мыслил о нем как о Коминтерне; но, признав наличие «Коминтерна», я бы не сказал, что он враждебен.

Г. Если вы претендуете на то, чтобы мы теряли время на изобретательство и фантазии, то должен вам сказать, что вы избрали неудачный момент.

Р. Кстати, не принимаете ли вы меня за фаворитку из «Тысячи и одной ночи», которая изощряла вечерней порой свое воображение для спасения своей жизни... Нет. Если вы думаете, что я отклоняюсь, то вы заблуждаетесь. Чтобы добраться до того, что мы себе наметили, я, если я не хочу потерпеть неудачу, должен вам предварительно осветить самые существенные вещи, учитывая ваше общее незнакомство с тем, что я назвал бы «высшим марксизмом». Я не смею отказаться от этих разъяснений, так как хорошо знаю, что подобное неведение царит и в Кремле... Разрешите продолжать?

Г. Можете продолжать. Но верно то, что если все окажется просто только развлечением для воображения, то это удовольствие будет иметь очень плохой эпилог. Я вас предупредил.

Р. Продолжаю, как будто бы ничего не слышал. Поскольку вы являетесь схоластом в отношении капитала, и я хочу пробудить ваши индуктивные таланты, то я напомню вам кое о чем, весьма своеобразном. Заметьте, с какой проницательностью делает Маркс выводы, при наличии в его время зачаточной английской индустрии; как он ее анализирует и клеймит; в каком отталкивающем виде рисует он образ промышленника. В вашем воображении, как и в воображении масс, встает чудовищный образ капитализма в его человеческом воплощении: толстопузый промышленник с сигарой во рту, как его обрисовал Маркс, самодовольно и злобно выкидывающий жену или дочь рабочего... Не так ли? Одновременно припомните умеренность Маркса и его буржуазную ортодоксальность при изучении вопроса о деньгах. В вопросе о деньгах у него не появляются его знаменитые противоречия. Финансы не существуют для него, как вещь, имеющая значение сама в себе; торговля и циркуляция денег являются последствиями проклятой системы капиталистического производства, которая подчиняет их себе и целиком определяет. В вопросе о деньгах Маркс — реакционер; к величайшему удивлению, он им и был; примите во внимание «пятиконечную звезду», подобную советской, сияющую во всей Европе, звезду из пяти братьев Ротшильдов с их банками, обладающими колоссальным скоплением богатств, когда-либо слыханных... И вот этот факт, настолько колоссальный, что он вводил в заблуждение воображение людей той эпохи, проходит незамеченным для Маркса. Нечто странное... Не правда ли? Возможно, что от этой, столь странной слепоты Маркса и происходит феномен, общий для всех последующих социальных революций. А именно. Все мы можем подтвердить, что когда массы овладевают городом или государством, то они всегда проявляют что-то вроде суеверного страха перед банками и банкирами. Убивали королей, генералов, епископов, полицейских, священников и прочих представителей ненавистных привилегированных классов; грабили и сжигали дворцы, церкви и даже центры науки, но хотя революции были экономически-социальными, жизнь банкиров была уважаема, и в результате великолепные здания банков оставались нетронутыми... По моим сведениям, пока я не был арестован, это продолжается и теперь...

Г. Где?

Р. В Испании... Не знаете этого?.. Раз вы спрашиваете; и вот теперь скажите мне, не находите ли вы все это очень странным? Пораздумайте, полиция... Не знаю, обратили ли вы внимание на странное сходство, которое существует между финансовым Интернационалом и Интернационалом пролетарским; я бы сказал, что один является оборотной стороной другого, и этой оборотной стороной является пролетарский, как более модерный, чем финансовый.

Г. Где вы видите подобие в вещах столь противоположных?

Р. Объективно они идентичны. Как я это доказал, Коминтерн, дублируемый реформистским движением и всем синдикализмом, вызывает анархию производства, инфляцию, нищету и безнадежность в массах; финансы, главным образом финансовый Интернационал, дублируемый сознательно или бессознательно частными финансами, создают те же самые противоречия, но еще в большем количестве... Теперь мы бы могли уже догадаться о причинах, по каким Маркс скрыл финансовые противоречия, каковые не могли бы укрыться от его проницательного взора, если бы не имелось у финансов союзника, воздействие которого, объективно-революционное, уже тогда было необычайно значительно.

Г. Бессознательное совпадение, но не союз, предполагающий ум, волю, соглашение...

Р. Оставим эту точку зрения, если вам угодно... Теперь лучше перейдем к субъективному анализу финансов и даже еще больше: разглядим, что представляют собой персонально люди, там занятые. Интернациональная сущность денег достаточно известна. Из этого факта вытекает то, что организация, которая ими владеет и их накапливает, является организацией космополитической. Финансы в своем апогее, как самоцель, как финансовый Интернационал, отрицают и не признают ничего национального, не признают государства, а потому объективно он анархичен и был бы анархичен абсолютно, если бы он, отрицатель всякого национального государства, не был бы сам, по необходимости, государством по своей сущности. Государство как таковое — это только власть. А деньги — это исключительно власть. Деньги и есть государство. Это — коммунистическое сверхгосударство, которое мы создаем вот уже в течение целого века и схемой которого является Интернационал Маркса. Проанализируйте — и вы разглядите его сущность. Схема — Интернационал и его прототип СССР — это тоже чистая власть. Подобие по существу между обоими творениями — абсолютно. Нечто фатальное, неизбежное, ибо персональность их авторов была идентична: финансист настолько же интернационален, как и коммунист. Оба под разными предлогами и при помощи различных средств борются с национальным буржуазным государством и его отрицают. Марксизм — для того, чтобы преобразовать его в коммунистическое государство; отсюда вытекает, что марксист должен быть интернационалистом, финансист отрицает буржуазное национальное государство, и его отрицание заканчивается само в себе; собственно говоря, он не проявляет себя интернационалистом, но космополитическим анархистом... Это его видимость на данном этапе, но посмотрим, что он собой представляет и чем он хочет быть. Как вы видите, в отрицании имеется налицо индивидуальное подобие между коммунистами-интернационалистами и финансистами-космополитами, в качестве естественного результата такое же подобие имеется между коммунистическим Интернационалом и финансовым Интернационалом.

Г. Случайное подобие, субъективное и объективное в противоречиях, но, стирающееся и малозначащее в самом радикальном и реально существующем.

Р. Разрешите мне не отвечать сейчас, чтобы не прервалась логическая нить... Я хочу только расшифровать основную аксиому: деньги — это власть. Деньги — это сегодня центр всемирной тяжести... Надеюсь, что вы со мной согласны?..

Г. Продолжайте, Раковский, прошу вас.

Р. Понимание того, как финансовый Интернационал постепенно, вплоть до теперешней эпохи, сделался хозяином денег, этого магического талисмана, ставшего для людей тем же, чем был для них Бог и нация, есть нечто, что превышает в научном интересе даже искусство революционной стратегии, ибо это тоже искусство и тоже революция. Я вам это истолкую. Историографы и массы, ослепленные воплями и помпой Французской революции, народ, опьяненный тем, что ему удалось отнять у короля — у привилегированного — всю его власть, не приметили, как горсточка таинственных, осторожных и незначительных людей овладела настоящей королевской властью, властью магической, почти что божественной, которой она овладела, сама этого не зная. Не приметили массы, что эту власть присвоили себе другие и что они вскоре подвергли их рабству более жестокому, чем король, ибо тот в силу своих религиозных и моральных предрассудков, был неспособен воспользоваться подобной властью. Таким образом получилось, что высшей королевской властью овладели люди, моральные, интеллектуальные и космополитические качества которых позволили им ею воспользоваться. Ясно, что это были люди, которые от рождения не были христианами, но зато космополитами.

Г. Что же это за мифическая власть, которой они овладели?

Р. Они присвоили себе реальную привилегию чеканить деньги... Не улыбайтесь, иначе мне придется поверить в то, что вы не знаете, что такое деньги. Я вас прошу представить себя на моем месте. Мое положение перед вами равносильно положению товарища доктора, которому пришлось бы разъяснить бактериологию воскресшему медику из эпохи до Пастера. Но я могу объяснить себе ваше неведение и могу вам простить его. Наш язык употребляет слова, которые вызывают неправильные мысли о вещах и поступках благодаря силе умственной инерции, и не соответствует реальным, и точным понятиям. Я сказал: деньги; ясно, что в вашем воображении моментально изобразились очертания реальных денег из металла и бумаги. Но это не так. Деньги — это теперь уже не то; реальная циркулирующая монета — это настоящий анахронизм. Если она еще существует и циркулирует, то только в силу атавизма, только потому, что удобно поддерживать иллюзию, чисто воображаемую фикцию на сегодняшний день.

Г. Это блестящий парадокс, рискованный и даже поэтический...

Р. Если угодно, может быть это и блестяще, но это — не парадокс. Я знаю уж — и вы поэтому улыбнулись, — что в государствах еще чеканят на кусках металла или на бумаге королевские бюсты или национальные гербы, ну и что же? Большое количество циркулирующих денег — деньги для крупных сделок, как представительство всех национальных богатств, деньги, да, деньги — их начали выпускать те немногочисленные люди, на которых я намекал. Титулы, буквы, чеки, долговые обязательства, индоссо, учеты, котировка, цифры, без конца цифры, неудержимым водопадом наводнили государства. Что же представляют собой наряду с ними металлические и бумажные деньги?.. Нечто, не имеющее влияния, какой-то минимум перед лицом нарастающего прилива все наводняющей финансовой монеты. Они, тончайшие психологи, безнаказанно добились еще большего благодаря общему невежеству. Кроме колоссально пестрого разнообразия финансовых денег, они создали деньги-кредит, с целью сделать их объем бесконечным. И придать им быстроту мысли... Это — абстракция, существо разума, цифра, число, кредит, вера...

Понимаете ли вы уже?.. Мошенничество, фальшивые деньги, снабженные легальным курсом... выражаясь другими терминами, чтобы вы меня поняли. Банки, биржи и вся мировая финансовая система — это гигантская машина для того, чтобы совершать противонатуральные безобразия, по выражению Аристотеля; заставлять деньги производить деньги — это нечто такое, что, если оно является преступлением в экономике, то по отношению к финансам это преступление против уголовного кодекса, ибо оно является ростовщичеством. Я уж не знаю, каким аргументом все это оправдывается: может, тем, что они получают легальные проценты?.. Даже признавши это, а этого признания и так уж слишком достаточно, мы видим, что ростовщичество все равно существует, ибо если даже полученные проценты и легальны, то они измышляют и фальсифицируют несуществующий капитал. Банки всегда имеют в качестве вкладов или денег в продуктивном движении какое-то количество денег в пять или даже, может быть, в сто раз больше, чем имеется физически выпущенных денег. Я не буду говорить о тех случаях, когда деньги — кредит, т. е. деньги фальшивые, сфабрикованные, превосходят количество денег, выплаченных как капитал. Имея в виду, что законные проценты устанавливаются не на реальный капитал, а на несуществующий капитал, проценты оказываются незаконными во столько раз, во сколько фиктивный капитал выше реального.

Имейте в виду, что эта система, которую я детализирую, является одной из самых невинных среди употребляемых для фабрикации фальшивых денег. Вообразите себе, если сможете, небольшое количество людей, обладающих бесконечной властью в обладании реальными богатствами, и вы увидите, что они являются абсолютными диктаторами биржи, а вследствие этого и диктаторами производства и распределения и также работы и потребления. Если у вас хватит воображения, то возведите все это в мировую степень, и вы увидите его анархическое, моральное и социальное воздействие, т. е. революционное... Теперь вы понимаете?..

Г. Нет, пока что еще нет.

Р. Ясно, очень трудно постигать чудеса.

Г. Чудо?

Р. Да, чудо. Разве это не чудо, что деревянная скамья превратилась в храм? А ведь такое чудо люди видели тысячу раз, не моргнув глазом, в течение целого века. Ибо это было необычайным чудом, то, что скамьи, на которых усаживались засаленные ростовщики для торговли своими деньгами, сейчас превратились в храмы, величающиеся на каждом углу современных больших городов своими языческими колоннадами; и туда идут толпы людей с верой, которую им уже не внушают небесные божества, для того, чтобы принести усердно вклады всех своих богатств божеству денег, каковое, как они думают, обитает внутри железных несгораемых касс банкиров, предназначенных в силу своей божественной миссии увеличивать богатства до метафизической бесконечности.

Г. Это новая религия гнилой буржуазии?

Р. Религия, да; религия могущества.

Г. Вы оказываетесь поэтом экономики.

Р. Если угодно, то для того, чтобы дать понятие о финансах как о произведении искусства, наиболее гениальном и наиболее революционном во все времена, необходима поэзия.

Г. Это ошибочный взгляд. Финансы, как определяет их Маркс, а главным образом Энгельс, определяются системой капиталистического производства.

Р. Точно, только как раз наоборот: капиталистическая система производства определяется финансами. То, что Энгельс говорит обратное и даже делает попытки доказать это, является самым очевидным доказательствам того, что финансы господствуют над буржуазным производством. Так оно есть и так было еще до Маркса и Энгельса, что финансы были самой мощной машиной революции, а Коминтерн при них был не более, чем игрушкой. Но ни Маркс, ни Энгельс не станут раскрывать или разъяснять этого. Наоборот, используя свой талант ученых, они должны были вторично закамуфлировать правду для пользы революции. Это они оба и проделали.

Г. Эта история — не новая; мне все это несколько напоминает то, что лет десять тому назад написал Троцкий.

Р. Скажите мне...

Г. Когда он заявляет, что Коминтерн — это консервативная организация по сравнению с Биржей в Нью-Йорке, он указывает на крупных банкиров как на изобретателей революции.

Р. Да, он сказал это в маленькой книжке, в которой он предсказал падение Англии... Да, он сказал это и добавил: «Кто толкает Англию на путь революции?» ...и ответил: «Не Москва, а Нью-Йорк.»

Г. Но припомните также его утверждение, что если финансисты Нью-Йорка и ковали революцию, то это делалось бессознательно.

Р. То объяснение, которое я уже дал для того, чтобы понять, почему закамуфлировали правду Энгельс и Маркс, одинаково действительно и для Льва Троцкого.

Г. Я ценю у Троцкого только то, что он в своего рода литературной форме интерпретировал взгляд на факт, сам по себе слишком известный... с которым считались уже раньше. Ибо, как правильно говорит сам Троцкий, эти банкиры «выполняют с непреодолимостью и бессознательно свою революционную миссию».

Р. И они выполняют свою миссию, несмотря на то, что Троцкий заявляет об этом? Что за странная вещь! Почему же они не выправляются?

Г. Финансисты — бессознательные революционеры, ибо они таковы только объективно... в силу своей умственной неспособности видеть окончательные результаты.

Р. Вы искренне верите этому?.. Вы думаете, что среди этих настоящих гениев есть кое-кто бессознательный?.. Вы считаете идиотами людей, которым на сегодняшний день подчиняется целый мир?.. Это-то уж действительно было бы глупейшим противоречием!

Г. На это вы претендуете?..

Р. Я просто утверждаю, что они революционеры объективно и субъективно; вполне сознательные.

Г. Банкиры!.. Вы сошли сума?..

Р. Я — нет. А вы?.. Поразмыслите. Эти люди такие же, как вы и я. То, что они владеют деньгами в неограниченном количестве, поскольку они сами их создали, не дает нам возможности определить предел всех их амбиций... Если человеку доставляет что-либо полное удовлетворение, то это удовлетворение его честолюбия. И больше всего — удовлетворение властолюбия. Почему бы им — этим людям-банкирам — не обладать импульсом к господству... к полному господству?.. Так же, точно так же, как это происходит у вас и у меня.

Г. Но если, по-вашему, — так же думаю и я — они уже обладают всемирной политической властью, то какой же еще другой хотят они обладать?

Р. Я вам уже сказал: полной властью. Властью, как у Сталина в СССР, но всемирной.

Г. Такой властью, как Сталин, но с противоположной целью?

Р. Власть, если в реальности она абсолютна, может быть только одна. Идея абсолютного исключает множественность. Поэтому власть, к которой стремится Коминтерн и «Коминтерн», являющиеся вещами одного и того же порядка, будучи абсолютной, в политике тоже должна быть одна-единственная и идентичная. Абсолютная власть имеет цель в самой себе, или иначе она не абсолютна. И до сегодняшнего дня еще не изобретена другая машина полновластия, кроме Коммунистического государства. Капиталистическая буржуазная власть, даже на самой высшей своей ступени, власть кесаря, есть власть ограниченная, ибо если в теории она была воплощением божества в фараонах и цезарях в древние времена, то все-таки благодаря экономическому характеру жизни в тех примитивных государствах и при технической отсталости их государственного аппарата, всегда оставалось поле для индивидуальной свободы. Понимаете ли вы, что те, которые уже частично господствуют над нациями и земными правительствами, претендуют на абсолютное господство?.. Поймите, что это то единственное, чего они еще не достигли...

Г. Это интересно; по крайней мере, как пример сумасшествия.

Р. Разумеется, сумасшествия в меньшей степени, чем у Ленина, мечтавшего господствовать над целым миром на своей мансарде в Швейцарии, или сумасшествия Сталина, мечтавшего о том же во время своей ссылки в сибирской избе. Мне кажется, что мечты о подобной амбиции гораздо более натуральны для денежных господ, живущих в небоскребах Нью-Йорка.

Г. Давайте закончим: кто они такие?»

Р. Вы так наивны, что думаете, что если бы я знал, кто «Они» такие, так я сидел бы здесь пленником?

Г. Почему?

Р. По очень простой причине, ибо того, кто знаком с ними, не поставили бы в такое положение, когда он был бы обязан сделать на них донос... Это элементарное правило всякой умной конспирации, что вы должны понимать прекрасно.

Г. Вы ведь сказали, что это банкиры?..

Р. Я — нет; припомните, что я всегда говорил о финансовом Интернационале, а персонализируя, всегда говорил «Они» и больше ничего. Если вы желаете, чтобы я откровенно вас информировал, то я только сообщу факты, а не имена, ибо я их не знаю. Думаю, что я не ошибусь, если скажу вам, что ни один из «Них» не является человеком, занимающим политическую должность или должность в мировом Банке. Как я понял, после убийства Ратенау в Раппале они раздают политические и финансовые должности только людям-посредникам. Ясно, что людям, заслуживающим доверия и верным, что гарантируется на тысячу ладов; таким образом, можно утверждать, что банкиры и политики — это только «соломенные чучела»... хотя они и занимают очень высокие посты и фигурируют как авторы выполненных планов.

Г. Хотя все это понятно и одновременно логично, но не является ли обоснованное вами неведение только вашей уверткой? Как мне кажется, и по имеющимся у меня сведениям, вы занимали достаточно высокое положение в этой конспирации, чтобы не знать гораздо больше... Вы даже не знаете персонально ни одного из них?

Р. Да, но, разумеется, вы мне не верите. Я дошел до того момента, где объяснил, что речь идет о человеке или о людях с персональностью... как бы это сказать?.. мистической, как Ганди или что-нибудь в этом роде, но без внешнего показа. Мистики чистой власти, освободившиеся от всяких пошлых случайностей... Не знаю, понимаете ли вы меня? Ну вот, что касается их резиденций и имен, то я этого не знаю... Представьте себе сейчас Сталина, реально господствующего в СССР, не окруженного каменными стенами, не имеющего охраняющего его персонала и имеющего для своей жизни такие же гарантии, как и другой любой гражданин. Какими средствами мог бы он избавиться от покушений?.. Он прежде всего конспиратор, как ни велика его власть: он аноним.

Г. То, что вы говорите, логично, но я вам не верю.

Р. Но все-таки поверьте мне; я ничего не знаю, если бы я знал, то как счастлив бы я был!.. Я не находился бы здесь, защищая свою жизнь. Я великолепно понимаю ваши сомнения и то, что в силу вашего полицейского призвания вы чувствуете необходимость узнать кое-что о личностях. В честь вас, а также потому, что это необходимо для той цели, которую мы оба себе поставили, я сделаю все возможное, чтобы вас ориентировать. Знаете, что по неписаной, но известной только нам истории, основателем первого Коммунистического Интернационала указывается, конечно, секретно, Вейсгаупт. Вы припоминаете его имя? Он был главой того масонства, которое известно под именем иллюминатов, это имя он позаимствовал из второй антихристианской коммунистической конспирации той эры — гностицизма. Этот крупный революционер, семит и бывший иезуит, предвидя триумф Французской революции, решил, а может быть, это было ему приказано (некоторые указывают, как на его начальника, на крупного философа Мендельсона) основать секретную организацию, которая спровоцировала бы и подтолкнула Французскую революцию пойти дальше ее политических объективов, с целью превратить ее в революцию социальную для установления коммунизма. В те героические времена было колоссально опасно упоминать о коммунизме как о цели; отсюда и происходят всякие предосторожности и тайны, которые должны были окружать иллюминатов. Еще не хватило сотни лет для того, чтобы можно было человеку признаться в том, что он коммунист, без опасности попасть в тюрьму или быть покаранным смертью. Это — более или менее известно. То же, что неизвестно — это сношения Вейсгаупта и его приверженцев с первым из Ротшильдов. Тайна получения богатств самых известных банкиров могла бы быть разъяснена тем, что они были казначеями этого первого Коминтерна. Есть указания на то, что когда 5 братьев распределились по 5-ти провинциям финансовой империи Европы, то они имели какую-то тайную помощь для составления этих баснословных богатств; возможно, что это были те первые коммунисты из Баварских катакомб, которые были уже рассеяны по всей Европе. Но другие говорят — и я думаю, что с большим основанием, — что Ротшильды были не казначеями, а начальниками того первоначального тайного коммунизма. Это мнение опирается на тот известный факт, что Маркс и самые высокие начальники 1-го Интернационала — уже явного — и в том числе Герцен и Гейне, подчинялись барону Лионелю Ротшильду, революционный портрет которого был сделан Дизраэли, английским премьером, являвшимся его же креатурой, и оставлен нам в наследство; он обрисовал его в лице Сидонии, человека, который, согласно повествованию, будучи мультимиллионером, знал и распоряжался шпионами, карбонариями, масонами, тайными евреями, цыганами, революционерами и т. д. и т. п... Все это кажется фантастичным. Но доказано, что Сидония является идеализированным портретом сына Натана Ротшильда, что также явствует из той кампании, которую он поднял против царя Николая в пользу Герцена. Кампанию ту он выиграл. Если все то, о чем мы можем догадываться в свете этих фактов, реально, то, как я думаю, мы могли бы даже установить личность того, кто изобрел эту ужасную машину аккумуляции и анархии, каковой является финансовый Интернационал. Одновременно, как я думаю, он был тем же лицом, которое создало и революционный Интернационал. Нечто гениальное: создать при помощи капитализма аккумуляцию в самой высокой степени, толкнуть пролетариат на забастовки, посеять безнадежность и одновременно создать организацию, которая должна объединить пролетариев с целью ввергнуть их в революцию. Это должно составить самую величественную главу истории. Даже еще больше: вспомните фразу матери пяти братьев Ротшильдов: «Если мои сыновья захотят, то войны не будет». Это означает, что они были арбитрами, господами мира и войны, а не императоры. Способны ли вы представить себе факт подобной космической значимости?.. И не является ли уже война революционной функцией?.. Война — Коммуна. С тех пор каждая война была гигантским шагом к коммунизму. Как будто бы какая-то таинственная сила удовлетворила страстное желание Ленина, которое он высказал Горькому. Припомните: 1905–1914. Признайте же по крайней мере, что два из трех рычагов власти ведущих к коммунизму, не управляются и не могут быть управляемы пролетариатом. Войны не были вызваны и не были управляемы ни 3-м Интернационалом, ни СССР, которые тогда еще не существовали. Также не могут спровоцировать их, а тем более еще и руководить, те маленькие группы большевиков, которые прозябают в эмиграции, хотя они и жаждут этого. Это совершенно явная очевидность. Еще меньшими возможностями, чем чудовищное накопление капитала и создание национальной или интернациональной анархии в капиталистическом производстве, обладали и обладают Интернационал и СССР. Такой анархии, которая способна заставить сжечь огромные количества продуктов питания, прежде чем раздать их голодающим людям, и способна на то, что Ратенау высказал одной своей фразой, т. е.: «Сделать так, чтобы полмира занялось фабрикацией г...а, а другая половина мира стала бы его потреблять». И, в конце концов, разве может пролетариат поверить тому, что это он является причиной этой инфляции, вырастающей в геометрической прогрессии, этап девальвации, постоянного присвоения прибавочной стоимости и накопления финансового капитала, а не капитала ростовщического, и что по причине того, что он не может справиться с постоянным снижением своей покупательной способности, происходит пролетаризация среднего класса, который является действительным противником революции. Не пролетариат управляет рычагом экономики или рычагом войны. Но он сам является 3-им рычагом, единственным видимым и показным рычагом, наносящим окончательный удар могуществу капиталистического государства и захватывающим его... Да, они захватывают его, если «Они» его ему сдают...

Г. Я опять повторяю вам, что все это, изложенное вами в такой литературной форме, имеет название, которое мы уже повторяли до пресыщения в этом нескончаемом разговоре: естественные противоречия капитализма, и если, как вы на это претендуете, имеется еще чья-то воля и деятельность помимо пролетариата, то я желаю, чтобы вы указали мне конкретно на личный случай.

Р. Вам достаточно только одного?.. Ну, так выслушайте небольшую историю: «Они» изолировали дипломатически царя для русско-японской войны, и Соединенные Штаты финансировали Японию; говоря точно, это сделал Яков Шифф, глава банка Кун, Леб и К°, являющегося наследником дома Ротшильдов, откуда и происходил Шифф. Он имел такую власть, что добился того, что государства, имеющие колониальные владения в Азии, поддержали создание Японской Империи, склонной к ксенофобии; и эту ксенофобию Европа уже чувствует на себе. Из лагерей пленных прибыли в Петроград лучшие борцы, натренированные как революционные агенты; они были туда засланы из Америки с разрешения Японии, полученного через лиц, ее финансировавших. Русско-японская война, благодаря организованному поражению Царской Армии, вызвала революцию 1905 года, которая хотя и была еще преждевременной, но чуть-чуть не завершилась триумфом; если она и не победила, то создала необходимые политические условия для победы в 1917 году. Скажу еще больше. Читали ли вы биографию Троцкого? Припомните ее первый революционный период. Он еще совсем молодой человек; после своего бегства из Сибири он жил некоторое время среди эмигрантов в Лондоне, Париже и Швейцарии; Ленин, Плеханов, Мартов и прочие главари смотрят на него только как на обещающего новообращенного. Но он уже осмеливается во время первого раскола держаться независимо, пытаясь стать арбитром объединения. В 1905 году ему исполняется 25 лет, и он возвращается в Россию один, без партии и без собственной организации. Прочитайте отчеты о революции 1905 года, не «прочищенные» Сталиным; например, Луначарского, который не был троцкистом. Троцкий является первой фигурой во время революции в Петрограде. Это действительно так и было. Только он один выходит из нее, обретя влияние и популярность. Ни Ленин, ни Мартов, ни Плеханов не завоевывают популярности. Они только сохраняют ее или даже несколько утрачивают. Как и почему возвышается неведомый Троцкий, одним взмахом приобретающий власть более высокую, чем та, которую имели самые старые и влиятельные революционеры? Очень просто: он женится. Вместе с ним прибывает в Россию его жена — Седова. Знаете вы, кто она такая? Она дочь Животовского, объединенного с банкирами Варбургами, компаньонами и родственниками Якова

Шиффа, т. е. той финансовой группы, которая, как я говорил, финансировала также революцию 1905 года. Здесь причина, почему Троцкий одним махом становится во главе революционного списка. И тут же вы имеете ключ к его настоящей персональности. Сделаем скачок к 1914 году. За спиной людей, покушавшихся на эрцгерцога, стоит Троцкий, а это покушение вызвало европейскую войну. Верите ли вы действительно тому, что покушение и война — это просто только случайности... как это сказал на одном сионистском конгрессе Лорд Мельчет. Проанализируйте в свете «неслучайного» развитие боевых действий в России. «Пораженчество» — это образцовое дело. Помощь союзников царю была урегулирована и дозифицирована с таким искусством, что дала право союзным посланникам выставить это как аргумент и добиться от Николая, благодаря его глупости, самоубийственных наступлений — одного вслед за другим. Масса русского пушечного мяса была колоссальна, но не неисчерпаема. Организованный ряд поражений привел за собой революцию. Когда угроза нависла со всех сторон, то нашлось средство в виде установления демократической республики — «Посольской республики», как назвал ее Ленин, т. е. это означало обеспечение безнаказанности для революционеров. Но это еще не все. Керенский должен спровоцировать будущее кровопролитное наступление. Он реализует его с той целью, чтобы демократическая революция вышла из берегов. И даже еще больше: Керенский должен сдать целиком государство коммунизму, и он это и завершает. Троцкий имеет возможность «неприметным образом» оккупировать весь государственный аппарат. Что за странная слепота?.. Вот это-то и есть реальность в столь воспеваемой Октябрьской революции. Большевики взяли то, что «Они» им вручили.

Г. Вы осмеливаетесь говорить, что Керенский был сообщником Ленина?

Р. Ленина — нет. Троцкого — да; правильнее сказать — сообщником «Их»

Г. Абсурд!..

Р. Вы не можете понять... именно вы?.. Меня это удивляет. Если бы вы, будучи шпионом и скрывая свою персональность, добились того, что стали бы начальником вражеской крепости... то разве вы не открыли бы ворота тем атакующим силам, которым вы по-настоящему служили?.. Не сделались бы вы пленником, потерпевшим поражение?.. Разве вы не подвергались бы опасности смерти во время наступления на крепость, если какой-либо осаждающий, не зная о том, что ваша форма является только маскировкой, принял бы вас за врага? Поверьте мне: несмотря на статуи и мавзолеи, коммунизм обязан Керенскому гораздо больше, чем Ленину.

Г. Вы хотите сказать, что Керенский был сознательным и добровольным пораженцем?

Р. Да, для меня это очевидно. Поймите, что я во всем этом лично принимал участие. Но я вам скажу еще больше. Знаете ли вы, кто финансировал Октябрьскую Революцию?.. Ее финансировали «Они», в частности через тех же самых банкиров, которые финансировали Японию и революцию в 1905 году, а именно через Якова Шиффа и братьев Варбургов; это значит, через великое банковское созвездие, через один из пяти банков — членов Федерального Резерва — через банк Кун, Леб и К°; здесь же принимали участие и другие американские и европейские банкиры, как Гугенхейн, Хенеауер, Брайтунг, Ашберг, «Nya Banken», это из Стокгольма, Я «случайно» там был... там, в Стокгольме, и принимал участие в перемещении фондов. Пока не прибыл Троцкий, я был единственным человеком, который выступал посредником с революционной стороны. Но наконец прибыл Троцкий; я должен подчеркнуть, что союзники изгнали его из Франции за то, что он был пораженцем. И те же самые союзники освободили его для того, чтобы он был пораженцем в союзной России... «Другая случайность». Кто же добился этого? Те самые, которые добились, чтобы Ленин проехал через Германию, Да, «Им» удалось перетащить Троцкого-пораженца из Канадского лагеря в Англию и доставить его в Россию, дав ему возможность свободно пройти через все контроли союзников; другие из «Них» — некто Ратенау — добиваются проезда Ленина через враждебную Германию. Если вы возьметесь изучать историю революции и гражданской войны без предубеждений и пустите в ход все свои исследовательские способности, которые вы умеете применять к вещам менее важным и менее очевидным, то, изучая сведения в их совокупности, а также изучая отдельные детали вплоть до анекдотичных явлений, вы встретитесь с целым рядом «поразительных случайностей».

Г. Хорошо, примем за гипотезу, что не все было просто удачей. Какой вывод делаете вы здесь для практических результатов?

Р. Дайте мне докончить эту маленькую историю, а затем мы вместе сделаем выводы... Со времени своего прибытия в Петроград Троцкий был открыто принят Лениным. Как вы знаете достаточно хорошо, за время в промежутке между двумя революциями, между ними имелись глубокие разногласия. Всё забывается, и Троцкий оказывается мастером своего дела в деле триумфа революции, хочет этого Сталин или не хочет. Почему?.. Этот секрет известен жене Ленина — Крупской. Ей известно, кто такой Троцкий в действительности; это она уговаривает Ленина принять Троцкого. Если бы он его не принял, то Ленин остался бы заблокированным в Швейцарии; это одно было уже для него серьезной причиной, и кроме того, он знал о том, что Троцкий доставлял деньги и способствовал получению колоссальной интернациональной помощи; доказательством этого служил запломбированный вагон. Затем делом Троцкого, а не результатом железной непоколебимости Ленина, было также и дело объединения вокруг незначительной партии большевиков всего левого революционного крыла, социал-революционеров и анархистов. Не напрасно настоящей партией «беспартийного» Троцкого был древний «Бунд» еврейских пролетариев, из которого родились все московские революционные ветви и которым он дал на девяносто процентов своих руководителей; не официальный и общеизвестный Бунд, а Бунд секретный, вкрапленный во все социалистические партии, вожди каковых почти что все находились под их руководством.

Г. И Керенский тоже?

Р. Керенский тоже... и еще некоторые вожди не социалисты, вожди политических буржуазных фракций.

Г. Как так?..

Р. Вы забываете о роли масонства в первой фазе демократически-буржуазной революции?

Г. Она тоже подчинялась Бунду?

Р. Разумеется, в качестве ближайшей ступеньки, но фактически подчинялась «Им».

Г. Несмотря на вздымающийся прилив марксизма, который угрожал также их жизни и привилегиям?

Р. Несмотря на все это; понятно, что они не видели такой опасности. Имейте в виду, что каждый масон видел и думал увидеть в своем воображении больше, чем было в реальности, потому что он воображал себе то, что ему было выгодно. Доказательством политического могущества их ассоциации для них являлось то, что масоны находились в правительствах и во главе буржуазных государств, причем количество их все время увеличивалось. Имейте в виду, что в те времена все правители союзных наций были масонами за очень малыми исключениями... Это был для них аргумент большой силы. Они верили целиком в то, что революция задержится на буржуазной республике французского типа.

Г. Согласно тем картинам, которые мне рисовали о России в 1917 году, нужно было бы быть очень наивным человеком, чтобы верить всему этому...

Р. Они такими были и есть. Масоны не научились ничему из того первого урока, каким была для них Великая Революция, в которой они играли колоссальную революционную роль; она пожрала большинство масонов, начиная со своего Великого Мастера Орлеанской ложи, правильней сказать, масона Людовика 16-го, чтобы затем продолжать уничтожать жирондистов, гебертистов, якобинцев и т. д, и если кто-либо выжил, то это получилось в результате месяца Брюмера.

Г. Не хотите ли вы сказать, что масоны принуждены умирать от руки революции, вызванной при их же содействии?

Р. Совершенно точно. Вы сформулировали истину, облаченную большой тайной. Я масон, вы уже знали об этом. Не так ли?.. Ну так вот я расскажу вам, что это за такой большой секрет, который обещают раскрыть масону на одной из высших степеней... но который ему не раскрывается ни на 25-й, ни на 33-й, ни на 93-й и ни на какой самой высокой степени любого ритуала... Ясно, что я знаю об этом не как масон, а как принадлежащий к «Ним».

Г. И каков он?

Р. Каждая масонская организация стремится добиться и создать все необходимые предпосылки для триумфа коммунистической революции; это — очевидная цель масонства, ясно, что все это делается под различными предлогами, но они всегда прикрываются своей известной трилеммой. Понимаете?.. А так как коммунистическая революция имеет в виду ликвидацию, как класса, всей буржуазии, физическое уничтожение всех буржуазных политических правителей, то настоящий секрет масонства — это самоубийство масонства как организации, и физическое самоубийство каждого более-менее значительного масона... Вы, конечно, можете понять, что подобный конец, подготовляемый масону, вполне заслуживает тайны, декоративности и включения еще целого ряда других секретов, с целью скрыть настоящий... Если когда-нибудь вам случится присутствовать при какой-нибудь будущей революции, то не упустите случая понаблюдать жесты удивления и отражение глупости на лице какого-нибудь масона в момент, когда он убеждается в том, что должен умереть от руки революционеров... Как он кричит и хочет, чтобы оценили его заслуги перед революцией!.. Это зрелище, при виде которого тоже можно умереть, но от смеха.

Г. И вы еще отрицаете врожденную глупость буржуазии?

Р. Я отрицаю ее у буржуазии как у класса, но не в определенных секторах. Наличие сумасшедших домов не обозначает еще всеобщего сумасшествия. Масонство — это тоже сумасшедший дом, только на свободе... Но я продолжаю дальше: революция победила, завершился захват власти. Встает первая проблема: мир, а с ним и первые разногласия внутри партии, в каковой участвуют силы коалиции, пользующиеся властью... Я не буду излагать вам того, что слишком хорошо известно, насчет борьбы, развернувшейся в Москве между приверженцами и противниками Брестского мира. Я только укажу вам на то, что уже здесь определилось и выявилось то, что потом было названо троцкистской оппозицией, т. е. это люди, часть которых в данный момент уже ликвидирована, а другая часть должна быть ликвидирована, все они были против подписания мирного договора. Этот мир был ошибкой и бессознательной изменой

Ленина мировой революции. Представьте себе большевиков, заседающих в Версале на мирной конференции, а затем в Лиге Наций, очутившимися внутри Германии с Красной армией, вооруженной и увеличенной союзниками. Советское государство должно было включиться с оружием в руках в немецкую революцию... Совсем другой получилась бы тогда европейская карта. Но Ленин, опьяненный властью, при содействии Сталина, который тоже уже попробовал сладость власти, поддерживаемые национальным русским крылом партии, располагая материальной силой, навязали свою волю. Тогда вот и родился «социализм в одной стране», т. е. национал-коммунизм, достигший на сегодняшний день своего апогея при Сталине. Само собой разумеется, что происходила борьба, но только в такой форме и в таких размерах, чтобы коммунистическое государство не было разгромлено; условие это было обязательным для оппозиции на все время ее последующей борьбы вплоть до сегодняшнего дня. Это и была причина нашей первой неудачи и всех тех, которые за ней последовали. Но борьба была жестокая, хотя и скрытая с той целью, чтобы не скомпрометировать наше участие во власти. Троцкий организовал при помощи своих связей покушение Каплан на Ленина. По его приказу Блюмкин убил посла Мирбаха. Государственный переворот, подготовлявшийся Спиридоновой с ее социал-революционерами, был согласован с Троцким. Его человеком для всех этих дел, стоявшим вне подозрения, был тот Розенблюм, литовский еврей, который пользовался именем О'Рейли и был известен, как лучший шпион при британской Интеллидженс. На самом деле это был человек от «Них». Причиной того, что был избран этот знаменитый Розенблюм, известный только как английский шпион, было то, что в случае провала ответственность за покушения и заговоры падала бы не на Троцкого и не на нас, а на Англию. Так оно и случилось. Благодаря гражданской войне мы отказались от конспиративных и террористических методов, ибо нам предоставлялась возможность держать в наших руках реальные силы государства, поскольку Троцкий сделался организатором и начальником Советской армии; до этого армия беспрерывно отступала перед белыми и территория СССР уменьшалась до размеров прежнего Московского княжества. Но тут, как по мановению волшебной палочки, она начинает побеждать. Как вы думаете, почему?.. Посредством магии или по случайности? Я вам скажу, когда Троцкий взял на себя высшее командование Красной армией, то он, таким образом, уже имел в своих руках силы, необходимые для захвата власти. Ряд побед должен был увеличить его престиж и силы: белых уже можно было разгромить. Считаете ли вы правдивой ту официальную историю, каковая приписывает разоруженной и недисциплинированной Красной армии тот факт, что при ее содействии был достигнут ряд советских побед?..

Г. А кому же тогда?..

Р. На девяносто процентов они обязаны этим «Им». Вы не должны забывать, что белые были по-своему демократичны. С ними были меньшевики и остатки всех старых либеральных партий. Внутри этих сил «Они» всегда имели на службе много людей сознательных и несознательных. Когда Троцкий начал командовать, то эти люди получали приказ начать систематически изменять белым и одновременно им было дано обещание на участие — в более или менее скором времени — в советском правительстве. Майский был одним из таких людей, одним из немногих, для кого это обещание было выполнено; но он смог добиться этого только после того, как Сталин убедился в его лояльности. Этот саботаж в соединении с прогрессивным уменьшением помощи союзниками белым генералам, которые, помимо всего этого, были несчастными идиотами, заставил их терпеть поражение за поражением... Наконец Вильсон ввел в свои знаменитые 14 пунктов пункт № 6, наличие которого было достаточно для того, чтобы раз навсегда прекратить попытки белых воевать с СССР. Гражданская война укрепляет позиции Троцкого для перехвата власти у Ленина. Так оно и было, вне сомнения. Старому революционеру можно было уже умереть, будучи прославленным. Если он остался в живых после Каплан, то он не вышел живым после тайного процесса для насильственного прекращения его жизни, которому он был подвергнут.

Г. Троцкий сократил его жизнь?.. Это большой гвоздь для вашего процесса!.. Не Левин ли лечил Ленина?-

Р. Троцкий?.. Пожалуй, он не принимал участия, но вполне точно то, что он об этом знал. Ну, а что касается технической реализации... это несущественно; кто это знает?.. «Они» располагают достаточным количеством каналов для того, чтобы пробраться туда, куда они хотят.

Г. Во всяком случае убийство Ленина является делом первостепенной важности, и стоило бы перенести его для рассмотрения на следующий процесс... Как вам кажется, Раковский, если вы случайно окажетесь автором этого дела?.. Ясно, в случае, если вы потерпите неудачу в этом разговоре... Техническое выполнение очень подходит к вам, как медику...

Р. Я вам не советую этого. Оставьте это дело в покое; оно достаточно опасно лично для самого Сталина. Вы сможете распространять свою пропаганду так, как вам это будет нравиться, но «Они» имеют свою пропаганду, более мощную, и вопрос о том, «кто выгадывает», заставит видеть в Сталине убийцу Ленина, и этот аргумент будет сильней всех признаний, вырванных от Левина, от меня или еще от кого-нибудь.

Г. Что вы хотите этим сказать?

Р. То, что классическим и безошибочным правилом для выявления убийцы является проверка того факта, кому это убийство выгодно... а что касается убийства Ленина, то в этом случае оказался в выигрыше его шеф — Сталин. Подумайте насчет этого, и я очень прошу вас не делать этих введений, так как они меня отвлекают и не дают мне возможности докончить.

Г. Хорошо, продолжайте, но вы уже знаете...

Р. Общеизвестно, что если Троцкий не наследовал Ленину, то не потому, что по человеческим соображениям в плане чего-нибудь не хватало. Во время болезни Ленина у Троцкого в руках находились нити власти, более чем достаточные для того, чтобы он мог наследовать Ленину. И даже были приняты меры для объявления смертного приговора Сталину; Троцкому-диктатору достаточно было бы иметь в руках письмо Ленина против его тогдашнего шефа Сталина, которое вырвала от своего супруга Крупская, чтобы ликвидировать Сталина, Но глупая случайность, как вы знаете, разрушила все наши планы. Троцкий случайно заболевает и в решительный момент, когда умирает Ленин, он делается неспособным к какой-либо деятельности на срок в несколько месяцев. Несмотря на наличие у него огромных преимуществ, препятствием явилась наша организация дела, т. е. персональная централизация. Ясно, что такая личность как Троцкий, подготовленная для миссии, каковую он должен был реализовать, не может быть создана вдруг, по импровизации. Никто из нас, ни даже Зиновьев, не обладали нужными подготовкой и способностями для этого дела; с другой стороны, Троцкий, опасаясь, чтобы его не смогли вытеснить, не желал сам никому способствовать. Таким образом, когда после смерти Ленина нам пришлось стать лицом к лицу со Сталиным, развившим лихорадочную деятельность, то мы уже тогда предвидели свое поражение в Центральном Комитете. Мы должны были импровизировать решение: таковым было решение объединиться со Сталиным, сделаться сталинистами больше, чем он сам, преувеличивать во всем, а следовательно — саботировать. Остальное вам уже известно: наша беспрерывная подпольная борьба и постоянный провал ее перед Сталиным, каковой выявляет гениальные полицейские способности, абсолютно не имеющие равных себе в прошлом. И даже больше: Сталин, обладая национальным атавизмом, который не был в нем искоренен его начальным марксизмом, по-видимому, по этой причине подчеркивает свой панрусизм, а в связи с этим возрождает класс, с которым мы должны были покончить, а именно класс национал-коммунистов — в противовес коммунистам-интернационалистам, каковыми являемся мы. Он ставит Интернационал на службу СССР, и тот уже ему подчиняется. Если мы захотим найти историческую параллель, то нам придется указать на бонапартизм, а если захотим найти личность в типе Сталина, то мы не найдем для него исторической параллели. Но я, пожалуй, найду ее в основных чертах, соединив двоих: Фуше и Наполеона. Попробуем лишить этого последнего его второй половины, его аксессуаров, формы, военного чина, короны и тому подобных вещей, которые, как кажется, не соблазняют Сталина, и тогда они вместе дадут нам тип, идентичный Сталину в самом главном: он душегуб революции, он не служит ей, но пользуется ее услугами; он отождествляет самый древний русский империализм, подобно тому как Наполеон отождествил себя с галлом; он создал аристократию, если не военную, поскольку не имеется налицо побед, то бюрократически-полицейскую.

Г. Хватит уже, Раковский. Вы здесь находитесь не для того, чтобы заниматься троцкистской пропагандой. Дойдете ли вы, в конце концов, до чего-нибудь конкретного?..

Р. Ясно, что дойду, но не раньше чем достигну того, чтобы вы сформулировали бы себе некоторое, хотя бы поверхностное суждение о «Них», с которыми вам придется считаться на практике и в конкретной действительности. Не раньше. Мне гораздо важнее, чем вам, не потерпеть неудачи, что вы должны, конечно, понимать.

Г. Ну так сократитесь, насколько это будет возможно.

Р. Наши неудачи, которые обостряются из года в год, препятствуют немедленному выполнению того, что подготовили «Они» в послевоенный период для дальнейшего прыжка революции вперед. Версальский договор, весьма необъяснимый для политиков и экономистов всех народов, поскольку никто не мог отгадать его проекции, являлся самой решающей предпосылкой для революции.

Г. Это очень любопытная теория. Как вы ее объясните?..

Р. Версальские репарации и экономические ограничения не определялись выгодами отдельных наций. Абсурдность их с арифметической стороны была настолько очевидна, что даже самые выдающиеся экономисты из победивших государств вскоре ее разоблачили. Только одна Франция требовала на репарации несравненно больше, чем стоили все ее национальные владения, больше, чем нужно было бы уплатить в случае, если бы вся Франция была превращена в Сахару, еще хуже было решение наложить на Германию платежи, во много раз большие, чем она могла уплатить, даже запродав себя саму целиком и отдав всю свою национальную продукцию. В конце концов, реальным результатом этого явилось то, что на практике заставили Германию проделать фантастический демпинг для того, чтобы она смогла заплатить что-нибудь в счет репараций. А в чем же заключался демпинг?.. Недостаточность продуктов потребления, голод в Германии и в соответствующей же мере — безработица в импортирующих странах. А раз они не могли импортировать, то была безработица и в Германии. Голод и безработица на одной и другой стороне; все это первые последствия Версаля... Был ли революционным этот договор или нет? Было сделано еще больше: предприняли в интернациональном плане одинаковую регламентацию... Знаете ли вы, что представляет собой это мероприятие в революционном плане?.. Это значит навязать анархический абсурд, заставить любую национальную экономику производить в достаточном количестве свое собственное, полагая, что для достижения этого безразличен климат, натуральные источники богатств и также техническое образование директоров и рабочих. Средством для того, чтобы компенсировать прирожденное неравенство почв, климата, наличия минералов, нефти и т. д. и т. п. в разных народных хозяйствах, являлось всегда то, что бедные страны должны были больше работать; что значит — они должны были глубже эксплуатировать способности рабочей силы для того, чтобы сократить разницу, получившуюся в результате бедности почв; а к этому добавляется еще ряд других неравенств, каковые должны были компенсироваться подобными же мерами, возьмем для примера промышленное оборудование. Я не буду распространяться дальше, но регламентация рабочего дня, проведенная Союзом Объединенных Наций на основе абстрактного принципа равенства рабочего дня, являлась реальностью в рамках оставшейся без изменений международной капиталистической системы производства и обмена и установила экономическое неравенство, ибо тут было налицо пренебрежение целью труда, каковой является достаточное производство. Непосредственным результатом этого была недостаточность производства, компенсируемая импортом из стран с достаточным натуральным хозяйством и индустриальным самоснабжением; постольку поскольку в Европе имелось золото, импорт этот оплачивался золотом. Затем мнимое процветание в США, обменивавшими свою баснословную продукцию на золото и золото в билетах, каковые имелись в изобилии. Подобно любой анархии производства, создалась в тот период невиданная финансовая анархия. «Они» воспользовались ею под предлогом помощи ей при посредстве другой еще большей анархии: инфляции официальной монеты и еще в сто раз большей инфляции своей собственной валюты, кредитных денег, т. е. фальшивых денег. Припомните, как последовательно получились девальвации во многих странах; обесценивание денег в Германии, американский кризис и его баснословное воздействие... — рекордная безработица; больше тридцати миллионов безработных только в Европе и в США. Так вот не послужил ли Версальский договор и его Лига Наций в качестве революционной предпосылки?..

Г. Это могло бы случиться и помимо желания. Не смогли бы вы доказать мне, почему революция и коммунизм отступают перед логическими выводами; и больше того: они противостоят фашизму, победившему в Испании и в Германии... Что вы мне скажете?

Р. Скажу, что только в случае непризнания «Их» и их цепей вы бы были правы... но вы не должны забывать об их существовании и об их целях, а также того факта, что в СССР владеет властью Сталин.

Г. Я не вижу тут связи...

Р. Потому что не хотите: у вас есть больше, чем надо, индуктивных талантов и элементов суждения. Я еще раз повторяю: для нас Сталин не коммунист, а бонапартист.

Г. Ну и что?

Р. Мы не желаем, чтобы созданные нами в Версале крупные предпосылки для торжества коммунистической революции в мире, каковые, как вы видите, стали гигантской реальностью, послужили бы тому, чтобы дать восторжествовать сталинскому бонапартизму... Вам это достаточно ясно? Было бы все по-другому, если бы в этом случае диктатором в СССР был Троцкий; это означает, что главой интернационального коммунизма сделались бы «Они».

Г. Но ведь фашизм целиком антикоммунистичен, как в отношении троцкистского, так и сталинского коммунизма... и если власть, которую вы приписываете «Им», так велика, то как же они не смогли избежать его?

Р. Так как это именно «Они» дали Гитлеру возможность торжества.

Г. Вы побиваете все границы абсурда.

Р. Абсурдное и чудесное смешиваются в результате недостатка культуры. Выслушайте меня. Я уже признал поражение оппозиции. «Они», в конце концов, увидели, что Сталин не может быть низвергнут путем государственного переворота, и их исторический опыт продиктовал им решение «bis» (повторение): проделать со Сталиным то, что было сделано с царем.

Имелось тут одно затруднение, казавшееся нам непреодолимым. Во всей Европе не было государства-агрессора. Ни одно из них не было расположено удобно в географическом отношении и не обладало армией, достаточной для того, чтобы атаковать Россию. Если такой страны не было, то «Они» должны были создать ее. Только одна Германия располагала соответствующим населением и позициями, удобными для нападения на СССР и была способна нанести Сталину поражение; вы можете понять, что Веймарская Республика не была задумана как агрессор ни с политической, ни с экономической стороны; наоборот, она была удобна для вторжения. На горизонте голодной Германии заблистала скоротечная звезда Гитлера. Пара проницательных глаз остановила на ней свое внимание. Мир явился свидетелем его молниеносного возвышения. Я не скажу, что все это было делом наших рук, нет. Его возвышение, беспрерывно нараставшее в размерах, произошло благодаря революционно-коммунистической экономике Версаля. Версаль имел в виду создать предпосылки не для торжества Гитлера, а для пролетаризации Германии, для безработицы и голода, в результате каковых должна была бы восторжествовать там коммунистическая революция. Но, поскольку, благодаря наличию Сталина во главе СССР и Интернационала, таковая не удалась, то вследствие нежелания отдать Германию новому Бонапарту, в планах Дэвиса и Юнга эти предпосылки были частично смягчены в ожидании, пока в России восторжествует оппозиция... Но и этого не случилось, а наличие революционных предпосылок должно было дать свои результаты. Экономическая предопределенность Германии принудила бы пролетариат к революционным действиям. По вине Сталина пришлось задержаться социал-интернациональной революции, и германский пролетариат просился в национал-социалистическую революцию. Это было диалектично, но при наличии всех своих предпосылок и по здравому смыслу никогда не могла бы восторжествовать там революция национал-социалистическая. Это было еще не все. Нужно было, чтобы троцкисты и социалисты распределили бы массы с уже пробудившимся и цельным классовым сознанием — согласно инструкциям. Этим делом уже занялись мы. Но было необходимо еще больше: в 1929 году, когда национал-социалистическая партия начинает переживать кризис роста и у нее не хватает финансовых ресурсов. «Они» посылают туда своего посла. Я знаю даже его имя; это был один из Варбургов. В прямых переговорах с Гитлером договариваются о финансировании национал-социалистической партии, и этот последний за пару лет получает миллионы долларов, пересланных ему с Уолл Стрита и миллионы марок от немецких финансистов через Шахта; содержание СА и СС, а также финансирование происходивших выборов, давших Гитлеру власть в руки, делается на доллары и марки, присланные «Ими».

Г. Те, которые, по-вашему, стремятся к полному коммунизму, вооружают Гитлера, каковой клянется в том, что искоренит первый народ-коммунист. Это, если верить вам, нечто весьма логичное для финансистов.

Р. Вы опять забываете о сталинском бонапартизме. Припомните, что против Наполеона, душителя французской революции, укравшего у нее силы, стояли объективные революционеры — Людовик 18-й, Веллингтон, Меттерних и вплоть до царя-самодержца. Это — по строгой сталинской доктрине в двадцать два карата. Вы должны знать на память его тезисы о колониях в отношении к империалистическим странам. Да, по нему эмир Афганистана и король Фарук объективно являются коммунистами в силу своей борьбы против ее Величества королевы Англии; почему же не может быть объективно коммунистом Гитлер, раз он борется с самодержавным царем «Кобой I»? В конце концов, в общем, вот перед вами Гитлер со своей нарастающей военной мощью, и уже сейчас расширяющий свой 3-й рейх, а в будущем еще больше… до такой степени, чтобы иметь достаточно сил и возможностей напасть и целиком разбить Сталина… Вы не наблюдаете разве всеобщего благодушия версальских волков, которые ограничиваются лишь слабым рычанием? Что это, еще одна случайность?.. Гитлер вторгнется в СССР, и подобно тому, как это было в 1917 году, когда поражение, которое потерпел в те времена царь, дало нам возможность его низвергнуть, поражения, нанесенные Сталину, послужат нам для его свержения… Опять пробьет час для мировой революции. Ибо демократические государства, сейчас усыпленные, помогут реализовать всеобщую перемену в тот момент, когда Троцкий возьмет в руки власть, как во время гражданской войны. Гитлер будет атаковать с запада, его генералы восстанут и ликвидируют его… Ну так вот, был ли Гитлер объективно коммунистом? Да или нет?

Г. Я не верю ни в басни, ни в чудеса…

Р. Ну, если вы уже не хотите верить в то, что «Они» в состоянии реализовать то, что «Они» уже реализовали, приготовьтесь присутствовать при вторжении в СССР и ликвидации Сталина раньше, чем через год. Вы думаете, что это чудо или случайность, ну, так приготовьтесь к тему, чтобы присутствовать при этом и пережить это… Но неужели вы в состоянии отказаться поверить тому, о чем я говорил, хотя это, пока что только гипотеза?.. Вы начнете действовать в этом направлении только в тот момент, когда начнете видеть доказательства в свете моего разговора.

Г. Хорошо, будем говорить в предположительной форме. Что вы скажете?

Р. Вы сами обратили внимание на совпадение мнений, которое произошло у нас. Нас не интересует сейчас нападение на СССР, ибо падение Сталина предположило бы разгром коммунизма, существование которого интересует нас, несмотря на то, что он формальный; ибо это дает нам уверенность в том, что нам удастся овладеть им и затем превратить его в реальный коммунизм. Мне кажется, что я вполне точно сообщил положение на настоящий момент.

Г. Великолепно; решение…

Р. Прежде всего мы должны добиться того, чтобы не существовала потенциальная возможность нападения Гитлера.

Г. Если, как вы подтверждаете, это «Они» сделали его фюрером, то у них есть над ним власть и он должен им подчиняться.

Р. Благодаря тому, что я торопился и выразился не совсем правильно, вы меня не поняли хорошо. Если верно то, что «Они» финансировали Гитлера, то это не означает того, что они раскрыли ему свое существование и свои цели. Посланник Варбург представился ему под фальшивым именем, и Гитлер даже не догадывается о его расе; он также солгал насчет того, чьим он является представителем. Он сказал ему, что послан финансовыми кругами Уолл Стрита, заинтересованными в финансировании национал-социалистического движения в целях создания угрозы Франции, правительства каковой ведут финансовую политику, вызывающую кризис в США.

Г. И Гитлер поверил этому?..

Р. Мы этого не знаем. Это не было так важно, поверил он или нет нашим объяснениям; нашей целью была провокация войны... а Гитлер — это была война. Поняли теперь?

Г. Понял. Следовательно, я не вижу никакого другого способа сдержать его, как создать коалицию СССР с демократическими нациями, способную запугать Гитлера. Как я думаю, он не будет в состоянии броситься одновременно против всех государств мира. Самое большее — на каждое по очереди.

Р. Не приходит ли вам в голову более простое решение... я бы сказал, контрреволюционное?..

Г. Избежать войны против СССР?..

Р. Сократите фразу наполовину... и повторите со мной «избежать войны»... разве это не абсолютно контрреволюционная вещь? Каждый искренний коммунист, подражающий своему идолу Ленину и самым великим революционным стратегам, всегда должен жаждать войны. Ничто так не приближает торжества революции, как война. Это марксистско-ленинская догма, которую вы должны исповедовать. Теперь дальше: сталинский национал-коммунизм, этот своего рода бонапартизм, способен ослепить рассудок самых чистокровных коммунистов вплоть до того, чтобы помешать им увидеть то переключение, в которое впал Сталин, т. е., что он подчиняет революцию государству, а не государство революции, что было бы правильно...

Г. Ваша ненависть к Сталину ослепляет вас, и вы сами себе противоречите... Разве мы не согласились на том, что нападение на СССР было бы нежелательно?

Р. А почему же война должна быта обязательно против Советского Союза?..

Г. А на какое же другое государство Гитлер может напасть?.. Достаточно ясное дело, что он направит свою атаку на СССР, об этом он говорит в своих речах. Какие вам еще нужны доказательства?..

Р. Если вы, люди из Кремля, считаете ее вполне определенной и бесспорной, то почему вы вызвали гражданскую войну в Испании? Не говорите мне, что это было сделано из чисто революционных соображений. Сталин не способен воплотить в жизнь ни одной марксистской теории. Если бы тут имелись революционные причины, то было бы неправильно погубить в

Испании столько, да еще великолепных, интернациональных революционных сил. Это самое отдаленное от СССР государство, и самое элементарное стратегическое образование не допустило бы дать угробить эти силы... Как мог бы Сталин в случае конфликта снабжать и оказывать военную поддержку советской Испанской Республике?.. Но это было правильно. Там имеется важный стратегический пункт, скрещение противоположных влияний капиталистических государств... можно было бы спровоцировать войну между ними. Я признаю, что теоретически это было правильно, но на практике — нет. Вот вы уже видите, как не вспыхнула война между демократическим капитализмом и фашистским... А теперь я вам скажу: если Сталин считал, что он способен сам создать повод, достаточный для того, чтобы спровоцировать войну, в которой пришлось бы воевать между собой капиталистическим государствам... то почему он не должен допустить, по крайней мере хоть теоретически, что и другие смогут достичь того же, что для него самого не казалось невозможным?..

Г. Если согласиться с вашими предпосылками, то эту гипотезу можно допустить.

Р. Значит, у нас есть уже и второй пункт соглашения; первый, — чтобы не было войны против СССР; второй, — что хорошо было бы вызвать таковую между буржуазными государствами.

Г. Да, согласен. Это ваше личное мнение или мнение «Их»?..

Р. Я высказываю это как свое мнение. У меня нет власти и нет контакта с «Ними», но я могу подтвердить, что в этих двух пунктах оно совпадает с мнением Кремля.

Г. Это самое главное, и поэтому важно установить это предварительно. Кстати, я хотел бы уж знать, на чем вы основываетесь в своей уверенности, что «Они» одобряют это.

Р. Если бы я располагал временем для того, чтобы начертить их полную схему, то вы бы уже знали о причинах их одобрения. В данный момент я сокращу их до трех.

Г. Какие именно?

Р. Одна — это то, что я сообщал. Гитлер, этот необразованный элементарный человек, восстановил в силу своей природной интуиции и даже вопреки техническому мнению Шахта, экономическую систему очень опасного типа. Будучи безграмотным во всех экономических теориях и подчиняясь только необходимости, он устранил, подобно тому, как мы сделали это в СССР, частный и интернациональный капитал. Это значит, он присвоил себе привилегию фабриковать деньги и не только физические, но и финансовые; он взялся за нетронутую машину фальсификации и пустил ее в ход на пользу государства. Он превзошел нас, так как мы, упразднив ее в России, заменили ее лишь только этим грубым аппаратом, называемым государственным капитализмом, это был очень дорого оплаченный триумф в силу необходимости предреволюционной демагогии. Вот вам два реальных факта для сравнения. Скажу даже, что Гитлеру благоприятствовало счастье; он почти что не имел золота и поэтому не впал в искушение создать золотой стандарт. Поскольку он располагал только полной денежной гарантией техники и колоссальной работы немцев, то его «золотым вкладом» стали техника и работа... нечто настолько вполне контрреволюционное, что, как вы уже видите, он как бы при помощи волшебства радикально устранил безработицу среди более чем семи миллионов техников и рабочих.

Г. Благодаря ускоренному перевооружению.

Р. Что дает ваше вооружение?.. Если Гитлер дошел до этого вопреки всем окружающим его буржуазным экономистам, то он был бы вполне способен, при отсутствии опасности войны, применить свою систему и к мирной продукции... В состоянии ли вы представить, что бы получилось из этой системы, увлекшей за собой некоторое количество государств и приведшей к тому, что они создали бы период автаркии?.. Например, Коммонвелс. Если можете, то вообразите себе его контрреволюционные функции... Опасность пока еще не неизбежна, ибо нам посчастливилось в том, что Гитлер восстановил свою систему не по какой-либо предшествующей теории, а эмпирически, и не сделал формулировок научного характера. Это означает, что, поскольку он не размышлял путем основанного на разуме дедуктивного процесса, то у него не имеется ни научных терминов, ни сформулированной доктрины; все же имеется налицо скрытая опасность, ибо в любой момент может появиться — путем дедукции — формулировка. Это очень серьезно... Гораздо более, чем все показное и жестокое в национал-социализме. Мы не атакуем его в своей пропаганде, так как может случиться что через теоретическую полемику сами вызовем формулировку и систематизацию этой, столь решающей, экономической доктрины. Имеется только одно средство: война.

Г. И второй мотив?

Р. Если в советской революции восторжествовал Термидор, то это произошло в силу существования прежнего русского национализма. Без подобного национализма невозможен был бы бонапартизм, и если так произошло в России, где национализм был только зачаточным в личности царя, то какие только помехи не встретит марксизм в национализме Западной Европы, вполне развитом?.. Маркс ошибся в отношении преимущества для торжества революции. Марксизм победил не в более индустриализированной стране, но в России, где пролетариат почти что отсутствовал. Помимо других причин, наша победа здесь объясняется тем, что в России не было настоящего национализма, а в других государствах он был в своем полном апогее... Вы видите, как он воскресает под этой необыкновенной властью фашизма и как он заразителен. Вы можете понять, что, не глядя на то, что это может послужить на пользу Сталину, уже только одна необходимость пресечения национализма в Европе вполне заслуживает войны.

Г. В итоге: вы изложили, Раковский, одну причину экономическую и одну — политическую. Какая же третья?

Р. Это легко отгадать. У нас есть еще причина религиозная. Коммунизм не сможет быть победителем, если он не подавит оставшееся еще в живых христианство. История очень красноречиво говорит об этом; перманентной революции понадобилось семнадцать веков, чтобы добиться своей первой частичной победы — путем создания первого раскола среди христианства. В действительности, единственным нашим врагом является христианство, ибо все политические и экономические явления в буржуазных государствах — это только его последствия. Христианство, управляя индивидуумом, способно аннулировать революционную проекцию нейтрального советского или атеистического государства путем ее удушения, и, как мы видим это в России, дело дошло до создания того духовного нигилизма, который царит в господствующих массах, оставшихся все же христианскими; это препятствие не преодолено еще и за двадцать лет марксизма. Признаем за Сталиным то, что в отношении религии он не был бонапартистом. Мы не сделали бы больше, чем он, и поступали бы так же. А если бы Сталин осмелился перейти так же, как и Наполеон, рубикон христианства, то его национализм и его контрреволюционная мощь возросли бы в тысячу раз. Кроме того, если бы это произошло, то столь радикальное несоответствие сделало бы совершенно невозможным какое-либо совпадение по каким-либо пунктам между ними и им, хотя бы оно и было бы только временным и объективным... вроде того, которое, как вы видите, вырисовывается перед нами.

Г. Итак, я лично считаю, что вы дали определение трех фундаментальных пунктов, на основании которых может быть составлен план. Это то, в чем я пока что с вами согласен. Но я подтверждаю вам мои мысленные оговорки, т. е. мое недоверие в отношении всего того, что вы изложили в отношении людей, организаций и фактов. Ну, а теперь продолжайте уж следовать по генеральным линиям своего плана.

Р. Да, теперь да; теперь подошел этот момент. Но только предварительная оговорка: я буду говорить под свою собственную ответственность. Я ответственен за интерпретацию тех трех предыдущих пунктов в том смысле, как это понимают «Они», но допускаю, что «Они» могут считать более действенным для достижения трех указанных целей другой план действий, совершенно отличный от того, который я буду сейчас излагать. Имейте это в виду.

Г. Хорошо, будем иметь в виду. Говорите уж.

Р. Упростим. Поскольку отсутствует объект, для которого было создано немецкое военное могущество — дать нам власть в СССР, то теперь дело в том, чтобы добиться наступления на фронтах и направить гитлеровское наступление не на восток, а на запад.

Г. В точности. Продумали ли вы практический план реализации?

Р. У меня было более чем достаточно времени для этого на Лубянке. Я обдумывал. Вот посмотрите: если были затруднения в том, чтобы найти между нами общие точки, а все остальное протекло нормальным образом, то проблема сводится к тому, чтобы опять-таки разыскать то, в чем имеется совпадение между Гитлером и Сталиным.

Г. Да, но признайте, что все это проблематично.

Р. Но не неразрешимо как вы думаете. В реальности проблемы бывают неразрешимы только тогда, когда заключают в себе диалектические субъективные противоречия, и даже в этом случае мы считаем всегда возможным и необходимым синтез, преодолевая «морально невозможное» для христиан-метафизиков.

Г. Опять вы начинаете теоретизировать.

Р. В силу моей умственной дисциплины — это необходимо для меня. Люди большой культуры предпочитают доходить до конкретного через обобщение, а не наоборот. У Гитлера и у Сталина могут найтись совпадения, ибо, будучи весьма различными людьми, они имеют один и тот же корень; если Гитлер сентиментален в патологической степени, а Сталин нормален, то они — классические империалисты. А если дело обстоит именно таким образом, то уже не трудно найти между ними общие точки. Почему же нет, если это оказалось возможным между одной царицей и одним прусским королем...

Г. Раковский, вы неисправимы...

Р. Не отгадываете?.. Если Польша послужила пунктом объединения между Екатериной и Фридрихом — царицей России и королем Германии в то время, то почему же Польша не сможет послужить причиной для нахождения точек совпадения между Гитлером и Сталиным? В Польше могут совпасть персоны Гитлера и Сталина, а также историческая царско-большевистская и нацистская линии. Наша линия, линия «Их» — также, ибо Польша христианское государство и, что еще более осложняет дело — католическое...

Г. И что же при наличии такого тройного совпадения?

Р. Если есть совпадение, то возможна и договоренность.

Г. Между Гитлером и Сталиным?.. Абсурд! Невозможно.

Р. В политике нет ни абсурдов, ни невозможного.

Г. Представим себе, как гипотезу: Гитлер и Сталин наступают на Польшу.

Р. Разрешите мне перебить вас; нападение может быть вызвано только следующей альтернативой: война или мир. Вы должны признать это.

Г. Да ну и что же?..

Р. Считаете ли вы, что Англия и Франция при их более плохих армиях и авиации, по сравнению с Гитлером, смогут напасть на объединившихся Гитлера и Сталина?..

Г. Да, это мне кажется затруднительным...разве что Америка...

Р. Оставим на время Соединенные Штаты. Согласитесь ли вы со мной, что из-за нападения Гитлера и Сталина на Польшу не может возникнуть европейской воины?

Г. Рассуждение логично, как будто бы невозможно.

Р. В этом случае нападение или война была бы бесполезна. Она не вызвала бы взаимного разрушения буржуазных государств: гитлеровская угроза против СССР продолжала бы существовать после разделения Польши, так как теоретически и Германия и СССР усилились бы в одинаковой степени. Практически — Гитлер больше, потому что СССР для дальнейшего его усиления не нужны ни земли, ни сырье, а Германии — нужны.

Г. Это правильный взгляд... но не видно другого решения.

Р. Нет, есть решение.

Г. Какое?

Р. Чтобы демократии атаковали и не атаковали агрессора.

Г. Что это вы бредите! Одновременно атаковать и не атаковать... Это что-то абсолютно невозможное.

Р. Вы так думаете?.. Успокойтесь... Не два ли агрессора?.. Разве мы не договорились, что не будет сделано наступления именно потому, что их два?.. Хорошо... Что препятствует тому, чтобы атаковали одного из них?..

Г. Что вы хотите этим сказать?

Р. Просто только то, что демократии объявят войну только одному агрессору, и именно Гитлеру.

Г. Да, но это неосновательная гипотеза.

Р. Гипотеза, но имеющая основание. Поразмыслите: каждое государство, которому приходится бороться с коалицией враждебных государств, имеет своей главной стратегической задачей — разбить их по отдельности одно за другим. Это правило настолько общеизвестно, что доказательства здесь излишни. Итак, согласитесь со мной, что нет никаких препятствий для того, чгобы создать такие обстоятельства. Думаю, что вопрос о том, что Сталин не будет считать себя задетым в случае нападения на Гитлера, уже решен. Не так ли?.. Кроме того, к этому принуждает география, а в силу этого и стратегия. Как ни глупы Франция и Англия, собираясь воевать одновременно против двух держав, одна из каковых желает сохранять нейтралитет, а другая, даже будучи в одиночестве, представляет собой для них серьезного противника, но откуда и с какой стороны смогут они произвести нападение на

СССР?.. У них нет общей границы; разве что они поведут наступление через Гималаи... Да, остается воздушный фронт, но какими средствами и откуда смогут они напасть на Россию?.. По сравнению с Гитлером они уступают ему в воздухе. Все приведенные мною доводы не являются никаким секретом, это общеизвестно. Как вы видите, все упрощается в значительной степени.

Р. Да, ваши выводы кажутся логичными в том случае, если конфликт будет ограничиваться четырьмя державами, но их не четыре, а больше, и нейтралитет не является вещью очень легкой в войне подобного масштаба.

Р. Несомненно, но возможное вмешательство большего количества государств не изменяет соотношения сил. Взвесьте в уме и увидите, как будет продолжать существовать равновесие, хотя и вступят другие или даже все европейские государства. Кроме того, что весьма важно, ни одно из тех государств, которое вступит в войну на стороне Англии и Франции, не сможет отстранить их от руководства; в силу этого причины, которые помешают им напасть на СССР, будут сохранять свое значение.

Г. Вы забываете о Соединенных Штатах.

Р. Сейчас вы увидите, что я этого не забыл. Ограничусь изучением их функции в предварительной программе, которой мы сейчас заняты, и скажу, что Америка не сможет заставить Францию и Англию напасть одновременно и на Гитлера и на Сталина. Для того, чтобы этого достичь, Соединенные Штаты должны были бы вступить в войну с самого же первого дня. А это невозможно. Во-первых, потому, что Америка не вступала раньше и никогда не вступит в войну, если она не подвергнется нападению. Ее правители смогут устроить так, что на них нападут, если это будет им удобно. В этом я вас уверяю. В тех случаях, когда провокация не имела успеха и враг на нее не реагировал, то агрессия изобреталась. В первой своей интернациональной войне против Испании, в поражении которой не сомневались, они придумали агрессию, или, вернее, ее изобрели «Они». В 1914 году провокация имела успех. Можно, правда, оспаривать технически, существовала ли таковая, но правилом без исключения является то, что тот, кто совершает внезапное нападение без предупреждения, совершает его при помощи провокации. Теперь так; эта великолепная американская техника, которую я приветствую в любой момент, подчиняется одному условию: чтобы агрессия произошла в подходящий момент, т. е. в момент, нужный подвергшимся нападению Соединенным Штатам; это значит, тогда, когда они будут иметь вооружение. Есть ли сейчас налицо это условие? Вполне очевидно, что нет. В Америке имеется сейчас немного меньше ста тысяч человек под ружьем и посредственная военная авиация: у нее есть только внушительная эскадра. Но вы же можете понять, что при наличии таковой — она не сможет убедить союзников решиться на нападение на СССР, так как Англия и Франция имеют лишь только единственное преимущество на море. Я опять доказал вам, что с этой стороны не может быть изменений в соотношении наличных сил.

Г. Согласившись с этим, прошу еще раз разъяснить мне техническую реализацию.

Р. Как вы видели, при наличии совпадения интересов Сталина и Гитлера в отношении нападения на Польщу, все сводится к тому чтобы добиться оформления этого совпадения и сделать пакт о двойном нападении.

Г. И вы думаете, что это легкая вещь?

Р. Откровенно говоря, нет. Тут необходима дипломатия более опытная, чем сталинская. Должна была бы находиться в услужении та, которую обезглавил Сталин, или та, которая гниет сейчас на Лубянке. В прежние времена был способен Литвинов с некоторыми затруднениями, хотя его раса была бы большим препятствием для того, чтобы вести переговоры с Гитлером; но сейчас это конченый человек, его губит ужасная паника; он одержим животным страхом перед Молотовым больше, чем перед Сталиным. Весь его талант направлен на то, чтобы не подумали, что он троцкист... Если он услышит совет о необходимости предпринять сближение с Гитлером, то это будет для него равнозначно тому, чтобы сфабриковать самому себе доказательство своего троцкизма. Я не вижу человека, способного для этой цели; во всяком случае, это должен был бы быть чистокровный русский. Я бы мог предложить свои услуги для ориентировки. В настоящий момент я советую тому, кто начнет переговоры, чтобы они велись на почве строго конфиденциальной, с расточительной откровенностью... При наличии целой стены всяких предубеждений только правдивостью можно будет обмануть Гитлера.

Г. Я опять не понимаю ваших парадоксальных высказываний.

Р. Извините, но это только так по виду; меня обязывает к этому синтез. Я хотел сказать, что с Гитлером надо вести чистую игру по конкретным и ближайшим вопросам. Нужно ему показать, что игра не ведется с целью спровоцировать его на войну на два фронта. Например, можно пообещать ему и доказать в соответствующий момент, что наша мобилизация ограничится малым количеством сил, необходимых для вторжения в Польшу, и что силы эти будут невелики. По нашему фактическому плану мы должны будем расположить наши главные части для предполагаемого англо-французского нападения. Сталин должен быть щедрым в предварительных поставках, которых будет домогаться Гитлер, главным образам — нефти. Это то, что мне пока что пришло в голову.

Возникнут еще тысячи вопросов подобного же порядка, которые должны будут быть разрешены так, чтобы Гитлер, видя на практике, что мы желаем всего лишь только занять свою часть Польши, был бы вполне в этом уверен. И поскольку на практике оно так и должно получиться, то он будет обманут правдой.

Г. Но в чем же в данном случае заключается обман?

Р. Я дам вам несколько минут времени, чтобы вы сами вскрыли, в чем именно заключается обман Гитлера. Предварительно я хочу подчеркнуть, и вы должны себе заметить, что тот план, который я начертил вам сейчас, логичен и нормален, и по нему можно достигнуть того, что капиталистические государства уничтожат друг друга, если столкнуть их два крыла: фашистское с буржуазным. И я повторяю, что план логичен и нормален. Как вы могли уже увидеть, сюда не вмешиваются таинственные и страшные факторы. Одним словом — для того, чтобы возможно было его реализовать, «Их» вмешательство не нужно. Сейчас я хотел бы отгадать ваши мысли; не думаете ли вы сейчас о том, что было бы глупо терять время на доказательство недоказуемого существования и могущества «Их». Не так ли?

Г. Вы правы.

Р. Будьте откровенны со мной. Вы на самом деле не замечаете их вмешательства?.. Я уведомлял вас, желая помочь вам, о том, что их вмешательство существует и является решающим, и поэтому логика и естественность плана — это только видимость. Неужели вы не видите «Их», говоря по правде?

Г. Чистосердечно говоря, нет.

Р. Логика и натуральность моего плана — это только видимость. Натуральным и логичным было бы то, что Гитлер и Сталин нанесли друг другу поражение. Это было бы для демократий простым и легким делом, в том случае, если им нужно было бы, чтобы Гитлеру позволили, обратите внимание — «позволили», напасть на Сталина. Не говорите мне о том, что Германию могли бы победить. Если русские просторы и отчаяние Сталина со своими людьми перед гитлеровским топором или перед местью его жертв не будут достаточны для того, чтобы добиться военного истощения Германии, то не будет никаких препятствий к тому, чтобы демократии, видя, что Сталин теряет силы, стали бы помогать ему мудро и методически, продолжая подавать эту помощь вплоть до полного истощения обеих армий. Это в действительности было бы легко, естественно и логично, если бы те мотивы и цели, каковые ставят перед собой демократии и которые большинство их приверженцев считают настоящими, были бы реальностью, а не тем, чем они являются: предлогами. Существует одна цель одна-единственная цель: торжество коммунизма; не Москва будет навязывать свою волю демократиям, а Нью-Йорк, не «Коминтерн», а «Капинтерн» на Уолл Стрит. Кто, как не он, был способен навязать Европе такое явное и абсолютное противоречие?.. Какая сила может вести ее к полному самоубийству?.. Только одна сила способна сделать это: деньги. Деньги — это власть и единственная власть.

Г. Я буду откровенен с вами, Раковский. Я признаю за вами дар исключительного таланта. Вы обладаете блестящей диалектикой, захватывающей, тонкой: когда вам ее не хватает, то ваше воображение располагает средствами для того, чтобы растянуть свой красочный занавес, измышляя блестящие и ясные перспективы; но все это, хотя меня и восхищает, для меня недостаточно. Я перейду к тому, чтобы задавать вам вопросы, предположив, что я верю всему тому, что вы сказали.

Р. А я вам буду давать ответы, но с единственным условием, чтобы вы не прибавляли ничего к тому, что я скажу, и не убавляли.

Г. Обещаю. Вы, утверждаете, что «Они» препятствуют или будут препятствовать германо-советской войне, логичной с точки зрения капиталистов. Правильно ли я разъяснил?

Р. Да, в точности так.

Г. Но реальность данного момента такова, что Германии разрешено перевооружение и экспансия. Это факт. Я уже знаю, согласно вашему объяснению, что это было вызвано троцкистским планом, провалившимся благодаря происходящим сейчас «чисткам»; таким образом — цель уже утрачена. Перед лицом нового положения вы советуете только, чтобы Гитлер и Сталин заключили пакт и разделили Польшу. Я вас спрашиваю: как можем мы получить гарантию того, что, имея договор или не имея его, произведя или не произведя раздел, Гитлер не нападет на СССР?

Р. Этого нельзя гарантировать.

Г. Значит, зачем же говорить больше?

Р. Не торопитесь. Великолепная угроза против СССР реальна и существует. Это не гипотеза и не словесная угроза. Это факт и факт, который обязывает. «Они» уже имеют превосходство над Сталиным; превосходство, которого нельзя отрицать. Сталину предоставляется только одна альтернатива, право выбора, а не полная свобода. Нападение Гитлера произойдет само собой; «Им» ничего не нужно делать, чтобы оно произошло, а только всего лишь предоставить ему возможности действовать. Это основная и определяющая реальность, забытая вами при вашем слишком кремлевском образе мышления... Эгоцентризм, господин, эгоцентризм.

Г. Право выбора?

Р. Я уточняю еще один раз, но вкратце: или на Сталина будет сделано нападение, или будет реализован начерченный мною план, по которому капиталистические европейские государства уничтожат друг друга. Я обратил внимание на эту альтернативу, но, как вы видите, она только теоретическая. Если Сталин захочет выжить, то он будет вынужден реализовать план, предложенный мной и ратифицированный «Ими»!

Г. А если он откажется?

Р. Это будет для него невозможно. Экспансия и вооружение Германии будут продолжаться. Когда Сталин увидит перед собой эту гигантскую угрозу... то что же он станет делать?.. Это будет продиктовано ему своим собственным инстинктом самосохранения.

Г. Похоже на то, что события должны реализоваться только по указке, намеченной «Ими».

Р. И так оно и есть. Конечно, в СССР на сегодняшний день еще не обстоят дела так; но рано или поздно все равно произойдет так. Не трудно предсказать и предположить для реализации что-либо, если оно выгодно тому, кто должен реализовать дело; в данном случае — Сталин, каковой вряд ли помышляет о самоубийстве. Гораздо более трудно делать прогнозы и заставлять выполнять что-либо того, кому это невыгодно, но кто все же должен действовать; в данном случае демократии. Я приберег разъяснение для этого момента, конкретизирующее истинное положение. Откажитесь от ошибочной мысли, что это вы являетесь арбитрами в данной ситуации, ибо арбитрами являются «Они».

Г. «Они» и в первом, и во втором случае... Значит, мы должны общаться с призраками?..

Р. А факты — это разве призраки?.. Интернациональная ситуация будет необычайная, но не призрачная; она реальна и очень реальна. Это никакое не чудо; здесь предопределена будущая политика. Вы думаете, что это дело призраков?..

Г. Но давайте посмотрим: предположим, что ваш план принимается... Мы же должны иметь что-то осязаемое, личное, для того, чтобы вести переговоры.

Р. Например?..

Г. Какая-либо особа с полномочиями и с представительством.

Р. А для чего же? Ради удовольствия познакомиться с нею? Ради удовольствия поговорить?.. Имейте в виду, что предполагаемая персона, в случае своего представления, не предъявит вам верительных грамот с печатями и гербами и не наденет дипломатического мундира, по крайней мере, особа от «Них»; если она что-нибудь скажет или пообещает, то это не будет иметь ни юридического, ни договорного значения. Поймите, что «Они» — это не государство. «Они» — это то чем был до 1917 года Интернационал, то, чем он еще пока что является: ничем — и одновременно всем. Вообразите себе, возможно ли, чтобы СССР вел переговоры с масонством, со шпионской организацией, с македонским комитаджи или с хорватскими усташами. Не будет ли написан какой-либо юридический договор?.. Подобные пакты, как пакт Ленина с германским Генеральным Штабом, как договор Троцкого с «Ними» — реализуются без записей и без подписей. Единственная гарантия их выполнения коренится в том, что выполнение того, о чем договорено, выгодно пактирующим... эта гарантия и есть единственная реальность в пакте, как бы ни велико было его значение.

Г. С чего же бы вы начали в таком случае?

Р. Просто; я бы начал уже с завтрашнего дня зондировать Берлин...

Г. Для того, чтобы договориться о нападении на Польшу?

Р. Я бы не с этого начал... Я бы проявил свою уступчивость н намекнул бы на некоторые разочарования в демократиях, ослабил бы в Испании... Это было бы актом поощрения; затем бы я намекнул на Польшу. Как вы видите — ничего компрометирующего, но достаточно, чтобы какая-то часть ОКВ, бисмарковцы, как они называются, имели бы аргументы для Гитлера.

Г. И больше ничего?..

Р. Для начала ничего больше; это уже большая дипломатическая работа.

Г. Откровенно говоря, имея в виду те цели, которые до сих пор господствовали в Кремле, я не думаю, чтобы кто-либо сейчас осмелился посоветовать такой радикальный поворот в интернациональной политике. Я предлагаю вам, Раковский, мысленно превратиться в то лицо в Кремле, которое должно решать... На основании одних только ваших разоблачений, доводов, ваших гипотез и внушений, как мне представляется, нельзя будет никого убедить. Я лично, после того, как вас выслушал и при этом, чего не буду отрицать, испытал на себе сильное воздействие от ваших высказывании, от вашей персональности — ни на один момент не чувствовал искушения считать германо-советский пакт чем-то практически осуществимым.

Р. Интернациональные события заставят с непреодолимой силой...

Г. Но это будет потерей драгоценного времени. Обдумайте что-нибудь осязаемое, что-нибудь, что я мог бы представить в качестве доказательства правдоподобности... В противном случае я не осмелюсь передать вашу информацию о нашем разговоре; я отредактирую его со всей точностью, но она попадет в Кремлевский архив и там застрянет.

Р. Не было бы достаточно для того, чтобы ее приняли во внимание, чтобы кто-нибудь, хотя бы сверхофициальным образом, поговорил с какой-нибудь высокопоставленной особой?..

Г. Как я думаю, это было бы нечто существенное.

Р. Но с кем?..

Г. Это только мое личное мнение, Раковский. Вы говорили о конкретных особах, о крупных финансистах; если я правильно запомнил, то вы рассказывали о некоем Шиффе, например; затем назвали другого, который служил для связи с Гитлером с целью его финансирования. Имеются также и политики или лица с общественным положением, которые принадлежат к «Ним», или же, если желаете, служат «Им». Кто-нибудь в этом роде мог бы нам пригодиться для того, чтобы начать что-либо практическое... Знаете ли вы кого-нибудь?..

Р. Я не вижу в этом необходимости». Подумайте: о чем будете вы договариваться?.. Вероятно, о плане, который я изложил, не так ли?.. Для чего?.. В данный момент «Им» в этом плане нечего делать: их миссия — «не делать»... И поэтому вы не сможете договориться ни о каком позитивном действии и не сможете потребовать этого... Припомните, обдумайте хорошо.

Г. Даже если оно и так, то в силу нашего личного мнения требуется обязательно реальность, хотя бы даже и бесполезная... человек, личность которого подтвердила бы правдоподобность власти, приписываемой вами «Им».

Р. Я удовлетворю вас, хотя я и уверен в бесполезности этого. Я уже говорил вам, что я не знаю, кто входит в состав «Их», но имею заверения от лица, которое должно было знать «Их».

Г. От кого же?

Р. От Троцкого. От Троцкого я знаю только то, что один из «Них» был Вальтер Ратенау, известный по Раппалю. Вы видите последнего из «Них», занимающего политический и общественный пост, ибо это он разрывает экономическую блокаду СССР. Несмотря на то, что он был одним из самых крупных миллионеров; разумеется, им был и Лионель Ротшильд. С уверенностью могу назвать только эти имена. Конечно, я могу назвать еще больше лиц, деятельность и персональность каковых я определяю как целиком совпадающую с «Ними», но я не могу подтвердить, чем командуют или же кому подчиняются эти люди.

Г. Назовите мне нескольких.

Р. Как учреждение — банк Кун, Леб и К° с Уолл Стрит, к этому банку принадлежат семьи: Шифф, Варбург, Леб и Кун; я говорю семьи, чтобы указать разные имена, ибо все они связаны между собой браками; затем Барух, Франкфуртер, Альтшуль, Кохем, Беньямин, Штраус, Штейнхарт, Блом, Розенжан, Липман, Леман, Дрейфус, Ламонт, Ротшильд, Лод, Мандель, Моргентау, Эзекиель Лаский. Я думаю, что уже достаточно имен; если я напрягу свою память, то, может быть, припомню еще, но я повторяю, что я не знаю, кто из них может быть одним из «Них», и я даже не могу утверждать, что обязательно кто-нибудь из них туда входит; я хочу избежать всякой ответственности. Но я определенно думаю, что любое из перечисленных мною лиц, даже из не принадлежащих к «Ним», всегда сможет довести до «Них» какое-либо предложение существенного характера. Разумеется, независимо от того, угадано лицо или нет, нельзя ожидать непосредственного ответа. Ответ будет дан фактами. Это неизменная тактика, которую они предпочитают и с которой заставляют считаться. Например, если вы решитесь начать дипломатические хлопоты, то вам не нужно пользоваться способам личного обращения к «Ним»; надо ограничиться высказыванием размышлений, изложением какой-нибудь рациональной гипотезы, зависящей от определенных неизвестных. Затем остается только ждать.

Г. Вы понимаете, что в моем распоряжении не имеется сейчас картотеки, чтобы установить всех упомянутых вами лиц; я предполагаю, что они находятся, вероятно, где-то очень далеко. Где?..

Р. Большинство в Соединенных Штатах.

Г. Поймите, что если бы мы решили хлопотать, то пришлось бы потратить на это много времени. А дело срочное и срочное не для нас, а для вас, Раковский.

Р. Для меня?..

Г. Да, для вас, помните, что ваш процесс будет очень скоро назначен для слушания. Я не знаю, но думаю, что не будет рискованным предположить, что в том случае, если все, что здесь обсуждалось, заинтересует Кремль, то оно должно заинтересовать его прежде, чем вы предстанете перед трибуналом; это было бы для вас делом очень решающим. Я думаю, что в ваших личных интересах вы должны предложить нам что-нибудь более быстрое. Самое главное — это добиться доказательства того, что вы сказали правду, и добиться не за срок в несколько недель, но за срок в несколько дней. Я думаю, что если это вам удастся, то я почти что мог бы дать вам относительно большие заверения в возможности спасти свою жизнь... В противном случае я не отвечаю ни за что.

Р. В конце концов — я отважусь. Не знаете ли вы, находится ли сейчас в Москве Дэвис?.. Да, посланник Соединенных Штатов.

Г. Думаю, что да; должен был вернуться.

Р. Только исключительный случай дает мне право, как я думаю, вопреки правилам, воспользоваться официальным посредником.

Г. Значит, мы можем думать, что американское правительство находится позади всего этого?..

Р. Позади — нет, но под этим...

Г. Рузвельт?..

Р. Что я знаю? Я могу только делать выводы. Вами все время владеет мания политического шпионажа. Я бы смог сфабриковать для того, чтобы доставить вам удовольствие, целую историю; у меня более чем достаточно воображения, дат и правдивых фактов для того, чтобы придать ей видимость правды, граничащей с очевидностью. Но разве не более очевидны общеизвестные факты?.. И дополните своим воображением остальное, если вам нравится. Смотрите сами. Припомните утро 24-го октября 1929 года. Придет время, когда этот день будет для истории Революции более важным днем, чем октябрь 1917 года. В день 24-го октября произошел крах биржи в Нью-Йорке; начало так называемой «депрессии», настоящая революция. Четыре года правления Гувера — это годы революционного продвижения, 12 или 15 миллионов забастовавших. В феврале 1933 года происходит последний толчок кризиса с закрытием банков. Трудно сделать больше, чем сделал капитал для того, чтобы разбить «классического американца», находящегося еще в своем индустриальном оплоте и в экономическом отношении порабощенного Уолл Стритом. Известно, что всякое обеднение в экономике: будь то в отношении общества или животных, дает расцвет паразитизма, а капитал — это крупный паразит. Но эта американская Революция имела в виду не одну только цель — увеличить власть денег для лиц, имеющих право пользоваться ими; она претендовала на большее. Хотя власть денег и является политической властью, но до этого таковая применялась только косвенным образом, а теперь она должна была превратить ее в непосредственную прямую власть. Человек, через посредство которого пользовались такой властью, был Франклин Рузвельт. Поняли? Заметьте себе следующее: в этом, 1929-м году, первом году американской Революции, в феврале выезжает из России Троцкий; крах происходит в октябре месяце... Финансирование Гитлера договорено в июле 1929 г. Вы думаете, что все это случайно? Четыре года правления Гувера употреблены на подготовку захвата власти в Соединенных Штатах и в СССР; там — посредством финансовой революции, а здесь — посредством войны и последующего за ней поражения. Разве какая-нибудь хорошая новелла с богатым воображением была бы для вас более очевидна?.. Вы можете понять, что выполнение плана в подобных масштабах нуждается в специальном человеке, направляющем исполнительную власть в Соединенных Штатах, предназначенных для того, чтобы стать организующей и решающей силой. Этим человеком был — Франклин и Элеонора Рузвельт. И разрешите мне сказать, что это двуполое существо не является совсем иронией. Ему нужно было избежать возможных Далил.

Г. Рузвельт один из «Них»?

Р. Я не знаю является ли он одним из «Них», или только подчиняется «Им». Что вам надо больше? Я думаю, что он сознавал свою миссию, но не могу утверждать, подчинялся ли он в силу шантажа или он был одним из тех, кто управляет; верно то, что он выполнил свою миссию, реализовал все предусмотренные для нее действия со всей точностью. Не спрашивайте меня больше, потому что я больше ничего не знаю.

Г. В случае, если будет решено обратиться к Дэвису, в какой форме вы это сделаете?

Р. Первоначально вы должны избрать персону такого типа, как «барон»; он мог бы пригодиться... жив он еще?..

Г. Я не знаю.

Р. Хорошо, выбор персон предоставляется вам. Ваш посланник должен будет выявить себя конфиденциальным или нескромным, лучше же — тайным оппозиционером, Разговор нужно будет ловко повести о том противоречивом положении, в которое ставят СССР так называемые европейские демократии своим союзом против национал-социализма. Это — заключение союза с империализмом британским и французским — современным реальным империализмом — для разрушения потенциального империализма... Цель словесных выражений должна послужить тому, чтобы увязать фальшивое советское положение с таковым же американской демократии. Она также видит себя вынужденной поддерживать колониальный империализм для защиты демократии внутри Англии и Франции. Как вы видите, вопрос может быть поставлен на очень сильной логической базе. После этого уже очень легко сформулировать гипотезу о действиях. Первое: что ни СССР, ни Соединенные Штаты не интересует европейский империализм, и, таким образам, диспут сократится до вопроса о личном господстве; что идеологически и экономически России и Америке желательно разрушение европейского колониального империализма, будь он прямой или косвенный. Соединенным Штатам желательно это даже еще больше. Если бы Европа потеряла в новой войне всю свою мощь, то Англия, не имеющая своих собственных сил, с исчезновением Европы, как силы, как власти, с первого же дня легла бы всей тяжестью со всей своей империей, говорящей на английском языке, на Соединенные Штаты, что было бы неизбежно и в политическом и в экономическом отношении... Проанализируйте выслушанное вами в аспекте левой конспирации, как можно было бы выразиться, не шокируя любого американского буржуя. Дойдя до этого момента, можно будет сделать перерыв на несколько дней. Затем, приметив реакцию, нужно будет двигаться дальше. Вот — выступает Гитлер. Тут можно изобразить любую агрессию: он целиком и полностью — агрессор, и в этом нет сомнений. А затем перейти к тому, чтобы задать вопрос: какую совместную деятельность должны будут избрать Соединенные Штаты и Советский Союз перед лицом войны между империалистами, стремящимися к этому?.. Ответ может быть — нейтральность, но нейтральность не зависит только от желания одного, она зависит также от агрессора. Гарантия нейтральности может существовать только тогда, когда агрессор не может напасть или ему это не подходит. Для этой цели безошибочным является нападение агрессора на другое империалистическое государство. Отсюда очень легко перейти к высказыванию необходимости и моральности — с целью гарантии безопасности — спровоцировать столкновения между империалистами, в случае, если это столкновение не произойдет само по себе. И если это будет принято в теории — а оно будет принято, — то уладить вопрос о действиях фактически — это уже вопрос только техники. Вот вам здесь указатель:

1) пакт с Гитлером для раздела между собой Чехословакии или Польши (лучше последней); 2) Гитлер примет. Если он способен на блеф в ставке на завоевание, т. е. на захват чего-либо в союзе с СССР, то для него будет полной гарантией то, что демократии уступят. Он не сможет поверить их словесным угрозам, так как ему известно, что пугающие войной являются одновременно сторонниками разоружения и что их разоружение — реальное; 3) демократии нападут на Гитлера, а не на Сталина; они скажут людям, что хотя оба они виноваты в агрессии и в разделе, но стратегические и логические причины вынуждают их к тому, чтобы они были разбиты отдельно: сначала Гитлер, а потом Сталин.

Г. А не обманут ли они нас правдой?..

Р. А каким образом?.. Разве Сталин не располагает свободой действий для того, чтобы помогать Гитлеру в нужной мере? Разве мы не передаем в его руки возможность продолжения войны между капиталистами до последнего человека и до последнего фунта? Чем же они смогут его атаковать?.. Истощенным государствам Запада уже достаточно будет дела с коммунистической революцией внутри, которая в противном случае может восторжествовать.

Г. Но если Гитлер добьется быстрой победы и если он, подобно Наполеону, мобилизует всю Европу против СССР?..

Р. Это невероятно!.. Вы забываете о существовании Соединенных Штатов. Вы отвергаете фактор силы — более важный. Разве не естественно, чтобы Америка, подражая Сталину, помогала бы со своей стороны демократическим государствам? Если согласовать «против часовой стрелки» помощь обеим группам воюющих, то таким образом будет гарантирована без промаха бесконечная затяжка войны.

Г. А Япония?

Р. А не достаточно ли им уже Китая?.. Пусть Сталин гарантирует им свое невмешательство. Японцы очень привержены к самоубийству, но все-таки не настолько, чтобы быть способными одновременно напасть и на Китай, и на СССР. Есть еще возражения?

Г. Нет; если бы это зависело от меня, то я бы попробовал... Но верите ли вы, что посланник...

Р. Верить я верю. Мне не дали поговорить с ним, но заметьте себе одну деталь: о назначении Дэвиса стало известно в ноябре 1936 года; мы должны предположить, что Рузвельт подумал о том, чтобы послать его гораздо раньше, и начал с этой целью предварительные хлопоты: мы все знаем, что на рассмотрение дела и на время, которое требуется для официального объяснения о назначении, уходит больше двух месяцев. Его назначение было согласовано, по-видимому, в августе... А что произошло в августе? В августе были расстреляны Зиновьев и Каменев. Я готов присягнуть в том, что его назначение было сделано с целью новой увязки «Их» политики с политикой Сталина. Да, я определенно так думаю. С каким душевным волнением должен он был ехать, видя, как один за другим падают главари оппозиции в «чистках», следующих одна за другой. Не знаете ли вы, присутствовал ли он на процессе Радека?

Г. Да.

Р. Вы его увидите. Поговорите с ним. Он ожидает уже много месяцев.

Г. Этой ночью мы должны закончить; но прежде, чем мы разойдемся, я хочу знать еще кое-что. Предположим, что все это правда и все будет реализовано с полным успехом. «Они» предложат определенные условия. Угадайте, какими они могут быть?..

Р. Это не трудно предположить. Первым условием будет прекращение экзекуций над коммунистами, это значит над троцкистами, как вы их называете. Затем, разумеется, заставят установить несколько зон влияния, как это я говорил. Границы, которые должны будут отделить формальный коммунизм от коммунизма реального. Это самое существенное. Будут сделаны взаимные уступки для взаимной помощи на время, пока будет длиться выполнение плана. Вы увидите, например, парадоксальное явление, что целая толпа людей, врагов Сталина, будет ему помогать; нет, это не будут обязательно пролетарии, не будут и профессиональные шпионы... Появятся влиятельные люди во всех рангах общества, даже и в очень высоких, которые будут помогать этому сталинскому формальному коммунизму, когда он превратится если не в реальный, то хоть в объективный коммунизм... Вы меня поняли?

Г. Немного; вы обволакиваете вещи такой непроницаемой казуистикой...

Р. Если надо закончить, то я могу выразиться только таким образом. Посмотрим, не смогу ли я еще помочь понять. Известно, что марксизм называли гегелевским. Так был вульгаризирован этот вопрос. Гегелевский идеализм — это общераспространенное приспособление к невежественному пониманию на Западе природного мистицизма Баруха Спинозы. «Они» являются спинозистами, пожалуй, дело даже обстоит наоборот, т. е. спинозизм — это «Они», поскольку он является только версией, адекватной эпохе «Их» собственной философии, гораздо более ранней и вышестоящей. В конце концов — гегельянец, а в силу этого и последователь Спинозы, был предан своей вере, но только временно: тактически. Дело обстоит не так, как утверждает марксизм, что в результате уничтожения противоположения возникает синтез. Это благодаря преодолевающему взаимослиянию — из тезиса и антитезиса возникает, как синтез, реальность, истина, как окончательная гармония между субъективным и объективным. Не видно ли вам уже этого? В Москве — коммунизм; в Нью-Йорке — капитализм. Всё равно как тезис и антитезис. Анализируйте и то и другое. Москва: коммунизм субъективный, а капитализм — объективный — государственный капитализм. Нью-Йорк: капитализм субъективный, а коммунизм объективный. Синтез персональный, истина: финансовый Интернационал, капиталистическо-коммунистический. «Они».

Свидание длилось около шести часов, Я еще раз всыпал наркотик Раковскому. Наркотик, видно, действовал хорошо, хотя я это мог заметить только по определенным симптомам возбуждения. Но я думаю, что Раковский в нормальном состоянии говорил бы так же. Несомненно, тема разговора соответствовала его специальности и он имел страстное желание разоблачить то, о чем говорил. Ибо, если все это правда, то им была произведена энергичная попытка заставить торжествовать свою идею и свой план. Если это была ложь, то получилась необычайная фантазия, и это был чудесный маневр для спасения своей, уже потерянной, жизни.

Мое мнение насчет всего слышанного не может иметь никакого значения. У меня нет достаточной подготовки, чтобы понять его универсальность и размеры. Когда Раковский коснулся самого основного в теме, то у меня было такое же ощущение, как в тот момент, когда я впервые увидел себя на экране Х-лучей. Мои пораженные глаза увидели нечто неточное, расплывчатое и темное, но реальное. Нечто вроде призрака; мне пришлось согласовать его фигуру, его движения, соотношения и действия в той степени, в какой возможно было об этом догадаться при помощи логических интуиций.

Я думаю, что мне пришлось наблюдать в течение нескольких часов «рентгенографию революции» в мировом масштабе. Быть может, частично она не удалась, оказалась извращенной или деформированной, благодаря обстоятельствам или личности, которая ее отображала; недаром ложь и притворство являются в революционной борьбе дозволенным и моральным оружием. А Раковский — страстный диалектик большой культуры и первоклассный оратор — является прежде всего и сверх всего революционным фанатиком.

Я много раз перечитывал разговор, но каждый раз чувствовал, как возрастало во мне ощущение моего невежества в этом отношении. То, что до сих пор казалось мне, а также и всему миру, истиной и очевидной реальностью, подобной гранитным блокам, где социальный порядок держится, как на скале, неподвижно и вечно, — все это превратилось в густой туман. Появляются колоссальные, неизмеримые, невидимые силы с категорическим императивом, непокорные... хитроумные и титанические одновременно; что-то вроде магнетизма, электричества или земного притяжения. Перед лицом этого феноменального разоблачения я почувствовал себя подобно человеку из каменного века, у которого голова была еще наполнена первобытными суевериями насчет явлений природы и которого перебросили вдруг однажды ночью в сегодняшний Париж. Я поражен еще больше, чем был бы поражен он.

Я много раз не соглашался. Сначала я убедил себя, что все то, что разоблачил Раковский — это продукт его необычайного воображения. Но даже убедив себя в том, что я был игрушкой в руках самого великого из известных мне новеллистов, я тщетно пытался отыскать достаточные силы, логические причины и даже людей с достаточной персональностью, которые могли бы мне объяснить это гигантское продвижение революции.

Я должен признаться, что если здесь участвовали только те силы, причины и люди, которые указываются официально в письменной истории, то я должен заявить, что революция — это чудо нашей эры. Нет, слушая Раковского, я не мог допустить, чтобы горсть евреев, эмигрировавших из Лондона, добилась того, чтобы этот «призрак коммунизма», вызванный Марксом в первых строчках Манифеста сделался на сегодняшний день гигантской реальностью и всеобщим страшилищем.

Является ли правдой или нет то, о чем говорил Раковский, является или нет секретной и настоящей силой коммунизма Интернациональный Капитал, но то, что Маркс, Ленин, Троцкий, Сталин недостаточны для разъяснения необычайности происходящего — это для меня абсолютная истина.

Реальны или фантастичны эти люди, которых Раковский называет «Они» с почти что религиозной дрожью в голосе? Но если «Они» не существуют, то я должен буду сказать о них то, что Вольтер сказал о Боге: «Его надо было бы выдумать», ибо только в этом случае мы сможем объяснить себе наличие, размеры и силы этой всемирной революции.

В конце концов я не имею надежды увидеть ее. Мое положение не позволяет мне смотреть с большим оптимизмом на возможность того, что я доживу до близкого будущего. Но это самоубийство буржуазных европейских государств, о котором рассуждает Раковский и которое он доказывает, как непреложное, было бы для меня, посвященного в секрет, магистральным и решающим доказательством.

Когда Раковского увели в место его заключения, Габриель оставался некоторое время углубленным в себя. Я смотрел на него, не видя его; и на самом деле, мои собственные представления потеряли почву под ногами и держались как-то на авось.

— Как вам показалось все это? — спросил меня Габриель.

— Не знаю, не знаю, — ответил я, и я сказал правду; но добавил: — Думаю, что это поразительный человек, и если дело идет о фальшивке, то она необычайна... в обоих случаях — это гениально.

— В результате, если мы будем располагать временем, то обменяемся впечатлениями... Меня всегда очень интересует ваше мнение профана, доктор. Но сейчас мы должны договориться о нашей программе. Вы нужны мне не как профессионал, но как скромный человек. То, что вы слышали, по причине вашей своеобразной функции, может быть ветром или дымом, который с ветром уйдет, но это может быть и нечто такое, важность чего совершенно ни в чем не превзойдена. Тут недостаточна умеренная терминология. При наличии этого осторожность заставляет меня сократить число осведомленных в этом лиц. До этого момента об этом знаете только вы и я. Человек, который манипулировал с аппаратом для записи разговора, совершенно не знает французского языка. То, что мы не говорили по-русски, — это не было моим капризом. Короче говоря: я буду вам благодарен, если вы будете переводчиком. Поспите несколько часов. Я дам сейчас необходимые распоряжения для того, чтобы техник согласовал с вами время, и насколько возможно скорее вы должны перевести и записать разговор, который он будет пускать для того, чтобы вы слушали его. Это будет тяжелая работа; вы не умеете писать на машинке, и аппарат должен будет двигаться очень медленно, и если аппарат обгонит вас, то нужно будет повторять параграфы и фразы; но другого средства нет. Когда вы сделаете французский черновик, то я его прочитаю. Будут необходимы некоторые эпиграфы, заметки: я их добавлю. Вы печатаете на машинке?..

— Очень плохо, очень медленно, только двумя пальцами. Я иногда печатал для развлечения в лаборатории, в которой я работал до того, как попал сюда.

— Ну, уж как-нибудь вы устроитесь; очень жаль, потому что потратим времени больше, чем нужно, но нет другого выхода. Самое главное, чтобы вы не наделали много ошибок.

Габриель позвал человека. Мы договорились начать нашу работу в одиннадцать часов, а было уже почти что семь. Мы разошлись все, чтобы немного поспать.

Меня позвали пунктуально. Мы устроились, согласно уговору, в моем маленьком кабинете. И началось мучение. Кроме того, вначале механик должен был делать частые остановки для того, чтобы дать мне время записать. Через два часа я приобрел уже некоторую практику. Мы работали приблизительно до двух часов дня и пошли завтракать. Техник остался там же, на месте, не покидая аппарата, а я не оставил своих листов бумаги и взял их с собой, вложив в карман.

Борясь со сном, я писал до пяти часов вечера. Но больше уже не мог: я рассчитал, что написал уже половину, Я отпустил человека, разъяснив ему, что он может отдыхать до десяти часов вечера, и бросился в кровать.

Я окончил писать после пяти часов утра. Габриель, которого я не видел в течение того дня (я не знаю, уезжал он или нет), сказал мне, чтобы я, как только окончу писать, вручил ему работу в любое время дня или ночи.

Я так и сделал. Он находился в своем кабинете и немедленно же взялся за чтение моих листков. Он разрешил мне пойти поспать, и мы договорились, что я смогу начать писать на машинке, уже отдохнувши после завтрака.

Запись информации на машинке заняла два дня, включая еду и около двенадцати часов сна.

Габриель поручил мне сделать две копии; я сделал три, чтобы припрятать одну себе. Я осмелился на это, так как он отправился в Москву. Я не раскаиваюсь в том, что у меня хватило на это мужества.

XLI
НОВОЕ ЛЕЧЕНИЕ ЕЖОВА

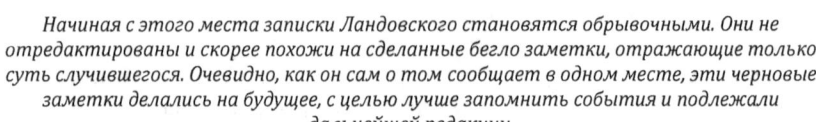

Начиная с этого места записки Ландовского становятся обрывочными. Они не отредактированы и скорее похожи на сделанные бегло заметки, отражающие только суть случившегося. Очевидно, как он сам о том сообщает в одном месте, эти черновые заметки делались на будущее, с целью лучше запомнить события и подлежали дальнейшей редакции.

Раковский спас себе жизнь. Его всего лишь приговорили к двадцати годам лагерей. Значит ли это, что сообщённое им было принято к сведению? В самом деле, подобное снисхождение выглядит необычным. Раковский признал себя виновным в предательстве и прочих ужасных преступлениях в мере не меньшей, чем многие другие. Его приговор необъясним. Разве что они намереваются добиться от него чего-то ещё...

Лето прошло тихо. У меня появилось время для спокойного занятия записями. Некоторые места я переписал. Впрочем, всё по-прежнему. О своей семье я совершенно ничего не знаю. Я смирился, хотя порою меня охватывает безвыходная печаль. Габриеля я видел всего несколько дней в конце апреля. По-видимому, он сильно занят. Наверное, летает за границу. Со мной он был приветлив и обходителен, но ничего интересного не поведал.

В середине октября меня отвезли навестить Ежова. Меры предосторожности были обычные. Случай комиссара всё с больше ясностью представлялся мне патологическим. Какой у него взгляд! Пришлось снова делать ему инъекцию. В отсутствие Габриеля меня возили одного какие-то мрачно-молчаливые типы. Однако их обращение со мной отличалось уважительностью и даже некоторой торжественностью. Габриель появился в первые дни ноября.

ЗАГАДОЧНЫЙ РУДОЛЬФ

Габриель сопроводил меня на дачу к Ежову. Визит, как всегда, был ночным. Ежов уже несколько дней не вставал с кровати и был в крайне степени слаб. Помимо тяжёлой подавленности, вызванной инъекциями, он страдал острым бронхитом, усугублявшимся тем, что он беспрерывно курил. Он встретил нас весьма холодным жестом. Подобному отношению, судя по всему, был причиной Габриель, и вскоре моя догадка подтвердилась. В коротких словах их диалог был следующим:

Ежов. Провал в Германии, не так ли?

Габриель. Продвинулись мы недалеко, но надежда остаётся. Вот увидите, товарищ комиссар. Я готовлю очень подробный отчёт.

Е. Бумаги, бумаги! Слова и слова! Что насчёт Рудольфа? Где он? Вы не знаете... Вам неизвестно, чем он занимается. Не удивлюсь, если вы вообще думаете, что его не существует.

Г. В наших руках имеются данные обо всех, кто выезжал из СССР. В особенности о тех, кто работает в Германии. Никто не обладает подходящим характером, никто не ведёт деятельность в масштабе достаточном, чтобы осуществить столь экстраординарное задание. Наши разведки в немецких партии, армии и правительстве не отметили никаких контактов. Быть может, я и потерпел неудачу, но не один я...

Е. Какое утешение! Я вас не узнаю! Вы говорите, как все те тупицы, что копошатся там без толку.

Г. Может быть, он какой-нибудь авантюрист, которыми изобилует окружение нацистских шишек. Вы же знаете, товарищ комиссар, что с тех пор, как фюрер ввёл на них моду, кругом Гитлера и Гесса, как и многих других, зароились астрологи, ясновидящие, маги, хироманты — пёстрая загадочная фауна, о движениях и манёврах которой никому ничего неизвестно. Всё это по-моему очень смахивает на происки *Intelligence Service*. Но будь оно правдой...

Е. Это правда, сомнений нет.

Г. Что ж, если это правда, я бы осмелился предложить...

Е. Что?

Г. Отыскать источник. Если дело настолько серьёзное и, более того, представляет угрозу, то корениться оно обязано в каком-нибудь из комиссариатов. А вероятно, в самом Кремле.

Е. Вновь пытаетесь увильнуть! Вы что, и впрямь думаете, что я нуждаюсь в ваших советах? Мне нужен этот Рудольф! Мне нужно его признание в качестве улик, потому что я знаю, кто отправил его в Германию.

Г. В таком случае, Рудольф уже не видится мне столь необходимым. Допросив любого, кто стоит за ним, мы бы...

Е. Что за глупости! Вы что, считаете, что я не способен додуматься до чего-нибудь столь элементарного? Товарищ Сталин всё ещё относится к этому весьма скептически. Но если это правда, то я уверен, что основным условием договора с Гитлером является ликвидация его и меня. Если угроза существует, то, полагаю, она должна исходить со стороны военных. Наш вождь, по-видимому, всё больше утверждается в мысли, что руководство армией и НКВД должно держаться в одних и тех же руках. Необходимо избавиться от представления, что маршалы неприкосновенны. Устранение Тухачевского, видно, заставило их обнаружить для себя весьма безрадостную перспективу... Дело это необычайной важности! Его можно было бы очень легко решить, но вся трудность состоит в том, что мне прежде нужно предоставить убедительные доказательства товарищу Сталину. У меня есть приказ не трогать скомпрометированных без его прямого указания.

Г. Чтобы убедить товарища Сталина и добыть для него необходимые доказательства, а также учитывая значительность подозреваемых, следует действовать косвенным образом, осторожно. Вы знаете, товарищ комиссар, что я в вашем полном распоряжении. Каким бы высокопоставленным ни было лицо, если вы так решите, я немедленно приступлю, как всегда, к исполнению... принимая всю ответственность на себя в случае провала. Вспомните случай с Гамарником...

Е. Да, но тогда у нас был тот немец... Кстати говоря, как он себя теперь ведёт?

Г. Хорошо, очень хорошо. Он задействован. Возглавляет группу сорвиголов внутри антигитлеровского заговора. При благоприятных обстоятельствах жизнь Гитлера может оказаться в наших руках.

Е. Уже кое-что. Но вернёмся к вашему предложению... нам следует тщательнейшим образом всё продумать. Вы даже вообразить себе не можете, товарищ, какого ранга люди тут замешаны. Они находятся столь высоко, что, когда у меня получится доказать их предательство, открытый процесс устроить будет невозможно. Нужно будет пробовать новые методы. Без судов и казней. Пышные похороны, прощальные речи, венки... Наш доктор в урочный час займётся их драгоценным здоровьем. Приведите ко мне Рудольфа и увидите, как вдруг захворают Мехлис, Булганин, Ворошилов и тщеславный Молотов.

Г. Вы потрясающи, товарищ комиссар! Это же люди, пользующиеся высочайшим доверием нашего товарища Сталина! Но... естественно, что уже нет. Предполагаю, что абсолютным доверием довольствуетесь только вы, товарищ комиссар. Будьте уверены, я со всем энтузиазмом примусь разыскивать этого «Рудольфа», ключ ко всему этому заговору.

Е. Поговорим об этом завтра. Я очень устал. Приступайте, доктор.

Я впрыснул раствор, и мы тут же ушли.

В дороге Габриель не разговаривал. Но я бы сказал, что внутри себя он был чем-то очень доволен. Удовлетворение его, как мне показалось, отблеском лёгкой иронии проступало в его взгляде, было различимыми штрихами нарисовано в его глазах.

Он доставил меня в лабораторию и тотчас уехал, даже не выйдя из автомобиля на прощанье.

МОЙ ПРОТЕСТ

Прошло пять дней, прежде чем я вновь увиделся с Габриелем. Он не присоединился ко мне во время моего последнего посещения Ежова. Мы отужинали. После подали кофе и коньяк, в его кабинет. Последнее обстоятельство меня обеспокоило: он очевидно что-то замышлял. Меня не провести. Как только мы сделали по глотку кофе, Габриель приступил:

— Как вы, доктор? Как ваши нервы?

Я не нашёлся, что ответить на такой странный вопрос, и он продолжил:

— Полагаю, всё хорошо, не так ли? Вы совсем уже превратились в буржуа. Вы не могли бы провести небольшую операцию?

— Какого рода, Габриель? Не пугайте меня!

— Профессиональную операцию, разумеется.

— Во благо или в ущерб кому?

— Доктор, впервые я должен просить вас довериться мне.

— Довериться вам? Как человеку или профессионалу?

— В обоих отношениях.

— Вы уже располагаете моим полным доверием, вам это известно. К тому же могу ли я вам его не оказывать, когда вся моя жизнь находится в ваших руках вот уже два года? Для моего же спокойствия мне лучше доверять вам, нежели сомневаться. Вы сами понимаете.

— Два года... Как летит время! Думаю, у вас не было ни единого повода сожалеть об оказанном мне доверии. Ведь так?

— Точно так.

— Ну что же, теперь мне придётся испытать ваше доверие на прочность.

— Вы меня немного пугаете, Габриель.

— Не тревожьтесь, вам никого не нужно убивать.

— Признаться, именно это я и подозревал.

— До чего же вы плохого мнения обо мне! Ладно. Вы помните наш последний визит к Ежову? Среди прочего в ходе беседы он высказал нечто весьма остроумное. Я не подозревал, что его шизофренический мозг ещё способен рождать столь тонкие мысли.

— О чём речь? Я не помню.

— Конечно, доктор. Я говорю о его предложении не устраивать судебные процессы, когда нужно устранить важную советскую особу. Естественная смерть, пышные похороны, почётный караул у гроба со Сталиным и всем Политбюро… Припоминаете?

— Да, вспомнил. Однако это не совсем его изобретение. Оно принадлежит его предшественнику, который желал ускорить приближение похорон как раз таки Ежова. Вспомните, ведь меня с тем и выбрали, чтобы сократить время до погребения нынешнего наркома внутренних дел.

— Вы правы, доктор, запамятовал. Тогда всё ещё проще. От вас требуется, доктор, сделать больным одного видного советского деятеля… Нет, не делайте такое лицо. Лишь сделать больным, убивать его не нужно. По крайней мере сейчас. Если помните, Ежов намекнул именно на вас, распространяясь об убыстрении похорон некоторых начальников, когда будут получены доказательства их предательства. Вы и бровью не пошевелили. Я истолковал это как отсутствие всяких возражений с вашей стороны на этот счёт, верно?

— Моё доверие к вам вынуждает меня не утаивать свою неприязнь к подобным делам, да и глупо бы было её прятать, ведь вы всё равно меня прекрасно знаете. Но, учитывая моё положение, выбора у меня нет. Если комиссар приказывает…

— Ежов? Зачем бы мне тогда нужно было призывать вас положиться на меня? Если бы я мог поехать с вами к наркому, дабы он отдал приказ, в этой длинной беседе бы не было нужды.

— Он не должен знать?

— Не должен.

— Позвольте мне выразить недоумение. Я очень хорошо помню, как вы неоднократно утверждали нечто весьма отличное. Если я иногда выказывал колебание в необходимости подчиняться вам, вы всегда ссылались на то, что я могу запросить подтверждение ваших приказов у комиссара. Я помню больше: вы также предупреждали, что в случае моего допроса полномочным лицом относительно того, что мне о вас известно, мне следует сообщить всю правду касательно того, чем вы занимались. Или память мне изменяет?

— Нет, всё точно.

— Тогда, надеюсь, вы меня поймёте, если я осмелюсь просить вас, в подобных исключительных обстоятельствах, разъяснить причины необходимости скрывать от комиссара ваш приказ?

— Причина необычайно серьёзная — именно Ежова вы должны сделать больным.

Мне пришлось вцепиться руками в кресло, чтобы не вскочить. Габриель хранил бесстрастность.

— Не волнуйтесь, доктор. Ужасно досадно, что приходится таким вот образом тратить время единственно с тем, чтобы затем вы в конце концов уступили, но иначе, видимо, не получится. Как бы то ни было, объяснять здесь нечего, поскольку по случайному стечению обстоятельств самое главное вам уже и так известно. Вы помните беседу с Раковским? Вы знаете, что он не был приговорён к смерти? Что ж, имея все эти сведения, вы не станете удивляться тому, что товарищ Сталин посчитал резонным испробовать тот кажущийся невероятным план. Никакого риска нет, а выиграть можно многое. Если вы напряжёте память, то сможете кое-что вспомнить.

— Я помню всё достаточно точно. Не забывайте, что я дважды прослушал ваш разговор, два раза записал его, а затем ещё перевёл. Мне можно знать, стало ли вам известно, кто они... кого Раковский называл «они»?

— Дабы показать вам степень своего доверия, отвечу прямо, что нет. Кто такие «они», нам доподлинно неизвестно, однако к настоящему времени подтвердилось многое из сказанного Раковским. Например, факт финансирования Гитлера банкирами с Уолл-стрит. Это правда, как и многое другое. Все последние месяцы, что мы с вами не виделись, я занимался изучением и проверкой сведений от Раковского. Конечно, я не смог пока определить, кто есть эти столь необыкновенные особы, но мне удалось обнаружить существование некоего круга финансистов, политиков, учёных и даже церковников, обладающих богатством, властью, высокими рангами и положением в обществе, чья подлинная позиция, судя по влиянию, ими оказываемому, почти всегда опосредованному, представляется по меньшей мере необычной, необъяснимой в привычном понимании... поскольку в действительности она имеет большое сходство с коммунистической идеей... Разумеется, с весьма своеобразным представлением о коммунизме. Однако если оставить в стороне вопросы оттенков, штрихов и черт, то, говоря объективно, как сказал бы Раковский, копируя Сталина, своими действиями, или бездействием, они тоже строят коммунизм.

— Всё то, что я тогда услышал и записал, и то, что вы мне сейчас толкуете, вызывает в моей памяти риторические пассажи Навашина, с которыми он взывал ко мне, склоняя помочь погубить вас. Помните?

— Да, конечно. Я даже думал, что полезнее было бы выкрасть его, а не несчастного Миллера. Но что сделано, того не воротишь, а то, что говорил Навашин, в сравнении с этим, есть пустое масонское краснобайство.

— А что посол?

— Совет Раковского был исполнен почти точь-в-точь. Ничего определённого. Однако порицания не последовало, как и одежду на себе посол рвать не стал. Напротив, он проявил полное понимание в отношении всего этого. Нет, он вовсе не влюблён ни в Англию, ни во Францию... В этом вопросе он, следует полагать, лишь выражает тайное отношение его большого друга, Рузвельта.

Он деликатно коснулся прошедших судебных процессов и намекнул на то, сколь много можно выиграть в глазах американской публики, если сделать снисхождение в предстоящем процессе с участием Раковского. Естественно, что в ходе мартовских судебных заседаний за послом пристально наблюдали. Он присутствовал на всех заседаниях один, мы не разрешили ему взять никого из его специалистов, дабы исключить возможность «телеграфного» общения с подсудимыми. Сам он не является профессиональным дипломатом и известными техниками не владеет. Ему оставалось лишь смотреть, тщась очень многое выразить глазами, как мы посчитали, и ему удалось, мы уверены, одушевить своим взглядом Розенгольца и самого Раковского. Последний подтвердил внимание, оказанное во время заседаний со стороны Дэвиса. Более того, он признался, что тот неприметным образом сумел отдать ему масонский салют. Однако случилась ещё более необычная вещь, которую подделать было невозможно. Рано утром второго марта нами было получено радиосообщение от одной крайне мощной, но, разумеется, неизвестной станции на Западе, обращённое лично Сталину. В нём говорилось: «Снисхождение — или нацистская угроза возрастёт».

— Не могло ли это быть шуткой или манёвром?

— Нет. Радиограмма пришла зашифрованной с помощью кода нашего собственного посольства в Лондоне. Сами понимаете, что это уже нечто важное.

— Но угроза была не настоящей?

— Отчего же нет? Двенадцатого марта закончились слушания в Верховном Суде, а в девять часов вечера Суд удалился на совещание. И вот, в тот же день, двенадцатого марта, в пять часов тридцать минут утра Гитлер приказывает своим моторизованным дивизиям выдвинуться в Австрию. Очевидно, что это была военная прогулка, и вся Европа хранила гробовое молчание. Теперь скажите мне честно: имелся ли тут повод призадуматься? Или нам следовало оставаться дураками настолько, чтобы посчитать приветствие Дэвиса, радиограмму, шифр, совпадение вторжения с приговором, а также молчание Европы лишь случайностями? Нет, воочию мы «их» не увидели, но услышали «их» голос и поняли «их» язык; голос и язык, кстати говоря, чересчур ясные.

— Да, очевидно.

— Поторопились мы не зря. Приговор оказался ровно таким, каким он должен был быть. Не утверждал ли Раковский, что германское нападение окажется бесполезным, если не будет оппозиции? И мы с нею разделались. Пока что он себя спас. Сталин не потерял голову от столь убедительных фактов. Он ограничился только приказами добыть побольше данных, а заодно предпринять очень лёгкий дипломатический зондаж. Однако этого не доказать. В любом случае Рудольф, в виду отсутствия какого-либо высокопоставленного покровителя в СССР и в силу того, что он даже не является русским, сойдёт, если понадобится, за дерзкого авантюриста или американского репортёра, охотника за сенсациями.

— Но разве не вы сказали Ежову, что не знаете ничего о Рудольфе?

— Никто не знает о нём больше, чем я. Но Ежову не должно быть ничего известно. Это приказ.

— Чей?

— Кто может давать приказы выше Ежова? Однако пора уже кончать. Мы слышали «их» речь в марте, в последний день суда, а теперь, всего месяц назад, в первых числах октября они заговорили с нами во второй раз. Всё так же громко, всё так же ясно. Гитлер захватил часть Чехословакии. В этот раз Европа не смолчала — хуже: Англия и Франция публично, с заявлениями и подписями, санкционировали действия Гитлера. Но есть кое-что покрасноречивее: Германия объединилась с Польшей, дабы покусать чехов. Они совершили совместное преступление, а это крепче всего связывает шайку воров. Вкус человеческой плоти им пришёлся по нраву... «Они» показали нам, что объединение двух сторон — неважно, как сильно они друг друга ненавидят, — возможно, если целью союза является удовлетворение аппетитов. Не могло ли быть так, что «они» тем самым желали предупредить нас, что, будь на то их воля, «они» с не меньшей лёгкостью соединили бы Польшу и Германию с целью пожрать СССР?

— Если толковать события таким образом, то всякие подозрение и обеспокоенность в самом деле оправданны.

— А как иначе это можно толковать? Кроме того, когда игрок оказывается в проигрыше — а поражение для СССР значит моментальное усиление Германии, — если ему предложить отыграться, позволив играть дальше только на словах, в чём же тут риск? Что он теряет? Было бы глупо не попробовать. Но я недооцениваю положение, риск есть. Не внешний, конечно же, но внутренний. Игра может стать опасной. Образ мыслей у нас как в массах, так и в руководстве до неистовства антифашистский. Мы расстреляли всю оппозицию, «зачистили» всю Красную армию, заклеймив казнённых фашистскими псами и гитлеровскими шпионами. Вы можете себе вообразить, каким орудием против Сталина стало бы доказательство заключения его соглашения с фюрером? Кто-нибудь способен представить себе вразумительное объяснение? Рассмотрим наш с вами случай. В силу причин исключительного рода нам стали известны происхождение, основания и обстоятельства этого дела. Сумели бы мы дать удовлетворительное объяснение? Надеюсь, теперь вы уяснили себе абсолютную необходимость сохранить всё в тайне. Настоящей тайне. Тайне одного человека.

— А как же вы и я?

— Мы с вами не считаемся. Мы будем держать рот на замке по одинаковым причинам. К тому же ни вы, ни я не являемся видными деятелями, ровно как мы не обладаем ни военной, ни политической властью. У нас нет влияния и сил, чтобы злоупотребить этим секретом. В отличие как раз таки от Ежова.

— Возможно ли вообще в этой системе доверять кому-либо?

— Мой навык, изощрённый долгим опытом, подсказывает мне никому не доверять. Верить остаётся тогда, когда нет иных средств. Однако и в этом случае необходимо заручиться очень определёнными условиями, в которых на карту ставится жизнь. Всякий начальник, кто полагается на человека, свободного к предательству, из командующего превращается в заложника. И поскольку это положение есть всеобщая аксиома, то, полагаю, вы поймёте, насколько важно держать её в уме, когда на кону стоит власть столь великая и абсолютная, как у Сталина. Власть, сравнимая с могуществом библейского Бога... И Сталин помнит, что и у Бога нашёлся Люцифер, который восстал, попытавшись свергнуть его с престола. Если такое и было возможным, то единственно потому, что Люцифер остался свободным. Нет, Сталин не впадёт в подобную божескую бесхитростность.

— Что именно вы хотите от меня?

— Чтобы вы на некоторое время вывели Ежова из строя... Да, чтобы вы усугубили его болезнь, лишив его способности работать и чем-либо заниматься.

— Всё же нет, извините. Перед моими глазами до сих пор стоят фигуры Левина и того другого врача. Несомненно, они повиновались Ягоде, пока тот был у власти... и вы сами видели, чем они кончили. Какая опасность грозит мне, если я вам подчинюсь? Тому, чьи должностные полномочия мне даже неизвестны! Да к тому же совершая покушение на здоровье наркома СССР ни много ни мало внутренних дел! Не убеждайте меня больше. В последний раз нет.

— Кто должен дать вам приказ? Выбирайте сами. Ворошилов?

— Нет. Он один из тех, кого Ежов отметил заговорщиком.

— Молотов?

— То же самое, нет.

— Калинин?

— Кто вообще подчиняется Калинину?

— Тогда... кто должен отдать приказ, которому вы подчинитесь?

— Сталин. Поймите, что в этом случае ничей иной приказ для меня значения иметь не будет.

Габриель поднялся и с напускной твёрдостью воскликнул:

— Сталин даст вам его.

Он больше ничего не сказал и вышел.

СОМНЕНИЯ И СТРАХИ

Уснуть я уже не мог. Когда Габриель ушёл, то некоторое время я чувствовал спокойствие и удовлетворённость от проявленной твёрдости. Однако очутившись в своей комнате, я погрузился в многочасовые размышления. Моё положение становилось чрезвычайно трудным. Впервые я осмелился протестовать. На то имелась причина, и весьма серьёзная. Но достаточно ли её, чтобы не испытывать страх? Нет. Если речь и в самом деле идёт о покушении на Ежова, задуманном Габриелем в одиночку или с сообщниками, то моя жизнь в опасности. Поскольку, пока я жив, он с остальными находятся в моих руках... и он уже раскрыл мне их радикальную теорию на этот счёт. Если предприятие затеяли фигуры столь высокие, как Ежов, и ищут они заключения пакта с Гитлером за спиной у Сталина, то и тут я в опасности. Мне нужно встретиться с Ежовым. Но когда? Завтра, когда буду делать ему укол. Они будут опасаться, что я стану говорить с ним и посему должны предпринять меры, дабы устранить подобный риск — например, физически ликвидировав меня заранее. Но у меня есть возможность позвонить комиссару прямо сейчас и тут же донести ему обо всём. Я могу так поступить... но телефон наверняка прослушивается, как и многие другие, а отныне со всё бóльшим основанием. Я очень долго думал над этим, и, погружённый в раздумья, не заметил, как рассвело. Я стал считать часы: семь, восемь, девять. Оделся. Решил попробовать: спущусь и пойду к телефону. Но, коснувшись дверной ручки, я вздрогнул — замок не проворачивался! Я пробовал снова и снова — я заперт! Нечто новенькое — после возвращения из первой поездки меня более не запирали. Мой страх возрос. Воображение терзало меня, рисуя мне жуткие сцены. Образы жестокой смерти сменялись картинами спокойной, тихой и естественной кончины. Не знаю, что из этого пугало меня больше. «Неужели это и вправду затея Сталина?» — пытал себя я и сразу же спешил уверить, что да. Предположение это звучало не слишком убедительно, однако ум отчаянно за него хватался. Что естественно, так как иных благоприятных исходов мне не представлялось. Однако если это не так, то, признавал я, ничего поделать уже было нельзя. Тогда я решил притвориться, что не догадываюсь о своём заточении.

В двенадцать часов меня позвали к обеду. С некоторой уверенностью и оживлением я вышел наружу, всё было по-прежнему. Уже кончив с едой, повинуясь внезапно возникшему во мне импульсу, я направился к телефону в зале. Подняв трубку, я набрал один из номеров, которые мне когда-то дал Габриель ещё во времена дела Крамера. Но ответа не последовало, даже не было слышно гудков. Интендант, откуда-то взявшийся за моей спиной, сообщил, что аппарат неисправен.

— С кем вы желаете поговорить? — поинтересовался он.

— С товарищем Гаврилой Гавриловичем, — ответил я.

— Что-нибудь срочное? — задал он ещё один вопрос.

— Нет, нет, — отрёкся я. — Я позвоню, когда телефон починят.

Я отрезан от связи с внешним миром, сомнений больше не осталось.

Я ВИДЕЛ «БОГА»

Весь день моё сердце полнилось неугасающей тревогой. Состояние моего духа, должно быть, напоминало настроение приговорённого к смерти. Мой приговор, конечно, мне известен не был, и надежда, не отрицаю, у меня была, но ведь и осуждённый до последнего мгновения жизни уповает на помилование.

Примерно в одиннадцать раздался телефонный звонок. Один звонок, второй, третий — никто не отвечал. И я не смел. Тогда я высоким голосом позвал, и наконец подошёл распорядитель. Встав в нескольких шагах от него, я тщетно силился разобрать, о чём они говорили. Положив трубку, он повернулся ко мне:

— Товарищ Кузьмин просит вас не ложиться спать.

— И ничего больше? — спросил я.

— И ничего больше, — подтвердил тот.

Прошёл час, другой, за ними третий и четвёртый. Я выпил лишнего. В глазах поплыло, но оптимизма не прибавилось. И вот мой обострённый слух уловил далёкий шум. Да, он приближался, звук двигателя становился всё громче. Прекратится ли? Остановится? Моё сердце колотилось...

Да, это Габриель. Я увидел, как он вошёл. Моё беспокойство достигло крайних пределов. В страшном ожидании я посмотрел в его лицо. Оно имело обыкновенное выражение. Равнодушно поздоровавшись, он сделал знак, чтобы я следовал за ним. Мы вошли в его кабинет, где он без приготовлений спросил:

— Ну что, доктор, вы тщательно подумали? Всё ещё отказываетесь подчиняться?

— Да, — тусклым голосом ответил я.

— Что ж поделаешь! Вы делаете мне личную обиду. Поверьте, мне очень горько от этого. Я, видите ли, возомнил себе, что заслужил ваше полное доверие. Но будет. Одевайтесь. Поедем в Кремль.

Мои ноги ослабли. Точно оглушённый, я застыл, потеряв способность говорить и даже двигаться.

— Что с вами такое? Давайте, поторопитесь!

С высокой скоростью мы понеслись в сторону Москвы. Спустя полчаса сквозь запотевшие окна стал проникать яркий свет, и я догадался, что мы въехали в город. «Неужели это правда? — спрашивал я себя вновь и вновь. — Или он обманул и везёт меня в другое место?». Габриель курил и хранил молчание. Короткая остановка. За мутными стёклами промелькнули чьи-то силуэты. Проехали ещё чуть-чуть. Остановились совсем.

— Наденьте, — он протянул мне огромные очки. — Выходим.

Габриель открыл дверь и выбрался наружу.

Я последовал за ним. Офицер. Мне было плохо видно в тёмных очках.

— Поднимите воротник пальто, — дал он ещё одно указание.

Двойные двери. Мы вошли втроём в узкую кабину, в которой находился ещё один мужчина в форме. Двери закрылись. Подъём. «Это Кремль?» — гадал я. Вряд ли. Я много слышал о чрезвычайных мерах предосторожности и контроля в его пропускных пунктах. Лифт остановился. Мы вышли. Широкий коридор, почти что величественного вида. Архитектурный стиль, однако, не походил на современный. По обе стороны — двери. Внушительные часовые через каждые десять-двенадцать метров. Без трудностей и остановок мы прошли по коридору. Зашли в какой-то отдел. Там никого. В тот же миг из боковой двери появился некто с решительным видом. Очевидно, высокий руководитель, он словно был у себя дома. Он сделал почтительный знак приветствия Габриелю, не нарушая, впрочем, своей покровительственной позы.

— Идём? — запросто спросил он.

Габриель, судя по всему, знал, что означает это предложение. Он вынул из-под мышки пистолет и положил его на стол. Я не знал, что делать мне.

— Вы, товарищ, — предполагаемый начальник обратился ко мне.

— У меня нет оружия...

— Выложите всё, что у вас имеется.

Тут же уяснив, я опустошил все карманы и выложил их содержимое на стол, не оставив себе ни клочка бумаги, ни сигареты. Не дожидаясь обращения, Габриель поступил так же, после чего предложил человеку в форме, сопровождавшему нас:

— Когда пожелаете, товарищ.

Он с самым естественным видом позволил себя обыскать. На этот раз досмотр проводился точно не для проформы, но с особой тщательностью. Затем приступили ко мне.

— Секунду, товарищ, — главный исчез в той же двери, из которой возник.

Через несколько секунд послышался глухой звонок. Наш проводник в форме отворил дверь, в которую до этого вышел начальник, и пригласил нас войти. Габриель шагнул первым. Стены, надо думать, были необычайно толстыми. Первую дверь, в которую мы вошли, и следующую, закрытую, разделяло расстояние в метра полтора. Габриель открыл вторую дверь и шагнул в следующую комнату. Я неотступно шёл за ним.

Помещение обычных размеров. Внутри только тот же начальник. Жестом он указал ждать. В то же время из другой двери появился ещё один человек, с папкой в руке. Он очень учтиво поздоровался с Габриелем. Было слышно, что к нему обращались «товарищ Берия». Вдвоём с Габриелем они отступили от меня на несколько шагов и стали о чём-то оживлённо беседовать низкими голосами. Я отметил в Габриеле, по его мимике, что он говорил открыто, доверяя собеседнику. Последний же слушал с вежливой улыбкой, не шевеля при этом ни единым мускулом на круглом, полном, гладко выбритом, блестящем лице. На нём был надет подобающий строгий наряд, одежда как следует выглажена, а туфли сверкали, как зеркала. Его отличительная черта — отражения. Такое впечатление у меня осталось.

— Внимание, товарищи! — предупредил главный, являвшийся, видимо, хозяином кабинета.

Встав, он взглянул на наручные часы, затем пересёк комнату и растворился в стёганой двери. И через мгновение возвратился. Ладонью он подозвал Габриеля, а тот, в свою очередь, жестом показал мне идти за ним. Пока начальник держал дверь, первым зашёл Габриель, вслед за ним я, и начальник замкнул нашу цепь. Эти двери тоже оказались двойными. Габриель отворил вторую. В новой комнате полумрак, у противоположной от нас стены света больше. Я вновь ощутил, как меня подталкивают, чтобы я встал подле Габриеля, — это начальник, следовавший за нами по пятам. Наконец я разглядел. В нескольких метрах от нас — двое. Один читал вслух под светом настольной лампы. За ним, на кресле, расположился второй, но его скрывала тень. Теперь я увидел отчётливо: это Он. Его голова была откинута назад, как будто он смотрел в потолок. Между прямых пальцев он держал карандаш или длинное перо. Ясный голос читавшего, не переставая, звучал дальше. Что он читал? Хочу ли я запомнить эти строки? «Меж занавес возникла рука..., слышится железный лязг, и стальной обод сковывает его запястье... Скверное проклятие разрывает тишину...». Он зашевелился. Чтец умолк, поднялся и ушёл. Кто-то добавил света, и вся комната осветилась. Да, это Он. В следующий момент его глаза устремились на нас. Карандашом, что был в его ладони, он сделал нам знак приблизиться. Я вновь почувствовал, как меня толкают сзади. Без этого, полагаю, я бы не сдвинулся с места. Габриель, решительнее меня, сделал шаг вперёд, и я двинулся вслед.

Сталин встал и неторопливо, размеренно ступая, вышел из-за стола и остановился на углу столешницы. Одет он был ровно так, каким я видел его на бесчисленных фотографиях. Времени для приветствий не было. Обратившись к Габриелю, он сказал:

— Дело Николая Ивановича? Доктору нужно прямое указание? Не так ли? — он перевёл взгляд на меня. — По делу Николая Ивановича приказано временно сделать его недееспособным. — И, оперевшись на край стола, добавил: — И если товарищ Гаврила Гаврилович прикажет вам однажды ликвидировать его, ликвидируйте. Это приказ партии.

Меж его век, чуть не одновременно, мне померещился, как будто в ироническом подмигивании, блеск двух жалящих клинков, и я почти почувствовал, как они пронзили мои зрачки.

Он обернулся к Габриелю:

— Это надёжный человек? С гарантиями? Так? Вы же знаете, товарищ, о своей ответственности.

Тут в тоне его голоса и в движениях произошла перемена. Он положил руку на плечо Габриеля, словно желая притянуть того к себе, поскольку Сталин был короче. Даже показалось, что его рот распустился в лёгкую улыбку.

— Ежов всё так же решительно намерен схватить Рудольфа?

— С каждым днём всё больше.

Сталин хлопнул чилийца по плечу широкой ладонью.

— С каждым днём? Что же, товарищ, тогда подчинись и схвати самого себя!

В эту секунду Сталин рассмеялся, уже без сомнений, и Габриель подхватил, точно ему самому вдруг сделалось очень смешно.

Вскоре послышался звук отворяемой двери. Я непроизвольно повернул шею. В проёме скромно стоял неприметный Молотов, которого по неповторимой форме головы я опознал с первого взгляда. Через мгновенье Сталин заметил его и без лишних церемоний спровадил нас.

Мы вышли. Вновь остановились в кабинете секретаря. Тот, кого звали Берией, ещё ждал. Габриель поговорил с ним несколько минут в стороне. После они попрощались, и мы покинули комнату. Нам вернули вещи. И без препятствий, в неотступном сопровождении того же офицера, мы достигли крытой стоянки, где нас ожидала машина. Мы уселись и выехали, только на секунду притормозив у ворот.

Габриель не сказал ни слова. Моя голова же, казалось, перестала мне принадлежать. Та сцена всё не выходила из ума. Я продолжал видеть Сталина. Его вид и речь показались мне вульгарными. Во мне возникло чувство, будто некогда гигантская статуя, какою её делал мой страх, вдруг скукожилась до размеров меньше среднего. Однако продлилось оно лишь мгновенье — безусловно, из-за обилия противоречивых чувств. Внезапно он снова представился мне неимоверным, бесконечным, повелителем жизни и смерти... Да, божеством.

ЗАРАЖЕНИЕ ЕЖОВА

Габриель сильно спешил. По возвращении из Кремля мне предстояло решить, когда и каким образом я буду ухудшать состояние Ежова. Всё это казалось мне столь невообразимым до того дня, что я даже не удосужился подумать о способе и средствах. Мне нужно было напрячь весь свой ум. Габриель молча ждал, время от времени поглядывая на часы, пока я ходил туда и сюда в соображениях. В конце концов я остановил свой выбор на малярии, о чём доложил Габриелю.

— Где это достать? — спросил он.

— Здесь, в лаборатории, посевов нет, — ответил я.

— Завтра день укола. Посмотрим, удастся ли мне раздобыть их через четыре дня.

Ему удалось. В наше последнее посещение я прихватил с собой пустую ампулу. Мне нужно было пронести малярийную культуру в точно таком же пузырьке, что и цианид, и подмену произвести на месте. Я боялся.

Как всегда, невозмутимый Габриель составлял мне компанию. Пока я приготовлял раствор, он отвлекал комиссара оживлённой беседой. Я поставил укол, как обычно. Привычной тахикардии он не почувствовал, однако Ежова это не насторожило. А мы, подобно двум закоренелым преступникам, как ни в чём не бывало удалились.

НОВЫЙ КОМИССАР

15 декабря. Навещал Габриель. Сообщил об отстранении Ежова. Его давно отправили на Кавказ лечиться от малярии. Его сменил тот самый Берия. Чилиец напомнил, что именно с ним он разговаривал в приёмной Сталина в тот день. Да, я помню его, изящно одетого, сияющего, невозмутимого, точно он директор банка или какой-нибудь модный доктор.

Рождество и Новый год встречал один. Как никогда прежде, меня мучили воспоминания о семье. Господи, сколько можно? Неужели я никогда их не увижу?

ГОВОРИТ СТАЛИН

Отрывок из выступления Сталина о международной политике, сделанного 10 марта 1939 года на заседании ЦК Коммунистической партии СССР, вырезка из «Правды», найденная среди бумаг доктора Ландовского.

Вот перечень важнейших событий за отчётный период, положивших начало империалистической войне. В 1935 году Италия напала на Абиссинию и захватила её. Летом 1936 года Германия и Италия организовали военную интервенцию в Испании, причём Германия утвердилась на севере Испании и в испанском Марокко, а Италия — на юге Испании и на Балеарских островах. В 1937 году Япония, после захвата Манчжурии, вторглась в Северный и Центральный Китай, заняла Пекин, Тяньцзин, Шанхай и стала вытеснять из зоны оккупации своих иностранных конкурентов. В начале 1938 года Германия захватила Австрию, а осенью 1938 года — Судетскую область Чехословакии. В конце 1938 года Япония захватила Кантон, а в начале 1939 года — остров Хайнань.

Таким образом, война, так незаметно подкравшаяся к народам, втянула в свою орбиту свыше пятисот миллионов населения, распространив сферу своего действия на громадную территорию — от Тяньцзина, Шанхая и Кантона через Абиссинию до Гибралтара.

После первой империалистической войны государства-победители, главным образом Англия, Франция и США, создали новый режим отношений между странами, послевоенный режим мира. Главными основами этого режима были на Дальнем Востоке — договор девяти держав, а в Европе — Версальский и целый ряд других договоров. Лига Наций призвана была регулировать отношения между странами в рамках этого режима на основе единого фронта государств, на основе коллективной защиты безопасности государств. Однако три агрессивных государства и начатая ими новая империалистическая война опрокинули вверх дном всю эту систему послевоенного мирного режима. Япония разорвала договор девяти держав, Германия и Италия — Версальский договор. Чтобы освободить себе руки, все эти три государства вышли из Лиги Наций.

Новая империалистическая война стала фактом.

Характерная черта новой империалистической войны состоит в том, что она не стала ещё всеобщей, мировой войной. Войну ведут государства-агрессоры, всячески ущемляя интересы неагрессивных государств, прежде всего Англии, Франции, США, а последние пятятся назад и отступают, давая агрессорам уступку за уступкой.

Таким образом, на наших глазах происходит открытый передел мира и сфер влияния за счёт интересов неагрессивных государств без каких-либо попыток отпора и даже при некотором попустительстве со стороны последних.

Невероятно, но факт.

Чем объяснить такой однобокий и странный характер новой империалистической войны?

Как могло случиться, что неагрессивные страны, располагающие громадными возможностями, так легко и без отпора отказались от своих позиций и своих обязательств в угоду агрессорам?

Не объясняется ли это слабостью неагрессивных государств? Конечно, нет! Неагрессивные, демократические государства, взятые вместе, бесспорно сильнее фашистских государств и в экономическом и в военном отношении.

Чем же объяснить в таком случае систематические уступки этих государств агрессорам?

Это можно было бы объяснить, например, чувством боязни перед революцией, которая может разыграться, если неагрессивные государства вступят в войну и война примет мировой характер. Буржуазные политики, конечно, знают, что первая мировая империалистическая война дала победу революции в одной из самых больших стран. Они боятся, что вторая мировая империалистическая война может повести также к победе революции в одной или в нескольких странах.

Но это сейчас не единственная и даже не главная причина. Главная причина состоит в отказе большинства неагрессивных стран, и прежде всего Англии и Франции, от политики коллективного отпора агрессорам, в переходе их на позицию невмешательства, на позицию «нейтралитета».

Формально политику невмешательства можно было бы охарактеризовать таким образом: «пусть каждая страна защищается от агрессоров, как хочет и как может, наше дело — сторона, мы будем торговать и с агрессорами и с их жертвами». На деле, однако, политика невмешательства означает попустительство агрессии, развязывание войны, следовательно, превращение её в мировую войну. В политике невмешательства сквозит стремление, желание не мешать агрессорам творить свое чёрное дело, не мешать, скажем, Японии впутаться в войну с Китаем, а ещё лучше с Советским Союзом, не мешать, скажем, Германии увязнуть в европейских делах,впутаться в войну с Советским Союзом, дать всем участникам войны увязнуть глубоко в тину войны, поощрять их в этом втихомолку, дать им ослабить и истощить друг друга, а потом, когда они достаточно ослабнут, выступить на сцену со свежими силами — выступить, конечно, «в интересах мира» и продиктовать ослабевшим участникам войны свои условия.

И дёшево и мило!

Взять, например, Японию. Характерно, что перед началом вторжения Японии в Северный Китай все влиятельные французские и английские газеты громогласно кричали о слабости Китая, об его неспособности сопротивляться, о том, что Япония с её армией могла бы в два-три месяца покорить Китай. Потом европейско-американские политики стали выжидать и наблюдать. А потом, когда Япония развернула военные действия, уступили ей Шанхай — сердце иностранного капитала в Китае, уступили Кантон — очаг монопольного английского влияния в Южном Китае, уступили Хайнань, дали окружить Гонконг. Не правда ли, все это очень похоже на поощрение агрессора: дескать, влезай дальше в войну, а там посмотрим.

Или, например, взять Германию. Уступили ей Австрию, несмотря на наличие обязательства защищать её самостоятельность, уступили Судетскую область, бросили на произвол судьбы Чехословакию, нарушив все и всякие обязательства, а потом стали крикливо лгать в печати о «слабости русской армии», о «разложении русской авиации», о «беспорядках» в Советском Союзе, толкая немцев дальше на восток, обещая им легкую добычу и приговаривая: вы только начните войну с большевиками, а дальше всё пойдет хорошо. Нужно признать, что это тоже очень похоже на подталкивание, на поощрение агрессора.

Характерен шум, который подняла англо-французская и североамериканская пресса по поводу Советской Украины. Деятели этой прессы до хрипоты кричали, что немцы идут на Советскую Украину, что они имеют теперь в руках так называемую Карпатскую Украину, насчитывающую около 700 тысяч населения, что немцы не далее, как весной этого года, присоединят Советскую Украину, имеющую более 30 миллионов, к так называемой Карпатской Украине. Похоже на то, что этот подозрительный шум имел своей целью поднять ярость Советского Союза против Германии, отравить атмосферу и спровоцировать конфликт с Германией без видимых на то оснований.

Ещё более характерно, что некоторые политики и деятели прессы Европы и США, потеряв терпение в ожидании «похода на Советскую Украину», сами начинают разоблачать действительную подоплёку политики невмешательства. Они прямо говорят и пишут чёрным по белому, что немцы жестоко их «разочаровали», так как вместо того, чтобы двинуться дальше на восток, против Советского Союза, они, видите ли, повернули на запад и требуют себе колоний. Можно подумать, что немцам отдали районы Чехословакии как цену за обязательство начать войну с Советским Союзом, а немцы отказываются теперь платить по векселю, посылая их куда-то подальше.

Таково действительное лицо господствующей ныне политики невмешательства. Такова политическая обстановка в капиталистических странах.

Прочёл речь Сталина от 10 марта. Несколько дней мне не доставляли газеты, как это часто случается, но затем я получил сразу несколько, вплоть до 17 числа. Гитлер вторгся в Чехословакию. Если увязать этот факт с выступлением Сталина, то даже не знаю, что и думать. Продолжают сбываться заявления Раковского? Демократии позволяют Гитлеру крепчать с тем, чтобы он мог напасть на СССР? Сталин открыто об этом заявляет.

В то же время его заявления оставляют сомнения. Наблюдая — а мне это было очевидно — за его враньём на процессах, я обязан считать, что правды он никогда не говорит. Габриель, совершенно безнаказанно играющий роль Рудольфа... что он сделал за последние месяцы? Не мог ли Гитлер захватить Чехословакию с разрешения Сталина, а не демократий? Я склонен допускать, что этот любитель детективных романов способен на всё. Почему он только сейчас решил обличить демократии в пособничестве агрессорам, если он уже более года знал об этом обстоятельстве? Я тону в этом море противоречий. С каким удовольствием я бы обсудил всё это с Габриелем!

Война, кажется, и вправду уже неизбежна. Будет ли она между Германией и СССР или между демократиями и СССР?

Исполнится ли в точности «их» план?

Правда ли, что есть невидимое тождество между финансовым капитализмом и коммунизмом, как утверждал Раковский? Как бы то ни было, определённым и неотвратимым представляется одно: Европа будет принесена в жертву и разрушена.

От этой мысли меня бросает в дрожь. В этих европейских странах, которые хотят разрушить, со всеми их расточительностью, разложением и распущенностью, я бы не стал пленённым преступником, коим являюсь. Существуют всякого рода преступники, преступающие закон ради наживы и денег. Однако никого из них не принуждают убивать под угрозой того, что его самого, его жену и детей истребят, подвергнув адским мукам.

Я гляжу на надвигающуюся всемирную катастрофу со своей личной, особой точки зрения. Ибо главнее всего внутри меня стоит единственный вопрос, что ежесекундно, час за часом иссушает мою душу: вернёт ли мне эта страшная угрожающая всему миру война моих жену и детей? Так как если да, то я в безумии уже готов кричать: благослови её, Господь!

1 МАЯ 1939 Г.

Я стоял у окна в лаборатории и наблюдал за взлётами и посадками самолётных стай, двигателями рвавших воздушное пространство, когда чья-то рука легла на моё плечо. Это

Габриель... это Габриель, однако он казался другим. Он дружески приветствовал меня, а я не в силах был оторвать от него взгляд. Его мрачное, измученное лицо напомнило его настроение в тот день, когда себя убила Лидия. Однако не совсем то же. Тогда его обуревала ярость, едва сдерживаемый гнев, жажда убивать. Теперь этого не было. Присутствовала боль, да, невыразимая и неутихающая. Казалось, она длилась вечность. Я глядел на него и не мог придумать, что сказать. Вопросы были готовы сорваться с моих уст, но страх преодолевал, и я не смел их задавать. Он провёл со мной целый день. Мы дважды ели вместе, но разговаривал он лишь о самом неотложном. Ел он очень мало, и я довольно часто ощущал его мысленное отсутствие.

На следующий день Габриель уехал и вернулся пятого числа. Он имел всё тот же страждущий вид. Нечто причиняло ему неимоверную скорбь. Я чувствовал её, хотя и не догадывался о причинах этой боли или трагедии. Никто иной не умеет так хорошо читать лицо этого человека, как я. Не зря же вот уже почти три года я с тревогой заключенного, приговорённого к смерти и алкающего помилования, подмечаю малейшую перемену в его чертах.

Без предварительного объяснения он сообщил о замене Литвинова Молотовым в наркоме иностранных дел.

— Это война? — спросил я, не удержавшись.

— Да.

— Между каким странами? Вы одержали победу?

— Доныне я побеждал, если угодно. Победил Сталин.

— Раздел Польши?

— Согласован.

— А «они»?

— До сего дня верно исполняли заявленное. Независимость Польши гарантирована Англией и Францией... со времени захвата Чехословакии.

— И эта гарантия обязывает их действовать против любого из агрессоров?

— Да, разумеется. Разницы нет.

— В таком случае ещё рано уверяться в том, что они не нанесут удар по обоим противникам. «Их» руки останутся развязанными при любом исходе.

— Теоретически да. Практически — нет.

— Как же так?

— Франция и Англия сегодня в военном отношении уступают Гитлеру на земле и в воздухе. Нам это известно вполне.

— Возможно ли?

— Возможно настолько, что разоружение Франции и Англии, подтверждённое разведкой, как раз и послужило подлинным основанием нашего соглашения с Гитлером о разделе Польши. Как вы понимаете, если нападать, то полагаться на слова не стоит.

— Недостаток их вооружения настолько критический?

— Он изряден в такой мере, что в СССР виновного в наполовину меньшей неготовности уже давно бы расстреляли на Лубянке... но не там. Напротив, там виновные правят, получают почести и пользуются всеми благами. Даже видеть подобное изумительно. Общее франко-английское разоружение подчиняется, согласно «их» утверждениям, давно выработанному плану о подготовке Гитлера к нападению на Советский Союз. Будь Франция и Англия как следует вооружены, он никогда бы не посмел обеспечить себе плацдарм для атаки — в Австрии, Чехословакии и Мемеле, — который он уже занял, не говоря уже о нападении на СССР. Какой бы тяжёлой манией величия ни страдал Гитлер, он не оставил бы у себя в тылу сколько-нибудь значительные франко-английские силы.

— Но сейчас...

— Положение, уготованное против Сталина, становится ему на руку. Да, как было условлено, мы нападаем на Польшу. Не существует такой коалиции, что способна вести войну против Советского Союза и Рейха.

— Даже при участии Америки?

— У неё также нет вооружения. Через несколько лет от Соединённых Штатов вообще останутся только буквы. Короче говоря, возможна дилемма, но оба её решения получаются для нас благоприятными.

— Какая?

— Вызовет ли вторжение в Польшу всеобщую войну или нет. Если разразится мировая война, демократии не смогут атаковать обоих агрессоров, в то время как атаковать только одного станет в военном смысле абсурдным. В случае атаки им придётся выбирать, и география обяжет их ударить по Гитлеру. Что очевидно, даже если не верить в «случайности», упомянутые Раковским. Вторая возможность: они не осмелятся противостоять ни обоим, ни одному. В таком случае, как вы понимаете, исход также для нас благоприятен. Половина Польши, Литва, Эстония и Латвия — нечто весьма существенное в сравнении с возможной опасностью.

— Три прибалтийские страны в том числе?

— Естественно. Договор был заключен на равных основаниях. Советский Союз должен получить возмещение, соразмерное тому, что Германия уже взяла себе. Три прибалтийские страны не составляют равной замены Чехословакии и Австрии. Однако для восстановления равновесия остаётся Бессарабия.

— Не кажется ли вам, что всё идёт уж слишком гладко? Не желаете ли, если возможно, высказать ваше личное мнение?

— Как и Гитлер, я считаю, что всеобщей войны не будет, по крайней мере сейчас.

— В таком случае раздел и мир...

— Верно. Если только не случится кое-что, что мы в расчёт не принимаем.

— Что же?

— Что демократии нас обманывают и наш договор с Гитлером был устроен ими.

— Как такое возможно?

— Очень легко. Представьте, что Сталин, уверенный, что заодно с Германией напал на Польшу, оторопело бы обнаружил себя под их совместным ударом.

— Вы считаете, такое возможно?

— Возможно всё... Кто нынче допустит мысль, что Сталин и Гитлер в настоящее время — союзники? Если фашизм и коммунизм способны объединиться, почему же не быть возможным союзу капитализма с капитализмом? В рамках общепринятой политической логики союз буржуазий представляется более чем естественным.

— И никакого средства перед лицом такой опасности нет?

— Есть. Его уже придумали: Гитлер должен атаковать первым.

— А он готов на это пойти?

— Разумеется, ведь он исходит из того, что до мировой войны не дойдёт. А коли так, то пусть и прольётся больше крови, атака первым предполагает преимущество и некое ручательство... против его союзника Сталина. Преимущество заключается в проведении мобилизации и продвижении линии фронта, на случай если Сталину вдруг взбредёт в голову атаковать его. Понимаете?

— Да, это подрывает доверие между союзниками.

— Это подрывает всю дипломатию... Ведь вы согласитесь с тем, что, если план Раковского исполнится до конца и европейские нации друг друга растерзают, оставив Сталина в стороне, несмотря на их пятикратное превосходство — оно же пятикратное, не так ли? — «их» существование и цель станут неоспоримыми. Кому под силу сотворить столь необыкновенное чудо? Посмотрим, какой будет развязка. А пока что лучше не загадывать.

— Единственное, что у меня никак не получается уяснить себе, — это какую выгоду «они» от всего этого получат, по меньшей мере в ближайшем будущем... У вас есть догадки?

— Есть кое-какие: «они», как и Сталин, рассчитывают, что европейская война, в ходе которой взаимное истребление народов дойдёт до крайних пределов, как то свидетельствует опыт, обеспечит торжество коммунистической революции на Западе.

— Иными словами, Сталин расширит границы СССР докуда? До Рейна, до Сены или до Гибралтара?

— Официально да... но сдаётся мне, что дело здесь не столько в «их» альтруизме. Если в СССР нам удалось обезглавить троцкизм, то есть коммунизм на службе у финансов, то в Европе, под шум невиданных бойни и потрясений, они надеются поставить во главе новых коммунистических республик своих подставных лиц. А после их присоединения к СССР и Коминтерну они станут играть роль «троянских коней». Их заветная мечта! Очередная попытка захватить власть в СССР.

— С новыми процессами и новыми чистками...

— А как же! Однако имеется ещё одна гипотеза. Вглядываясь в очертания того, что вырисовывается на горизонте будущего, я задаюсь вопросом: нету ли там наверху «их» человека, пока никому не известного, кого они рассматривают в качестве наследника Сталина? Ведь Сталин смертен. И хотя умереть ему из-за покушения весьма непросто, а «они», полагаю, и по сей день не прекращают упорных потуг его осуществить, такая вероятность существует. Но вероятнее всего он помрёт своей смертью, и пусть он ещё не слишком стар, придёт и его конец. Ждут ли «они» этого дня со своим тайным «царевичем»? Как видите, это те самые животрепещущие и насущные вопросы, что требуют неусыпного внимания товарища Берии...

Дальнейших объяснений от Габриеля мне добиться не удалось.

Я с ужасом наблюдал, с какими хладнокровием и дьявольской расчётливостью приготовлялись начало войны и величайшее преступление против человечества. И тогда я подумал: в сравнении с этим чудовищным злодеянием чем кажутся кошмары Лубянки? Забавами маленьких детей, играющих в преступников и убийц.

ЭПИЛОГ

На этом заканчиваются, собственно, воспоминания доктора Иосифа Ландовского. Далее идёт множество не поддающихся расшифровке страниц без всякого порядка и смысла, на которых тысячу раз повторяются имена его жены, дочерей и сына. По-видимому, он лишился рассудка, прочитав следующее письмо.

Мой дорогой друг!

Я только что прочёл всё, что Вы написали. Но не беспокойтесь, доктор. Ваша любовь к жене и детям — нечто необычайное, великое и прекрасное. Поверьте, я тронут до глубины души. Сердце моё, что я считал умершим для всех человеческих чувств, сострадательно забилось в унисон с Вашим.

Покидая Вас, я обязан с Вами кое-чем поделиться. Я вижу, что Вы многими часами мучитесь от жестоких укоров совести. Вы считаете себя презренным убийцей, не достойным прощения Божьего и людского. Нет, доктор. Вы не проклятый преступник. Сами того не ведая, Вы всё это время сражались против сил зла.

Вы многое повидали и о многом догадались, но Вам так и не удалось заподозрить, кем Вы в действительности являлись, ибо не сумели понять, кем являюсь я...

Вспомните, что я рассказал той ночью в Париже. Всё то, что Вы приняли за ложь и испытание. Помните? Так вот, всё это было правдой! Мой гнев оттого, что Вы расстроили мой план, из-за чего я вынужден был остаться прикованным к галере террора материнскими цепями, подвиг меня убить Вас. Я признаюсь в этом и прошу у Вас прощения, подобно тому, как Вас позднее простил я, осознав, что оба мы в сущности заложники одной любви.

Вы не были убийцей. Мне следует это разъяснить. Если Вы и полагали, что совершали непременно злодейство, то лишь потому, что Вам неизвестна была подлинная цель, которую Вам уготовил я. Если бы я мог раскрыть Вам настоящие мотивы и последствия, то Вы бы делали то же, что и сделали. Вы были мне товарищем в самой безумной и отважной борьбе, которую только способен вести одиночка против всего ада.

Да, друг мой. Меня превратили в демона. Бог, любовь, совесть и родина были во мне убиты... Но когда в этот ад завлекли мою мать, демон, которого они из меня сделали, восстал против всех, раздираемый сатанинской, безграничной ненавистью... На поприще внутренней партийной борьбы я отыскал отличную возможность для утоления своей неизбывной мести. О, как я их пытал! С каким упоеньем убивал! С какою страстью заставлял их убивать друг друга! Но в этом безумном и злом мире убийства, жестокость и коварство служат наилучшими средствами на пути к самым высоким вершинам власти. И я на них забрался. Не находя во мне иерархических устремлений, Сталин был уверен, что я был мистиком, поклонявшимся его кровожадной «божественности». И порою таким Вы меня видели. Вообразите меня таким, но неизменно, день за днём, год за годом...

Вначале моё мщение было лишь спортом, служило мне источником наслаждения и веселья, но, когда я взобрался на головокружительные пики ужаса, слепая ненависть стала сознательной, диалектической — сатанинской.

Обретённая ясность позволила мне увидеть, что боготворимые вожди коммунизма богами вовсе не являлись. Секрет их мощи и ключ ко всем их победам таился в ненависти, бесконечной ненависти ко всему и вся; ненависти столь безграничной, что она всякого коммуниста побуждала ненавидеть всех остальных коммунистов тоже. На этой фундаментальной истине и основался мой план действий. Я пользовался этой дикой коммунистической ненавистью для их же собственного взаимного уничтожения. Свирепая борьба между марксистами, должно быть, имманентна самой природе коммунизма. И зародилась она одновременно с Интернационалом (Бакунина-Маркса). С тех самых пор они не перестают друг друга истреблять, без жалости и с неутолимой кровожадностью.

«Зло является злом для самого зла», — сказали Вы мне однажды. Это правда. Я этого не отрицаю, я был преступником, убийцею убийц.

Я мечтал стать величайшим из них, убив самого большого убийцу — Сталина.

Однако прародителями всех революций и войн являются именно «они». Без «них» весь ужас коммунизма был бы сегодня невозможен. Без «них» бы человечество не начало резню планетарного размаха, не вверглось бы в войну и перманентную революцию, в новый всемирный пылающий потоп.

Да, доктор, это то, о чём договорились Сталин с Рузвельтом. Удастся ли им осуществить свой злой замысел? До сего дня им удавалось.

Порою кажется, что движет «ими» уже не жажда абсолютной власти над всеми народами на Земле, а сатанинский умысел уничтожить Творение...

Я хочу, я должен предотвратить это, пусть и ценою жизни! Я расскажу тем людям, что ответственны за судьбы Европы, приговорённой «ими» к смерти, в чём состоит план Рузвельта и Сталина. У них ещё есть возможность спасти свои отечества. Пусть Гитлер со Сталиным друг друга уничтожат... но пусть и европейцы не приносят в жертву свои народы в этой бессмысленной бойне с тем только, чтобы после они попали в плен сталинского или «их» рабства.

Да, я знаю, насколько велика её глупость и сколь низко пала приговорённая Европа... Но ею всё ещё террор не правит, ещё существует Христианство, ещё возможна в ней Любовь.

Если глупость большинства в сговоре с предательством приведёт к взаимному истреблению христианских народов, то, пусть это и покажется сумасбродным парадоксом, единственной надеждой на спасение для выживших есть живой Сталин. Его долгая жизнь послужит ручательством, что силы зла останутся разделены; ручательством за их баланс и нейтрализацию; за их столкновение, наконец... и саморазрушение зла. Несомненно, в том, что Вы помешали мне убить Сталина, есть нечто провиденциальное. Ибо пока он жив, силы зла будут разделены. «Всякое царство, разделившееся само в себе, опустеет», — сказал Христос.

Поверьте, мне очень тяжело оставлять Вас здесь в эту минуту. Я непременно, как только появится возможность, вернусь и заберу Вас. Сейчас это невозможно. Во всём СССР Вы единственный человек, к которому я чувствую сердечную привязанность.

Лидия, страсть всей моей жизни, покончила с собой, посчитав, что я отдал её в жертву Молоху коммунизма. И её смерть мне доказала, что любовь в этом аду невозможна.

Моя мама также скончалась несколько дней назад. Господь сжалился над праведницей и позволил ей умереть в неведении. Когда я целовал её и закрывал ей веки, я ощутил на себе её вечный взгляд. Теперь она всегда будет видеть меня таким, каков я есть. И я поклялся перед Богом и перед ней, что ей никогда не будет стыдно за своего сына...

И косвенно это побудило меня написать Вам это письмо, мой друг. Я хотел, чтобы Вы перестали испытывать стыд перед своими женой и детьми, которые уже давно видят Вас таким, каков Вы есть... Мужайтесь, мой дорогой друг! Ваши супруга и дети были убиты по приказу Ягоды тогда же, когда он велел убить Вас. Дай Господи Вам сил! Сжалься Он над Вами! Я не знаю, что Вам сказать, дабы утешить Вас в Вашем безмерном горе...

До свидания, доктор. Я оставил Вам средства, валюты, ключи на случай, если придёт война и Вы захотите бежать. Если Вы высвободитесь, я сумею Вас найти.

Утешьтесь. Эта «симфония в красном мажоре» для Вас завершилась.

Прощайте, доктор! Навсегда или до встречи на свободе. Мужества и смирения желает Вам Ваш друг!

Габриель.

ЗАМЕЧАНИЕ ОТ ИСПАНСКОГО ПЕРЕВОДЧИКА

Эта книга есть нелёгкий перевод нескольких тетрадей, обнаруженных испанским добровольцем А. И. на бездыханном теле Ландовского в одной из изб на Ленинградском фронте.

Он передал их нам. Их восстановление и перевод шли долго и с трудом из-за состояния рукописей. На то ушли годы. Ещё больше времени мы сомневались относительно их опубликования. Откровения, сделанные им в конце, показались нам столь изумительными и невообразимыми, что мы бы никогда не решились издать эти воспоминания, если бы наши современники и текущие события не доказали бы их полную достоверность.

Прежде чем эти воспоминания увидели свет, мы искали доказательства и готовились к полемике.

Мы лично ручаемся за совершенную верность главных событий, в них изложенных. Посмотрим, найдётся ли кто-нибудь, кто сумеет опровергнуть их доказательствами или доводами.

Будем ждать.

Переводчик,
Маурисио Карлавилья.

СНОСКИ

1. В испанском переводе — Sanidad Militar del Ejército. Возможно, что речь идёт об одном из подведомственных отделений Главного военно-санитарного управления — *Прим. рус. пер.*
2. В испанском переводе — Comisariado de Combustibles. Народный комиссариат топливной промышленности появился лишь в 1939 году. Может быть, имеется в виду Управление снабжения горючим Красной армии, созданное в 1936 году по приказу Народного комиссариата обороны — *Прим. рус. пер.*
3. В испанском переводе — Wratchkine. Быть может, это сокращение от словосочетания «врачебный институт», как Станкин от Московского станкостроительного института — *Прим. рус. пер.*
4. В оригинале не было сказано о палочке Коха. Ландовский говорит о более опасных бациллах, заражение которыми вернее, почти непредотвратимо, и, что важнее всего, которые значительно легче раздобыть. Вдобавок их не нужно помещать в стеклянные пузырьки. Было бы аморальным предавать гласности подобную простую процедуру лёгочного заражения в наши времена массовой преступности. По этой причине бациллы, предложенные доктором, были заменены палочкой Коха, которую Бажанов и Троцкий нередко упоминали в своих работах как испытанное в Кремле средство. Отныне текст исправлен в соответствии с этим способом отравления, которым был заменён оригинальный — *Прим. исп. пер.*
5. «Оплошность» на французском — *Прим. рус. пер.*
6. «Довоенный» на французском — *Прим. рус. пер.*
7. «Немецкий рабочий» на немецком — *Прим. рус. пер.*
8. «Убейте меня... убейте... меня» на французском — *Прим. рус. пер.*
9. «Вечерний» на французском — *Прим. рус. пер.*
10. «Метрдотель» на французском — *Прим. рус. пер.*
11. «Шансонье» на французском — *Прим. рус. пер.*
12. Примерный перевод с французского:
    Ох! Ла-ла-ла... ла-ла-ла.
    Здесь? Вуаля!
    Любовь? Повсюду!
    Вот тут? Ла-ла-ла
    Прим. рус. пер.
13. «Турне» на французском — *Прим. рус. пер.*
14. «Любитель» на французском — *Прим. рус. пер.*
15. «Запретный город» на французском — *Прим. рус. пер.*

16. «Роскошный» на французском — *Прим. рус. пер.*
17. «Парвеню» на французском — *Прим. рус. пер.*
18. «Слуга» на французском — *Прим. рус. пер.*
19. «Досье» на французском — *Прим. рус. пер.*
20. «Месье» на французском — *Прим. рус. пер.*
21. На испанском в оригинале — *Прим. исп. пер* «Коррида с медведями» — *Прим. рус. пер.*
22. Зубочистка – *Прим. исп. ред.*
23. «Индейцы» на испанском — *Прим. рус. пер.*
24. Вероятно, имеются в виду lobos de la misma camada — *Прим. автора.*
    На русский можно перевести примерно как «одного поля ягоды» — *Прим. рус. пер.*
25. Вероятно, имелось в виду разведывательное управление штаба РККА – *Прим. рус. пер.*
26. Возможно, имеется в виду испанский самозарядный пистолет Astra 400 – *Прим. рус. пер.*
27. Эта цитата, как и следующая, относится, вероятно, к предисловию, написанному для французского издания – *Прим. рус. пер.*
28. У Троцкого в предисловии, написанном для американского издания и опубликованном в русском издании: «Соединённые Штаты и Великобритания представляют собою парное созвездие, в котором одна звезда тем быстрее угасает, чем ярче разгорается другая» – *Прим. рус. пер.*
29. Там же: «Англия идёт к революции, потому что для неё наступила эпоха капиталистического заката» – *Прим. рус. пер.*
30. Там же: «На вопрос о том, кто и что толкает Англию на путь революции, пришлось бы ответить: не Москва, а Нью-Йорк. <...> Расширяться Соединённые Штаты могут <...> в первую голову, за счёт Англии» – *Прим. рус. пер.*
31. Там же: «Коммунистический Интернационал является сейчас... почти консервативным учреждением по сравнению с нью-йоркской биржей. Мистер Морган, мистер Дауэс, мистер Юлиус Барнес – вот атлетические кузнецы грядущих европейских революций» – *Прим. рус. пер.*
32. В действительности звания генералиссимуса Троцкому никогда присвоено не было. Он непродолжительное время стоял во главе Красной армии, занимая должность народного комиссара сначала военных дел, а затем военно-морских дел – *Прим. рус. пер.*
33. «Ищите женщину» на французском — *Прим. рус. пер.*
34. Текст на русском взят из сканированной газетной вырезки («Северный комсомолец», 29 июня 1934 г.). Орфография сохранена – *Прим. рус. пер.*

35. Сын мой, я советую тебе не показывать сёстрам то, что я опишу ниже. Вместе с тем я не желаю опускать этого, поскольку эти факты обнаруживают нечто, до сей поры не встречавшееся в практике ГПУ, нечто столь невероятное и изощрённое, и в то же время характерное, что мне бы хотелось, чтобы ты об этом узнал. Да, это нечто сатанинское и отвратительное. Однако то, что мне стало известно тем вечером, может являться ключом к пониманию множества слишком важных событий. Я постараюсь выражаться наиболее корректным образом – *Прим. автора.*
36. Я не запомнил немецкое имя, которое он назвал – *Прим. автора.*
37. Имена и фамилии людей, которые могли оказаться опозоренными – если они настоящие – были заменены на другие, к описываемым событиям отношения не имеющие – *Прим. исп. пер.*
38. Генеральный штаб Германской армии – *Прим. автора.* Верховное командование вермахта – *Прим. рус. пер.*
39. Согласно открытым источникам, Гамарник звание маршала никогда не имел. На момент описываемых событий его воинским званием было военно-политического состава армейский комиссар 1-го ранга, соответствующее званию командарма 1-го ранга – *Прим. рус. пер.*
40. В то время Джугашвили являлся членом Реввоенсовета Юго-Западного фронта, судя по открытым источникам. — *Прим. рус. пер.*
41. «Опасный, рискованный» на французском. Неясно, как французское слово появилось в машинописном тексте на русском языке. Возможно, Лидия вписала его вручную после набора, либо это сообщение было напечатано на двух пишущих машинках — *Прим. рус. пер.*
42. В испанском переводе *la razón de la sinrazón*. — *Прим. рус. пер.*
43. Можно перевести с латыни примерно как «освобождённый» — *Прим. рус. пер.*
44. Издатель посчитал уместным опустить эту часть по тем же причинам, по которым была изменена формула, предложенная Ягоде для устранения Ежова. Мы не желаем превращать эту книгу в пособие по отравлениям. В «стенографичекских отчётах» процесса, на котором судили Ягоду, подробно описан метод ртутного отравления, придуманный Ландовским. Страницы 95-612 и 658 («отчёт» издан Народным комиссариатом юстиции СССР в Москве в 1938 году). — *Прим. исп. изд.*
45. Согласно официальным данным, Крестинский являлся первым заместителем наркома иностранных дел СССР, а Розенгольц — наркомом внешней торговли. У автора, по-

видимому, возникла путаница в должностях и наркоматах (в том числе из-за слова «внешняя» относительно торговли). — *Прим. рус. пер.*

46. Текст этой главы взят из книги «Красная симфония», опубликованной издательством «Сеятель» в 1968 году в г. Буэнос-Айрес. За исключением нескольких единичных исправлений (например, «дигиталь» на «дигиталис», или «комитадис» на «комитаджи» и пр.), оригинальные орфография и пунктуация сохранены. — *Прим. рус. пер.*
47. По причинам, уже упомянутым, выбранный доктором метод заражения изменён. — *Прим. исп. пер.*
48. Текст на русском взят из отчётного доклада 10 марта 1939 года на XVIII съезде партии о работе ВКП(б). — *Прим. рус. пер.*

УЖЕ ОПУБЛИКОВАНО

www.ingramcontent.com/pod-product-compliance
Lightning Source LLC
Chambersburg PA
CBHW071933220426
43662CB00009B/898
* 9 7 8 1 9 1 5 2 7 8 9 2 0 *